# Handbuch für
# VER- UND ENTSORGER

## Band 3
## Fachrichtung Abwasser

Autoren
E. Stier, H.-C. Baumgart, M. Fischer

4. völlig überarbeitete Auflage

Herausgeber
Abwassertechnische Vereinigung e.V. (ATV)

F. HIRTHAMMER VERLAG MÜNCHEN

## Empfehlenswerte Literatur für Ausbildung und Tätigkeit im technischen Umweltschutz

---

**„Klärwärter-Taschenbuch"** von E. Stier, M. Fischer, 11. Auflage
**„Handbuch für Ver- und Entsorger", Bd. 1: Grundlagen für alle Fachrichtungen** von P. Miliczek, D. Berndt, P. Nürnberg, E. Uhe, 4. Auflage
**„Handbuch für Ver- und Entsorger", Bd. 3: Fachrichtung Abwasser** von E. Stier, H.-C. Baumgart, M. Fischer. 3. Auflage
**„Handbuch für Ver- und Entsorger", Bd. 4: Fachrichtung Abfall,** Schriftleitung H. van Wickeren. 2. Auflage
**„Handbuch einfacher Messungen und Untersuchungen auf Klärwerken"** von C. H. Burchard, D. Groche, H. P. Zerres, 7. Auflage
**„Abwasser Grundkurse"** von H. Felber und H. Doedens, 2. Auflage
**„Abwasser in Frage und Antwort"** von E. Stier und P. Miliczek, 7. Auflage
**„Betriebstagebuch für Kläranlagen"** von E. Stier, H. Felber, M. Fischer
**„Betriebstagebuch für Abwasserteiche"** von E. Stier, H. Felber, M. Fischer
**„Wartungskartei für Maschinen und Geräte mit Terminplan"** von ATV-Landesgruppe Bayern
**„Merkblätter und Lieferscheine zur Verwertung von Klärschlamm in der Landwirtschaft"** von ATV-Landesgruppe Bayern
**„Mikroorganismen in der Abwasserreinigung"** von H. Buck
**„Kläranlagen im Bild – Gutes und Schlechtes"** von M. Lohr
**„Kläranlagennachbarschaften Baden-Württemberg"** mit Kläranlagenliste
**„Kläranlagennachbarschaften Bayern"** mit Kläranlagenliste
**„Kläranlagennachbarschaften Nord"** mit Kläranlagenliste
**„Kläranlagennachbarschaften Hessen, Rheinland-Pfalz, Saarland"** mit Kläranlagenliste
**„Kläranlagennachbarschaften Nordrhein-Westfalen"** mit Kläranlagenliste
**„Handbuch für die mikroskopische Schlammuntersuchung"** von D. H. Eikelboom und H. J. J. van Buijsen. 2. Auflage
**„Das Leben im Abwasser"** von R. Wegl
**„Umweltschutz als Beruf"** von E. Uhe

Gedruckt auf Öko-Papier (100% Recycling).

ISBN 3-88721-073-5

1. Auflage 1989
2. Auflage 1990
3. Auflage 1991
4. Auflage 1992

## Zum Geleit

Schon vor 30 Jahren erkannte die Abwassertechnische Vereinigung (ATV), daß es nicht genügt, Kanalisation und Kläranlage nach den allgemein anerkannten Regeln der Technik zu entwerfen und zu bauen, sondern daß es entscheidend auf den richtigen Betrieb dieser Anlagen ankommt. Die ATV schulte in ihren Grundkursen und Kanalbetriebskursen bisher 11 700 Teilnehmer *(Miliczek, P.: Aus der Arbeit des ATV-Hauptausschusses 5, Korrespondenz Abwasser, Heft 12, 1988).* In den Klärfacharbeiterkursen wurden bis 1986 insgesamt 5 617 Arbeiter fortgebildet.

Aus dem Fortbildungsberuf wurde durch die Bundesverordnung des Jahres 1984 über die Berufsausbildung zum Ver- und Entsorger/zur Ver- und Entsorgerin der erste Ausbildungsberuf im technischen Umweltschutz. Dies war ein wesentlicher Fortschritt. Am 23. November 1987 hat die Bundesregierung folgerichtig als Ergänzung zur Prüfungsordnung für die Ver- und Entsorger/innen die Prüfungsordnung für die Meister/-innen erlassen. In einigen Jahren werden daher einschlägig geschulte Ausbilder zur Verfügung stehen. Bis dahin beruht die Ausbildung der Auszubildenden im wesentlichen auf dem Schulungsangebot, wie es die ATV schon bisher vermittelt hat.

Die Verfasser dieses Bandes sind erfahrene Lehrer der Aus- und Fortbildung. Sie haben sich nebenberuflich seit vielen Jahren dafür eingesetzt, betriebliche Kenntnisse zu vermitteln. Ihnen gebührt ein herzlicher Dank für die große zusätzliche Mühe, in diesem Handbuch die notwendigen Kenntnisse zusammengefaßt zu haben. Möge dieses Buch den jungen Ver- und Entsorgern/Ver- und Entsorgerinnen ein nützlicher Begleiter sein.

Essen, im Dezember 1988

K. R. Imhoff

Prof. Dr.-Ing. E. h. Klaus R. Imhoff
(Präsident der Abwassertechnischen Vereinigung)

## Die Autoren

Bauassessor Dipl.-Ing. *Erwin Stier* (Jahrgang 1925) ist in München geboren und studierte dort auch das Bauingenierwesen. Von 1956 bis zu seinem Ruhestand 1987 war er Sachgebietsleiter im Bayrischen Landesamt für Wasserwirtschaft. Daneben leitete er von 1962 an die ersten ATV-Klärwärterkurse in Bayern und war viele Jahre Obmann des für die Ausbildung des Kläranlagenpersonals zuständigen ATV-Fachausschusses, schließlich Vorsitzender des Hauptausschusses 5. Für seine Verdienste bei der Schaffung des Ausbildungsberufes Ver- und Entsorger wurde ihm 1985 das Bundesverdienstkreuz verliehen und die ATV ernannte ihn 1988 zum Ehrenmitglied. Bei der Bearbeitung dieses Buches oblagen ihm vor allem die Abschnitte 1, 2, 9, 10, 11, 12 und die Gesamtredaktion.

Bauassessor Dr.-Ing. *Heinz-Christian Baumgart* (Jahrgang 1938) wurde in Magdeburg geboren. Er studierte an der TH Aachen das Bauingenieurwesen und vertiefte an der TH Hannover im Fachgebiet Wasserbau; Diplom 1964. Anschließend promovierte er bei Prof. Billib. Von 1967 bis 1969 Assessorausbildung in der Wasserwirtschaftsverwaltung des Landes Nordrhein-Westfalen. Seit 1969 bedienstet bei Emschergenossenschaft/Lippeverband leitet er die Abteilung Betrieb, die für mehr als 80 Kläranlagen von 500 bis 700000 EW zuständig ist. Außerdem ist er im Vorstand der Emschergenossenschaft. Bei der ATV ist er tätig in der Ingenieur-Fortbildung und leitet die Abwassermeister-Fortbildung; Mitglied der Fachausschüsse 2.2 „Gewässergütemodelle“, 2.10 „Kleine Kläranlagen“ und 5.3 „Meister“. Seit 1992 ist er auch im Vorstand der ATV. Er bearbeitete die Abschnitte 3 und 4.

Dipl.-Ing. (FH) *Manfred Fischer* (Jahrgang 1940) ist gebürtiger Mittelfranke. Er entdeckte seine Vorliebe für sauberes Wasser, als er 19jährig mit dem Tiefseetauchen begann. Seit 1967 arbeitet er im Bayerischen Landesamt für Wasserwirtschaft im Bereich Gewässergütewirtschaft. Seit 1973 ist er Lehrer bei den ATV-Kläranlagennachbarschaften. 1986 erhielt er für seine Verdienste um die ATV die goldene Ehrennadel. 1987 übernahm er die Gesamtleitung der bayerischen Nachbarschaften. Sein spezielles Interesse gilt den Messungen bei der Eigenüberwachung. So hat er sich besonders der Abschnitte 6, 7 und 8 dieses Buches angenommen.

## Vorwort der Autoren zur 4. Auflage

Die außergewöhnlich rasche Entwicklung der Abwassertechnik und durch AbwAG, Rahmen-Abwasser VwV und AbfKlärV stark veränderten Rechtsgrundlagen erforderten das Handbuch völlig zu überarbeiten. Es wurde um über 40 Seiten und 15 Bilder erweitert. Viele Bilder wurden verbessert oder neu gemacht.

Maßgebenden Anteil an der Erweiterung haben Nitrifikation, Denitrifikation und Phosphorentfernung. Sowohl in den Bereichen Verfahrenstheorie und praktischer Betrieb als auch in Meß- und Regeltechnik wurden sie eingehend vertieft.

Der frühere Abschnitt „3 Vorgänge bei der Abwasser- und Schlammbehandlung" wurde in die Abschnitte „Abwasserbehandlung" (jetzt Abschn. 3) und „Schlammbehandlung" (jetzt Abschn. 4) eingearbeitet. So wurden Überschneidungen und Wiederholungen vermieden und Theorie und Praxis enger verbunden.

Die wesentlichen Änderungen und Ergänzungen finden sich auf den Seiten: 22, 27, 28, 50, 55, 75, 76, 81, 92, 94, 104, 105–107 (Stickstoffentnahme), 108 (Phosphorentnahme), 127, 131, 134–136, 139, 141, 153, 157, 158, 161, 165, 170, 179, 183, 205–210 (AbfKlärV), 212, 224, 226, 232, 237, 241–247, 251, 253–255, 267, 268, 278–280, 282, 300, 304, 305, 307–309, 311, 313, 314, 323, 331, 334, 335, 337–341, 348, 352, 356, 371–375, 387–404, 407–409, 419, 421, 435–437 (Fäkalschlamm), 438–443 (Unfallverhütung), 446, 447, 458 (AbwAG), 461 (Rahmen-Abwasser VwV), 466–468.

Dieses Buch ist kein Lehrbuch, sondern soll als unterrichtsbegleitendes Handbuch den Auszubildenden, den Berufsschullehrern und den Ausbildern sowohl im Ausbildungsbetrieb als auch in der Berufsschule helfen. Gleichzeitig ist es Arbeitsgrundlage für Kurse zur Externen- oder Umschülerausbildung. Es soll aber auch für die der Ausbildung folgenden Arbeitspraxis als Nachschlagewerk dienen. Bei den Grundlagen der einzelnen Abschnitte werden häufig die Kenntnisse aus Band 1 dieses Handbuchs vorausgesetzt.

Der Inhalt kann nicht im vollen Umfang als Prüfungsstoff verwendet werden. Einige Stellen, die Informationen zur Erleichterung des Verständnisses oder Praxishilfen für später sind, wurden durch Kleindruck kenntlich gemacht. Die Zahlenangaben in eckigen Klammern verweisen auf das Schrifttumsverzeichnis am Ende des Buches.

Allen, die bei der Entstehung des Buches mitgeholfen haben, sei dafür herzlich gedankt. Besonderer Dank gebührt den Lehrern der Essener und Lauinger Klärfacharbeiterkurse, soweit sie ihre Unterlagen zur Verfügung stellten, und den Herren Dyck, Duisburg, Torge, Nordmann, Hruschka und Hohl, München, sowie Prof. Möller, Essen.

Im August 1992

Stier    Baumgart    Fischer

E. Stier    Dr.-Ing. H.-C. Baumgart    M. Fischer

Inhaltsübersicht über Band 1

## GRUNDLAGEN FÜR ALLE FACHRICHTUNGEN WASSERVERSORGUNG – ABWASSER – ABFALL (Auszug)


1 Umweltschutz, Wasserwirtschaft – Abfallwirtschaft

2 Grundlagen der Wasserversorgung

3 Grundlagen der Abwassertechnik

4 Grundlagen der Abfallentsorgung

5 Außenanlagen

6 Arbeits- und Gesundheitsschutz

7 Mathematik
Grundrechenarten, Gleichungen, Relationen und Funktionen, Potenzrechnung, Geometrie, Flächen- und Körperberechnungen

8 Physik
Mechanik von festen Körpern, Flüssigkeiten und Gasen, Wärme, Elektrizität, Energien, mechanische und thermische Grundoperationen, Grundlagen der Meß-, Steuer- und Regeltechnik

9 Chemie
Reaktionen, Oxidation, Reduktion, allgemeine und organische Chemie, Labortechnik, Messung des pH-Werts, Grundlagen der Fotometrie, Kolorimetrie und Volumetrie

10 Biologie
Aufbau der Zelle, Fortpflanzung, Viren, Bakterien, Pilze, Algen, Protozoen, Ökologie, Infektions- und Seuchenlehre, Mikroskop

11 Werkstofftechnik und Maschinentechnik
Werkstoffe und Hilfsstoffe, Korrosionsschutz

12 Betriebliche Kommunikation
Betriebsführung, Darstellen von Arbeitsabläufen, technisches Zeichnen

13 Berufsbezogene Rechtsvorschriften

14 Wirtschafts- und Sozialkunde
Berufsbildung, Fortbildung und Umschulung, Betrieb in Wirtschaft und Gesellschaft, Arbeitsrecht, Tarifvertrag, betriebliche Mitbestimmung, Sozialversicherung

# BAND 3 FACHRICHTUNG ABWASSER

## INHALTSÜBERSICHT

Seite

Zum Geleit . . . . . 3
Vorwort der Autoren . . . . . 5
Inhaltsüberblick über BAND 1 Grundlagen für alle Fachrichtungen . . . . . 6

1 Wasserwirtschaft, Wassergütewirtschaft, Abwasserarten . . . . . 13
1.1 Wassergütewirtschaft . . . . . 13
1.2 Gewässerschutz . . . . . 14
1.3 Gewässergüte . . . . . 15
1.4 Selbstreinigungsvermögen . . . . . 17
1.5 Abwasserarten, Abwasseranfall, Abwasserbeschaffenheit . . . . . 19
1.5.1 Abwasserarten . . . . . 19
1.5.2 Abwasseranfall . . . . . 21
1.5.3 Abwasserbeschaffenheit . . . . . 24

2 Sammeln und Ableiten von Abwasser . . . . . 29
2.1 Geschichte . . . . . 29
2.2 Anlagen der Abwasserableitung . . . . . 30
2.2.1 Mischverfahren und Trennverfahren . . . . . 30
2.2.2 Grundstücksentwässerung . . . . . 31
2.2.3 Straßenabläufe, Kanäle und Schächte . . . . . 31
2.2.4 Bemessen von Kanälen . . . . . 36
2.2.5 Sonderbauwerke . . . . . 38
2.3 Kanalbetrieb . . . . . 44
2.3.1 Inspektion . . . . . 46
2.3.2 Reinigung . . . . . 50
2.3.3 Instandhaltung (Schadensbehebung, Sanierung, Erneuerung) . . . . . 54
2.3.4 Kontrolle von Indirekteinleitern . . . . . 56
2.3.5 Wartung von Regenbecken . . . . . 59
2.3.6 Wartung von Pumpwerken . . . . . 62
2.3.7 Arbeitsschutz und Unfallverhütung im Kanalbetrieb . . . . . 69

3 Abwasserbehandlung . . . . . 74
3.1 Verfahrensfließbild . . . . . 75
3.2 Mechanische Stufe . . . . . 77
3.2.1 Physikalische Grundlagen . . . . . 77
3.2.2 Grob- und Sperrstoffentnahme, Grob- und Feinrechen . . . . . 81
Feinstrechen und Siebe . . . . . 87
Rechengutbeseitigung . . . . . 91
3.2.3 Leichtstoffabscheider . . . . . 92
3.2.4 Sandfänge . . . . . 94
3.2.5 Vorklärbecken . . . . . 98
Emscherbecken . . . . . 102
3.3 Biologische Stufe . . . . . 103
3.3.1 Grundlagen . . . . . 104

Kohlenstoffabbau . . . . . . . . . . . . . . . . . . . 104
Aerobe Schlammstabilisierung . . . . . . . . . . 108
Gezielte biologische Phosphorentnahme . . . . . . . . 108
3.3.2 Natürliche Abwasserbehandlung . . . . . . . . . 110
Abwasserteiche . . . . . . . . . . . . . . . . . 110
Pflanzenkläranlagen . . . . . . . . . . . . . . . 117
3.3.3 Tropfkörper/Tauchkörper . . . . . . . . . . . . 119
Beschaffenheit des biologischen Rasens . . . . . . . 122
Füllmaterial . . . . . . . . . . . . . . . . . . 123
Rücklaufverhältnis, Schlammanfall . . . . . . . . 125
Bemessungsansätze . . . . . . . . . . . . . . . 125
Kohlenstoffabbau, Stickstoffumsetzung . . . . . . . 127
Bauarten und maschinentechnische Ausrüstung . . . . . . . . 128
Tauchkörper . . . . . . . . . . . . . . . . . . 129
3.3.4 Belebungsverfahren . . . . . . . . . . . . . . 131
Kohlenstoffabbau . . . . . . . . . . . . . . . . 134
Stickstoffentnahme . . . . . . . . . . . . . . . 134
Biologische Phosphorentnahme . . . . . . . . . . 136
Beschaffenheit des belebten Schlammes . . . . . . . 137
Pufferungsfähigkeit/Säurekapazität . . . . . . . . 139
Kreisläufe . . . . . . . . . . . . . . . . . . 140
Rezirkulation, Rücklauf . . . . . . . . . . . . 141
Überschußschlammproduktion . . . . . . . . . . 141
Sauerstoffversorgung . . . . . . . . . . . . . . 142
Bemessungsgrundsätze . . . . . . . . . . . . . 142
Bauarten und maschinentechnische Ausrüstung . . . . . . . . 143
3.3.5 Nachklärbecken . . . . . . . . . . . . . . . . 151
Nachklärbecken von Tropfkörperanlagen . . . . . . 152
Nachklärbecken von Belebungsanlagen . . . . . . . 153
3.4 Chemische Vorgänge . . . . . . . . . . . . . . . 155
3.4.1 Grundlagen . . . . . . . . . . . . . . . . . 155
Neutralisation . . . . . . . . . . . . . . . . . 155
Fallung . . . . . . . . . . . . . . . . . . . . 155
Flockung . . . . . . . . . . . . . . . . . . . 156
Entgiftung . . . . . . . . . . . . . . . . . . 156
3.4.2 Phosphatfällung . . . . . . . . . . . . . . . 157
Phosporbilanz . . . . . . . . . . . . . . . . . 158
Vorfällung . . . . . . . . . . . . . . . . . . 159
Simultanfällung . . . . . . . . . . . . . . . . 160
Nachfällung . . . . . . . . . . . . . . . . . . 161
Flockungsfiltration . . . . . . . . . . . . . . . 161
3.5 Weitergehende Abwasserbehandlung . . . . . . . . 161

4 Schlammbehandlung . . . . . . . . . . . . . . . . 163
4.1 Schlammarten, -anfall und -beschaffenheit . . . . . . 163
4.1.1 Schlammarten . . . . . . . . . . . . . . . . 164
4.1.2 Schlammanfall . . . . . . . . . . . . . . . . 165

4.1.3 Schlammbeschaffenheit . . . . . . . . 167
4.2 Grundschema der Schlammbehandlung und -entsorgung . . . . . . . . 170
4.3 Physikalisch-chemische Vorgänge . . . . . . . . 171
4.3.1 Grundlagen . . . . . . . . 171
4.3.2 Eindickung, Natürliche Eindickung . . . . . . . . 174
Maschinelle Eindickung . . . . . . . . 179
4.3.3 Entwässerung . . . . . . . . 182
Natürliche Entwässerung . . . . . . . . 182
Schlammtrockenbeete . . . . . . . . 182
Schlammstapelräume . . . . . . . . 185
Konditionierung . . . . . . . . 190
Zentrifugen (Dekanter) . . . . . . . . 197
Bandfilterpressen . . . . . . . . 200
Kammerfilterpressen . . . . . . . . 203
4.4 Biologische Vorgänge . . . . . . . . 207
4.4.1 Grundlagen . . . . . . . . 207
4.4.2 Aerobe Stabilisierung . . . . . . . . 210
Gemeinsame und getrennte aerobe Stabilisierung . . . . . . . . 210
Aerob-thermophile Stabilisierung . . . . . . . . 212
4.4.3 Anaerobe Stabilisierung (Faulung) . . . . . . . . 213
Unbeheizte anaerobe Stabilisierung . . . . . . . . 213
Mesophile anaerobe Stabilisierung . . . . . . . . 213
Thermophile anaerobe Stabilisierung . . . . . . . . 218
4.4.4 Verfahrenstechnische Kombinationen . . . . . . . . 219
4.4.5 Entseuchung (Hygienisierung) . . . . . . . . 220
4.4.6 Gasgewinnung und -speicherung . . . . . . . . 221
4.4.7 Gasentschwefelung . . . . . . . . 223
4.4.8 Gasverwertung . . . . . . . . 224
4.5 Schlammverwertung und -entsorgung . . . . . . . . 226
4.5.1 Grundlagen . . . . . . . . 226
4.5.2 Verwertung in der Landwirtschaft . . . . . . . . 228
4.5.3 Kompostierung . . . . . . . . 240
4.5.4 Trocknung, Verbrennung, Veraschung . . . . . . . . 241
4.5.5 Deponie . . . . . . . . 251
4.6 Rückbelastung der Kläranlage aus der Schlammbehandlung . . . . . . . . 253

5 Probenahme . . . . . . . . 256
5.1 Grundsätzliches . . . . . . . . 256
5.2 Arten der Probenahme . . . . . . . . 257
5.3 Probenahme Abwasser . . . . . . . . 258
5.3.1 Stichprobe . . . . . . . . 261
5.3.2 Durchschnittsproben von Hand . . . . . . . . 261
5.3.3 Probenahme mit automatischen Geräten . . . . . . . . 262
5.4 Probenahme Schlamm . . . . . . . . 268
5.5 Probenahme Boden . . . . . . . . 270
5.6 Sinnesprüfung . . . . . . . . 270
5.7 Vorbehandlung, Konservierung, Transport . . . . . . . . 271
5.8 Probenahmeprotokoll . . . . . . . . 273

6 Analytik . . . 276
6.1 Zweck der Untersuchungen . . . 276
6.2 Laborausstattung . . . 277
6.3 Begriffe der Meßtechnik . . . 281
6.4 Art und Häufigkeit der Untersuchungen . . . 281
6.5 Messung physikalischer Werte . . . 284
6.5.1 Durchflußmessung . . . 284
6.5.2 Farbe, Geruch . . . 301
6.5.3 Temperatur . . . 301
6.5.4 Sichttiefe, Durchsichtigkeit, Trübung . . . 303
6.5.5 Absetzbare Stoffe und Schlammvolumen . . . 305
6.5.6 Schlammtrockensubstanz und Schlammindex . . . 311
6.5.7 Glührückstand, Glühverlust . . . 315
6.5.8 Aufschlämmen . . . 317
6.5.9 Filtrationswiderstand . . . 317
6.6 Messung chemischer Werte . . . 318
6.6.1 Sauerstoffgehalt . . . 318
6.6.2 Chemischer Sauerstoffbedarf (CSB) . . . 320
6.6.3 Haltbarkeit (Methylenblauprobe) . . . 324
6.6.4 Faulfähigkeit (Schwefelwasserstofftest) . . . 325
6.6.5 pH-Wert . . . 326
6.6.6 Organische Säuren und Säurekapazität (Kalkreserve) . . . 331
6.6.7 Elektrische Leitfähigkeit . . . 333
6.6.8 Kohlendioxid im Faulgas . . . 334
6.6.9 Enzymaktivität (TTC-Test) . . . 334
6.6.10 Ammonium-Stickstoff ($NH_4$-N) . . . 336
6.6.11 Nitratstickstoff ($NO_3$-N) . . . 337
6.6.12 Nitritstickstoff ($NO_2$-N), Gesamtstickstoff . . . 339
6.6.13 Phosphor (P) . . . 340
6.7 Messung biochemischer Werte . . . 342
6.7.1 Biochemischer Sauerstoffbedarf ($BSB_5$) . . . 342
6.8 Bestimmung des mikroskopischen Bildes . . . 350
6.9 Das Wetter . . . 355

7 Messen, Steuern, Regeln . . . 358
7.1 Messen . . . 358
7.2 Steuern und Regeln . . . 361
7.2.1 Pumpwerke . . . 362
7.2.2 Rechenanlagen . . . 362
7.2.3 Rechengutpressen . . . 364
7.2.4 Sandfänge . . . 364
7.2.5 Sandklassierer . . . 366
7.2.6 Vorklärbecken . . . 366
7.2.7 Belebungsanlagen . . . 367
Sauerstoffgehalt, Trockensubstanzgehalt ($TS_{BB}$) . . . 369
Rücklaufschlamm, Nährstoffentfernung . . . 371
7.2.8 Nachklärbecken . . . 376
7.2.9 Tropfkörperanlagen . . . 377

7.2.10 Tauchkörperanlagen . . . . . . . . . . . . . . . . . . . . 379
7.2.11 Beheizte Faulbehälter . . . . . . . . . . . . . . . . . . . . 379

8 Betriebsüberwachung, Betriebsaufzeichnungen . . . . . . . . . . 382
8.1 Allgemeines . . . . . . . . . . . . . . . . . . . . . . . . 382
8.2 Darstellen und Auswerten von Arbeitsergebnissen . . . . . . . . 383
8.2.1 Betriebstagebuch . . . . . . . . . . . . . . . . . . . . 384
8.2.2 Sauerstoffbedarfsstufen, Nährstoffbelastungsstufen . . . . . . 394
8.2.3 Fremdwasserermittlung . . . . . . . . . . . . . . . . . . 396
8.2.4 Jahresschmutzwassermenge . . . . . . . . . . . . . . . . 401
8.2.5 Auswerten der Betriebsergebnisse . . . . . . . . . . . . . 403
8.3 Besondere Betriebszustände . . . . . . . . . . . . . . . . . 404
8.3.1 Hydraulische oder biochemische Unter- oder Überbelastung . . . 405
8.3.2 Schlammtreiben im Nachklärbecken . . . . . . . . . . . . . 406
8.3.3 Störungen der Schlammfaulung . . . . . . . . . . . . . . . 408
8.3.4 Belastungen durch Gifte, Säuren oder Laugen . . . . . . . . . 412
8.3.5 Zufluß von Öl, Benzin oder leichtflüchtige Stoffe . . . . . . . 412
8.3.6 Stromausfall . . . . . . . . . . . . . . . . . . . . . . 413
8.3.7 Streusalz . . . . . . . . . . . . . . . . . . . . . . . . 413
8.3.8 Winterbetrieb . . . . . . . . . . . . . . . . . . . . . . 414
8.4 Wirtschaftlichkeit . . . . . . . . . . . . . . . . . . . . . . 416
8.4.1 Energieeinsparung . . . . . . . . . . . . . . . . . . . . 416
8.4.2 Stromlieferungsverträge . . . . . . . . . . . . . . . . . . 421
8.5 Instandhaltung . . . . . . . . . . . . . . . . . . . . . . . 423
8.5.1 Außenanlagen . . . . . . . . . . . . . . . . . . . . . . 423
8.5.2 Warten von Maschinen . . . . . . . . . . . . . . . . . . . 428
8.6 Inbetriebnahme . . . . . . . . . . . . . . . . . . . . . . . 433
8.7 Übernahme von Fäkalschlamm . . . . . . . . . . . . . . . . . 435

9 Sicherheitsmaßnahmen . . . . . . . . . . . . . . . . . . . . . 438
9.1 Arbeitsschutz . . . . . . . . . . . . . . . . . . . . . . . . 438
9.2 Unfallverhütung . . . . . . . . . . . . . . . . . . . . . . . 438
9.3 Arbeitshygiene . . . . . . . . . . . . . . . . . . . . . . . 444

10 Fachbezogene Rechtsvorschriften, Technische Regeln, Sicherheitsvorschriften . . . . . . . . . . . . . . . . . . . . . 448
10.1 Europäisches Recht . . . . . . . . . . . . . . . . . . . . . 448
10.2 Bundesrecht . . . . . . . . . . . . . . . . . . . . . . . . 449
10.3 Landesrecht . . . . . . . . . . . . . . . . . . . . . . . . 463
10.4 Kommunales Recht . . . . . . . . . . . . . . . . . . . . . 464
10.5 Technische Regeln . . . . . . . . . . . . . . . . . . . . . 464
10.6 Sicherheitsvorschriften . . . . . . . . . . . . . . . . . . . 465

Schrifttumsverzeichnis . . . . . . . . . . . . . . . . . . . . . 467

Stichwortverzeichnis . . . . . . . . . . . . . . . . . . . . . . 469

# 1 Wasserwirtschaft, Wassergütewirtschaft, Abwasserarten

Die Grundbegriffe der Wasserwirtschaft, wie Wasserkreislauf, Wasserverbrauch, Wassermengenwirtschaft, Wasserbau und der Zusammenhang mit dem Umweltschutz sowie der Abfallwirtschaft sind in Band 1 des „Handbuches für Ver- und Entsorger", Grundlagen für alle Fachrichtungen, dargestellt.

Die Begriffe Wassergütewirtschaft, Gewässerschutz und Gewässergüte haben für den Ver- und Entsorger der Fachrichtung Abwasser (Klärfacharbeiter) eine ganz besondere Bedeutung und werden deshalb vertieft behandelt.

## 1.1 Wassergütewirtschaft

Während bei der Wassermengenwirtschaft der verfügbare, kontrollierte, manchmal sogar gesteuerte Abfluß in den Gewässern im Vordergrund steht, ist dies bei der Wassergütewirtschaft die Wasserbeschaffenheit. Die Begriffe Wassergütewirtschaft und Gewässergütewirtschaft überdecken sich in vielen Bereichen. Die Wassergütewirtschaft ist umfassender. Z. B. können die Qualitätsanforderungen an ein Speisewasser für Heizkessel unter Wassergütewirtschaft allgemein behandelt werden, unter Gewässergütewirtschaft dann, wenn es im besonderen Fall einem Gewässer entnommen werden soll.

Gewässer sind alle Arten von Vorflutern, wie stehende (Seen, Talsperren), gestaute oder fließende Gewässer und das Grundwasser. Mit der Gewässergütewirtschaft, insbesondere dem Gewässerschutz, soll die Reinhaltung der Gewässer erreicht werden. Dies bedeutet, im Gewässer eine Wasserbeschaffenheit anzustreben, wie sie annähernd dem Zustand ohne Einwirkungen durch den Menschen entspricht. Die schädlichen Auswirkungen von Verunreinigungen sind zu vermindern oder ganz zu vermeiden, um die Gewässergüte zu verbessern oder zu erhalten, damit das Wasser nicht nur jetzt, sondern auch für die kommenden Generationen verfügbar bleibt und genutzt werden kann. Unter Nutzen sind hier nicht nur zahlenmäßig leicht errechenbare Gewinne zu verstehen, sondern auch Begriffe, wie Erhaltung der Gesundheit, der Landschaft, der Natur, des biologischen und ökologischen Gleichgewichtes sowie des natürlichen Selbstreinigungvermögens eines Gewässers.

Die wichtigsten Bereiche, in denen der Mensch das Wasser nutzt, sind

- Trinkwasserversorgung von Mensch und Tier (z. B. im Haushalt zum Kochen, Spülen, zur Körperreinigung)
- Lebensmittel- und Getränkeherstellung
- Freizeit und Erholung (z. B. Baden, Wassersport, Kuranwendung, Sportfischerei)
- Berufsfischerei
- Betriebswasserversorgung für Gewerbe und Industrie (z. B. Kühlwasser, Kesselspeisewasser, Waschwasser, Transportwasser und für chemische Prozesse)

- Schiffahrt (z. B. für Transport von Menschen oder Massengütern)
- Landwirtschaft (z. B. Beregnung und Bewässerung in Trockenzeiten, Frostschutzberegnung im Weinbau)
- Energiegewinnung (z. B. Wasserkraftanlagen an Flüssen und Talsperren)

Die angegebene Reihenfolge entspricht nicht der Wichtigkeit oder den Anforderungen an Menge oder Beschaffenheit des Wassers. Jede dieser Nutzungen setzt aber eine bestimmte Wassergüte voraus. Dadurch werden die Forderungen an den Gewässerschutz in einem gewissen Ausmaß vorgegeben.

Die Nutzung als Trinkwasser durch den Menschen stellt sehr hohe Ansprüche an die Reinheit des Wassers sowohl in hygienischer als auch in chemischer Hinsicht, letztere auch zum Schutz des Rohrnetzes, um Korrosionen oder Verkrustungen zu vermeiden. Beim in Flaschen abgefüllten Mineralwasser ist keine Korrosion zu befürchten, deshalb können hier andere chemische Werte gelten als beim Leitungswasser. An Trinkwasser für Tiere werden geringere Ansprüche gestellt als für Menschen. Für manche chemische Prozesse kann man nur enthärtetes oder gar destilliertes Wasser benutzen, das wiederum nicht als Trinkwasser taugt.

Zum Bereich der Gewässergütewirtschaft gehört es auch, wasserwirtschaftliche Rahmenpläne und Bewirtschaftungspläne für Gewässer zu erarbeiten. U. a. sind Abwasserlastpläne, Sauerstoffhaushaltsberechnungen, Wärmelastpläne und Gewässergütekarten Teile solcher Rahmenpläne.

## 1.2 Gewässerschutz

Gewässerschutz ist ein wesentlicher Teil des technisch-hygienischen Umweltschutzes und der Wassergütewirtschaft. Wasser ist eine unentbehrliche Lebensgrundlage und unser wichtigstes Lebensmittel. Es ist nicht beliebig vermehrbar. Deshalb ist es eine Hauptaufgabe eines Ver- und Entsorgers der Fachrichtung Abwasser (Klärfacharbeiter), Gewässer vor schädlichen Auswirkungen von Abwassereinleitungen zu schützen. Man kann vom bautechnischen und betrieblichen Gewässerschutz sprechen und versteht darunter z. B.

- Bau und Betrieb von Abwasseranlagen
- Einzäunung des Fassungsbereiches einer Wassergewinnung
- Vorkehrungen zum Schutz des Grundwassers bei Abfalldeponien und Lagerung wassergefährdender Stoffe
- Schutzvorkehrungen gegen Ölunfälle

oder man spricht vom verwaltungstechnischen Gewässerschutz, darunter fallen z. B.

- Auflagen für die Einleitung von Abwasser
- Festsetzung von Wasserschutzgebieten
- Überwachung von Gewässern und Abwassereinleitungen

Auch die Begriffe aktiver und passiver Gewässerschutz sind gebräuchlich. Aktiver Gewässerschutz ist z. B. die Abwasserableitung und -reinigung. Passiven (vorbeugenden) leisten wir z. B. durch den Bau einer Auffangwanne zur sicheren

Öllagerung oder der Landwirt, der mit maßvollem Düngen darauf achtet, Nitratabschwemmungen zu vermeiden.

Die Zuordnung ist manchmal mehrdeutig, aber auch nicht entscheidend. Wesentlich ist die Erkenntnis, daß der Ver- und Entsorger auf der Kläranlage in der vordersten Linie des Gewässerschutzes steht und damit eine ganz besonders verantwortungsvolle Aufgabe hat.

## 1.3 Gewässergüte

Die Beschaffenheit des Wassers in einem Gewässer kann man einfach nach gut und schlecht einteilen. Gut ist es, wenn es für die vorgesehene Nutzung tauglich ist; im anderen Fall ist es schlecht. Wenn man aber die Vielfalt der Nutzungen in Betracht zieht, genügt dieser Beurteilungsmaßstab natürlich nicht. Die physikalischen, chemischen und biologischen Eigenschaften des Gewässers sind im einzelnen zu berücksichtigen, wobei sie sich gegenseitig auch noch beeinflussen. Z. B. ist die Temperatur eine physikalische Eigenschaft, aber chemische und biologische Vorgänge sind oft temperaturabhängig. Zu den physikalischen Eigenschaften gehört u. a. auch die Fließgeschwindigkeit und das Vorhandensein von ungelösten Stoffen. Dies kann von einer Lehmtrübung bis zum Transport von grobem Geschiebe im Gebirgsbach gehen. Weitere physikalische Eigenschaften, z. B. die Dichte, werden in Band 1 unter Physik behandelt.

Für die Gewässerreinhaltung sind die biologischen und chemischen Merkmale des Wassers von besonderer Bedeutung. Auch hier wird auf den Grundlagen von Band 1 aufgebaut. Bakteriologische Befunde sind wichtig für Trinkwasser und Badewässer, wenn von Hygienikern über Krankheitserreger (pathogene Keime) zu entscheiden ist.

Natürliches Wasser ist chemisch nicht rein. In kleinen oder größeren Konzentrationen kommen u. a. häufig vor: $H_2CO_3$, $CaCO_3$, Fe, Mg, Ma, Chloride und Stickstoffverbindungen. Auch andere natürliche Verunreinigungen gelangen ins Gewässer, z. B. durch Laubfall, Blütenstaub, Staub- und Bodenabschwemmungen bei Regen oder tierische Abfälle von Fischen, Vögeln, Wild oder Weidetieren. Durch menschliche Einwirkungen verursachte (anthropogene) Verunreinigungen ergeben sich vor allem aus kommunalen oder industriellen Abwassereinleitungen. Durch häusliche Abwässer gelangen z. B. Kohlenhydrate, Fette, Eiweiß, Harnstoffe, einige Salze und pathogene Keime ins Gewässer. Auch in gereinigtem Abwasser sind noch geringe Reste dieser Stoffe. Kühlwasser ist Abwasser. Durch die Emissionen aus Industriebetrieben und Kraftwerken in die Luft können Staub und Gase ebenfalls zu Gewässerverunreinigungen führen. Diese Einflüsse, einzeln oder zusammen, wirken sich auf die Ökologie eines Gewässers mehr oder wenige schädlich aus und beeinflussen die Gewässergüte. Mit Ökologie sind die Beziehungen der tierischen und pflanzlichen Lebewesen zu ihrer Umwelt gemeint. Jedes Gewässer ist ein Biotop, d. h. Standort einer Lebensgemeinschaft von Tieren und Pflanzen.

Je nachdem welche Beobachtungsmerkmale und Kennwerte zur Gütebeurteilung vor allem benutzt werden, könnte man von einer biologischen oder einer chemischen Gewässergüte sprechen. Die Wertigkeiten sind nicht immer gleich, aber es bestehen Abhängigkeiten. Eine wissenschaftlich eindeutige Gütebeurteilung ist ziemlich schwer und langwierig. Sie bleibt naturwissenschaftlichen Spezialisten vorbehalten. Man muß auch zwischen Langzeitaussagen und Augenblicksbeurteilungen unterscheiden. Die Wissenschaft, die sich mit diesen Problemen befaßt, heißt Limnologie. Die folgenden Anhaltspunkte sollen ermöglichen, Gütebeurteilungen einschätzen zu können.

Sehr wichtig für die Gütebeurteilung eines Gewässers ist der Gehalt an gelöstem Sauerstoff, der aus der Luft über die Wasseroberfläche oder durch biogene Belüftung ins Wasser eingetragen wird. Biogen heißt von Lebewesen, z. B. von Algen, erzeugt. Grüne, chlorophyllhaltige Pflanzen, also auch Algen, produzieren bei Sonneneinstrahlung durch ihre Stoffwechselvorgänge Sauerstoff (Fotosynthese); nachts wird allerdings wieder ein Teil verbraucht.

Sauerstoff kann bis zum temperaturabhängigen Sättigungswert eingetragen werden, z. B. bei 10 °C 11 mg/l oder bei 20 °C nur mehr 9 mg/l. Kurzzeitig ist auch Übersättigung möglich, aber höchstens für einige Stunden. Der Unterschied zwischen vorhandenem Sauerstoffgehalt und Sättigungswert heißt Sauerstoffdefizit. Wenn das Defizit längere Zeit erheblich mehr als 50 % beträgt, ist die Existenzfähigkeit vieler Lebewesen, die als Indikatoren für ein sauberes Gewässer gelten, stark eingeschränkt. Z. B. brauchen Forellen mindestens einen $O_2$-Gehalt von 5 bis 7 mg/l und Weißfische mindestens einen von 2 bis 3 mg/l.

Der biochemische und der chemische Sauerstoffverbrauch (BSB und CSB) sind ebenfalls charakteristische Kennwerte. Im Gewässer bedeuten $BSB_5$-Konzentrationen von 8 oder 10 mg/l bereits eine beträchtliche Verschmutzung. Sauerstoffgehalt und -verbrauch geben gute Anhaltspunkte für die Lebensmöglichkeiten von vielen Pflanzen und Tieren. Die biologische Gewässeranalyse nach dem klassischen Saprobiensystem gibt aber weitaus sicherere Langzeitaussagen. Hier werden Leitorganismen und Lebensgemeinschaften im Gewässer mit freiem Auge oder mit dem Mikroskop beobachtet, ausgezählt und nach einem bestimmten Güteklassensystem gewertet.

Für Fließgewässer gilt nach [10]

| Güteklasse | organische Belastung | Farbe in der Gewässergütekarte | chemische Parameter (mg/l) *) $BSB_5$ | $NH_4$-N | $O_2$-Minima |
|---|---|---|---|---|---|
| I | unbelastet bis sehr gering belastet | dunkelblau | 1 | höchstens Spuren | >8 |
| I–II | gering belastet | hellblau | 1–2 | um 0,1 | >8 |
| II | mäßig belastet | dunkelgrün | 2–6 | <0,3 | >6 |
| II–III | kritisch belastet | hellgrün | 5–10 | <1 | >4 |
| III | stark verschmutzt | gelb | 7–13 | 0,5 bis mehrere mg/l | >2 |
| III–IV | sehr stark verschmutzt | orange | 10–20 | mehrere mg/l | <2 |
| IV | übermäßig stark verschmutzt | rot | >15 | mehrere mg/l | <2 |

*) Die chemischen Daten geben lediglich Anhaltspunkte für häufig anzutreffende Konzentrationen

Dabei muß man wissen, daß die Aussagen für sogenannte sommerkalte, schnellfließende Gebirgsbäche anders gelten, als für sommerwarme, langsamfließende Flüsse. Eine vereinfachte Erläuterung findet sich in [21].

Der Belastungszustand der Gewässer wird auch in sogenannten Gewässergütekarten dargestellt. Dafür werden die oben genannten Güteklassen verwendet, wobei jeweils die Untersuchungsergebnisse der letzten Jahre zugrunde liegen.

## 1.4 Selbstreinigungsvermögen

Gewässer können von Natur aus bestimmte Verschmutzungen in begrenzter Menge abbauen. Dies wird als Selbstreinigung bezeichnet. Schwer abbaubare Verschmutzungen oder zu große Mengen überfordern das Selbstreinigungsvermögen und haben schädliche Auswirkungen.

Die in Gewässern immer vorhandenen Mikroorganismen (freischwebend werden sie Plankton genannt, festsitzend Benthon), vor allem Bakterien und tierische Einzeller, nehmen die organischen Schmutzstoffe als Nahrung auf. Sie gewinnen dadurch Energie für ihre Lebensvorgänge und verwandeln die Schmutzstoffe dabei zum Teil in körpereigene Substanz und zum Teil in Kohlendioxid, Wasser und Mineralstoffe. Die Bakterien wachsen und vermehren sich dabei. Sie dienen wieder anderen Lebewesen als Nahrung oder sterben ab. Die hier wirkenden Bakterien sind Aerobier, das heißt, sie brauchen den im Wasser gelösten Sauerstoff zum Leben. Da dieser nur in begrenztem Maß vorhanden ist, wird dadurch auch das Selbstreinigungsvermögen begrenzt.

Werden z. B. durch Abwassereinleitungen zuviel Schmutzstoffe eingebracht, so nimmt die Zahl der Bakterien, besonders bei Sommertemperaturen, schnell zu. Der vorhandene Sauerstoff ist dann bald verbraucht. Die Aerobier und viele andere Lebewesen sterben ab. Sie treiben dann als Flocken im inzwischen trüb gewordenen Wasser und sinken schließlich als faulender Schlamm zu Boden. Mit stinkenden Gasblasen ($H_2S$) wieder auftreibende Schlammfladen sind ein sicheres Zeichen für Sauerstoffmangel. Zum Teil stellen sich andere Lebewesen, Anaerobier, ein. Das Selbstreinigungsvermögen wurde überfordert. Der geruchlose Abbau, wie er bei geringen Schmutzmengen möglich ist, wurde durch Überlastung unterbrochen. Die Gewässerschädigung kann zu Fischsterben oder zur völligen Verödung führen. Die Ursache solcher Erscheinungen können auch anorganische oder giftige Stoffe aus Industrieabwassereinleitungen sein. Wenn sich die Bakterien auch verhältnismäßig schnell vermehren, so dauert der unschädliche, geruchlose Abbau doch viele Stunden bis zu Tagen und erstreckt sich über viele Kilometer im Fluß. Nur Gewässer, deren Selbstreinigungsvermögen nur im Rahmen der natürlichen Sauerstoffergänzung ausgenutzt wird, sind sauber und bleiben gesund.

Der biochemische Abbau von organischen Verschmutzungen verläuft in einem einigermaßen gesunden Gewässer zeitlich in zwei Stufen ab. Die erste Stufe erfaßt vor allem die Kohlenstoffverbindungen, die zweite die Stickstoffverbindungen. Der Verlauf ist sehr temperaturabhängig. Bei 20 °C beginnt die erste Stufe sofort und dauert etwa 20 Tage, während die zweite Stufe (Stickstoffoxidation, Nitrifikation) erst nach etwa zehn Tagen beginnt und viele Wochen dauern kann. Dabei wird Sauerstoff verbraucht. Daher ist der Bedarf an Sauerstoff für den biochemischen Abbau (der biochemische Sauerstoffbedarf, BSB) ein Maß für die Verschmutzung. In den ersten fünf Tagen ist der Abbau besonders intensiv und der Sauerstoffbedarf besonders hoch. Deshalb wurde die Dauer der BSB-Messung auf fünf Tage festgelegt.

Ein Gewässer wird nicht nur an einem Punkt, sondern an vielen Stellen belastet, von denen jeweils die Abbaustufen ausgelöst werden. Die Abbauvorgänge der beiden Stufen finden deshalb im Gewässer häufig nebeneinander statt. Wenn entlang eines Gewässers immer wieder Kohlenstoffverbindungen zugeführt werden, ist der $O_2$-Verbrauch für deren Abbau so vorherrschend, daß der Verbrauch für die Stickstoffoxidation meistens nicht deutlich wird. Die Verbesserung der Gewässergüte hat zur Folge, daß der Anteil des $O_2$-Verbrauches für die Nitrifikation einen erheblichen Einfluß gewinnt und der Ammionium-Stickstoff ($NH_4$-N) zu einem weiteren Maßstab zur Beurteilung einer Abwassereinleitung geworden ist.

Das Selbstreinigungsvermögen eines Gewässers wird durch viele, manchmal recht kompliziert zusammenhängende Faktoren beeinflußt. Die wesentlichsten sind

Wasserführung
Fließgeschwindigkeit
Wassertiefe
Form und Beschaffenheit des Gewässerbettes
Temperatur von Wasser und Luft
Sonneneinstrahlung
Sauerstoffhaushalt, d. h. Eintrag und Verbrauch
Art, Konzentration und Fracht der zugeführten Schmutzstoffe

Schon die Änderung eines dieser Faktoren kann die Selbstreinigung stark vermindern. In Zeiten niedriger Wasserführung, besonders bei Sommerniedrigwasser, ist die Verdünnung des Abwassers im Gewässer und damit die Belastbarkeit sehr viel geringer als bei guter Wasserführung. Besonders saubere Gewässer reagieren schon auf kleine Schmutzstöße sehr empfindlich. Kläranlagen sind dann mit allerhöchster Gewissenhaftigkeit zu betreiben und alle Vorgänge sind besonders sorgfältig zu überwachen, um auch kleine Betriebsstörungen schon vorweg zu erkennen und möglichst zu verhindern.

In stehenden Gewässern findet die Selbstreinigung anders statt als in fließenden. Die Schadstoffe wurden hier nicht ständig weitertransportiert, sondern können sich anreichern. Aufbau und Abbau bzw. Faulung gehen hier mehr in vertikaler Richtung vor sich. Aber auch hier gibt es eine Güteklasseneinteilung in vier Stufen.

Die Nährstoffe Phosphat und Nitrat, auch als Düngstoffe bekannt, spielen hier als Minimumfaktoren eine besondere Rolle. Sie können zu bestimmten Zeiten mit entsprechenden Lichtverhältnissen und passender Temperatur zu einem kräftigen Aufwuchs von Pflanzen und Algen führen. Massenentwicklungen heißen auch Wasserblüte oder Algenblüte. Nährstoffreiche Gewässer werden als eutroph bezeichnet, die verstärkte Produktion pflanzlicher Biomasse als Eutrophierung. Im Gegensatz dazu sind nährstoffarme Gewässer oligotroph.

Die in Massen entwickelten Pflanzen sterben nach einiger Zeit ab und beginnen dann sich zu zersetzen. Diese Faulvorgänge haben eine weitere Verschmutzung (Sekundärverschmutzung) zur Folge, die wieder zu Sauerstoffzehrungen, ja sogar zum völligen Sauerstoffschwund führen kann. Bei Seen werden deshalb häufig Ringkanalisationen gebaut, um Abwassereinleitungen zu vermeiden. In anderen Fällen wird die Nährstoffeinleitung durch Phosphatelimination mit Fällung als chemische Stufe der Kläranlage vermieden.

Auch im Boden und im Grundwasser finden vergleichbare Selbstreinigungsvorgänge statt.

Durch die Selbstreinigung in den Gewässern hat der Mensch gelernt, wie Abwasser gereinigt werden kann. In den Kläranlagen werden diese Erkenntnisse genutzt, um konzentriert und in kurzer Zeit die Selbstreinigungsvorgänge nachzuvollziehen.

## 1.5 Abwasserarten, Abwasseranfall, Abwasserbeschaffenheit

Die Abwasserstatistik 1983 [6] berichtet, daß in den alten Bundesländern täglich 22 Mio $m^3$ Abwasser von etwa 53 Mio Einwohnern in 220 000 km Kanälen abgeleitet und in 8 805 Kläranlagen behandelt werden. Davon sind 7 920 Kläranlagen kleiner als 10 000 EW und nur 64 größer als 100 000 EW.

### *1.5.1 Abwasserarten*

Abwasser ist das durch häuslichen, gewerblichen, landwirtschaftlichen oder sonstigen Gebrauch in seinen Eigenschaften veränderte und das bei Trockenwetter damit zusammen abfließende Wasser (Schmutzwasser) sowie das von Niederschlägen aus dem Bereich von bebauten oder befestigten Flächen abfließende Wasser (Niederschlagswasser) (nach § 2 des AbwAG).

Überblick über die beim Abwasserabfluß benutzten Begriffe der verschiedenen Abwasserarten nach DIN 4045:

| | | |
|---|---|---|
| Häusliches Schmutzwasser $Q_h$ | Schmutzwasser $Q_s$ | Abwasser |
| Waschwasser | | |
| Badewasser | | |
| Spülwasser | | |
| Fäkalwasser | | |
| Gewerbliches Schmutzwasser $Q_g$ | | |
| Fabrikationswasser | | |
| Reinigungswasser | | |
| Kühlwasser | | |
| Landwirtschaftliches Schmutzwasser $Q_l$ | | |
| Fremdwasser $Q_f$ | Niederschlagswasser $Q_r$ | |
| Regenwasser $Q_r$ | | |
| Schmelzwasser | | |

Die angegebenen Kurzbezeichnungen $Q_h$, $Q_g$, $Q_l$, $Q_f$, $Q_r$, $Q_s$, $Q_t$ und $Q_m$ werden benutzt, um den Anfall der jeweiligen Abwasserarten in Formeln darzustellen. Dabei ist $Q_s + Q_f = Q_t$ der Abfluß bei Trockenwetter.

*Häusliches Schmutzwasser,* auch Hausabwasser genannt, ist das in Haushalten und kleinstgewerblichen Betrieben anfallende Schmutzwasser, wie Wasch-, Bade- und Spülwasser einschließlich Fäkalien und Urin.

*Kommunales Schmutzwasser,* auch städtisches Abwasser genannt, enthält neben häuslichem Schmutzwasser auch Schmutzwasser aus Industrie und Gewerbe.

*Gewerbliches* oder *industrielles Schmutzwasser,* auch Betriebsabwasser genannt, kommt aus Industrie- oder Gewerbebetrieben, als Fabrikations- oder Produktionswasser, Reinigungs- oder Kühlwasser. Besondere Bedeutung für die Abwasserreinigung hat Schmutzwasser aus

Molkereien
Brauereien
Schlachthöfen
fleisch-, fisch- oder lederverarbeitenden Betrieben
Zuckerfabriken
obst- und gemüseverarbeitenden Betrieben
Winzerbetrieben
Papierfabriken
Zechen und Hütten
Stahl-, Textil- und Chemiewerken

Es ist oft sehr einseitig gekennzeichnet durch organische oder mineralische Stoffe, Farben, extreme pH-Werte oder hohe Temperaturen. Manche Betriebsabwässer müssen vor der Einleitung in das städtische Kanalnetz vorbehandelt werden, z. B. müssen Galvanik- oder Beizereiabwasser neutralisiert und entgiftet werden.

*Landwirtschaftliches Schmutzwasser* ist meist ziemlich stark organisch verschmutztes Abwasser aus Stallungen oder der Massentierhaltung. Es kann z. B. bei der Futteraufbereitung oder durch Tropfmilch entstehen. Oft spielen dabei Reste aus dem Jauche- und Silagebetrieb eine Rolle. Jauche und Silosäfte selbst sind kein Abwasser und sind der Kanalisation fernzuhalten.

*Fremdwasser* ist ein zusammenfassender Begriff für Wasser, das eigentlich nicht in die Kanalisation gehört und auch nicht in einer Kläranlage behandelt werden sollte. Gemeint ist zum Beispiel Grundwasser, das in undichte Kanäle eindringt, Dränwasser aus Dränungen zur Trockenlegung tiefliegender Keller oder durchnäßter Grundstücke, Wasser aus Brunnen oder Entwässerungsgräben. Fremdwasser sollte dem Kanalnetz ferngehalten werden. Das ist jedoch aus technischen und wirtschaftlichen Gründen nicht immer möglich. Vielen Kläranlagen fließt wegen des Fremdwassers ein Mehrfaches des eigentlichen Trockenwetterzuflusses zu. Nach § 9 (5) des AbwAG und der Rahmen-AbwasserVwV ist eine Verdünnung, z. B. durch Fremdwasser, nicht zulässig.

*Regenwasser* ist das Wasser, das infolge der Niederschläge wie Regen, Hagel oder Schnee über Dächer, befestigte Flächen wie Höfe, Straßen und Plätze oder unbefestigte Flächen wie Grünanlagen oder Gärten in die Kanalisation fließt. Es ist unterschiedlich, aber vorwiegend mineralisch verschmutzt. Zeitweise können auch nennenswerte organische Beimengungen auftreten. In der Umgebung von

Industriebetrieben kann es durch Luftverunreinigungen oder Staubausstoß (Emissionen) erheblich verschmutzt werden. Im Kanalnetz abgeleitetes Niederschlagswasser ist Abwasser.

*Mischwasser* entsteht, wenn in Kanälen Schmutzwasser und Regenwasser vermischt abgeleitet werden. Mischwasser ist Abwasser.

Im Gegensatz zu Mischwasser wird ein Gemisch von Abwässern verschiedener Herkunft als *Mischabwasser* bezeichnet. Die Mindestanforderungen an Mischabwasser sind in der 22. AbwasserVwV vom 27. 8. 1991 festgelegt.

Unbehandeltes Abwasser wird auch *Rohabwasser* genannt.

### 1.5.2 Abwasseranfall

Der Anfall von Schmutzwasser entspricht im wesentlichen dem häuslichen Wasserverbrauch (Bild 1.1) bzw. dem von Gewerbe und Industrie. Beim städtischen Abwasser sind die Abflußspitzen auf der Kläranlage gegenüber den Verbrauchspitzen im Wasserwerk abgeflacht. Nachts, an Sonn- und Feiertagen sowie in der Urlaubszeit ist der Schmutzwasseranfall geringer als in den anderen Zeiten. In Urlaubsgebieten nimmt er in der Ferienzeit zu. In kleinen Orten sind die Tagesschwankungen ausgeprägter und größer als in Städten. In Bild 1.2 sind die Schwankungen des Abwasserabflusses und der darin enthaltenen absetzbaren Stoffe einer Stadt von 50 000 Einwohner im Laufe eines Tages dargestellt.

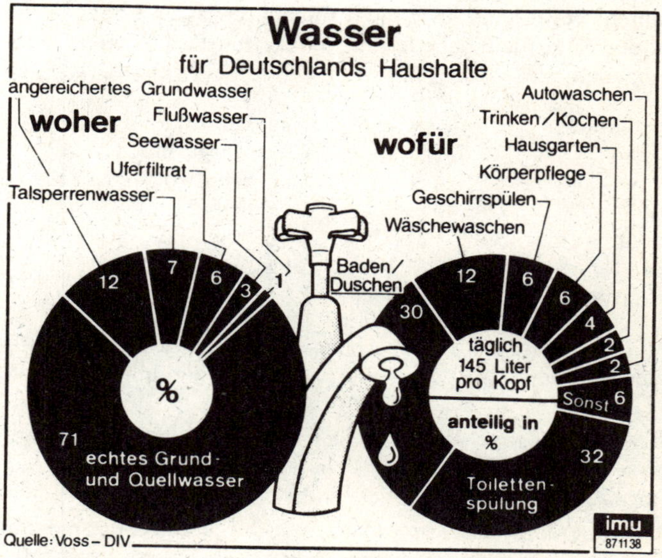


Bild 1.1: Wasserverbrauch in deutschen Haushalten (alte Bundesländer). Quelle: Voss - Deutscher Institutsverlag (DIV).

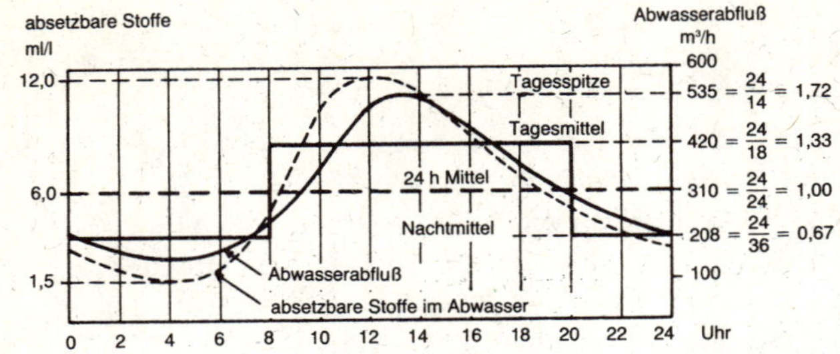


Bild 1.2: Tägliche Schwankung des Schmutzwasserabflusses [13]

Daraus ist ablesbar, daß die stündliche Tagesspitze kurz nach Mittag auftritt und etwa 1/14 des gesamten 24-h-Mittels erreicht, während nach Mitternacht der stündliche Zufluß auf ein 1/37 absinkt. Als Faustwert beträgt die Tagesspitze 3–5 l/s je 1 000 E.

In kleinen bis mittleren Gemeinden ist mit einem spezifischen, d. h. hier auf Einwohner und Tag bezogenen Schmutzwasseranfall von 150 – 200 l/(E·d) zu rechnen, der in Großstädten auf 300 – 400 l/(E·d) steigen kann. Die Zunahme wird vorwiegend durch Gewerbe und Industrie verursacht.

Wenn man das Schmutzwasser der ganzen Bundesrepublik zusammenfassen würde, ergäbe sich ein gewaltiger Fluß, der bei Niedrigwasser dem Rhein bei Duisburg vergleichbar wäre.

Der Anfall von *gewerblichem Schmutzwasser* läßt sich zwar am Wasserverbrauch beurteilen, aber von einigen Ausnahmen in der Lebensmittelindustrie abgesehen, wird etwas mehr verbraucht als dann als Schmutzwasser anfällt. Für einige Produkte ist in der folgenden Tabelle der übliche mittlere Wasserverbrauch in l je Einheit angegeben:

| | | | | | |
|---|---|---|---|---|---|
| 1 l | Molkereimilch | 0,5 – 4 | 1 kg | Stärke | 1 – 6 |
| 1 l | Bier | 2,5 – 15 | 1 kg | Margarine | 40 – 60 |
| 1 kg | Papier | 10 – 20 | 1 kg | Schafwolle | 100 |
| 1 l | Alkohol | 15 – 20 | 1 kg | Kohle | 20 – 30 |
| 1 kg | Fleisch- u. Wurstwaren | 1 – 3 | 1 kg | Stahl | 30 – 50 |
| 1 kg | Zucker | 100 | 1 kg | Ledergerbung | 25 – 60 |
| 1 kg | Fischkonserven | 17 – 45 | 1 kg | Zellstoff | 80 – 150 |

Eine annähernd sichere Beurteilung eines Betriebes ist aber nur möglich, wenn der Schmutzwasseranfall über einen längeren Zeitraum hinweg sorgfältig gemessen wird.

Der Anfall von *landwirtschaftlichem Schmutzwasser* hat sich wegen des häufig sehr intensivierten Betriebes in den letzten Jahren so verändert, daß allgemein verwendbaren Angaben nicht möglich sind.

Der annähernde *Fremdwasseranfall* kann nur durch Durchflußmessungen ermittelt werden. Für Kanalnetzmessungen ist zwar ein Faustwert von 0,05 bis 0,15 l/(s·ha) üblich. Für den Kläranlagenbetrieb sind diese groben Annahmen nicht ausreichend. Hier helfen nur echte Meßwerte. Dafür sind in [17] Formblätter entwickelt worden (Abschnitt Betriebstagebuch). Mit Hilfe der gemessenen Werte kann in Kläranlagen ohne anzeigende Durchflußmeßeinrichtung die *Jahresschmutzwassermenge* mit nachstehenden Faustzahlen ermittelt werden:

| Spezifischer Jahresschmutzwasseranfall $m^3/E$ | Fremdwasseranteil % |
|---|---|
| 30 – 50 | 0 – 25 |
| 50 – 60 | 25 – 33 |
| 60 – 80 | 33 – 50 |
| > 80 | > 50 |

Diese Zahlen gelten, solange der Abfluß nicht aus Industriebetrieben nennenswert beeinflußt wird. Beim Prozentsatz des Fremdwassers wird vom täglichen Trockenwetterabfluß als 100 % (mit Fremdwasser) ausgegangen. Voraussetzung ist, daß das Fremdwasser mindestens viermal im Jahr in der Nacht gemessen wurde. Eine Messung allein genügt nicht.

Der *Anfall von Niederschlagswasser* ist für die Bemessung von Kanälen, Regenbecken und Pumpwerken besonders wichtig. Für den Regenwasseranfall sind maßgebend

Regenhöhe T (mm)
Regendauer N (min)
Regenintensität i (mm/min) = $\frac{N}{T}$
Regenspende r (l/(s·ha)) = 166,7 · i
Regenhäufigkeit n (jährlich erreicht oder überschritten)
Fläche des Einzugsgebietes A (ha)
mittlerer Abflußbeiwert des Einzugsgebietes $\psi$ (psi)

In der Bundesrepublik ist es üblich zur Bemessung von Regen- oder Mischwasserkanälen einen Berechnungsregen von 15 min Dauer mit n = 1 und Regenspenden von 85 im Norden bis 130 l/(s·ha) im Süden anzusetzen.

Die Jahresregendauer beträgt 500 bis 800 Stunden, die Jahresregenhöhe 400 bis 800 mm, in den Voralpen bis zu 2 000 mm.

Der mittlere Abflußbeiwert richtet sich, je nach Bebauungsart, annähernd nach folgender Tabelle:

| Bebauungsart | $\psi$ |
|---|---|
| sehr dicht | 0,7 bis 0,9 |
| dicht | 0,5 bis 0,7 |
| geschlossen | 0,4 bis 0,5 |
| weitläufig (Außenbereiche) | 0,2 bis 0,3 |
| unbebaut (Grünanlagen) | 0,05 bis 0,1 |

In vereinfachter Form kann man den Regenwasserabfluß überschlägig mit der Formel

$$Q_r = r \cdot A \cdot \psi \text{ (l/s)}$$

berechnen, z. B. r = 100 l/(s·ha)
A = 30 ha
$\psi$ = 0,5

$$Q_r = 100 \cdot 30 \cdot 0{,}5 = 1\,500 \text{ l/s}.$$

Für genauere Berechnungen gilt das ATV-Arbeitsblatt A 118 „Richtlinien für die hydraulische Berechnung von Schmutz-, Regen- und Mischwasser Kanälen“ [7].

Das Verhältnis von Schmutzwasserabfluß bei Trockenwetter zum Regenwasserabfluß ist sehr unterschiedlich, je nachdem ob der Spitzenabfluß bei Starkregen mit der Spitze des Trockenwetterabflusses oder die jeweiligen Jahresabflüsse miteinander verglichen werden. Beispiele:

*Ländlicher Ort* mit 3 000 E und 50 ha Einzugsgebiet
Spitzenabflüsse:
Trockenwetter als Tagesspitze $Q_s$ 9 bis 12 l/s
Starkregen $Q_r$ 1 500 bis 2 500 l/s
$Q_s : Q_r$ = 1:100 bis 1:250
Jahresabflüsse: $Q_s$ 150 000 bis 200 000 $m^3/a$
$Q_r$ 100 000 bis 200 000 $m^3/a$
$Q_s : Q_r$ = annähernd 1:1

*Stadt* mit 30 000 E und 300 ha Einzugsgebiet
Spitzenabflüsse: $Q_s$ 100 bis 150 l/s
$Q_r$ 12 000 bis 20 000 l/s
$Q_s : Q_r$ = 1:80 bis 1:200
Jahresabflüsse: $Q_s$ 2 bis 3 Mio $m^3/a$
$Q_r$ 0,7 bis 1,5 Mio $m^3/a$

$Q_s : Q_r$ = annähernd 1,3:1 bis 4:1, d. h. hier überwiegt der Jahresabfluß bei Trockenwetter.

### *1.5.3 Abwasserbeschaffenheit*

Um die Beschaffenheit des Abwassers zu beurteilen, sieht man es sich zuerst an, riecht daran und untersucht es dann weiter physikalisch und chemisch. Die wichtigsten Eigenschaften und Stoffe, die über die Beschaffenheit Auskunft geben, sind

- Farbe
- Trübung (Durchsichtigkeit)
- Geruch
- Temperatur
- absetzbare Stoffe
- pH-Wert
- gelöste und ungelöste Stoffe
- organische und anorganische (mineralische) Stoffe
- Fäulnisfähigkeit (Haltbarkeit)
- Leitfähigkeit (Salzgehalt)
- giftige (toxische) Stoffe
- Öle, Fette, brennbare, explosible Stoffe
- Detergentien
- infektiöse Stoffe
- Meßwerte für BSB, CSB, $NH_4$-N, $P_{ges}$

*Häusliches* bzw. *städtisches Schmutzwasser* ist meist hellgrau, trüb und riecht dumpf muffig, solange es frisch ist. Schwarzgraue Farbe und der Geruch nach $H_2S$

wird meistens von angefaulten Beimengungen verursacht. Das Anfaulen kann von Ablagerungen in Kanälen mit geringem Gefälle kommen oder durch sehr lange Fließzeiten. Andere Färbungen oder Gerüche sind fast immer auf Betriebsabwasser zurückzuführen. Es hat im Regelfall Temperaturen zwischen 10 und 20°C je nach Jahreszeit. Zum Vergleich: Trinkwasser hat 8 bis 14°C und Grundwasser 6 bis 12°C.

Der Anteil an absetzbaren Stoffen im Kläranlagenzulauf schwankt je nach Tageszeit (siehe Bild 1.2). Er kann bis zu 20 ml/l betragen. Bei Starkregen wird die Trübung durch abgeschwemmte Ablagerungen oft verstärkt. Eine grobe Einteilung der Korngrößen von gelösten und ungelösten Stoffen gibt Bild 1.3.

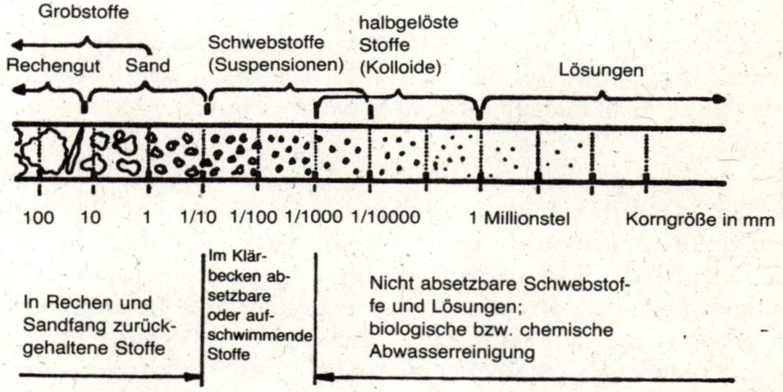


Bild 1.3: Korngrößen [15]

Der *pH-Wert* (Wasserstoffionen-Konzentration) von häuslichem Schmutzwasser liegt meistens zwischen 6,5 und 7,5, also im neutralen Bereich. Die Schädlichkeitsbereiche sind in der pH-Wert-Skala in Bild 1.4 dargestellt.

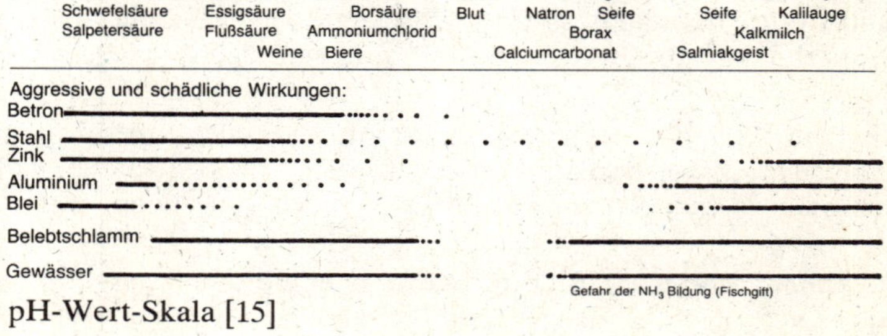


Bild 1.4: pH-Wert-Skala [15]

Im häuslichen Rohabwasser bestehen etwa ⅔ der Verschmutzungen aus gelösten oder halbgelösten und ⅓ aus absetzbaren Stoffen.

Gut gereinigtes Abwasser ist weitgehend geruchfrei, enthält keine absetzbaren Stoffe und hat eine Durchsichtigkeit von mindestens 50 cm. Manchmal hat es eine leicht gelbliche Färbung, die vorwiegend durch Huminsäuren verursacht wird. Es ist fäulnisunfähig und hat einen pH-Wert um 7.

Bei den anderen Abwasserarten schwanken die Eigenschaften und Mengen der Inhaltsstoffe meistens stärker als beim städtischen Schmutzwasser.

*Trübungen* werden durch ungelöste Stoffe in kolloidaler Form, sehr fein verteilte Schwebstoffe, auch Suspensa genannt, verursacht und vermindern die Durchsichtigkeit. Sie können anorganisch sein, z. B. Tontrübe, oder organisch, z. B. Bakterien.

Die Herkunft mancher Abwasserarten kann am *Geruch* erkannt werden, z. B. hat landwirtschaftliches Abwasser häufig den typischen Jauche- oder Silogeruch. Brauereiabwasser riecht manchmal nach Maische (Treber) und Molkereiabwasser nach Molke.

Andere, manchmal gefährliche, Inhaltsstoffe, z. B. *toxische* in ungenügend vorbehandeltem Galvanikabwasser, sind nicht immer mit Auge oder Nase erkennbar. Hierzu gehören auch Stoffgruppen mit den Bezeichnungen CKW (chlorierte Kohlenwasserstoffe, PCB (polychlorierte Biphenyle), AOX (adsorbierbare organische Halogenverbindungen) oder ähnliche, zu denen die Lösungsmittel Tri, Per und Tetra gehören. Sie sind gelöste organische Stoffe, die nur schwer oder nicht abbaubar sind. Manche wirken abbauhemmend. AOX sind auch in der Bewertungstabelle der Schadstoffe im AbwAG aufgeführt. Auch einige Schwermetalle können toxisch wirken. Die Giftwirkung ist immer von der Konzentration abhängig.

*Salze* sind in jedem natürlichen Wasser enthalten, daher auch im Abwasser. Sulfatgehalte über 300 mg/l können Beton angreifen. Der Salzgehalt kann durch die elektrische Leitfähigkeit gemessen werden.

*Detergentien* kommen über Wasch- und Spülmittel ins Abwasser; sie verursachen die Schaumbildung im Wasser. Aus Waschmitteln stammt auch ein Teil der Phosphate, die ebenso wie Nitrate als Nährstoffe ein Gewässer belasten können.

Viele organische Schmutzstoffe sind leicht zersetzlich und gehen bei Sauerstoffmangel in Fäulnis über. Die *Fäulnisfähigkeit bzw. die Haltbarkeit* sind deshalb ein Beurteilungskriterium für Abwasser, wobei entweder Schwefelwasserstoff mit Bleiazetat nachgewiesen oder durch Methylenblau die Haltbarkeit bestimmt wird. Methylenblau wird normalerweise in städtischen Rohabwasser in einigen Stunden entfärbt. Wenn Rohabwasser nicht entfärbt, sind meist toxische Stoffe die Ursache.

In städtischem Schmutzwasser muß immer mit *Krankheitserregern* (Bakterien, Viren, Parasiten, Wurmeiern) gerechnet werden. Ein Rest dieser pathogenen Keime ist auch in gut gereinigten Abwasser noch vorhanden, wenn es nicht desinfiziert wird.

Wenn *brennbare Stoffe*, wie Benzin, Benzol oder Verdünner usw. in den Kanal gelangen, ist vor allem die Explosionsgefahr zu beachten.

Vier wichtige Parameter zur Beurteilung der Abwasserbeschaffenheit sind

*Biochemischer Sauerstoffbedarf* (BSB)
*Chemischer Sauerstoffbedarf* (CSB)
*Ammonium-Stickstoff* ($NH_4$-N) *und*
*Phosphor* ($P_{ges}$)

*$BSB_5$*

Bei der Bestimmung des $BSB_5$ wird der $O_2$-Bedarf gemessen, der bei 20°C in fünf Tagen von den Mikroorganismen zum Abbau der organischen Stoffe benötigt wird. Er ist für biologische Kläranlagen ein wichtiger Meßwert. Er ist für Bemessung und Funktionskontrolle biologischer Kläranlagen ein wichtiger Meßwert, da er eine Aussage über den biologischen Abbau trifft.

In der Rahmen-AbwasserVwV ist der $BSB_5$ der Maßstab für die Größenklasse einer Kläranlage.

Der *$BSB_5$* von städtischem Rohabwasser liegt im Mittel zwischen 200 und 400 mg/l. Die Zahl für das dünnere Abwasser mit der niedrigen Konzentration gilt für Großstädte wegen des größeren spezifischen Wasserverbrauchs. In Deutschland rechnet man, daß ein Einwohner täglich 60 g $BSB_5$ ableitet.

Mit dem $BSB_5$ kann auch die organische Verschmutzung eines Betriebsabwassers gemessen werden. Wenn diese $BSB_5$-Fracht durch 60 (bei Messung der abgesetzten Probe durch 40), die Zahl, die für einen Einwohner gilt, geteilt wird, entspricht diese Schmutzmenge einem *Einwohnergleichwert* (EGW).

Bei der Herstellung folgender Produkte fällt im Abwasser durchschnittlich jeweils ein EGW an (Quelle: [33, 34]):

| | | | |
|---|---|---|---|
| 2–5 kg | Fleisch- und Wurstwaren | 1–2 l | Kartoffelspiritus |
| 1–2 kg | Butter | 3–20 l | Bier |
| 2 kg | Margarine | 0,1 kg | Backhefe |
| 14–40 l | Molkereimilch | 0,3–1 kg | Leder |
| 4–22 kg | Käse (ohne Molkeablauf) | 0,2–0,5 kg | Wolle |
| 0,5–2 kg | Fischkonserven | 0,2–0,3 kg | Zellstoff |
| 2 kg | Obst- oder Gemüsekonserven | 1–5 kg | Papier |
| 2 kg | Sauerkraut oder Essiggurken | 1 kg | Seife |
| 2–10 kg | Stärke | 1 kg | Leim |
| 1–1,5 kg | Mais-, Reis-, Weizenstärke | | |

1 EGW fällt an beim Ablassen von 0,5 l Vollmilch oder beim Waschen von 1–5 kg Schmutzwäsche.

Die Summe aus der Zahl der Einwohner (EZ) und dem Einwohnergleichwert (EGW) ergibt den *Einwohnerwert* (EW), z. B. für die Ausbaugröße einer Kläranlage.

*CSB*

Beim *CSB* wird der $O_2$-Verbrauch mit Hilfe eines Oxidationsmittels, z. B. Kaliumdichromat, gemessen. Bei städtischem Rohabwasser liegt er im Mittel zwischen 400 und 600 mg/l bzw. täglich bei 120 g je Einwohner.

*$NH_4$-N*

Der Gehalt an Ammonium-Stickstoff (*$NH_4$-N*) in städtischem Rohabwasser liegt – je nach Fremdwasseranteil, Anteil an gewerblichem Abwasser und Umsetzung von $N_{org}$ zu $NH_4$-N im Kanalnetz – zwischen 20 und 50 mg/l. Einwohnerbezogen rechnet man mit einem Stickstoffanfall von 11 g N/d. Bei der Oxidation von $NH_4$-N zu Nitrat wird etwa die vierfache Menge an Sauerstoff wie bei der Oxidation der Kohlenstoffverbindungen verbraucht, entsprechende Temperaturen und pH-Werte vorausgesetzt. Der Ammonium-Stickstoff steht mit dem Ammoniak ($NH_3$-N) in einer Art Gleichgewicht. Steigt die $NH_4$-N-Konzentration, dann erhöhen sich auch die $NH_3$-N-Werte. Bei warmen Wassertemperaturen und höheren pH-Werten kann der Ammoniak auf über 0,2 mg/l im Gewässer ansteigen und wirkt dann stark fischgiftig.

*$P_{ges}$*

Die Phosphorkonzentration des Abwassers ist in den letzten Jahren deutlich zurückgegangen. Sie liegt heute im städtischen Rohwasser bei etwa 8 bis 12 mg/l. Einwohnerbezogen rechnet man mit 2,5 g $P_{ges}$/d.

Phosphor gehört in Form von Phosphat neben dem bei der Stickstoffoxidation entstehenden Nitrat zu den Pflanzennährstoffen. Beide Stoffe führen zu einer Überdüngung der Gewässer.

Nachdem der Kohlenstoff (organische Stoffe) heute in den Kläranlagen sehr weitgehend abgebaut wird, kommt den Nährstoffen Phosphat und Nitrat eine besondere Bedeutung zu. Sowohl in den Mindestanforderungen zu § 7a WHG (RahmenAbwVwV mit Anhängen) als auch im AbwAG wurden dafür Grenzwerte eingeführt.

In den Mindestanforderungen der RahmenAbwVwV sind die je nach Kläranlagenausbaugröße geforderten Ablaufwerte für $BSB_5$, CSB, $NH_4$-N und $P_{ges}$ festgelegt, soweit nicht aus gewässergütewirtschaftlichen Gründen strengere Werte gefordert werden müssen.

# 2 Sammeln und Ableiten von Abwasser

Auf bewohnten oder gewerblich genutzten Grundstücken entstehendes Abwasser wird in der Regel in Kanälen gesammelt und abgeleitet. Das Ableiten beginnt an den Anfallstellen in den Wohnungen und auf den Grundstücken.

Eine ordnungsgemäß geplante, gebaute und betriebene Kanalisation ist Voraussetzung für einwandfreie Hygiene, einen guten Lebensstandard und für den notwendigen Gewässerschutz. Zur Abwasserableitung gehören Grundstücksentwässerungsanlagen – meistens im Privatbesitz –, die Straßenentwässerung und Kanäle; die beiden letzteren sind meist öffentliche Einrichtungen. In manchen Gegenden werden Kanäle auch Siele oder Dolen genannt.

Die mit viel Geld gebauten Kanäle können ihre Aufgaben nur erfüllen, wenn sie ständig sorgfältig überwacht und gewartet werden. Kanäle müssen gegen eindringendes und austretendes Wasser dicht sein und der freie Durchgang im vollem Querschnitt muß erhalten bleiben.

In großen Städten werden die beiden Aufgaben Kanalbetrieb und Abwasserreinigung jeweils in eigenen Abteilungen mit vielen Fachkräften durchgeführt. In kleinen Orten muß der Ver- und Entsorger oft beide Aufgaben allein wahrnehmen, da er häufig die einzige mit der Abwassertechnik vertraute Person der Gemeinde ist. Für Kanalplanung und Kanalbau sind dann Ingenieurbüros und Firmen zuzuziehen. Trotzdem muß ein Ver-und Entsorger auch hiervon die wichtigsten Grundlagen kennen, um in Betriebsfragen sicherer urteilen zu können.

Im Bereich der Kanalisation sind viele Einrichtungen genormt. In einigen Fällen werden die DIN-Normen hier angegeben. Alle Normen des Abwasserbereiches sind auch in vier Bänden „Abwassertechnik 1 bis 4“ zusammengefaßt beziehbar [8]. Ausführliche Einzelheiten zur Kanalisationstechnik, die normalerweise über den Bedarf des Ver- und Entsorge hinausgehen, sind in [2] und [25]. Viele der im vorliegenden Buch vermittelten Grundlagen sind dort entnommen.

Im ATV-Regelwerk [5] werden im ATV-Arbeitsblatt 241 „Bauwerke der Ortsentwässerung“ eingehend dargestellt.

## 2.1 Geschichte

Der Bau von Kanalisationsanlagen ist keine Errungenschaft der Neuzeit. Alle Kulturvölker des Altertums haben in „Ballungsgebieten“ (Hauptstädte, Militärlager) bereits Kanalisationsanlagen gebaut. Die ältesten Funde werden in das 6. Jahrtausend v. Chr. datiert. Vor allem von den Griechen und Römern ist überliefert, daß sie in Erkenntnis der hygienischen Erfordernisse des „öffentlichen Lebens“ die Reinhaltung von Straßen, Plätzen, Heerlagern, Stadien usw. forderten. Besonders bekannt sind die Aquädukte, die „Cloaca Maxima“ Roms und die gut erhalten gebliebenen Einrichtungen Pompejis.

Mit dem Untergang dieser Kultur gingen die vorhandenen Anlagen größtenteils verloren. Während des ganzen Mittelalters bestand eine kaum vorstellbare Gleichgültigkeit gegenüber den hygienischen Erfordernissen in den wachsenden Städten.

Erst ab etwa 1500 ist eine „Wiederentdeckung“ der Hygiene zu beobachten. Noch bis weit in das 19. Jahrhundert hinein gab es Cholera-, Ruhr- und Typhusepidemien, an denen Tausende von Menschen starben.

Der Bau größerer Kanalisationsanlagen in den Städten begann in Deutschland etwa um 1850. 1984 waren 89 % der Bevölkerung in den alten Bundesländern an einem öffentlichen Kanal angeschlossen.

## 2.2 Anlagen der Abwasserableitung

### *2.2.1 Mischverfahren und Trennverfahren*

Wenn Schmutz- und Niederschlagswasser zusammen in *einem* Kanal abgeführt werden, spricht man von Mischverfahren. Beim Trennverfahren werden Schmutz- und Niederschlagswasser getrennt voneinander in zwei verschiedenen Kanälen abgeleitet. Die Trennung beginnt schon in den Grundstücken und die Anschlußkanäle müssen an den jeweils richtigen Sammelkanal, Regenwasser in den Regenwasserkanal, Schmutzwasser in den Schmutzwasserkanal, angeschlossen werden.

Manche Gemeinden wenden in einigen Ortsteilen das eine, in anderen das andere Verfahren an. Dort ist die Gefahr von Fehlanschlüssen besonders groß, nämlich daß Schmutzwasser in den Regenwasserkanal geleitet wird oder umgekehrt.

Damit Mischwasserkanäle wegen des Regenwasseranfalls nicht übermäßig groß gebaut werden müssen, werden an geeigneten Stellen Regenentlastungen angeordnet. Das können Notauslässe, Regenüberläufe oder Entlastungen über Regenbecken sein. Der zur Kläranlage weiterführende Kanal kann dann kleiner gebaut werden.

Auch die Ausdrücke Misch- und Trennsystem oder Misch- und Trennkanalisation sind gebräuchlich.

Es ist nicht Aufgabe eines Ver- und Entsorgers, über das zu wählende Entwässerungsverfahren (Kanalisationssystem) zu entscheiden, aber die wesentlichen Entscheidungsgründe sollte er trotzdem kennen. Je nach den örtlichen Gegebenheiten sind die Bau- und Betriebskosten, in manchen Fällen auch die eingeführte Tradition, maßgebend.

Die Kosten werden u. a. bestimmt durch

- Geländeform und Bebauungsart
- Beschaffenheit des Untergrundes
- Grundwasserstand
- Lage, Aufnahmefähigkeit und Hochwasserkoten der Vorfluter
- vorhandene Kanäle
- bestehende Grundstücksentwässerungen

Das Mischverfahren ist häufig kostengünstiger in Bau und Betrieb. Fehlanschlüsse sind nicht möglich. Die notwendigen Regenentlastungseinrichtungen können sich allerdings nachteilig auf die Gewässergüte auswirken.

Das Trennverfahren kann z. B. vorteilhaft sein

- bei geringem Geländegefälle und hohem Grundwasserstand
- bei durchlässigem Untergrund, wenn ein großer Teil des Regenwassers an den Anfallstellen auf den Grundstücken versickert werden kann

- wenn das Regenwasser durch kurze Stichkanäle ohne Vorbehandlung einem Vorfluter zugeführt werden kann
- wenn wegen der größeren Einbautiefe des Schmutzwasserkanals auch das Regenwasser gepumpt werden müßte
- wenn für Fremdwasser, z. B. aus Hausdränungen, ein eigener Kanal notwendig ist. Fremdwasser kann im Regenwasserkanal abgeführt werden.

Nachteilig für das Trennverfahren sind der große Platzbedarf im Straßenkörper für zwei Kanäle, die Gefahr der Fehlanschlüsse und mehr Wartungsaufwand wegen der größeren Reinigungslänge.

Weitergehende Einzelheiten enthält das ATV-Arbeitsblatt A 105 „Hinweise für die Wahl des Entwässerungsverfahrens“ [7].

### 2.2.2 Grundstücksentwässerung

Grundstücksentwässerungsanlagen erfassen das gesamte auf dem Grundstück anfallende Abwasser (Schmutz- und Regenwasser) und leiten es zur öffentlichen Kanalisation (Bild 2.1). Für Bemessung, Bau und Erläuterung der Begriffe gilt DIN 1986 [8].

Wichtige Begriffe sind:

- *Grundleitung,* die im Erdreich – auch unter dem Gebäude – verlegte Leitung bis zum Anschlußkanal
- *Falleitung,* die senkrecht innerhalb des Gebäudes verlegten Leitungen, mit Entlüftung über Dach
- *Anschlußkanal,* die Verbindung vom öffentlichen Kanal bis zur Grundstücksgrenze oder bis zum ersten Reinigungsschacht (Revisionsschacht)

Alle Leitungen müssen wasserdicht sein und frostfrei verlegt werden. Die Werkstoffe müssen ein Prüfzeichen haben. Das Austreten von Gasen muß durch Geruchsverschlüsse verhindert werden. Die unter der Rückstauebene, die meist der Straßenhöhe entspricht, liegenden Entwässerungsgegenstände, z. B. ein Kellerablauf in der Waschküche, sind durch Rückstauverschlüsse (DIN 1997) gegen Eindringen von überstauendem Wasser aus dem Kanal zu sichern.

Wenn ein bebautes Grundstück noch nicht an eine Kanalisation mit Kläranlage angeschlossen ist, wird als Notlösung über eine Kleinkläranlage (DIN 4261) entwässert. Diese Kleinkläranlagen müssen mehrmals jährlich durch Fäkalsaugwägen geräumt werden. Von da stammt der im Kläranlagenbetrieb meist lästige Fäkalschlamm.

Auf Grundstücken, auf denen mit Abschwemmung von Leichtstoffen, z. B. Benzin, Öl, Fett, zu rechnen ist, müssen vor Einleitung ins Kanalnetz Abscheider für Leichtflüssigkeiten (siehe auch Abschnitt 3.3.2), z. B. Benzinabscheider (DIN 1999), Fettabscheider (DIN 1940–43) angeordnet werden. Vielfach muß ein Schlammfang vorgeschaltet sein. Diese Einrichtungen sind nur wirksam, wenn sie regelmäßig kontrolliert und geräumt werden.

Grundstücksentwässerungen sollten einem Genehmigungsverfahren und einer Bauabnahme unterliegen.

### 2.2.3 Straßenabläufe, Kanäle und Schächte

*Straßenabläufe* (Bild 2.2) (DIN 4052) (Straßensinkkästen, Gullies) mit oder ohne Schlammeimer erfassen das Regenwasser von Straßen und Plätzen und leiten es zum Sammelkanal. Bei starkem Sandanfall sind vor den Einläufen manchmal Geröllfänger angeordnet. Straßenabläufe sind aus Gußeisen oder Fertigbeton oder einer Kombination von beiden.

Für die *Kanäle* selbst sind üblich

- Steinzeugrohre (DIN 1230) mit Steckmuffen
- Betonrohre (DIN 4032)
- Stahlbetonrohre (DIN 4035)
- Asbestzementrohre (DIN 19850); neuerdings wird statt Asbest ein anderer Faserstoff verwendet
- Kunststoffrohre (DIN 19534)
- Stahlrohre oder Gußrohre, z. B. für Druckleitungen und Düker
- Ortbeton, wenn Kanäle auf der Baustelle betoniert werden

Manche Kanäle werden innen z. B. mit Steinzeug, Klinkern oder Zementmörtel ausgekleidet oder mit Kunststoff beschichtet. Bei alten Anlagen kommen auch gemauerte Kanäle vor.

Die Dichtungen in den Rohrverbindungen (DIN 4060, 4062) sind besonders wichtig. Früher wurden die Rohrstöße mit Teerstricken verpreßt und verstemmt oder mit Heißvergußmasse ausgegossen. Häufig anzutreffende Dichtungen sind Rollringdichtung, Gleitringdichtung oder fest angebrachte Dichtmittel je nach Muffenart, Querschnittsform und Rohwerkstoff. Heute müssen Dichtungen das Prüfzeichen des Instituts für Bautechnik in Berlin haben.

Die wichtigsten Forderungen der Prüfung sind

- wasserdichter Abschluß
- Wurzelfestigkeit
- Elastizität gegenüber Bewegungen im Rohrstoß
- Dauerfestigkeit

Die Abwasserbeschaffenheit kann sich auf die Kanalbaustoffe auswirken. Temperatur und pH-Wert sind hier besonders wichtig. Durch höhere Temperaturen können z. B. die Kanaldichtungen oder -beschichtungen beschädigt werden, deshalb darf Abwasser mit mehr als 35 °C nicht in den Kanal eingeleitet werden. Saure Abwässer mit pH-Wert unter 6 greifen alle zementhaltigen Kanal- und Schachtbaustoffe an.

Die häufigsten Querschnittformen (Profile) (DIN 4263) sind der Kreisquerschnitt und der Eiquerschnitt. Übliche Kreisprofile sind DN 100 bis DN 3000, wobei DN Durchmessernennweite (Innendurchmesser) in mm bedeutet. Normale Eiprofile haben ein Verhältnis von Breite zu Höhe von 2:3 und reichen von Ei 600/1050 bis 1600/2400. Die spitzige Seite des Eiprofils ist meistens unten, um bei kleinerem Abfluß größere Fülltiefen und so weniger Ablagerungen zu erhalten. Daneben gibt es noch über ein Dutzend andere Querschnittformen, die entweder aus früherer Zeit stammen oder in Sonderfällen eingesetzt werden, z. B. gedrückte oder überhöhte Profile, Maul- oder Rinnenquerschnitte.

Die Kanäle müssen zu Inspektion, Wartung und Instandhaltung zugänglich sein. Deshalb sind in gewissen Abständen Einsteigschächte (Bild 2.3) angebracht. Sie dienen auch der Be- und Entlüftung. Sie werden auch angeordnet bei Änderung der Fließrichtung, des Querschnitts oder des Gefälles und wenn Seitenkanäle einmünden. In geraden, durchlaufenden Kanalstrecken liegen die Schachtabstände zwischen 50 und 100 m. Die Kanalstrecke zwischen zwei Schächten wird auch Kanalhaltung genannt.

Als Baustoff für Schächte werden vorwiegend Betonschachtringe (DIN 4034), Ortbeton oder Mauerwerk verwendet. Die Schachtsohle wird als Rinne eingebildet, die dem unteren Teil des Kanalquerschnittes entspricht. So wird ein glatter Abfluß bei niedrigen Wasserständen erreicht und Ablagerungen werden vermieden.

Der Innendurchmesser beträgt im allgemeinen 1 m, die Schlupflochweite an der Schachtabdeckung (DIN 1229) mindestens 610 mm. Die Schmutzfänger (DIN 1221) unter den Schachtabdeckungen (Bild 2.4) schützen den Kanal vor groben Verschmutzungen, z. B. Steinen, die durch die Lüftungsöffnungen der Schachtabdeckung in den Kanal kommen könnten.

Zum Begehen der Schächte sind Steigeisen oder Steigbügel (Bild 2.5) eingebaut. Diese Einstiegshilfen werden auch Steiggang genannt. Steigeisen oder Steigbügel sind in regelmäßigen Abständen, dem Steigmaß (meistens 25 cm), angeordnet. Der Steiggang aus Steigeisen ist zweiläufig, da sie jeweils versetzt stehen. Der Steiggang aus Steigbügeln ist einläufig. Steigeisen sind aus Gußeisen. Steigbügel sind aus Aluminium und zur Vermeidung von Funken und Kunststoff überzogen. Beide sind nach Form und Abmessungen genormt. Damit man sicher einsteigen kann, beginnt ein Steiggang in der Regel 50 cm unter der Steigebene (Straße).

Grundstücksanschlüsse und Straßenabläufe werden in der Regel außerhalb der Schächte in den Kanal eingeführt. Sowohl diese Anschlüsse als auch die Schachtanschlüsse müssen den gleichen Anforderungen entsprechen, wie die Dichtungen der Rohrverbindungen. Die Anschlußstutzen dürfen keinesfalls in den Kanal hineinragen, da dies die Reinigung sehr erschweren würde.

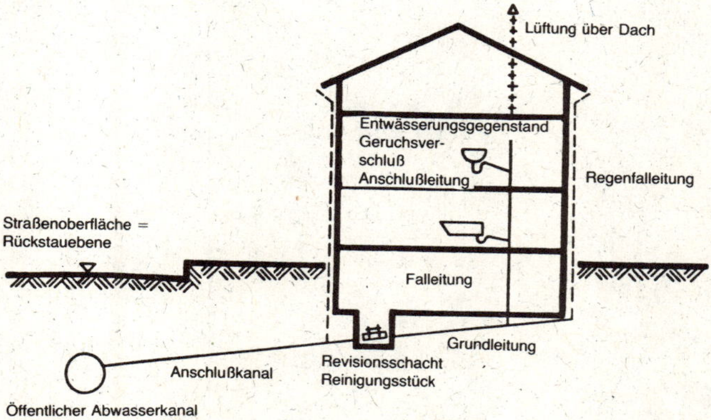


Bild 2.1: Schematischer Schnitt einer Grundstücksentwässerung

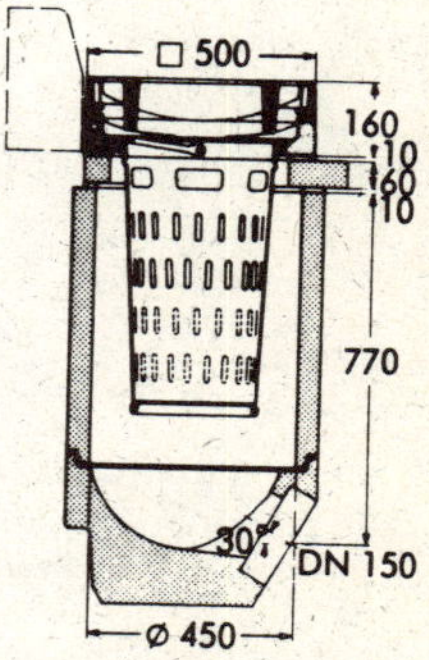


Bild 2.2: Straßenablauf mit langem Schaft (Fa. Passavant) [2]

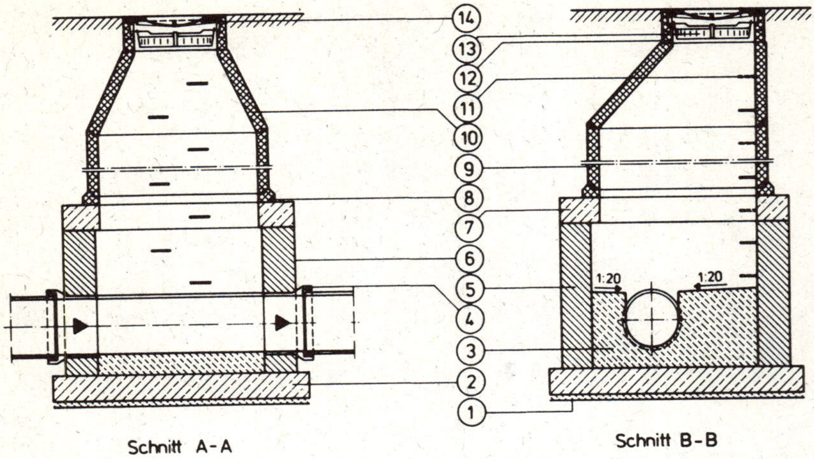


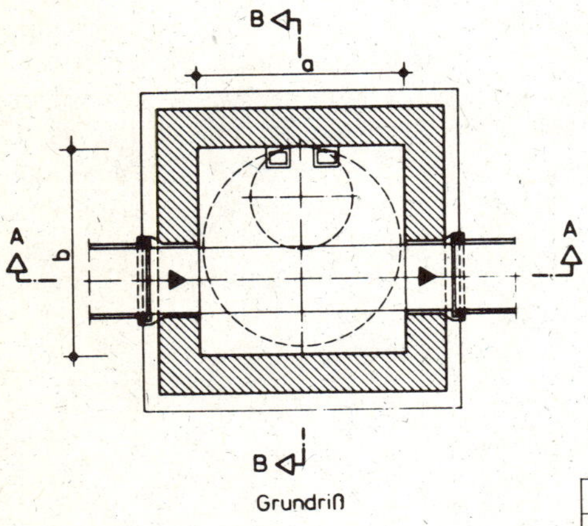


| Baustoffliste | | |
|---|---|---|
| Nr. | Benennung | DIN-Kurzbezeichnung |
| 1 | Sauberkeitsschicht | Bn 50 DIN 1045 |
| 2 | Sohlenplatte | Bn 250 DIN 1045 |
| 3 | Auftritt und Gerinne | Bn 250 DIN 1045 |
| 4 | Gelenkstück | – |
| 5 | Wände (Beton, Mauerwerk) | – |
| 6 | Schutzanstrich | – |
| 7 | Abdeckplatte | Bn 250 DIN 1045 |
| 8 | Fußauflagering | – |
| 9 | Schachtring | SR 1200 x 500 DIN 4034 |
| 10 | Schachthals | SH 1200 x 625 DIN 4034 |
| 11 | Steigeisen | A/B DIN 1211 u./od. DIN 1212 |
| 12 | Auflagering (Ausgleichr.) | AR 625 x 80 DIN 4034 |
| 13 | Schmutzfänger | – |
| 14 | Schachtabdeckung | – |

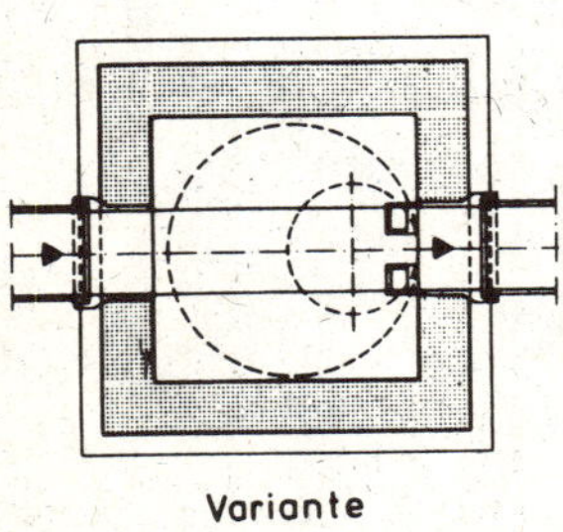


Bild 2.3: Einsteigschacht bis DN 500. Rechteckig betoniertes Unterteil mit aufgesetzten Schachtringen, nach A 241 [5].

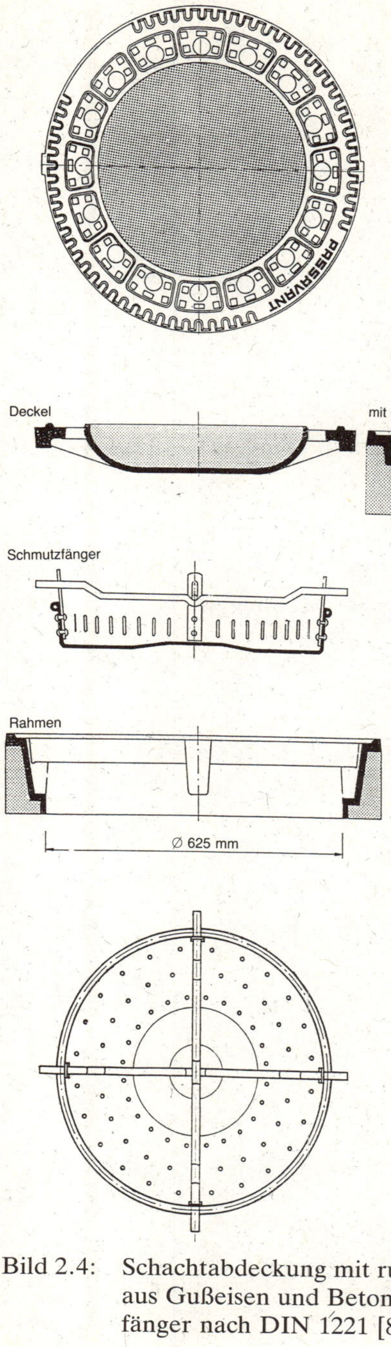


Bild 2.4: Schachtabdeckung mit rundem Deckel aus Gußeisen und Beton mit Schmutzfänger nach DIN 1221 [8]

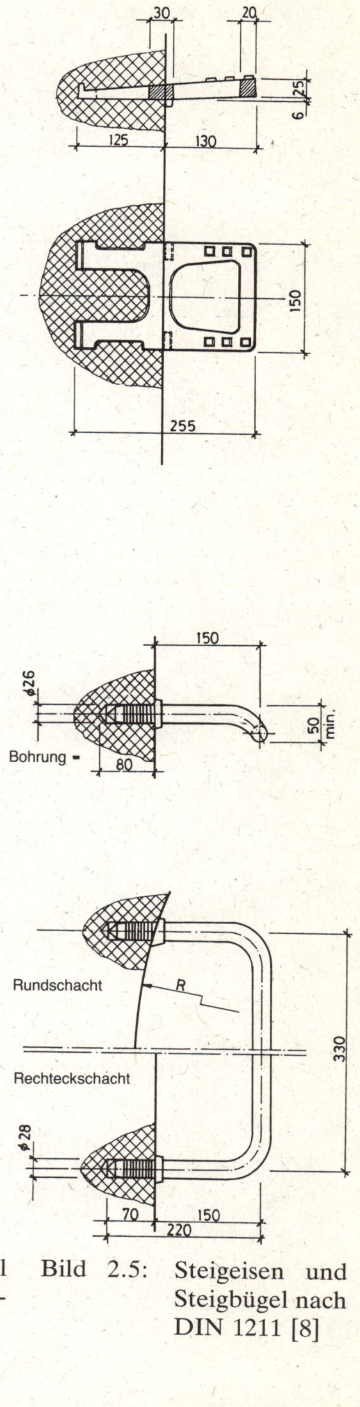


Bild 2.5: Steigeisen und Steigbügel nach DIN 1211 [8]

### *2.2.4 Bemessen von Kanälen*

Kanäle haben normalerweise natürliches Freispiegelgefälle und werden nach der Kontinuitätsgleichung

$$Q = v \cdot A \text{ bzw. } A = Q : v$$

bemessen. Darin bedeuten

$Q$ = Durchfluß in $m^3/s$
$v$ = Fließgeschwindigkeit in m/s
$A$ = benetzter, durchflossener Rohrquerschnitt in $m^2$

Der Rohrquerschnitt A wird durch den maßgebenden Durchfluß und die Fließgeschwindigkeit bestimmt.

Der maßgebende Durchfluß im Mischwasserkanal ist

$$Q = Q_s + Q_f + Q_r = Q_t + Q_r,$$

wobei normalerweise $Q_r$ die bestimmende Größe ist.

Beim Trennverfahren ist der maßgebende Durchfluß im Schmutzwasserkanal

$$Q = 2\,Q_t$$

und im Regenwasserkanal

$$Q = Q_r$$

Die Fließgeschwindigkeit v hängt vom Kanalgefälle, der Wandrauhigkeit und der Querschnittsform ab. Eine genaue Berechnung ist sehr kompliziert; man verwendet daher Bemessungstabellen oder -diagramme. Je nach Wandrauhigkeit können dort für bestimmte Querschnittsformen und Querschnittsgrößen bei Vollfüllung und für bestimmte Gefälle der entsprechende Durchfluß und die zugehörige Fließgeschwindigkeit abgelesen werden.

Um Ablagerungen zu verhindern, muß eine *Mindestgeschwindigkeit* von 0,5 m/s eingehalten werden. Andererseits darf eine Maximalgeschwindigkeit bei Vollfüllung von 6 bis 8 m/s nicht überschritten werden, um die Abnutzung der Kanäle durch Grobstoffe, z. B. Steine, in Grenzen zu halten.

Die Fließgeschwindigkeit ist vom Kanalgefälle abhängig. Je größer das Gefälle ist, desto größer wird die Fließgeschwindigkeit und desto kleiner der benötigte Querschnitt. Das Gefälle J wird als Verhältnis von Höhenunterschied zu Länge oder in ‰ angegeben (Bild 2.6).

Als einfache Faustformel für Kreisprofile, mit der die Randbedingungen für die Fließgeschwindigkeit eingehalten werden, gilt

J = 1 : DN **(in mm)** für Mindestgeschwindigkeit

und

J = 1 : DN **(in cm)** für Höchstgeschwindigkeit

wenn z. B. ein Kanal mit DN 200 verlegt werden soll, muß er mindestens ein Gefälle von 1 : 200 = 5 ‰ haben. Das ist 1 m Höhenunterschied auf 200 m Länge. Das Gefälle von 1 : 20 = 50 ‰ soll nicht überschritten werden.

Die Bemessung von Kanalnetzen erfordert verhältnismäßig umständliche Berechnungen im Listenverfahren, die heute meistens mit Computern durchgeführt werden.

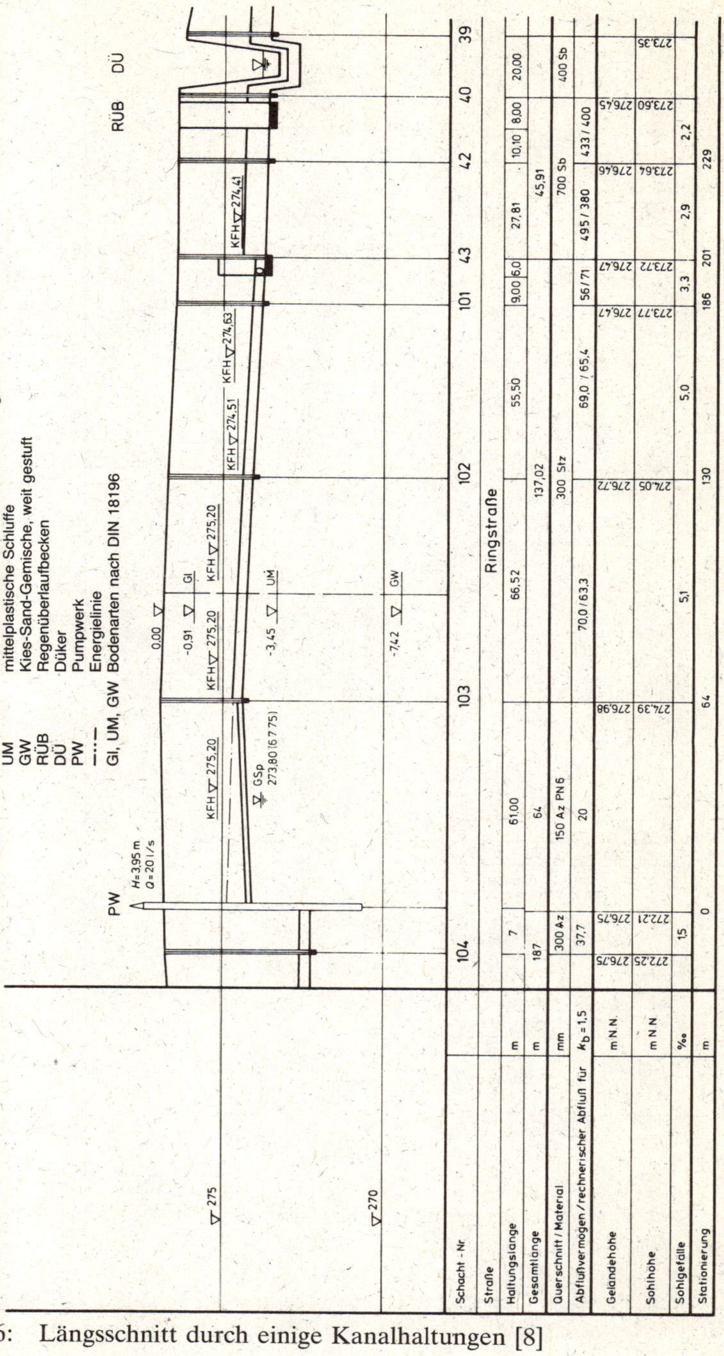


Bild 2.6: Längsschnitt durch einige Kanalhaltungen [8]

### 2.2.5 Sonderbauwerke

In Mischkanalisationen werden zur Entlastung des Spitzenabflusses bei Starkregen eigene Bauwerke angeordnet. Sie trennen Zuflüsse, die über ein bestimmtes Maß hinausgehen, und zweigen sie zum Vorfluter ab. Die weiteren Kanäle und die Kläranlage werden dadurch vor hydraulischer Überlastung oder gar Überschwemmung geschützt.

Im *Regenüberlauf* (RÜ) (Bild 2.7) ist dafür eine Überlaufschwelle vorgesehen (einfach oder doppelseitig), die erst anspringt und überströmt wird, wenn im Kanal eine Fülltiefe erreicht oder überschritten wird, die mindestens dem Abfluß bei der sogenannten kritischen Regenspende ($Q_{rkrit}$) entspricht. Bei schwachen Vorflutern wird $Q_{rkrit}$ meist mit 15 l/(s·ha) angesetzt. Der Überlauf springt dann 5 bis 20mal im Jahr an. Der zur Kläranlage weiterführende, kleinere Kanal ist häufig als Drosselrohr ausgebildet.

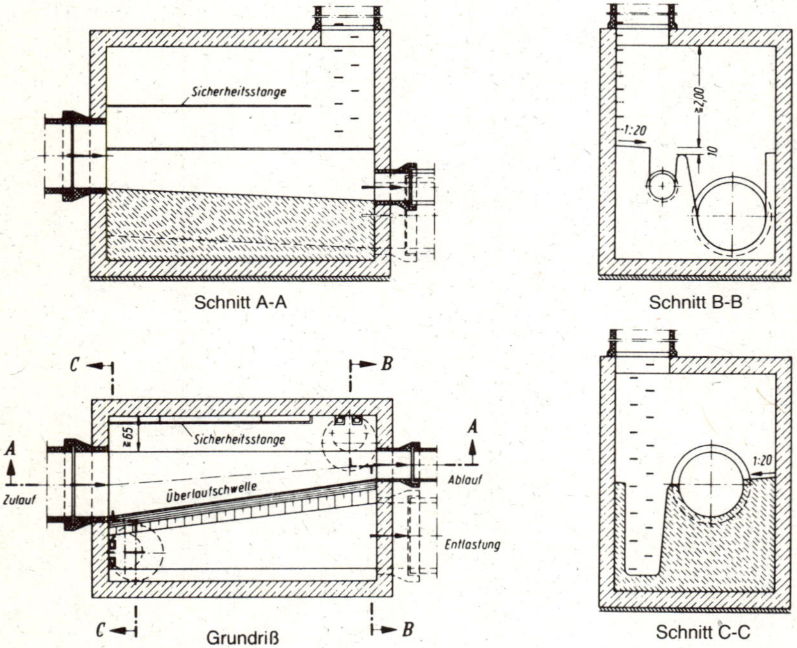


Bild 2.7: Regenüberlauf [5]

*Regenbecken* haben die gleiche Aufgabe wie RÜ, aber darüber hinaus sollen sie möglichst viel der im Kanal abgeschwemmten Schmutzstoffe vom Vorfluter fernhalten. Als Regenbecken sind zu nennen: *Regenüberlaufbecken* (RÜB), Regenrückhaltebecken (RRB) und Regenklärbecken (RKB). Auch Kanalstauräume werden als RÜB betrieben. RÜB werden unterschieden in Fangbecken (FB) (Bild 2.8) und Durchlaufbecken (DB). Fangbecken sollen den stark verschmutzten Spülstoß bei Regenbeginn und kurzen Starkregen auffangen. FB haben selbst keinen eigenen Überlauf zum Vorfluter und werden nach Füllung nicht durchströmt. Der nicht mehr aufnehmbare Zufluß wird vor dem Becken am Beckenüberlauf (BÜ) zum Vorfluter abgeschlagen. FB werden in kleineren Einzugsgebieten eingesetzt, DB in größeren.

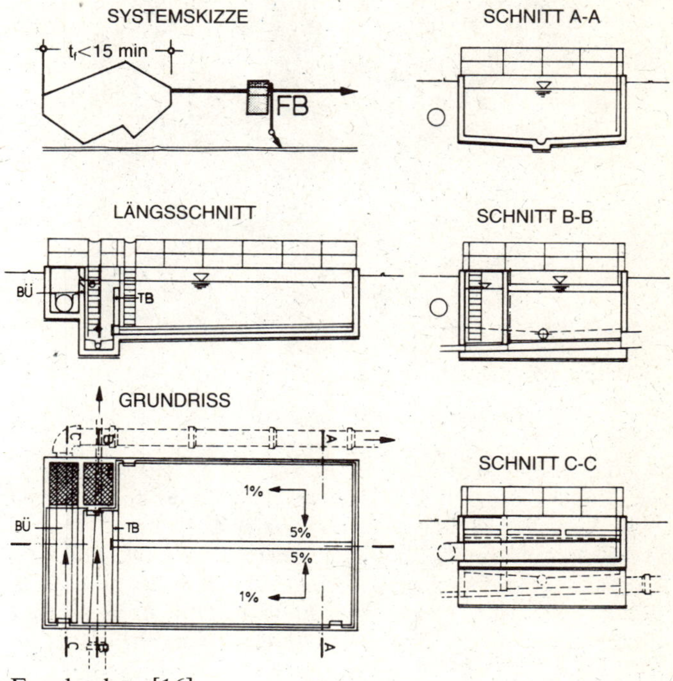


Bild 2.8: Fangbecken [16]

DB werden auch nach Füllung noch beschickt und durchströmt. Am Beckenende befindet sich ein Klärüberlauf (KÜ), und das Becken wirkt als Absetzbecken. Größere Zuflüsse, die die Klärwirkung beeinträchtigen würden, selbst aber meist nur mehr gering verschmutzt sind, werden wie beim FB über einen BÜ vor dem Becken entlastet.

Die Füllung der Becken (FB und DB) wird durch Drosseleinrichtungen gesteuert, z. B. durch Drosselrohr, Pumpe, Wirbeldrossel, Schwimmerdrosselklappe, Waagedrossel, Raddrossel oder andere Regler. Zur Räumung von Regenbecken haben sich Spülkippen bzw. Schwallspüleinrichtungen und Wasserstrahlpumpen (Bild 2.9) bewährt. Manchmal werden auch Räumer eingebaut. Spülkippen erzeugen einen starken Spülschwall, der bei kleinen Kläranlagen zu hydraulischen Problemen führen kann, wenn das Becken kurz vor der Anlage liegt. Die stoßweise Zuführung von Sand und Schlamm bei der Beckenräumung kann zu Betriebsstörungen führen. Solche Stöße sollten durch gleichmäßige Ableitung vermieden werden.

Bild 2.9: Wirbeljet zur Beckenspülung (Firma KSB) [16]

Der Beckeninhalt von Regenbecken ist der Kläranlage zuzuführen. RÜ und RÜB werden nach dem ATV-Arbeitsblatt A 128 „Richtlinien für die Bemessung und Gestaltung von Regenentlastungen in Mischwasserkanälen“ [7] bemessen. In sehr vereinfachter Rechnung sind je angeschlossenem Hektar Einzugsgebiet etwa 10 bis 25 $m^3$ Nutzraum vorzuhalten. Die kleinere Zahl gilt für FB, kurze Kanalfließzeiten und durchschnittliche gewässergütewirtschaftliche Anforderungen, die größere gilt für DB, längere Fließzeiten und strengere Gewässerschutzforderungen.

RRB sollen bei Starkregen die großen Abflußspitzen in der Kanalisation verhindern, indem sie in ihren großen Nutzräumen einen Teil des Regenabflusses speichern und erst später langsam an den anschließenden Kanal abgeben.

RRB haben in der Regel einen Notüberlauf, der aber nur wenige Male im Jahr anspringt. RRB werden nach ATV-Arbeitsblatt A 117 „Richtlinien für die bemessung, die Gestaltung und den Betrieb von Regenrückhaltebecken“ [7] bemessen.

RKB kommen nur bei der Trennkanalisation vor. Der Regenabfluß wird im RKB vor der Einleitung in den Vorfluter mechanisch geklärt, wenn dies zur Gewässerreinhaltung gefordert werden muß. RKB wirken als Absetzbecken; der Inhalt muß deshalb der Kläranlage zugeführt werden, der abgesetzte Schlamm darf keinesfalls in den Vorfluter abgeleitet werden.

An den Stellen, an denen das Wasser aus Kanalisation oder Kläranlage in einen Vorfluter eingeleitet wird, sind *Auslaufbauwerke* (Bild 2.10) vorgesehen. Sie müssen so ausgebildet sein, daß Sohle und Ufer des Gewässers auch bei starkem Zufluß nicht gefährdet sind. Manchmal sind bei großen Einleitungen Grobrechen als Gitter angebracht; damit werden auch Unbefugte, z. B. Kinder, ferngehalten. Im Hochwasserbereich sind Auslaufbauwerke häufig mit selbsttätiger Rückstauklappe und einem Schieber ausgestattet, um das Eindringen von Hochwasser in die Kanalisation zu verhindern.

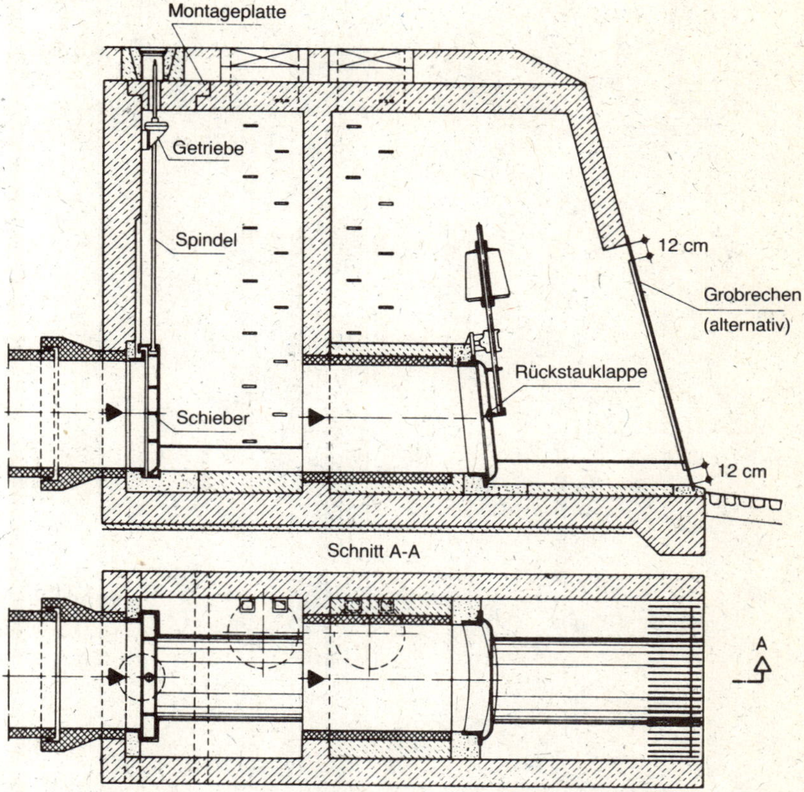


Bild 2.10: Auslaufbauwerk mit Schieber und HW-Rückstauklappe, nach A 241 [5]

Manchmal müssen Kanäle Straßen oder Gewässer kreuzen, die tiefer liegen als die dem Gefälle entsprechende Trasse. Die Sohllinie kann dann nicht beibehalten werden. Solche Kreuzungen heißen *Düker* (Bild 2.11). Der Kanal wird dann steil nach unten geführt (Dükeroberhaupt), mit leicht steigendem Gefälle unter dem Hindernis durchgeführt und dann mit mäßigem Gefälle wieder nach oben gezogen (Dükerunterhaupt). Der Kanal ist auf dieser Strecke ständig wassergefüllt und es gelten nicht mehr die Regeln des Freispiegelgefälles, sondern die der Druckleitung. Deswegen ist nicht mehr das Sohlgefälle bestimmend, sondern der Höhenunterschied der Wasserspiegellagen in Oberhaupt und Unterhaupt. Natürlich liegt der Wasserspiegel im Unterhaupt niedriger als im Oberhaupt. Solche Bauwerke sind sehr überwachungs- und wartungsbedürftig und ziemlich störanfällig. Meist ist eine Entleerungspumpe zur Vereinfachung der Wartung vorgesehen.

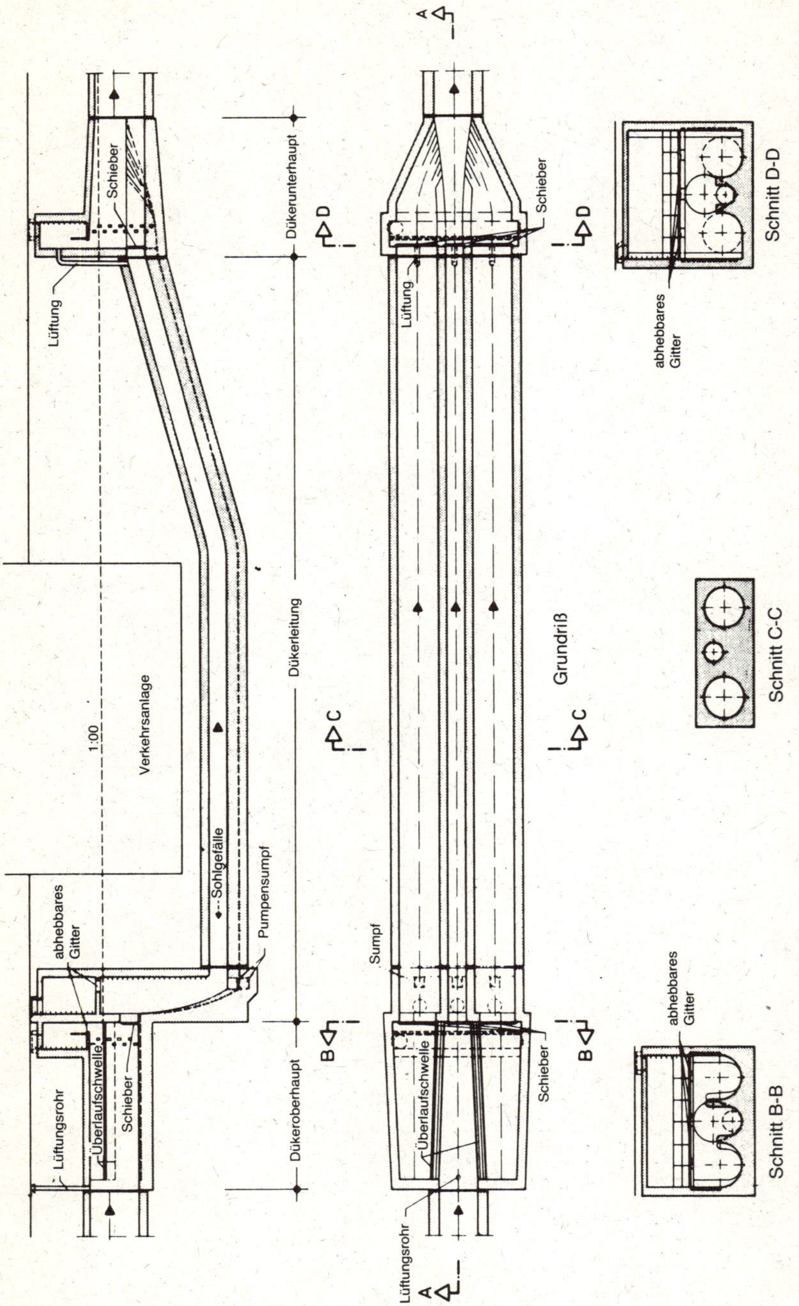


Bild 2.11: Düker, nach A 241 [5]

Bei besonderen topographischen Verhältnissen, z. B. wenn die Kanäle zu tief verlegt werden müßten, werden Pumpwerke eingebaut.

Für Abwasser werden je nach den Anforderungen einige bestimmte Arten von Pumpen und Pumpwerken bevorzugt. Für Förderhöhen bis etwa 7 m werden oft Schneckenhebewerke (Bild 2.12) eingesetzt. Förderschnecken sind robust, wartungsarm und wenig störanfällig.

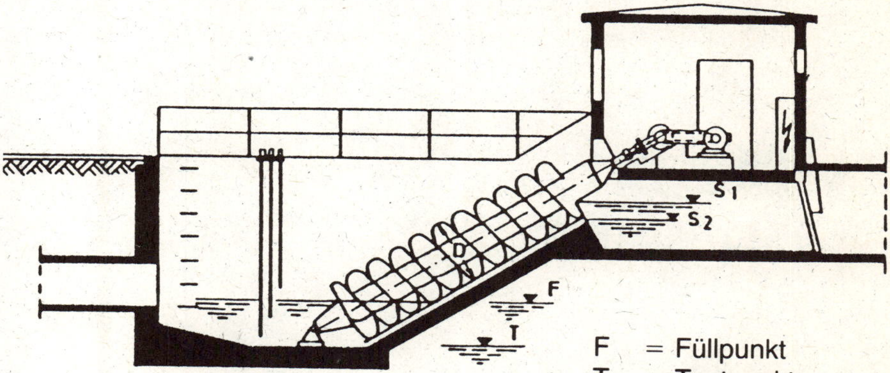


Bild 2.12: Offene Förderschnecke, entnommen Ritz-Handbuch der Wasserförderschnecken

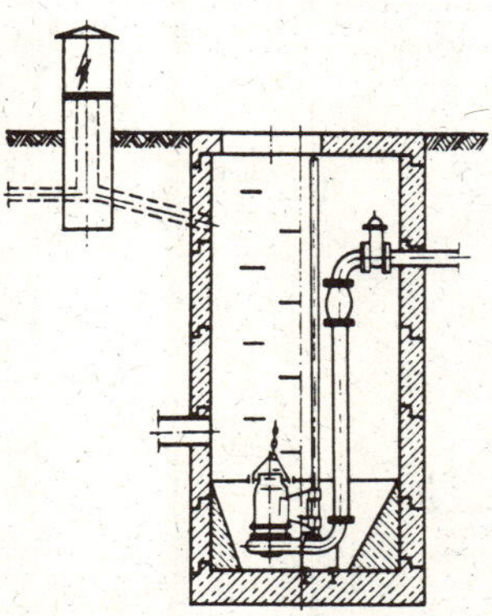

Bild 2.13: Kleinpumpanlage (Tauchpumpe) (Firma Flygt Pumpen AG) [2]

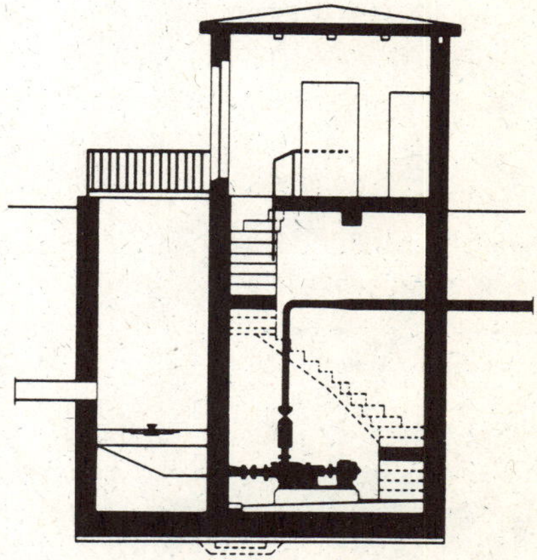

Bild 2.14: Horizontale Pumpe, Unterflur angeordnet (Entwurf Ing. B. Tuttahs, Bochum) [2]

Für größere Förderhöhen verwendet man je nach Förderhöhe und Förderstrom andere Pumpwerke mit Kreiselpumpen. Für kleine Förderströme werden häufig Pumpen in Naßaufstellung eingesetzt, für größere in Trockenaufstellung. Bei Naßaufstellung ist die Pumpe im Pumpensumpf (Saugraum) selbst angebracht. Bei Trockenaufstellung steht sie außerhalb des Pumpensumpfes.

Je nach Abwasserart werden in den Pumpen verschiedene Laufradformen verwendet. Häufig wird das Einschaufelrad wegen seines großen Durchgangsquerschnitts eingesetzt, da es auch bei festen und langfaserigen Beimengungen betriebssicher ist. Vor und nach der Pumpe sind Schieber angeordnet, um die Pumpe ausbauen zu können. Auf der Druckleitungsseite ist nach der Pumpe eine Rückschlagklappe, die bei Pumpenstillstand den Rückfluß aus der Druckleitung verhindern soll.

Für kleine Förderströme werden auch verschiedene Sonderformen von Pumpwerken und Pumpen benutzt (z. B. Bild 2.13).

Pumpen werden nach der Förderleistung bzw. Motorantriebsleistung bemessen. Die vereinfachte Grundformel dafür ist

$$P = \frac{Q \cdot H}{\eta \cdot 101{,}9} \text{(kW)}$$

Dabei ist

P = die für den Pumpenmotor erforderliche elektrische Antriebsleistung
Q = Förderstrom in l/s
H = manometrische Förderhöhe in m Wassersäule (geodätische Förderhöhe + Rohrreibungsverluste)
$\eta$ (sprich eta) = Wirkungsgrad, liegt zwischen 0,5 und 0,8 je nach Pumpenart und Laufradform
101,9 = Umrechnungskonstante, die auch die Schwerkraftkonstante 9,81 m/s$^2$ enthält.

Wenn z. B. 28 l/s 10 m hochgehoben werden sollen, die Rohrreibungsverluste 3 m betragen und die Lieferfirma für die Pumpe einen Wirkungsgrad von 0,6 angibt, ist

$$P = \frac{28 \cdot 13}{0{,}6 \cdot 101{,}9} = 5{,}9 \text{ kW}$$

Sicherheitshalber wird ein Zuschlag von 10 bis 20 % gemacht, d. h. es ist eine Pumpe mit einer Motorantriebsleistung von 6,5 bis 7 kW erforderlich.

## 2.3 Kanalbetrieb

Die Kanäle müssen von den Betreibern so unterhalten werden, daß das Abwasser aus Haushalten, Straßenflächen sowie Gewerbe und Industriebetrieben schadlos abgeleitet werden kann. Bei öffentlichen Kanälen sind die Betreiber Gemeinden, Städte oder Verbände, bei privaten die Eigentümer, z. B. Industrieunternehmen. Zu den Kanälen gehören alle Bauwerke wie sie im Abschnitt 2.2, Anlagen zu Abwasserableitung, beschrieben werden.

Für einen ordnungsgemäßen Betrieb ist Voraussetzung, daß diese Anlagen einwandfrei erstellt wurden.

Die Abwasseranlagen müssen jederzeit funktionsbereit sein. Die Arbeitssicherheit aller Beschäftigten muß gewährleistet sein und die dafür notwendigen Einrichtungen und Ausrüstungen müssen zur Verfügung stehen. Die Arbeiten am und im Kanal erfordern gut ausgebildetes Personal, moderne Fahrzeuge und Arbeitsgeräte. Auch die Verkehrssicherheit ist jederzeit zu gewährleisten.

Um beurteilen zu können, welche Arbeiten erforderlich sind, müssen die Abwasseranlagen durch Inspektionen (Kontrollen) laufend überwacht werden.

Mit Hilfe der Inspektionsbefunde ist dann entsprechend dem Zustand des Kanals über Reinigung, Wartung, Instandhaltungs- oder Sanierungsarbeiten zu entscheiden.

In kleinen Gemeinden, in denen der Ver- und Entsorger, also der Klärfacharbeiter, die ganze Abwasserbeseitigung vertreten muß, können viele der genannten Aufgaben nicht von ihm selbst wahrgenommen werden. Aber die Routineinspektion wird seine Aufgabe sein, auch wenn sich daraus ergibt, daß eine gründlichere Nachschau, z. B. mit einer Fernsehkamera durch eine Firma, zu veranlassen ist.

Unabhängig davon, ob der Ver- und Entsorger allein (er darf natürlich nie allein in einen Schacht) oder ein ganzes Stadtentwässerungsamt diese Aufgaben zu erfüllen, haben, ist eine genaue Ortskenntnis des Kanalnetzes mit allen betrieblichen Einrichtungen und Anlagenteilen notwendig, dazu deren betriebliche Zusammenhänge. Hierzu gehören auch die Festlegungen in der Entwässerungssatzung einschließlich der Einleitungsverbote und Besonderheiten gewerblicher Einleiter.

Weiter sind unerläßlich Bestandspläne (Kanalkataster), die der wirklichen Ausführung entsprechen, Funktionsbeschreibungen, u. U. auch Schaltpläne von Sonderbauwerken einschließlich Betriebsanweisungen von Lieferfirmen. Letzteres gilt auch für die zur Wartung benötigten Geräte und Fahrzeuge. Dem Personal müssen auch die wasserrechtlichen Erlaubnisse für Einleitungen und sonstige rechtliche Vereinbarungen, z. B. mit Firmen, vorliegen.

Alle Einzelheiten und eine genaue Beschreibung der Aufgaben (Wartungsplan) sind in einer Dienstanweisung für das Kanalbetriebspersonal zu regeln und festzulegen. Im Wartungsplan sind u. a. die Wartungsintervalle festzuhalten, z. B. Inspektion alle vier Monate, Räumung halbjährlich oder bei Bedarf. Ein Muster für eine Dienstanweisung ist im ATV-Arbeitsblatt A 140 „Regeln für den Kanalbetrieb, Teil I: Kanalnetz“ [5] enthalten.

Den Begriff „Wartung“ kann man in Anlehnung an DIN 31051 etwa so umschreiben: „Maßnahmen zur Bewahrung des Zustandes von Anlagen oder Einrichtungen, wie er sein soll.“

Eine sorgfältige Wartung sichert die ständige Funktionsfähigkeit; unerwartete Schadensfälle werden kaum auftreten und die Lebensdauer der Kanäle wird erheblich verlängert.

Besonders hervorzuheben ist die Überwachung der Grundstücksanschlüsse bei Neubauten und Renovierungen. Grundstücksanschlüsse sind nach Fertigstellung, aber vor dem Verfüllen des Rohrgrabens durch eine sachverständige Person des Kanalbetriebes abzunehmen, da hier häufig Fehler gemacht werden, die später nur schwer zu korrigieren sind.

Viele der folgenden Hinweise sind dem ATV-Arbeitsblatt A 140 [5], dem ATV-Lehr- und Handbuch der Abwassertechnik, Band II [2] und dem Buch „Instandhaltungen von Kanalisationen“ [25] entnommen. Die ATV-Landesgruppe Baden-Württemberg hat ein Buch „Grundlagen für den Betrieb von Kanalisationen“ herausgegeben [31].

### *2.3.1 Inspektion*

Jeder Kanal sollte wenigstens einmal, besser drei- bis viermal im Jahr inspiziert (nachgesehen) werden. Nach einigen Jahren Betriebserfahrung ist dem überwachenden Personal durch die Aufzeichnungen über die vorhergehenden Inspektionen ziemlich genau bekannt, welche Kanalstrecken oder Anlagen häufig oder selten einer Nachschau bedürfen. Alte, rauhe Kanäle mit schwachem Gefälle haben z. B. meistens wesentlich mehr Ablagerungen als neue, glatte Rohre mit gutem Gefälle. Der Wartungsplan ist solchen Erfahrungen anzupassen. Andere Einrichtungen, wie Schieber, Auslaufbauwerke, Regenüberläufe und Düker sollten wenigstens einmal im Monat nachgesehen werden. Pumpwerke und Regenbecken werden später in einem eigenen Abschnitt behandelt. Bei der Inspektion ist zu achten auf

- *Ablagerungen* und *Verwurzelungen;* sie können zu Verstopfungen führen und Überschwemmungen verursachen,
- *bauliche Schäden*; sie können zur Zerstörung und zum Verschluß des Kanals führen,
- *undichte Rohrverbindungen, Grundstücksanschlüsse* und *Schachtanschlüsse;* durch sie kann Abwasser in den Untergrund austreten und das Grundwasser verseuchen oder Keller durchfeuchten; durch Undichtigkeiten kann aber auch Grundwasser in den Kanal eindringen und als Fremdwasser die Abwasseranlagen zusätzlich belasten. Sie können auch die Ursache sein, daß Sand in den Kanal eingespült wird; manchmal entstehen auf diese Weise gefährliche Hohlräume um den Kanal herum, die bis zum Straßeneinbruch führen können,
- *Anschlüsse von Grundstücksentwässerungen;* hier können in das Kanalprofil hineinragende Rohrstücke die Reinigung stark behindern,
- *Schieber, Auslaufbauwerke, Regenüberläufe und Düker;* sie sind auf Zustand und Funktionsfähigkeit nachzusehen,
- *Fehlanschlüsse beim Trennverfahren und nicht genehmigte Anschlüsse;* mit einem Rauchtest können z. B. ohne großen Aufwand Regenfalleitungen ausgemacht werden, die an einem Schmutzwasserkanal angeschlossen sind. Auch mit gefärbtem Wasser können Falschanschlüsse sichtbar gemacht werden.

Bei begehbaren Kanälen spricht man von einer direkten Inspektion, bei nicht begehbaren von einer indirekten Inspektion.

Begehungen sind theoretisch ab DN 600 möglich, aber das sind eigentlich unzumutbare Bekriechungen. Praktisch können längere Haltungen erst ab DN 800 direkt in Augenschein genommen werden. Auch bei direkten Inspektionen empfiehlt es sich häufig, besondere Beobachtungen mit Foto oder Videogeräten nachzuweisen.

Die Geräte für die indirekte Inspektion sind
- Kanalspiegel
- Kanalfotoeinrichtung
- Kanalfilmgerät
- Kanalfernsehgerät

Die *Kanalspiegelung* (Bild 2.15) ist die älteste und einfachste Art, um gerade, nicht begehbare Kanäle zu inspizieren. In dem einen Schacht einer Haltung wird eine Lampe bzw. ein Scheinwerfer so angeordnet, daß die Haltung ausgeleuchtet wird und im Beobachtungsschacht ein Spiegel, der dem Kanalquerschnitt entspricht. Der Spiegel steht vor dem Kanal so geneigt, daß die Haltung oben vom Schachtrand aus eingesehen werden und der Zustand z. B. vor und nach der Reinigung schnell und mit geringem Aufwand beurteilt werden kann. Allerdings lassen sich Schäden, Verwurzelungen oder andere Störungen, die etwas weiter vom Schacht entfernt sind, örtlich nicht genau festlegen.

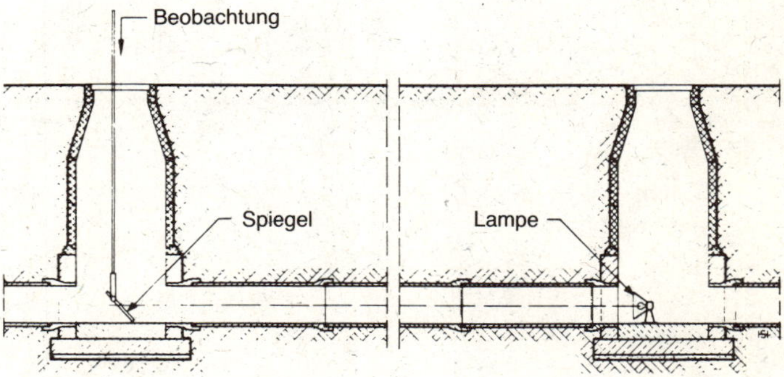


Bild 2.15: Prinzipskizze der Kanalspiegelung [25]

Bei kleinen Gemeinden gehört die Kanalspiegelung zur Regelinspektion.

Die *Kanalfotografie* ermöglicht wesentlich genauere Beobachtungen, die auch die örtliche Lage genau festhalten. Das Gerät mit Blitzlichteinrichtung wird auf einem Wagen mit einem Seil von einem Schacht zum anderen gezogen. Alle 0,25 m, 1,0 m oder 1,5 m wird eine Aufnahme gemacht. Das Protokoll kann allerdings erst nach Vorliegen der Bilder (meist farbig) fertiggestellt werden. Sie eignen sich aber sehr gut, um Schadstellen genau einzumessen und auch um ein Archiv anzulegen.

Gleiches gilt, wenn statt eines Fotoapparates eine *Filmkamera* benutzt wird. Auf dem Film wird ein Zählwerk mit abgebildet, mit dem Schäden genau lokalisiert, d. h. örtlich genau angegeben werden können.

Die Inspektion mit *Kanalfernsehkameras* (Bild 2.16 und 2.17) – auch Kanalfernauge genannt – ist die weitaus beste und sicherste Art, um begehbare und nicht begehbare Kanäle zu kontrollieren. Die Kamera ist auf einem Wagen montiert. Damit wird sie von Schacht zu Schacht bewegt, bei Bedarf auch hin und her. Es gibt auch Wagen mit eigenem Antrieb. Die Kamera ist durch Kabel mit einem

Bildschirm am Kontroll- und Steuerstand verbunden, der auch in ein Inspektionsfahrzeug eingebaut sein kann. Im ATV-Merkblatt M 143, Teil 2, Optische Inspektion [5] sind weitere Hinweise zu finden.

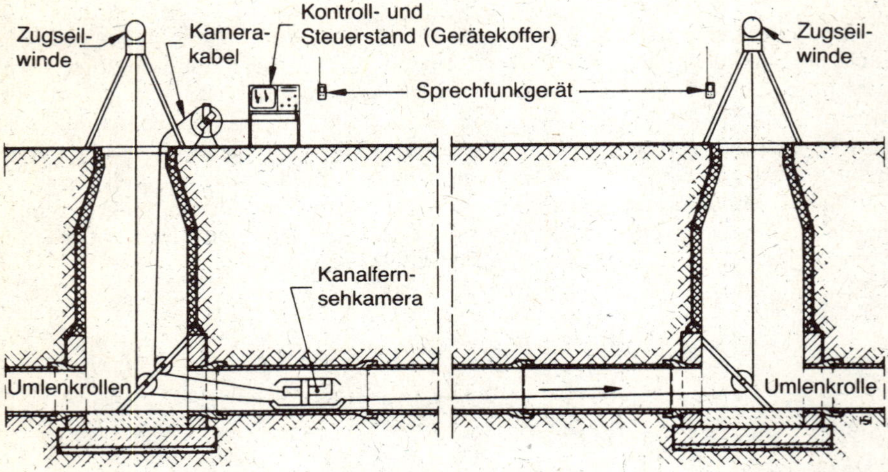


Bild 2.16: Prinzipskizze einer Fernsehinspektion mit gezogener Fernsehkamera und tragbarem Steuerstand [25]

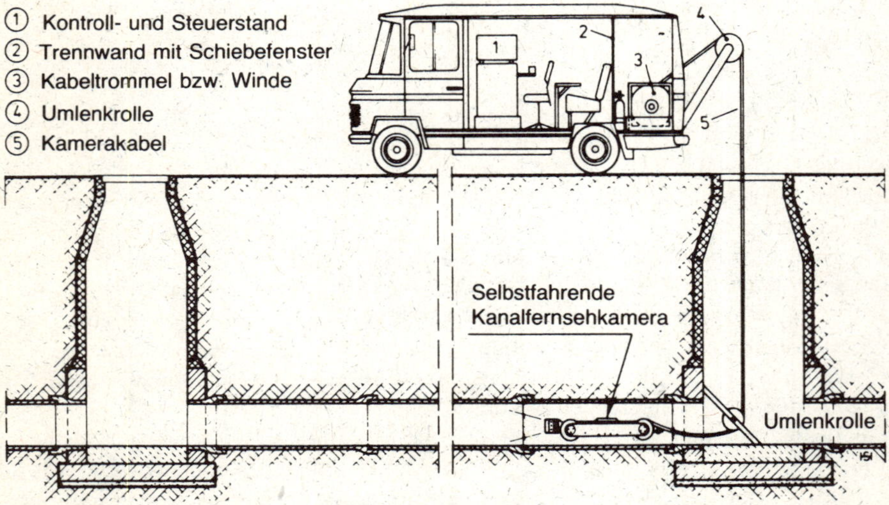


Bild 2.17: Prinzipskizze einer Fernsehinspektion mit selbstfahrender Kamera und Inspektionsfahrzeug (JBAK GmbH) [25]

**TV-Tagesprotokoll**

Schmutzwasser ☐ Regenwasser ☐ Mischwasser ☐ Druckleitung ☐ Blatt: ..........

Stz. ☐ Beton ☐ AZ ☐ Kunststoff ☐ DN mm, Ei-Profil / mm, Sonderprofil: ...........................................

Oberfläche: Bitumen/Beton ☐ Schotter ☐ freies Gelände ☐

.................. Haltung von ................ nach ..................., Tiefe = mm, in Fließrichtung ☐ gegen Fließrichtung ☐ Ausgleichsringe ☐

Schacht: keine Mängel ☐ Steigeisen fehlen ☐ undicht ☐ Schmutzfänger fehlt ☐ Sonstiges: ..................................

| | | | | | | | | | | | | | | | | | | | | | | | | | | | | | | | | | | | | | | | | | | | | | | | | |
|---|---|---|---|---|---|---|---|---|---|---|---|---|---|---|---|---|---|---|---|---|---|---|---|---|---|---|---|---|---|---|---|---|---|---|---|---|---|---|---|---|---|---|---|---|---|---|---|---|
| | | | | | | | | | | | | | | | Rohrkorrosion | | Ablagerungen | | | | | | | | | | | | | | | | | | | | | | | | | | | | | | | |
| Station | handschr. Text | Abzweig | Stutzen | Stutzen ragt i. d. Rohr | Langsriß | Querriß | Rundumriß | Versatz | Scherbe | Scherbe fehlt | Bruch | klaffende Muffe | Deformierung | Fremdwasser | Sohle/Kampfer | Scheitel/Kampf. | Fett | Sand | Geroll | Abflußhindern. | Inkrustierung | feste Ablager. | Wurzelwucherung | Dichtung ragt i. Rohr | Unterbogen | seitl. Bogen | verdeckter Schacht | Kamera geht n. weiter | Unters. abgebrochen | Unters. v. d. Gegenseite | Unt. v. d. Gegens. n. mogl. | Gegenseite erreicht | Auftraggeber verzichtet | Beginn | Ende | rechter Kampfer | Scheitel | linker Kampfer | Sohle | Muffe | leicht | mittel | stark | kleine Mangel | untersuchte Lange | Haltungslange | Aufnahme | Ende d. Untersuchung |
| | 1 | 2 | 3 | 4 | 5 | 6 | 7 | 8 | 9 | 10 | 11 | 12 | 13 | 14 | 15 | 16 | 17 | 18 | 19 | 20 | 21 | 22 | 23 | 24 | 25 | 26 | 27 | 28 | 29 | 30 | 31 | 32 | 33 | 34 | 35 | 36 | 37 | 38 | 39 | 40 | 41 | 42 | 43 | 44 | 45 | 46 | 47 | 48 |

Leistung anerkannt und abgenommen · Für den Auftraggeber: Für den Auftragnehmer:

Unseren Leistungen liegen die auf der Ruckseite abgedruckten Allgemeinen Geschaftsbedingungen zugrunde, auf die der Auftraggeber ausdrucklich hingewiesen wird

Bild 2.18: Beispiel eines Formblattes für die Kanalfernsehuntersuchung (Kanal-Müller-Gruppe) [25]

In Bild 2.18 wird ein Protokollformular für eine Fernsehinspektion gezeigt, in dem alle notwendigen Einzelheiten der Beobachtungen ohne viel Schreibarbeit festgehalten werden können. Bei Bedarf können die Aufnahmen über Videoanlagen immer wieder angesehen und mit dem Protokoll verglichen werden. In der Regel wird der Kanal vor der Fernsehinspektion gespült. In kleinen Gemeinden wird eine eigene Fernsehausrüstung kaum wirtschaftlich genutzt werden können. Hier ist zu empfehlen, die Angebote von erfahrenen Fachfirmen einzuholen. Die dafür entstehenden Kosten sind im Vergleich zu den im Kanal investierten Baukosten fast immer vertretbar. Überdies sind die Aufnahmen und Protokolle dann hinsichtlich Zustandsfeststellung viele Jahre lang ständig verfügbar.

**Bei Kanalinspektionen ist es unvermeidbar, in Schächte einzusteigen. Da hierbei schon viele Unfälle vorgekommen sind, wird hier nochmals besonders auf die einschlägigen Unfallverhütungsvorschriften „Sicherheitsregeln für Arbeiten in umschlossenen Räumen von abwassertechnischen Anlagen (Betrieb)" (GUV 17.6) verwiesen. Bereits zum Öffnen der Schachtdeckel dürfen nur zugelassene Geräte benutzt werden. Ein Mann darf nie allein in einen Schacht steigen oder einen Kanal betreten. Nach Öffnen der Schachtdeckel oberhalb und unterhalb muß ausreichend lang bis zum Betreten gewartet werden, um eine Lüftung zu ermöglichen. In dieser Zeit können Nebenarbeiten, z. B. Säubern von Schachtdeckeln und Schmutzfängern, durchgeführt werden. Schließlich muß geprüft sein (Gaswarngerät), daß sich dort keine explosiven oder giftigen Gase befinden (Atemschutzgerät, Kanallüfter). Der einsteigende Mann muß immer mit einem Rettungsgurt angeseilt sein und ein zweiter Mann muß ihn außerhalb sichern, solange er unten ist. Bei einer Kanalbegehung müssen zwei Mann sichern, die Sichtverbindung haben. Die Einstiegsstelle muß verkehrsgerecht (Vorschriften der Straßenverkehrsordnung) gesichert sein (siehe auch Abschnitt 2.3.7 und 8.7 sowie [7] 2/1991, S. 413).**

Bei einer Inspektion ist nicht nur das Innere der Schächte und Kanäle zu überwachen, sondern es müssen auch die Schachtabdeckungen und Straßeneinläufe im Verlauf der Kanaltrasse nachgesehen werden. Manchmal stehen sie heraus oder sinken ab. Auch Risse oder Sackungen in der Straßenoberfläche geben manchmal Aufschluß über Veränderungen des Untergrundes im Kanalbereich. Besondere Bedeutung bekommen solche Anzeichen, wenn außerdem Sandabschwemmungen im Kanal auf Ausspülungen hinweisen.

Alle nennenswerten Beobachtungen bei der Inspektion sind in einem Protokoll oder einer Niederschrift festzuhalten. Auch wenn nichts aufgefallen ist, sollte wenigstens ein o. B., d. h. ohne Befund, vermerkt werden als Nachweis, daß in dieser Haltung die Aufzeichnung nicht versehentlich vergessen wurde. Um die Beobachtungen sofort aufzeichnen und den genauen Ort einmessen zu können, müssen die Bestandspläne bei der Inspektion greifbar sein, aus denen Bebauung, Straßenbezeichnung, Schacht-Nr. und alle notwendigen Einzelheiten und Maße hervorgehen.

Die Aufzeichnungen müssen sorgfältig, genau und für jedermann lesbar sein, um später möglicherweise auch von anderen Personen ausgewertet zu werden. Bei Bedarf ist auch eine Auswertung in einem sofortigen Zustandsbericht angebracht. Aufzeichnungen und Berichte sind wenigstens fünf Jahre aufzubewahren.

### 2.3.2 *Reinigung*

Wenn bei den Inspektionen nennenswerte Ablagerungen festgestellt werden, ist möglichst bald eine Reinigung (Räumung, Spülung) durchzuführen.

In der Regel müssen fast alle Kanäle einmal im Jahr, viele aber häufiger geräumt werden. Insgesamt ist der Reinigungsbedarf etwa so groß, wie wenn das ganze Kanalnetz jährlich geräumt werden müßte. Eine häufige Kanalreinigung vermindert, ebenso wie eine häufige und sorgfältige Straßenreinigung, die Gewässerverschmutzung bei Regen und erleichtert die Räumarbeit in den Regenbecken.

Größere Räumungen sind auf der Kläranlage zu melden und zu vermerken, da sie dort einen größeren Sand- und Schlammanfall verursachen.

Die früher übliche *Windenzugreinigung* (Bild 2.19) wird heute meistens nur eingesetzt, wenn besonders sperrige Hindernisse, feste Ablagerungen oder Verwurzelungen beseitigt werden müssen. Eindringende Wurzeln wachsen meistens schnell nach, wenn die Wurzel außen am Kanal nicht beseitigt wird. Entsprechende Reinigungsgeräte werden mit Hand- oder Motorwinden eingezogen und hin und her bewegt.

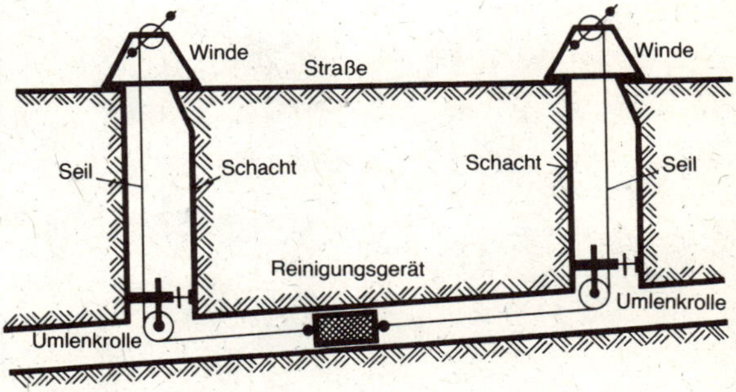


Bild 2.19: Schematische Darstellung einer Windenreinigung

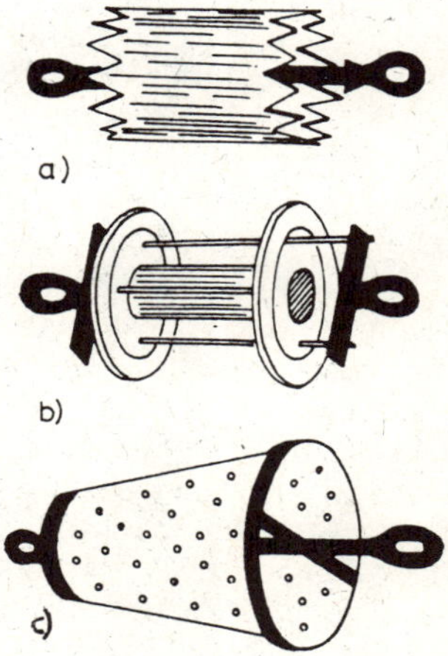


Bild 2.20: Reinigungsgeräte

a) Wurzelschneider; b) Doppelscheibengerät; c) Kanaleimer

Die erste Verbindung zwischen zwei Schächten wird durch einen Vorschwimmer mit Schwimmerschnur oder zusammensteckbare, biegsame Manilarohrstäbe hergestellt. Die bekanntesten Reinigungsgeräte sind Wurzelschneider, Doppelscheibe, Kanaleimer (siehe Bild 2.20), Kanalbürsten, -Dachs, -Iltis, -Wolf, -Fuchs, -Hai, -Wiesel, -Schnecke, -Pfeil, -Pflug, -Spirale, -Anker, -Jumbo.

Darüber hinaus gibt es auch schlagende und bolzende Spezialgeräte.

Der Kanal-Iltis (Bild 2.21) ist auch als Spülgerät anzusehen, da er einen Aufstau erzeugt und durch den Staudruck Ablagerungen vor sich her spült.

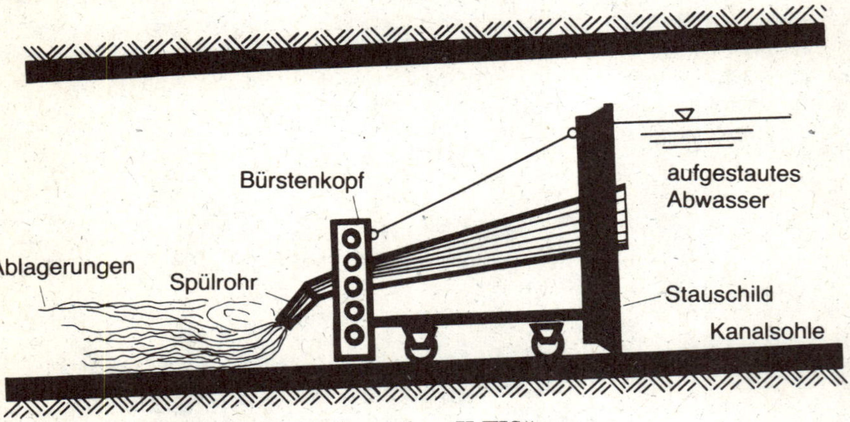


Bild 2.21: Schematische Darstellung des „ILTIS“

Die abgespülten Ablagerungen müssen an den Schächten aus dem Kanal entfernt werden. Das ist eine unhygienische und mühevolle Arbeit, wenn nicht Schlammsaugwagen eingesetzt werden.

In manchen Fällen haben sich *Spül-* oder *Wulst-Kugeln* zur Kanalreinigung bewährt. In gewissen Zeitabständen, z. B. täglich werden in die Schmutzwasserströmung diese Kugeln (Stahl oder aufblasbar) eingelegt. Stahlkugeln werden zum Teil mit Wasser gefüllt, damit sie nur langsam rollen. Sie haben außen Gummiwülste. Dadurch wird ein Aufstau und eine Umströmung verursacht, die Ablagerungen abschwemmt. Die Kugeln haben einen kleineren Durchmesser als der Kanal. Bei einem geeigneten Auffangpunkt wird die Kugel wieder herausgenommen. Kanalmolche wirken ähnlich wie die Kugeln. In Kanalnetzen, in denen sich wegen der Querverbindungen (Verknüpfungen) kein Aufstaudruck bildet, versagt diese Stauspülung.

Am wirtschaftlichsten und wirksamsten werden Kanäle mit *Hochdruckspülgeräten* (HD-Verfahren) gereinigt (Bild 2.22). Hierbei wird das Spülwasser aus einem Wassertank (6 bis 12 $m^3$) mit einem Druck von 80 bis 150 bar aus einer Hochdruckpumpe über einen Schlauch aus einer Düse in einem Winkel von etwa 30 bis 45° an die Kanalwandung gespritzt. Über Düsen wird in [6], Nr. 11/90, S. 1340, berichtet. Schlauchlängen bis 120 m sind gebräuchlich. Die schräg austretenden Wasserstrahlen treiben die Spüldüse gegen das Kanalgefälle durch den Kanal. Die Wasserstrahlen lösen die Ablagerungen und schwemmen sie besonders beim Rückholvorgang ab. Damit können Kanalquerschnitte von DN 150 bis DN 2 500 gereinigt werden. Ein großer Vorteil des

HD-Verfahrens ist, daß hier das Besteigen von Schächten auf ein Minimum beschränkt ist. Die abgeschwemmten Ablagerungen werden in einem Schacht durch einen Schlammsaugwagen abgesaugt. In manchen Spülfahrzeugen ist neben dem Wassertank auch eine Absaugpumpe mit Schlammtank vorhanden.

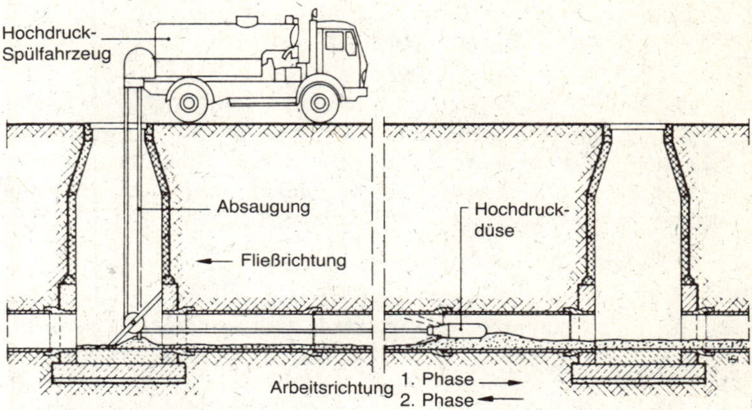


Bild 2.22 HD-Spülgerät [25]

Je nach Reinigungsbedarf und Profilform sind verschiedene Düsenformen verfügbar. Mit dem HD-Verfahren kann eine erfahrene Arbeitsgruppe (zwei bis drei Personen) bis zu 1 000 m Kanal am Tag reinigen, solange die Profile DN 600 nicht überschreiten und die Ablagerungen mäßig sind.

Kleinen Gemeinden ist zu empfehlen, die Kanalreinigung von einschlägigen Fachfirmen vornehmen zu lassen, wenn der Bedarf durch das eigene Personal festgestellt wurde. Mit entsprechenden Werkverträgen mit den Firmen können auch günstige Preise erzielt werden.

Zu den Reinigungsarbeiten gehört auch die mindestens jährliche Säuberung der Straßenabläufe (Bild 2.2). Zur rationellen Reinigung mit wenig Handarbeit wurden spezielle Saugfahrzeuge mit Kraneinrichtung entwickelt.

Auch *Abdeckungen von Schächten* und *Straßeneinläufen* sowie *Steiggänge* müssen gewartet und bei Bedarf gereinigt werden, bei Schachtabdeckungen vor allem die Schmutzfänger.

Die Abdeckungen erfordern einen recht hohen Unterhaltungsaufwand, da sie möglichst genau in einer Ebene mit der Straßenoberfläche liegen sollen und beim Überfahren nicht klappern dürfen. Deshalb sind häufig Regulierungsarbeiten notwendig. Gegen das Klappern werden dämpfende Auflagen verwendet. Aber vor allem muß die Auflagefläche im Rahmen sauber gehalten werden.

Die volle Funktionsfähigkeit eines *Steigganges* ist für die Sicherheit des Betriebspersonals äußerst wichtig. Werden bei der Inspektion oder bei der Reinigung Schäden festgestellt, so müssen deren Beseitigung schnellstens veranlaßt oder selbst vorgenommen werden. Typische Defekte sind:

- Steigeisen sind durch Korrosion beschädigt
- Steigeisen sind abgebrochen worden
- Steigeisen oder Steigbügel haben sich gelockert.
- Der Steiggang hat ein unregelmäßiges Steigmaß
- Der Steiggang ist nicht von unten nach oben aufgebaut worden
- Das oberste Steigeisen oder der oberste Steigbügel sitzen zu tief.
- Der Steiggang ist zu lang und ohne Absturzsicherung
- Der Steiggang endet nicht über dem Bankett
- Der Steiggang verläuft nicht im Lot.

Der Steiggang muß so ausgebildet sein, daß man ihn „blind" gehen kann.

Das bei all diesen Reinigungsarbeiten anfallende Reinigungsgut muß ordnungsgemäß und umweltgerecht beseitigt werden. Die Saugwagen dürfen nur in dafür geeigneten Deponien entleert werden. U. U. muß in Kläranlagen eine Aufnahmevorrichtung mit Sandwaschanlage vorgesehen werden.

### *2.3.3 Instandhaltung (Schadensbehebung, Sanierung, Erneuerung)*

Wenn bei einer Inspektion Undichtigkeiten erkannt oder vermutet werden, muß man versuchen, den Umfang des Schadens mit einer Dichtheitsprüfung zu erfassen. Meistens wird Wasser als Prüfmedium (Prüfmittel) verwendet. Einzelheiten sind in DIN 4033 [8] für Freispiegel-Kanäle und in DIN 4279 für Druckleitungen festgelegt. Folgendes Verfahren eignet sich auch zur Abnahme von Neuanlagen. Man sperrt z. B. den zu prüfenden Abschnitt wasserdicht ab und füllt ihn luftfrei mit Wasser, bis bei Freispiegelleitungen ein Druck von 0,5 bar (5 m Wassersäule) erreicht ist. Nach 24 Stunden (bei Betonrohren) wird dann während der Prüfdauer von 15 min soviel Wasser zugegeben, bis der anfängliche Wasserspiegel wieder erreicht ist. Diese nachträgliche Wasserzugabe entspricht dem Wasserverlust und ist, je nach Rohrwerkstoff, ein Maß für die Dichtheit (Bild 2.23).

| benetzte Innenfläche $m^2$/lfdm | ∅ mm | Betonrohrleitung | | Stahlbetonrohrleitung | | Steinzeugrohrleitung | |
|---|---|---|---|---|---|---|---|
| | | l/$m^2$ | l/lfdm | l/$m^2$ | l/fdm | l/$m^2$ | l/lfdm |
| 0,314 | 100 | 0,40 | 0,13 | 0,20 | 0,06 | 0,20 | 0,06 |
| 0,471 | 150 | 0,40 | 0,19 | 0,20 | 0,10 | 0,20 | 0,10 |
| 0,628 | 200 | 0,40 | 0,25 | 0,20 | 0,12 | 0,20 | 0,12 |
| 0,785 | 250 | 0,40 | 0,31 | 0,20 | 0,15 | 0,20 | 0,15 |
| 0,942 | 300 | 0,30 | 0,28 | 0,15 | 0,14 | 0,20 | 0,19 |
| 1,257 | 400 | 0,30 | 0,38 | 0,15 | 0,19 | 0,20 | 0,25 |
| 1,571 | 500 | 0,30 | 0,47 | 0,15 | 0,24 | 0,20 | 0,31 |
| 1,885 | 600 | 0,30 | 0,57 | 0,15 | 0,28 | 0,20 | 0,38 |
| 2,199 | 700 | 0,25 | 0,55 | 0,13 | 0,29 | 0,20 | 0,44 |
| 2,513 | 800 | 0,25 | 0,63 | 0,13 | 0,33 | 0,20 | 0,50 |
| 2,827 | 900 | 0,25 | 0,71 | 0,13 | 0,37 | 0,20 | 0,57 |
| 3,142 | 1 000 | 0,25 | 0,79 | 0,13 | 0,41 | 0,20 | 0,63 |
| 3,770 | 1 200 | 0,20 | 0,75 | 0,10 | 0,38 | 0,20 | 0,75 |
| 4,398 | 1 400 | 0,20 | 0,88 | 0,10 | 0,44 | 0,20 | 0,88 |
| 4,712 | 1 500 | 0,20 | 0,94 | 0,10 | 0,47 | 0,20 | 0,94 |

Bild 2.23: Tabelle der max. zulässigen Wasserzugabe in l/$m^2$ benetzte Innenfläche bzw. l/lfdm Rohrleitung [27]

Bei Grundwasserständen, die außerhalb des Kanals dessen Höhe erreichen, versagt dieses Verfahren. Dieses Problem wird bei anderen Verfahren mit künstlich erzeugtem Druck vermieden. Hier wird der Druckverlust gemessen, wie z. B. im Bild 2.24.

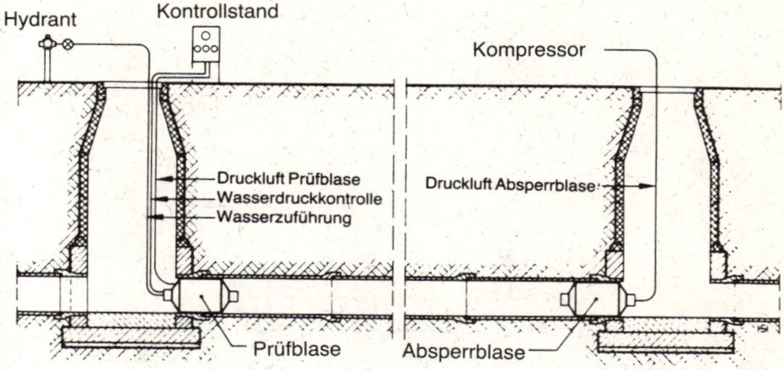


Bild 2.24: Prinzip einer abschnittsweisen Dichtheitsprüfung [25]

Mit ähnlichen Verfahren kann auch die Dichtheit einzelner Rohrverbindungen geprüft werden. Es gibt auch Verfahren, die Luft als Prüfmedium verwenden. Wenn eine nennenswerte Undichtigkeit erkannt wird, muß je nach Wasserdruck und Wasseranfall entschieden werden, wie der Schaden behoben werden kann. Meistens werden dazu die Schadstellen ausgestemmt (nicht bei Rohrverbindungen) und gesäubert. Manchmal kann die Reparatur einzelne Stellen betreffen, in anderen Fällen kann das bis zur Sanierung oder Erneuerung ganzer Strecken gehen. Manche Reparaturen können von innen, andere müssen von außen vorgenommen werden.

Dichtigkeitsprüfungen sollen auch für Haus- und Grundstücksleitungen in der Satzung vorgeschrieben werden. Der Prüfer darf sich nicht mit einer „Inaugenscheinnahme“ begnügen.

Andere Schäden, die erkannt werden, können sein z. B. mechanischer Verschleiß durch Abrieb, Korrosion, Risse oder Rohrverformungen.

Die mechanische Abnutzung tritt häufig auf bei Sohlen von Kanälen mit starkem Gefälle und viel Sandanfall. Mit Rissen und Rohrverformungen ist in Straßen mit Schwerlastverkehr zu rechnen, wenn Rohrwerkstoffe und Untergrund nicht den erwarteten statischen Anforderungen entsprechen. Aber auch Ausschwemmungen können zu solchen Schäden führen. Korrosionsschäden im Inneren von Abwasserkanälen werden vor allem durch aggressive Stoffe im Abwasser oder Sulfid-Korrosion verursacht.

Als aggressive Stoffe sind hier u. a. zu nennen

- Benzin
- Öl
- CKW
- Autowaschmittel
- Deponiesickerwässer

- Herbizide (Unkrautvernichtungsmittel)
- Düngemittel
- Streusalz im Winter

Das Prinzip der biogenen Schwefelsäure-Korrosion ist in Bild 2.25 dargestellt.

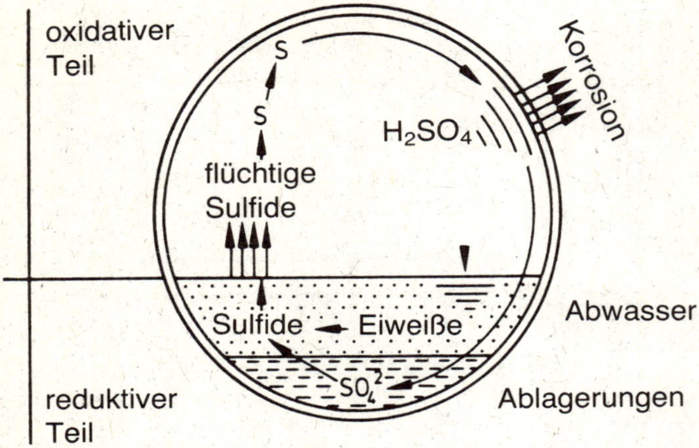


Bild 2.25: Prinzipieller Ablauf einer biogenen Schwefelsäure-Korrosion [25]

Da die Sulfidentwicklung von der Bakterientätigkeit, also der Faulung, im Kanal abhängt, sind Ablagerungen häufig zu räumen und für eine gute Belüftung der Kanäle ist zu sorgen. Die Sulfidkorrosion wird in dem Buch „Sulfide in Abwasseranlagen" [28] eingehend behandelt. Auch in [6], Nr. 11/90, S. 1332, wird darüber berichtet.

Für die Behebung solcher Korrosionsschäden gibt es eine Vielzahl von Verfahren, die manchmal auch zur Abdichtung geeignet sind. Sie werden meistens von speziell dafür eingerichteten Firmen ausgeführt.

Für die Reparatur von innen seien genannt Abdichtung mit Dichtstoffen, Beschichtungen, Auskleidungen, Auspressungen, Relining (hier werden Rohre in den Kanal eingezogen), Berstverfahren, Injektionen (außen und innen).

Alle gegenwärtig bekannten und praktizierten Verfahren sind in dem Buch „Instandhaltung von Kanalisationen" [25] eingehend beschrieben.

Bei Inspektionen und Schadensbeseitigung ist auf Ratten zu achten, da sie Krankheitsüberträger sein können. Auch bei nur vereinzeltem Auftreten sind sie gezielt mit Freßködern nach Auslegeanweisung zu bekämpfen. Begasung ist nicht statthaft. Die Kläranlage ist von den Maßnahmen zu informieren, da dort der Erfolg der Bekämpfung durch die angeschwemmten toten Ratten am ehesten beurteilt werden kann.

### *2.3.4 Kontrolle von Indirekteinleitern*

Indirekteinleiter sind Gewerbe- und Industriebetriebe, die ihr Abwasser nicht direkt in ein Gewässer einleiten, sondern über ein öffentliches Kanalnetz und eine

Kläranlage. An den Kanal sind sie aber direkt oder über eine Vorbehandlungsanlage angeschlossen.

Der Gegensatz dazu sind Einleiter, die ihre Abwässer über werkseigene Kanäle und Abwasserbehandlungsanlagen direkt in ein Gewässer einleiten, also Direkteinleiter. Gemeinden und Städte sind normalerweise Direkteinleiter.

Der § 7a, (3) des WHG legt fest: Die Länder stellen sicher, daß vor dem Einleiten von Abwasser mit gefährlichen Stoffen in eine öffentliche Abwasseranlage die erforderlichen Maßnahmen durchgeführt werden.

Stoffe sind dann „gefährlich" im Sinne dieses Gesetzes, wenn bei ihnen die Besorgnis
- einer Giftigkeit, Langlebigkeit, Anreicherungsfähigkeit
- einer krebserzeugenden, fruchtschädigenden oder erbgutverändernden Wirkung

besteht.

Es handelt sich dabei vor allem um

Arsen
Blei
Cadmium
Chrom
Kupfer
Nickel
Quecksilber
adsorbierbare organische Halogenverbindungen (AOX)
wirksames Chlor

Unabhängig davon, ob derartige Abwässer von einem Direkt- oder Indirekteinleiter abgegeben werden, sind sie besonders zu behandeln. Diese Behandlungsmaßnahmen haben dem „Stand der Technik" zu entsprechen, müssen also sehr weitgehend sein.

Das in öffentliche Abwasseranlagen einzuleitende industrielle und gewerbliche Abwasser muß so beschaffen sein, daß insbesondere
- das Betriebs- und Überwachungspersonal nicht durch $H_2S$, HCN, $SO_2$, $CO_2$, Säuren oder Laugen mit extremen pH-Werten, zu hohe Abwassertemperaturen, feuergefährliche und explosible Stoffe sowie leichtflüchtige organische Lösemittel (wie z. B. CKW) gefährdet wird,
- die Bauwerke der Abwasseranlage nicht durch Abwasser mit extremen pH-Werten, hohe $SO_4$- oder $NH_4$-Konzentrationen, kalklösende Kohlensäure oder Lösemittel angegriffen oder zerstört werden und daß keine Feststoffablagerungen oder Verkrustungen auftreten können,
- die Funktion der Kläranlage nicht durch zu hohe Konzentrationen und Frachten an Schwermetallen, Säuren, Laugen, toxischen Stoffen oder Stoßbelastungen (auch durch abbaubare organische Abwasserinhaltsstoffe) gestört wird.

Industrie- und Gewerbebetriebe mit problematischen Abwasserinhaltsstoffen sind vor allem

Obst- und Gemüseverarbeitung
Brauereien, Brennereien
Schlachthöfe, fleischverarbeitende Betriebe
Molkereien
Metallbe- und -verarbeitung
Färbereien
Chemischreiniger
Großwäschereien
Papier- und Pappefabriken
Lederfabriken

Die Länder regeln in sogenannten „Indirekteinleiter-Verordnungen" die Genehmigungspflicht für das Einleiten bestimmter Stoffe oder Stoffgruppen, die als gefährlich anzusehen sind. Darin werden Schwellenwerte für Konzentration (mg/l) und Fracht (g/h) festgelegt.

Gemeinden und Städte schreiben in ihrem jeweiligen Entwässerungssatzungen, meistens in enger Anlehnung an das ATV-Arbeitsblatt A115 „Hinweise für das Einleiten von Abwasser in eine öffentliche Kanalisation" [5], Einleitungsverbote für bestimmte Stoffe bzw. Benutzungsbeschränkungen vor. Danach gilt in der Regel folgendes Verbot:

Stoffe, die die öffentliche Entwässerungsanlage oder die dort beschäftigten Personen oder die angeschlossenen Grundstücke gefährden oder beschädigen oder die den Betrieb der öffentlichen Entwässerungsanlage erschweren, dürfen nicht eingeleitet werden.

Dieses Verbot gilt insbesondere für

a) feste Stoffe, auch in zerkleinerter Form, wie Müll, Lumpen, Dung, Schlachtabfälle, Küchenabfälle, Abfälle aus obst- und gemüseverarbeitenden Betrieben, ferner Schutt, Sand, Asche, Schlacke, Treber, Hefe, Schlämme aus Vorbehandlungsanlagen, Inhalt von Abortgruben,
b) Stoffe, die Ablagerungen, Verstopfungen oder Verklebungen in den Kanälen verursachen
c) feuergefährliche, zerknallfähige, giftige, infektiöse, radioaktive Stoffe,
d) Jauche, Silosickersaft, Molke, Töteblut aus Schlächtereien, Räumgut aus Benzin-, Öl-, Fettabscheidern,
e) größere Farbstoffmengen,
f) Gase und Dämpfe,
g) Abwasser aus Grundstückskläranlagen, wenn eine Sammelkläranlage vorhanden ist,
h) Abwasser aus Gewerbe- und Industriebetrieben, das
   - schädliche Ausdünstungen oder üble Gerüche verbreitet,
   - wärmer als + 35 °C ist,
   - einen pH-Wert von unter 6,5 oder über 9,5 hat,
   - aufschwimmende Öle und Fett enthält,
   - mehr als 20 mg/l unverseifbare Kohlenwasserstoffe enthält,
   - ungelöste, insbesondere chlor- oder fluorhaltige organische Lösungsmittel enthält,

  - schädliche Konzentrationen an Schwermetallen, Cyanid, Phenolen oder anderen Giftstoffen aufweist, (Grenzwerte für Schwermetalle haben besondere Bedeutung wegen Klärschlammbeseitigung),
  - als Kühlwasser benützt worden ist,

i) Grund- und Quellwasser (Fremdwasser).

Die Überwachung der Festlegungen in der Indirekteinleiter-Verordnung und in der Satzung ist ein wichtiger Teil des Kanalbetriebes. Da hierzu auch die Entnahme von Abwasserproben und deren analytische Untersuchung gehören, werden diese Aufgaben in großen Städten oft eigenen Abteilungen mit entsprechenden Labors zugewiesen. Viele der notwendigen Untersuchungen können von einem durchschnittlichen Kläranlagenlabor nicht mehr vorgenommen werden. Dazu bedarf es einer besonderen personellen und gerätemäßigen Laborausstattung.

Kleine Gemeinden schalten dafür Laborfirmen, also Fremdlabors ein, denen die Proben zugesandt werden. Wenn Proben regelmäßig und häufig über einen längeren Zeitraum genommen werden müssen, werden automatische Probenahmegeräte eingesetzt. Manchmal helfen hier die Fremdlabors oder die größere Nachbarstadt aus. In kleinen Gemeinden sind im allgemeinen die für eine Überwachung in Frage kommenden Betriebe gut bekannt und nicht zahlreich. In manchen Fällen kann die Zusammenarbeit mit dem Betrieb bei der Überwachung nützlich sein. Häufig ist es zweckmäßig, einen eigenen Meßschacht für die Überwachung anzuordnen, in dem Proben gezogen und Abflußmessungen durchgeführt werden können, ohne das Werksgelände zu betreten. Betriebe können zur regelmäßigen Eigenüberwachung, mit der sie die Inhaltsstoffe (Konzentration und Fracht) ihres Abwassers nachweisen müssen, verpflichtet werden.

Ein Kanalnetzbetreiber kann einzuleitendes Abwasser jederzeit untersuchen oder untersuchen lassen und er hat dazu das Recht, Grundstücke zu betreten, um Proben zu nehmen.

### *2.3.5 Wartung von Regenbecken*

Eine Inspektion der Regenbecken (siehe auch Abschnitt 2.2.5) ist mindestens alle zwei bis vier Wochen und nach jedem nennenswertem Niederschlagsereignis unerläßlich. Die Überwachung umfaßt zwei Hauptaufgaben

- Beurteilung der Auswirkung, wenn eine Mischwasserentlastung stattgefunden hat
- Prüfung und Erhaltung der Funktionssicherheit

Die Mischwasserentlastung ist eine wasserrechtlich genehmigungspflichtige Abwassereinleitung. Regenbecken sollen die in ein Gewässer eingeleitete Schmutzfracht gering halten. Die *Wirksamkeit* eines Beckens ist deshalb durch entsprechende Aufzeichnungen von Beobachtungen und Messungen nachzuweisen.

Dazu gehören
- Benutzungszeit und -dauer,
- Füllstände,
- Überlaufzeit, -dauer und -höhe an Becken- und Klärüberlauf (BÜ und KÜ).

Mit den Überlaufwerten kann der eingeleitete Abfluß annähernd ermittelt werden. In den meisten Fällen können damit die Auswirkungen der Mischwassereinleitung ausreichend beurteilt werden.

Füllstände und Überlaufhöhen können bei kleinen Becken unter 200 $m^3$ Nutzraum durch Lattenpegel oder ein aufgemaltes Maßband einfach gemessen werden. Auf einem weißen Streifen daneben können mit den nach der Benutzung verbleibenden Schmutzrändern die Koten der höchsten Wasserstände abgelesen werden. Die Schmutzränder sind nach jeder Benutzung und Registrierung wieder abzuwischen.

Bei größeren Becken ist eine selbstschreibende Füllstandsmaßeinrichtung angebracht; bei besonderen Anforderungen an die Einleitung ist sie unumgänglich. Im Handel werden dafür Geräte angeboten, z. B. ballonartige Schwimmer, Druckdosen oder Ultraschallsonden. Es gibt bereits Geräte, die automatisch registrieren, ausdrucken und auswerten. Manchmal werden diese Daten in eine Zentrale, z. B. auf der Kläranlage, fernübertragen.

Wenn vom Gewässer her strengere Anforderungen gestellt werden, kann es notwendig sein, zusätzlich zum eingeleiteten Abfluß auch dessen Beschaffenheit zu messen. Dazu sind dann vom Abfluß bzw. Füllstand gesteuerte Probenahmegeräte zweckmäßig.

Um die *Funktionssicherheit* zu überprüfen und zu erhalten, sind folgende Überwachungs- und Wartungstätigkeiten erforderlich:

- Art und Umfang von Ablagerungen feststellen,
- Spüleinrichtung betätigen bzw. automatisch prüfen und warten; evtl. Becken und Einstiegsvorrichtungen nachreinigen (auf Spülhilfen wurde in Abschnitt 2.2.5. hingewiesen),
- Drosseleinrichtung nachsehen und warten,
- Schieber, Klappen, Verschlüsse und Antriebe auf Gängigkeit prüfen und warten,
- Pumpen warten, einschließlich monatlicher Probelauf von Reservepumpen bzw. umschalten von Reserve auf Normalbetrieb (siehe Abschnitt 2.3.6),
- Schutzanstriche und bauliche Teile halbjährlich nachsehen,
- Be- und Entlüftung nachsehen; Zwangsbelüfter überprüfen und warten; Schwitzwasserbildung vermerken,
- Beleuchtung überprüfen,
- Meßgeräte warten.

Unter „Warten" sind hier die in der jeweiligen Bedienungsanleitung bzw. Dienstanweisung vorgeschriebenen Tätigkeiten zu verstehen, vor allem für das Abschmieren und Ölwechseln in regelmäßigen Wartungsintervallen sowie das Eintragen des Standes der Betriebsstundenzahlen und der Aufzeichnungen der Meßgeräte in die Überwachungsblätter.

Für die Aufzeichnung zur Betriebsüberwachung kann in einfachen Fällen das im Bild 2.26 gezeigte Formblatt helfen. Unter Umständen müssen aber auch eigene Überwachungsblätter erarbeitet und angelegt werden.

Muster für 2 Beispiele

## Betriebsaufzeichnungen zur Überwachung von Regenüberlaufbecken

**Hinweise und Erläuterungen siehe Rückseite**

| | | | | | | | | |
|---|---|---|---|---|---|---|---|---|
| | Bezeichnung des RÜB | | Untere Brücke offenes Durchlaufb. | | | Obere Brücke abgedecktes Fangb. | | |
| 1 | Jahr 19 89 | Monat | Juli | | | Juli | | |
| 2 | | Tag | Do 6. | Fr 7. | Di 18. | Do 6. | Fr 7. | Di 18 |
| 3 | | Uhrzeit | 9-10⁰⁰ | 8-12⁰⁰ | 8⁰⁰ | 10-11⁰⁰ | 13-16⁰⁰ | 9⁰⁰ |
| 4 | Regenereignis am | | 5.7.—7.7. | | 17.7. | 5.7.—7.7. | | 17.7. |
| 5 | Füllstand | m | Überlauf | | 2 | 1.80 | 1.80 | 1.30 |
| 6 | Benutzungsdauer | h | 24 | 6 | 5 | 24 | 6 | 4 |
| 7 | Überlaufhöhe cm | BÜ | 2 | — | — | 3 | — | — |
| 8 | | KÜ | 10 | 2 | — | | | |
| 9 | Überlaufdauer h | BÜ | 12 | — | — | 15 | — | — |
| 10 | geschätzt | KÜ | 18 | 6 | — | | | |
| 11 | Abfluß zum Vorfluter | m³/s | | | | | | |
| 12 | geschätzt | m³ | 15000 | 3000 | — | 10000 | — | — |
| 13 | | | | | | lehmtrüb | | |
| 14 | | | | | | | | |
| 15 | Nennenswerte Ablagerungen/Art | | | 15 cm Schlamm | 3 cm Schlamm | | 10 cm Schlamm | 1 cm Schlamm |
| 16 | Spüleinrichtung | überprüft | | x | | | | |
| 17 | | betätigt | | x | x | keine vorh. | handgeräumt | |
| 18 | | gewartet | | x | | | | |
| 19 | Drossel-einrichtung | überprüft | = Pumpe | | | | x | x |
| 20 | | gewartet | | | | | x | x |
| 21 | Schieber, Antriebe, Klappen usw. | überprüft | | x | | | x | |
| 22 | | gewartet | | x | | | x | |
| 23 | Stand des Betriebsstundenzählers | | ..2468 | 2492 | 2497 | | | |
| 24 | Pumpen | überprüft | | x | | | | |
| 25 | | gewartet | | x | | | | |
| 26 | Be- und Entlüftung überprüft | | | | | | x | |
| 27 | Beleuchtung überprüft | | | | | | x | |
| 28 | Schutzanstriche überprüft | | | | | | | |
| 29 | Meßgeräte | überprüft | | x | | keine vorh. | | |
| 30 | | gewartet | | x | | | | |
| 31 | Bauliche Teile überprüft | | | | | | | |
| 32 | aufgewendete Arbeitszeit | h | 1 | 4 | 1 | 1 | 4 | 1 |
| 33 | Überwachung durchgeführt von (mit Anfangsbuchstaben abzeichnen) | | [illegible] | [illegible] | [illegible] | [illegible] | [illegible] | [illegible] |

Seitenbeschriftungen: Zur Beurteilung der Auswirkungen (Zeilen 4–14); Zur Funktionssicherheit und Wartung (Zeilen 15–31)

Bild 2.26: Betriebsaufzeichnungen zur Überwachung von Regenüberlaufbecken [16]

### *2.3.6 Wartung von Pumpwerken*

Zur Wartung von Pumpwerken gehört die Betriebsüberwachung des richtigen Maschineneinsatzes und des einwandfreien Maschinenlaufs sowie Kontrollen bei der Inbetriebnahme und im laufenden Betrieb. Weiter gehört dazu die Führung eines Pumpenbetriebsbuches, in dem Förderhöhen, Fördermengen, Betriebsstunden und Stromaufnahme registriert werden. In größeren Pumpwerken ist es zweckmäßig, auch Wetterlage, Niederschläge, Wasserstände, Tagesfördermengen, elektrische Spitzenleistungen, Wirk- und Blindstromverbrauch aufzuzeichnen. In größeren Kanalnetzen werden die wichtigsten Daten auch in eine Zentrale fernübertragen. In diesen Fällen ist ein ständiger Bereitschaftsdienst anwesend oder wenigstens eine Rufbereitschaft vorgesehen.

Betriebsstörungen müssen so schnell wie möglich behoben werden, um Rückstau und Überschwemmungen zu vermeiden. Um überraschende Störungen möglichst zu vermeiden, müssen Pumpwerke, auch kleine, mindestens täglich nachgesehen werden. Automatische Störmeldeeinrichtungen sind empfehlenswert. Bei kleinen Kanalnetzen können solche Störmeldungen z. B. über die Feuerwehr laufen.

Bei Störungen durch Stromausfall ist sofort mit der Entstörungsstelle des Energieversorgungsunternehmens (EVU) Kontakt aufzunehmen. Diese Telefonnummer gehört ins Pumpenbetriebsbuch.

Um Maschinenschäden schnell beheben zu können, sind entsprechende Ersatzteile in der Werkstätte bereitzuhalten. Besonders schnell verschleißen z. B. Laufräder, Stopfbüchsen einschließlich Packungen, Gleitringdichtungen, Wellenschutzhülsen, Lager, Keilriemen, Schieber, Rückschlagklappen.

#### *Wartungshinweise für Inbetriebnahme und Betrieb von Kreiselpumpen*

Arbeiten bei erstmaliger Inbetriebnahme

1. Pumpe prüfen, ob sich Läufer leicht drehen läßt.
2. Drehrichtung prüfen, gegebenenfalls umpolen lassen.
   Die Drehrichtung bei Tauchpumpen sollte entweder im ausgebauten Zustand oder durch ein *Phasenfolgeprüfgerät* kontrolliert werden. Die erste Möglichkeit kann man selbst durchführen, jedoch ist darauf zu achten, daß die Pumpe nicht längere Zeit trocken läuft, also ohne Wasser betrieben wird. Die zweite Prüfmöglichkeit ist nur vom Elektriker durchführbar.
3. Überstromauslöser (Bi-Metall) prüfen und auf Motornennstrom bezogen einstellen lassen.
   Bei Direktschaltung: Einstellung auf Motornennstrom.
   Bei Stern-Dreieck Anlassung: Einstellung auf 0,58fachen Motornennstrom.
4. Prüfen ob und welche Spannung ansteht (am Voltmeter im Schaltschrank). Falls nicht vorhanden Elektriker hinzuziehen.
5. Ölstand bzw. Fettfüllung des Lagerstuhls bzw. der Fettpresse prüfen bzw. ergänzen.
6. Ausrichtung Pumpe – Motor prüfen.
7. Keilriemenspannung kontrollieren bzw. nachziehen, dabei Riemenscheibe von Rost und Lackresten säubern.

8. Pumpensumpf und lange Zulaufkanäle von Schuttresten und Hölzern säubern.
9. Vorhandene Kanalabmauerungen beseitigen, Pumpensumpf füllen und aufschwimmende Holzreste entfernen.
10. Kontrollieren, ob vorhandene Pumpensumpffüllstandsanzeige anspricht bzw. richtig anzeigt.
11. Saugschieber öffnen, Rohrleitung einschl. Pumpengehäuse auf Undichtigkeiten überprüfen.
12. Pumpe einschalten und gegen geschlossenen Druckschieber (Achtung, nicht bei Kolben- und Exzenterschneckenpumpen, aber auch bei Schraubenrad- und Propellerpumpen) fahren und dabei Manometer und unbedingt Ampèremeter beobachten.
13. Druckschieber langsam öffnen. Bei geöffnetem Schieber muß die Manometeranzeige am Pumpendruckstutzen der Förderhöhe auf dem Typenschild entsprechen. Die Stromaufnahme darf nicht größer als der Motornennstrom sein. Werden am Manometer bzw. Ampèremeter erhebliche Unterschiede festgestellt, ist die Pumpe abzuschalten und der Lieferant zuzuziehen.
14. Während des Pumpenbetriebes Rohrleitungen und Armaturen auf Undichtigkeiten untersuchen. Pumpe und Motor müssen ohne nennenswerte Geräusche schwingungsfrei laufen.
15. Stopfbüchspartie (Wellendurchführung) ist zu kontrollieren. Bei der erstmaligen Inbetriebnahme ist die Stopfbüchsbrille leicht von Hand anzuziehen. Erst nach einigen Betriebsstunden sollte die Stopfbüchsbrille so angezogen werden, daß eine tropfenweise Leckage austritt. Teflon-Packungen sind besonders behutsam zu behandeln.

    Zu starkes Anziehen der Stopfbüchsbrille erhöht die Reibungswärme und dadurch den Verschleiß. Nach der Inbetriebnahme ist zu überprüfen, ob Sperrwasser bzw. Sperrfett in die Wellenabdichtung gelangt.
16. Gleitringdichtungen sind während der Inbetriebnahme ständig zu kontrollieren. Bei dieser Abdichtungsart ist das Pumpengehäuse vor dem erstmaligen Anfahren mit Reinwasser zu spülen bzw. aufzufüllen. Bei fühlbarer starker Wärmeentwicklung ist die Pumpe außer Betrieb zu nehmen. Unwuchtiger Lauf führt zu Schäden an den Gleitringdichtungen.
17. Nach längerer Betriebszeit Lagertemperatur prüfen.
18. Die vorjustierten Schaltkoten der Füllstandsmessungen sind zu kontrollieren bzw. nachzustellen. Alarmwasserstände sind durch Einstauen des Pumpensumpfes auszuprobieren.
19. Hochpunkte von Rohrleitungen und Pumpengehäuse sind bei der Erst-Inbetriebnahme zu entlüften. Diese Arbeiten sind auch während der folgenden Betriebszeit in regelmäßigen Zeitabständen durchzuführen. Entlüftungsleitungen von über dem Pumpensumpfwasserspiegel angeordneten Pumpengehäusen sind auf Verstopfungen zu kontrollieren bzw. zu reinigen.
20. Saugleitungen von *selbstansaugenden* Pumpen müssen 100%ig dicht sein, das Gleiche gilt für eingebaute Fußventile sowie Rückschlagklappen in der

Saugleitung. Die Stopfbüchspartie saugender Pumpen sollte mit Sperrwasser beaufschlagt werden, um ein Luftziehen über das Packungsmaterial zu verhindern.

21. Ab dem Zeitpunkt der Inbetriebnahme ist mit der *passiven* Wartung, d. h. mit der Führung des Pumpenbetriebsbuches zu beginnen. Aufzeichnungen über Stromaufnahme, Förderhöhe, Fördermenge und besondere Vorkommnisse genügen für eine gute Betriebsübersicht.

*Wartungsarbeiten an Kreiselpumpen*

Die dem Verschleiß hauptsächlich unterworfenen Stellen sind dort, wo drehende Teile gegen feststehende laufen. Das sind z. B. der saug- und druckseitige Dichtspalt zwischen Laufrad und Gehäuse, sowie die Wellenabdichtung.

Je nach Fördermedium kann der Verschleiß zwischen Laufrad und Gehäuse mehr oder minder groß sein. Im allgemeinen genügt eine halbjährliche Kontrolle der Laufradspiele; damit kann man auch den Zeitpunkt einer anstehenden Reparatur vorausbestimmen.

Die *Lagerung* des Pumpenläufers ist im allgemeinen problemlos, wenn Abschmieren und Ölwechsel fristgemäß durchgeführt werden.

Grundsätzlich sollte man Schleißteile auf Vorrat halten, damit Reparaturen kurzfristig erledigt werden können.

Die *Stopfbüchspartie* ist besonderem Verschleiß ausgesetzt. Laufradrückenschaufeln entlasten zwar den Stopfbüchsraum während des Betriebes, doch bei Fördermedien mit hohem Schlamm- und Sandanteil ist trotz Sperrfett- bzw. Sperrwasserbeaufschlagung Verschleiß zu verzeichnen.

Bei entsprechender Beachtung folgender Hinweise lassen sich Arbeiten und Ärger mit der Stopfbüchse auf ein Mindestmaß beschränken.

Bei neuverpackten Stopfbüchsen die Stopfbüchsenbrille nur mit der Hand anziehen. Erst nach einigen Betriebsstunden so nachziehen, daß sich tropfenweise Leckage einstellt. Dies gilt für alle Packungsmaterialien mit oder ohne Sperrwasserbeschickung.

Der Sperrwasserdruck soll geringfügig über dem Pumpendruck liegen. Z. B. bei 1,5 bar sollte der Sperrwasserdruck 1,8 – 20 bar betragen. Zu hoher Druck bewirkt Packungszerstörung in relativ kurzer Zeit. Verschleißbedingt wird die Stopfbüchsleckage größer und muß durch Nachziehen der Stopfbüchsbrille wieder verringert werden. Steht die Brille am Stopfbüchsgehäuse an und kann nicht mehr nachgezogen werden, muß ein neuer Packungsring nachgesetzt werden. Nur zwei- bis dreimal sollte man erfahrungsgemäß neue Packungsringe nachsetzen. Die alten Packungen sind dann so verschlissen, daß ein gutes Abdichten nicht mehr gewährleistet werden kann. Jetzt muß der Stopfbüchsraum neu verpackt werden. Mit Packungsziehern wird die alte Packung entfernt. Der Sperrkammerring – wenn vorhanden – wird mit zwei Stahlhaken herausgezogen.

Achtung! Reihenfolge und Anzahl der Packungsringe zum Sperrkammerring sind beim Entfernen festzuhalten. Die Welle bzw. die Wellenschutzhülse muß auf Verschleiß untersucht werden. Eingelaufene Oberflächen bringen auch mit neuem Packungsmaterial keine gute Abdichtung. Bei leichten Unebenheiten können die Schutzhülse überdreht und dann größere Packungsabmessungen eingebaut werden.

Neues Packungsmaterial muß natürlich vor Beginn der Arbeiten in den geeigneten Abmessungen vorhanden sein. Im Fachhandel sind Meterware oder fertiggepreßte Packungsringe erhältlich. Letztere können nur dann beschafft werden, wenn Innen- bzw. Außendurchmesser und Packungsstärke bekannt sind.

Meterware muß mit geeigneten Vorrichtungen auf die genaue Länge abgeschnitten werden. Mit einem Rundholz, welches dem Durchmesser der Welle bzw. der Wellenschutzhülse entspricht, kann man mit daraufgewickeltem Packungsmaterial und schräg angesetztem Schnitt die geforderte Länge exakt erzielen. Spannt man das Rundholz im Schraubstock ein, kann man mit einem scharfen Messer einwandfrei Schnittflächen herstellen.

Mit schrägen Schnittflächen kann sich der Packungsring beim Einlegen besser anpassen. Außerdem läßt sich dadurch eine größere Abdichtungsfläche als bei einem geraden Schnitt erzielen. Die so erhaltenen Ringe werden in der Reihenfolge eingelegt, die man beim Entfernen der verbrauchten Packung festgestellt hat.

Die Schnittstellen sollen dabei von Ring zu Ring um 90 bzw. 180 Grad versetzt werden.

Die Stopfbüchsbrille nur leicht anziehen, auch wenn die Leckage größer als normal ist und Pumpe längere Zeit betreiben. Erst dann die Packung nachziehen und kontrollieren, ob Sperrflüssigkeit bzw. Sperrfett vorhanden ist.

Anstelle der Packungsabdichtung wird in zunehmendem Maße die Gleitringdichtung eingesetzt. Abgesehen von ständiger Dichtheitskontrolle sind keine Wartungsarbeiten erforderlich. Werden Pumpen nach längerer Standzeit in Betrieb gesetzt, muß die Gleitringdichtungspartie mit Betriebswasser von Verunreinigungen freigespült werden. Trockenlauf führt zur Zerstörung der Gleit- bzw. Abdichtungsflächen und muß unter allen Umständen vermieden werden.

Tauchmotorpumpen besitzen grundsätzlich Gleitringdichtungen, die mittels *Ölkontrolle* halbjährig überprüft werden müssen.

*Störungen*

| Ursache | Behebung |
|---|---|
| | *Pumpe läuft bei autom. Betrieb nicht mehr an* |
| Überstromauslöser hat angesprochen | Auslöseknopf am Schütz- bzw. Stern-Dreieck-Schalter wieder eindrücken, bei Wiederansprechen des Bi-Metalls liegt anderweitige Fehlerquelle vor. |
| Hand-O-Automatik Schalter steht nicht auf Automatik | Schalter in gewünschte Stellung bringen. Probebetrieb mit Handschaltung. |
| Steuersicherung durchgebrannt | Sicherung auswechseln lassen und Pumpe probeschalten. Sprechen Sicherungen wieder an, ist der Elektriker hinzuzuziehen. |

| Ursache | Behebung |
|---|---|
| Motor durchgebrannt | Durch Fachfirma neu wickeln lassen. Vor Wiedereinbau ist jedoch Ausfallursache festzustellen, damit sie behoben werden kann. |
| Motorschütze erhalten bei Automatikbetrieb keinen Einschaltimpuls | Steuersicherung überprüfen. Handbetrieb probieren. Wasserstandsabhängige Steuerung überprüfen. Durch Elektriker untersuchen lassen, ob an der Schützspule Spannung ansteht. |
| Schützspule durchgebrannt | Von Elektriker auswechseln lassen. |
| *Pumpe läuft nicht hoch und fällt in der Sternstufe raus* | |
| Umschaltzeit von Stern auf Dreieck ist groß | Umschaltzeit auf 6–8 s einstellen. |
| Schützkontakte kleben und schmoren, Motorsicherungen sprechen an | Umschaltzeit überprüfen. Gegebenenfalls Umschaltrelais auswechseln lassen. Überprüfen lassen, ob Schütze groß genug dimensioniert. |
| Motor überlastet | Pumpenläufer überprüfen, ob blockiert oder schwergängig (Verstopfungen oder saug- bzw. druckseitige Festbrennungen in der Pumpe!) |
| *Pumpe fördert nicht!* | |
| | Manometer- und Ampèremeteranzeigen überprüfen; mit früheren Meßdaten vergleichen. |
| Pumpe bzw. Rohrleitung nicht richtig entlüftet | Pumpe laufen lassen und Gehäuse bzw. Rohrleitungshochpunkt entlüften. |
| Pumpendrehrichtung verkehrt | Anschlüsse umpolen lassen. |
| Saug- bzw. Druckschieber geschlossen | Schieber öffnen. |
| Rückschlagklappe wegen ungünstiger Rohrführung mit Verunreinigungen zugesetzt | Schieber schließen, Rückschlagklappe säubern. Bei weiterem Betrieb: Pumpe des öfteren wechseln bzw. in Betrieb setzen. |
| Saugleitung bei saugenden Pumpen undicht | Saugleitung überprüfen und abdichten. |
| Pumpeneinlauf zugesetzt | Zulaufleitung überprüfen und gegebenenfalls Pumpensumpf reinigen. |
| Druckleitung verstopft | Leitung spülen und reinigen. |
| Stopfbüchse bei saugenden Pumpen undicht | Entweder nachziehen oder nachpacken; wenn dies ohne Erfolg: Stopfbüchse neu verpacken. Sperrwasserzufuhr überprüfen. |
| *Pumpe fördert zu wenig!* | |
| | Manometer überprüfen und mit früheren Meßwerten vergleichen. |

| Ursache | Behebung |
|---|---|
| Saugleitung und Pumpengehäuse enthalten noch Luft | Vollständig entlüften. |
| Saug- bzw. Druckschieber nicht vollständig geöffnet | Schieber ganz öffnen. |
| Saugleitung bei saugenden Pumpen undicht | Saugleitung abdichten. |
| Stopfbüchse bei saugenden Pumpen zieht Luft | Nachziehen, nachpacken oder neu verpacken. |
| Verstopfungen am Einlauf zur Pumpe | Verunreinigungen entfernen Sperrwasserzufluß prüfen |
| Verstopfungen in der Pumpe | Pumpenreinigungsdeckel öffnen, Laufrad überprüfen und Verunreinigungen entfernen. |
| Pumpendrehsinn verkehrt | Motoranschlüsse umpolen. |
| Vorhandene Förderhöhe größer als Pumpenförderhöhe | Auslegung von Herstellerfirma überprüfen lassen. Auslegung ändern, mit großem Laufrad oder Drehzahlerhöhung bei Riemenantrieb. |
| Großer Verschleiß an den Innenteilen bzw. an den Dichtspalten. | Ersatzteile einbauen oder einbauen lassen. |
| *Pumpe fördert zu viel!* | |
| Vorhandene Förderhöhe kleiner als Pumpenförderhöhe | Auslegung von Herstellerfirma überprüfen lassen. Auslegung ändern durch Einbau eines kleineren Laufrades oder Drehzahlverringerung bei Keilriementrieb. (Vorübergehende Drosselung des Druckschiebers möglich. Verstopfungsgefahr!) |
| *Motor überlastet!* | |
| | Meßwerte von Ampèremeter und Manometer prüfen und mit früheren Werten vergleichen. |
| Vorhandene Förderhöhe kleiner als Pumpenförderhöhe | Druckschieber vorübergehend drosseln. Leistungsreduzierung nach Angaben der Lieferfirma vornehmen. |
| Laufrad verstopft | Laufrad durch Reinigungsöffnungen reinigen. |
| Festbrennungen in den Dichtspalten (besonders nach langer Betriebszeit) | Wenn möglich Dichtspalte über Reinigungsöffnung säubern, gegebenenfalls Pumpe öffnen und Laufrad abziehen. Dichtspalte neu einstellen bzw. neue Schleißteile einbauen. |
| Stopfbüchsbrille ist zu fest angezogen | Stopfbüchsbrille lockern. |
| Pumpe verspannt | Pumpe neu ausrichten und Rohrleitung wieder spannungsfrei anschließen. |

| Ursache | Behebung |
|---|---|
| Laufrad streift am Gehäuse | Lager überprüfen und Gehäusespiele neu einstellen. |
| Motor und Pumpen fluchten nicht | Kupplungsschutz abbauen und elastische Kupplung überprüfen und neu ausrichten. |
| *Pumpenlager werden außergewöhnlich heiß!* | |
| Zu geringer Ölstand im Lagerstuhl | Öl bis zur erforderlichen Höhe nachfüllen |
| Pumpe verspannt | Pumpe neu ausrichten. |
| Motor und Pumpe fluchten nicht | Pumpe und Motor neu ausrichten |
| Grundbüchse ausgeschlagen, Pakkung und Wellenschutzhülse ausgeschlagen | Neue Wellenschutzhülse aufziehen und neu verpacken. |
| Keilriemenspannung zu groß | Keilriemenspannung neu einstellen |
| In den Kugellagern befinden sich Schmutzteile, u. a. wurden sie schon überflutet und haben Rost angesetzt | Kugellager erneuern und nach Betriebsvorschrift einbauen. |
| *Pumpe verursacht starke Geräusche und läuft unruhig!* | |
| Pumpe saugt Luft | Undichtigkeiten an der Pumpe, Armaturen und Rohrleitung beseitigen. |
| Pumpe läuft im Kavitationsbereich | Auslegung und Zulaufverhältnisse müssen von Fachpersonal der Zulieferfirma untersucht werden (tatsächliche Förderhöhe geringer als Auslegungshöhe). |
| Pumpe und Motor fluchten nicht | Pumpe und Motor neu ausrichten. |
| Pumpe ist verspannt | Pumpe neu ausrichten. |
| Pumpenlager verschmutzt oder angerostet | Lager austauschen. |
| Fremdkörper (Steine usw.) in der Pumpe | Fremdkörper durch Reinigungsöffnung entfernen. |
| Drehrichtungssinn verkehrt | Richtigstellen durch Umpolen der Anschlüsse. |
| Laufrad streift am Gehäuse | Gehäusespiel überprüfen und neu einstellen. |
| *Keilriemenscheiben und Keilriemen werden heiß!* | |
| Riemenspannung zu gering | Keilriemen nachspannen. |
| Ausrichtung von Pumpe und Motor stimmt nicht | Neu ausrichten. |
| Keilriementrieb zu schwach ausgelegt | Lieferfirma wegen Überprüfung der Auslegung anschreiben. |
| Riemen sind nicht längengeprüft satzweise aufgelegt worden. | Neue Riemen satzweise auflegen. |

| Ursache | Behebung |
|---|---|
| | *Wasserstandsabhängige Steuerung spricht nicht an: bei elektro-pneumatischer Steuerung!* |
| Pneumatische Fernleitung bzw. Fernmelder oder Kontaktgeber undicht | Dichtigkeit mit Seifenschaum überprüfen und undichte Stellen ausbessern bzw. undichte Geräte reparieren lassen. |
| Luftglocke im Pumpensumpf mit Verunreinigungen zugesetzt | Pumpensumpf reinigen. |
| Schaltkoten der Quecksilberschaltröhren verstellt | Neujustieren der Ein- und Ausschaltkoten. |
| | *bei Elektroden-Steuerung!* |
| Leitfähigkeits-Elektroden verseift, verölt und verfettet | Elektroden säubern und elektrische Anschlüsse überprüfen. |
| Kapazitiv-Elektroden haben Wasserschluß | Stabelektrode von hängenden Papier- und Textilresten, die ins Wasser hängen, säubern. |
| | *bei Schwimmerschaltung!* |
| Schwimmer, Gestänge oder Schwimmerseil mit Schmutzstoffen belastet. | Schwimmer und Führung säubern oder erneuern. |
| Gestängeschwimmer verstellt bzw. Schwimmer klemmt | Schwimmerbegrenzungen neu einstellen. |

### *2.3.7 Arbeitsschutz und Unfallverhütung im Kanalbetrieb*

Im Kanalbetrieb gelten die gleichen Sicherheitsvorschriften, wie für alle Abwasseranlagen. Die Grundlagen des Arbeitsschutzes werden fachübergreifend in Band 1 und fachspezifisch im Abschnitt Betriebsüberwachung dieses Buches behandelt. Allerdings sind im Kanalbetrieb Tätigkeiten wie Umgang mit Verkehrssicherungseinrichtungen oder Einstieg in Schächte häufiger als z. B. auf einer Kläranlage. Im Kanalbetrieb kommen sie fast täglich vor. Zum Einstieg in Schächte werden in Abschnitt 2.3.1 einige Hinweise gegeben. Alle einschlägigen Sicherheitsvorschriften für Abwasseranlagen werden in Abschnitt 9 behandelt.

Die Bundesanstalt für Arbeitsschutz und Unfallverhütung hat 1981 einen Forschungsbericht Nr. 260 über „Die Arbeit in Kommunalen Entwässerungsbetrieben" veröffentlicht, worin die Arbeitsbedingungen in der Kanalisation und in Klärwerken untersucht werden [12]. Im ATV-Arbeitsblatt A 140 „Regeln für den Kanalbetrieb, Teil I: Kanalnetz" [5] sind umfassende Hinweise zur Unfallverhütung enthalten.

Wegen der besonderen Bedeutung des Arbeitsschutzes wird hier ein Aufsatz über „Arbeitssicherheit in Abwasserkanälen" von *M. Asmuß*, [7] Folge 2/1988, S. 307, auszugsweise abgedruckt:

#### 1. Gefahren im Abwasser

Die älteste bekannte Gefahr aus dem Abwasser kommt vom Bauernhof. Seit Jahrhunderten ist bekannt, daß stehendes und damit bald faulendes Abwasser, wie der Name sagt, Faulgas, Grubengas oder Sumpfgas bildet. Jeder weiß, daß sich hinter allen diesen Namen das Methangas $CH_4$ verbirgt mit

- einer unteren Explosionsgrenze von 5 % und
- einer oberen Explosionsgrenze von 15 %.

Die zweite, auch seit Jahrhunderten bekannte Gefahr ist der Sauerstoffmangel durch die Sauerstoffverdrängung. Gerade bei einem hohen Anteil der vorbesprochenen Gase wird die Luft und damit der Sauerstoff mitverdrängt und dadurch die Sauerstoffkonzentration so weit unterschritten, daß sie zum Leben nicht mehr ausreicht. Man weiß, der Mensch kann

- ohne Nährstoffzufuhr ca. 30 Tage weiterleben
- ohne Trinken noch ca. drei Tage weiterleben
- jedoch bei einem starken Sauerstoffmangel schon nach drei Minuten sterben.

Dieser Sauerstoffmangel hat erfahrungsgemäß drei Hauptgründe

- Verdrängung durch einen hohen Faulgasanteil,
- Verdrängung durch Kohlendioxid durch Einleitung von Mineralwasser,
- durch Gaseinbrüche in das Kanalnetz aus dem immer dichter werdenden Gasnetz der Versorgungsunternehmen.

Die dritte Gefahr im Abwasser sind die toxischen Stoffe. Hier sind besonders der Schwefelwasserstoff und das Ammoniak zu nennen.

Der MAK-Wert des Schwefelwasserstoffes liegt bei 10 ppm und die lebensgefährliche Konzentration beträgt 1 000 ppm oder 1 ‰. Das ist selbstverständlich eine ganz andere Größenordnung als die brandgefährliche Konzentration des Faulgases mit 50 000 ppm und 150 000 ppm.

Als Möglichkeiten für das Entstehen bzw. für das Auftreten von Schwefelwasserstoff in Abwasserkanälen sind folgende Vorgänge und Gegebenheiten in Betracht zu ziehen. Diese Vorgänge und Gegebenheiten können auf rein natürlichen Reaktionen des Schwefels beruhen oder auch auf den technischen Gebrauch Sulfid-Schwefel enthaltender Produkte zurückgeführt werden:

- Mikrobielle Zersetzung von schwefelhaltigen Eiweißstoffen, d. h. Fäulnis
- Mikrobielle Reduktion von Sulfat-Ionen, zu der einige Bakterienarten befähigt sind
- Einleitung sulfid-haltiger Abwässer, wie sie in verschiedenen Industriebetrieben anfallen, wenn zugleich durch Verdünnung mit anderen Abwässern oder Vermischung mit sauren Abwässern ein geeigneter pH-Wert erreicht wird
- Einleitung saurer Abwässer in die Kanäle, in denen Ablagerungen von Eisensulfid, entstanden aus Sulfid-Schwefel und Eisengehalten des Abwassers vorhanden sind.

Es gilt daher zu beachten:

Abwasser ist stets in der Lage, Sulfid-Schwefel bzw. Schwefelwasserstoff zu bilden. Damit dieser Vorgang jedoch eintritt, müssen mehrere Umstände, die dafür günstig sind, gleichzeitig erfüllt sein:

- Völlige Abwesenheit von Sauerstoff
- Vorhandensein entsprechender Schwefelverbindungen

- Das Zusammenwirken dieser Voraussetzungen über eine längere Zeit, die für die Entwicklung einer entsprechenden Mikrobiozönose ausreichend ist.

Daß Schwefelwasserstoff in so großen Mengen freigesetzt wird und daß in Kanälen eine toxische Konzentration erreicht wird, hat weitere begünstigende Umstände zur Voraussetzung:

- Unzureichende oder fehlende Durchlüftung
- Freiwerden eines größeren Schwefelwasserstoffvorrates
- Eine entsprechend lange Einwirkungszeit

Diese Darlegung zeigt, daß eine Vergiftungsgefahr durch Schwefelwasserstoff immer gegeben ist, da die Abwässer durch die vielartige Zusammensetzung eine nicht sofort erkennbare Gefahr bilden.

Als weiteres toxisches Gas ist das Ammoniak zu bezeichnen. Ammoniak ist in geringen Konzentrationen ein farbloses Gas mit einem intensiv stechenden Geruch. In höheren Konzentrationen jedoch wirkt Ammoniak stark ätzend auf die Haut, die Schleimhäute und auf die Augen. Das gefährlichste am Ammoniak jedoch ist, daß es als Reizgas auf die Atmungsorgane wirkt; dort kann es zu einem lebensbedrohlichen Erstickungszustand durch Kehlkopfschwellung und Lungenödem führen. Diese Einwirkungen können oft erst viele Stunden nach der Aufnahme zu lebensgefährlichen Beschwerden führen (hier besteht eine völlige Deckungsgleiche mit Chlor):

- der MAK-Wert von Ammoniak liegt bei 50 ppm
- die untere Explosionsgrenze liegt bei 15 % = 150 000 ppm
- die obere Explosionsgrenze liegt bei 30 % = 300 000 ppm

Besonders ist noch vor der Aggressivität des Ammoniaks zu warnen. Das Ammoniak zerfrißt z. B. in Hebezeugen die Bremsscheiben, so daß diese vorzeitig ausgewechselt werden müssen. Dieselbe Zerstörungswirkung tritt selbstverständlich bei allen anderen Bauteilen, insbesondere Stahl, in gleicher Art auf.

Die fünfte und unberechenbarste Gefahr liegt insbesondere in den Ballungsgebieten und Städten beim Verkehr und den Industrieansiedlungen. Die zahllosen Verkehrsunfälle in den Ballungsgebieten bedingen, daß ausgelaufenes Benzin und Dieselkraftstoff aus einem aufgemantelten Tank, Säuren und Laugen aller Art nach Verkehrsunfällen durch den Regen, aber auch durch die Rettungsorganisationen schnellstmöglich mit größeren Wassermengen in die Kanalisation abgespült werden. Hier treten dann völlig unberechenbare chemische Reaktionen auf, weil zwei für sich allein relativ ungefährliche Stoffe beim Aufeinandertreffen plötzlich durch exotherme Vorgänge, durch Reduktion oder Oxidation zum Freiwerden großer Mengen toxischer Gase führen können.

Eine weitere Gefahr tritt natürlich bei allen Sonderbetrieben auf, wie z. B. im Bereich von Verschiebebahnhöfen oder großen Lackfabriken oder auch in Eisstadien mit 15 000 bis 30 000 Liter Ammoniak in den Kühlanlagen. Diese Gefahren, die von solchen Sonderbetrieben ausgehen, sind vom Einleitungsort bis zur Kläranlage bzw. zum Vorfluter stets mit zu berücksichtigen.

Die zuletzt zu behandelnde Gefahr ist aber sicherlich nicht die geringste. Durch die große Ausdehnung der Städte mit ihrer unterschiedlichen Topographie ist es ohne weiteres möglich, daß in einem Großkanal bei strahlendem Wetter gearbeitet wird, während 15 km weiter im Einzugsgebiet dieses Kanals ein Sommergewitter niedergeht, das von der Arbeitsstelle aus überhaupt nicht bemerkt werden kann. Deswegen muß bei Großkanälen stets eine Wasserwarnanlage eingerichtet werden, um hier den völlig überraschenden Gefahren aus einer tödlichen Flutwelle vorzubeugen.

## 2. Ausrüstung der Mitarbeiter bei Arbeiten in Abwasseranlagen

Zum Einsteigen in Kanäle müssen die Mitarbeiter mit

- Schutzhelm, möglichst mit ex-geschützter Kopfleuchte
- Kanalhose mit eingearbeitetem Rettungsgurt
- Kanalstiefeln, möglichst mit Spikes in den Sohlen
- ex-geschütztem Sicherheitshandscheinwerfer und
- Arbeitshandschuhen

ausgerüstet sein.

Als technische Schutzausrüstung gehören Dauermeßgeräte dazu, die über mindestens eine Arbeitsschicht permanent den Sauerstoffgehalt, brennbare Gase und Dämpfe sowie toxische Gase und Dämpfe messen und beim Erreichen von Gefahrbereichen optisch und akustisch weit hörbar den Alarm absetzen. Die Mitarbeiter müssen gegen Gasgefahren im Kanal Selbstretter dabei haben, z. B. Oxy-SR 30, um längere Kanalstrecken nach Bekanntwerden der Gefahr noch sicher zurücklegen zu können.

Außerdem ist aber neben der persönlichen Schutzausrüstung der Mitarbeiter das wichtigste Ausrüstungsgerät einer Kanalkolonne das Lüftergerät. Durch eine ausreichende Lüftung können die unter 1. genannten Gefahren vermindert werden, weil bei dem permanent wirkenden Luftzug örtlich auftretende Gase sehr stark verdünnt und sofort weitergeleitet werden können. Aus demselben Grund hat sich auch das Einpressen von großen Luftmengen gegenüber dem Ansaugen von großen Luftmengen durchgesetzt, weil beim Einpressen der Luft der Kanal mit dem Überdruck keine unkontrollierte Fremdluft aus Nebenkanälen mit ein- oder angesaugt wird.

## 3. Sicherheit der Betriebsmittel

Bei der Sicherheit der Betriebsmittel spielt die Gefahr für den Menschen in Bezug auf „Strom und Wasser“ und „Arbeit in engen Räumen“ die dominierende Rolle. Elektrische Energie für kleinere Arbeiten in Kanälen, wie Überwachen und Spülen, wird in der Regel entweder über Notstromaggregate oder Trenntransformatoren zugeführt.

Beim Anlegen einer großen Baumaßnahme muß die dann erforderliche größere elektrische Energie entweder durch Schutzkleinspannung oder Schutztrennung abgesichert werden. Die Alternative sind hier druckluftbetriebene Werkzeuge. Beim elektrischen Schweißen und Schneiden in diesen engen Räumen sind die Schutzmaßnahmen nach VDE 0544 auszuführen. Dies wären insbesondere die Herausnahme der Schweißtrafos aus dem engen Raum und die Verwendung speziell für diesen Bereich zugelassener Schweißtrafos.

**4. Unterweisung – Belehrung**

Über jeder technischen Sicherheitsmaßnahme muß das Verständnis der Mitarbeiter für die Gefahren und ihre Beseitigung stehen. Die Mitarbeiter werden

- die vorgehaltene persönliche Schutzausrüstung für sich und
- die vorgehaltene Schutzausrüstung zur Erkennung der Gefahren

nur anwenden, wenn sie deren Sinn und Zweck verstehen. Deswegen ist

- mehrmals im Jahr eine Unterweisung und Belehrung und
- mindestens eine jährliche praxisbezogene Übung zur Untermauerung unerläßlich.

**5. Rettung**

Es ist selbstverständlich, daß die nach den Unfallverhütungsvorschriften vorgeschriebene Rettungsausrüstung neben der Sicherheitsausrüstung der Kolonnen vorgehalten wird. Dies bedingt, daß für Einsatz der Preßluftatmer oder der Kreislaufgeräte besonders ausgebildete Mitarbeiter stets in der Kolonne dabei sein müssen.

Diese Männer müssen besonders arbeitsmedizinisch untersucht und regelmäßig an den Preßluftatmern aus- und weitergebildet werden.

Ein weiterer Punkt der Rettungsausrüstung ist das Anseilgerät mit dem dazugehörigen Rettungsgurt. Dieser Rettungsgurt mit den zwei Anschlagpunkten im Schulterbereich hat sich wegen der automatischen Senkrechtstellung des Verletzen zum Transport in engen Schächten bestens bewährt.

Aus dem Bereich der Berufsfeuerwehren kann ebenfalls die Schaufeltrage übernommen werden, welche beim Transport eines Verletzten in großräumigen Kanälen die einzig sinnvolle Lösung darstellt. Die viel besprochene Vakuum-Liege kann nicht empfohlen werden.

Wichtig erscheint auch noch, daß durch gemeinsame Übungen des Kanalbetriebs und der Feuerwehr ein Vertrauensverhältnis entsteht, das im Ernstfall durch eine bessere Orts- und Sachkunde wesentlich zur schnelleren Rettung der Gefährdeten führt.

# 3. Abwasserbehandlung

Abwasser führt alle nur denkbaren Verunreinigungen mit sich: Feste, absetzbare Stoffe, gelöste Stoffe, teilgelöste (kolloidale) Stoffe, schwimmende und im Wasser schwebende Stoffe. Zu ihrer Entfernung werden in der Kläranlage unterschiedliche Verfahrenstechniken angewendet, die gezielt auf ganz bestimmte Stoffgruppen wirken. Diese Verfahrenstechniken beruhen auf mechanischen (physikalischen), biologischen und chemischen Vorgängen.

Man spricht von *mechanischer Abwasserbehandlung,* wenn nur Grobstoffe, Sand und andere absetzbare oder aufschwimmende Stoffe durch einfache physikalisch und mechanisch wirkende Vorgänge aus dem Abwasser abgeschieden werden. Schwebestoffe und gelöste organische Stoffe werden überwiegend mit der *biologischen Behandlung* entfernt. Bestimmte gelöste Stoffe sind allerdings nur einer *chemischen Fällung* zugänglich, so daß diese zur Ergänzung der biologischen Behandlung angewendet wird. Für giftig wirkende Stoffe können chemische Verfahren als Vorbehandlung vor der Abwasserzuleitung zur Kläranlage notwendig sein.

Ein weiterer Teilschritt der Abwasserreinigung ist die Behandlung der aus dem Abwasser entfernten Stoffe. Vor allem der *Schlamm* muß in einer besonderen Verfahrensstufe, der Schlammbehandlung, weiter verarbeitet werden. Auch dabei bedient man sich physikalischer, chemischer und biologischer Vorgänge.

Wesentliche Merkmale des Schlammes sind das große Volumen, bedingt durch den hohen Wassergehalt und die organischen Inhaltsstoffe. Deswegen muß der Schlamm stabilisiert und vor allem in seiner Menge vermindert werden. Die Stabilisierung erfolgt durch einen weiteren Abbau der organischen Substanz, die Verminderung des Volumens wird durch verschiedene Schritte der Wasserabtrennung erreicht.

Für die technische Umsetzung der mechanischen (physikalischen), biologischen und chemischen Vorgänge gibt es häufig mehrere Alternativen, die jeweils bestimmte Vor- und Nachteile haben. Genannt seien beispielsweise Rund- oder Längsbecken als Absetzbecken, Saug- oder Schildräumer für die Schlammräumung und quadratische, rechteckige oder runde Becken für die Belebungsstufe. Für den Sauerstoffeintrag gibt es Oberflächenbelüfter verschiedenster Bauart oder Druckluftbelüftungssysteme mit Tellerbelüftern, Belüfterkerzen oder Belüfterplatten aus unterschiedlichem Material. Dabei müssen die maschinentechnischen Einrichtungen und Bauwerke aufeinander abgestimmt sein, letztlich mit dem Ziel, wirtschaftliche und betriebssichere Einrichtungen für die Abwasserbehandlung zu schaffen. Es ist normalerweise nicht Aufgabe des Ver- und Entsorgers, Fachrichtung Abwasser, bei der Wahl von Bauwerken und Einrichtungen zu entscheiden, aber der Umgang mit den verschiedenen Möglichkeiten sollte ihm nach kürzerer Einarbeitungszeit geläufig sein.

Es ist zweckmäßig, an dieser Stelle auch die Bedeutung einiger Begriffe klarzustellen:

*Kolloide* sind die Stoffe, die sich in feinster, nicht mehr erkennbarer Verteilung in einer Flüssigkeit befinden.

Unter einer *Flockung* versteht man das Überführen feinster, im Wasser schwebender oder kolloidal verteilter Stoffe, gegebenenfalls durch Zugabe eines Flockungsmittels bzw. Flockungshilfsmittels, in einen flockigen Zustand.

Das Absetzen der im Wasser enthaltenen Stoffe wird als *Sedimentation* bezeichnet.

Unter *Flotation* versteht man das Aufschwimmen der Schmutzteilchen mit Hilfe feinster Luftblasen. Dabei werden die schwebenden oder absinkenden Schmutzstoffe durch Anhaften an sehr kleinen stabilen Gasblasen schwimmfähig gemacht.

Bei der *Fällung* werden unter Zugabe geeigneter Fällungsmittel gelöste Abwasserinhaltsstoffe in schwer- oder unlösliche Verbindungen überführt. Diese fallen als absetzbare Stoffe aus und können sedimentiert werden.

## 3.1 Verfahrensfließbild

Das Abwasser durchfließt in der Kläranlage mehrere Verfahrensstufen (Bild 3.1.a bzw. 3.1.b), die aus Gründen der Betriebssicherheit teilweise in mehrere Beckeneinheiten aufgeteilt sind. Auch bei der maschinellen Ausrüstung spielt die jederzeit notwendige Betriebsbereitschaft der Kläranlage für die Ausstattung mit mehreren Einheiten oder Ersatz-Einheiten, auf die umgeschaltet werden kann, eine große Rolle.

Der Zulauf muß – je nach Tiefenlage des ankommenden Kanals – häufig gepumpt werden. Die *mechanische Stufe* umfaßt Rechen, Sandfang, Fettfang oder Leichtstoffabscheider sowie Vorklärbecken. Bei neueren Kläranlagen kommt im Zusammenhang mit der gezielten biologischen Phosphor-Entnahme der Vorversäuerungseindicker hinzu (Bild 3.1.b). Kleine Kläranlagen bis etwa 5000 EW Ausbaugröße werden bei Anwendung des Belebungsverfahrens häufig ohne Vorklärung gebaut.
Die *biologische Stufe* besteht aus Tropfkörper mit Nachklärbecken oder Belebungs- und Nachklärbecken, wobei das Belebungsbecken für die Stickstoffentnahme in Denitrifikations(D)- und Nitrifikations(N)-Zonen oder Beckeneinheiten aufgeteilt ist (Bild 3.1.a). Bei Anlagen mit gezielter biologischer P-Entnahme ist den D- und N-Zonen oder Becken eine sauerstoff- und nitratfreie, anaerobe (A) Zone oder entsprechende Beckeneinheit vorgeschaltet (Bild 3.1.b). Zur Verfahrenssteuerung sind folgende Kreisläufe notwendig: Rücklaufschlamm aus dem Nachklär- in das Belebungsbecken, Rezirkulation von nitratreichem Wasser aus der N- in die D-Zone (Bild 3.1.a), Rücklauf von nitratfreiem Wasser aus der D- in die A-Zone und Zuführung von sauerstoff- und nitratfreiem Wasser aus dem Vorversäuerungseindicker in die A-Zone. Bei der Kaskaden-Denitrifikation muß das vorgeklärte Abwasser jeweils auf die vorhandenen D-Zonen aufgeteilt werden (Bild 3.1.b).

Bei manchen Kläranlagen ist ein *chemische Stufe* zur Phosphatfällung mit Reaktionsraum und Absetzbecken als Nachfällung den übrigen Stufen nachgeschaltet. In der Regel ist jedoch die chemische Phosphatfällung in die übrigen Verfahrensstufen (seltener als Vorfällung, meist als *Simultanfällung* in die biologische Stufe) eingebunden. Das Fällmittel wird häufig in den Rücklaufschlammstrom dosiert (Bild 3.1.a bzw. 3.1.b).

Die dem Abwasser entnommenen Stoffe müssen teilweise einer weiteren Behandlung unterzogen werden. Das gilt besonders für den Schlamm, der in einer gesonderten Verfahrensstufe, der *Schlammbehandlung,* ja nach Bedarf eingedickt, stabilisiert und entwässert wird.

Alle Reststoffe, dies sind Rechengut, Sand und Schlamm, müssen umweltverträglich beseitigt werden. Das Abwasser wird nach seiner Behandlung in den natürlichen Stoff-

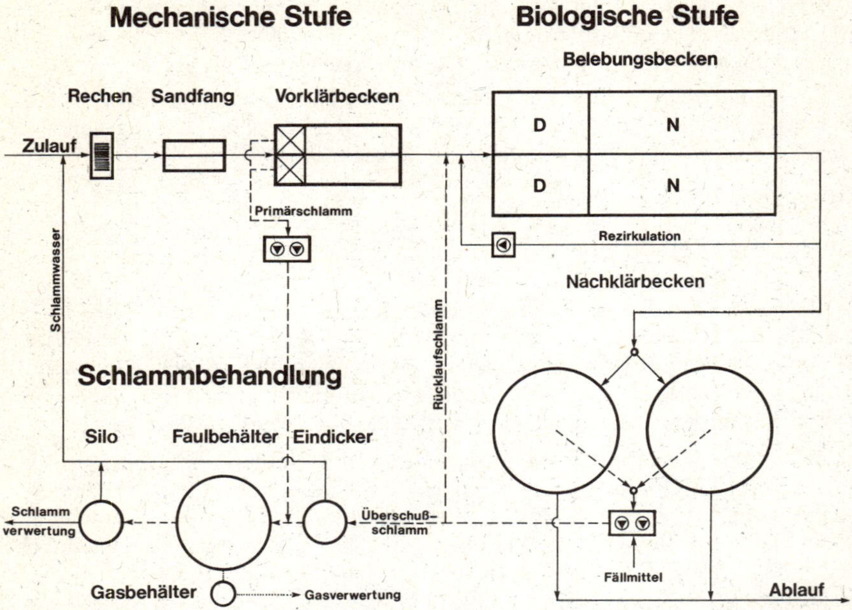


Bild 3.1.a: Verfahrensfließbild einer Kläranlage mit vorgeschalteter Denitrifikation

kreislauf zurückgeführt. Gleiches sollte Richtschnur der Reststoffbeseitigung sein. Das bedeutet, daß jede Art der Verwertung, sei es in der Landwirtschaft oder als Energieträger, einer Deponierung vorzuziehen ist.

Kläranlagen werden für die Behandlung des Trockenwetterzuflusses bemessen. Die Kanalisation muß dagegen in der Lage sein, bei Regenwetter sehr hohe Wassermengen abzuführen. Bei der Mischwasserkanalisation sind diese Abflüsse oft genause verschmutzt wie der Trockenwetterabfluß. In der Kanalisation lagern sich nämlich, besonders bei längerer Trockenheit und schwachen Gefälle, erhebliche Schmutzmengen ab. Bei den wesentlich größeren Mischwasserabflüssen werden sie dann ausgespült.

Diese Schmutzmengen dürfen nicht ins Gewässer gelangen. Andererseits kann die Kläranlage nicht beliebig groß gebaut werden, um diese großen Abflüsse aufzunehmen. Kläranlagen werden normalerweise für den doppelten Schmutzwasseranfall, also für einen Mischwasserzufluß

$$Q_m = 2\,Q_s + Q_f$$

oder für den doppelten Trockenwetterzufluß, also den Mischwasserzufluß

$$Q_m = 2\,Q_t = 2\,(Q_s + Q_f)$$

bemessen.

Die über diesen Zufluß zur Kläranlage hinausgehenden Wassermengen müssen in Regenüberlaufbecken entweder direkt vor der Kläranlage oder im Kanalnetz behandelt werden. der abgesetzte Schlamm und das im Becken gesammelte Mischwasser werden nach Abklingen des Regens zur Kläranlage geleitet.

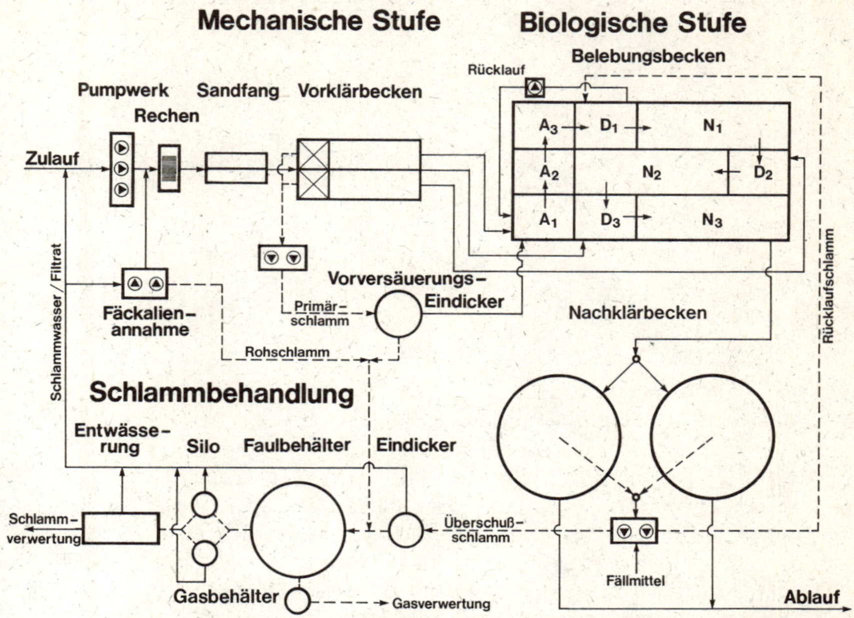


Bild 3.1.b: Verfahrensfließbild einer Kläranlage mit gezielter biologischer P-Entnahme und Kaskadendenitrifikation

## 3.2 Mechanische Stoffe

### 3.2.1 Physikalische Grundlagen

Ziel der mechanischen Abwasserbehandlung ist die Abtrennung der ungelösten Stoffe. Sie stellen eine unnötige Belastung für die nachfolgenden Verfahrensstufen dar. Auch wirken sie störend oder sogar schädlich.

Alle ungelösten Stoffe verhalten sich im Abwasser nach dem Gesetz der Schwerkraft. Stoffe, die schwerer als Wasser sind, setzen sich ab, wenn die Strömung ruhig genug ist, leichtere schwimmen auf. Zur mechanischen Stufe einer Kläranlage gehören also Rechen und Siebe zur Entfernung von groben Sperr- und Spinnstoffen, Fett- oder Leichtstoffabscheider zur Entfernung von Schwimmstoffen, Sandfänge und Absetzbecken zur Beseitigung von absetzbaren bzw. Sinkstoffen.

***Sperr- und Schwimmstoffe***

Grobe, sperrige, schwimmende Stoffe kann man mit Hilfe von feststehenden oder beweglichen Geräten aus dem Wasser herauskämmen oder herausfischen. Üblich sind *Re-*

*chen,* also in den Abwasserstrom senkrecht oder leicht geneigt hineingestellte Flacheisen. Je nach Stababstand und Fließgeschwindigkeit im Rechenbereich bleiben die Sperrstoffe im Rechenrost hängen und können entnommen werden.

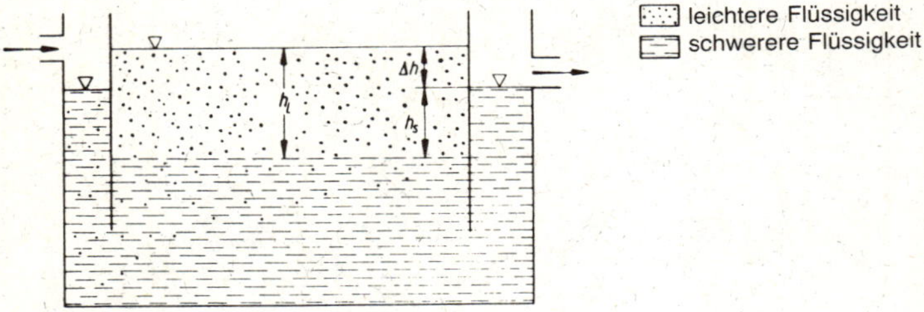


Bild 3.2: Schema eines Leichtflüssigkeitsabschneiders [3]

Von den übrigen schwimmenden Stoffen ist besonders Fett in den nachfolgenden Verfahrensstufen sehr störend. Benzin und Öl schädigen vor allem die Schlammfaulung. Daher werden sie in *Fettfängen* oder *Leichtflüssigkeitsabscheidern* von der Wasseroberfläche abgeschöpft. Das sind durch Tauchwände begrenzte Abscheideräume, in denen der leichtere Stoff nach oben wandert und die schwerere Flüssigkeit, das Wasser, unter der Tauchwand hindurch abgezogen wird (Bild 3.2).

### *Schwebstoffe*

Stoffe, die im Wasser schweben, bilden einen Zwischenbereich. Sie setzen sich nicht ab, schwimmen aber auch nicht auf und werden allgemein erst in der biologischen Stufe an die Biomasse angelagert. Es kann sich dabei um sehr feines Material oder Kolloide handeln, die fast genauso schwer wie Wasser sind. Durch Eintragen von feinsten Luftbläschen, die beim Aufsteigen die Schwebstoffe an die Wasseroberfläche mitnehmen, können diese Stoffe künstlich zum Aufschwimmen gebracht und abgeschöpft werden *(Flotation)*. Gelingt es andererseits, die Schwebstoffe durch Hinzufügung von Flockungsmitteln zu größeren Teilchen zusammenzuballen oder sie gar künstlich zu beschweren, so können sie sich *absetzen*.

Äußerst fein im Wasser verteilte Teilchen bilden eine Emulsion. *Emulsionen müssen gespalten* werden. Das geschieht durch Zugabe von Chemikalien (Demulgatoren), vielfach Säuren, so daß sich absetzbare Flocken bilden (Beispiel: Zusatz von Fruchtsäure zu Milch). Die gleiche Wirkung kann man in bestimmten Fällen auch durch Erhitzen erzielen.

### *Absetzbare Stoffe*

Wesentlich für das Absetzverhalten der Teilchen ist die *Sinkgeschwindigkeit* $v_S$. Sie hängt vom Gewicht und der Form der Teilchen ab, wenn man zunächst einmal zur Vereinfachung weitere Einflüsse vernachlässigt. Das bedeutet praktisch, daß runde, schwere Teilchen (Sand) sich schnell absetzen. Flockige, schwere Teilchen (Vorklärschlamm) setzen sich weniger schnell und flockige, leichte Teilchen (Belebtschlamm) nur sehr langsam ab.

Leitet man Abwasser in ein Beruhigungsbecken, so hängt die Absetzwirkung nicht nur von der Sinkgeschwindigkeit der Teilchen, sondern auch von der *Fließgeschwindigkeit des Wassers* $v_f$ in dem Becken ab. Wird diese zu groß, können die Teilchen beim Absinken in dem Becken den Boden nicht mehr erreichen und werden fortgeschwemmt. Die Sinkzeit des kleinsten Teilchens muß geringer oder höchstens gleich der Fließzeit sein.

Aus dieser Forderung läßt sich die folgende Umrechnung (Bild 3.3) ableiten, wonach ein Absetzbecken oder ein Sandfang eine ausreichend große Oberfläche haben muß, um die gewünschte Absetzleistung zu erbringen.

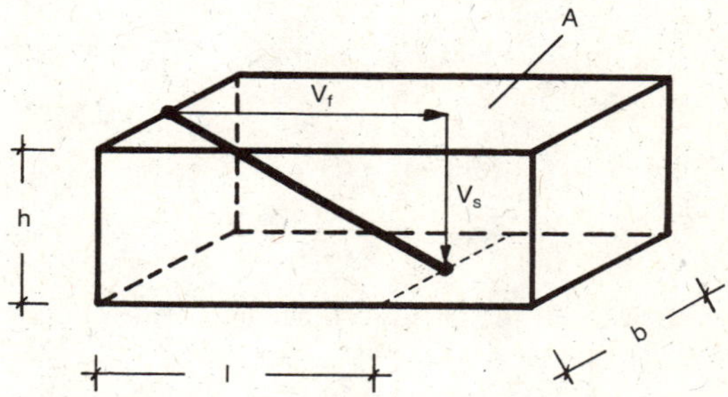


Bild 3.3: Schema des Absetzvorganges in laminarer Strömung

$$\text{Fließgeschwindigkeit} = \frac{\text{Fließweg}}{\text{Durchflußzeit}} \qquad v_f = \frac{l}{t_f} \quad [\text{m/h}] \qquad (1)$$

$$\text{Sinkgeschwindigkeit} = \frac{\text{Sinkweg}}{\text{Sinkzeit}} \qquad v_s = \frac{h}{t_s} \quad [\text{m/h}] \qquad (2)$$

$$\text{Forderung: Höchstens } t_s = t_f \qquad \frac{h}{v_s} = \frac{l}{v_f} \quad [\text{h}] \qquad (3)$$

$$\text{Mit } v_f = \frac{Q}{b \cdot h} \quad (5) \qquad \text{und} \qquad A = l \cdot b \qquad (6)$$

$$\text{folgt } t_s = \frac{h}{v_s} = \frac{l \cdot b \cdot h}{Q} = \frac{A \cdot h}{Q} = t_f \quad [\text{h}] \qquad (7)$$

$$\text{bzw.: } \frac{h}{v_s} = \frac{A \cdot h}{Q} \qquad \text{bzw.: } A = \frac{Q}{v_s} \quad [\text{m}^2] \qquad (8)$$

Dabei ist:
A = Beckenoberfläche [$m^2$]
b = Beckenbreite [m]
l = Beckenlänge (Fließweg) [m]
h = Fülltiefe (Sinkweg) [m]
Q = Durchfluß [$m^3$/h]

Diese Zusammenhänge gelten nur für stehendes (Fließgeschwindigkeit $v_f = 0$) oder ganz gleichmäßig (laminar) strömendes Wasser genau. Im praktischen Betrieb werden diese Verhältnisse nicht erreicht. Wasser strömt turbulent unter Bildung von Wirbeln verschiedener Richtung und Größe, nicht nur in Rinnen, sondern auch in Absetzbecken. Daher muß die erforderliche Beckenoberfläche unter Berücksichtigung der turbulenten Strömung berechnet werden. Man setzt anstelle der Sinkgeschwindigkeit die *zulässige Oberflächenbeschickung* $q_A$ ein und erhält

$$A = \frac{Q}{q_A} \quad [m^2] \qquad \text{bzw.} \qquad q_A = \frac{Q}{A} \quad [m/h]$$

mit
A = Beckenoberfläche [$m^2$]
Q = Abwasserzufluß [$m^3$/h]
$q_A$ = Oberflächenbeschickung [m/h]

als Grundformel für die Bemessung von Absetzbecken. Für $q_A$ werden je nach Material (Sand, Vorklär- oder Belebtschlamm) durch Versuche ermittelte Werte eingesetzt.

Der Versuch, die verschiedenen Einflüsse auf das Absetzverhalten der Stoffe vereinfachend darzustellen, hat als Bemessungsgrößen die Fließgeschwindigkeit (Formel (1) bzw. (5) zu Bild 3.3) und die erforderliche Beckenoberfläche bzw. die zulässige Flächenbeschickung ergeben. Aus den in Bild 3.3 dargestellten Zusammenhängen ist aber auch erkennbar, daß vereinfachend die *Durchflußzeit*

$$t_f = \frac{A \cdot h}{Q} \quad [h]$$

zur Bemessung herangezogen werden kann (vgl. Formel (7) zu Bild 3.3). Dadurch geht die Wassertiefe neben der Oberfläche in die Bemessung mit ein.

In der Praxis hat sich bei Sandfängen die Bemessung nach der Fließgeschwindigkeit oder der Flächenbeschickung, bei Vorklärbecken die nach der Durchflußzeit als zweckmäßig erwiesen.

Bei Nachklärbecken wirken sich wegen der feinflockigen Struktur und des wesentlich geringeren Gewichtes des biologischen Schlammes, insbesondere beim Belebungsverfahren, noch weitere Einflüsse auf die Absetzleistung aus. So spielt neben der Turbulenz im Becken, die sehr nachteilig sein kann, die Konzentration der absetzbaren Stoffe eine Rolle. Bei hoher Konzentration behindern sich die Teilchen gegenseitig beim Absetzen. Günstig wirkt sich demgegenüber die Eigenschaft der Teilchen aus, sich zu größeren Flocken zu vereinigen. Sie werden dadurch schwerer und setzen sich besser ab.

Für die Bemessung von Nachklärbecken reicht die zulässige Flächenbeschickung oder Durchflußzeit nicht aus. Man muß auch die Schlammvolumenbeschickung berücksichtigen. Hinzu kommt, daß bei Regenwetterzufluß Schlamm aus dem Belebungsbecken in das Nachklärbecken verlagert wird. Zur vorübergehenden Speicherung dieses Schlammes muß zusätzliche Beckentiefe vorgesehen werden (siehe Abschnitt 3.3.5). Wasser höher oder geringerer Dichte (durch schwankende Salzgehalte oder Temperaturen) als das Wasser im Absetzbecken kann infolge von Dichteströmungen zu weiteren Störungen der Absetzvorgänge führen.

### *3.2.2 Grob- und Sperrstoffentnahme*

Grobe und sperrige Stoffe, Plastikteile und Spinnstoffe (meist Textilien) führen bei der Schlammförderung zu Verstopfungen in Rohrleitungen und Pumpen. Auch neigen sie zur Verfilzung und können lange Zöpfe bilden, die sich an Belüftungsaggregaten und Filterkerzen festsetzen. Viele Betriebsstörungen gehen auf eine unzureichende Entnahme von Rechengut zurück.

#### *Grob- und Feinrechen*

Rechen bestehen im wesentlichen aus parallel nebeneinander in eine Rechenkammer eingebauten Stahlstäben, dem Rechenrost. Je nach Stababstand unterscheidet man Grobrechen, Feinrechen und Feinstrechen. Die Menge des abgeschiedenen Rechengutes hängt vom Stababstand ab.

| | Grobrechen | Feinrechen | Feinstrechen |
|---|---|---|---|
| Stababstand in mm | > 40 | 10–20 | 5–10 |
| Rechengutanfall in l/E. a | 2–5 | 5–15 | 15–25 |

Die im Rechenrost hängenbleibenden Grobstoffe müssen ständig entfernt werden. Eine Belegung des Rechens führt nämlich zu einem Aufstau im Zulaufkanal. Dadurch kann in ungünstigen Fällen der Regenüberlauf unnötigerweise anspringen. Die Funktion des Rechens hängt also von einer betriebssicheren Räumung ab. Aus diesem Grunde haben sich maschinelle Einrichtungen in Form von Rechengreifern, Rechenharken oder Rechenkämmen zur Räumung des Rechengutes durchgesetzt.

*Bemessungsgrundsätze*

Der in die Zulaufrinne eingebaute Rechenrost verursacht je nach Stabstärke und Stababstand eine Verminderung des Durchflußquerschnittes, der durch Verbreiterung der Rechenkammer ausgeglichen werden muß. Die hydraulische Bemessung muß unter Berücksichtigung der maximalen und minimalen zufließenden Abwassermenge erfolgen.

Es darf sich weder ein zu hoher Aufstau bei Mischwasserzufluß noch eine zu geringe Fließgeschwindigkeit bei Nachtzufluß vor dem Rechen einstellen. Zur Vermeidung von Ablagerungen sollte die geringste Fließgeschwindigkeit im verbreiterten Gerinne einen Wert von 0,5 m/s nicht unterschreiten. Die Geschwindigkeit zwischen den Rechenstäben sollte nicht größer als rd. 2,0 m/s werden.

Aus Sicherheitsgründen muß der Rechen einen Umlauf haben, der auf den maximalen Durchfluß bemessen ist.

Für die maschinellen Einrichtungen ist wegen der starken Beanspruchung durch die vom Abwasser mitgeführten Sperrstoffe eine sehr robuste und solide Konstruktion erforderlich. Die Bemessung erfolgt daher nach rein konstruktiven Gesichtspunkten. Je kleiner die Stababstände sind, um so mehr Grob- und Sperrstoffe werden aus dem Abwasser entnommen, aber um so größer ist der Anfall an Rechengut, das zu beseitigen ist.

Anpassung des Rechens an die schwankenden Zuflüsse und Wahl des richtigen Stababstandes sind schwierig. Erfahrungsgemäß lassen sich Ablagerungen vor dem Rechen nicht immer vermeiden. Bei maximalem Zufluß werden Sperrstoffe durch den Rechen gedrückt. Längliche Sperrstoffe (z. B. Q-Tips) stellen sich aber auch bei Normalzufluß wegen der höheren Strömungsgeschwindigkeit zwischen den Rechenstäben längs und werden hindurchgeschwemmt. Zur Vermeiden der hydraulischen Probleme und zur Erhöhung der Betriebssicherheit werden daher bei manchen Kläranlagen die Rechen nebeneinander aufgestellt. Dadurch ist außerdem im Störungsfall eine Reserve vorhanden. Für die Rechengutentnahme sind jedoch hintereinandergeschaltete Rechen (Bild 3.4) besser als Feinrechen mit nur geringem Unterschied der Stababstände. Das Abwasser muß zweimal durch einen Rechen strömen. Die Betriebssicherheit und notwendige Reserve läßt sich durch eine geschickte Konstruktion der Umläufe sicherstellen.

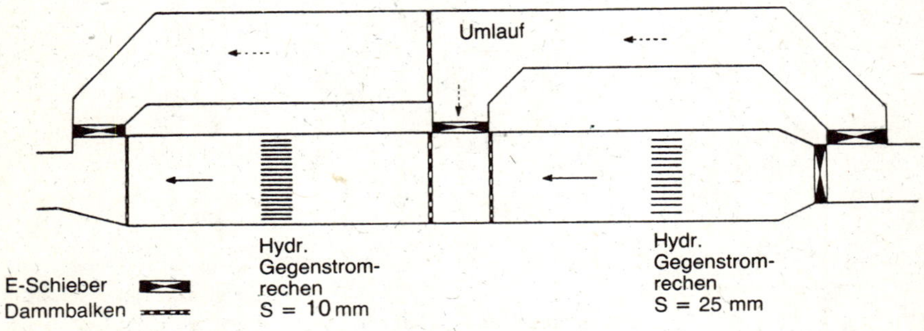


Bild 3.4: Rechenanordnung

*Bauarten der Grob- und Feinrechen*

Wegen der Schwierigkeit, eine robuste Konstruktion und eine weitgehende Entnahme des Rechengutes zu einer betriebssicheren Einheit zu verbinden, gibt es eine Vielzahl von Rechenmodellen mit unterschiedlichen Konstruktionsmerkmalen. Bild 3.5 stellt eine systematische Gliederung nach den Räumverfahren dar.

Die einfachste Form ist der *handgeräumte* Rechen. Er ist besonders überwachungsbedürftig und daher für den Kläranlagenzulauf nicht mehr geeignet.

Maschinell geräumte Rechen sind die Regel. Weitgehend durchgesetzt haben sich steilstehende Rechen, sowohl als Mitstrom- wie auch als Gegenstromrechen. Bei den *Mit-*

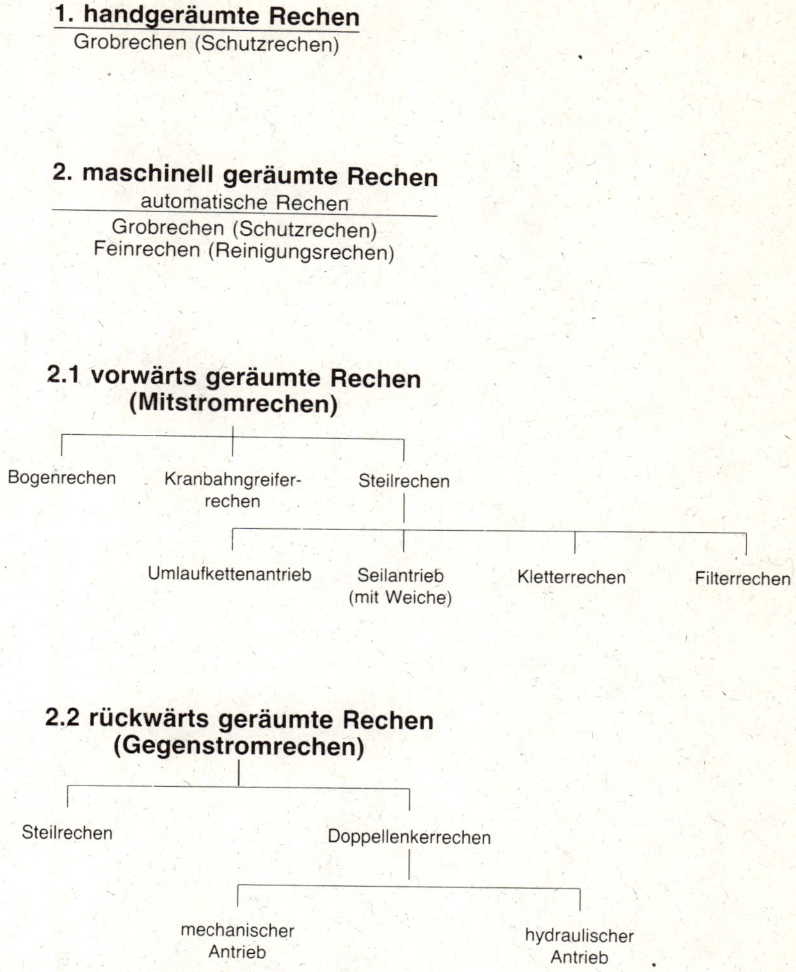


Bild 3.5: Konstruktionsmerkmale von Rechen [3]

*stromrechen* wird oberhalb des Rostes, der bis zur maximalen Wasserhöhe reicht, eine Schürze angebaut. Die Räumharke oder der Rechenkamm harken das Rechengut zwischen den Stäben ab und führen es über die Schürze hoch bis zu einem Abstreifer. Dieser wirft dann das Rechengut vom Kamm entweder in einen Container oder auf ein Förderband (Bild 3.6 und 3.7). Steilrechen haben den Vorteil, daß man die Abwurfhöhe des Rechengutes frei wählen kann. Dadurch ergeben sich auch bei Änderung des Entsorgungskonzeptes oder für den nachträglichen Einbau von Rechengutpressen bessere Voraussetzungen.

Die *Gegenstromrechen* haben dem gegenüber oben offene Stäbe. Die Rechenharke greift gegen den Strom durch das Rechenpaket hindurch und kann das Rechengut nach

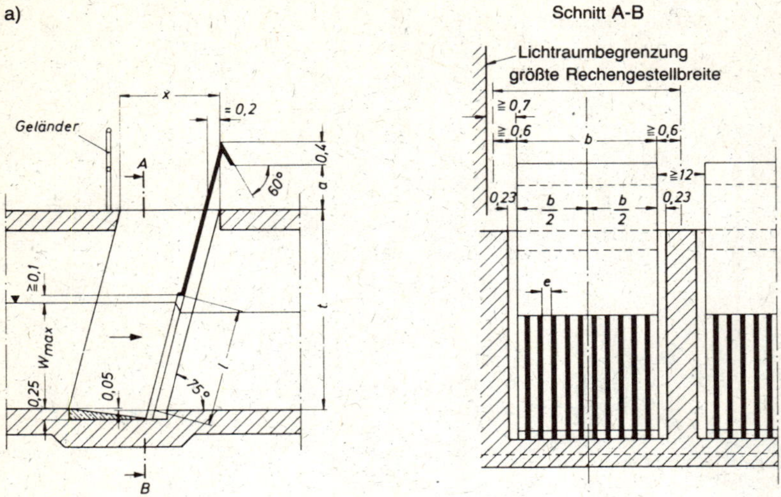


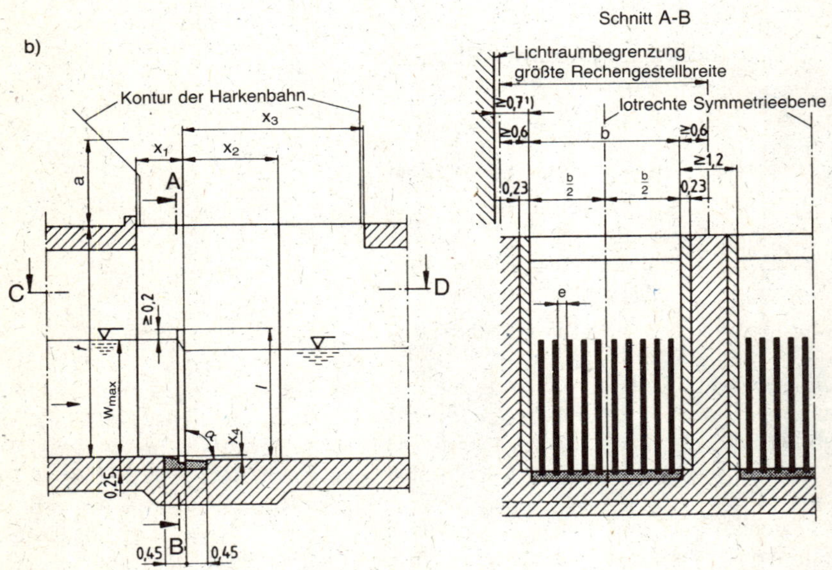


Bild 3.6: Rechenbauwerke mit geradem Rechen nach DIN 19554 [8]
a) Teil 1: Mitstromrechen
b) Teil 3: Gegenstromrechen

oben abstreifen. Diese Bauweise hat den Vorteil, daß das Rechengut nicht mehr abgeschert werden kann, wie es so häufig bei den Mitstromrechen beim Übergang vom Rost zur Schürze geschieht. Auch können die Grobstoffe von der nicht beaufschlagten Seite herausgenommen werden, ohne daß ein Verklemmen oder Blockieren der Harke am Rost möglich ist (Bild 3.6 und 3.8).

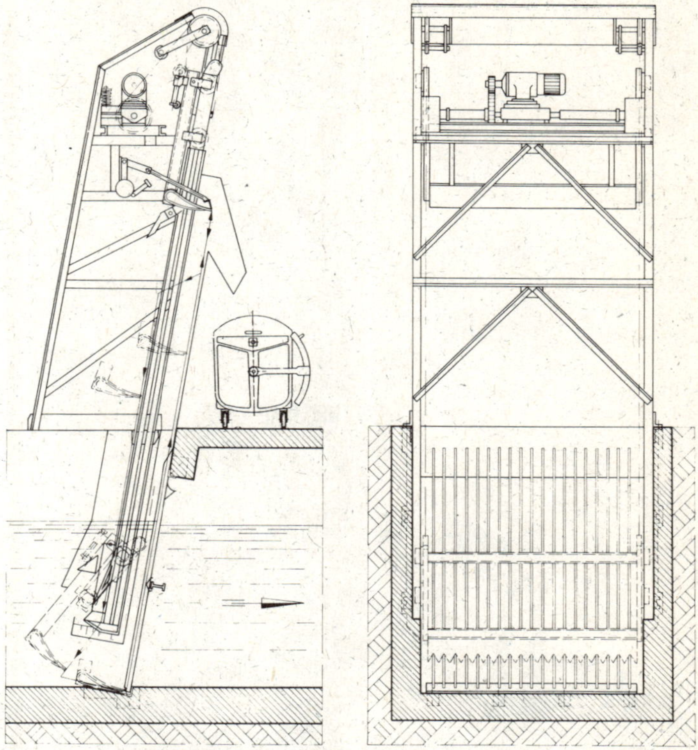

Bild 3.7: Mitstromrechen (Fa. Geiger)

Die *Kranbahngreiferrechen* werden des öfteren in tiefliegenden Gerinnen eingesetzt, z. B. vor Pumpwerken oder vor Regenüberlaufbecken (Bild 3.9). Der wesentliche Unterschied zu den übrigen Steilrechen besteht in der Art der Räumung des Rechengutes. Diese erfolgt ähnlich wie bei einer Baggerschaufel. Ein offener Greifer aus Flacheisen, der zwischen die Stäbe des Rechenpaketes paßt, wird von oben von einer Kranbahn auf den Rechen hinteruntergelassen. Am Ende des Rechens angekommen, schließt sich der Greifer über dem Rechengut, das nun nach oben hochgezogen und über die Kranbahn zu einem Container verfahren werden kann. Nachteilig ist hier die relativ lange Dauer der einzelnen Räumvorgänge.

Die wichtigste Eigenschaft des Rechens ist eine robuste und störunanfällige Konstruktion, die einen sicheren Betrieb gewährleistet. Billige Rechen erreichen das meistens nicht.

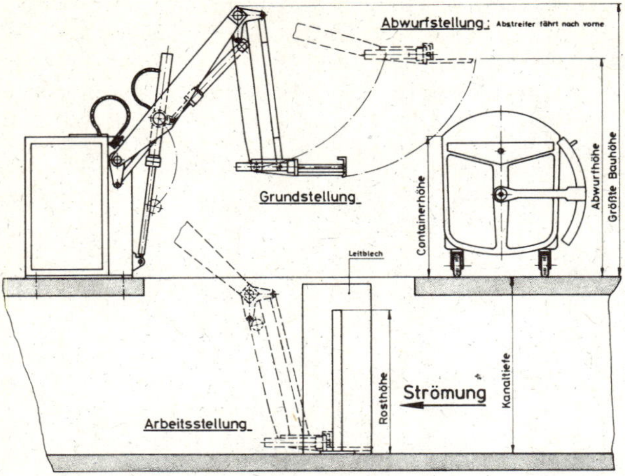


Bild 3.8: Gegenstromrechen (Fa. Hütten)

Bild 3.9: Krahnbahngreiferrechen [3]

Rechen sind nicht nur wegen der oft sehr sperrigen Grobstoffe störanfällig, im Winter besteht die Gefahr des Einfrierens. Daher sollte aus Gründen der Betriebssicherheit eine wintersichere Umbauung erfolgen. Dabei sollte bei Temperauren über 0° C nach Möglichkeit eine Seite vollkommen geöffnet werden können, um Geruchsprobleme und Probleme des Explosionsschutzes weitgehend zu vermeiden. Bei geschlossenen Gebäuden sind die Explosionsschutzrichtlinien zu beachten.

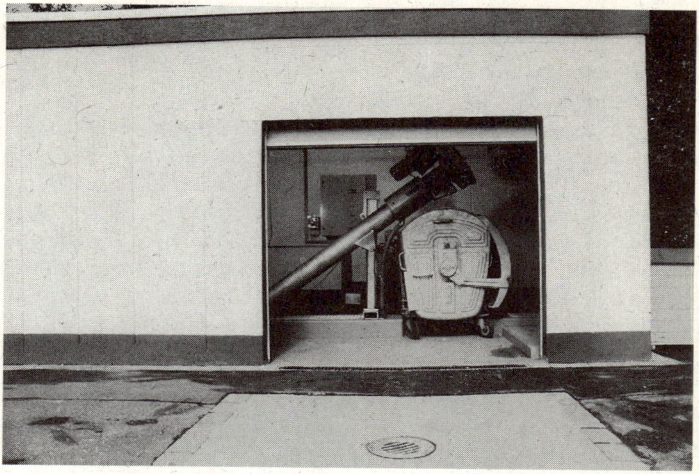

Bild 3.10: Wintersichere Rechenumbauung (Foto J. Keitmann)

Zur Vermeidung einer erhöhten Abnutzung und zur Einsparung von Strom werden die Rechen nicht ständig betrieben, sondern über die Differenz des Wasserspiegels vor und nach dem Rechenpaket gesteuert. Durch einen elektrischen Impuls bei Erreichen einer bestimmten Wasserspiegeldifferenz oder Wasserspiegelhöhe wird der Räumvorgang ausgelöst. Parallel dazu hat sich der Einbau einer Zeitsteuerung als zusätzliche betriebliche Maßnahme bewährt.

### *Feinstrechen und Siebe*

Die fortwährenden Störungen im Kläranlagenbetrieb durch eine unzureichende Entfernung des Rechengutes haben nicht nur zur Konstruktion von Rechen mit immer geringerem Stababstand geführt. Neuerdings werden auch in der Industrieabwasserreinigung bewährte Feinstrechen und Siebe im Zulauf kommunaler Kläranlagen eingesetzt. Der Vorteil, grobe Stoffe, Sperr- und Spinnstoffe wirklich abzutrennen ist aber auch mit Nachteilen verbunden. Jetzt werden vermehrt Fäkalien und andere organische Inhaltsstoffe zurückgehalten, die zu den absetzbaren Stoffen und damit in den Schlamm und die Schlammbehandlung gehören. Daher sollten Feinstrechen und Siebe immer in Verbindung mit einer Rechengutpresse eingesetzt werden. Mit dem Preßwasser werden organische Anteile wieder in den Kreislauf des Wassers gegeben.

Wegen der wesentlich geringeren hydraulischen Leistungsfähigkeit kann nur weniger Abwasser durchgeführt werden, ohne daß es zu Rückstauproblemen kommt. Daher muß bei größeren Anlagen eine Aufteilung der Abwasserströme erfolgen (Parallelaufstellung). Siebe und Feinstrechen werden daher meist nur für kleinere Kläranlagen im Zulauf eingesetzt. Bei größeren Kläranlagen hat sich aber auch der Einbau eines Feinstrechens in den Rücklaufschlammkreislauf und z. B. die Siebung des Faulschlammes vor der Abgabe an die Landwirtschaft als sinnvoll erwiesen.

Für die Bemessung gelten die gleichen Grundsätze wie bei Rechen. Wegen der geringeren Durchsatzleistung ist aber die Querschnittseinengung noch größer.

*Bauarten der Feinstrechen und Siebe*

Feinstrechen sind Entwicklungen, die nicht mehr mit der herkömmlichen Definition eines Rechens sowohl hinsichtlich des Stababstandes als auch der Reinigung beschrieben werden können. *Wanderrostrechen* bestehen aus einem endlosen Band mit Gliedern aus nebeneinanderliegenden Kunststoffelementen, die parallel in den Abwasserstrom eintauchen und bei ihrer Aufwärtsbewegung die aus dem Abwasserstrom herausgekämmten Stoffe mitnehmen. Das Band hat viele bewegliche Einzelteile. An der oberen Umlenkung fallen die Feststoffe nach unten ab. Üblich sind Spaltweiten von 1 bis 6 mm (Bild 3.11).

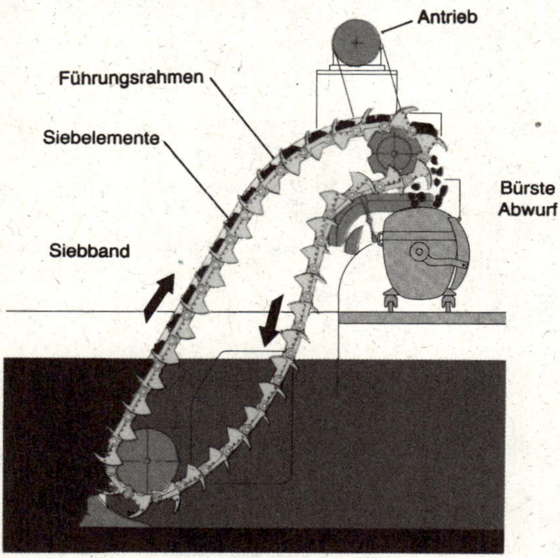


Bild 3.11: Wanderrostrechen (Fa. Noggerath)

*Trommelrechen* werden in Form eines ringförmigen Rechenpaketes quer zum Abwasserstrom eingebaut. Der Ringabstand beträgt in der Regel 7 mm, die Rechenringe sind unterschiedlich hoch. Das Rechengut wird durch einen ringförmig umlaufenden Kamm abgestreift und fällt von oben in eine mitten in der Rechentrommel angeordnete Auffangvorrichtung. In dieser läuft eine Transportschnecke, die in eine Rechengutpresse übergeht und das Rechengut nach oben zur Abwurfstelle fördert (Bild 3.12).

*Stufenrechen* haben stufenförmige, parallel in den Abwasserstrom eintauchende Gitterlamellen. Von diesen ist jede zweite Bestandteil eines beweglichen Gitterpaketes, das durch einen Elektromotor kreisförmig bewegt wird. Auf diese Weise werden die Feststoffe von Stufe zu Stufe nach oben transportiert und am oberen Ende abgeworfen. Die Spaltweite liegt zwischen 1 bis 6 mm (Bild 3.13).

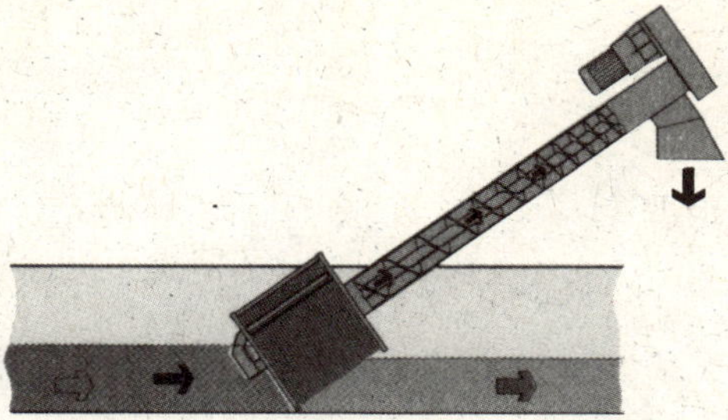

Bild 3.12: Trommelrechen (Fa. Huber)

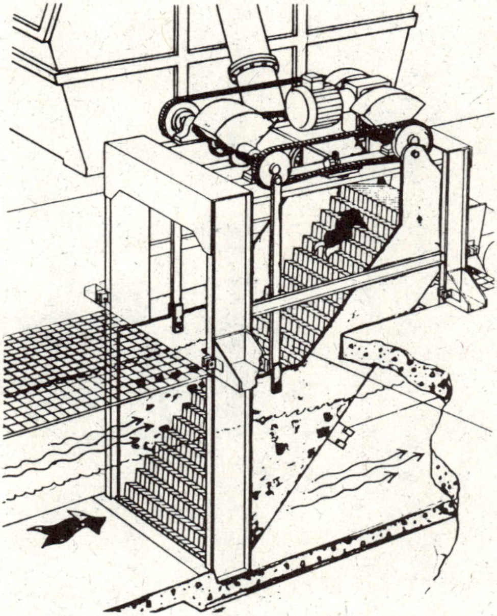

Bild 3.13: Stufenrechen (Fa. Hydropress)

*Bogensiebe* stellen die einfachste Ausführungsart dar. Sie besitzen keine mechanisch bewegten Teile. Das Abwasser fließt von oben über die starre bogenförmige Siebfläche nach unten und zugleich durch das Sieb hindurch. Die Schmutzstoffe rutschen auf der Sieboberfläche nach unten und können aufgefangen werden (Bild 3.14).

*Trommelsiebe* bestehen aus einer mit der Siebfläche bespannten, sich langsam drehenden Trommel. Das Abwasser strömt entweder von außen nach innen oder von innen nach außen. Das Siebgut wird entweder abgespritzt oder mit rotierenden Bürstenwalzen entfernt und aufgefangen (Bild 3.15).

*Siebbänder* werden endlos über zwei oben bzw. unten angebrachte Rollen geführt und tauchen direkt in den Abwasserstrom ein. Die Feststoffe lagern sich auf dem ange-

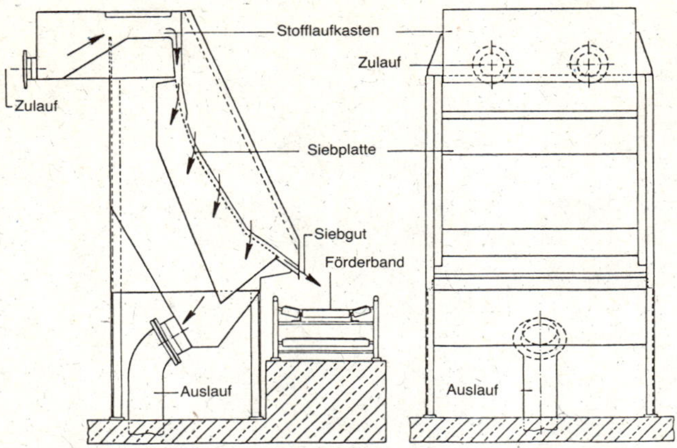


Bild 3.14: Bogensieb (Fa. Bauer)

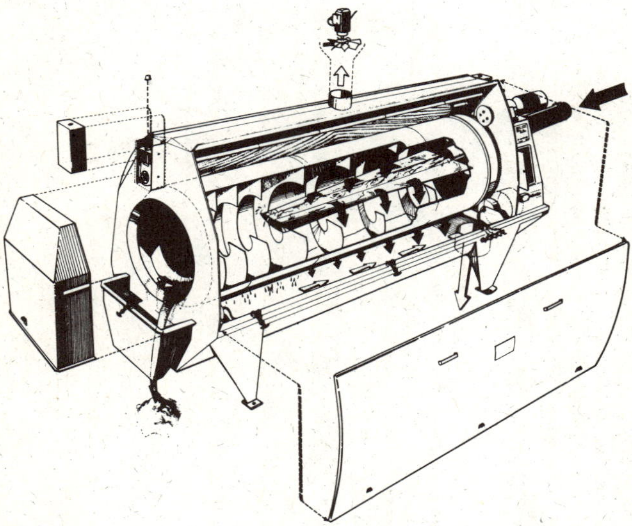

Bild 3.15: Trommelsieb (Fa. Noggerath)

strömten Teil des Bandes ab und können einen vliesartigen Belag bilden. Die Reinigung erfolgt ebenfalls mit Spritzwasser und rotierenden Bürsten (Bild 3.16).

Bogen und Trommelsiebe erfordern ein erhebliches zusätzliches, Siebbänder dagegen ein geringes Gefälle. Bei allen Bauarten sind verschiedene Schlitz- und Maschenweiten lieferbar und den Bedürfnissen am Einsatzort angepaßt. Die Steuerung erfolgt wie bei den Rechen. Zur Sicherung des Winterbetriebes ist eine Umbauung notwendig.

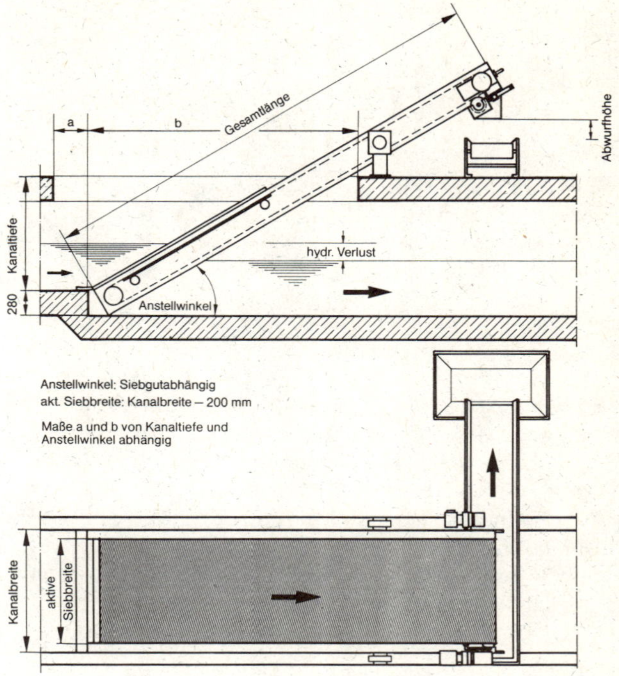


Bild 3.16: Siebband (Fa. Rompf)

### *Rechengutbeseitigung*

Das Rechengut enthält zahlreiche organische Bestandteile, die insbesondere bei warmem Wetter leicht zersetzt werden. Dadurch kommt es zu Geruchsbelästigungen. Außerdem wird Ungeziefer angezogen. Aus diesen Gründen ist eine schnelle und sorgfältige Beseitigung des Rechengutes erforderlich. Bewährt hat sich eine Zwischenlagerung in geschlossenen Behältern, die anschließend von der Müllabfuhr oder von Spezialunternehmen abgeholt und zur Deponie gebracht werden können.

Mit zunehmender Entnahme von feinsten Teilen steigt auch der Wassergehalt im Rechengut. Zur Senkung von Transportvolumen und Einsparung von Deponie- oder Verbrennungsgebühren ist daher – soweit noch nicht vorhanden – auf die Dauer eine Rechengutentwässerung notwendig. Üblich sind hydraulische Kolbenpressen oder Walzenpressen.

Bei der *Kolbenpresse* (Bild 3.17) wird das Rechengut entweder vom Förderband oder direkt in eine Preßkammer geworfen. Der hydraulische Stempel der Presse drückt das Rechengut in der Kammer gegen einen Widerstand und preßt das Wasser heraus. Dieser Widerstand kann auch das gekrümmte Rohr für den Austrag des Rechengutes sein. Bei der *Walzenpresse* erzeugt die Oberwalze einen Druck auf die Unterwalze. Dabei wird das Wasser aus dem Rechengut herausgequetscht.

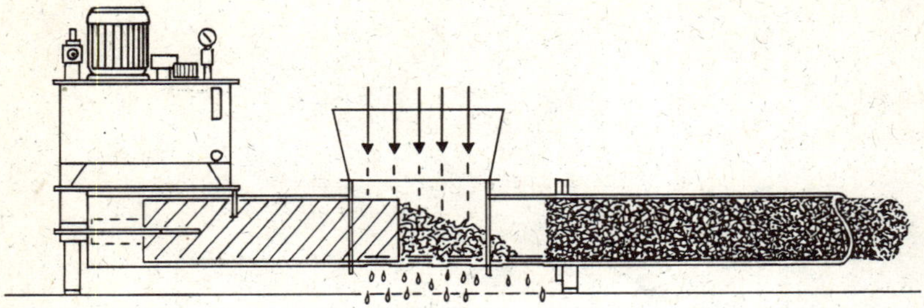

Bild 3.17: Prinzip einer Rechengut-Kolbenpresse

Eine Zeitlang hat man versucht, das Rechengutproblem durch die Installation von *Rechengutzerkleinernern* zu lösen. Rechengutzerkleinerungsanlagen sind mit Schneidwerkzeug ausgerüstete Maschinen, die das geräumte Rechengut zerhacken. Es wird wieder ins Wasser gegeben und dann mit dem Abwasserstrom in die übrigen Verfahrensstufen geschwemmt. Dort scheidet es sich an verschiedenen Stellen, insbesondere im Faulbehälter als Schwimmschlamm ab. Mit zunehmendem Anteil an Plastikteilen werden diese Schwimmdecken immer weniger beherrschbar. Daher sollte der Grundsatz gelten: Fest- und Grobstoffe, die einmal dem Abwasser entnommen wurden, sollten auch gesondert behandelt und beseitigt werden.

In einigen Fällen haben sich Einrichtungen zur Rechengutwäsche bewährt, um möglichst viele organische Anteile auszuwaschen.

### *3.2.3 Leichtstoffabscheider*

Fette und Öle stören den Klärbetrieb durch Verkleben und Verstopfen von Belüftungseinrichtungen, Rohrleitungen und Schiebern. Außerdem behindern sie die biologische Reinigung und das Absetzen des Schlammes. Benzin und Öle stören die Faulung.

Leichtstoffabscheider werden auf der Kläranlage überwiegend als Fettfänge, häufig in Verbindung mit einem belüfteten Sandfang, eingesetzt. Sie eignen sich dann auch zur Abscheidung von unzulässigerweise in das Kanalnetz gelangtem Öl oder Benzin. Außerhalb von Kläranlagen sind sie bei Großküchen, Schlachthöfen und Lebensmittelfabriken als Fettabscheider und bei Tankstellen oder tiefliegenden Garagenentwässerungen als Öl- und Benzinabscheider (Bild 3.18) notwendig. Für Bemessung, Einbau und Betrieb gelten die DIN-Normen für Benzin-, Fett- und Ölabscheider.

Die Abscheidung der Leichtstoffe auf der Kläranlage muß vor der biologischen Stufe erfolgen. Bei geringem Anfall kann das Vorklärbecken entsprechend ausgerüstet werden. Am Räumwagen ist ein Schwimmschlammschild und im Becken eine Ablaufrinne für den Schwimmschlamm vorzusehen (Bild 3.19).

Bei Anlagen ohne Vorklärung ist ein gesonderter Schwimmschlammfang hinter dem Sandfang mit einer Aufenthaltszeit von ca. 5 min nützlich. Bei belüfteten Sandfängen kann man den Flotationseffekt der eingeblasenen Luft ausnützen und seitlich neben dem Sandfang eine gesonderte Schwimmschlammkammer vorsehen (siehe Abschnitt 3.2.4).

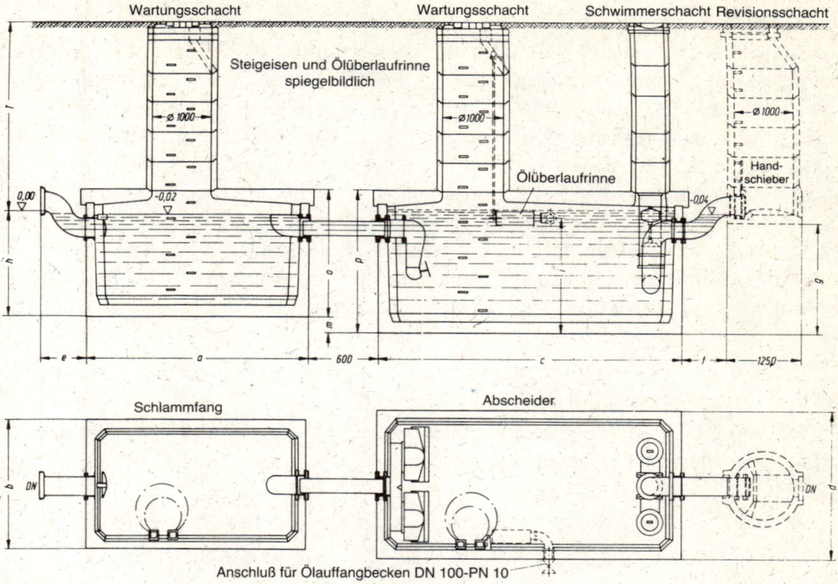


Bild 3.18: Benzinabscheider in Fertigbauweise (Fa. Passavant) [3]

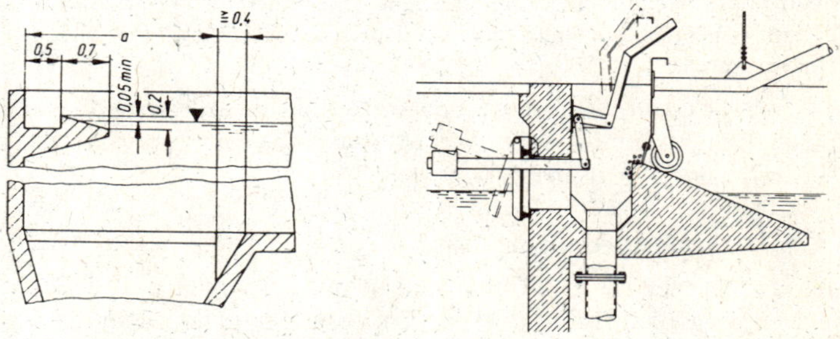


Bild 3.19: Leichtstoffentnahmerinne für Rechteckbecken [3]

Der gesammelte Schwimmschlamm und das Fett müssen regelmäßig beseitigt werden. Man kann bei kommunalen Kläranlagen mit einer Menge von täglich rd. 1 l/1000 EW rechnen. Bei Anlagen mit Schlammfaulbehältern ist die Zugabe in den Faulbehälter möglich. Mineralöl stört allerdings die Faulung und muß daher gesondert beseitigt werden.

Vielfach enthalten Schwimmschlamm und Fett Grobstoffe, die durch den Rechen hindurchgetrieben wurden. Deswegen kann vor der Zugabe in den Faulbehälter eine Siebung erforderlich sein, um z. B. eine nachfolgende Schlammentwässerung auf Kammerfilterpressen zu schützen (siehe Abschnitt 3.2.2).

Bei Anlagen ohne Schlammfaulung ist eine Beseitigung des Schwimmschlammes nur zusammen mit dem Rechengut über die geordnete Deponie oder Müllverbrennung möglich.

### 3.2.4 *Sandfänge*

Im Abwasser enthaltener Sand lagert sich bei verminderter Fließgeschwindigkeit ab. Zusammen mit Schlamm verdichtet er sich, beispielsweise im Vorklärbecken oder im Faulbehälter, zu einer festen Masse. Mit Pumpen kann er dann nicht mehr gefördert werden. Störungen des Betriebes sind die Folge. Die Schmirgelwirkung des Sandes führt auch zu einem erhöhten Verschleiß an maschinellen Einrichtungen, Pumpen und Rohrleitungen. Sand muß daher rechtzeitig abgeschieden werden, also vor der Vorklärung oder vor dem Belüftungsbecken bei Anlagen ohne Vorklärung. Die anfallenden Mengen sind je nach Kanalnetz und Straßenbeschaffenheit sehr unterschiedlich. Sie können zwischen 2 und 20 l/E.a schwanken. Je 1000 $m^3$ Abwasser fallen etwa 20–200 l Sandfanggut an je nach Jahreszeit und Niederschlag, im Mittel 60 l.

***Bemessungsgrundsätze***

Der einfachste Bemessungswert für den Sandfang ist die Fließgeschwindigkeit. Als Erfahrungswert gilt eine Mindestgeschwindigkeit von v = 0,3 m/s (Langsandfang).

Im Sandfanggerinne gilt die Kontinuitätsgleichung wie zur Kanalbemessung:

$$v = \frac{Q}{A} = \frac{\text{Abwasserzufluß}}{\text{Durchflußquerschnitt}} \quad \text{bzw.} \quad A = \frac{Q}{v}$$

Die zulässige Oberflächenbeschickung soll zur Abscheidung von Korngrößen von 0,1–0,2 mm ∅ zwischen 20–60 m/h betragen (Rund- und Flachsandfänge).

Die Anpassung des Durchflußquerschnittes an die wechselnden Abwasserzuflüsse ist nur in begrenztem Umfang möglich. Man muß entweder die Beckenwände schräg ausbilden oder mehrere Kammern einrichten.

Wegen der Schwierigkeit, die Bemessungswerte auch bei unterschiedlichem Abwasseranfall einzuhalten, ist bei geringen Zuflüssen die Ablagerung von absetzbaren, faulfähigen Stoffen nahezu unvermeidlich.

***Bauarten und maschinentechnische Ausrüstung***

*Langsandfänge* werden als Spülrinnen, meist mit 2 Kammern, mit Rechteck- oder Trapezquerschnitt gebaut (Bild 3.20). Die Entleerung erfolgte früher mit der Hand. Sie ist jedoch in einfacher Weise auch mit Schlammsaugewagen möglich. Bei größeren Kläranlagen erfolgt die Räumung maschinell durch Räumwagen mit Kratzern und Kreiselpumpen oder Drucklufthebern (Mammutpumpen).

Der *Dorr-Sandfang* mit quadratischem Grundriß (Bild 3.21) ist ein Flachsandfang. Wichtig ist die Gestaltung des Zu- und Ablaufes. Zur Gewährleistung einer möglichst gleichmäßigen Durchströmung des gesamten Querschnittes werden im Zulauf Leitbleche angeordnet. Der Ablauf besteht aus einem festen Wehr. Der abgesetzte Sand wird mit einem kräftigen Räumer in eine seitliche Sandfangtasche geschoben. Die mitabgelagerten Fäkal- und Schlammstoffe müssen beim Sandaustrag durch eine Waschung abgetrennt werden. Der Dorr-Sandfang wird daher immer im Zusammenhang mit einem Klassierer betrieben.

Beim *Rundsandfang* wird das Abwasser einem kreisförmigen Trichterbecken am Rande tangential zugeführt (Bild 3.22). Dieses Becken hat einen oberen, zylindrischen Teil,

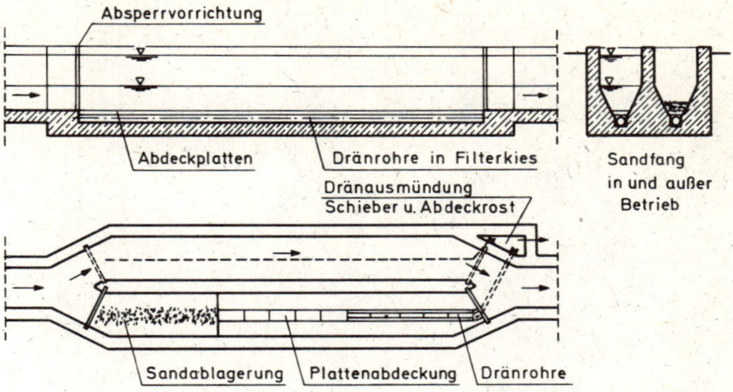


Bild 3.20: Essener Langsandfang

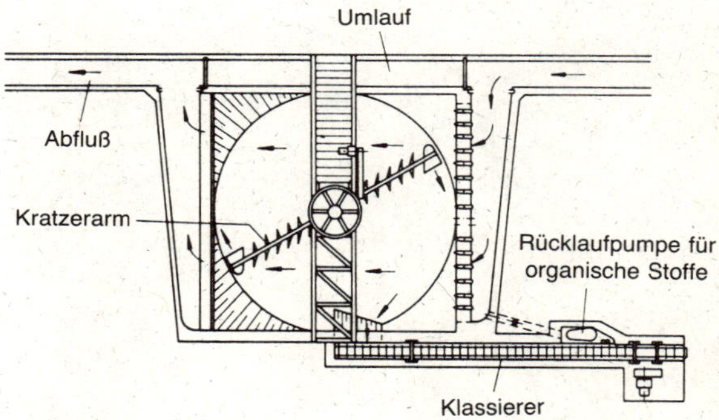


Bild 3.21: Dorr-Sandfang [3]

einen mittleren flachen Trichter, und einen tiefliegenden zylindrischen Sandsammelraum. Durch die tangentiale Anströmung entsteht im Becken eine Kreisbewegung. Der Sand lagert sich auf der Sohle des flachen Trichters ab. Er kann durch die Strömung unterstützt zur Mitte abrutschen. Gleichzeitig werden die organischen Stoffe weitgehend ausgewaschen und von der Strömung mitgeführt.

Zur Erzielung eines guten Absetzeffektes sollte die Einströmgeschwindigkeit etwa 0,7 m/s betragen. Der Auslauf muß um etwa 270° zum Einlauf versetzt ebenfalls an der Außenwand angeordnet werden. Die Ablaufschwelle muß dabei höher als die Sohle der Zulaufrinne liegen. Eine Veränderung der Höhenlage dieser Schwelle kann den Wirkungsgrad des Rundsandfanges nachträglich erheblich verbessern. Zur Unterstützung der Auswaschung organischer Stoffe wird vielfach eine Belüftung angeordnet. Die Sandentnahme erfolgt mit Hilfe eines Drucklufthebers.

Bei den bisher beschriebenen Sandfangformen wurde die Fließgeschwindigkeit im Sandfang durch die Abmessungen des Bauwerkes bestimmt. Sie war während des Betriebes nicht veränderbar. Beim *belüfteten Sandfang* (Bild 3.23) kann dies jedoch mit Hilfe der Belüftung erfolgen. Durch Einblasen von Luft an der Seite der strömungsgünstig ausgebildeten Sandfangkammer wird eine Schraubenströmung erzeugt. Dabei

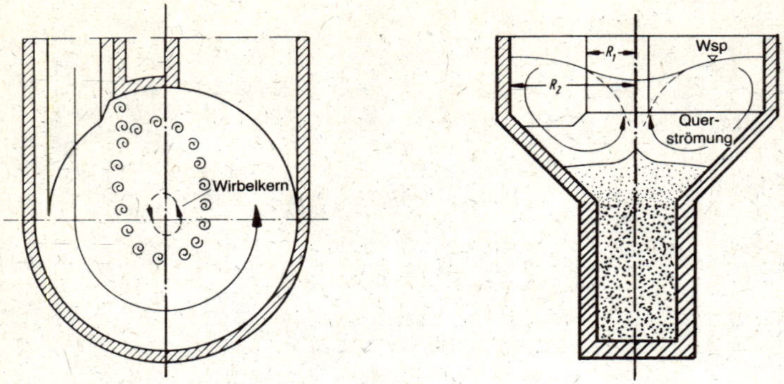


Bild 3.22: Rundsandfang nach Geiger [3]

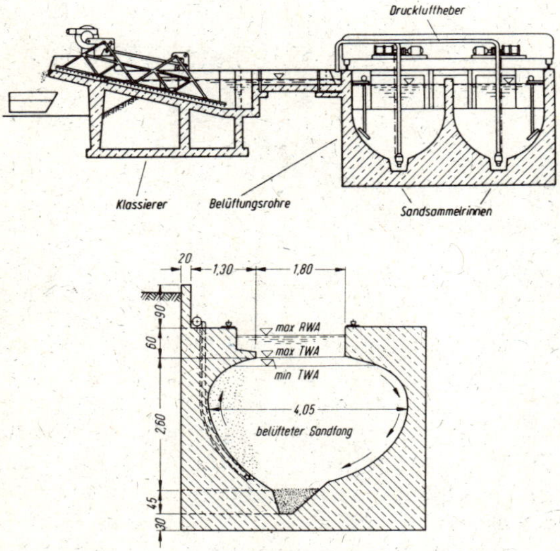


Bild 3.23: Verschiedene Querschnittsformen belüfteter Sandfänge [3]

überlagern sich die von der Lufteinblasung hervorgerufene Kreisströmung und die Längsströmung des Abwassers durch die Sandfangkammern. Die Schraubenströmung dient dazu, die organischen Stoffe aus dem Sand auszuwaschen und den zu Boden sinkenden Sand in die Sandsammelrinne zu spülen.

Das Verhältnis von Sandfangbreite zu Wassertiefe sollte etwa 0,8 bei max. Wasserzufluß betragen und bei Trockenwetterzufluß nicht über etwa 0,9 ansteigen. Die Querschnittsfläche beträgt $> 1\ m^2$ und $<$ maximal $7\ m^2$. Die Aufenthaltszeit sollte bei Regenwetterzufluß nicht geringer als 10 min sein.

Der Lufteintrag hängt vom Querschnittsprofil, von der Belüftungsart und von der Einblastiefe ab. Als Erfahrungswert hat sich eine Luftleistung von rd. $10\ m^3/h$ je $m^3$ Beckenvolumen herausgestellt.

Die Luftzufuhr muß steuerbar sein, um die schraubenförmige Fließgeschwindigkeit unter Betriebsbedingungen dem Sandanfall anpassen zu können. Die Belüfter müssen von Zeit zu Zeit ausgebaut werden, um Verstopfungen und Zopfbildungen zu beseitigen.

Ist der belüftete Sandfang mit einem Fettfang kombiniert, kann die Sandfangkammer verbreitert und durch eine Tauchwand von dem belüfteten Sandfangraum abgetrennt werden. Zur Gewährleistung einer sicheren Schwimmstoffabscheidung sollte die Tauchwand mindestens 30% der Fettfangtiefe eintauchen. Der vergrößerte Querschnitt führt auch zu einem Mehrbedarf an Luft.

Der in der Sammelrinne abgelagerte Sand wird mit Drucklufthebern entnommen.

### *Sandfanggutwaschung und -beseitigung*

Das durch Pumpen oder meist mit Mammutpumpen aus dem Sandfang geförderte Räumgut enthält je nach Bauart des Sandfanges Wasser, Sand und mehr oder weniger organische Partikel und Schlammstoffe. Daher sind zur Auswaschung der Fäkalien und zur Trennung von Sand und Wasser zusätzliche Einrichtungen erforderlich. Als zweckmäßig haben sich Klassierer erwiesen. Stellenweise sind auch Hydrozyklone im Gebrauch.

*Sandklassierer* (Bild 3.24) bestehen aus einem geneigten Trog (schiefe Ebene), in dem ein Kratzer schrittweise (Pilgerschrittklassierer) auf und ab bewegt wird. Bei der Aufwärtsbewegung schabt der Kratzer über den Trogboden, bei der Abwärtsbewegung wird der Kratzer angehoben. Dabei wird der Sand aus der unter Wasser liegenden Sandsammeltasche herausgekratzt. Beim Kratzvorgang werden die Schlammstoffe ausgespült und in das Abwasser zurückgeleitet.

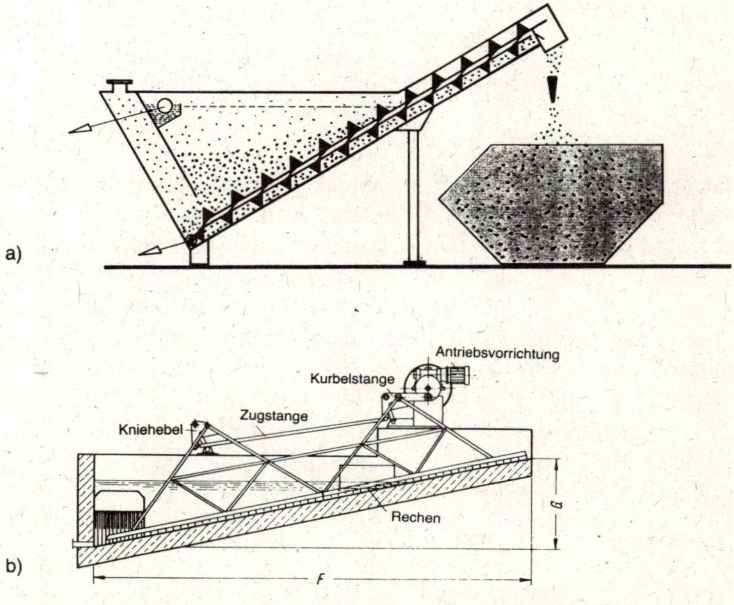


Bild 3.24: Sandklassierer a) Schneckenklassierer; b) Pilgerschrittklassierer [3]

Der *Schneckenklassierer* arbeitet im Grunde genauso, der Sand wird nur anstelle der Harke mit einer Schnecke ausgetragen.

Der *Zentrifugalabscheider* (Hydrozyklon) (Bild 3.25) dient vor allem der Trennung von Sand und Wasser. Er hat einen zylindrischen Einlaufraum, in den das Sand-Wasser-Gemisch tangential unter Druck (gepumpt) eingeleitet wird. Dadurch entsteht eine Drehbewegung, bei der die schweren Teilchen von der Zentrifugalkraft gegen die Wand geschleudert werden. Sie sinken in dem an den Einlaufraum anschließenden Konusgehäuse nach unten zur Unterlaufdüse. Das Wasser steigt vom Einlaufraum in das Überlaufrohr und wird von dort wieder in den Abwasserstrom eingeleitet.

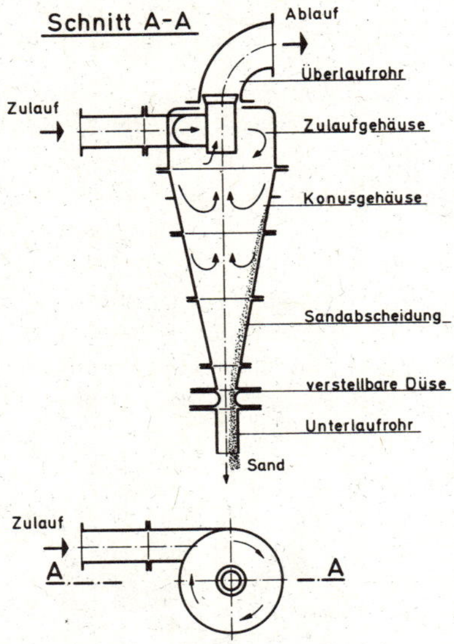


Bild 3.25: Zentrifugalabscheider [3]

Die Sandfanggutbeseitigung erfolgte früher vielfach durch Ablagerung in Sandstapelplätzen. Heute ist nur die geordnete Ablagerung auf Hausmülldeponien möglich. In diesem Fall ist die gemeinsame Sammlung von Sand- und Rechengut im gleichen Container zweckmäßig.

Die Wirkungsweise des Sandfanges kann durch Untersuchung des Vorklärschlammes auf seinen Sandgehalt geprüft werden (vergl. Abschnitt 6.5.8). Bei ungenügendem Sandrückhalt muß die Fließgeschwindigkeit oder beim Rundsandfang die Schwellenhöhe oder beim belüfteten Sandfang die Luftzufuhr überprüft und evtl. geändert werden.

Die maschinelle Sandräumung einschl. Klassierung bzw. Zentrifugalabscheidung wird in der Regel über eine Zeitschaltung oder zulaufabhängig automatisch gesteuert. Bei hohem Sandanfall kann eine Fahrweise des Räumers mit der Hand erforderlich sein.

### *3.2.5 Vorklärbecken*

Die biologische Abwasserbehandlung funktioniert um so besser, je weitgehender im Vorklärbecken die absetzbaren ungelösten Feststoffe abgeschieden wurden. Das gilt ganz besonders für das Tropfkörperverfahren. Beim Belebungsverfahren dagegen hat es sich als zweckmäßig erwiesen, die Feststoffabtrennung nicht zu weit zu treiben. Verbleibt ein Rest an feinen Feststoffen im Abwasser, so beschweren diese den belebten Schlamm und verbessern dadurch die Absetzeigenschaften im Nachklärbecken.

***Bemessungsgrundsätze***

Leitet man Rohabwasser in ein Absetzbecken, so ergeben sich die in Bild 3.26 dargestellten Verminderungen der Abwasserinhaltsstoffe. Danach kann innerhalb von 2 h praktisch alles absetzfähige Material abgeschieden werden. Die Durchflußzeit ist daher eine geeignete Größe für die Bemessung. Die Absetzleistung des Vorklärbeckens wird jedoch an die Anforderungen der nachfolgenden Verfahrensstufen angepaßt, die Durchflußzeit entsprechend verkürzt.

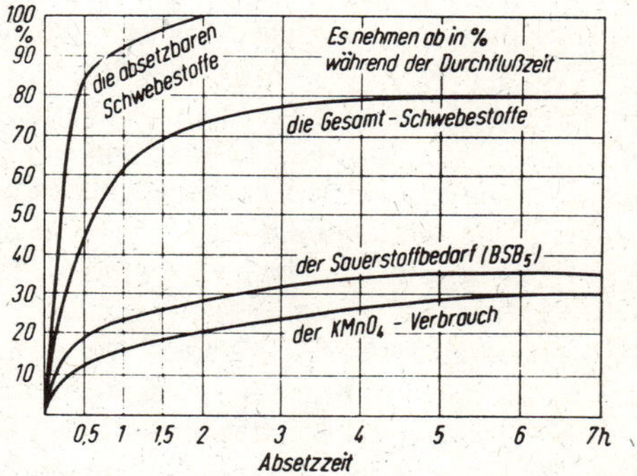


Bild 3.26: Wirkung der Absetzzeit auf kommunales Abwasser (nach Sierp) [3]

In der nachfolgenden Tabelle sind Erfahrungswerte für Vorklärbecken zusammengestellt:

| | Durchflußzeit $t_R$ h | Flächenbeschickung $q_A$ m/h |
|---|---|---|
| bei Tropfkörpern | 1,7–2,5 | 1,5–0,8 |
| bei Belebungsanlagen | 0,5–1,0 | 4,0–2,5 |
| bei chemischer Fällung | 0,5–0,8 | 4,0–2,5 |

***Bauarten und maschinentechnische Ausrüstung***

Bei den Bauarten unterscheidet man nach der Strömungsbewegung des Wassers in Rechteckbecken (Bild 3.27) und Rundbecken (Bild 3.28):

Rechteckige Becken werden der Länge nach vom Abwasser durchflossen. Im Zulauf wird es möglichst gleichmäßig auf den Durchflußquerschnitt verteilt, die Durchflußgeschwindigkeit bleibt während der Fließbewegung entlang des Beckens gleich. Die Tiefe des Beckens muß ausreichen, damit kein Schlamm in die Ablaufzone gelangt. Zweckmäßig sind Tiefen von 2,0 bis 2,5 m.

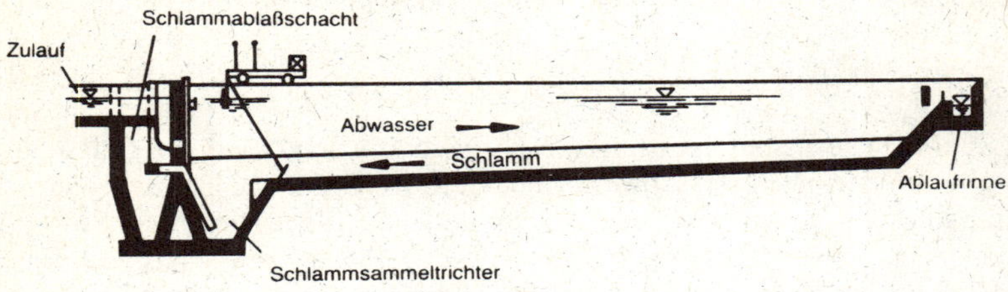


Bild 3.27: Vorklärbecken als Längsbecken

Da die Becken vom Abwasser der Länge nach durchströmt werden, sind lange Becken (langer Fließweg) günstiger als kürzere Becken gleicher Oberfläche. Ein Verhältnis von Wassertiefe zu Beckenlänge von etwa 1 : 15 bis 1 : 20 hat sich als günstig erwiesen.

Rundbecken werden von der Mitte aus nach allen Seiten zum Außenrand durchflossen. Das Wasser wird mit einer Dükerleitung unter der Beckensohle zum Mittelbauwerk geführt. Durch die Wasserumlenkung im Mittelbauwerk kann es zu einem ungleichmäßigen Wasseraustritt kommen. Daher muß durch Wasserbremsen dafür gesorgt werden, daß die Verteilung des Zuflusses vom Mittelbauwerk möglichst gleichmäßig ist. Die Fließgeschwindigkeit wird zum Außenrand immer geringer, da für die Strömung ein immer größerer Durchflußquerschnitt zur Verfügung steht. Bei kleineren Becken sind die Verluste an Absetzvolumen durch die Ein- und Auslaufzonen groß, auch können Kurzschlußströmungen entstehen. Bei sehr großen Becken sind deutliche Windeinflüsse bemerkbar: Der Wind treibt das Wasser einseitig in die Ablaufrinnen.

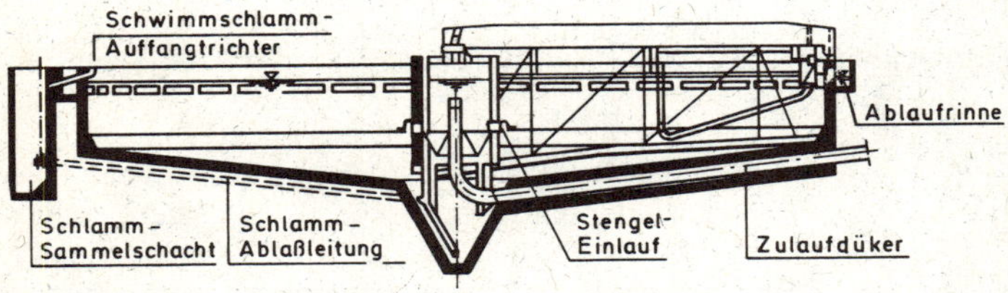


Bild 3.28: Vorklärbecken als Rundbecken

Von großer Bedeutung für die Leistung eines Absetzbeckens ist die Gestaltung des Einlauf- und des Auslaufbereiches. Vor allem im Einlaufbereich muß das Abwasser möglichst gleichmäßig verteilt und die Energie des zufließenden Wassers beim Eintritt in das Absetzbecken weitgehend vernichtet werden. Die Zulaufgeschwindigkeit kann bei Maximalzufluß höher als 1,0 m/s liegen. Im Absetzbecken selbst beträgt die theoretische Fließgeschwindigkeit etwa 1 cm/s.

Je geringer die Entfernung zwischen Ein- und Auslaufbereich ist, um so wichtiger ist die wirkungsvolle Gestaltung des Einlaufbereiches. Folgende Forderungen müssen erfüllt werden:

- Vermeidung von Wirbeln im Zulaufbereich,
- möglichst gleichmäßige Verteilung des Zuflusses auf den gesamten Beckenquerschnitt,

- waagerechte, möglichst gleichmäßige Strömung über die für den Absetzvorgang erforderliche Beckenlänge,
- Vermeidung einer zu hohen Strömung am Beckenboden (Grundströmung).

Die nachfolgend beschriebenen Einläufe sind häufig im Vorklärbecken eingebaut:

*Einlaufschlitzwände* sind auf der Zulaufseite des Absetzbeckens über die gesamte Beckentiefe in regelmäßigen Abständen angeordnete Schlitze. Diese bremsen den Zulaufstrom soweit ab, daß eine gleichmäßige Verteilung erreicht wird.

Eine Weiterentwicklung stellt das *Emscher-Beruhigungsgitter* dar. Es besteht aus zwei hintereinander angeordneten Schlitzwänden aus Holz- bzw. Metallstäben. Die Stäbe des zweiten Gitters verdecken dabei immer die Schlitze des ersten Gitters, so daß eine doppelte Umlenkung erreicht wird. Diese Einlaufgestaltung wird häufig in dieser oder in abgewandelten Formen bei Rundbecken angewendet.

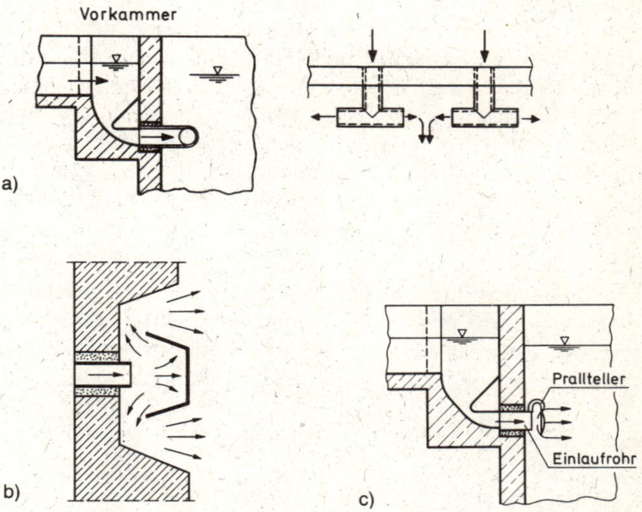


Bild 3.29: Verschiedene Einlaufformen: a) Geigereinläufe, b) Stuttgarter Einlauf, c) Stengeleinlauf

Beim *Stuttgarter Einlauf* handelt es sich um einen waagerechten Einlauf, hinter dem ein trapezförmiges Prallblech so angeordnet ist, daß der Einlaufstrom zweimal hintereinander umgelenkt wird (Bild 3.29 b).

*Stengeleinläufe* sind Zulaufrohre mit am Austritt angebrachten Pralltellern. Dadurch wird die Strömungsrichtung des zufließenden Wassers umgelenkt und die Strömungsenergie weitgehend vernichtet (Bild 3.29 c).

*Geigereinläufe* sind T-förmige Rohrstutzen, die im Zulaufbereich in die Beckenwand eingebaut werden. Die Eintrittsgeschwindigkeit wird dadurch abgebremst, daß die Einläufe gegeneinander gerichtet sind (Bild 3.29 a).

Bei *Aufwärtseinläufen* wird das Abwasser durch Rohrkrümmer so in das Becken eingeleitet, daß die Fließgeschwindigkeit zunächst nach oben gerichtet ist. Die Fließrichtung soll dann allmählich in eine Längsrichtung übergehen. Man vermeidet so zwar eine Aufwirbelung von abgesetztem Schlamm, die Verteilung des Abwassers über den gesamten Beckenquerschnitt ist jedoch nur unvollkommen.

Zum gleichmäßigen Abzug des Abwassers über die gesamte Beckenbreite bzw. bei Rundbecken über den gesamten Beckenumfang werden Überfallkanten eingesetzt. Über diese Kanten fließt das Wasser in die Ablaufrinne. Sie müssen sorgfältig ausgerichtet werden, damit eine gleichmäßige Überströmung erfolgt.

Glatte Überfallkanten können kaum so gut ausgerichtet werden, daß bei geringen Wasserzuflüssen die gleichmäßige Überströmung gewährleistet ist. Aus diesem Grunde werden Zahnleisten mit dreieckigen oder trapezförmigen Einkerbungen gewählt. Als Überfallkantenbelastung sollte bei Vorklärbecken ein Wert von ca. 35 $m^3/h$ je m Kantenlänge bei Maximalzufluß eingehalten werden.

Der abgesetzte Schlamm muß mit Räumschilden geräumt werden. Bei Längsbecken fährt die Räumerbrücke dazu hin und her. Der Räumschild schleift bei der Räumfahrt über den Boden und befördert den Schlamm in einen oder mehrere an der Zulaufseite angeordnete Schlammtrichter. Bei der Rückfahrt wird das Räumschild zur Vermeidung von Wirbeln über die Wasseroberfläche hochgezogen. Gleichzeitig ist am Räumwagen in der Regel ein Schwimmschlammräumschild montiert. In der Vorklärung aufschwimmende Leichtstoffe können damit zu einer an der Einlaufseite angeordneten Schwimmschlammsammelrinne geschoben werden (Bild 3.19). Bei manchen Konstruktionen wird auch das hochgezogene Räumschild zur Schwimmschlammräumung verwendet. Die Schwimmschlammabzugsvorrichtung muß dann natürlich an der Ablaufseite angeordnet sein.

Rundräumer befördern mit ihren Räumschilden den Schlamm gleichmäßig über die Beckensohle bis zum innen angeordneten Schlammtrichter. Zur Abschöpfung des Schwimmschlammes sind am Rand Schwimmschlammsammeltaschen angeordnet. Diese bedürfen aufmerksamer Wartung, da sie sehr verstopfungsanfällig sind.

### *Emscherbecken*

Eine Sonderform der Vorklärbecken stellt das Emscherbecken (auch Emscherbrunnen genannt, da es früher vorwiegend rund gebaut wurde) dar (Bild 3.30). Es handelt sich dabei um ein zweistöckiges Becken. Im oberen, vom Abwasser durchströmten Teil befindet sich die Absetzzone, im unteren Teil ein nicht beheizter Schlammfaulraum. Der Schlamm rutscht von selbst und ständig an den schrägen Zwischenwänden entlang nach unten in den Schlammraum, wo er ausfault. Der ausgefaulte Schlamm wird mit einem Schlammabzugsrohr aus der Trichterspitze durch Wasserüberdruck abgezogen.

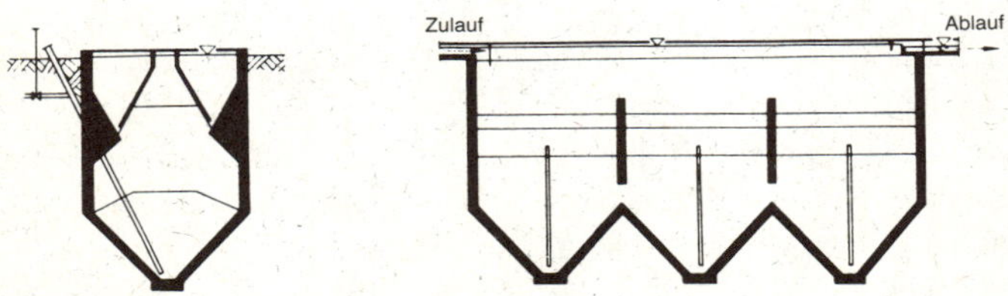


Bild 3.30: Vorklärbecken als Emscherbecken [3]

Infolge der Trennung des Absetzteiles vom Faulraum durch die schrägen Zwischenwände bleibt das zufließende Wasser frisch. Auch wird vermieden, daß Schwimmschlamm und Gasblasen in den Absetzraum gelangen können. Die schrägen Flächen des Absetzteiles müssen steil genug sein (1,7 : 1), damit der Schlamm nicht liegen bleibt. Erfahrungsgemäß muß jedoch regelmäßig mit Schabern nachgeholfen werden, daß sich wirklich kein Schlamm auf den schrägen Wänden ablagert.

Emscherbecken sind auch heute noch bei kleinen Kläranlagen im Einsatz, die nicht mit aerober Schlammstabilisierung arbeiten, also bei Tropfkörper- und Tauchkörperanlagen.

***Auftrieb von Becken***

Die Becken einer Kläranlage sind wegen des vielfach anzutreffenden hohen Grundwasserstandes nur dann auftriebsicher, wenn sie gefüllt sind. Bei jeder notwendigen Beckenentleerung muß daher geprüft werden, ob das Becken zum Aufschwimmen neigt. Dazu kommt es, wenn die Auftriebskraft des Grundwassers größer ist als die Gewichtskraft des Bauwerkes zusammen mit seinen Belastungen.

Sind Becken nicht auftriebssicher ausgebildet, muß vor ihrer Entleerung der Grundwasserspiegel soweit abgesenkt werden, daß ein Aufschwimmen vermieden wird. Hierfür sind beim Bau der Becken geeignete Einrichtungen geschaffen worden. Die Betriebsanweisung der Anlage ist zu beachten.

## 3.3 Biologische Stufe

Organische Stoffe werden im Wasser und im Schlamm durch die Lebenstätigkeit von Kleinlebewesen (Bakterien, Einzeller, Pilze) solange aufgespalten und umgesetzt, bis nur noch einfache, stabile Verbindungen übrig bleiben.

In der biologischen Stufe einer Kläranlage sollen insbesondere die organischen gelösten Schmutzstoffe, die einem Abbau oder einer Umsetzung durch Kleinlebewesen zugänglich sind, aus dem Abwasser entfernt werden. Die Wirkung ist um so besser, je gründlicher die vom Rohabwasser mitgeführten festen und halbfesten Stoffe vorher abgetrennt werden.

Da sich die aus dem Abwasser entnommenen Stoffe im Schlamm sammeln, sollen bei der Schlammbehandlung die organischen Stoffe weiter abgebaut und umgesetzt werden. Ziel ist ein stabilsierter Schlamm.

Zahlreiche Organismen, die organische Stoffe biologisch abbauen oder umsetzen, brauchen zum Leben aerobe Verhältnisse, d. h., es muß im Wasser gelöster Sauerstoff vorhanden sein. Andere können den zum Leben notwendigen Sauerstoff von sauerstoffhaltigen Verbindungen, die im Wasser vorhanden sind (z. B. $NO_3^-$), abspalten und nutzen. Sie benötigen keinen gelösten Sauerstoff. Man nennt sie fakultativ anaerobe Organismen. Auch unter streng anaeroben Bedingungen, also völlig ohne Sauerstoff, werden organische Stoffe von spezialisierten Organismen umgesetzt, z. B. bei der anaeroben Behandlung hochkonzentrierter Abwässer.

Verfahrenstechnisch werden die biologischen Abbau- und Umsetzungsvorgänge bei der Abwasserbehandlung auf unterschiedliche Weise angewendet. Man unterscheidet natürliche und technische Verfahren. Wesentliches Merkmal der natürlichen Verfahren ist das Fehlen technischer Einrichtungen zur Steuerung und Durchführung der Abwasserbehandlung. Zu ihnen gehören z. B. die landwirtschaftliche Abwasserbehandlung und die Teichanlagen. Technische Verfahren sind das Tropfkörper/Tauchkörper-Verfahren, das Belebtschlammverfahren und verschiedene Kombinationen dieser Verfahren, mehrstufige Verfahren, also zweistufige Tropfkörper oder zweistufige Belebungsanlagen, oder auch die anaerobe Verfahrenstechnik.

Sie alle benötigen technische Einrichtungen wie Räumer, Gebläse, Belüfter oder Rührwerke und Meß- und Regeleinrichtungen für den Abwasserreinigungsprozeß.

### *3.3.1 Grundlagen*

Die Abbauvorgänge in der biologischen Stufe verlaufen im Grunde nach den gleichen Gesetzen wie die Selbstreinigungsvorgänge in den natürlichen Oberflächengewässern. Durch künstliche Zuführung von Sauerstoff und künstliche Verdichtung der Organismen wird allerdings der Reinigungsprozeß sehr stark intensiviert und die zur Reinigung erforderliche Zeit auf Stunden verkürzt. Die gelösten organischen Stoffe werden dabei mit fortschreitendem Abbau zunehmend in Biomasse umgewandelt, die in der Nachklärung abgetrennt und auf diese Weise dem Abwasser entzogen wird.

Die Inhaltsstoffe des Abwassers dienen den Kleinlebewesen als Nahrungsquelle.

Sie nehmen Teilchen von geeigneter Größenordnung in ihr Plasma auf und verdauen sie mit Hilfe ihrer Verdauungsenzyme. Dabei werden die Großmoleküle der organischen Stoffe zerlegt. Die von einem Mikroorganismus ausgeschiedenen, von ihm nicht weiter verwertbaren Spaltprodukte werden wieder von anderen Mikroorganismen aufgenommen und weiterhin aufgespalten. Schließlich bleiben nur noch einfache Verbindungen wie Wasser, Kohlensäure und Salze in Form von Nitraten, Sulfaten usw. übrig. Man nennt diesen Vorgang Mineralisierung.

Die Entwicklung der Mikroorganismen hängt vom *Nährstoffangebot* ab.

Neben den organischen Kohlenstoffverbindungen sind als weitere Nährstoffe Stickstoff, Phosphor sowie eine Reihe von Mikronährstoffen und Spurenelementen notwendig. Im häuslichen Abwasser sind diese Stoffe weitgehend vorhanden. Man kann etwa mit einem Verhältnis von C : N : P = 20 : 4 : 1 rechnen. Industrielle Abwässer können dagegen sehr einseitig zusammengesetzt sein, so daß die Zugabe von Phosphor oder Stickstoff notwendig ist.

Wegen der unterschiedlichen Abwasserinhaltsstoffe ist für den Reinigungsprozeß am besten eine Lebensgemeinschaft von verschiedensten Mikroorganismen, eine *Mischbiozönose,* geeignet.

#### ***Kohlenstoffabbau***

Den Hauptanteil der gelösten organischen Stoffe im Abwasser bilden die Kohlenstoffverbindungen. Die wichtigsten, die durch Bakterien abgebaut werden können, sind Kohlenhydrate, Eiweißkörper und Fette. Sie werden bei der biologischen Abwasserreinigung zuerst umgesetzt.

Die in der Kläranlage ablaufenden Abbauvorgänge können im Standversuch anhand der BSB-Abbaukurve (Bild 3.31) verfolgt werden. Die erste Teilreaktion ist durch eine stürmische Vermehrung kohlenstoffabbauender Bakterien und damit steil ansteigendem Sauerstoffverbrauches gekennzeichnet. Ist der Kohlenstoff weitgehend abgebaut, herrscht Nahrungsmangel für die Kohlenstoff abbauenden Organismen, sie zehren ihre körpereigene Substanz auf und dienen Bakterienfressern als Nahrung.

## ***Stickstoffentnahme***

### *Nitrifikation*

In einer zweiten Abbaustufe kann die Umsetzung der Stickstoffverbindungen von spezialisierten Organismen erfolgen (Bild 3.31). Für ihre Umsetzung wird die rd. vierfache Menge Sauerstoff wie für den Abbau der Kohlenstoffverbindungen benötigt.

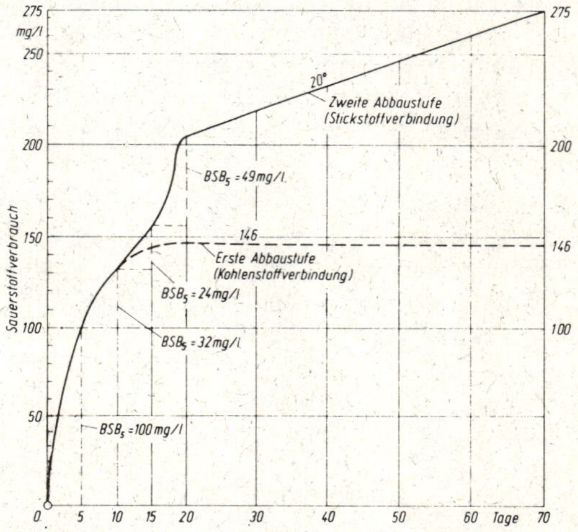


Bild 3.31: Sauerstoffverbrauch des frischen Abwassers (nach Theriault) [13]

Im kommunalen Abwasser kommt der Stickstoff (N) größtenteils aus den menschlichen Ausscheidungen, und zwar aus dem Urin, in Form von Harnstoff. Harnstoff und organisch gebundener Stickstoff (org. N) beginnen schon im Kanal zu Ammoniumstickstoff ($NH_4$-N) zu zerfallen. Diese Umwandlung nennt man Ammonifikation. Je länger der Fließweg zur Kläranlage ist, umso weiter ist dieser Vorgang fortgeschritten. In der mechanischen Stufe wird dann weiter org. N in $NH_4$-N umgewandelt, so daß im Ablauf der Vorklärung der größte Teil des Stickstoffes als Ammoniumstickstoff vorliegt (Bild 3.33). Organischer Stickstoff und Ammoniumstickstoff als Summe werden auch als Kjeldal-Stickstoff (TKN) bezeichnet:

$$TKN = org.\text{-}N + NH_4\text{-}N$$

Der Ammoniumstickstoff wird dann im Gegensatz zu den Kohlenstoffverbindungen nicht abgebaut, sondern zu Nitrit ($NO_2$-N) und Nitrat ($NO_3$-N) oxidiert.

$$NH_4^+ + 2\,O_2 \rightarrow NO_3^- + H_2O + 2\,H^+$$

Dieser Vorgang wird *Nitrifikation* genannt.

In der Abwassertechnik ist es üblich, nicht den Gehalt an z. B. Ammonium ($NH_4$) oder Nitrat ($NO_3$) im Abwasser in mg/l anzugeben, sondern nur den Stickstoffanteil in diesen Verbindungen, also den Ammonium-Stickstoff ($NH_4$-N) bzw. Nitrat-Stickstoff ($NO_3$-N). Für die Umrechnung gelten folgenden Zahlenwerte:

1,29 mg/l $NH_4$ entsprechen 1 mg/l $NH_4$-N
4,43 mg/l $NO_3$ entsprechen 1 mg/l $NO_3$-N
3,29 mg/l $NO_2$ entsprechen 1 mg/l $NO_2$-N

Die nitrifizierenden Bakterien sind empfindlicher als die kohlenstoffabbauenden Bakterien, haben wesentlich geringere Wachstumsraten und werden daher leicht von den kohlenstoffabbauenden verdrängt. Daneben wird ihre Aktivität durch die Konzentration an gelöstem Sauerstoff und die Temperatur beeinflußt. Sie ist bei Sauerstoffkonzentrationen unter 1,5 mg/l im Belebungsbecken (sei es im Belebungsbecken oder im Gewässer) und Temperaturen unter 10° C stark eingeschränkt. Auch der pH-Wert spielt eine Rolle.

Voraussetzung für die Nitrifikation ist daher neben ausreichendem Sauerstoffgehalt und höheren Abwassertemperaturen ein weitgehender Kohlenstoffabbau, also eine ausreichend lange Belüftungszeit mit niedriger Schlammbelastung und ein hohes Schlammalter. Bild 3.32 zeigt die Zusammenhänge zwischen Schlammalter und $NH_4$-N-Abnahme aufgrund von Betriebserfahrungen.

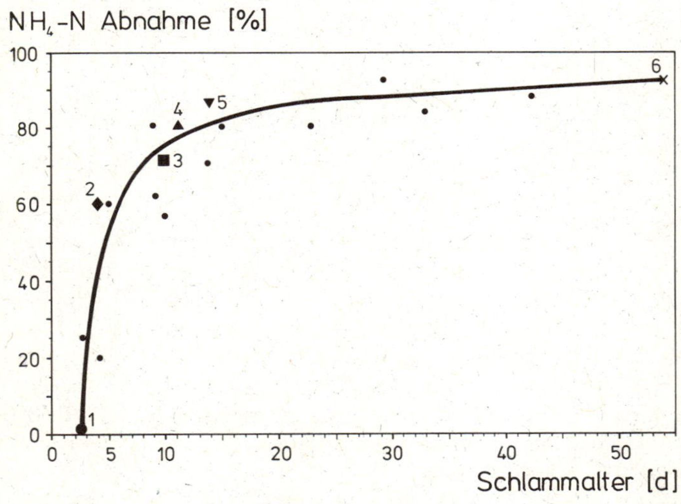


Bild 3.32: $NH_4$-N-Abnahme in Abhängigkeit vom Schlammalter nach Betriebsergebnissen

### *Denitrifikation*

Die bei der Nitrifikation entstehenden Nitrate wirken im Gewässer als Düngesalze und sollten daher nach Möglichkeit ganz aus dem System entfernt werden. Dies ist möglich, wenn Rohwasser mit nitrathaltigem Rücklaufschlamm oder nitrathaltigen Ablaufwasser zusammen in ein Becken geleitet wird. Die kohlenstoffabbauenden Bakterien spalten den zum Leben notwendigen Sauerstoff von Nitrat ab, wenn im Wasser kein gelöster Sauerstoff vorhanden ist. Man nennt diesen Vorgang *Denitrifikation.* Der Stickstoff entweicht als Gas in die Atmosphäre.

$$4\,NO_3^- + 4\,H^+ + 5\,C \rightarrow 2\,H_2(\uparrow) + 2\,H_2O + 5\,CO_2$$

Voraussetzung dafür ist eine dem Belebungsbecken vorgeschaltete Beckenzone, in die keine Luft eingeblasen und in die auch kein sauerstoffhaltiges Wasser eingeleitet wird (anoxische Zone).

Die Denitrifikation ist auch aus betrieblichen Gründen vorteilhaft: Ein Teil der zur Nitrifikation aufgewendeten Belüftungsenergie kann zurückgewonnen, eine ungewollte Denitrifikation im Nachklärbecken vermieden werden. Gleichzeitig verbessern sich die Absetzeigenschaften des Belebtschlammes.

### *Stickstoffbilanz*

Die im Kanalnetz und in der Kläranlage ablaufenden Stickstoffumsetzungsvorgänge können auch mengenmäßig erfaßt und den einzelnen Verfahrensschritten in der Kläranlage zugeordnet werden. Bild 3.33 stellt diese Zusammenhänge anschaulich dar.

Für ein mittleres häusliches Abwasser beträgt im Zulauf der Kläranlage die Stickstoffkonzentration TKN = org. N + $NH_4$-N rd. 60 mg/l. Dabei ist der Anteil an $NH_4$-N in der Regel höher als der Anteil an org. N. Das Verhältnis org. N zu $NH_4$-N hängt von der Ammonifikation im Kanalnetz ab. Nach der mechanischen Stufe hat sich das Verhältnis org. N zu $NH_4$-N weiter zugunsten des Ammoniumstickstoffes verschoben, 10 mg/l TKN sind in den Primärschlamm übergegangen. In der biologischen Stufe, in der nur ein C-Abbau erfolgt, gehen weitere 10 mg/l TKN in den Überschußschlamm über. Die Umsetzung von TKN in $NO_3$-N, also die Nitrifikation, beginnt erst in der schwach belasteten biologischen Stufe. Die Summe aus TKN + $NO_3$-N bleibt konstant bei 40 mg/l. Die Entnahme des Stickstoff durch Denitrifikation, bei der Stickstoff als $N_2$ gasförmig in die Atmosphäre entweicht, erfolgt im Denitrifikationsteil der biologischen Stufe. Als Rest verbleibt unter diesen Bedingungen eine geringe Menge von 18 mg/l als Summe von organischem, Ammonium- und Nitrat-Stickstoff.

Zur bessern Übersicht wurden die einzelnen Stufen der Bilanz vereinfacht und schematisiert. Dabei wurden auch mögliche Belastungsspitzen aus dem Schlammwasser der Schlammbehandlung (Eindicker, maschinelle Entwässerung) nicht berücksichtigt. Verdünnungen z. B. durch Fremdwasser können im Gegensatz dazu die Stickstoffkonzentration vermindern. Die Stickstoffkonzentration unterliegt im übrigen den üblichen Schwankungen der Abwasserinhaltsstoffe. Auch die Nitrifikations- und Denitrifikationsleistung schwankt, insbesondere in Abhängigkeit von der Temperatur in der biologischen Stufe.

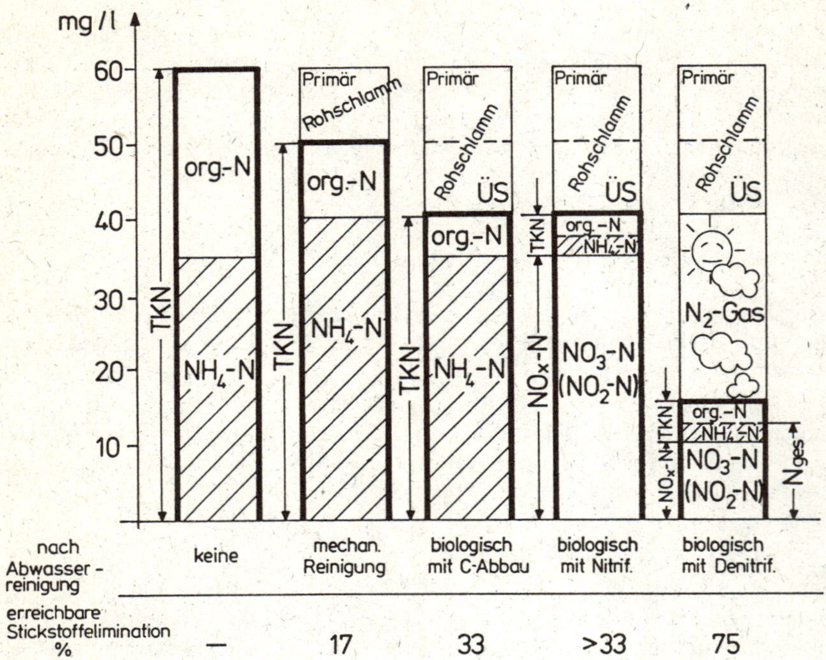


Bild 3.33: Stickstoffbilanz im Abwasser

***Aerobe Schlammstabilisierung***

Die biologischen Abbau- und Umsetzungsvorgänge laufen bei entsprechendem Schlammalter nebeneinander im Belebungsbecken ab. Wird das Schlammalter noch weiter gesteigert, setzt sich der Abbau der organischen Substanz solange fort, bis der organische Anteil im Schlamm selbst aufgezehrt und mineralisiert wird. Man spricht dann von einer aeroben Stabilisierung des Schlammes. Sie findet bei kleinen Belebtschlammanlagen (z. B. Oxidationsgräben) gemeinsam mit der Abwasserbehandlung statt. Wird zur Schlammstabilisierung ein eigenes Becken benutzt, spricht man von getrennter Stabilisierung (vergleiche Abschnitt 4.4).

***Gezielte biologische Phosphorentnahme***

Die Bakterien benötigen zum Aufbau ihrer Zellsubstanz Nährstoffe. Daher wird ein gewisser Anteil der im Abwasser gelösten Phosphor- und Stickstoffverbindungen zu diesem Zweck benutzt (für N vergl. Bild 3.33) und in die Biomasse eingelagert. Phosphor liegt im Abwasser immer in Form von chemischen Verbindungen mit anderen Elementen, z. B. mit Sauerstoff als $PO_4$ (Phosphat), vor (vergl. Abschnitt 3.4.1). Durch Zufall hat man herausgefunden, daß die Bakterien unter Streßbedingungen, wenn sie einem ständigen Wechsel von anaeroben und aeroben Bedingungen ausgesetzt werden, wesentlich mehr Phosphor aufnehmen als normal, nämlich bis zu 5% der Trockenmasse. Dies Verhalten nutzt man zur biologischen P-Entfernung. In einem Vorbecken oder in einem Teil des Belebungsbeckens werden anaerobe Verhältnisse hergestellt, der belüfteten Teil anschließend ist verfahrensbedingt aerob. Hier wird vom Belebtschlamm vermehrt P aufgenommen, im anaeroben Bereich kommt es zu Rücklösungserscheinungen. Kennzeichnend für eine gute Funktion des Verfahrens ist also eine gegenüber dem

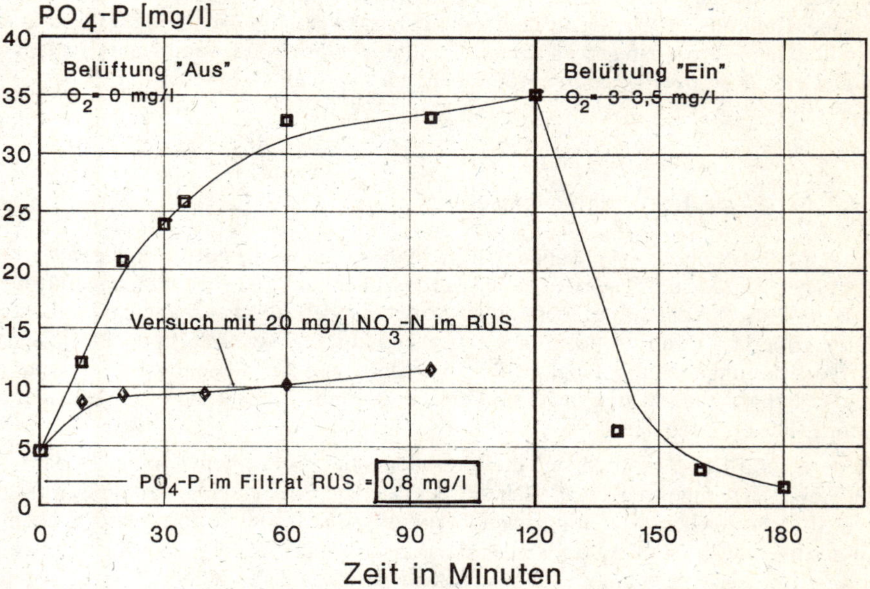


Bild 3.34: Phosphatrücklösung und – aufnahme (Versuche im Betriebslabor Klg. Ochsenfurt)

Zulauf deutlich höhere Phosphat-Konzentration in den anaeroben und eine deutlich niedrigere in den aeroben Teilen des Belebungsbeckens (Bild 3.34) und somit auch im Ablauf. Das aus dem Abwasser entfernte Phosphat wird mit dem Überschußschlamm aus dem Kreislauf ausgeschleust.

### *Verfahrenskombinationen*

Zur Behandlung entweder sehr hoch verschmutzter oder sehr einseitig belasteter Abwässer oder zur Erhöhung der Betriebssicherheit und bei sehr hohen Anforderungen an die Reinigungsleistung bedient man sich mehrstufiger Verfahren, z.B. eine Belebung hinter einem Tropfkörper und umgekehrt. Häufig angewendet wird das zweistufige Belebungsverfahren, wobei jede Stufe mit einer eigenen Nachklärung ausgerüstet ist. Vorteilhaft wirkt bei dieser Verfahrenstechnik vor allem das ausgezeichnete Puffervermögen und die Unempfindlichkeit gegen Stoßbelastungen.

***Anaerobe Abwasserbehandlung***

Hoch konzentrierte organisch belastete Abwässer eignen sich wegen ihres enormen Sauerstoffbedarfes unter aeroben Bedingungen eher für eine anaerobe Behandlung. Zur Aufrechterhaltung der für den Abbau erforderlichen Organismenkonzentration wird ein dem Belebtschlammprozeß ähnliches Verfahren angewendet. Dem anaeroben Reaktor, in dem die an Schlammflocken gebundene Biomasse lediglich durch ein Rührwerk in Schwebe gehalten werden muß, ist ein Nachklärbecken nachgeschaltet. Darin wird der Schlamm vom gereinigten Abwasser getrennt, geräumt und über einen Rücklaufschlammkreislauf wieder in den Reaktor zurückgeführt. Wegen der Gasbildung wird der ganze Prozeß in geschlossenen Behältern gefahren. Der anfallende Schlamm muß wie beim aeroben Verfahren weiter behandelt werden.

### *3.3.2 Natürliche Abwasserbehandlung*

Zu den ältesten natürlichen Behandlungsverfahren gehört die *landwirtschaftliche Abwasserverwertung* auf Rieselfeldern. Sie wurde früher häufig angewendet, im Laufe der Zeit aber fast überall aufgegeben, da mit zunehmenden Abwassermengen die Rieselflächen überlastet wurden und infolge Verschlammung und Verstopfung der Oberfläche die Versickerungsleistung abnahm. Da insbesondere in der Nähe der Städte weitere landwirtschaftliche Flächen nicht zur Verfügung standen, ging man überwiegend auf technische Verfahren über.

Weitere natürliche Verfahren sind die Abwasserteiche. Bei keinem anderen Verfahren der Abwasserreinigung ist die Vielfalt der Begriffe und Bezeichnungen so groß, wie bei den Abwasserteichen. Man unterscheidet die Abwasserteiche nicht nur entsprechend ihrer Anwendung, sondern auch nach den verschiedenen Reinigungsvorgängen zwischen Abwasserteichen mit und ohne künstliche Belüftung. Auch über Pflanzenkläranlagen ist in letzter Zeit viel zu hören. Sie alle können unter dem Begriff „natürliche oder naturnahe Abwasserbehandlungsverfahren“ zusammengefaßt werden. Bei richtiger Bemessung sind sie in der Lage, das Abwasser ganzjährig aufzunehmen und zu reinigen.

Alle diese Reinigungsverfahren sind überwiegend biologische bzw. biochemische Verfahren, bei denen die Reinigungswirkung hauptsächlich durch Mikroorganismen erfolgt. In unbelüfteten Teichen laufen die Vorgänge wie in stehenden oder sehr langsam fließenden Gewässern ab. Sauerstoffeintrag und Durchmischung hängen wesentlich von den klimatischen und meteorologischen Gegebenheiten ab.

Folgende natürliche Abwasserbehandlungsverfahren kommen zum Einsatz:

*Absetzteiche*
für die mechanische Abwasserreinigung, also nur zur Abscheidung der absetzbaren Stoffe aus dem Rohabwasser.

*Unbelüftete (natürlich belüftete) Abwasserteiche*
zur mechanisch-biologischen Abwasserreinigung mit oder ohne vorgeschaltetem Absetzteich.

*Belüftete (technisch belüftete) Abwasserteiche*
zur mechanisch-biologischen Abwasserreinigung, besonders stärker verschmutzter Abwässer.

*Abwasserteiche mit biologischen Reaktoren,*
z. B. mit zwischengeschalteten Tropfkörpern oder Tauchkörpern zur mechanisch-biologischen Abwasserreinigung.

*Schönungsteiche*
zur weitergehenden Reinigung nach der mechanisch-biologischen Abwasserreinigung.

*Pflanzenkläranlagen*
zur biologischen Reinigung oder zur Qualitätsverbesserung biologisch gereinigter Abwässer. Der genaue Einsatzbereich dieses relativ neuen Verfahrens ist noch nicht abschließend erforscht. Diese Anlagen entsprechen deshalb derzeit noch nicht den allgemein anerkannten Regeln der Technik.

***Abwasserteiche***

Die Reinigung von kommunalem Abwasser in Abwasserteichen, vor allem im ländlichen Bereich, hat sich seit vielen Jahren bewährt. Diese Anlagen lassen sich im allgemeinen problemlos in die Landschaft einfügen, weil sie keinen festen Gestaltungsformen unterworfen sind und sie vorwiegend in Erdbauweise errichtet werden können. Sie sind einfach zu bauen und zu betreiben. Bei ausreichender Bemessung haben sie eine sichere und beständige Reinigungsleistung. Sie sind aufgrund ihres großen Volumens in der Lage, unvorhergesehene Schmutzstöße, die im ländlichen Bereich immer wieder auftreten können, abzupuffern. Auch Mischwasserzuflüsse, die bei kleinen Einzugsgebieten aus konstruktiven Gründen immer über dem erwünschten zweifachen Trockenwetterzufluß liegen, können ohne Probleme aufgenommen werden.
Die Untergrundverhältnisse wirken sich ganz entscheidend auf die Baukosten und die Einsatzmöglichkeit der Teichanlagen aus. Bei hohen Grundwasserständen oder durchlässigem Untergrund spielt die Frage der Abdichtung eine wichtige Rolle. Eine zusätzliche Dichtung aus Lehm oder Ton, der Einbau einer Folie oder anderer Sperrschichten, lassen sich dann nicht vermeiden. Eine Selbstdichtung durch Schlammablagerungen ist bei den schwachbelasteten Abwasserteichen in kiesigen Böden kaum zu erreichen. Auch felsiger Untergrund ist ungünstig.

*Absetzteiche*

Sie werden meistens zur mechanischen Reinigung als Vorstufe vor einer weiteren Behandlung in Abwasserteichen eingesetzt. Absetzteiche können aber auch als eigenständige Anlagen (Übergangslösung) verwendet werden. Die absetzbaren Stoffe des Abwassers sinken auf die Teichsohle und faulen dort anaerob aus. Durch die Schlammfaulung bedingt, steigen manchmal Schlammteile auf und bilden auf der Teichoberfläche eine schwimmende Schlammdecke. Diese Schlammdecke nimmt man in Kauf und hält sie am Ablauf des Teiches durch Tauchwände zurück.
Die Absetzwirkung wird durch Aufenthaltszeit, Wassertiefe und Turbulenz beeinflußt. In ruhendem Wasser sind schon nach wenigen Stunden fast alle absetzbaren Stoffe sedimentiert. Um die Gefahr einer Aufwirbelung so gering wie möglich zu halten, sollte die

Absetzzone tief und langgestreckt sein. Die Teiche sind meistens 2,0 m tief, damit sie auch genügend Raum für die Aufnahme des Schlammes haben. Die Durchflußzeit bei Trockenwetter sollte mindestens einen Tag betragen. Dies entspricht einer Bemessung von etwa 0,5 $m^3$/E; darin ist auch der Schlammraum von 0,15 $m^3$/E enthalten.

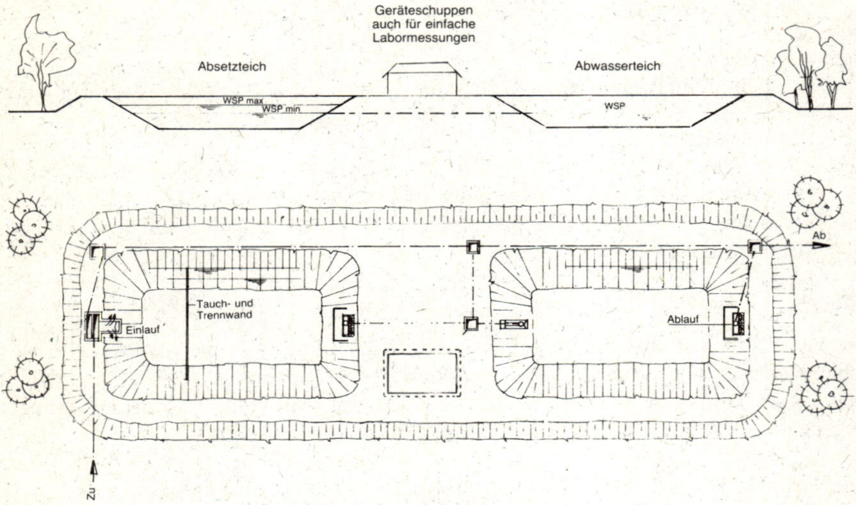


Bild 3.35: Prinzipskizze einer unbelüfteten Abwasserteichanlage

In den Absetzteichen kann Mischwasser ohne großen Aufwand zurückgehalten und mitbehandelt werden. Um große Aufwirbelungen des bereits abgesetzten Schlammes zu vermeiden, wird häufig durch Drosselung des Teichablaufes ein gewisser Aufstau im Becken erzwungen. Ein Aufstauraum bis zu 50 cm ist in diesen Fällen sinnvoll.

*Unbelüftete Abwasserteiche*

Unbelüftete oder richtiger natürlich belüftete Abwasserteiche (auch Oxidationsteiche) dienen zur biologischen Behandlung des Abwassers. Absetzteiche zur Entschlammung können vorgeschaltet werden. Unbelüftete Teiche werden bis zu einer Ausbaugröße um 1000 EW gebaut. Der Sauerstoff wird über die Wasseroberfläche eingetragen. Die im Abwasser enthaltenen Schwebestoffe und gelösten Stoffe werden durch Bakterien aerob abgebaut. Es kommt hierbei nur zu einer geringen Schlammbildung. Dieser Schlamm setzt sich auf der Teichsohle ab. Nennenswerte anaerobe Vorgänge gibt es dabei nicht. Durch die Einwirkung des Sonnenlichtes und des Vorhandenseins von Nährstoffen bilden sich Wasserpflanzen und Algen, die wiederum Sauerstoff produzieren. Dieser Vorgang wird auch Fotosynthese genannt und als biogener Sauerstoffeintrag bezeichnet. Der Sauerstoff begünstigt die Bakterienentwicklung und somit den Abbau der im Abwasser enthaltenen Schmutzstoffe.

Bild 3.36: Unbelüfteter Abwasserteich

Je größer die Teichoberfläche ist, desto sicherer ist die Reinigungsleistung. Die Durchflußzeit beträgt mehrere Tage bis Wochen. Natürlich belüftete Teiche werden mit einem Bemessungswert von 5 bis 10 $m^2$/E ausgelegt, d. h. bei Trockenwetter ergeben sich Aufenthaltszeiten von 20 bis 50 Tagen.

Die Teiche sollten etwa 1,00 bis maximal 1,50 m tief sein. Von der Wassertiefe hängt die Umwälzung und Belichtung des Wasserkörpers ab. Bis zu Wassertiefen von 0,5 m ist eine ausreichende Sauerstoff-, Temperatur- und Nährstoffvermischung im Teich zu erwarten. Darunter bilden sich Schichtungen des Wasserkörpers in aerobe und anaerobe Zonen.

Bei ausreichender Bemessung werden im Ablauf dieser Teiche auch im Winter $BSB_5$-Werte < 30 mg/l erreicht. Nur bei außergewöhnlichen Abwasserstößen (z. B. verbotene Jauche- oder Siloeinleitungen) kann es zu einer Verschlechterung des Ablaufes kommen. Mit Teichen ab 15 $m^2$/E wird auch eine Stickstoffentnahme erreicht.

*Belüftete Abwasserteiche*

Um die Reinigungleistung von natürlich belüfteten Abwasserteichen zu erhöhen oder um den großen Flächenbedarf zu vermindern, können die Abbauvorgänge durch künstliche Belüftung und Zwangsumwälzung erhöht werden. Technisch belüftete Abwasserteiche werden bis zu einer Ausbaugröße von über 5000 EW gebaut.

Die Vorschaltung eines Absetzteiches ist nicht unbedingt erforderlich. Die Bauweise ist ähnlich derjenigen der unbelüfteten Teiche, jedoch werden zur besseren Umwälzung und Sauerstoffausnutzung Wassertiefen von 2,50 m bis 3,00 m bevorzugt. Im Bereich des Wasserspiegels ist ein Wellenschutz der Böschung aus Faschinen, Kunststoffolie oder Betonsteinen zweckmäßig. Je nach Belüftungseinrichtung kann auch im Bereich höherer Strömung eine Befestigung der Sohle erforderlich sein. Zur Abscheidung der Schwebestoffe ist ein eigener Nachklärteich oder zumindest eine Nachklärzone erforderlich. Der Schlammanfall ist entscheidend von Betriebsart und Belastung der Teiche abhängig. Normalerweise sind die Schlammengen so gering, daß eine Entnahme nur in mehrjährigen Abständen erforderlich ist.

Der Sauerstoff wird in die Teiche vor allem durch die Belüftungseinrichtungen eingetragen, aber auch die $O_2$-Aufnahme über die Oberfläche aus der Luft, trägt zur Sauerstoffzufuhr bei. Im Gegensatz zu den natürlich belüfteten Teichen sind für die Bemessung belüfteter Teiche die Raumbelastung und die Aufenthaltszeit maßgebend. Als Bemessungswert ist eine $BSB_5$-Raumbelastung von 10 bis 30 $g/(m^3 \cdot d)$ üblich.

Neben den üblichen werden auch speziell für Teiche entwickelte Belüfter verwendet. Das Angebot ist vielfältig und reicht von schwimmenden Oberflächenbelüftern, Kreiseln und Walzen, Tauchumwälzbelüftern, Druckluft bis zu verschiedenen Pumpensystemen.

Bild 3.37: Belüftete Abwasserteichanlage

Für die künstliche Belüftung ist ein Stromanschluß erforderlich. Energieverbrauch und ein höherer Unterhaltsaufwand sind unvermeidliche Folgen des Maschineneinsatzes. Andererseits kann der Betrieb durch Steuerung der Luftzufuhr an geänderte Betriebsbedingungen angepaßt werden. Kurzzeitige Schwankungen in Zufluß, Konzentration und Zusammensetzung haben wegen des großen Inhaltes und der Sauerstoffregelung nur geringe Auswirkungen auf Betrieb und Reinigungsleistung. Oftmals haben sich Intervallschaltungen der Belüfter bewährt. Auf diese Weise ist eine Anpassung an die Belastung und Abbauleistung des Teiches gut möglich. In den Nacht- und Morgenstunden, wenn der Sauerstoffeintrag aus der biogenen Belüftung – Produktion von Sauerstoff durch grüne Wasserpflanzen – stark absinkt, ist die Belüftung dauernd zu betreiben, um im Teich aerobe Verhältnisse sicherzustellen.

Belüftete Abwasserteiche haben sich in den letzten Jahren bei stoßweisem Anfall von organisch hochbelastetem Abwasser aus Brauereien, Brennereien, Konservenbetrieben usw. bewährt. Sogar für Sickerwasser aus Mülldeponien werden sie mit Erfolg eingesetzt.

Verschiedene Verfahrensfirmen bieten auch belüftete Abwasserteiche mit einer gezielten Schlammrückführung an, um das Schlammvolumen zu erhöhen. Damit wirken diese Abwasserteiche wie sehr schwach belastete Belebungsanlagen. Die belüfteten Teiche können kleiner bemessen werden, wenn es gelingt, den Schlamm in einem Zwischenbauwerk möglichst konzentriert „einzufangen", um ihn in den belüfteten Teich zurückzupumpen. Dort darf sich der Schlamm nicht absetzen, d. h. eine gute Turbulenz muß für eine ausreichende Durchmischung sorgen. Nachteilig ist dabei, daß mit dieser Lösung die betriebliche Einfachheit und Sicherheit der Teichverfahren aufgegeben werden.

*Abwasserteiche mit biologischen Reaktoren*

Abwasserteiche mit zwischengeschalteten Tropfkörpern, Tauchkörpern oder ähnlichen Verfahren als biologische Stufe, werden meist bei beengten Platzverhältnissen, bei klimatisch ungünstigen Gebieten oder bei größerem Anteil an gewerblichen Abwässern gebaut.

Absetzteich und Nachklärteich bleiben dabei als einfache Teichanlagen erhalten. Die Bemessung der biologischen Reaktoren erfolgt wie bei den herkömmlichen Verfahren. Bei der Dimensionierung der Maschinen und beim Betrieb der meist kleineren Kläranlagen ist auf die oft sehr geringen Zuflüsse zu achten.

*Schönungsteiche*

Im Gegensatz zu den Abwasserteichen, die mit ungereinigtem oder mit mechanisch geklärtem Abwasser beschickt werden, wird in Schönungsteichen eine weitergehende Reinigung, z. B. nach Tropfkörper- oder Belebungsanlagen vorgenommen. Manchmal wird auch der letzte Teich einer Reihe von belüfteten Teichen als Schönungsteich betrieben. Schönungsteiche werden also mit biologisch gereinigtem Abwasser beschickt. Bei leistungsschwachen Vorflutern oder besonders hohen Ansprüchen an die Gewässergüte ist der Schönungsteich ein einfaches und zuverlässiges Verfahren, um den Ablauf einer biologischen Kläranlage zu verbessern. Weiter wird in ihm eine Verbesserung des Abwassers in hygienischer Hinsicht – Senkung der Keimzahlen – erreicht. Günstig ist auch die große Pufferwirkung solcher Teiche. Gelegentliche Schwankungen der Ablaufwerte treten am Endablauf kaum mehr in Erscheinung. Die Wassertiefe liegt zwischen 1,00 m und maximal 2,00 m. Steht genügend Platz zur Verfügung, kann aus ökologischen Gründen auch eine Wassertiefe von 0,5 m gewählt werden. (Ökologie ist die Wechselbeziehung zwischen den Lebewesen und ihrer Umwelt). Die Aufenthaltszeit soll mindestens 1 bis 2 Tage betragen, wenn eine Nährstoffreduzierung oder eine Verminderung der Keimzahlen angestrebt wird, empfiehlt es sich, die Durchflußzeit bis zu 5 Tagen zu verlängern. Die $BSB_5$-Flächenbelastung soll kleiner als 5 $g/(m^2 \cdot d)$ sein.

*Wartung und Schlammräumung*

Die Abwasserteiche sollen ein- bis zweimal wöchentlich kontrolliert und gewartet werden; zusätzlich nach starken Regenfällen. Wegen der maschinellen Ausstattung ist der Wartungsaufwand bei belüfteten Teichen wesentlich größer; sie müssen regelmäßig – meist täglich – überprüft und Messungen durchgeführt werden.

Ohne einen Lagerraum für das notwendigste Handwerkszeug, wie Schubkarren und Schöpfgeräte, kommt auch die einfachste Teichanlage nicht aus. Mindestens einmal wöchentlich sollten vom Ablauf Messungen des pH-Wertes, der absetzbaren Stoffe, der Sichttiefe und eine Methylenblauprobe vorgenommen werden. Dazu kommen mehrmals im Jahr Messungen des $BSB_5$, des CSB und des $NH_4$-N. Bei belüfteten Abwasserteichen gelten die gleichen Anforderungen wie bei herkömmlichen Belebungsanlagen. Zur richtigen Beurteilung der Teichabläufe ist die algenfreie Probe zu untersuchen, wenn der Ablauf deutlich durch Algen gefärbt ist. Beim Abfiltrieren der Algen treten bei überlasteten Teichen Probleme auf, weil gleichzeitig mit den Algen suspendierte Schmutzstoffe entfernt werden und mit dem so gewonnenen Ergebnis der tatsächliche Ablauf verfälscht wird. Dieses Problem könnte durch die Bestimmung des Chlorophyll-a-Gehaltes der Algenmasse gelöst werden. Im einzelnen sind die landesüblichen Vorschriften zur Eigenüberwachung oder Selbstkontrolle maßgebend. Werden die Messungen nicht in Nachbarschaftshilfe von einer größeren Kläranlage übernommen, so kann auf einen Wärterraum mit Laboreinrichtung nicht verzichtet werden.

Schwimmstoffe, die von den Teichwänden der Abwasserteiche zurückgehalten werden, sind regelmäßig abzuschöpfen. Weiterhin sind einmal wöchentlich Schächte, Rinnen und Überfallkanten zu überprüfen und mit einem groben Besen zu reinigen. Das Ausmaß der Schlammablagerungen in den Teichen, insbesondere in den Absetzteichen, sollte monatlich durch Peilung festgestellt werden.

Infolge der langen Aufenthaltszeiten des Abwassers in den Teichen kann es insbesondere während der warmen Jahreszeiten zu massenhaftem Auftreten von Algen oder Wasserlinsen kommen. Von der Sauerstoffproduktion her sind die Algen in den Teichen für die Abwasserreinigung eher positiv zu betrachten, wenn auch bei plötzlichem Absterben hohe Sauerstoffdefizite auftreten können. Da Algen als sogenannte Sekundärverschmutzung das Gewässer belasten können, sollten möglichst keine Algen mit dem gereinigten Abwasser aus dem Teich abgeschwemmt werden. Durch Tauchwände kann dies verhindert werden. Die Untersuchung von algenfreien Proben wird im Abschnitt Analytik behandelt.

Die Wasserlinsen (Teichlinsen, Entengrütze) sammeln sich an der Oberfläche und behindern die Durchlichtung und damit den Sauerstoffeintrag aus der Fotosynthese ebenso wie eine Eisdecke im Winter. Da diese Betriebsstörungen in der Regel nur einige Tage dauern, können sie bei den langen Aufenthaltszeiten meistens hingenommen werden.

Auftretender starker Krautwuchs an den Rändern ist zu entfernen. Die Teichböschungen sollten zweimal im Jahr gemäht werden. Abgeschnittene Pflanzen oder das gemähte Gras dürfen nicht in die Teiche geworfen werden.

Wenn die Schlammhöhe ein Viertel der ursprünglichen Wassertiefe erreicht oder die wasserrechtlich festgelegten Einleitungswerte nicht mehr gesichert eingehalten werden, ist spätestens eine Schlammräumung erforderlich. Am Absetzteich sollte eine Umlaufleitung vorgesehen sein, damit während der Schlammräumung der Abwasserzufluß in den nachfolgenden Teich geleitet werden kann. Ein befestigter Fahrweg rund um den Absetzteich oder entlang der Abwasserteiche erleichtert den Zugang für ein Schlammfahrzeug. Bei breiten Teichen sind Rampen zum Einfahren von Räumgeräten zweckmäßig.

Vor der Schlammräumung ist das überstehende Wasser in einen anderen Teich überzupumpen, und zwar langsam, um den anderen Teich nicht unzulässig stark zu belasten. Der Schlamm aus Absetzteichen sollte einmal im Jahr ausgeräumt werden. Keinesfalls darf die Tiefe des abgesetzten Schlamms mehr als ein Drittel der Wassertiefe betragen, sonst ist mit Geruchsemissionen zu rechnen; nicht zuletzt würde hierdurch auch die Durchflußzeit verkürzt werden. Die Schlammanreicherung in den Abwasserteichen mit natürlicher oder künstlicher Belüftung ist so gering, daß eine Schlammräumung nur in mehrjährigen Abständen notwendig ist.

Der Schlamm wird meist mit Schlammsaugwagen oder mit Vakuum-Tankwagen-Anhängern der Landwirtschaft abgesaugt. Auch Dickstoffpumpen, die mit Seilen durch den Teich gezogen werden, kommen zum Einsatz. Bei großen Teichen haben sich Saug- oder Schwimmbagger sowie auch Moorraupen bewährt. Besonders bei den großen und schweren Räumfahrzeugen ist darauf zu achten, daß die Teichsohle nicht unnötig beschädigt und eventuell sogar eine eingebaute Dichtung zerstört wird. Eine dünne Restschlammschicht von einigen cm erleichtert die Neueinarbeitung der Faulung und sollte deshalb im Absetzteich belassen bleiben.

Die Räumung der Teiche geschieht am zweckmäßigsten im Herbst. In dieser Jahreszeit ist der Schlamm am besten ausgefault und am leichtesten auf landwirtschaftliche Flächen unterzubringen. Der Schlamm kann direkt als Naßschlamm auf die abgeernteten Felder gleichmäßig verteilt und untergepflügt werden. Die einschlägigen Bestimmungen der AbfKlärV [11] sind dabei zu beachten.

Der Sand, der am Einlauf des Beckens liegt, muß entfernt werden. Gegebenenfalls ist er mit einem kleinen Bagger herauszuholen.

### *Pflanzenkläranlagen*

Seit einigen Jahren wird über die Pflanzenkläranlagen als ein neues Reinigungsverfahren gesprochen. In der Fachwelt werden diese Anlagen sehr unterschiedlich aufgenommen und bewertet. Die Berichte über Betriebserfahrungen, Reinigungsleistung oder Kosten sind sehr widersprüchlich. Auch werden unterschiedliche Begriffe verwendet. Sinnvoll erscheint folgende Zuordnung:

*Pflanzenkläranlage* ist der Oberbegriff für Anlagen mit einem Bodenkörper, der mit ausgewählten Sumpfpflanzen besetzt ist. Das Abwasser wird durch oder über diesen Bodenkörper geleitet.

*Wurzelraumanlage, bewachsener Bodenfilter, Schilf-Binsen-Kläranlage, hydrobotanische Stufe* usw. sind Bezeichnungen für bestimmte Verfahrensvarianten.

Die Anbieter von Pflanzenkläranlagen haben verschiedene Vorstellungen von dem Einsatzbereich ihrer eigenen Variante. Gemeinsames Merkmal ist die Verwendung der Sumpfpflanzen (Schilf, Binsen, Wasserschwertlilien, Rohrkolben). Der wesentliche Unterschied liegt in den verschiedenen Bodenkörpern, die für Pflanzenaufwuchs und

Abwasserdurchfluß empfohlen werden: Grobkies, Kiessand, Feinsand und Böden mit unterschiedlich bindigem Anteil, aber auch künstliche Blähtonkugeln und Kunststoffgitter werden eingesetzt.

Eine Abgrenzung der Verfahren ist etwa wie folgt möglich:

- Sumpfpflanzenbeete mit kiesig-sandigem Bodenmaterial und etwa 3–5 $m^2$/E Flächenangebot eignen sich für die biologische Behandlung von Hausabwasser. Dabei sind niedrige $BSB_5$- und CSB-Restschmutzkonzentration zu erreichen. Eine Nitrifikation findet nur teilweise statt; ein Phosphorrückhalt ist kaum zu erzielen.
- Sumpfpflanzenbeete mit bindigem Bodenmaterial werden meist auf 1–4 $m^2$/E bemessen. Ein nennenswerter horizontaler Abwasserdurchfluß durch den Wurzelraum ist nicht möglich. Eine Reinigung im Boden ist somit nicht zu erwarten. Sumpfpflanzenbeete mit bindigem Material können damit die erforderlichen Ablaufwerte nur dann einhalten, wenn sie sehr viel größer als bisher bemessen werden.
- Überstaute Pflanzenbeete mit einem ständigen Abfluß über die Beetoberfläche (Flächendargebot 2–5 $m^2$/E) oder mit intermittierender Versickerung (Flächendargebot 5–10 $m^2$/E) erreichen sehr niedrige $BSB_5$- und CSB-Restschmutzkonzentrationen. Geringe Stickstoffumsetzungen und Phosphorverminderungen sind möglich.

Die Betriebsergebnisse zeigen viele Gemeinsamkeiten mit den Wirkungsweisen von Sandfiltern, schwach belasteten Tropfkörpern oder Abwasserteichen. Dies ist deshalb erwähnenswert, weil in der Fachliteratur mehrere Autoren den Wasserpflanzen nur eine untergeordnete Reinigungsfunktion zutrauen.

Nach der Theorie wird aber davon ausgegangen, daß durch die Pflanzenwurzeln Sauerstoff und andere Wurzelausscheidungen in den mit Abwasser gesättigten Boden eingetragen werden. Der Sauerstoffeintrag ermöglicht es, daß neben den anaeroben gleichzeitig auch aerobe Abbauprozesse ablaufen. Von den übrigen Wurzelausscheidungen wird erwartet, daß sie sich am Umwandlungsprozeß der organischen Substanzen beteiligen, pathogene Keime eliminieren oder gar Schwermetalle aufnehmen.

Zweifelsohne bieten verschiedene Verfahrensvarianten der Pflanzenkläranlagen interessante Aspekte für bestimmte Einsatzbereiche. Jedoch sind noch viele Fragen offen, bis man zu sicheren Bemessungswerten kommt. Natürlich kann man mit sehr groß bepflanzten Flächen nahezu jede beliebige Reinigungsleistung erzielen. Doch stößt man dabei sehr schnell aus Kostengründen an die Grenzen der Wirtschaftlichkeit. Es ist bisher nicht erkennbar, daß Pflanzenkläranlagen generell kostengünstiger sind als herkömmliche Verfahren. Doch ist zu erwarten, daß bei systematischer Weiterentwicklung, diese Anlagen zukünftig einen Anwendungsbereich bei den Abwasserbehandlungsverfahren einnehmen werden.

In jedem Fall geht es aber nicht ohne eine vorhergehende wirkungsvolle Grobreinigung und Grobentschlammung. Plastikteile oder andere Grobstoffe haben auf Pflanzenbeeten nichts zu suchen. Im übrigen aber bietet sich bei naturnaher Gestaltung der Abwasserreinigungsanlagen die Verwendung von Sumpfpflanzen in besonderem Maße an. Immer häufiger beobachtet man zum Beispiel, daß im Ablaufbereich von Abwasserteichen mit Sumpfpflanzen bewachsene Flachwasserzonen vorgesehen werden. Bei der Wartung ist zu beachten, daß der Aufwuchs regelmäßig geschnitten werden muß.

### *3.3.3 Tropfkörper/Tauchkörper*

#### *Verfahrenstechnik*

Das Tropfkörperverfahren ist aus den Erkenntnissen der Vorgänge bei der Bodenfiltration entwickelt worden. In einem Behälter wird durch geeignete Füllmaterialien (Gesteinsbrocken, Lavaschlacke oder Kunststoffelemente) eine möglichst große Oberfläche für das Wachstum von Bakterien und Kleinlebewesen bereitgestellt. Das Abwasser, also die Nährlösung, wird gleichmäßig über die Oberfläche des Tropfkörpers – auch als Festbettreaktor bezeichnet – verteilt und fließt in einem dünnen Film über die Füllkörper. In Abhängigkeit von der Abwasserzusammensetzung und der Beschickungsmenge entwickelt sich ein Bewuchs mit Mikroorganismen, der biologische Rasen. Der Abbau der organischen Substanzen erfolgt auf dem Fließweg des Abwassers von oben nach unten, so daß im Tropfkörper in den verschiedenen Höhen verschiedene Abbaubereiche mit unterschiedlichem Bewuchs angetroffen werden. Im oberen Bereich befinden sich bei entspechender Belastung vorwiegend kohlenstoffabbauende Bakterien, im unteren Bereich siedeln sich stickstoffabbauende (Nitrifikanten) an (Bild 3.38). Die Abbauleistung wird im wesentlichen vom zur Verfügung gestellten Tropfkörpervolumen bestimmt. So wird bei der Bemessung nach der Raumbelastung zwischen hoch- und schwachbelasteten Tropfkörpern unterschieden.

Die Sauerstoffversorgung der Mikroorganismen erfolgt aus der durch den Tropfkörper hindurchstreichenden Luft. Je nach Temperaturunterschied zwischen der Außenluft und dem Inneren des Tropfkörpers streicht diese Luft von oben nach unten oder von unten nach oben durch die Füllung hindurch. Bei abgedeckten Tropfkörpern muß eine künstliche Belüftung mit Ventilatoren eingerichtet werden.

Verfahrenstechnisch hat der Tropfkörper den Vorteil einer einfachen Bau- und Betriebsweise. Die Organismenmasse ist nicht veränderbar und bedarf daher auch keiner Steuerung oder Überwachung. Bei ausreichendem Höhenunterschied zwischen Vorklärung und Tropfkörper (Hanglage des Grundstückes) ist sogar ein Durchfluß mit freiem Gefälle möglich, so daß man auf eine Hebung des Abwassers verzichten kann. Der Schlamm, also die aus dem Tropfkörper abgespülte Bakterienmasse, ist körnig und kompakt. Er setzt sich daher im nachgeschalteten Nachklärbecken gut ab.

Nachteilig wirkt sich die nicht regelbare Bakterienmasse bei Stoßbelastungen aus. Diese können schlechter abgepuffert werden. Auch ist der Tropfkörper aus diesem Grunde empfindlicher gegen giftige Abwasserinhaltsstoffe. Die einmal abgetötete oder geschädigte Biomasse muß erst wieder nachwachsen und kann nicht von außen ersetzt werden.

Verfahrenstechnisch dem Tropfkörper ähnlich mit ihren Vor- und Nachteilen sind die Tauchkörper. Auch hier stehen der Bakterienmasse feste Aufwuchsflächen zur Verfügung. Bewährt haben sich halb in ein Becken eintauchende rotierende Scheiben oder Spiralen, die so zeitweilig vom zu reinigenden Abwasser und zeitweise von Luft umgeben sind. Der biologische Rasen nimmt beim Tauchen Nahrung aus dem Abwasser auf und beim Auftauchen Sauerstoff aus der Luft.

Der Tropfkörper wurde 1893/94 in England zum ersten Mal angewendet.

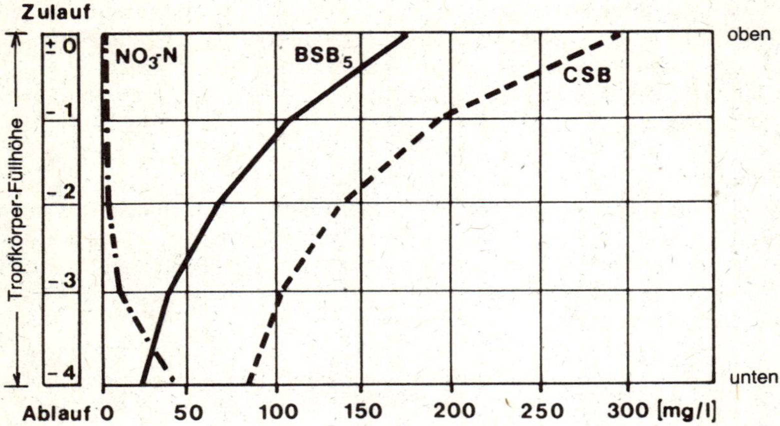


Bild 3.38: Reinigungsverlauf im Tropfkörper [4]

Tropfkörper sind rechteckige oder runde Bauwerke, die mit Gesteinsbrocken oder Schlacke, neuerdings auch mit Kunststoffkörpern, gefüllt sind. Das mechanisch vorgeklärte Abwasser wird möglichst gleichmäßig über die Oberfläche des Füllmaterials verteilt. Es rieselt dann durch die Füllung hindurch und wird am Tropfkörperboden gesammelt und abgeleitet. Die Reinigung des Abwassers erfolgt durch Mikroorganismen, die in Schleimhäuten als biologischer Rasen an dem Füllmaterial haften. Die Hohlräume des Füllmaterials müssen so groß sein, daß auch noch genügend Luft zur Versorgung der Mikroorganismen mit Sauerstoff durch den Tropfkörper hindurchstreichen kann (Bild 3.40).

Dem Tropfkörper ist ein Nachklärbecken nachgeschaltet, in dem aufgespülte Teile des biologischen Rasens vom gereinigten Abwasser abgetrennt werden (Bild 3.39).

Durch diese verfahrenstechnische Anordnung werden folgende Voraussetzungen für die biologische Abwasserbehandlung geschaffen:

- Bereitstellung einer genügend großen Oberfläche für die Ansiedlung von Kleinlebewesen,
- Zuführung von genügend Luft und damit Sauerstoff an die Zelloberfläche der Organismen und
- Abtransport der Stoffwechselprodukte und abgestorbenen biologischen Substanz aus dem Reaktionsraum und Abtrennung vom gereinigten Abwasser.

Tropfkörper werden vorwiegend zur Reinigung häuslicher Abwässer mit ausgeglichenem Nährstoffangebot eingesetzt. Dabei soll die Konzentration des verrieselten Ab-

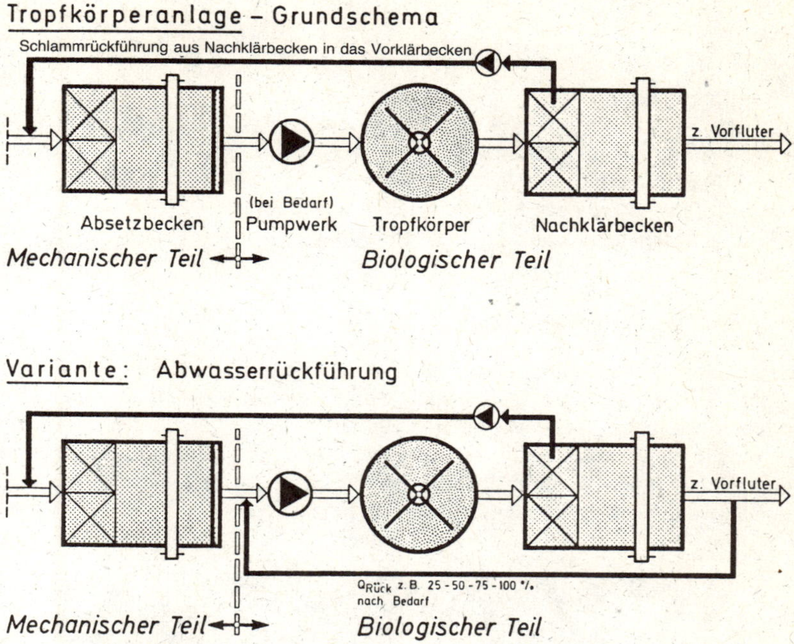


Bild 3.39: Verfahrensschema der biologischen Tropfkörper

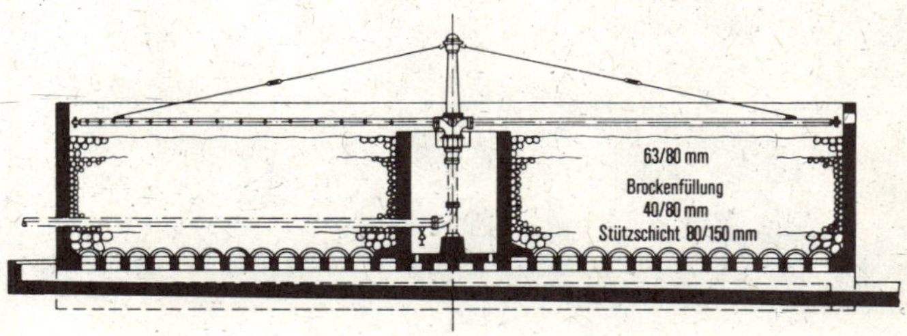


Bild 3.40: Tropfkörper mit Brockenfüllung [4]

wassers etwa bei einem $BSB_5$ von 150 mg/l liegen. Sie haben sich aber auch zur Teilreinigung hochkonzentrierter organischer Industrieabwässer bewährt.

Das Tropfkörperverfahren hat gegenüber dem Belebungsverfahren im wesentlichen folgende praktische Vorteile:

- geringer Energieverbrauch, vor allem bei freiem Gefälle,
- keine Bildung von Blähschlamm,

- um ca. 25% geringeres Volumen für die Nachklärung,
- bessere Entwässerbarkeit des biologischen Schlammes wegen seines höheren Feststoffgehaltes.

Dem stehen als Nachteile gegenüber:

- Verstopfungsgefahr,
- bei offenen Tropfkörpern: Gefahr des Einfrierens im Winter / Gefahr der Belästigung durch Psychodafliegen im Sommer,
- größerer Flächenbedarf,
- größere Aufenthaltszeit des Abwassers in der Vorklärung,
- die Reinigungsleistung ist nur begrenzt steuerbar.

***Beschaffenheit des biologischen Rasens***

Die Grundsubstanz des biologischen Rasens bilden Bakterien (Bild 3.41). Daneben ist er von einzelligen und vielzelligen Organismen besiedelt. Von den Einzellern fressen besonders die Zyliaten freischwimmende Bakterien. Sie können auch unbelebte, im Wasser schwebende Stoffe aufnehmen. Die Vielzeller lockern durch ihre wühlende und fressende Tätigkeit den Schlamm auf und bewirken dadurch ein Loslösen von der Oberfläche. So wird die Ausspülung toten Materials begünstigt.

Bild 3.41: Typische Mikroorganismen im Tropfkörper (a) und Psychoda-Fliege (b)
(Foto Dr. Raebel)

Besonders hinzuweisen ist auf die Larven der Tropfkörperfliege Psychoda (Bild 3.41). Die Entwicklung der Psychoda ist bei Temperaturen über 15° C besonders intensiv und kann zu Belästigungen der Umgebung führen. Eine regelmäßige Beschickung oder Abdeckung des Tropfkörpers kann diesen Belästigungen entgegenwirken.

### *Füllmaterial*

Für die Wirkung des Verfahrens ist die gleichmäßige Verteilung des Abwassers und des Luftsauerstoffes über den ganzen Tropfkörperinhalt sehr wichtig. Verstopfungen behindern die Luft- und die Wasserbewegung, es können sich unerwünschte anaerobe Zonen bilden. An der Farbe des Brockenbewuchses kann man ablesen, ob der Tropfkörper richtig arbeitet. Braun oder Grau ist normal, Schwarz deutet auf Verstopfungen und anaerobe Zustände hin. Zur Vermeidung dieser unerwünschten Vorgänge muß das Tropfkörperfüllmaterial ausreichend große Zwischenräume aufweisen.

Bild 3.42: Lavaschlacke

Als natürliches Füllmaterial werden entweder Lavaschlacke (Bild 3.42) oder Kalksteinbrocken verwendet. Das Material muß abriebfest und frostbeständig sein. Vor dem Einbau muß es gewaschen und gesiebt werden. Es wird in Schichten eingebaut. Die unterste Schicht, auch als Stützschicht bezeichnet, besteht aus Brocken der Größe 8 bis 15 cm. In der Mitte liegt die Hauptschicht mit einer Korngröße 4 bis 8 cm. Die oberste Schicht soll eine Korngröße von 6 bis 8 cm aufweisen (Bild 3.40). Die Reinigungsleistung ist bei der Lavaschlacke geringfügig besser als bei Kalkfüllung. Die spezifische Oberfläche der Hauptschicht beträgt in der Regel 90 bis 96 $m^2/m^3$ Füllmaterial mit einem Hohlraumanteil von 40 bis 60%.

In neuerer Zeit werden auch Kunststoffmaterialien eingesetzt. Mit Hilfe von vielfach geformten Kunststoff-Elementen wird versucht, die für den Bewuchs mit biologischem Rasen zur Verfügung stehende Oberfläche zu vergrößern, ohne daß die Verstopfungsgefahr steigt (vergl. Bild 3.43). Man kann bei Kunststoffüllungen spezifische Oberflächen bis über 200 $m^2/m^3$ mit Hohlraumanteilen bis rd. 95% erreichen. Durch die höhere Oberfläche sind höhere Raumbelastungen zulässig, so daß Tropfkörpervolumen eingespart werden kann.

Kunststoffmaterialien sind in der Regel teurer als Brockenfüllungen. Sie sind jedoch

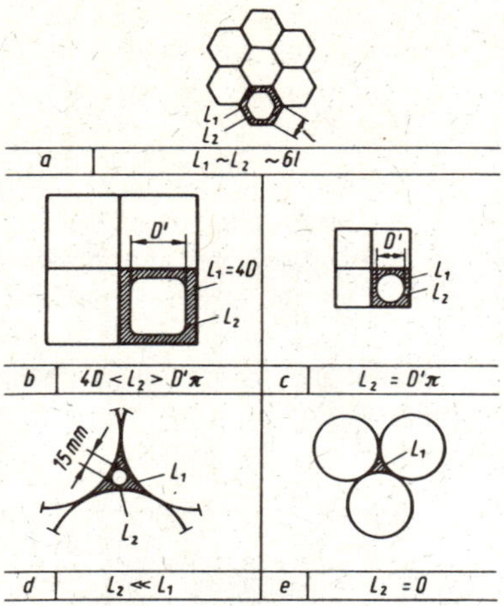


Bild 3.43: Bewuchsbildung bei verschieden geformten Kunststoff-Füllelementen [4]

Bild 3.44: Beispiel für Tropfkörper-Kunststoffmaterial (Fa. NSW)

widerstandsfähig gegen aggressives Abwasser, leicht einzubauen und bei entsprechender Materialwahl auch weitgehend verstopfungssicher.

Vielfach wird die Meinung vertreten, daß die Umfassungswand wegen des geringeren Gewichtes der Körper leichter ausgebildet werden darf. Andererseits ist darauf hinzuweisen, daß mit biologischem Rasen bewachsene Kunststoffkörper erheblich schwerer als unbewachsen sind. Daher muß das Material in sich ausreichend stabil sein, um die Auflast der darüber lagernden, mit Rasen bewachsenen Elemente zu tragen.

***Rücklaufverhältnis***

Zur Einhaltung der für die Abwasserreinigung günstigen $BSB_5$-Konzentration von etwa 150 mg/l im Zulauf zum Tropfkörper ist meist ein Rückpumpen von Ablaufwasser erforderlich. Allerdings erhöhen sich dadurch die Energiekosten. Durch eine geschickte Anpassung des Rücklaufs an den Zulauf läßt sich jedoch die Beschickung wesentlich vergleichmäßigen und dadurch die Ablaufstabilität erhöhen. Auch können Belastungsschwankungen durch Regenwasserzuflüsse besser aufgefangen werden.

***Schlammanfall***

Die Menge des abgestoßenen Schlammes wird mit abnehmender Raumbelastung geringer, da beim schwach belasteten Tropfkörper ein Teil des biologischen Rasens durch Selbstverzehrung abgebaut wird. Der Schlammanfall ist auch nicht konstant. Dies gilt besonders bei schwach belasteten Anlagen. Im Frühjahr und im Herbst stellt sich in Abhängigkeit von der mittleren Außentemperatur der biologische Rasen um. Die Folge ist eine erhöhte Abspülung von abgestorbenem Material.

Man kann im Mittel mit folgenden Erfahrungswerten [4] rechnen:

| | Feststoffgehalt in g/E· d | Wasseranteil in % | Schlammanfall l/E· d |
|---|---|---|---|
| Schlamm aus der Nachklärung | 25 | 96,0 | 0,63 |
| Gemischter Schlamm aus Vor- und Nachklärung | 70 | 95,3 | 1,50 |
| Ausgefaulter Mischschlamm | 45 | 97,0 | 1,50 |

***Bemessungsgrundsätze***

Die Leistung des Tropfkörpers hängt im wesentlichen von der Raumbelastung $B_R$ [kg $BSB_5/(m^3 \cdot d)$] und der Oberflächenbeschickung $q_A$ [$m^3/(m^2 \cdot h)$] ab (Bild 3.45). Daneben ist die Art des Füllmaterials, die Höhe der Füllung, die Wasserverteilung in Abhängigkeit von der Bauform, die Abwasserkonzentration und die erforderliche Spülkraft von Bedeutung.

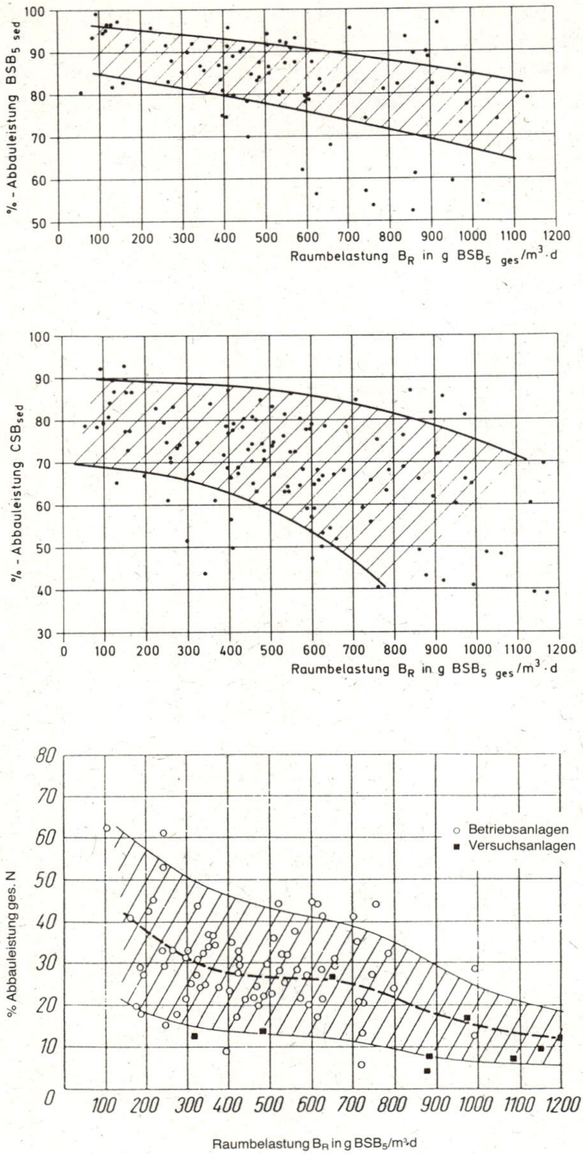


Bild 3.45: Prozentuale Abnahme von $BSB_5$, CSB und ges.N beim Tropfkörper in Abhängigkeit von der Raumbelastung [4]

Folgende Voraussetzungen gelten:

- Vorgeklärtes Abwasser, um Verstopfungen durch absetzbare Stoffe zu vermeiden,
- einwandfreies Füllmaterial (Brockenfüllung nach DIN 19557),

- gleichmäßige Verteilung des Abwassers über die Tropfkörperoberfläche,
- ausreichende Spülkraft des Abwassers zum Abtransport überschüssigen Schlammes,
- Anpassung der Tropfkörperbeschickungspumpen an die unterschiedlichen Zuflüsse im Verlauf des Tages,
- Sicherstellung einer Mindestbeschickung,
- ausreichende Durchlaufzeit des Abwassers, d. h. die maximale Flächenbeschickung darf nicht überschritten werden,
- gesicherte Durchströmung der Luft durch den Tropfkörper von außen nach innen oder von innen nach außen,
- Vermeidung zu starker Auskühlung im Winter.

***Kohlenstoffabbau***

Aus Bild 3.45 wird deutlich, daß bei hoher Raumbelastung sehr wohl $BSB_5$ und CSB (also Kohlenstoffverbindungen) abgebaut werden, die Stickstoffentnahme aber auf den Anteil beschränkt bleibt, der von den Bakterien und Pflanzen des biologischen Rasens zum Aufbau ihrer Zellsubstanz benötigt wird. Das gilt allgemein für Raumbelastungen $B_R > 0{,}8$ kg $BSB_5/(m^3 \cdot d)$. Im Bereich einer Raumbelastung von $B_R = 0{,}4$ bis 0,8 kg $BSB_5/(m^3 \cdot d)$ kann schon eine echte Stickstoffentnahme festgestellt werden, sie geht aber nicht weit genug. Daher ist mit einem Bemessungsansatz $B_R \geq 0{,}4$ kg $BSB_5/(m^3 \cdot d)$ nur ein gesicherter Kohlenstoffabbau möglich.

*Hochbelastete Tropfkörper* werden vielfach zur Teilreinigung industrieller Abwässer mit einem Wirkungsgrad von 50 bis 70%, bezogen auf den $BSB_5$, eingesetzt. Die Bauhöhe liegt dann bei 6 bis 8 m, die Füllung besteht aus Kunststoffmaterial. Es gelten folgende Werte:

| | | |
|---|---|---|
| $BSB_5$-Raumbelastung | $B_R =$ | 2,0 bis 4,0 kg/($m^3 \cdot d$) |
| Oberflächenbeschickung | $q_A =$ | 1,5 bis 10 $m^3/(m^2 \cdot h)$ |
| Rücklaufverhältnis | | mehrfach |

*Normal belastete Tropfkörper* zur Reinigung kommunaler Abwässer mit einer $BSB_5$-Abbauleistung von etwa 90% werden mit Bauhöhen zwischen 3 und 4 m gebaut. Die Füllung kann aus Lavabrocken oder Kunststoffelementen bestehen. Wegen der größeren Oberfläche darf bei Kunststoffelementen die Raumbelastung höher angesetzt werden.
Brockenfüllung:

| | | | |
|---|---|---|---|
| $BSB_5$-Raumbelastung | $B_R$ | = | 0,4 kg/($m^3 \cdot d$) |
| Oberflächenbeschickung | $q_A$ | = | 0,5 bis 1,0 $m^3/(m^2 \cdot h)$ |
| Rücklaufverhältnis | | | 1 + 1 |

***Stickstoffumsetzung***

Bei einer Raumbelastung $B_R \leq 0{,}2$ kg $BSB_5/(m^3 \cdot d)$ ist auch eine sichere Nitrifikation gegeben. Eine echte Stickstoffentnahme, also neben der Nitrifikation vor allem die Denitrifikation (vergl. Abschnitt 3.3.1), ist dagegen an eine anoxische Umgebung gebunden, in der kein gelöster Sauerstoff, aber Nitrat-Sauerstoff vorhanden sein darf. Im höher belasteten Tropfkörper sind solche Zonen innerhalb des biologischen Rasens oder in Zwickeln des Füllmaterials unvermeidbar. Im schwach belasteten Tropfkörper herrschen aber überwiegend aerobe Verhältnisse, so daß eine Denitrifikation praktisch und vor allem gezielt nicht stattfindet. Hier liegt ein entscheidender Nachteil des Tropfkörperverfahrens. Durch Senkung der Belastung ist eine problemlose Nitrifikation erreichbar, eine Denitritfikationszone läßt sich nicht so einfach herstellen.
In letzter Zeit mehren sich die Versuche, mit Hilfe anoxischer Verhältnisse die Denitrifikationsleistung des Tropfkörpers zu steigern. Praktische Erfahrungen bleiben abzuwarten.

*Schwachbelastete Tropfkörper* zur biologischen Reinigung häuslicher Abwässer und auf den $BSB_5$ bezogenen Wirkungsgrad > 90% mit weitgehender Nitrifikation werden wie folgt bemessen:

Brockenfüllung:

| | | | |
|---|---|---|---|
| $BSB_5$-Raumbelastung | $B_R$ | = | $0{,}2$ kg/($m^3 \cdot d$) |
| Oberflächenbeschickung | $q_A$ | = | 0,4 bis 0,8 $m^3/(m^2 \cdot h)$ |
| Rücklaufverhältnis | | | 1 + 1 |

Kunststoffüllung mit spezieller Oberfläche von 100 bis 200 $m^2/m^3$

| | | | |
|---|---|---|---|
| $BSB_5$-Raumbelastung | $B_R$ | = | 0,2 bis 0,4 kg/($m^3 \cdot d$) |
| Oberflächenbeschickung | $q_A$ | = | 0,6 bis 1,5 $m^3/(m^2 \cdot h)$ |
| Rücklaufverhältnis | | | 1 + 1 |

Die Höhe beträgt in der Regel ebenfalls 3 bis 4 m wie bei den normal belasteten Tropfkörpern.

### *Bauarten und maschinentechnische Ausrüstung*

Tropfkörper werden im allgemeinen wegen der Abwasserverteilung und aus statischen Gründen mit kreisrundem Querschnitt gebaut.

Offene Tropfkörper haben den Vorteil geringerer Baukosten. Außerdem ist eine natürliche Belüftung der Oberfläche gegeben. Nachteilig zu nennen sind die Ausbreitung des typischen Tropfkörpergeruches, die Möglichkeit des Ausschwärmens der Psychoda-Fliege und im Winter die Gefahr der Vereisung.

Bei geschlossenen Tropfkörpern ist eine künstliche Belüftung erforderlich. Sie verursachen dadurch höhere Energiekosten und sind teurer in der Herstellung. Der abgedeckte Innenraum zählt zu den explosionsgefährdeten Räumen. Vorteilhaft ist demgegenüber die Abschirmung gegen die Umgebung. Im Winter ist die Gefahr der Eisbildung wesentlich geringer. Eine Vermeidung von Gerüchen in der Nähe von Wohnsiedlungen ist gewährleistet, wenn die Abluft der Tropfkörper durch ein Biofilter (Kompostfilter) geleitet wird.

Wegen der Anforderungen an die Betriebssicherheit auch unter extremen Witterungsbedingungen ist vielfach nachträglich die Abdeckung von Tropfkörpern und die Wärmeisolierung der Tropfkörperwände erforderlich.

Die Umfassungswände können aus Beton, Fertigteilen oder aus Mauerwerk bestehen. In neuerer Zeit werden auch Leichtbauweisen aus Trapezblechen ausgeführt.

Der Boden des Tropfkörpers muß zwei Aufgaben erfüllen:

- Sammeln und Ableiten des durch die Füllung rieselnden Abwassers, ohne daß es zu Schlammablagerungen kommt,
- Bereitstellung ausreichender Querschnitte für die Zu- oder Ableitung der durch die Füllung hindurchstreichenden Luft.

Auf die Bodenplatte wird daher ein Rost aus Formsteinen aufgesetzt, der so einen Hohlraum von mindestens 15 cm bildet.

Die Bodenplatte selbst hat Gefälle zu einer meist in der Mitte angeordneten Sammelrinne.

Für den Luftein- oder -austritt sorgen ringsum in der Tropfkörperwand angeordnete Öffnungen. Im Winter kann es zum Frostschutz notwendig sein, diese Öffnungen teilweise zu verschließen.

Die Beschickung des Tropfkörpers mit Abwasser erfolgt in den meisten Fällen, wenn kein natürliches Gefälle vorhanden ist, mit Kreiselpumpen mit mindestens 60 mm Durchgangsweite. Bei kleineren Anlagen sollte eine Pumpe die tagsüber anfallende Trockenwettermenge einschließlich der erforderlichen Rücklaufwassermenge fördern. Bei geringerem Zufluß arbeitet die Pumpe dann mit Unterbrechungen in Abhängigkeit von der Größe des Pumpensumpfes. Die Beschickungspausen sollten aber nicht länger als 10 Minuten sein, um ein Ausschwärmen der Psychoda-Fliege zu vermeiden. Eine zweite Pumpe dient als Reserve. Für den Regenwetterzufluß ist eine weitere Pumpe vorzusehen.

Bei größeren Anlagen sind in jedem Fall zur Anpassung an den Zufluß mehrere Pumpen erforderlich, die so steuerbar sein müssen, daß eine kontinuierliche Abwasserförderung möglich ist.

Die Wasserverteilung erfolgt über Drehsprenger mit zwei bis sechs Armen. Sie drehen sich langsam durch den Rückstoß des an einer Seite der Arme austretenden Wassers. Die Drehzahl liegt meist bei 2 bis 4 Umdrehungen je min.

Die Anpassung von Pumpen- und Drehsprengerleistung an den schwankenden Abwasserzufluß kann schwierig sein. Bei der Pumpenförderleistung muß auch eine Mindestfördermenge zur Erzeugung des erforderlichen Rückstoßes am Drehsprenger berücksichtigt werden. Auch hier wirkt die Rücklaufwassermenge ausgleichend.

Man verwendet manchmal auch Drehsprenger, die mit einem Elektromotor angetrieben werden. Damit läßt sich problemlos die gewünschte Wasserverteilung erreichen.

### *Tauchkörper*

Das Tauchkörperverfahren (Bild 3.46) liegt bezüglich seiner Wirkungsweise zwischen den Tropfkörper- und dem Belebungsverfahren. Es wird vorwiegend für kleinere Anlagen bis max. rd. 15000 EW eingesetzt. Ursache ist der Platzbedarf und die Notwendigkeit, die Tauchkörper gegen Frost zu sichern und zu überbauen.

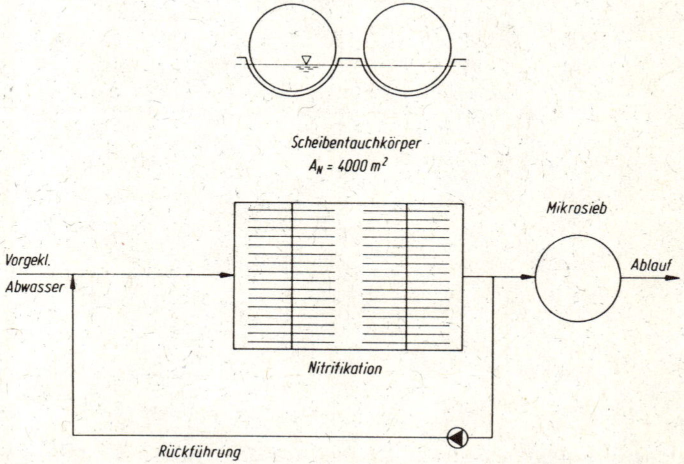


Bild 3.46: Verfahrensschema der biologischen Stufe mit Tauchkörpern

Die Aufwuchsflächen für den biologischen Rasen sind z. B. kreisrunde Scheiben, die zentrisch in geringem Abstand auf einer waagerecht laufenden Welle befestigt sind. Auch Kunststoffelemente verschiedenster Bauformen werden verwendet. Die so gebildete Walze taucht etwa bis zur Hälfte in das Abwasser ein. Sie wird von einem Motor langsam in Fließrichtung des Abwassers gedreht. Die Geschwindigkeit am Walzenumfang soll 20 m/min nicht überschreiten, damit eine übermäßige Auswaschung des biologischen Rasens vermieden wird.

Wie beim Tropfkörper lösen sich infolge des ständigen Zuwachses Teile des biologischen Rasens von den Flächen, die in der Nachklärung abgetrennt werden müssen. Vorher schweben sie im Abwasser, in das die Walzen ständig eintauchen. Sie können sich also noch am Reinigungsvorgang beteiligen, solange Sauerstoff vorhanden ist.

Diese Wirkung kann durch Schlammrückführung und Einblasen von Luft verstärkt werden. Beim Tauchkörper mit Druckluftantrieb können die aufsteigenden Luftblasen in Lufttaschen gesammelt werden. Dadurch setzt sich die Walze ohne weitere Energiezufuhr in Bewegung.

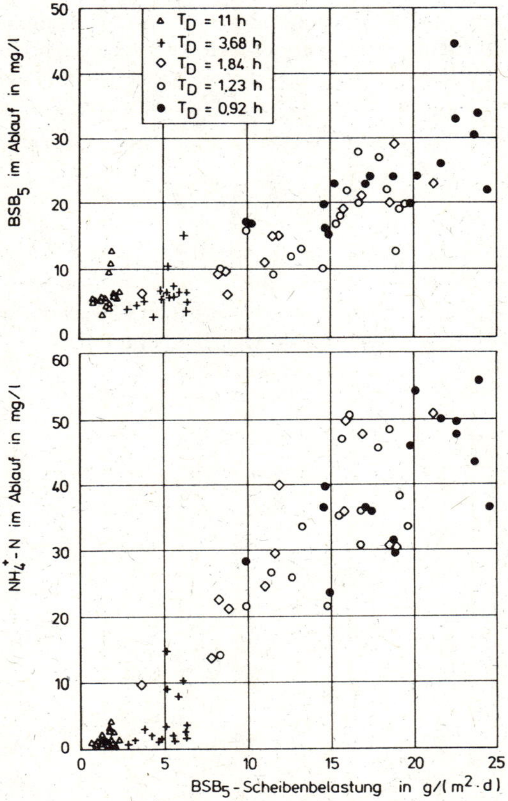


Bild 3.47: $BSB_5$ und $NH_4$-N Ablaufwerte von Tauchkörpern in Abhängigkeit von der Flächenbelastung [4]

Maßgebend für die Bemessung und das angestrebte Reinigungsziel ist die $BSB_5$-Flächenbelastung (Bild 3.47). Bezüglich Kohlenstoffabbau und Stickstoffumsetzung gelten sinngemäß die Ausführungen zur Bemessung von Tropfkörpern.
Bei Rückführung des nitrathaltigen Abwassers aus der biologischen Stufe in den Zulauf des Rohabwassers wird eine gezielte Denitrifikation erreicht. Bei Teichen ist es zweckmäßig, die Rückführung in den Absetzteich vorzunehmen.

Es gelten folgende Werte:
- Kohlenstoffabbau: $B_A = 8 \quad [g/(m^2 \cdot d)]$
- weitgehende Nitrifikation: $B_A = 4 \quad [g/(m^2 \cdot d)]$

Tauchkörper werden überweigend in mehreren Stufen hintereinander angeordnet. Dabei sollte die $BSB_5$-Belastung der ersten Walze nicht höher als 60 $g/(m^2 \cdot d)$ betragen (siehe ATV Arbeitsblatt A 135) [5]. Für eine Reinigungsleistung > 90% sollten 4 Walzen hintereinander angeordnet werden.

Der Schlammanfall entspricht etwa dem des Tropfkörperverfahrens.

Die Tauchkörper sind ein sehr energiegünstiges Verfahren. Sie werden häufig als Systemkläranlagen von verschiedenen Herstellern angeboten.

### *3.3.4 Belebungsverfahren*

#### *Verfahrenstechnik*

Beim Belebungsverfahren wird das Abwasser kontinuierlich durch das Belebungsbecken geleitet. Die Mikroorganismen, von denen die organischen Schmutzstoffe abgebaut werden, schwimmen im Wasser. Sie siedeln sich in Kolonien auf vorhandenen fein verteilten Schweb- und Feststoffen an und bilden als Flocken den belebten Schlamm. Die Flocken sind nur wenig schwerer als Wasser und setzen sich daher im allgemeinen schlechter als Tropfkörperschlamm ab. Je nach Abwasserzusammensetzung und Konzentration der Schmutzstoffe finden sich sehr unterschiedlich Arten von Mikroorganismen im Schlamm. Daher kann man aus der Art und Zusammensetzung des Schlammes Rückschlüsse auf die Funktion oder Störungen der Abwasserbehandlung ziehen (mikroskopisches Bild des Belebtschlammes, Abschnitt 6.8).

Der von den Organismen zum Leben benötigte Sauerstoff wird künstlich zugeführt. Durch Oberflächenbelüfter oder Kompressoren und Filterkerzen wird Luft in das Abwasser eingetragen. Diese verteilt sich in kleinen Bläschen im Wasser. Durch die Grenzfläche zwischen Wasser und Luft wird der in der Luft enthaltene Sauerstoff im Wasser gelöst. Dabei ist die Ausnutzung des Luftsauerstoffes um so größer je feiner die Bläschen sind. Gleichzeitig wird durch den Lufteintrag das Abwasser intensiv mit dem Belebtschlamm vermischt.

Stellenweise wird auch reiner Sauerstoff in Belebungsbecken eingetragen. Die Becken werden dann geschlossen ausgeführt, um den Sauerstoff soweit wie möglich auszunutzen. Den Nachteilen des höheren Kostenaufwandes für die Gewinnung des reinen Sauerstoffes und für die Bauausführung steht eine Intensivierung des Prozesses gegenüber. Außerdem können Abluftprobleme vermieden werden.

Nahrungsangebot und Biomasse müssen zueinander in ein bestimmtes Verhältnis gebracht werden. Im Gegensatz zum Tropfkörper, dessen Bewuchs fest ist, kann beim Belebtschlammverfahren der Schlammgehalt verändert werden. Daneben hängt die

Abbauleistung vom vorhandenen Beckenvolumen ab. Die Bemessung erfolgt daher nach der Raum- und der Schlammbelastung (Bild 3.48).

Wird der Belebtschlamm hoch belastet, so erfolgt überwiegend ein Abbau der Kohlenstoffverbindungen. Die langsam wachsenden Nitrifikanten werden verdrängt. Daher müssen Anlagen, in denen auch Stickstoffverbindungen abgebaut werden sollen, niedriger belastet werden. Senkt man die Belastung noch weiter, dann wird – wie unter Abschnitt 4.4.2 dargelegt – auch die organische Substanz des Schlammes abgebaut und dieser mineralisiert.

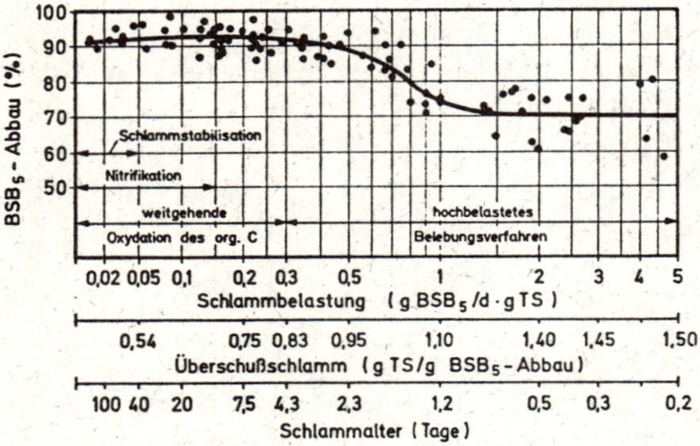


Bild 3.48: $BSB_5$-Abbau in Abhängigkeit von der Schlammbelastung [13]

Bei den sehr schwachbelasteten Verfahren erfolgt daher nicht nur ein sehr weitgehender Abbau der Abwasserinhaltsstoffe, sondern gleichzeitig die aerobe Stabilisierung des Schlammes.

Verfahrenstechnisch vorteilhaft ist die Pufferfähigkeit, Anpassungsfähigkeit und eine gewisse Unempfindlichkeit des Belebungsverfahrens. Es verträgt auch einen geringen Zufluß giftiger Abwasserinhaltsstoffe und der Belebtschlamm regeneriert sich ziemlich rasch. Man kann bei schweren Störungen sogar mit gesundem Schlamm benachbarter Anlagen eine Impfung bewirken. Das Belebungsverfahren hat sich daher – auch wenn der Wartungs- und Überwachungsaufwand größer als beim Tropfkörper ist – bei der Reinigung nicht nur kommunaler, sondern auch industrieller Abwässer weitgehend durchgesetzt.

Probleme ergeben sich allerdings häufig mit Veränderungen der Absetzeigenschaften des belebten Schlammes. Besonders nachteilig wirkt sich das Wachstum fadenförmiger Organismen (Blähschlammbildung) aus. Sie beeinträchtigen zwar die Abwasserreinigung nicht, der Schlamm setzt sich jedoch nicht mehr ab. Die Ursachen sind bis heute nicht restlos erforscht. Man vermutet aber, daß

- ein zu einseitiges Nährstoffangebot (z. B. Gemüseabwasser),
- eine zu hohe Substratkonzentration,
- zu geringer Sauerstoffgehalt,
- zu lange Lagerzeiten des Schlammes im Nachklärbecken,
- Stoßbelastungen,

- Faulvorgänge in der Vorklärung,
- Phosphatmangel,
- Temperaturänderungen im Frühjahr und Herbst

die Blähschlammbildung begünstigen.

Verfahrenstechnisch bilden Belebungsraum und Nachklärbecken eine in sich geschlossene Einheit. Verschlechtern sich die Absetzeigenschaften des Belebtschlammes oder reicht die Absetzleistung des Nachklärbeckens infolge von Fehlern bei der Bemessung nicht aus, so kann der Schlammgehalt im Belebungsbecken nicht eingehalten werden. Damit ändern sich die Belastungs- und Abbauverhältnisse. Das Reinigungsergebnis wird gefährdet. Die richtige Bemessung des Nachklärbeckens ist daher genauso wichtig wie die richtige Bemessung der Belebung.

Man hat immer wieder versucht, Abwasser durch einfaches Belüften zu reinigen. Erst im Jahre 1914 hat man aber erkannt, daß zusätzlich zur Belüftung die Organismen im Abwasser angereichert werden müssen. Man kam schließlich dazu, nach der Abtrennung des Belebtschlammes vom gereinigten Abwasser die Biomasse wieder in das Belüftungsbecken zurückzuführen.

***Verfahrensbeschreibung***

An den Verfahrensgrundlagen hat sich bis heute nichts Wesentliches geändert (Bild 3.49). Das Rohabwasser wird nach der Vorklärung im Belebungsbecken mit dem Belebtschlamm vermischt. Die Konzentration des Schlammes im Belebungsbecken richtet sich nach der Abwasserart und dem Reinigungsziel. Sie kann in weiten Grenzen verändert werden.

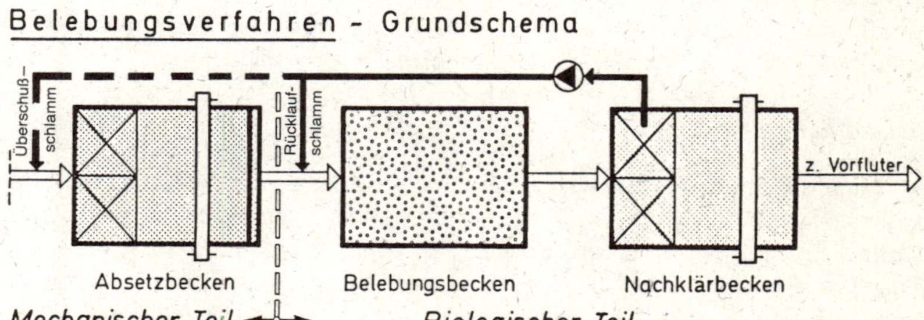


Bild 3.49: Verfahrensschema der biologischen Stufe mit Belebungsbecken

Der von den Mikroorganismen zum Leben benötigte Sauerstoff wird künstlich eingetragen. Wichtig ist die Erzeugung einer hohen Turbulenz im Belebungsbecken, damit Nährstoffe (Abwasser), Mikroorganismen (belebter Schlamm) und Sauerstoff ständig gut miteinander vermischt werden. Es dürfen sich weder Schlammablagerungen noch tote Zonen bilden.

Die Aufenthaltszeit des zu reinigen Abwassers im Belebungsbecken richtet sich wieder nach der Abwasserbeschaffenheit und dem Reinigungsziel. Sie kann zwischen 4 und 24 h bei den üblichen technischen Verfahren betragen.

In einem Nachklärbecken wird der belebte Schlamm vom gereinigten Abwasser getrennt. Der Schlamm wird als Rücklaufschlamm wieder in das Belebungsbecken zurückgeführt. Die Trennleistung des Nachklärbeckens bestimmt den Umfang, in dem der Belebtschlammgehalt im Belebungsbecken verändert werden kann. Der Belebtschlamm befindet sich also in einem ständigen Kreislauf zwischen Belebungsbecken und Nachklärbecken im Verfahren. Auf diese Weise bilden Belebungsbecken und Nachklärbecken verfahrenstechnisch gesehen eine Einheit. Die Reinigungsleistung des einen hängt von der Trennleistung des anderen ab.

Der Zuwachs an Organismen durch die ständige Nährstoffzufuhr muß aus dem Kreislauf als Überschußschlamm abgezogen werden. Durch eine Steigerung oder Verminderung der Entnahme von Überschußschlamm läßt sich der Schlammgehalt im Belebungsbecken steuern. Der Überschußschlamm muß getrennt behandelt werden.

Das Belebtschlammverfahren hat sich heute weitgehend für die Behandlung fast aller Abwasserarten durchgesetzt. Es hat gegenüber dem Tropfkörper vor allen Dingen folgende Vorteile:

- geringerer Platzbedarf,
- Betriebssicherheit auch bei tiefen Abwassertemperaturen,
- die Vorklärung kann mit geringerer Aufenthaltszeit betrieben werden,
- man kann den Sauerstoffeintrag, den Schlammgehalt und das Rücklaufschlammverhältnis weitgehend steuern und den Belastungen und Erfordernissen anpassen.

Dem stehen als Nachteile gegenüber:

- ein höherer Aufwand für die Betriebsüberwachung,
- wesentlich höhere Energiekosten,
- der Schlamm hat einen höheren Wassergehalt und läßt sich nicht so gut entwässern,
- die Absetzeigenschaften des Belebtschlammes schwanken in weiten Grenzen, so daß es immer wieder zu einem Abtrieb von Feststoffen aus der Nachklärung kommen kann,
- der Aufwand für den Bau des Nachklärbeckens ist erheblich höher.

***Kohlenstoffabbau***

Entsprechend den in Abschnitt 3.3.1 dargelegten Zusammenhängen werden im Belebungsbecken zunächst die Kohlenstoffverbindungen abgebaut. Das gilt bis zu einer Schlammbelastung $B_{TS} > 0{,}3$ kg $BSB_5$/(kg TS · d), bzw. bis zu einem Schlammalter $t_{RS} < 4$ Tage (vergl. Bild 3.48), d. h. bei relativ kurzen Aufenthaltszeiten des Abwassers in Belebungsbecken. Für diese Verhältnisse gilt auch das in Bild 3.49 dargestellte Grundschema des Belebungsverfahrens.

***Stickstoffentnahme***

Bei einer Senkung der Schlammbelastung, die mit einer Verlängerung der Aufenthaltszeit des Abwassers einhergeht, werden nach Bild 3.48 nicht nur die Kohlenstoffverbindung sehr weitgehend abgebaut (bis hin zur Stabilisierung des Schlammes bei $B_{TS} <$ 0,05 kg $BSB_5$/(kg TS · d). Es beginnt auch die Oxidation der Stickstoffverbindungen, die Nitrifikation, und zwar um so vollständiger, je niedriger die Belastung und je höher die Temperatur ist. Entscheidend ist die mit der Senkung der Belastung verbundene Verlängerung des Schlammalters auf $t_{RS} > 10$ Tage. Hierdurch erhalten die empfindlicheren und langsamer wachsenden Bakterien, die zur Oxidation des Stickstoffes notwendig sind, die Möglichkeit, sich im Belebtschlamm anzusiedeln. Je weiter das Schlammalter gesteigert wird, um so bessere Voraussetzungen finden die Nitrifikanten vor, um so sicherer wird die Nitrifikation. Außerdem soll der Sauerstoffgehalt im Belebungsbecken etwa 2 mg/l betragen.

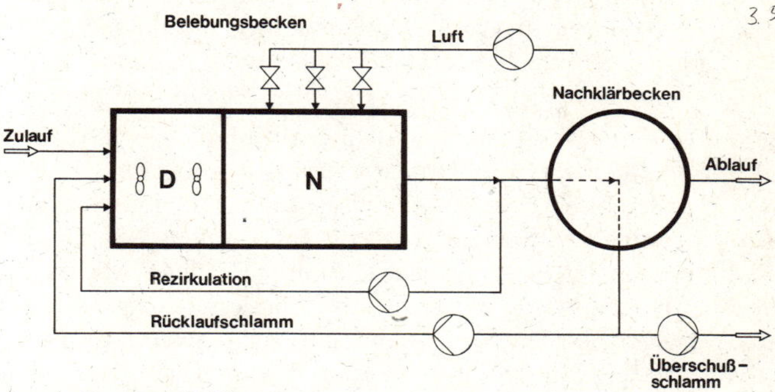


Bild 3.50: Vorgeschaltete Denitrifikation

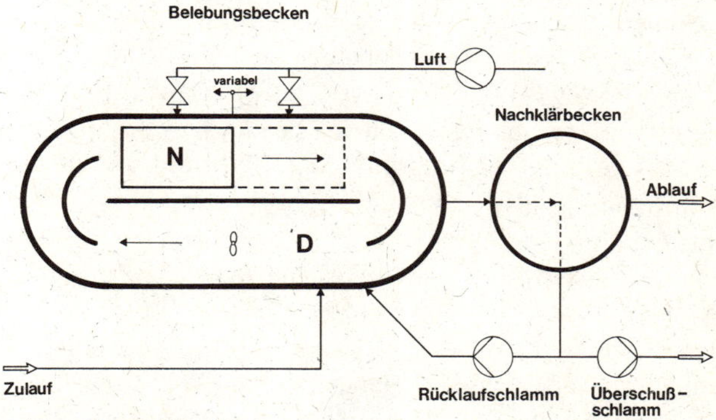


Bild 3.51: Simultane Denitrifikation

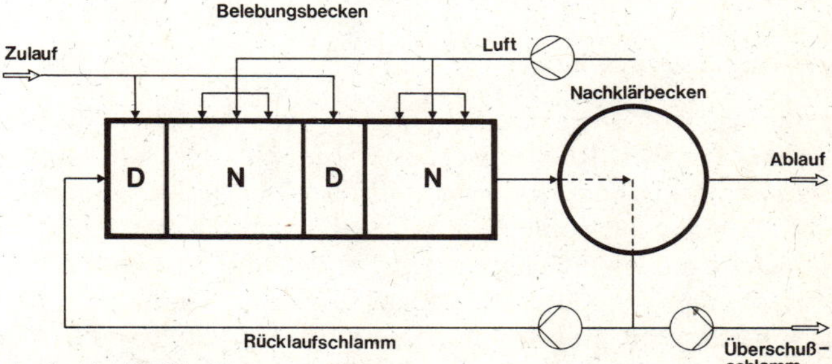


Bild 3.52: Kaskadendenitrifikation

Für die Denitrifikation darf dagegen im Wasser kein gelöster Sauerstoff vorhanden sein, sonst würden die Bakterien – in diesem Fall diejenigen, die den Kohlenstoff abbauen – nicht den im Nitrat gebundenen Sauerstoff abspalten und ausnutzen.

Die Stickstoffentnahme kann also nur funktionieren, wenn das Belebungsbecken belüftete (aerobe) und unbelüftete (anoxische), nur umgewälzte Zonen oder Bereiche aufweist. Technisch kann man das erreichen, indem man anoxische Becken oder Zonen vorschaltet (Bild 3.50), in einem Umlaufsystem aerobe und anoxische Bereiche herstellt (Bild 3.51) oder anoxische und aerobe Becken in Stufen hintereinander anordnet (Bild 3.52).

Bei der vorgeschalteten Denitrifikation werden Zulauf, nitrathaltiger Rücklaufschlamm und nitrathaltiges Rezirkulationswasser in ein anoxisches Becken oder eine anoxische Zone des Belebungsbeckens geleitet. (D-Zone oder D-Becken von Denitrifikation. Der Beckeninhalt wird nur durch Rührwerke umgewälzt. Die Bakterien des Rücklaufschlammes bauen in diesem Vorbecken einen Teil des $BSB_5$ des Zulaufwassers (Kohlenstoffverbindungen) ab. Zum Leben benutzen sie Sauerstoff, der vom Nitrat abgespalten wird. Der Stickstoff entweicht in die Luft. Im folgenden belüfteten – aeroben – Becken (N-Becken oder N-Zone von Nitrifikation) wird weiter Kohlenstoff abgebaut und Ammonium-Stickstoff zu Nitrat-Stickstoff umgesetzt.

Im Umlaufbecken mit simultaner Denitrifikation stellen sich von selbst im belüfteten Teil aerobe Verhältnisse (N-Zone) und durch die Sauerstoffzehrung des Abwasser-Schlamm-Gemisches nach einiger Fließzeit anoxische Verhältnisse (D-Zone) ein. Wenn Rücklaufschlamm und Zulauf im Bereich der anoxischen Zone zugegeben werden, laufen die beschriebenen Vorgänge der Nitrifikation und Denitrifikation ab.

Anoxische Verhältnisse im ganzen Becken lassen sich auch erreichen mit gesteuertem Ein- und Ausschalten der Belüftung (intermittierende Nitrifikation/Denitrifikation).

Die Kaskadendenitrifikation hat den Vorteil, daß das Abwasser hintereinander Denitrifikations- und Nitrifikationszonen duchläuft, ohne daß besonders Rücklaufwasser gefördert werden muß. Voraussetzung ist allerdings, daß in jede D-Zone auch Zulaufwasser (leicht abbaubarer Kohlenstoff) eingeleitet wird.

Bei richtiger Betriebsweise ist der Wirkungsgrad aller drei Verfahren (es gibt noch viele weitere Varianten, auf die hier nicht eingegangen werden kann) etwa gleich, sie unterscheiden sich in ihrem baulichen Aufwand. Die simultane Denitrifikation hat den Vorteil der einfachen Bau- und Betriebsweise, sie benötigt dafür etwas mehr Beckenvolumen. Wenn Mischwasser mit hohem $O_2$-Gehalt in die D-Stufe gelangt, kann die Stickstoffentnahme empfindlich gestört werden.

***Biologische Phosphorentnahme***

Verfahrenstechnisch muß für die erhöhte Aufnahme von Phosphor durch die Bakterien dafür gesorgt werden, daß Rücklaufschlamm und Zulaufwasser gemeinsam in ein sauerstofffreies Vorbecken oder eine sauerstofffreie Zone des Belebungsbeckens gelangen. Sauerstofffrei heißt: auch ohne Nitrat. Der Rücklaufschlamm muß also vorher die Denitrifikationszone durchlaufen haben. Unterstützt wird der gesamte Vorgang, wenn das Zulaufwasser möglichst viel leicht abbaubaren $BSB_5$ enthält. Das erreicht man durch Zumischung des Schlammwassers aus dem Vorversäuerungseindicker, in dem der Primärschlamm eingedickt und versäuert wird. (Bild 3.53).

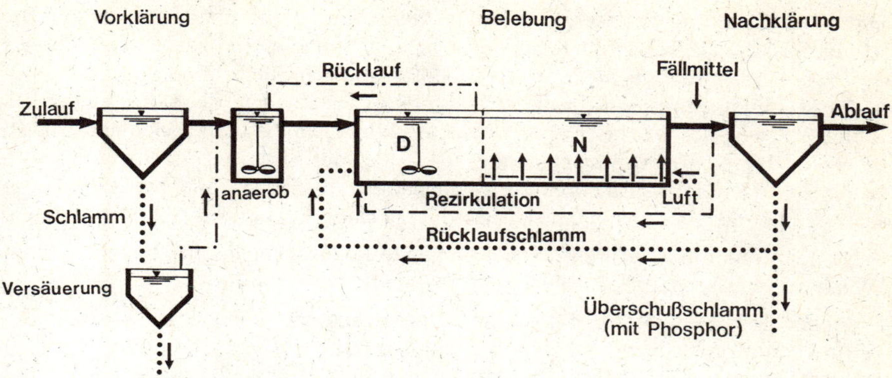


Bild 3.53: Biologische Phosphorentnahme

Nach Durchlaufen dieses streng sauerstofffreien (anaeroben) Vorbeckens bzw. der anaeroben Zone des Belebungsbeckens nehmen die Bakterien später in der belüfteten (aeroben) Nitrifikationszone vermehrt Phosphor auf, der sich im Rücklaufschlamm anreichert. Gelangt dieser im Kreislauf nach der Denitrifikation wieder in die anaerobe Zone, so erfolgt hier eine Rücklösung des Phosphors, die aber mit dem erneuten Eintritt in die aerobe Zone wieder aufgehoben wird.

Wegen der Schwankungen des Phosphat-Gehaltes im Abwasser ist nach bisher vorliegenden Betriebserfahrungen zwar eine betriebssichere erhöhte biologische P-Entnahme möglich. Die Einhaltung eines bestimmten Grenzwertes ist jedoch schwierig. Daher ist eine unterstützende Zugabe von Fällmitteln zur chemischen Phosphatentnahme die Regel. Wegen der langen Aufenthaltszeiten des Abwassers und des hohen Schlammalters in modernen Kläranlagen kann dabei das Fällmittel sowohl in den Ablauf des Belebungsbeckens (Bild 3.53) als auch ins Rücklaufschlammpumpwerk (Bild 3.1) dosiert werden.

Da der in dem Belebtschlamm eingelagerte Phosphor unter anaeroben Bedingungen rückgelöst wird, *darf der Schlamm im Nachklärbecken nie anaerob werden.* Auch im Verlauf der Schlammbehandlung kommt es zu Rücklösungserscheinungen. Die Mengen an Schlammwasser, die in die Kläranlage zurückgeführt werden, sind jedoch so gering, daß keine nennenswerte Phosphat-Aufstockung erfolgt.

### *Die Beschaffenheit des belebten Schlammes*

Der Belebtschlamm besteht aus einer Lebensgemeinschaft von Bakterien und bakterienfressenden Einzellern (Amöben, Flagellaten, Ciliaten). Die Ciliaten fressen vor allen Dingen die freischwimmenden, nicht an die Flocken gebundenen Bakterien und Schwebstoffteilchen. Durch diese Verminderung der Schwebstoffe im Ablauf sinkt der $BSB_5$ des gereinigten Wassers. Gleichzeitig nimmt die Durchsichtigkeit und Klarheit des Ablaufes zu.

Die Lebensgemeinschaft ist ein genaues Abbild der Umweltbedingungen im Belebungsbecken. Sie hängt vom Sauerstoffgehalt, der Näherstoffkonzentration, der Art der Nährstoffe und dem pH-Wert ab. Ebenso läßt sich der Einfluß von Gift- oder Hemmstoffen nachweisen. Aus diesem Grunde ist die ständige Beobachtung der Zusammensetzung des Belebtschlammes wichtig. Man kann die Funktionen der Anlage, die Sauerstoffversorgung des Schlammes sehr gut an der Artenzusammensetzung beurteilen. Bei Störungen sind durch die Beobachtung des mikroskopischen Bildes Aufschlüsse über die Ursachen möglich (siehe hierzu Buck [22] und Eikelboom [23]).

Allgemein findet man im wesentlichen folgende Lebensgemeinschaften im belebten Schlamm vor (Abschnitt 6.8, Bild 6.9):

- Bei hochbelasteten Anlagen, bei einer Überlastung oder bei Anlagen während des Einarbeitungsvorganges erkennt man kräftig entwickelte Bakterienflocken mit Bäumchenbakterien. Daneben findet man nur Flagellaten und Amöben.
  Wegen des großen Nahrungsangebotes sind sie in sehr großer Anzahl vorhanden.
- Bei ausreichender Sauerstoffversorgung finden sich in normalbelasteten Anlagen neben den Bakterienflocken viele Arten von Einzellern. Besonders auffallend sind die Ciliaten, Opercularia, Coarctata und Aspidisca costata. Flagellaten und Amöben treten nur noch vereinzelt auf.
- Schwach- und unterbelastete Anlagen haben kleinere Bakterienflocken. Sie sind meist dunkler gefärbt. Einzeller treten noch mit vielen Arten, aber nur in geringer Anzahl auf. Neben den Ciliaten sind Rädertierchen und Glockentierchen zu beobachten.

Für die Reinigungsleistung ist eine oberflächenreiche Flockenstruktur des belebten Schlammes besonders wünschenswert. Dadurch ergeben sich große Kontaktflächen zwischen Schmutzstoffen und Mikroorganismen. Daher haben z. B. Fadenbakterien eine sehr gute Reinigungsleistung. Für die Abtrennung des Belebtschlammes vom Abwasser sind dagegen kompakte, schwere Flocken hoher Dichte wesentlich günstiger. Die Absetzeigenschaften des Schlammes werden durch das Verhältnis von Schlammvolumen $V_S$ zu Trockensubstanzgehalt $TS_{BB}$, dem Schlammvolumenindex ISV, bestimmt:

$$\mathrm{ISV} = \frac{V_S}{TS_{BB}} \quad \text{in ml/g}$$

Der Schlammindex eines gut flockenden und absetzenden Belebtschlammes liegt zwischen 50 und 100 ml/g. Steigt der Schlammindex auf über 150 ml/g an, verschlechtern sich die Absetzeigenschaften ganz erheblich. Die Ursache ist häufig die Zunahme fadenförmiger Organismen. Man spricht dann von Blähschlamm. Da die meisten Nachklärbecken für einen Schlammindex von rd. 100 bis 120 ml/g bemessen sind, führt ein Anstieg des Schlammindex' regelmäßig zu einem verminderten Rückhalt der absetzbaren Stoffe. Betrieblich muß versucht werden, die Ursache für die Fadenbildung zu finden und Gegenmaßnahmen einzuleiten.

Blähschlamm kann in allen Belastungsbereichen vorkommen, besonders häufig jedoch bei $BSB_5$-Schlammbelastungen um 0,2 kg/kg TS·d.

Bei folgenden Verfahrensweisen tritt er jedoch weniger häufig auf:
- aerobe Schlammstabilisierung,
- Anlagen ohne Vorklärung,
- bei vorgeschalteten hochbelasteten Tropfkörpern ohne Zwischenklärung,
- Belebungsbecken mit Pfropfenströmung,
- bei vorgeschalteter Denitrifikation,
- Anlagen mit biologischer P-Entnahme,
- Anlagen mit Simultanfällung.

Wegen der Vielzahl der möglichen Ursachen für den Blähschlamm gibt es auch kein allgemein anwendbares Gegenmittel. Man muß unter folgenden Möglichkeiten die günstigste ausprobieren:
- Beschweren des belebten Schlammes durch Verkürzung der Vorklärzeit,
- Zusatz von Fällungs- oder Flockungsmitteln zur Beschwerung des Schlammes oder Veränderung der Flockenstruktur,
- Schädigung der Fadenorganismen durch Zugabe von Wasserstoffperoxid oder Chlor (Vorsicht bei der Dosierung),
- Einschaltung von anoxischen Zonen (Dentrifikationsbecken),
- Vorschaltung von anaeroben Zonen (biologische P-Entnahme)
- Vorbelüftung des Abwassers, wenn im Zulauf Schwefelwasserstoffbildung beobachtet wird,
- Erhöhung des Sauerstoffgehaltes im Belebungsbecken, da Sauerstoffmangel die Bildung von Fadenbakterien zu begünstigen scheint,
- Zusatz von Stickstoff- und Phosphorverbindungen, wenn die Bildung von Fadenbakterien auf Nährstoffmangel oder zu einseitig zusammengesetztes Abwasser zurückzuführen ist,
- Senkung der $BSB_5$-Schlammbelastung unter 0,1 kg/kgTS·d bei kohlehydratreichem (Gemüse-) Abwasser,
- Vorschaltung einer hochbelasteten Kontaktstufe (Selektorbecken) bei einseitig zusammengesetztem Abwasser.

### *Pufferungsfähigkeit/Säurekapazität*

Auch durch ein Absinken des pH-Wertes kann sich die Struktur des Belebtschlammes nachhaltig verschlechtern. Ursache kann ein Mangel an Pufferungsfähigkeit des Abwassers oder eine zu hohe Säureproduktion sein.

Bei der Nitrifikation nach folgender Gleichung (siehe Abschnitt 3.3.1)

$$NH_4^+ + 2O_2 \rightarrow NO_3^- + H_2O + 2H^+$$

wird Säure freigesetzt. Da das Abwasser meist genügend Puffer enthält (überwiegend Hydrogenkarbonat), kann die Säure gebunden werden:

$$2\,H^+ + 2\,HCO_3^- \rightarrow 2\,H_2O + 2\,CO_2$$

Bei der Denitrifikation wird ebenfalls Säure gebunden (siehe Abschnitt 3.3.1):

$$4\,NO_3^- + 4\,H^+ + 5\,C \rightarrow 2\,H_2\,(\uparrow) + 2\,H_2O + 5\,CO_2$$

Die Pufferungsfähigkeit des Wassers wird durch Titration mit Säure bis pH = 4,3 bestimmt und als

Säurekapazität $K_{S,4,3}$ gemessen in mmol/l oder mg $HCO_3^-$/l

bezeichnet.

Die Nitrifikation verbraucht

$$2 \text{ mmol Säurekapazität/mmol N bzw. } 8{,}7 \text{ mg } HCO_3^-/\text{mg N}.$$

Bei der Denitrifikation gewinnt man

$$1 \text{ mmol Säurekapazität/mmol N}$$

bzw.

$$4{,}35 \text{ mg } HCO_3^-/\text{mg N}$$

Die bei der Nitrifikation entstehende Säure wird also gepuffert durch die Säurekapazität des Abwassers, puffernde Bestandteile des Belebtschlammes und Säurekapazitätsgewinn bei der Denitrifikation.

Insbesondere bei weichem Wasser kann infolge mangelnder Pufferungsfähigkeit oder bei hohem Stickstoffgehalt des Zulaufes durch zuviel Säureproduktion der pH-Wert absinken. Die Flockenstruktur des Belebtschlammes löst sich dann auf, ein Teil des Schlammes setzt sich schnell ab, der Rest bleibt in Schwebe. Im Extremfall wird der Anteil an abfiltrierbaren Stoffen, die im Ablauf abtreiben, so hoch, daß das erforderliche Schlammalter für die Nitrifikation unterschritten wird. Auch die wasserrechtlich festgelegten Ablaufwerte können nicht mehr eingehalten werden.

Der Mangel an Säurekapazität (bei hohem Anteil an abfiltrierbaren Stoffen im Ablauf) kann nur erkannt werden, wenn die restliche Säurekapazität des Ablaufes bestimmt wird (siehe Abschnitt 6.6.6).

Abhilfemaßnahmen gegen den Mangel an Säurekapazität sind

- Steigerung der Denitrifikation,
- Verminderung der Rückführung von stickstoffreichem Wasser aus der Schlammbehandlung.
- Stickstoffbeschränkung bei Indirekteinleitern,
- evtl. Begrenzung der Nitrifikation durch intermittierende Belüftung,
- Dosierung von NaOH oder CaO (gut durchmischen, sonst wird das Wasser enthärtet).

*Verfahrensbedingte Kreisläufe*

Rücklaufschlamm

Zur Aufrechterhaltung eines bestimmten Schlammgehaltes im Belebungsbecken wird Schlamm aus dem Nachklärbecken zurückgeführt. Nach ATV-Arbeitsblatt A 131 [5] kann der erforderliche Volumenstrom berechnet werden. Ausschlaggebend ist der erreichbare Trockensubstanzgehalt im Rücklaufschlamm, der wiederum von der Absetzleistung des Nachklärbeckens abhängt.

Die Rücklaufschlammführung wird auf den Wasserzufluß zum Belebungsbecken bezogen. Es gilt

$$\text{Rücklaufschlammverhältnis RV} = \frac{Q_{RS}}{Q}$$

mit $Q$ = Abwasserzufluß [l/s]
$Q_{RS}$ = Rücklaufschlammfluß [l/s]

Bei häuslichem Abwasser hat sich ein Rücklaufverhältnis RV = 1,0 allgemein bewährt.

Dieses Rücklaufverhältnis sollte bei der Einarbeitung der Anlage fest eingestellt und auch bei Regenwetterzufluß nicht verändert werden. Eine Erhöhung des Rücklaufverhältnisses führt zu erhöhter Turbulenz im Nachklärbecken. Dadurch kann die Eindikkung des Schlammes im Nachklärbecken beeinträchtigt werden. Folglich sinkt häufig auch die Feststoffkonzentration im Rücklaufschlamm ab, die rückgeführte Schlammfracht wird nicht größer. Nur der innere Kreislauf wird mit mehr negativen als positiven Auswirkungen gesteigert.

*Rezirkulation*

Die Rückführung von nitrathaltigem Abwasser aus der N- in die D-Stufe (Rezirkulation) ist notwendig, um möglichst viel Nitrat aus dem Abwasser zu entfernen. Daneben gelangt ein Teil des Nitrats bereits mit dem Rücklaufschlamm in die Denitrifikationsstufe (Bild 3.1.a). Je mehr Abwasser also rezirkuliert wird, um so besser ist die Nitratentnahme. In der Praxis haben sich bei der vorgeschalteten Denitrifikation Rezirkulationsraten von 300–400% als zweckmäßig erwiesen, um eine Stickstoffentnahme von etwa 80% zu erreichen.

Bei simultaner wie auch bei intermittierender Nitrifikation/Denitrifikation entfällt die Rezirkulation, da die beiden Verfahrensabläufe jeweils im gleichen Becken stattfinden. Ebenso kann bei der Kaskadendenitrifikation die Rezirkulation entfallen, da der Ablauf einer N-Zone immer wieder in eine D-Zone gelangt, in die dann auch Zulaufwasser eingeleitet wird (Bild 3.1.b und 3.52).

*Rücklauf*

Voraussetzung für eine gezielte biologische P-Entnahme ist der zeitweise Aufenthalt der Bakterien in einer Zone ohne Sauerstoff (anaerobe Bedingungen). Das Abwasser darf weder gelösten noch Nitrat-Sauerstoff enthalten. Daher ist es zweckmäßig, aus der vorgeschalteten D-Stufe oder bei Kaskadendenitrifikation aus der ersten D-Zone denitrifizierten, also nitratfreien Rücklaufschlamm und Abwasser (Rücklauf) mit dem Zulaufwasser in die A-Zone zu führen (Bild 3.1. b und 3.53).

Die gezielte biologische P-Entnahme wird weiter gesteigert, wenn das Überstandswasser aus dem Vorversäuerungseindicker auch in die A-Zone geleitet wird (Bild 3.1. b und 3.53).

*Überschußschlammproduktion*

Die Menge des produzierten Überschußschlammes hängt von der abgebauten $BSB_5$-Fracht ab. Sie verringert sich mit steigender Belüftungszeit, steigendem Schlammgehalt und steigender Temperatur.

Allgemein kann man mit Werten zwischen 0,65 und 0,85 kgTS/kg $BSB_5$-Abbau für sedimentiertes Abwasser rechnen. Bei 15° C und einer $BSB_5$-Schlammbelastung $B_{TS} = 0{,}15$ kg/(kg·d) beträgt sie etwa 0,75 kgTS/kg $BSB_5$-Abbau.

Im praktischen Betrieb sollte die Überschußschlammproduktion zur Kontrolle des Schlammalters (siehe Bemessungsgrundsätze) regelmäßig bestimmt werden. Sie ergibt sich aus Menge und Trokkensubstanzgehalt des Überschußschlammes nach der Formel

$$ÜS_R = TS_{ÜS} \cdot Q_{ÜS} \quad \text{in kg/d}$$

*Sauerstoffversorgung*

Der Sauerstoffverbrauch der Mikroorganismen muß durch ständige Sauerstoffzufuhr über die Belüftungseinrichtungen ausgeglichen werden. Dabei sollte der Sauerstoffgehalt im Belebungsbecken immer etwa 1 mg/l betragen. Dieser Wert ist notwendig, um das Konzentrationsgefälle zwischen dem Sauerstoffgehalt im Abwasser und im Inneren der Schlammflocke auszugleichen.

Aus wirtschaftlichen Gründen ist man bestrebt, den Sauerstoffgehalt im Belebungsbecken so gering wie möglich einzustellen. Andererseits zeigt die Erfahrung, daß die Abwasserreinigung bei höheren Sauerstoffgehalten besser wird. Bei Anlagen für die Kohlenstoffoxidation genügt daher im allgemeinen der genannte Wert von 1 mg/l. Bei Anlagen mit Nitrifikation muß er mindestens auf 2 mg/l angehoben werden.

***Bemessungsgrundsätze***

Die Reinigungsleistung des Belebungsverfahrens hängt im wesentlichen von der Schlammbelastung ab. Man unterscheidet drei Belastungsbereiche (Bild 4.54):

- Abwasserreinigung ohne Nitrifikation,
- Abwasserreinigung mit Nitrifikation,
- Abwasserreinigung mit Schlammstabilierung.

Die Bemessung erfolgt nach Erfahrungswerten, wobei im einzelnen folgende Größen berücksichtigt werden:

*Trockensubstanzgehalt*

Der Trockensubstanzgehalt $TS_{BB}$ ist die Konzentration ungelöster Stoffe im Belebungsbecken. Er wird durch Filtration und Trocknen bei 105° C ermittelt.

*$BSB_5$-Schlammbelastung*

Mit $BSB_5$-Schlammbelastung $B_{TS}$ bezeichnet man die $BSB_5$-Fracht je Tag, mit der die gesamte Trockensubstanz im Belebungsbecken (Trockensubstanzgehalt × Volumen des Belebungsbeckens) belastet wird.

$$B_{TS} = \frac{B_d}{TS_{BB} \cdot V_{BB}} \quad \text{in kg/(kg} \cdot \text{d)}$$

*$BSB_5$-Raumbelastung*

Unter $BSB_5$-Raumbelastung $B_R$ versteht man die je $m^3$ Belebungsbeckenvolumen zugeführte $BSB_5$-Fracht je Tag.

$$B_R = \frac{B_d}{V_{BB}} \quad \text{in kg/(m}^3 \cdot \text{d)}$$

Schlammbelastung und Raumbelastung sind durch den Feststoffgehalt im Belebungsbecken miteinander verknüpft.

$$B_R = B_{TS} \cdot TS_{BB} \quad \text{in kg/(m}^3 \cdot \text{d)}$$

*Sauerstofflast*

Die Sauerstofflast drückt das Verhältnis von Sauerstoffzufuhr zu $BSB_5$-Fracht aus.

$$O_B = \frac{\alpha\, OC}{B_d} \quad \text{in kg/kg}$$

*Schlammalter*

Das Schlammalter $t_{RS}$ entspricht der mittleren Aufenthaltszeit der Mikroorganismen im Belebungsbecken. Zu seiner Ermittlung müssen auch Menge und Trockensubstanzgehalt des Überschußschlammes (die Überschußschlammproduktion) bekannt sein, damit die abgezogene Masse an Feststoffen mit der Masse an Feststoffen im Belebungsbecken ins Verhältnis gesetzt werden kann. Das Schlammalter darf nicht mit der Durchflußzeit des Abwassers verwechselt werden.

$$t_{RS} = \frac{TS_R \cdot V_{BB}}{TS_{ÜS} \cdot Q_{ÜS}} \text{ in d}$$

In Bild 3.54 sind die wichtigsten Erfahrungswerte für die Bemessung nach ATV-Arbeitsblatt A 131 [5] zusammengestellt.

| Kenngrößen | Einheit | mit Schlammstabilisierung | mit Nitrifikation | ohne Nitrifikation |
|---|---|---|---|---|
| Feststoffgehalt $TS_B$ | $kg/m^3$ | 4—5 | 2,5—3,3 | 2,5—3,3 |
| Schlammbelastung $B_{TS}$ | kg/(kg · d) | 0,05 | 0,15 | 0,3 |
| Raumbelastung $B_R$ | $kg/(m^3 \cdot d)$ | 0,20—0,25 | 0,38—0,5 | 0,75—1,0 |
| min. Durchflußzeit bei Regenwetterzufluß | h | — | 1,5 | 1,0 |
| spez. Überschußschlammproduktion $ÜS_R/B_R$ | kg/kg | 1,0 | 0,9[1]) | 1,0[1]) |
| Sauerstofflast für die Bemessung $O_B$ | kg/kg | 2,5 | 2,5 | 1,5—2,0[2]) |

[1]) ohne Primärschlamm der Vorklärung
[2]) mit Stickstoffoxidation

Bild 3.54: Die wichtigsten Bemessungsgrößen des Belebungsverfahrens [5]

## *Bauarten und maschinentechnische Ausstattung*

Die Belebungsbeckenformen richten sich nach der Art des gewählten Sauerstoffeintragssystems. Sie unterscheiden sich wie folgt:

- Umlaufbecken (Beispiel: Oxidationsgraben). Das Abwasser wird in eine umlaufende Strömung eingeleitet. Es durchläuft sowohl Zonen hoher als auch solche mit niedriger Sauerstoffkonzentration. Der Abbau erfolgt während des mehrmaligen Umlaufes. Zum Sauerstoffeintrag werden häufig Walzenbelüfter eingesetzt.
- Total durchmischte Becken. Das zugeführte Abwasser wird durch die hohe im Becken herrschende Turbulenz sofort nahezu vollständig mit dem Beckeninhalt vermischt. Die Abwasserkonzentration ist an allen Stellen im Becken praktisch gleich. Solche Becken werden im Zusammenhang mit Kreiselbelüftern gebaut.

- Becken mit Pfropfenströmung. Das Abwasser wird an der Kopfseite zugeführt. Bei der Strömung durch das Becken erfolgt schrittweise ein Konzentrationsabbau. Diese Beckenform eignet sich für unterschiedliche Belüfterarten.

Bei den Belüftungseinrichtungen lassen sich nach der Art des Lufteintrages folgende Gruppen unterscheiden:

- Oberflächenbelüftung,
- Druckluftbelüftung,
- Strahldüsenbelüfter,
- Strahlbelüfter,
- Belüftungssysteme mit getrennter Abwasserumwälzung.

*Becken mit Oberflächenbelüftung*

Der Sauerstoffeintrag erfolgt bei allen Oberflächenbelüftern durch mechanisches Aufreißen der Wasseroberfläche und Einschlagen von Luft. Gleichzeitig wird eine Umwälzströmung erzeugt, die eine Vermischung von Abwasser, Sauerstoff und belebtem Schlamm bewirkt. Die Umwälzströmung muß so groß sein, daß Schlammablagerungen verhindert werden. Bei den *Walzenbelüftern* (Bürstenbelüfter, Stabwalzen, Mammutrotoren) (Bild 3.56) sind Bürsten oder Stahlstäbe auf einer Achse befestigt. Beim Rotieren schlagen sie in das Wasser, wodurch vor allem durch einen Saugwirbel hinter den Belüfterelementen ein stark turbulent bewegtes Gemisch aus Wasser- und Luftblasen entsteht. Gleichzeitig wird das Wasser beschleunigt, so daß eine Umwälzströmung entsteht. Walzenbelüfter können in Längsbecken einseitig angeordnet werden.

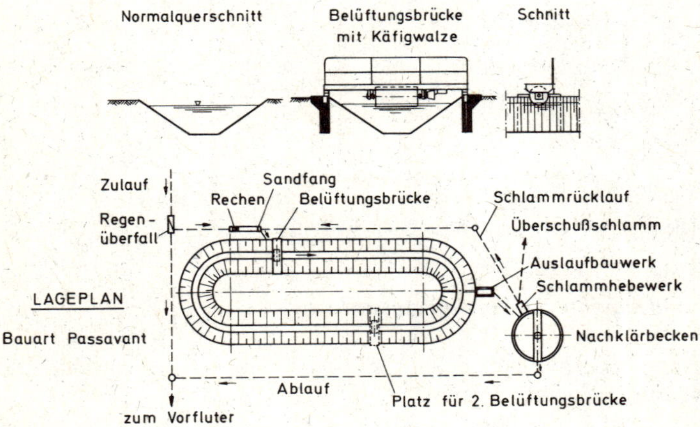


Bild 3.55: Oxidationsgraben

Häufiger findet man sie in Umlaufbecken bzw. Oxidationsgräben (Bild 3.55).

*Kreiselbelüfter* rotieren nicht um eine horizontale, sondern um die vertikale Achse. Durch Drehen einer Scheibe, an der verschieden geformte Schaufeln angebracht sind, wird das Wasser kreisförmig verspritzt. Beim Aufschlagen der Wasserstrahlen auf die Wasseroberfläche werden feine Luftblasen mitgerissen und in das Wasser eingetragen.

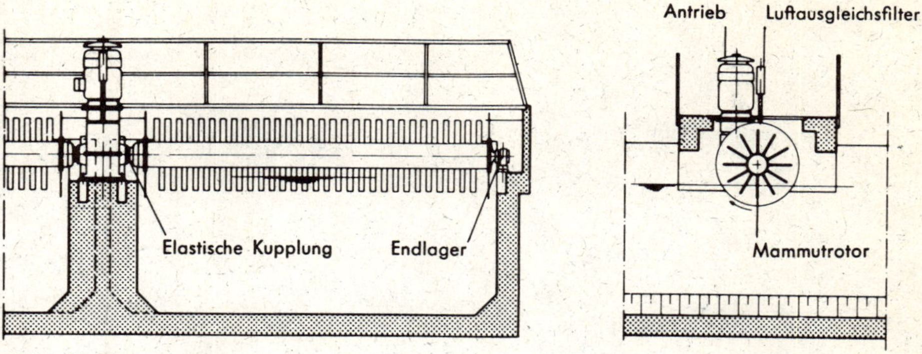


Bild 3.56: Mammutrotoren

Gleichzeitig wird eine zentral symmetrische Umwälzströmung erzeugt: In der Mitte unter dem Kreisel wird das Wasser von unten angezogen. An der Oberfläche strömt es nach außen und an den Beckenwänden nach unten und auf der Sohle zur Mitte hin zurück (Bild 3.57 und 3.59).

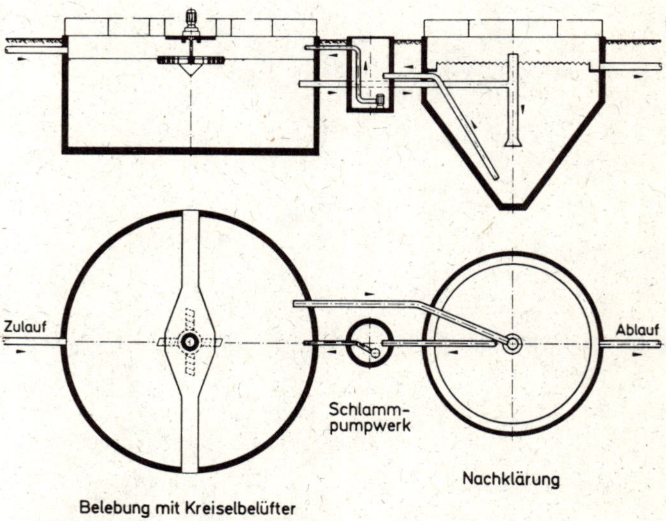


Bild 3.57: Belebungsbecken mit Kreiselbelüfter [4]

Im Laufe der Zeit wurden sehr unterschiedliche Konstruktionen entwickelt (Bild 3.58), das technische Prinzip bleibt aber bei allen Bauformen gleich.

Kreiselbelüfter werden in runden und rechteckigen Becken eingesetzt. Sie bewirken durch ihre Wasserumwälzung, daß eine totale Durchmischung von Abwasser und Belebtschlamm eintritt.

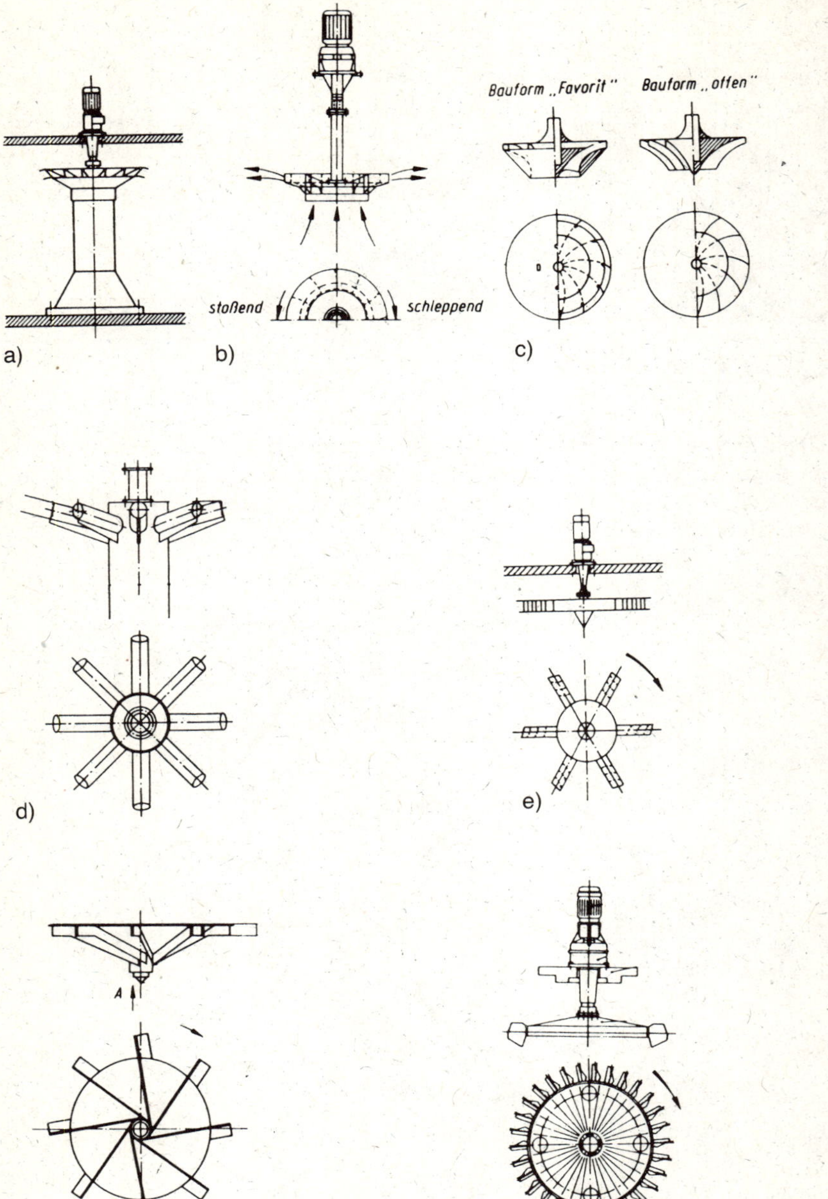


Bild 3.58: Kreiselbelüfter-Formen
a) Simplex, b) Gyrox, c) BSK, d) Hamburg-Rotor, e) OS-Belüfter, f) Biorotor, g) Simcar [4]

*Becken mit Druckluftbelüftung*

Bei der Druckluftbelüftung wird Luft in Kompressoren oder Gebläsen verdichtet und mit Hilfe von unterschiedlichen Eintragsvorrichtungen an der Beckensohle möglichst fein verteilt in das Belebungsbecken eingetragen. Die Luftbläschen steigen im Abwasser an die Oberfläche auf. Dadurch entsteht die benötigte Umwälzströmung zur Vermischung von Belebtschaum, Abwasser und Luft. Da der Sauerstoffeintrag um so günstiger ist, je kleiner die Luftbläschen sind, bemüht man sich um eine Erzeugung möglichst kleiner Luftblasen. Das ist mit

- Belüftungskerzen,
- Punkt- oder Dombelüftern,
- Plattenbelüftern

möglich. Die feinblasige Luftverteilung wird bei allen diesen Einrichtungen durch keramische oder sonstige feinporige oder gelochte Werkstoffe erzeugt, durch die die Luft hindurchgeblasen wird (Bild 3.60 und 3.61).

Diese Belüfter können in jedem Beckentyp eingesetzt werden.

Vorzugsweise baut man jedoch Längsbecken, so daß eine Pfropfenströmung entsteht. Bei einseitiger Anordnung des Belüftungssystems entsteht eine Umwälzströmung, die von der Längsströmung überlagert wird. Bei Dombelüftern ist eine flächenhafte Anordnung an der Sohle vorteilhaft, weil ein sehr gleichmäßiger und wirtschaftlicher Sauerstoffeintrag erreicht wird.

*Sonderformen*

Eine Übergangsform zwischen Kreiselbecken und Umlaufgraben stellt die in den Niederlanden entwickelte *Carousel-Anlage* (Bild 3.59) dar. Der Sauerstoffeintrag erfolgt

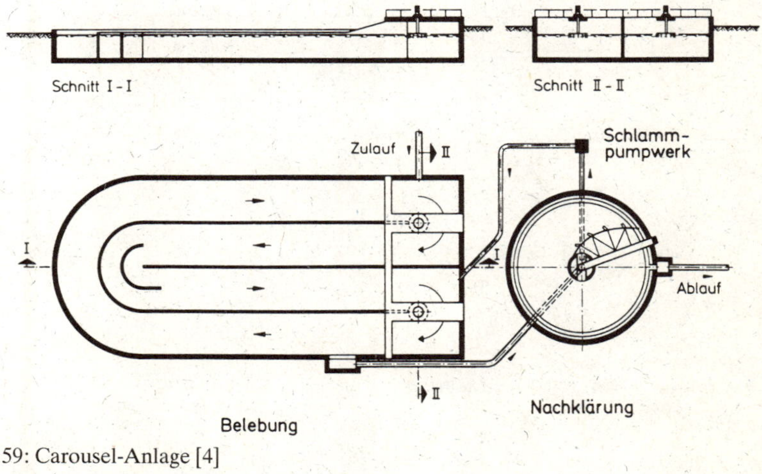


Bild 3.59: Carousel-Anlage [4]

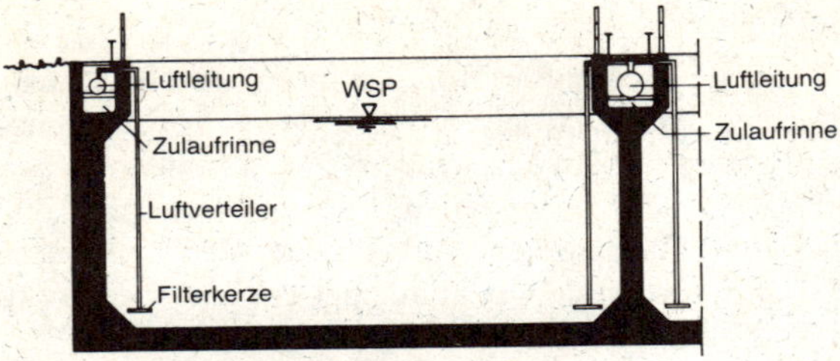


Bild 3.60: Belebungsbecken mit Druckluftbelüftung

mit Kreiselbelüftern. Wegen der bei größeren Anlagen langen Fließwege können zusätzlich Propeller zur Unterstützung der Umwälzung eingesetzt werden.

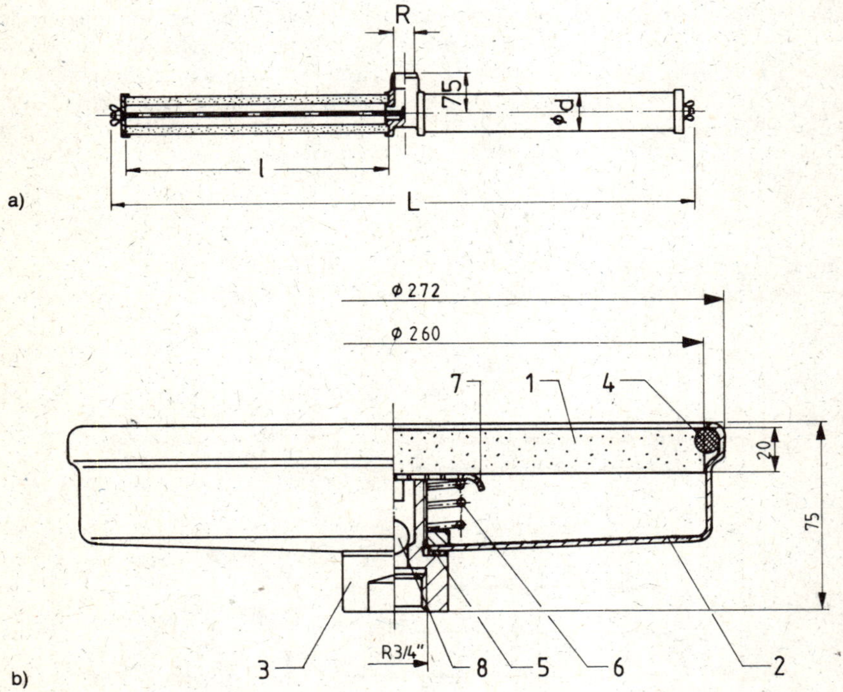


1 Belüfterplatte
2 Plattenaufnahme
3 Gewindestücke (Schlüsselfläche SW 36)
4 O-Ring
5 Dichtung
6 Feder
7 Druckplatte (Lochblech)
8 Rückflußverhinderer (wird auf Wunsch geliefert)

Bild 3.61: Belüfterelemente: a) Belüfterkerze, b) Punktbelüfter

Für schwachbelastete Belebungsanlagen, besonders mit simultaner Denitrifikation, ist die Trennung von Umwälzung und Belüftung notwendig. Dadurch wird ein wirtschaft-

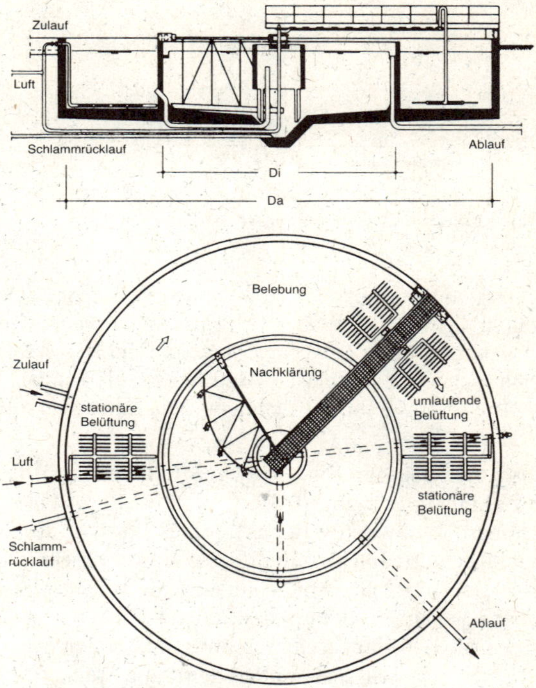


Bild 3.62: Gegenstrom-Belüftungsbecken [4]

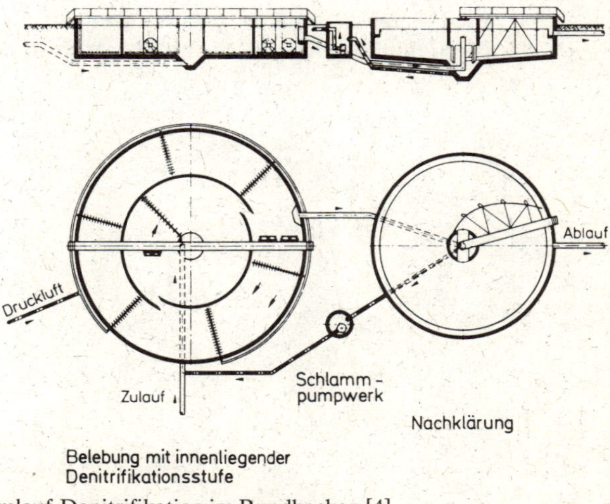


Bild 3.63: Umlauf-Denitrifikation im Rundbecken [4]

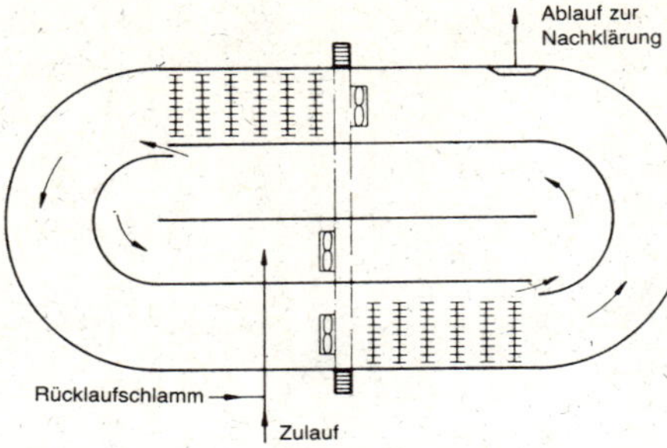


Bild 3.64: Umlauf-Denitrifikation im Grabenbecken [4]

licher Sauerstoffeintrag und eine ausreichende Umwälzströmung zur Verhinderung von Schlammablagerungen sichergestellt. Zur Umwälzung verwendet man häufig Rohrpropeller. Für den Sauerstoffeintrag werden zumeist feinblasige Belüfter eingesetzt. Aber sowohl mechanische wie feinblasige Belüfter werden, auch an umlaufenden Brücken montiert, für die Abwasserumwälzung und für den Sauerstoffeintrag verwendet (Bilder 3.62, 3.63 und 3.64).

Als Belüftersonderform ist noch der Ejektor- oder Strahldüsenbelüfter zu nennen (Bild 3.65). Durch eine besonders geformte Düse wird Abwasser-/Belebtschlammgemisch gepumpt, das mit hoher Geschwindigkeit aus der Düse austritt. Es reißt dadurch Luft mit, die seitlich zugeführt wird, und zerteilt diese in feinste Bläschen. Dadurch wird der Abwasser-/Belebtschlammstrahl hoch mit Sauerstoff angereichert. Solche Strahldüsenbelüfter müssen über das ganze Belebungsbecken verteilt werden, damit eine gleichmäßige Verteilung der sauerstoffangereicherten Wasserstrahlen erreicht wird. Der Installationsaufwand ist relativ hoch, da zwei Rohrleitungssysteme (für Wasser und Luft) benötigt werden. Der Einsatz ist an keine bestimmte Beckenform gebunden.

Nach dem gleichen Prinzip funktionieren Tauchbelüfter. Sie werden allerdings als selbständige Einheiten – auch mobil – eingesetzt. Der Treibstrahl wird von einer Unterwasserpumpe erzeugt und in die Stahldüse gedrückt, die Luft wird von der Wasseroberfläche angesaugt (Bild 3.66).

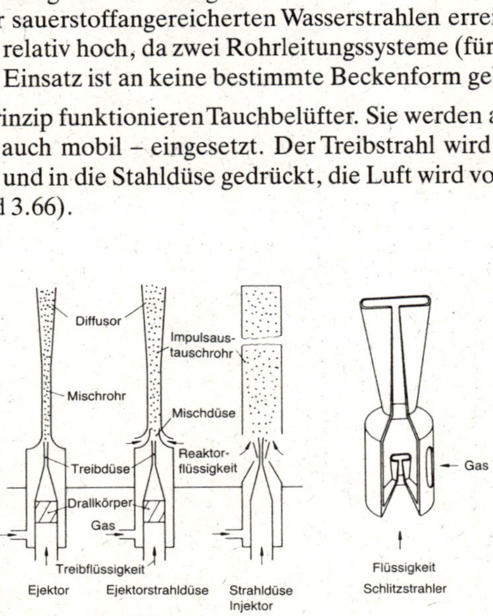


Bild 3.65: Ejektor- und Strahlbelüfter [4]

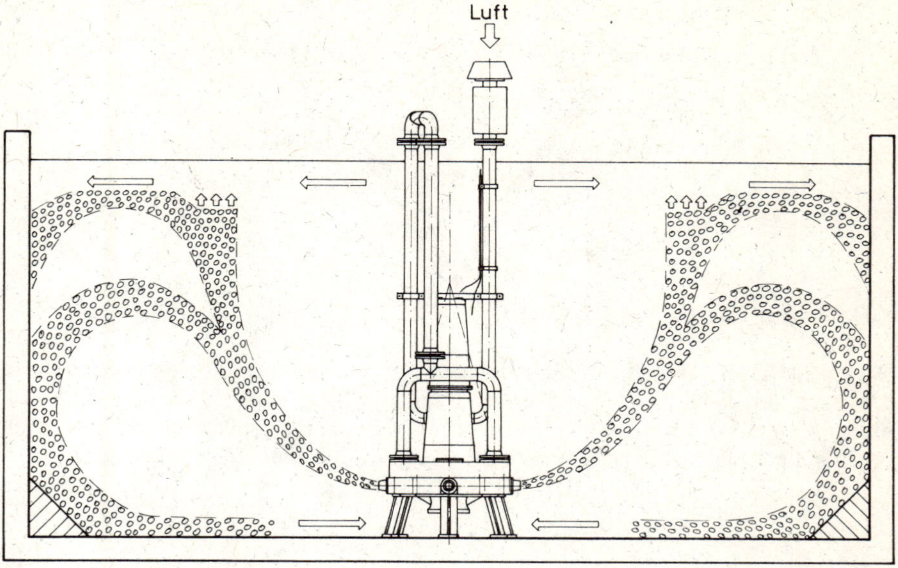


Bild 3.66: Tauchbelüfter (Fa. ABS)

### 3.3.5 *Nachklärbecken*

Für den Wirkungsgrad der biologischen Abwasserreinigung ist der Rückhalt der Biomasse im Nachklärbecken von großer Bedeutung, da abgeschwemmte Feststoffe den Kläranlagenablauf verschlechtern. Man kann bei einer Zunahme des Feststoffgehaltes im Ablauf von 1,0 mg/l mit einem Anstieg des $BSB_5$ um 0,4 bis 1,0 mg/l und des CSB um 1,0 bis 1,5 mg/l rechnen.

Neben dem Rückhalt der Feststoffe ist die Aufgabe des Nachklärbeckens die Sammlung und Eindickung des Schlammes. Bei Regenwetter müssen – besonders beim Belebungsverfahren – die aus dem Belebungsbecken verlagerten Schlammassen gespeichert werden.

Als Beckenformen sind horizontal durchströmte Rund- oder Längsbecken, ähnlich den für Vorklärbecken beschriebenen Bauweisen, möglich. Daneben werden für die Nachklärung vertikal durchströmte Trichterbecken angewendet (Bild 3.67). Das Abwasser wird tief in den Trichter eingeleitet und steigt senkrecht nach oben zum Ablauf hin auf. Dabei trennt sich der Schlamm ab und bildet ein schwebendes Flockenfilter. Mit zunehmender Verdichtung sinkt dann ein Teil des Schlammes in die Trichterspitze, dickt dort ein und kann abgezogen werden. Auf eine maschinelle Schlammräumung kann man verzichten. Das Schwebefilter ist sehr vorteilhaft, da darin Flockungsvorgänge ablaufen und Feinstoffe zurückgehalten werden.

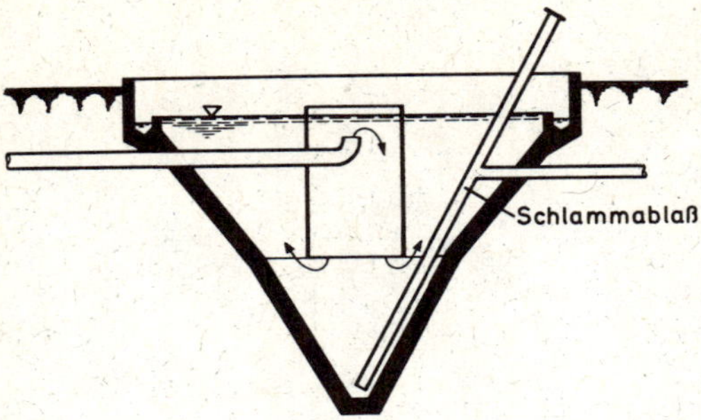


Bild 3.67: Trichterbecken

Wegen der für das Absinken des Schlammes erforderlichen Trichterneigung mindestens 1,7 : 1 und der dadurch bedingten großen Bautiefe können derartige Becken nur bis zu einem Beckendurchmesser von rd. 12 m gebaut werden. Für größere Becken muß man daher auf horizontal durchströmte, flache Becken mit Räumer übergehen.

### *Nachklärbecken von Tropfkörperanlagen*

Tropfkörperschlamm ist kompakter als Belebtschlamm und setzt sich daher besser ab. Hinzu kommt, daß die Schlammkonzentration im Tropfkörperablauf in der Regel zwischen 0,05 und 0,2 g/l liegt. Allerdings ist im Frühjahr und im Herbst bei der Umstellung der Tropfkörperbiozönose mit der Ausspülung größerer Schlammengen zu rechnen.

Wegen der einfachen Betriebsweise hat man vielfach Trichterbecken gebaut, teilweise bei größeren Anlagen auch mehrere nebeneinander. In gleicher Weise sind aber horizontal durchströmte Rund- und Längsbecken im Einsatz.

*Bemessung*

Die Bemessung erfolgt wegen der guten Absetzeigenschaften des Tropfkörperschlammes nach der Oberflächenbeschickung und der Durchflußzeit (Abschnitt 3.2.1).

In der folgenden Tabelle sind die Bemessungswerte zusammengestellt. Diese Werte gelten auch für Trichterbecken.

| | Kläranlagen Ausbaugröße EW | | |
|---|---|---|---|
| | < 50 | 50–500 | > 500 |
| Oberflächenbeschickung $q_A$ m/h | ≤ 0,4 | 0,4–0,6 | 1,0 |
| Durchflußzeit $t_f$ h | ≥ 3,5 | ≥ 3,0 | 2,5 |

Als Zulauf zum Nachklärbecken wird der Abwasserzufluß einschließlich Rücklaufwasser angesetzt. Bei kommunalen Anlagen sollte das Rücklaufverhältnis etwa 100% betragen. Mit wachsendem Mischwasserzufluß bei Regen kann die Rücklaufmenge zurückgenommen werden, so daß zuletzt nur noch der Regenwetterzufluß $Q_m = 2\ Q_t$ das Nachklärbecken belastet.

*Schlammräumung*

Trichterbecken kommen konstruktionsbedingt ohne künstliche Schlammräumung aus. Bei horizontal durchströmten Becken sind Schildräumer notwendig. Der Schlammabzug kann bei Bedarf erfolgen. Er richtet sich nach dem Fassungsvermögen der Schlammtrichter. Andererseits muß ein Anfaulen durch zu lange Lagerzeiten oder ein Auftreiben infolge Denitrifikation ausgeschlossen werden.

***Nachklärbecken von Belebungsanlagen***

Beim Belebungsverfahren besteht durch die ständige Rückführung von eingedicktem Schlamm aus dem Nachklärbecken in die Belebung ein wesentlich engerer verfahrenstechnischer Zusammenhang als beim Tropfkörperverfahren. Das Rücklaufverhältnis beträgt bei kommunalen Anlagen meist 100%.

Die Absetzeigenschaften des Belebtschlammes sind infolge seiner gegenüber dem Tropfkörperschlamm andersartigen Flockenstruktur schlechter. Das Nachklärbecken hat folgende Aufgaben:

- Trennung von Wasser und Schlamm,
- Speicherung von Schlamm bei Regen,
- Eindickung des Schlammes.

Die wichtigste Größe für die Trennleistung des Nachklärbeckens ist das Absetzverhalten des Schlammes selbst, ausgedrückt durch den Schlammvolumenindex. Er beschreibt das Verhältnis von Volumen und Gewicht. Je höher der Index wird, um so leichter wird der Schlamm, um so schwieriger die Abtrennung vom Wasser. Daneben spielen die Flockungseigenschaften eine Rolle.

*Bemessung*

Für die Bemessung sind die hydraulische Beschickung in Form der zulässigen Oberflächenbeschickung $q_A$ (vergl. Abschnitt 3.2.1) und die dabei erreichbare Eindickung des Rücklaufschlammes, bestimmt durch TS-Gehalt, Index und Schlammvolumenbeschikkung, maßgebend. Darum gilt für die Flächenbeschickung des Nachklärbeckens.

$$q_A \leq \frac{q_{SV}}{TS_{BB} \cdot ISV} = [\mathrm{m/h}]$$

Für Überschlagsrechnungen kann man von folgenden Ansätzen ausgehen (vergl. [5]).

Die zulässige Schlammvolumenbeschickung $q_{SV}$ beträgt

- für Trichterbecken $q_{SV} \leq 600\ \mathrm{l/(m^2 \cdot h)}$
- für Rundbecken mit Räumer $q_{SV} \leq 450\ \mathrm{l/(m^2 \cdot h)}$

Die erforderliche Beckenoberfläche bestimmt sich dann zu

$$A_{NB} \geq \frac{Q}{q_A},$$

wobei Q der höchste Bemessungszufluß zur Kläranlage ist.
Für die erforderlichen Beckentiefen gilt (vergl. Bild 3.68):

- für Trichterbecken $h_t = n \cdot t_{NB}$
  $h_Z \geq \frac{1}{3} h_t$, min. 2,0 m
  $h_e = 1{,}1\, h_Z$ bis $1{,}2\, h_Z$
- für Rundbecken mit Räumer $h_{ges} \geq 4{,}0$ m
  $h_{min} \geq 3{,}5$ m

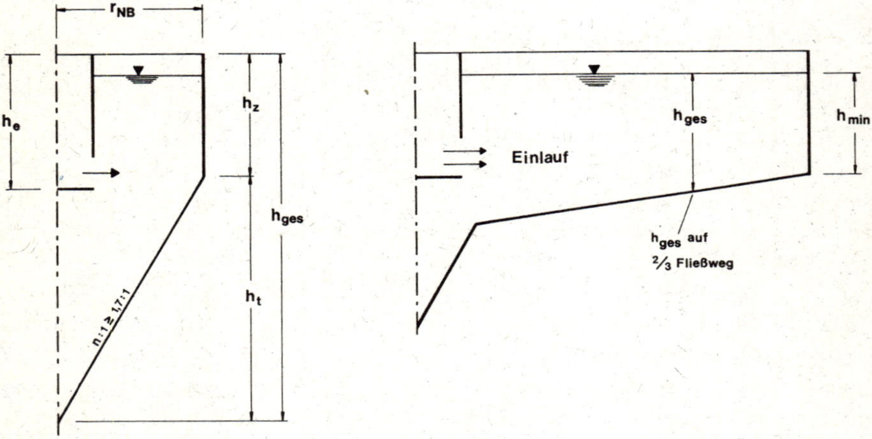


Trichterbecken Rundbecken mit Räumer

Bild 3.68: Bemessungsansätze für runde Nachklärbecken [5]

*Schlammräumung*

Wichtig für die Rückführung des in der Nachklärung eingedickten Schlammes ist ein leistungsfähiges Räumsystem. Einerseits soll der Schlamm zur Erhaltung seiner Aktivität so schnell wie möglich zurückgeführt werden. Andererseits wird zur Eindickung ein gewisser Zeitraum benötigt. Nach diesen Vorgaben richtet sich die Schildhöhe beim Schildräumer bzw. die Fördermenge beim Saugräumer. Ebenso muß die Fahrgeschwindigkeit für die Räumerbrücke festgelegt werden.
Bewährt haben sich relativ hohe Räumschilde (h = 0,5 bis 0,7 m), da ein niedriger Schild von dem dünnflüssigen Belebtschlamm überströmt wird. Bei Saugräumern muß die Rücklaufschlammfördermenge auch bei größerer Eindickung des Schlammes ausreichen und dem geforderten Rücklaufverhältnis von etwa 100% entsprechen. Die Fahrgeschwindigkeit soll bei Längsbecken rd. 2 cm/s, bei Rundbecken rd. 4 cm/s außen auf der Räumerumlaufbahn betragen.

## 3.4 Chemische Vorgänge

Bei der chemischen Abwasserbehandlung sollen vor allem folgende Ziele erreicht werden:

- Neutralisation saurer oder alkalischer Abwässer,
- Überführung gelöster anorganischer Stoffe in eine unlösliche Form und anschließende Abtrennung als Schlamm (z. B. Entgiften von Galvanikabwasser oder P-Elimination bei Kommunalabwasser),
- Abtrennung kolloidal gelöster Stoffe,
- Verbesserung des Kläreffektes von Absetz-, Flotations- und Filteranlagen.

### *3.4.1 Grundlagen*

Verfahrenstechnisch ist zu unterscheiden zwischen Neutralisation, Fällung, Flockung und Entgiftung.

***Neutralisation***

Unter *Neutralisation* versteht man die Reaktion einer Säure mit einer Lauge. Hierbei entsteht ein Salz und Wasser. Da für die biologische Abwasserreinigung der leicht alkalische Bereich mit pH-Werten zwischen 7 und 7,5 besonders günstig ist, müssen Zuflüsse mit stark schwankendem pH-Wert neutralisiert werden. Zur Neutralisation alkalischer Zuflüsse (hoher pH-Wert) wird meist Salz- oder Schwefelsäure verwendet.

Beispiel:

$$NaOH + HCl \longrightarrow NaCl + H_2O$$

$$2\ NaOH + H_2SO_4 \longrightarrow Na_2SO_4 + 2\,H_2O$$

Stark saure Abwässer können mit Natronlauge oder Kalkmilch neutralisiert werden. Aus Kostengründen wird vielfach Kalkmilch, eine Aufschlämmung von Calciumhydroxid in Wasser, bevorzugt.

Beispiel:

$$HCl + NaOH \longrightarrow NaCl + H_2O$$

$$2\ HCl + Ca(OH)_2 \longrightarrow CaCl_2 + 2\,H_2O$$

Die Neutralisation ist immer mit Kosten verbunden. Daher sollte insbesondere bei Industriebetrieben darauf hingewirkt werden, daß diese saure und alkalische Abwässer in einer Vorbehandlungsanlage zusammenführen und so bereits weitgehend neutrales Abwasser in die Kanalisation einleiten.

***Fällung***

Bei der *Fällung* werden gelöste Abwasserinhaltsstoffe durch chemische Reaktion mit einem Fällungsmittel in ungelöste Formen überführt. Ein Anwendungsgebiet ist die Entfernung von Schwermetallsalzen aus dem Abwasser. Sie kann vielfach gleichzeitig

mit der Neutralisation in entsprechenden Vorbehandlungsanlagen durchgeführt werden. Andererseits weisen die unterschiedlichen Metallsalze jeweils einen bestimmten pH-Bereich auf, bei dem die Fällungsreaktion am wirksamsten verläuft. Dieser muß besonders eingestellt werden.
Beispiel:

$$pH = 3{,}8; \qquad FeCl_3 + 3\,NaOH \longrightarrow Fe(OH)_3 + 3\,NaCl$$

Die ausgefällten Metallsalze reichern sich im Schlamm an, der natürlich gesondert beseitigt werden muß.

### *Flockung*

Unter *Flockung* versteht man die Erzeugung von absetzbaren Flocken aus ungelösten, fein verteilten Stoffen. Als Flockungsmittel werden Chemikalien bezeichnet, die im Abwasser selbst Flocken bilden (z. B. Eisensalze). Da diese oft nur wenig schwerer als Wasser sind, ist häufig der Zusatz von Flockungshilfsmitteln (z. B. Polyelektrolyte) erforderlich. Diese ermöglichen die Zusammenlagerung kleiner Flocken zu größeren, die sich dadurch besser absetzen. Die Flockung wird häufig eingesetzt, um die schlechten Absetzeigenschaften von belebten Schlämmen zu verbessern.

### *Entgiftung*

*Entgiftung* bedeutet die Zerstörung giftig wirkender Stoffe oder Verbindungen und deren Überführung in eine auf die Bakterien nicht giftig wirkende Form. Zu den wichtigsten im Abwasser enthaltenen Giftstoffen gehören Cyanid ($CN^-$), Chromat ($CrO_4^{--}$), Nitrit ($NO_2^-$) und Sulfid ($S^{--}$).

Cyanid ist der am stärksten giftige Bestandteil anorganisch verschmutzter Wässer. Die Zerstörung erfolgt über eine Oxidation mit Natriumhypochlorid (NaOCl) zu Stickstoff und Kohlendioxid.

Das Chromat ist ein sehr starkes Oxidationsmittel und wirkt daher giftig. Durch Umsetzung mit Natriumhydrogensulfid ($NaHSO_3$) wird dreiwertiges Chrom gebildet, das dann als Hydroxid ausgefällt werden kann.

Nitrite kommen in Abwässern von Härtereien, beim „Schwarzfärben“ und bei der Metallbearbeitung vor. Die Entgiftung erfolgt meist durch Oxidation mit Natriumhypochlorid.

Überschüssiges Sulfid wirkt ebenfalls stark toxisch. Es wird durch Fällung mit Eisensalzen als Schwefeleisen ausgefällt und abgeschieden.

#### *Verfahrenstechnik*

Neutralisation, Fällung von Metallsalzen und Entgiftung gehören verfahrenstechnisch in den Bereich der Vorbehandlung von Abwässern bestimmter Herkunft. Sie muß am Anfallort der Abwässer durchgeführt werden, damit die anschließende Behandlung zusammen mit den kommunalen Abwässern nicht gestört wird. Andererseits sind die

Konzentrationen der Schwermetalle im kommunalen Abwasser meist nicht so hoch, daß eine Schädigung der aeroben biologischen Stufe erfolgen würde. Die Metallsalze reichern sich aber im Schlamm an. Dadurch kann nicht nur die landwirtschaftliche Verwertung der Klärschlämme infrage gestellt werden. Stark schwermetallhaltige Schlämme stellen ganz allgemein eine Umweltbelastung dar. Aus diesem Grunde ist die gezielte Vorbehandlung solcher metallsalzhaltiger Abwässer erforderlich.

### *3.4.2 Phosphatfällung*

Phosphate wirken im Gewässer als Pflanzennährstoffe, so daß sie aus dem Abwasser entfernt werden müssen. Früher erfolgte dies allein durch chemische Fällung. Inzwischen hat man erkannt, daß Bakterien unter bestimmten Bedingungen (vergl. Abschnitt 3.3.1 und 3.3.4) vermehrt P aufnehmen können. Daher hat die Fällung heute eine mehr stützende und ergänzende Aufgabe.

Durch Zusatz von Eisen- (z. B. $FeSO_4$) und Aluminium- (z. B. $AlCl_3$) Salzen werden die im Abwasser gelösten P-Verbindungen in sehr wenig lösliche Verbindungen übergeführt, die mit dem Schlamm abgeschieden werden können. Kalk wird ebenfalls zur Fällung eingesetzt, wobei im wesentlichen die Verschiebung des pH-Wertes in den stark alkalischen Bereich die Fällungsreaktion auslöst.

Phosphor (P) kommt in der Natur, auch im Abwasser, nur in chemischer Verbindung mit anderen Elementen vor. Die häufigste ist das Phosphat ($PO_4$) als Ortho-Phosphat. Die Entnahme von P aus dem Abwasser erfolgt immer als Phosphat ($FePO_4$, $AlPO_4$, $Ca_5\,(PO_4)_3OH$, je nach Fällmittel Eisen- oder Aluminiumsalz oder Kalk). Das gilt für die chemische Fällung wie für die biologische P-Entnahme.

Bei den Zahlenangaben ist es (wie beim Stickstoff bereits beschrieben, vergl. Abschnitt 3.3.1) üblich, nicht den Gehalt des Abwassers an Phosphat, sondern Phosphat-Phosphor anzugeben.

$$3{,}07\ \text{mg/l}\ PO_4\ \text{entspricht}\ 1\ \text{mg/l}\ P$$

Da Phosphor analytisch immer als $PO_4$ (gelöst) gemessen wird, müssen die im Abwasser vorhandenen P-Verbindungen vor der Messung bei hoher Temperatur mit Säure zu $PO_4$ umgewandelt (aufgeschlossen) werden. Das Meßergebnis des so ermittelten Gehaltes am $PO_4$-P ist dann Ges-P oder $P_{ges}$.

*Fällmittel*

In Eisen-III-Salzen ist $Fe^{3+}$ die fällungswirksame Komponente:

$$Fe^{3+} + PO_4{}^{3-}{}_{\text{gelöst}} \rightarrow Fe\,PO_{4\,\text{unlöslich}}$$

oder 56 g Fe und 95 g $PO_4$ verbinden sich zu 151 g $FePO_4$ -Flocken

In Aluminiumsalzen ist $Al^{3+}$ die fällungswirksame Komponente:

$$Al^{3+} + PO_4{}^{3-}{}_{\text{gelöst}} \rightarrow AlPO_{4\,\text{unlöslich}}$$

oder 27 g Al und 95 g $PO_4$ verbinden sich zu 122 g $AlPO_4$-Flocken

Bei chemischen Reaktionen rechnet man mit dem Molekulargewicht (mol) der chemischen Verbindungen. Für die P-Entnahme wichtige Zahlen sind (gerundet):

1 mol Fe $= 56$ g
1 mol Al $= 27$ g
1 mol $PO_4 = 95$ g
1 mol P $= 31$ g

Zur Ausfällung von 1 mol $PO_4$ (also auch von 1 mol P) muß 1 mol Fe oder 1 mol Al dem Abwasser zugegeben werden. Man benötigt

56 g Fe zur Fällung von 95 g $PO_4$ bzw. 31 g P
(oder: 1,8 g FE zur Fällung von 1 g P)

27 g Al zur Fällung von 95 g $PO_4$ bzw. 31 g P
(oder: 0,87 g Al zur Fällung von 1g P)

Das Verhältnis von mol Fe/mol $PO_4$ (bzw. mol Al/mol $PO_4$) ist der β-Wert. Mit $\beta = 1{,}0$ kann man also theoretisch eine vollständige Phosphat-Fällung erreichen. In der Praxis braucht man dazu etwas mehr, so daß Werte von $\beta \approx 1{,}5$ üblich sind. Im Einzelfall muß der richtige β-Wert ausprobiert werden. Insbesondere bei biologischer P-Entnahme ist der Phosphatgehalt im Ablauf der biologischen Stufe für die ergänzende Fällmitteldosierung maßgebend.

Die Fällung mit Kalk verläuft nach folgender Reaktion:

$$5\,Ca^{2+} + 3\,PO_4^{3-} + OH \rightarrow Ca_5\,(PO_4)_3\,OH$$

Das Fällungsprodukt wird mit steigendem pH-Wert immer weniger löslich. Die Phosphatentnahme wird – da Ca bei den meisten Wässern reichlich vorhanden ist – vor allem durch die pH-Wert-Verschiebung erreicht.

Da zur Kalkfällung aufwendige Dosiereinrichtungen und auch relativ große Dosierungen erforderlich sind, wird diese Methode bisher nur vereinzelt angewandt.

***Phosphor-Bilanz***

Eine Bilanzierung der im Abwasser gelösten Phosphor-Verbindungen ist nur möglich, wenn – ähnlich wie beim Stickstoff – die Meßwerte auf P umgerechnet werden. Auch für die Messung müssen alle P-Verbindungen zu Phosphat aufgeschlossen werden. Man erhält dann den Phosphor als Wert für den Gesamtphosphor = $P_{ges}$.

Die in der Kläranlage in den einzelnen Verfahrensstufen ablaufende P-Entnahme wird in Bild 3.69 anschaulich dargestellt. Für ein mittleres, häusliches Abwasser liegt die Phosphatkonzentration im Zulauf der Kläranlage zwischen $P_{ges}$ = 8,0 bis 12,5 mg/l. Nach der mechanischen Stufe ist dieser Wert auf $P_{ges}$ = 5,5 bis 10,0 mg/l gesunken. Bei normaler biologischer Reinigung werden weitere $P_{ges}$ = 1,5 bis 2,0 mg/l, bei vermehrter biologischer P-Entnahme $P_{ges}$ = 3,5 bis 6,0 mg/l entnommen, so daß für eine Fällung – je nach vorgeschriebenem Grenzwert – nur noch eine geringe Restmenge verbleibt. Erreichbar sind bei diesen Verhältnissen Werte, die sicher unter $P_{ges}$ = 1,0 mg/l liegen.

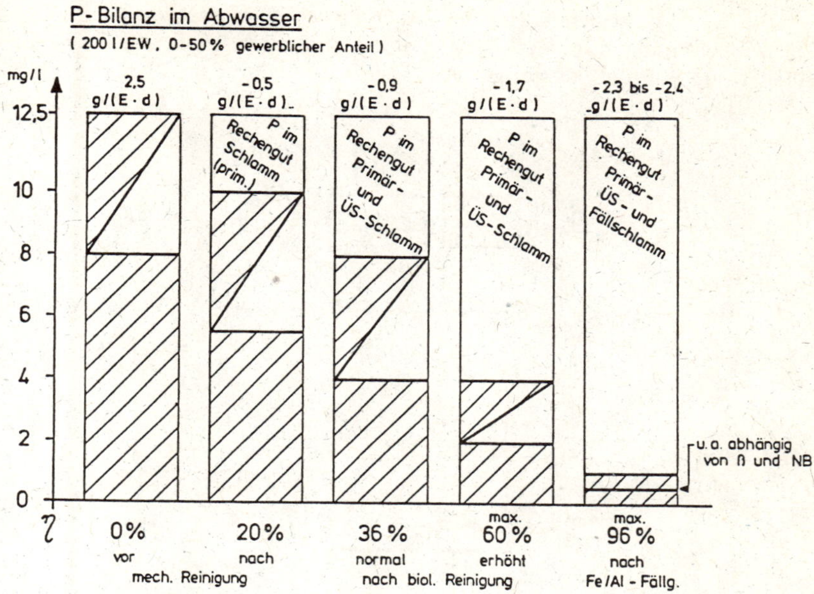


Bild 3.69: Phosphorbilanz im Abwasser

### *Verfahrenstechnik*

Die verschiedenen verfahrenstechnischen Möglichkeiten der Phosphatfällung sind in Bild 3.70 dargestellt. Dabei müssen die von der Dosieranlage zugegebenen Fällmittel in kürzester Zeit vollständig mit dem Abwasser vermischt werden, gleichgültig, an welcher Stelle der Kläranlage die Zugabe erfolgt. Allgemein ist darauf hinzuweisen, daß bei allen Fällungsverfahren mit einer Zunahme der Schlammengen gerechnet werden muß, die zwischen 20 und 30% liegen kann.

Je nach Lage der Dosierstelle sind folgende Verfahren zu unterscheiden:

### *Vorfällung*

Wenn das Fällmittel vor der biologischen Stufe in den Zufluß zur Vorklärung (evtl. auch in den Sandfang oder eine Vorbelüftung) zugegeben wird, spricht man von Vorfällung.

Nachdem sich die Flocken gebildet haben, setzt sich der Fällungsschlamm zusammen mit den absetzbaren Stoffen in der Vorklärung ab. Gleichzeitig erfolgt mit der Fällmittelzugabe und die dadurch bewirkte Flockenbildung eine bessere Abscheidung feinster Schwebstoffe. Dadurch kann die Leistung der Vorklärung auf 40–70% der organischen Stoffe gesteigert werden. Die Phosphatentfernung beträgt bis zu 80% und kann wegen des Einbaues von Phosphat in die Belebtschlammflocken in der gesamten Anlage auf 90% ansteigen. Erreichbar sind im Mittel Ablaufwerte für $P_{ges}$ von 1,5 bis 2,5 mg/l.

Vorteilhaft an der Vorfällung ist, daß außer der Dosiereinrichtung und Lagertanks für das Fällmittel keine weiteren Bauwerke benötigt werden. Die Investitionskosten sind also gering. Nachteilig ist die Schwierigkeit, die Dosierung des Fällmittels an die stark schwankenden Konzentrationen im Zulauf anzupassen. Außerdem kann je nach Pufferwirkung und Konzentration der übrigen Abwasserinhaltsstoffe der Fällmittelverbrauch sehr hoch sein.

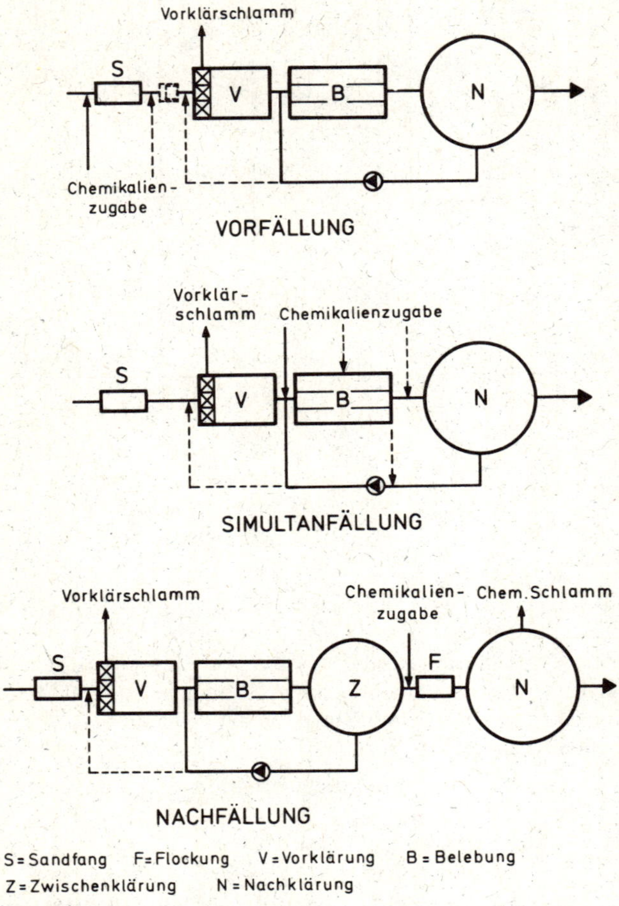


Bild 3.70: Verfahrensfließbilder der Phosphatfällung

### *Simultanfällung*

Bei Dosierung des Fällmittels in das Belebungsbecken oder dessen Ablauf oder in den Rücklaufschlamm spricht man von Simultanfällung. Die Reaktion des Fällmittels und die Flockenbildung, die zur Phosphatfällung führt, läuft nämlich gleichzeitig mit dem biologischen Abbau der organischen Stoffe im Belebungsbecken ab. Fällungsschlamm und Belebtschlamm werden gemeinsam im Absetzbecken sedimentiert. Als Ablaufwerte sind, wie insgesamt bei Anwendung der Vorfällung, im Mittel etwa 1 bis 1,5 mg/l für $P_{ges}$ erreichbar.

Vorteilhaft bei der Simultanfällung ist ebenfalls die Nutzung der vorhandenen Bauwerke der Kläranlage. Man benötigt also nur Vorratsbehälter und die Dosiereinrichtung. Allerdings dürfen nur solche Fällmittel verwendet werden, die den biologischen Abbau nicht stören. Bei der Einstellung des Schlammgehaltes ist zu berücksichtigen, daß der anorganische Anteil des Belebtschlammes durch die Fällmittelzugabe ansteigt. Die Simultanfällung wird sehr häufig angewendet, zumal dann, wenn die Fällung nachgerüstet werden muß.

***Nachfällung***

Die Nachfällung ist die chemische Nachbehandlung des mechanisch-biologisch gereinigten Abwassers und entspricht damit im üblichen Sprachgebrauch einer dritten Reinigungsstufe. Man benötigt zusätzlich zu den Dosier- und Lagereinrichtungen für das Fällmittel ein Flockungs- und ein Absetzbecken für den chemischen Schlamm, die der Anlage als besondere Einheiten nachgeschaltet werden.

Vorteilhaft ist der gute Wirkungsgrad, da die Anpassung der Dosierung an die wesentlich geringer schwankenden Ablaufwerte der biologischen Stufe einfacher ist. Es sind $P_{ges}$-Werte von im Mittel 0,5 mg/l erreichbar. Auch können Schwankungen der Reinigungsleistung durch die Nachfällung ausgeglichen werden. Nachteilig sind die zusätzlichen Investitionskosten.

***Flockungsfiltration***

Bei der Flockungsfiltration geht es zunächst und im wesentlichen wie bei jeder Filtration um eine weitestgehende Abtrennung von feinsten Teilchen, die im Nachklärbecken nicht sedimentieren. Zur Unterstützung werden Flockungsmittel zugesetzt. Verfahrenstechnisch wird also diese Stufe hinter dem Nachklärbecken angeordnet.

Bei normalen Abwasserverhältnissen ist eine Flockungfiltration nur in Verbindung mit der Simultanfällung bzw. mit biologischer P-Entnahme und Simultanfällung anstelle einer Nachfällung sinnvoll. Auch ist eine einwandfreie Funktion der Nachklärung vorauszusetzen. Andernfalls führt die schnelle Beladung des Filters mit Feststoffen zu sehr kurzen Filterlaufzeiten und damit unwirtschaftlichem Betrieb. Die Flockungsfiltration ist auch nur dort notwendig, wo Ablaufwerte von $P_{ges} \leq 0,5$ mg/l gefordert werden.

## 3.5 Weitergehende Abwasserbehandlung

Der Begriff der weitergehenden Abwasserbehandlung ist nicht klar bestimmt und wird manchmal unterschiedlich erklärt.

Allgemein wird darunter jede Abwasserbehandlung verstanden, mit der Ablaufwerte erreicht werden, die über den Festlegungen des § 7a WHG, also über den Mindestanforderungen liegen. Diese Definition hat den Nachteil, daß bei jeder Änderung der Rechtsgrundlage auch der Begriff angepaßt werden muß. Außerdem lassen sich damit keine verfahrenstechnischen Abgrenzungen verbinden.

In manchen Fällen wird für die weitergehende Abwasserbehandlung der Begriff „3. Reinigungsstufe" benutzt und man versteht dann darunter alle den mechanisch-biologischen Stufen nachfolgenden Verfahrensschritte, z.B. chemische Nachfällung,

Schönungsteiche, Flockungsfiltration. Wenn aber der Phosphor z. B. durch Simultanfällung in der Belebung eliminiert wird, ist es nicht glücklich, dies als 3. Stufe zu bezeichnen. Für die Stickstoffentnahme gilt das gleiche.

Eine gesicherte Definition dieses Begriffes ist in einer Zeit, da auch der Begriff der allgemein anerkannten Regeln der Technik (a. a. R. d. T.) einer steten Entwicklung unterworfen ist, kaum möglich. Nach heutigem Wissensstand ist darunter vor allem die weitestgehende Entnahme von Feinststoffen und schwer abbaubaren Stoffen zu verstehen. Als Verfahren dafür sind u. a. zu nennen Flockungsfiltration, Aktivkohlefilter und umgekehrte Osmose. Von Ausnahmen abgesehen werden diese Verfahren auf kommunalen Kläranlagen nicht verwendet und daher hier auch nicht behandelt.

Auch die *Abwasserdesinfektion* ist bisher nicht üblich, wenngleich sie – insbesondere dort, wo Gewässer zum Baden benutzt werden – immer wieder diskutiert wird. Andererseits erscheint im Hinblick darauf, daß aus Mischkanalisationen bei Regen große Wassermengen ins Gewässer gelangen, an deren Desinfektion gar nicht zu denken ist, eine etwaige Desinfektion des Kläranlagenablaufes überzogen. In speziellen Fällen kann die Desinfektion allerdings zur Vorbehandlung vor der Abwassereinleitung ins Kanalnetz in Frage kommen. Als Verfahren sind UV-Bestrahlung (nur für biologisch gereinigtes Abwasser), Ultra-Filtration, Chlorung (nicht für Rohabwasser), Ozonung und Laugung (für bestimmte Krankenhaus-Rohabwässer) zu nennen.

# 4 Schlammbehandlung

## 4.1 Schlammarten, -anfall, -beschaffenheit

Der größte Teil der festen Stoffe, die bei der Reinigung aus dem Abwasser entfernt werden, fällt als Schlamm an. Dies geschieht an verschiedenen Stellen sowie in unterschiedlicher Art und Menge, je nachdem ob mechanisch physikalische, biologische, biochemische oder chemische Vorgänge vorausgegangen sind.

Um Mißverständnisse bei einigen im Umgang mit Schlamm häufig vorkommenden Begriffen, z. B. Trockensubstanz, Feststoffgehalt oder Wasseranteil zu vermeiden, wird auf Tabelle 4.1 Begriffserläuterungen verwiesen, deren Inhalt auf Angaben in DIN 4045 und DIN 38409, Teil 2 [8], beruhen.

| Benennung | Zeichen | Einheit | Erklärung |
|---|---|---|---|
| **Trockensubstanz**<br>Feststoffe<br>(Trockenmasse) | TS | kg,<br>g, mg | bei TS → möglichst Trockensubstanz verwenden |
| Wasservolumen<br>Wassermenge | | l, $m^3$ | |
| **Trockensubstanzgehalt**<br>Feststoff**gehalt**<br>(Trockenmassenkonzentration) | $TS_R$ | $kg/m^3$<br>g/l | **„Gehalt“** ist eine Konzentration, bei $TS_R$ → möglichst Trockensubstanzgehalt verwenden |
| Gehalt der abfiltrierbaren Stoffe | | mg/l | z. B. beim Filtern von Algen |
| Wasser**gehalt** | | g/l, mg/l | wird (nicht ganz richtig) auch in % angegeben |
| Glührückstand<br>Glühverlust | GR<br>GV | mg/l<br>mg/l | z. B. bei der Untersuchung der abfiltrierbaren Stoffe oder bei Belebtschlamm |
| **Trockenrückstand**<br>Feststoff**anteil**<br>(Trockenmassenanteil) | TR | kg/kg<br>% | **„Anteil“** bei Angaben in %, bei TR → möglichst Trockenrückstand verwenden |
| Wasser**anteil** | | % | |
| Glührückstand<br>Glühverlust | GR<br>GV | %<br>% | z. B. bei der Untersuchung aus dem Rohschlamm oder Faulschlamm |

Tabelle 4.1: Begriffserläuterungen zu einigen Schlammkennwerten

### *4.1.1 Schlammarten*

Je nach Herkunft, Beschaffenheit oder Betriebszustand werden die Schlämme verschiedenartig bezeichnet.

*Klärschlamm* ist der bei der Behandlung von Abwasser anfallende Schlamm, auch wenn er entwässert oder getrocknet wurde, ohne Aussage über Herkunft und Art. Manchmal wird er auch Abwasserschlamm genannt.

*Rohschlamm,* auch *Frischschlamm* genannt, ist ein Klärschlamm aus einer Abwasserbehandlungsanlage ohne vorherige Behandlung. Er neigt zu saurer Gärung und Geruchsbildung.

*Vorklärschlamm* (Primärschlamm) ist der sich in der Vorklärung absetzende Schlamm. Er enthält meist auch gröbere Teilchen von Fäkalien, Gemüse, Obst, Textilien, Papier usw. und ist dickbreiig. Er hat einen hohen Anteil an organischen Feststoffen. Sein Wasseranteil liegt zwischen 93% und 97%.

*Nachklärschlamm* (Sekundärschlamm) ist Schlamm aus der Nachklärung. Er ist gleichförmiger (homogener) und meist flockiger als der Vorklärschlamm. Er setzt sich langsamer ab und läßt sich nicht so leicht eindicken. Sein Wasseranteil liegt zwischen 97% und 99%.

*Schwimmschlamm* wird die sich manchmal auf Absetzbecken oder in Faulräumen bildende Schwimmschicht (Schwimmdecke) genannt. In Absetzbecken oder Teichen sind das meistens auftreibende Fladen von Bodenschlamm, dem winzige Gasbläschen oder Fetteilchen anhaften.

*Belebter Schlamm* ist der Schlamm im Belebungsbecken. Er besteht vorwiegend aus aeroben Mikroorganismen und ist sehr flockig ohne gröbere Stoffe. Sein Wasseranteil liegt zwischen 99,0% und 99,9%.

Belebter Schlamm, der sich in der Nachklärung absetzt und von dort abgezogen wird, heißt *Rücklaufschlamm*. Ein Teil des Rücklauf- oder Rückführschlammes (Größenordnung 10%) wird nicht in die Belebung zurückgeführt, sondern direkt oder über die Vorklärung als *Überschußschlamm* der Schlammbehandlung zugeführt. Der aus einem Tropfkörper abgespülte biologische Rasen ist dem Überschußschlamm der Belebung annähernd gleichzusetzen.

*Blähschlamm* ist ein Belebtschlamm, der sich in der Nachklärung nicht richtig absetzt, sondern in der Schwebe bleibt, ohne aufzuschwimmen. Dieser unerwünschte Zustand wird meistens durch übermäßige Entwicklung von Fadenbakterien, z. B. *Sphaerotilus natans*, verursacht. Er hat bei hohem Schlammvolumen nur wenig Trockensubstanz und damit einen hohen Schlammindex.

*Faulschlamm* ist ausgefaulter, also stabilisierte Klärschlamm, der nicht mehr geruchsbildend weiterfault, wenn man ihn sich selbst überläßt. Man spricht von *anaerob stabilisiertem* Schlamm, wenn er in einem Faulraum ohne Anwesenheit von Luftsauerstoff ausgefault wurde. Wenn er durch Belüftung stabilisiert wurde, spricht man von *aerob stabilisiertem* Schlamm. Ausgefaulter Schlamm hat einen Wasseranteil von 90% bis 95%, aerob stabilisierter Schlamm 96% bis 98%.

*Impfschlamm* ist Schlamm, der z. B. einem Faulraum oder einer Belebungsanlage zur Erleichterung der Inbetriebnahme von einer fremden Kläranlage oder einem anderen Teil der Kläranlage zugeführt wird, um die biochemischen Vorgänge schneller in Gang zu bringen. Dazu ist immer nur gleichartiger Schlamm brauchbar, z. B. für eine Belebung aus einer ähnlichen Belebungsanlage oder für eine beheizte Faulung aus einem beheizten Faulraum.

*Naßschlamm* ist der aus einem Faulraum oder einer Stabilisierung abgezogene Schlamm, bevor er weiter behandelt wird. Bei der weiteren Behandlung unterscheidet man zwischen *eingedicktem entwässertem* und *getrocknetem* Schlamm. Entwässerten Schlamm erhält man nach ausreichender Lagerung in Trockenbeeten oder Stapelräumen, wenn er annähernd stichfest geworden ist. Er ist noch plastisch und schmierend. Sein Wasseranteil liegt bei 70% bis 80%. Wenn er maschinell entwässert wurde, ist der Wasseranteil meist niedriger. Von getrockenetem Schlamm spricht man, wenn er maschinell oder thermisch so behandelt wurde, daß er krümelig bis streufähig ist und einen Wasseranteil unter 65% hat.

*Fäkalschlamm* nennt man Schlamm, der aus Kleinkläranlagen (Hauskläranlagen) mit Fäkalsaugwägen entnommen wird und häufig in größeren Kläranlagen mitbehandelt werden muß.

Neben diesen Schlammarten gibt es noch Schlämme aus Fällungsanlagen, z. B. zur Phosphatelimination oder aus gewerblichen Betrieben, z. B. aus Neutralisations- und Entgiftungsanlagen galvanischer Betriebe.

### *4.1.2 Schlammanfall*

1990 fielen in der Bundesrepublik jährlich etwa 50 Mio t Schlamm aus kommunalen Kläranlagen an. An gewerblichen Schlämmen fallen etwa 9 Mio t an.

Der Schlammanfall steht in engem Zusammenhang mit dem abgebauten $BSB_5$ des Abwassers. Je 1 kg abgebautem $BSB_5$ rechnet man mit etwa 1 kg Feststoff im Rohschlamm. Je nach Reinigungsverfahren ist der Schlamm dünner oder dicker. Deshalb ist die Spannweite des täglichen Rohschlammanfalles je Einwohner verhältnismäßig groß, nämlich 1–2 l/(E·d), je nach Kläranlagenart. Bei Tropfkörperanlagen ist der Anfall geringer, bei Belebungsanlagen größer. Aerobe Stabilisierungsanlagen haben den größten Schlammanfall.

Das Volumen des Rohschlammes wird durch die Behandlung (z. B. Eindickung, Faulung, Entwässerung) erheblich vermindert, während der Feststoffanteil im wesentlichen immer gleich bleibt. Als ausgefaulter Naßschlamm verbleiben etwa 0,3–0,8 l/(E·d). Durch Entwässerung in Trockenbeeten oder Stapelräumen wird das anfallende Schlammvolumen weiter verringert.

In der folgenden Liste (Auszug aus einer Liste in [13]) sind Feststoffanteil, Wasseranteil und Schlammanfall je nach Kläranlagenart und Betriebszustand angegeben:

| | Feststoffe in g/(E · d) | Feststoffanteil in % | Wasseranteil in % | Schlammanfall in l/(E · d) |
|---|---|---|---|---|
| *A) Absetzanlage mit Faulraum:* | | | | |
| 1. roher, unter Wasser abgepumpter Schlamm aus Trichterbecken | 45 | 2,5 | 97,5 | 1,8 |
| 2. wie vor, eingedickt | 45 | 5,0 | 95,0 | 0,9 |
| 3. ausgefaulter Schlamm eingedickt | 30 | 10,0 | 90,0 | 0,3 |
| 4. ausgefaulter Schlamm entwässert | 30 | 30,0 | 70,0 | 0,1 |
| *B) Tropfkörper mit Faulraum:* | | | | |
| 5. Schlamm der Nachbecken | 25 | 4,0 | 96,0 | 0,63 |
| 6. roher, gemischter Schlamm aus Vor- und Nachbecken, eingedickt | 70 | 4,7 | 95,3 | 1,5 |
| 7. ausgefaulter, gemischter Schlamm, naß | 45 | 3,0 | 97,0 | 1,5 |
| 8. ausgefaulter Schlamm, entwässert | 45 | 28,0 | 72,0 | 0,16 |
| *C) Belebungsanlage mit Faulraum oder aerober Schlammstabilisierung:* | | | | |
| 9. roher, gepumpter Überschußschlamm | 35 | 0,7 | 99,3 | 5,0 |
| 10. roher, gemischter Schlamm aus Vorbecken und Überschußschlamm, eingedickt | 80 | 4,0 | 96,0 | 2,0 |
| 11. ausgefaulter, gemischter Schlamm, naß | 50 | 2,5 | 97,5 | 2,0 |
| 12. ausgefaulter, gemischter Schlamm, entwässert | 50 | 22,0 | 78,0 | 0,23 |
| 13. aerob stabilisierter gemischter Schlamm, eingedickt | 50 | 2,5 | 97,5 | 2,0 |
| 14. wie vor, entwässert | 50 | 20,0 | 80,0 | 0,25 |
| *D) Chemische Fällung und Flockung:* | | | | |
| 15. Vorfällung, roher Schlamm der Vorklärbecken, eingedickt | 65 | 4,0 | 96,0 | 1,60 |
| 16. Schlamm der Vorfällung, ausgefault und eingedickt | 45 | 5,0 | 95,0 | 0,90 |
| 17. Simultanfällung (beim Belebtschlammverfahren) roher Schlamm aus Vor- und Nachklärbecken, eingedickt | 90 | 4,0 | 96,0 | 2,25 |
| 18. Gemischter Schlamm der Simultanfällung, ausgefault und eingedickt | 60 | 3,0 | 97,0 | 2,00 |
| 19. Nachfällung, roher Schlamm der Tertiärstufe, eingedickt | 15 | 1,5 | 96,5 | 1,00 |

Durch die biologische Reinigung wird der Feststoffgehalt entsprechend den aus dem Abwasser entfernten Schmutzstoffen erhöht.

Durch die Schlammbehandlung wird das anfallende Volumen, das in erster Linie durch den Wassergehalt bestimmt wird, durch Abtrennung des Wassers vermindert.

Wenn man z. B. bei einer Belebungsanlage je Einwohner mit rund 2 l Rohschlamm je Tag rechnet, ergibt sich ein Jahresanfall von rund 750 l/E. Da hier der Schlamm nahezu genau so schwer ist wie Wasser, entspricht das auch etwa 750 kg. Unterstellt man, daß je Einwohner etwa 30 kg Feststoffe im Jahr anfallen und nimmt man ungenau, aber zur Rechnungsvereinfachung an, die 30 kg Feststoffe hätten auch ein Volumen von 30 l, so kann man folgende Tabelle [15] aufstellen:

| Gesamtes Schlamm-volumen in l (jeweils 100%) | Volumen-verminde-rung auf | Trocken-rückstand (bleibt 30 l) TR in % | Wasser-anteil % | |
|---|---|---|---|---|
| 750 | | 4 | 96 | Rohschlamm |
| 500 | ⅔ | 6 | 94 | Bereich für ausgefaulten Naßschlamm |
| 375 | ½ | 8 | 92 | |
| 250 | ⅓ | 12 | 88 | |
| 188 | ¼ | 16 | 84 | |
| 150 | ⅕ | 20 | 80 | Bereich für stichfesten Schlamm von Trockenbeeten |
| 125 | ⅙ | 24 | 76 | |
| 94 | ⅛ | 32 | 68 | |
| 75 | 1/10 | 40 | 60 | Krümelig gewordener Schlamm |
| 63 | 1/12 | 48 | 52 | |

Daraus ist ablesbar, daß der Wasseranteil des Rohschlammes 96% betrug und sich nach der Faulung auf nur etwa 85% vermindert hat, die Gesamtmenge des Schlammes aber von 750 l auf etwa 200 l, also auf ⅓–¼, verkleinert wurde. Die Entwässerung auf Trockenbeeten vermindert diese Menge nochmals um etwa die Hälfte. Bei 5000 E ergibt sich pro Jahr ein Rohschlammanfall von etwa 3700 $m^3$, nach der Faulung etwa 1300 $m^3$ und von den Trockenbeeten sind rund 700 $m^3$ Schlamm stichfest abzufahren.

Schlammanfall und Schlammbeschaffenheit stehen besonders wegen des Wassergehaltes in engem Zusammenhang.

### 4.1.3 Schlammbeschaffenheit

Eigenschaften und Beschaffenheit der Schlämme werden durch folgende Kennwerte erfaßt (siehe auch Tabelle 4.1):

Trockensubstanz (Feststoffgehalt, Trockenrückstand), Wassergehalt, Glühverlust, Glührückstand, organischer und mineralischer Anteil, Heizwert, Düngewert, pH-Wert, Fettsäuregehalt, Kalkreserve, Gehalt an Gift- und Schadstoffen, Verwertbarkeit in der Landwirtschaft, Aussehen, Geruch, Absetzverhalten und Stabilisierungsgrad.

*Trockensubstanzgehalt ($TS_R$) und Trockensubstanz (TS)*

Der Trockensubstanzgehalt wird in kg/$m^3$ oder g/l angegeben. Er wird durch Verdampfen des Wassers einer Probe bestimmt. Dabei wird die Probe vorher und nachher gewogen. Der Gewichtsunterschied entspricht dem Wassergehalt. Übrigt bleibt die Trockensubstanz in mg, g oder kg.

Für die Volumenverminderung gilt die Regel:

Das restliche Schlammvolumen ist nur noch halb so groß, wenn sich der Trockensubstanzgehalt verdoppelt (siehe auch Tabelle unter Schlammanfall). Die Volumenverminderung wird nach der Formel

$$V_2 = \frac{V_1 \cdot TR_1}{TR_2}$$

berechnet. Dabei ist

$V_1$ = das anfängliche Volumen
$V_2$ = das restliche Volumen
$TR_1$ = der anfängliche Trockenrückstand
$TR_2$ = der restliche Trockenrückstand

Wenn z. B. 100 $m^3$ Faulschlamm ($V_1$) mit 4% Trockenrückstand ($TR_1$) nach der Entwässerung einen Trockenrückstand von 24% ($TR_2$) haben, ergibt sich ein restliches Volumen ($V_2$) von

$$\frac{100 \cdot 4}{24} = 16{,}7\ m^3$$

*Wassergehalt (Wasseranteil)*

Der Wassergehalt (Wasseranteil) ist das Gegenstück zum Feststoffgehalt (Feststoffanteil). Wenn der Wassergehalt vermindert wird, steigt der Feststoffgehalt. Auf die hier wirksamen Zusammenhänge wird in Abschnitt 4.3 eingegangen. Wasseranteil und Feststoffanteil ergeben zusammen 100% (WG% + TR% = 100%).

*Glühverlust und Glührückstand (nach DIN 38409, Teil 2)*

Wird eine entwässerte Schlammprobe in einem Glühofen erhitzt, so verbrennt die organische Substanz des Schlammes. Der dabei eintretende Gewichtsverlust wird Glühverlust (GV) genannt; er ist ein Maß für den organischen Anteil der Schlammtrockensubstanz. Da jedoch beim Glühen auch chemisch gebundenes Wasser und leicht flüchtige organische Verbindungen, vor allem Stickstoffverbindungen, mit ausgetrieben werden, sind Glühverlust und organischer Trockensubstanzgehalt (o TS) nicht absolut gleich. Die Unterschiede sind im allgemeinen jedoch gering. Der Glühverlust wird angegeben in mg/l, bezogen auf den Trockensubstanzgehalt.

Der zurückbleibende veraschte Teil bildet den Glührückstand (GR). Er wird auch als der anorganische oder mineralische Anteil der Schlammtrockensubstanz bezeichnet. Der Zusammenhang zwischen Glührückstand und Glühverlust läßt sich analog zu Wassergehalt und Trockensubstanzgehalt durch die Formel

$$GR + GV = 100\%$$

ausdrücken. Glührückstand und Glühverlust sind wichtige Beurteilungsmaßstäbe für einen Schlamm, weil sie angeben, wie weit bei der Schlammbehandlung die Umsetzung der Schmutzstoffe gelungen ist.
Rohschlamm hat einen Glührückstandsanteil in der Größenordnung von 40–20% und einen Glühverlustanteil von 60–80%. Er ist gelblich-grau und stinkt meistens nach Fäkalien.

*pH-Wert*

Rohschlamm hat pH-Werte von 5 bis 6, er ist also leicht sauer, was durch die Tätigkeit der säurebildenden Bakterien und den Buttersäuregehalt zu erklären ist. Da beim Faulprozeß durch die Aktivität der Methan-Bakterien organische Säure verbraucht wird, hat der Faulschlamm normalerweise pH-Werte von 7 bis 8, er liegt also im neutralen bis schwach alkalischen Bereich. Hat Rohschlamm einen pH-Wert unter 5, sollte genauer untersucht werden, ob er in den Faulbehälter gepumpt werden kann. Wenn der pH-Wert eines Faulschlammes stark vom neutralen in den sauren Bereich abweicht, liegt im Normalfall eine Störung des Faulprozesses vor.

*Gehalt an organischen Säuren*

Der Gehalt an organischen Säuren wird auch als Fettsäure (Buttersäure) oder „Gehalt an wasserdampfflüchtigen organischen Säuren" bezeichnet. Er ist ebenfalls ein wichtiger Kenntwert für die Beurteilung eines Schlammzustandes beim Faulprozeß. Der Säuregehalt wird in mg/l Essigsäure ($CH_3COOH$) oder mg/l Buttersäure ($C_3H_7COOH$) angegeben.

Beim Faulvorgang werden die organischen Stoffe in mehreren Stufen durch Bakterien in organischen Säuren zerlegt. Diese wiederum dienen den Methan-Bakterien des darauffolgenden Prozesses als Nahrung. Bei einem gut arbeitenden Faulbehälter besteht ein Gleichgewicht des Abbaues in den verschiedenen Stufen. Dabei gibt es immer einen kleinen Säurevorrat, der einem Wert in der Größenordnung bis 700 mg/l Essigsäure oder etwa 100 mg/l Buttersäure entspricht. Steigt der Säuregehalt plötzlich über den der Anlage entsprechenden Normalwert an, so liegt eine Überlastung der Anlage oder eine Vergiftung der relativ empfindlichen Methan-Bakterien vor. Durch den Anstieg der Säure fällt der pH-Wert im Faulbehälter ab. Da jedoch das Pufferungsvermögen (Kalkreserve) des Faulschlammes im allgemeinen relativ groß ist, wird der pH-Wert-Abfall erst festgestellt, wenn ein beträchtlicher Anstieg des Säuregehalts erfolgt ist. Die Veränderung des Säuregehalts ist also das erste Anzeichen einer Störung des Faulprozesses und deshalb von großer Bedeutung für den Faulbetrieb.

*Zusammensetzung der Schlammteilchen*

Für manche Verfahren der Schlammentwässerung ist auch die Zusammensetzung der Schlammteilchen von Bedeutung. Dies gilt besonders beim Einsaz von Zentrifugen. Ist der Anteil an Feinstoffen sehr hoch, eignet sich der Schlamm schlecht zur Behandlung in Zentrifugen, weil die Feinkornanteile oft nicht mit abgeschieden werden und den Zentrifugenüberlauf belasten. Falls Flockungsmittel zugesetzt werden, erhöht sich die Zugabemenge durch hohe Feinstkornanteile entsprechend.

*Heizwert*

Klärschlämme haben infolge ihres Gehaltes an organischer Substanz einen Heizwert, dessen Bestimmung dann von Wichtigkeit ist, wenn der Schlamm verbrannt wird. Bei häuslichen Schlämmen besteht eine enge Beziehung zwischen Glühverlust und Heizwert.

Der spezifische Heizwert ($H_u$) gibt an, welche verwertbare Energie durch die Verbrennung von 1 kg Trockensubstanz in Form von Wärme frei wird. Für wasserfreie organische Trockensubstanz liegt er bei $H_u = 21\,000$ kJ/kg. Bezogen auf die wasserfreie Trockensubstanz kann man den Heizwert überschlägig nach der Formel

$$H_u = 21\,000\ \mathrm{kJ/kg} \cdot \mathrm{GV}$$

ausrechnen, wobei GV in % der Trockenmasse einzusetzen ist.

Für die technische Anwendung ist nicht der Heizwert der Schlammtrockensubstanz, sondern der Heizwert des Schlammes einschließlich des noch in ihm enthaltenen Wassers von Bedeutung.

*Gut ausgefaulter* Schlamm riecht erdig-teerig oder wie Walderde leicht modrig. Er ist schwarz bis dunkelgrau und bekommt beim Entwässern in Beeten schmale Risse. Sein Restanteil an organischer Substanz liegt bei etwa 45% (Glühverlust).

*Schlecht ausgefaulter* Schlamm stinkt und ist meistens hellgrau oder bräunlich, er entwässert nur schwer und bleibt lange Zeit schleimig; die Trockenrisse sind breit. Da der Gehalt an organischer Substanz noch groß ist, trifft man dort häufig die große, gelbe Dung- oder Schlammfliege an, weil sie noch Nahrung findet.

Gesunder Belebtschlamm ist braun. Der Rücklauf- und Überschußschlamm ist meist wegen der Eindickung in der Nachklärung etwas dunkler.

Im Schlamm sind fast immer *Krankheitserreger* (pathogene Keime wie Bakterien oder Viren oder Wurmeier) vorhanden, die auch nach der Faulung vielfach noch lebensfähig sind. Bei landwirtschaftlicher Verwertung des entwässerten oder nassen Schlammes ist deshalb darauf zu achten, wo und wann er aufgebracht wird.

Weitere Einzelheiten über Schlammbeschaffenheit und seine Unterbringung im Landbau siehe unter Landwirtschaftlicher Verwertung und maschinelle Entwässerung.

## 4.2 Grundschema der Schlammbehandlung und -entsorgung

Bei der Abwasserbehandlung anfallender Schlamm muß nicht nur behandelt, sondern letzten Endes auch endgültig und schadlos für die Umwelt beseitigt werden. „Ein Klärwerk, bei dem das nicht gelingt, ist nichts wert." Diesen Satz schrieb Dr. K. Imhoff schon 1951 in seinem Taschenbuch der Stadtentwässerung [13]. Er ist heute, da die Anforderungen an die Abwasserreinigung immer höher geschraubt werden und damit immer mehr Schlamm anfällt, richtiger denn je. Jede Deponie kann im Grunde zu einer Altlast von morgen werden. Insofern muß es auf lange Sicht das Ziel aller Schlammbehandlungsverfahren sein, seine Beseitigung durch Rückführung in den natürlichen Stoffkreislauf zu erreichen.

In Bild 4.1 ist eine Vielzahl von technischen Möglichkeiten und Verfahrenskombinationen der Schlammbehandlung dargestellt. Ausgehend vom Rohschlamm sind die Vorgänge Eindicken, Stabilisieren, Konditionieren, Entwässern, Entseuchen, Trocknen, Kompostieren und Verbrennen (Veraschen) als Verfahrensketten miteinander verknüpft. Es wird deutlich, daß beim Schlamm je nach Schlammeigenschaften, Behandlungsart und Behandlungsziel sehr unterschiedliche Verfahrensschritte notwendig und möglich sind. Als Endpunkt ist die Beseitigung in Form der Deponie oder der Verwertung in der Landwirtschaft angegeben, wobei die Deponie zunehmend in Frage gestellt wird.

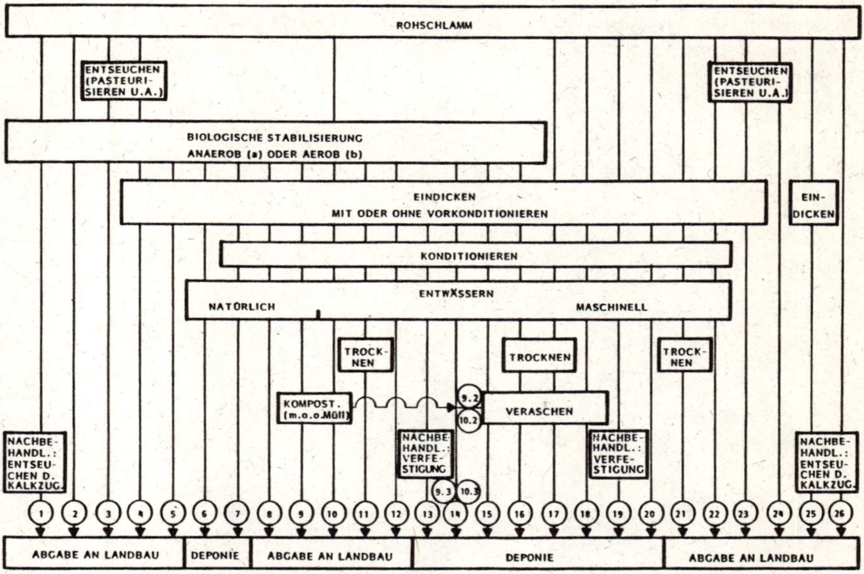


Bild: 4.1: Verfahrensketten der Schlammbehandlung (nach Möller)

# 4.3 Physikalisch-chemische Vorgänge bei der Schlammbehandlung

## *4.3.1 Grundlagen*

Klärschlämme sind Suspensionen, d. h. sie bestehen aus einem flüssigen und einem festen Anteil. Im verfahrenstechnischen Sprachgebrauch werden die im festen Anteil enthaltenen Stoffe allgemein als Feststoffe, ungelöste Stoffe, Trockenstoffe oder Trockenrückstand bezeichnet (siehe DIN 4045, DIN 38414 [8]). Trockenrückstand ist der Rückstand, welcher nach dem Trocknen einer Probe bei 105° C verbleibt. Im Trockenrückstand (TR) mit der Maßeinheit (kg/kg) sind auch die ursprünglich gelösten Stoffe enthalten; er ist deshalb nicht mit dem oft verwendeten Begriff Feststoffe zu verwechseln, da dieser die gelösten Stoffe nicht enthält.

Einer der wichtigsten Schritte der Schlammbehandlung ist die Verminderung des Volumens durch Wasserabtrennung. Andernfalls sind bei allen anderen Verfahrensschritten unnötig große Mengen zu bewältigen.

Das Schlammwasser ist unterschiedlich stark an die Feststoffe gebunden.

Man kann also unterscheiden zwischen (Bild 4.2):

| | | |
|---|---|---|
| Außenwasser | geringe | Bindungskräfte |
| – Zwischenraumwasser | | |
| – Haftwasser | | |
| – Kapillarwasser | | |
| – Absorptionswasser (Benetzungswasser) | | |
| Innenwasser (Zellflüssigkeit). | hohe | |

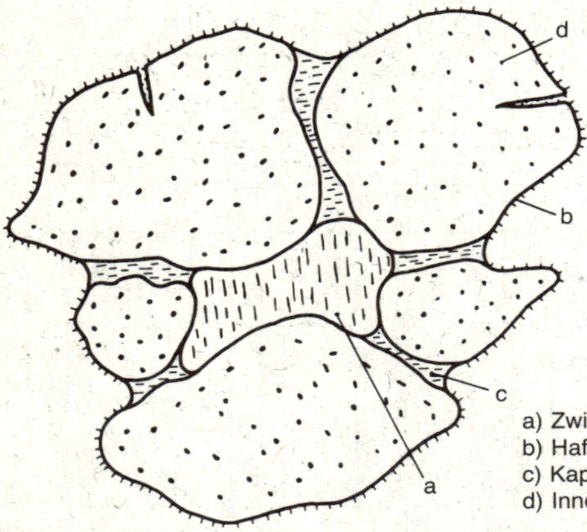


Bild 4.2: Schematische Darstellung der Wasserarten im Schlamm

Den größten Mengenanteil macht das Wasser zwischen den Feststoffteilchen, das *Zwischenraumwasser* aus. Es läßt sich wegen seiner geringen Bindungskräfte einfach unter Einwirkung der Schwerkraft durch Eindickung abtrennen (Bild 4.3). Das *Haftwasser* benetzt die Feststoffteilchen mit einem dünnen Film. An Stellen, wo zwischen den Feststoffteilchen nur geringe Abstände vorhanden sind, bildet es durch die Oberflächenspannung Wasserbrücken. Es wird daher wegen seines Verhaltens, das dem Anstieg in Glasröhrchen mit kleinem Durchmesser (Kapillaren) vergleichbar ist, *Kapillarwasser* genannt. Beide Arten sind wegen der stärkeren Bindungskräfte nur unter Anwendung größerer Kräfte bei der Entwässerung abzutrennen (Bild 4.3). *Absorptionswasser* ist sehr fest direkt an die Oberfläche der Feststoffe gebunden. Es kann nur durch Trocknung entfernt werden (Bild 4.3). *Innenwasser* läßt sich abtrennen, wenn es durch Zerstörung der Zelle zu Außenwasser geworden ist.

Die Stärke der Wasserbindung hängt von den spezifischen Wasserbindungskräften und der Teilchengröße (Oberfläche) der Feststoffteilchen ab. Je geringer der Korndurchmesser oder je feinflockiger die Schlammstruktur ist und je mehr kolloidale Teilchen der Schlamm enthält, umso schlechter läßt er sich entwässern.

Nach dem Wasserbindungsvermögen unterscheidet man drei Gruppen:
- gut entwässerbare Schlämme,
- mittelmäßig entwässerbare Schlämme und
- schlecht entwässerbare Schlämme.

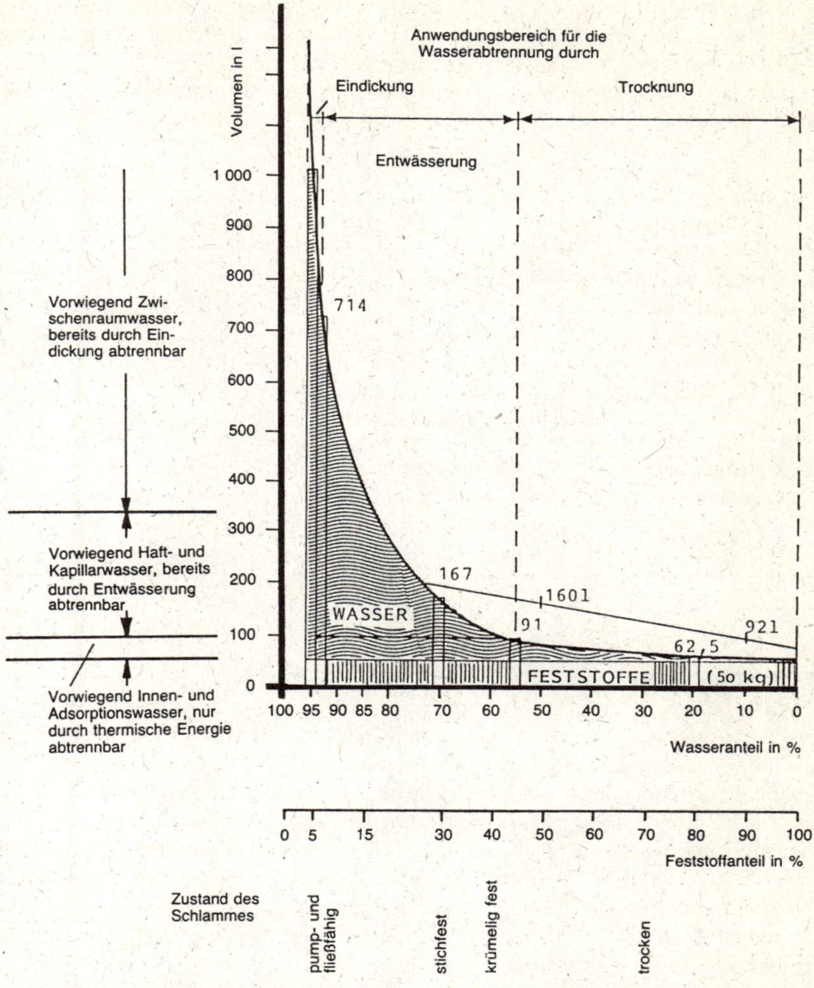


Bild 4.3: Volumenänderung durch Schlammwasserentzug – Anwendungsbereiche für Eindikkung, Entwässerung und Trocknung

Zur Gruppe 1 gehören Schlämme mit hohen mineralischen Anteilen wie Schleif- oder Gießsande oder Rückstände aus der Erzaufbereitung.

Zur Gruppe 2 gehören Vorklär- oder Faulschlämme ohne wesentliche industrielle Anteile.

Die Gruppe 3 umfaßt Belebtschlämme, aerob stabilisierte Schlämme, Hydroxidschlämme aus Galvaniken und Beizereien und Phosphatfällungsschlämme.

Alle Maßnahmen zur Verbesserung der Entwässerungseigenschaften von Schlämmen werden unter dem Begriff *Konditionierung* zusammengefaßt. Sie zielen darauf ab, das Wasserbindungsvermögen der Feststoffe zu verringern oder die Schlammstruktur zu verbessern, so daß die zur Wasserabtrennung notwendigen Kräfte kleiner werden. Üblich sind folgende Methoden:

| physikalisch | chemisch | thermisch |
|---|---|---|
| Strukturverbesserung zum Beispiel durch Zusatz von Asche | Flockenbildung durch Zusatz anorganischer Stoffe<br>– Kalk<br>– Fe-Verbindungen<br>– Al-Verbindungen | Zerstörung der Zellen durch Erhitzen mit hohen Temperaturen/ Drücken |
| Strukturverbesserung durch Schlammwaschung | Flockenbildung durch Zusatz organischer Flockungshilfsmittel | Zerstörung der Zellen durch Gefrieren |

### *4.3.2 Eindickung*

Unter Eindickung versteht man die Konzentration der Feststoffe im Schlamm auf einen Anteil von – je nach Schlammeigenschaften – max. rd. 10–15%. Dieser wichtige Schritt der Volumenverminderung durch Eindickung kann an verschiedenen Stellen in der Verfahrenskette erfolgen. Bei aerob stabilisierten Schlämmen aus schwach belasteten Belebungsanlagen erfolgt eine Nacheindickung. Das Ergebnis ist meist wenig zufriedenstellend, da aerob stabilisierte Schlämme von Natur aus schlecht eindicken. Vor der anaeroben Stabilisierung (Faulung) ist eine Voreindickung des Rohschlammes sinnvoll. Aber auch der ausgefaulte Schlamm sollte vor der Abgabe an die Landwirtschaft oder vor der maschinellen Entwässerung weiter eingedickt werden. Hierbei können Nacheindickung und Speicherung sinnvoll miteinander verbunden werden.

#### *Natürliche Eindickung*

Die natürliche Eindickung unter *Einwirkung der Schwerkraft* ähnelt dem Absetzvorgang bei der Abwasserbehandlung: Teilchen, die schwerer als Wasser sind, sinken zu Boden. Beim Schlamm ist lediglich die Konzentration der Feststoffe wesentlich höher.

Dabei bilden sich im Eindicker verschiedene Zonen aus (Bild 4.4): Im oberen Bereich entsteht bei der Trennung von Wasser und Schlamm eine Trübwasserzone und ein deutlicher Schlammspiegel. Mit zunehmender Tiefe sammeln sich immer mehr Teilchen, die zusammenstoßen und sich gegenseitig beim Absetzen behindern, die Konzentration nimmt zu. Schließlich werden in den tieferen Zonen die Feststoffe immer mehr durch die Auflast der darüberliegenden Schichten verdichtet. Man bezeichnet daher diesen Bereich als Verdichtungs- oder Eindickzone. Im Räumbereich ist die

Feststoffkonzentration am höchsten, sie hängt von der Auflast (also von der Schlammspiegelhöhe bzw. der Tiefe des Eindickers) und von der Verweilzeit des Schlammes ab. Außerdem ist das Entwässerungsverhalten maßgebend.

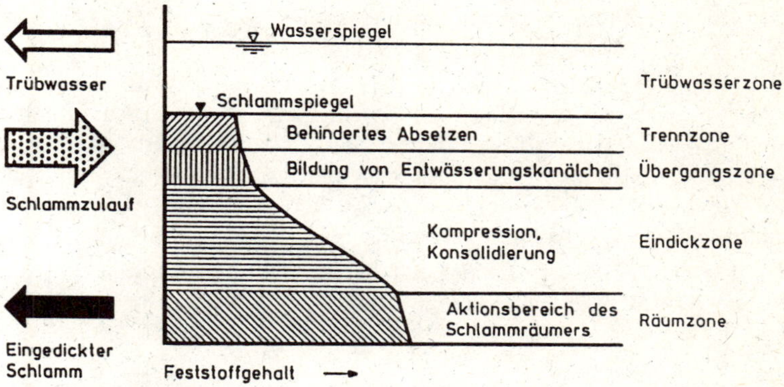


Bild 4.4: Vorgänge in einem Eindicker

Folgende Richtwerte (GV = Glühverlust, ISV = Schlammindex) können für den Trockenrückstand TR des Schlammes angegeben werden:

| | | |
|---|---|---|
| Vorklärschlamm | GV > 65% | 5 – 8 % |
| | GV < 65% | 6 –12 % |
| Tropfkörperschlamm | | 4 – 8 % |
| Belebtschlamm | ISV < 80 ml/g | 2,5– 3,5% |
| | ISV < 100 ml/g | 2 – 3 % |
| | ISV < 150 ml/g | 1,5% |
| Vorklär- und Überschußschlamm | ISV < 100 ml/g | 4 – 6 % |
| gemischt | ISV > 100 ml/g | 3 – 5 % |
| Faulschlamm Vorklärung/Belebung | | 5 – 7 % |
| Thermisch konditionierter Schlamm | | 10 –15 % |

Die Grenze der Eindickung wird erreicht, wenn der Schlamm kein Wasser mehr abgibt oder wenn er durch Anfaulung Gas bildet und wieder auftreibt.

Die Betriebserfahrung zeigt, daß sich bei Vorklär- und Überschußschlamm durch Anfaulen die Flockenstruktur nachteilig verändert, so daß die Entwässerungseigenschaften schlechter werden. Daher sollte die Verweilzeit im Eindicker 1 bis 2 Tage betragen und 3 Tage nicht überschreiten. Neuerdings geht man auch wieder dazu über, Vorklär- und Überschußschlamm nicht mehr gemischt, sondern getrennt einzudicken:

Den Vorklärschlamm im Trichter des Vorklärbeckens, den Überschußschlamm im Eindicker. Dadurch kann für jede Schlammart die günstigste Betriebsweise gefunden werden.

Ausgefaulter Schlamm zeigt dagegen deutlich bessere Entwässerungseigenschaften. Daher ist eine Nacheindickung, etwa in Schlammsilos vor der Abgabe an die Landwirtschaft oder vor der weiteren Behandlung, vorteilhaft.

Insgesamt hängt der Eindickgrad von der Struktur und den Entwässerungseigenschaften des Schlammes sowie von der Höhe der Eindickzone und der Aufenthaltszeit des Schlammes in dieser Zone ab. Tiefe Eindicker wirken daher besser als flachere Bauweisen. Dabei sollte die Aufenthaltszeit des Schlammes zur Vermeidung von Faulvorgängen oder Denitrifikation, bei der sich Gasbläschen bilden, 1 bis 2 Tage, je nach Schlammart max. 3 Tage, nicht überschreiten.

Nach der Betriebsweise unterscheidet man bei der natürlichen Eindickung durch Wirkung der Schwerkraft Standeindicker und Durchflußeindicker.

*Standeindicker*

Standeindicker werden nur einmal beschickt und dann stehengelassen (wie Absetzzylinder im Labor). Man muß also mindestens 2 bis 3 Eindicker vorhalten, wenn die max. mögliche Aufenthaltszeit zwischen 2 bis 3 Tagen beträgt. Standeindicker sind nur bei kleinen Kläranlagen sinnvoll. Da eine Räumeinrichtung vermieden werden soll, muß die Sohle sehr stark geneigt (etwa 1,7 : 1) und ganz glatt ausgebildet sein. Sonst muß regelmäßig Schlamm abgeschoben werden. Trübwasser kann mit Stufenablässen (Bild 4.5), schwimmenden Abzugsvorrichtungen oder höhenverstellbaren Abzugsrohren (Bild 4.6) abgezogen werden. Man muß genau beobachten, wann das Trübwasser in Dünnschlamm übergeht.

*Durchflußeindicker*

Für größere Anlagen kommen, schon wegen der erforderlichen Anzahl, nur Durchflußeindicker, in der Regel als Voreindicker, infrage. Sie werden entweder ständig oder mit kurzen Unterbrechungen immer wieder beschickt. Der Schlamm durchläuft von oben nach unten Zonen mit zunehmender Verdichtung (Bild 4.4). Er wird an der Sohle mit Hilfe eines Räumschildes zur Mitte geschoben und von dort in bestimmten Abständen abgepumpt. Das Trübwasser läuft entsprechend der Beschickung entweder ständig oder immer wieder über einen Überfall am Eindickerrand ab.

*Bauformen und maschinentechnische Ausstattung*

Durchflußeindicker entsprechen in ihrer Funktion Absetzbecken mit längerer Aufenthaltszeit. Sie werden meistens als Rundbecken gebaut, die Schlammzuführung kann seitlich oder in Beckenmitte erfolgen. Querdurchströmte Eindicker dicken meist etwas schlechter ein als Eindicker mit einer Schlammbeschickung in der Mitte. Prallwände im Einlaufbereich sollen eine möglichst gleichmäßige Verteilung bewirken, am Ablauf ist eine Tauchwand gegen Schwimmschlamm erforderlich.

Zur Schlammräumung ist bei Eindickern mit flacher Sohle ein Räumer erforderlich. Die Konstruktion hängt neben der Form und der Größe des Eindickers vom Feststoff-

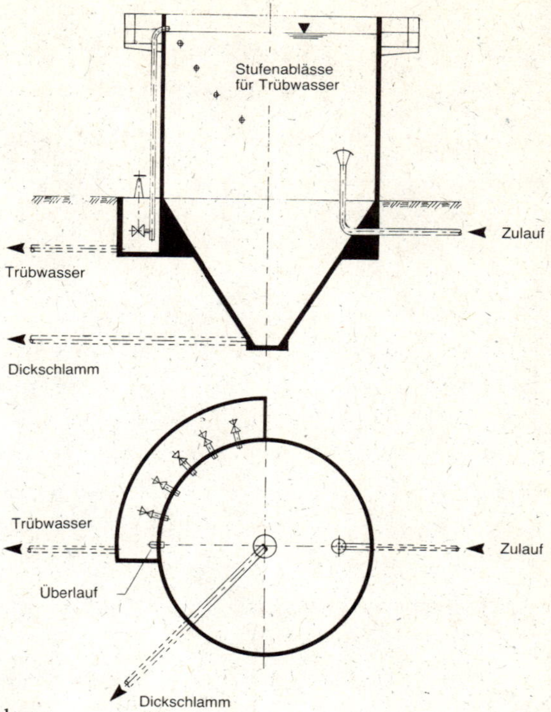


Bild 4.5: Standeindicker

anteil des eingedickten Schlammes ab. Bei Überschußschlamm und Mischungen aus Vorklär- und Überschußschlamm kommunaler Kläranlagen werden meist umlaufende Räumerbrücken mit Außenantrieb eingesetzt. Für stark eindickfähige, insbesondere Industrieschlämme, bevorzugt man Schlammkrählwerke mit Zentralantrieb. Häufig werden oberhalb des Räumschildes senkrechte Stäbe angeordnet, die bei Umlauf des Räumers den Schlamm in der Übergangszone durchkämmen und die Bildung von Entwässerungskanälen begünstigen (Bild 4.7).

Die Räumung des auftretenden Schwimmschlammes ist bei vielen Eindickern nur unvollkommen gelöst. Meist schiebt ein Schwimmschlammräumschild den Schwimmschlamm bei jedem Umlauf in eine Tasche am Beckenrand. Von dort soll er in einen Schwimmschlammschacht abfließen. Diese Taschen sind häufig zu klein. Andererseits ist der Schwimmschlamm meist wenig fließfähig und führt daher zu Verstopfungen der Taschen. Eine andere Form ist der ständige Abzug mit einer Skimmrinne, der sich bewährt, wenn ständig ein geringer Spülwasserstrom mit abgezogen wird.

*Eindickung in der Vorklärung*

Ist der Trichter des Vorklärbeckens ausreichend groß und tief, eignet er sich sehr gut zur Schlammeindickung. Bei Becken mit einer Durchflußzeit von mehr als zwei Stunden können auf diese Weise sogar Vorklär- und Überschußschlamm gemeinsam eingedickt

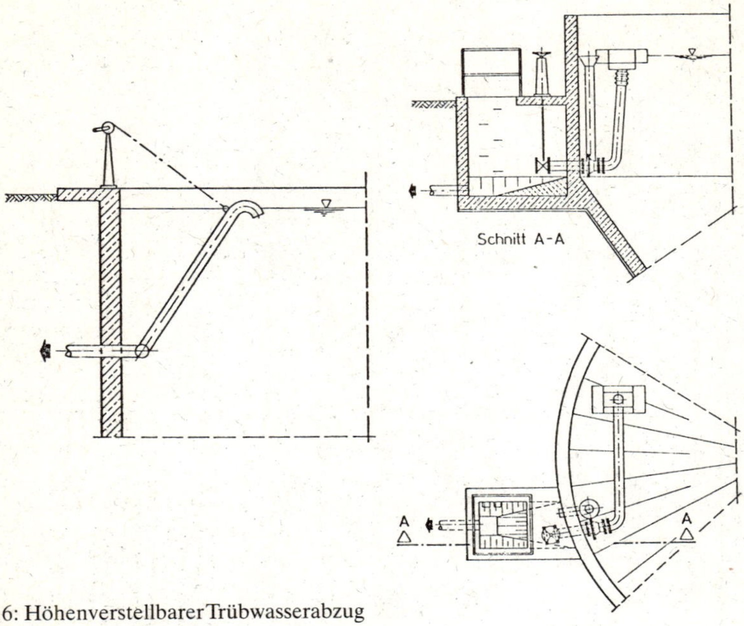


Bild 4.6: Höhenverstellbarer Trübwasserabzug

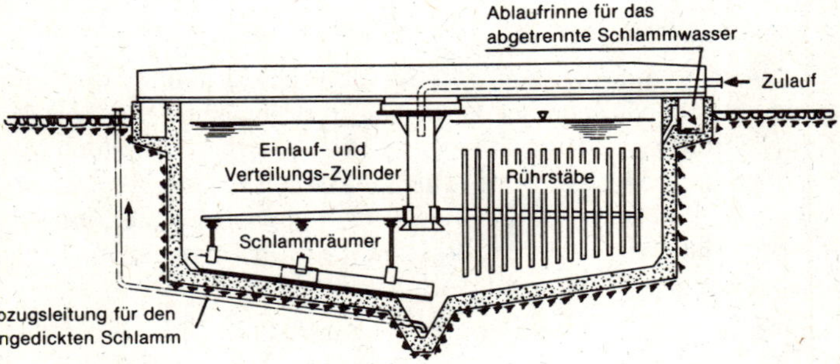


Bild 4.7: Durchflußeindicker mit Krählwerk

werden. Voraussetzung ist eine häufige Räumung des Vorklärbeckens und eine automatisierte Förderung des eingedickten Schlammes in den Faulbehälter: Die Schlammpumpen laufen mehrmals am Tag, durch eine Zeitschaltuhr gesteuert, für kurze Zeit an und pumpen jeweils eine geringe Menge Schlamm ab. Dadurch wird die Beschickung des Faulbehälters vergleichmäßigt. Im Trichter der Vorklärung wird der Schlammspiegel immer so hoch gehalten, daß ein ausreichender Verdickungsdruck in der Eindickzone vorhanden ist.

Neuerdings werden Vorklärbecken nur noch mit Durchflußzeiten von rd. 1 Stunde bemessen. Bei Regenwetterzufluß wird dann die Oberflächenbeschickung so hoch, daß eine Eindickung des Überschußschlammes nicht mehr möglich ist. Es baut sich ein interner Schlammkreislauf aus Belebtschlamm auf. Bei diesen Anlagen sollten die Trichter der Vorklärung nur zur Eindickung des Vorklärschlammes genutzt werden. Dabei ergeben sich bei zu langer Eindickzeit so hohe Feststoffkonzentrationen, daß die Förderung des Schlammes erschwert wird. Es muß deshalb häufiger abgepumpt werden. Überschußschlamm sollte getrennt, entweder auch in einem Eindicker oder mit Hilfe einer maschinellen Einrichtung (Eindickzentrifuge oder Flotation) eingedickt werden.

### *Maschinelle Eindickung*

*Flotation*

Anstelle der Eindickung unter Einwirkung der Schwerkraft ist auch eine Eindickung durch *Flotation* möglich. Mit Flotation bezeichnet man das Aufschwimmen von Stoffen und ihre Anreicherung an der Wasseroberfläche. Dieses Aufschwimmen wird bewirkt oder – bei Stoffen, die eher zum Aufschwimmen als zum Absetzen neigen – unterstützt durch künstlichen Eintrag möglichst feiner Luft- oder Gasblasen. Die Flotation wurde zuerst bei der Erzgewinnung und -aufbereitung, jetzt auch in der Abwassertechnik angewendet.

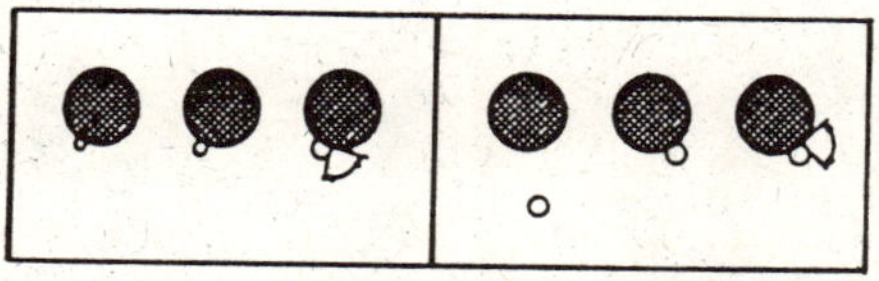

Adhäsion der Luftbläschen an suspendierten Stoffen

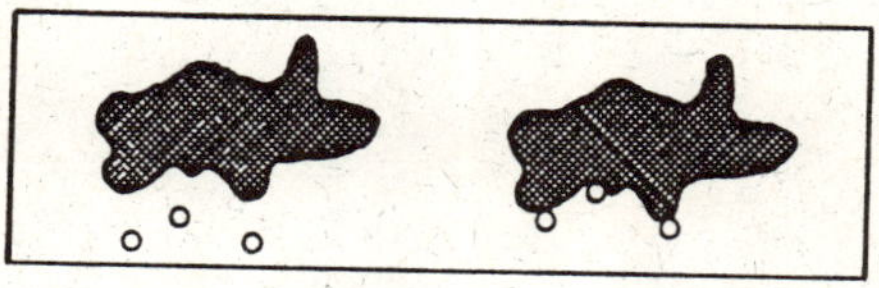

Einfangen der Luftbläschen in das Flockengefüge

Absorption der Luftbläschen im Flockengefüge bei der Flockenbildung

Bild 4.8: Entstehung von Luft-Wasser-Aggregaten

Erfahrungen liegen vor allem mit der Entspannungsflotation vor: Luftgesättigtes Druckwasser wird in ein Flotationsbecken unter dem Schlammzulauf eingeleitet und entspannt. Dadurch werden feinste Luftbläschen frei, die sich mit den Schlammteilchen vermischen und an diese anlagern. Dabei haben die Oberflächeneigenschaften der Feststoffe einen großen Einfluß auf die Anlagerung und Haftung der Luftbläschen. Bei Belebtschlammflocken können sich die Luftbläschen besonders gut unter der Flocke anlagern oder von der Flocke eingefangen werden (Bild 4.8). Die angelagerten Luftbläschen bewirken das Aufschwimmen (Flotieren) der Feststoffe. An der Wasseroberfläche entsteht eine Schlammschicht, die abgeräumt werden kann.

Da in der Abwassertechnik auch mit absetzbaren Feststoffen zu rechnen ist, wird im Flotationsbecken neben dem Schlammabzug von der Oberfläche auch eine Schlammräumung am Boden vorgenommen.

Für die Flotationseindickung benötigt man das eigentliche Flotationsbecken mit Räumeinrichtungen für den flotierten Schlamm an der Oberfläche und für das abgesunkene Material an der Sohle sowie den Druckkessel (Bild 4.9). In diesem Kessel wird Schlamm oder Wasser unter Druck mit Luft gesättigt. Bei der Entspannung unter normalen atmosphärischen Bedingungen im Flotationsbecken werden dann die Luftbläschen freigesetzt, die ein Aufschwimmen der Schlammflocken bewirken.

Zur Bereitstellung der erforderlichen Luftblasenmenge unterscheidet man folgende Verfahren: Der gesamte Schlammstrom wird unter Druck mit Luft gesättigt (Vollstromverfahren), nur ein Teilstrom wird gesättigt (Teilstromverfahren) oder das Klarwasser aus dem Ablauf der Flotation wird mit Luft gesättigt und dem Schlammstrom zugemischt (Rücklaufverfahren). Beim Rücklauf-

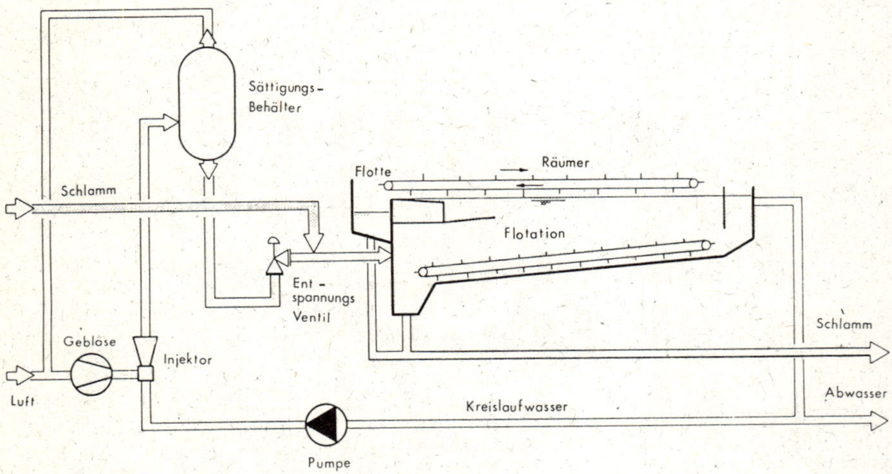


Bild 4.9: Verfahrensschema einer Entspannungsflotation (Fa. Babcock)

verfahren scheint es die geringsten betrieblichen Probleme zu geben. Im übrigen wird diese Technik erst auf Großanlagen mit Erfolg eingesetzt.

Wegen der Kosten für die maschinelle Einrichtung und den Energieaufwand wird die Flotation bisher eher bei Industrieschlämmen, auf kommunalen Kläranlagen selten und meistens auch nur für Belebtschlamm angewendet. Dabei ist ein Trockenrückstand TR von 4–5% erreichbar.

*Eindickzentrifuge*

Als weiteres Verfahren der maschinellen Eindickung hat sich der Einsatz von speziell entwickelten *Eindickzentrifugen* bewährt.

Bei der Zentrifugation wird in einem Rohr, das sich mit hoher Geschwindigkeit dreht, ein künstliches Schwerefeld erzeugt: Durch die Zentrifugalkraft wird der Feststoffanteil des Schlammes gegen die Rohrwand gedrückt. Die groben Feststoffe sammeln sich außen, nach innen zur Drehachse hin werden sie immer feiner, ganz innen ist nur Wasser (Bild 4.10). Das Wasser tritt über eine Wehrscheibe aus der Zentrifuge aus, die Feststoffe werden mit einer Schnecke, die mit etwas geringerer Drehzahl mitläuft, zur Gegenseite hin ausgetragen.

Wesentliches Merkmal für die Wirkung der Zentrifuge ist der Feststoffgehalt im Schlammwasser (Zentrifugat) und der erreichbare Trockenrückstand.

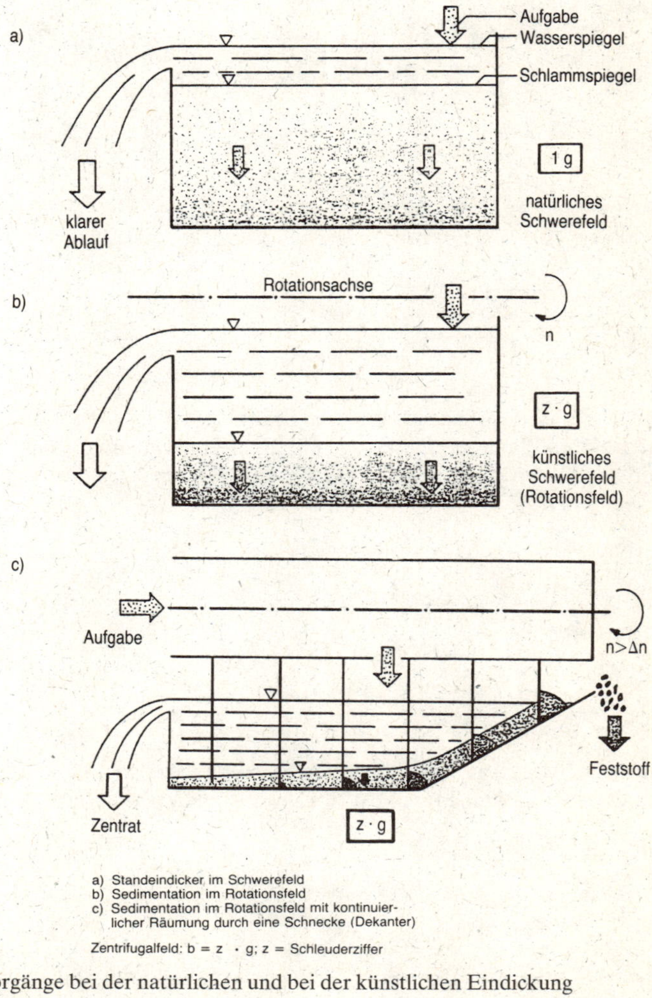


a) Standeindicker im Schwerefeld
b) Sedimentation im Rotationsfeld
c) Sedimentation im Rotationsfeld mit kontinuierlicher Räumung durch eine Schnecke (Dekanter)

Zentrifugalfeld: $b = z \cdot g$; $z$ = Schleuderziffer

Bild 4.10: Vorgänge bei der natürlichen und bei der künstlichen Eindickung

Die Eindickzentrifuge (Bild 4.11) wird gegenüber der Entwässerungszentrifuge (Bild 4.21) wesentlich gedrungener gebaut, die Betriebsweise ist aber ähnlich. Allerdings kann bei den meisten Schlämmen auf die Zugabe von Flockungshilfsmitteln verzichtet werden. Auch die Wahl der Differenzdrehzahl und die Wehrscheibeneinstellung ist den Eindickeigenschaften des Überschußschlammes angepaßt (siehe auch Abschnitt 4.3.3).

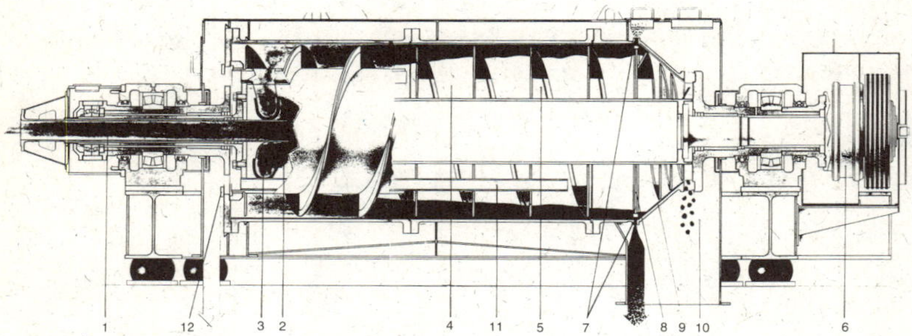


Bild 4.11: Eindickzentrifuge (Fa. KHD)

Wegen der Kosten für die Maschine und den Energieaufwand werden Eindickzentrifugen nur für Belebtschlamm eingesetzt. Außerdem versucht man, ohne Konditionierung des Schlammes auszukommen. Dabei ist ein Trockenrückstand TR von 6–8% im Alltagsbetrieb üblich.

### *4.3.3 Entwässerung*

#### *Natürliche Entwässerung*

Als natürliche Entwässerung kann man Verfahren bezeichnen, die den Wassergehalt des Schlammes ohne maschinentechnische Einrichtungen vermindern.

#### *Schlammtrockenbeete*

Das älteste Verfahren zur Entwässerung von stabilisiertem Schlamm ist die Anwendung von Schlammtrockenbeeten. Bei kleinen Anlagen wird es auch heute noch angewandt.

Ausreichende Flächen vorausgesetzt, ist der Aufwand für Trockenbeete verhältnismäßig gering. Das Verfahren hat mit Zunahme der Belebungsanlagen gegenüber Tropfkörperanlagen an Bedeutung verloren, da es bei Belebungsanlagen wegen des großen Anteils an Kolloiden (feinstkörnige, klebrige halbgelöste Stoffe) häufig versagt.

Unter einer durchlässigen Schicht aus Sand oder Kies (siehe Bild 4.12), auf die der Schlamm in 20–40 cm dicker Schicht abgelassen wird, sind Dränrohre eingebaut, durch die das Sickerwasser ablaufen kann. Sickerwasser ist dem Kläranlagenzulauf zuzuführen. Die Dränleitungen neigen sehr zur Verschlammung. Verstopfungen sind stets zu entfernen, wenn sie erkannt und zugänglich sind. Ein großer Teil des sich abscheidenden Wassers verdunstet von der Schlammoberfläche. Wenn der nach etwa 6–8 Wochen stichfest gewordene Schlamm nicht abgefahren wird, kann der nächste Regen ihn wieder für viele Tage naß und verladeuntauglich machen. Das Wiedertrocknen wie auch die Entwässerung selbst gehen schneller vor sich, wenn die Oberflächenhaut aufgerissen wird. Dafür werden bereits Maschinen angeboten, die auch den Schlamm aufnehmen und laden können. In manchen Fällen wurden die Trockenbeete durch Abdeckfolien oder Dächer mit Erfolg vor dem Vernässen durch Regen geschützt.

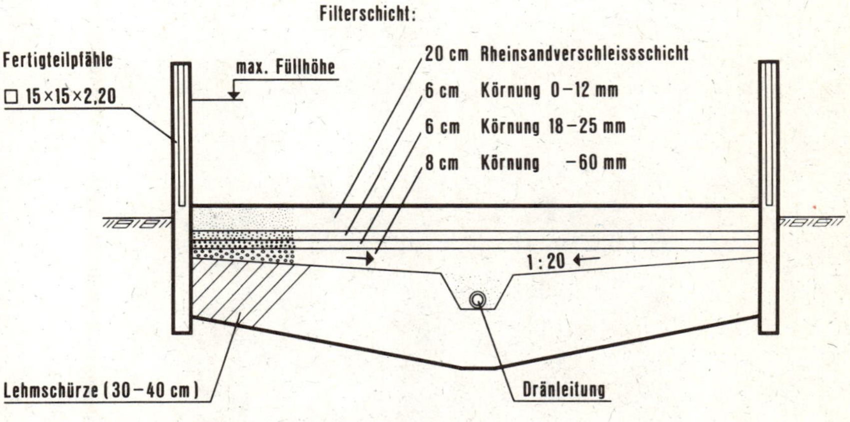


Bild 4.12: Beispiel eines Schnittes durch ein Schlammtrockenbeet

Wenn der ganze Faulschlammanfall auf Trockenbeeten entwässert werden soll, sind je 1000 EW etwa 100–200 m² Beetfläche erforderlich. Dabei wird eine 6- bis 7malige Räumung im Jahr vorausgesetzt.

Nach jeder Räumung ist die Sanddeckschicht (Verschleißschicht) wieder aufzubringen, unter Umständen mit Sand vom Sandfang. Lochziegel als Bodenbelag haben sich nicht überall bewährt.

Wenn Entwässerungsrinnen rings um die Beete verlaufen und die Beetwände aus Betondielen bestehen, hat es sich vielfach als zweckmäßig erwiesen, nach einigen Tagen zwischen den Dielen Spalten zu öffnen. An einzelnen Stellen läuft dann Wasser ab, ohne nennenswert Schlamm mitzureißen. Die Bauweise hat auch den Vorteil, daß am Boden der Beete ein fester Fahrweg zum leichteren Abtransport möglich ist und die Sanderneuerung weitgehend entfällt. Auch der Einbau von Ablaufschächten (Mönchen) hat sich bewährt, wenn auf dem Schlamm überstehendes Wasser verbleibt (Bild 4.13 und 4.14).

Zur schnelleren Schlammentwässerung werden *chemische Flockungshilfsmittel* angeboten, die richtig dosiert gute Erfolge zeigen und die Entwässerungszeit wesentlich verkürzen. Sie sind aber ziemlich teuer. Wenn die Trockenbeete zu knapp werden, kann man damit jedoch recht gut kritische Zeiten überbrücken.

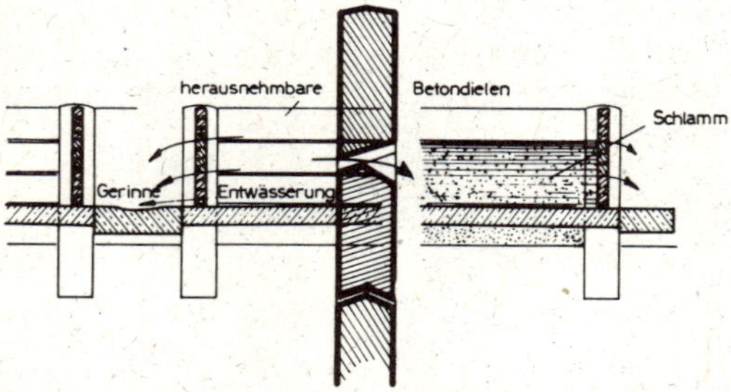


Bild 4.13: Abzug von Schlammwasser über Öffnungen zwischen Betondielen

Bild 4.14: Abzug von Schlammwasser mit Hilfe von „Mönchen“ und Filterschächten

Den Grad der natürlichen Entwässerung kann man oft durch Augenschein abschätzen, denn bei fortgeschrittenem Wasserentzug entstehen Trocknungsrisse. Verlauf und Aussehen dieser Risse geben einen Hinweis auf die Beschaffenheit des entwässerten Schlammes. So zeigen sich bei einem gut ausgefaulten, wasserarmen Schlamm mittlerer Entwässerbarkeit zahlreiche schmale Risse; wenige breitere Risse deuten auf einen

Schlamm geringer Entwässerbarkeit hin, wie er z. B. in Belebungsanlagen oder bei chemischer Behandlung entsteht; wenige breite Risse zeigen, daß der Schlamm schlecht ausgefault war und noch ein sehr großes Wasserbindungsvermögen aufweist.

***Schlammstapelräume***

Bei Schlammstapelräumen ist zu unterscheiden zwischen Anlagen, die zur endgültigen Ablagerung des Schlammes bestimmt sind und Einrichtungen, die regelmäßig zur Zwischenlagerung gefüllt und wieder geräumt werden. Erstere sind unbewirtschaftete Stapelteiche (siehe auch Abschn. 4.4); letztere sind bewirtschaftete Stapelräume.

Bewirtschaftete Schlammstapelräume für stabilisierten Schlamm ersetzen in vielen Fällen die Schlammtrockenbeete, da sie müheloser zu betreiben sind und weniger Fläche brauchen.

Da die Landwirtschaft den Schlamm nicht ohne Unterbrechung das ganze Jahr über abnehmen kann und auch bei maschineller Schlammentwässerung mit Betriebsstörungen gerechnet werden muß, sind fast auf jeder Kläranlage Schlammstapelräume notwendig, um den laufend regelmäßig anfallenden Klärschlamm aufzunehmen. Sie können in Silo- oder Erdbauweise erstellt werden. In Erdbauweise werden sie auch Schlamm-

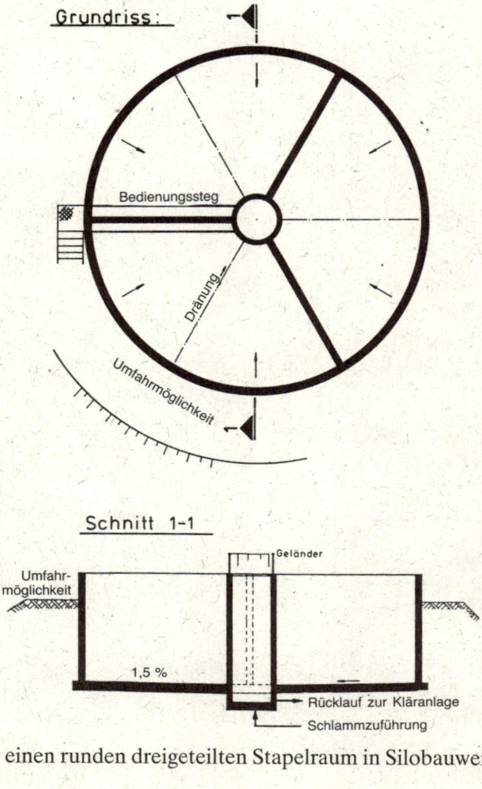


Bild 4.15: Beispiel für einen runden dreigeteilten Stapelraum in Silobauweise

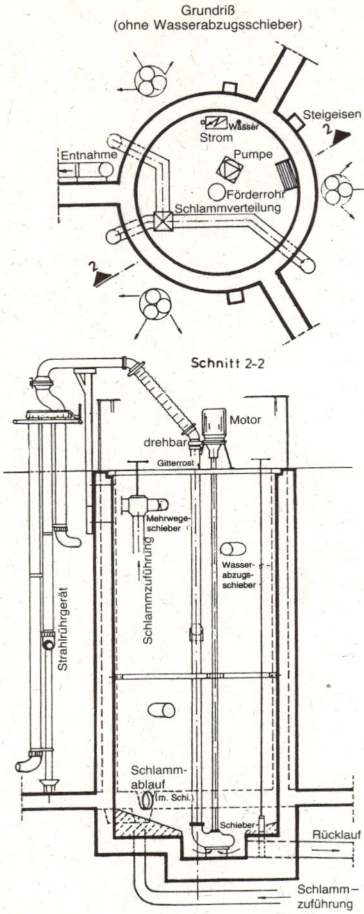


Bild 4.16: Mittelbauwerte eines dreigeteilten Stapelraumes mit Strahlrührgerät

Bild 4.17: Zapfwellenmixer mit Antrieb durch Traktor

stapelteiche, Schlammteiche oder Schlammplätze genannt. Sie haben Füllhöhen von 1,5 bis 6 m. Bei der Silobauweise (Bild 4.15 und 4.16) wird Beton oder Stahl verwendet. Sie sind rund oder viereckig und haben sich mit Füllhöhen bis zu 4 m bewährt. Die jeweils zweckmäßige Bauform hängt vor allem von den betrieblichen Erfordernissen ab. Die Anforderungen können von einer dreimonatigen bis zur mehrjährigen Stapelzeit gehen. Entsprechend der Stapelzeit und Bauform kann in Stapelräumen eine erhebliche Volumenverminderung erzielt werden. Wenn der Wasseranteil z.B. nur von 95% auf 92% vermindert wird, verringert sich das Volumen auf zwei Drittel. Der Wasseranteil kann durch Verdunstung, Wasserabzug über Schächte oder Dränungen vermindert werden. Die mit Schiebern verschließbaren Dränungen sind in Bild 4.15 und 4.16 nicht dargestellt.

Normalerweise werden mindestens zwei Stapelräume vorgesehen. Während der eine gefüllt wird, lagern die anderen, z.B. während der Vegetationszeit, oder werden geräumt. Die Silobauweise hat sich vor allem bewährt, wo der Schlamm während der Stapelzeit gleichmäßig durchmischt (homogenisiert) und für die Naßabfuhr gerade noch fließfähig (pumpfähig) gehalten werden soll. Dafür können Vorrichtungen, wie sie auch in der Landwirtschaft üblich sind, z.B. Strahlrührgeräte, Zapfwellenmixer (Bild 4.17), Elektromixer (Bild 4.18) oder Pumpen gut verwendet werden. Da mit der Naßabfuhr auch die Nährstoffe des Schlammes für den Landwirt weitgehend erhalten werden, wird so auch die Wirtschaftlichkeit der landwirtschaftlichen Verwertung günstiger.

Beim Betrieb sind folgende Punkte zu beachten:

- Überwachung der Entwässerung, Wasserabzug, Beobachtung des Schlammstandes, Dränungskontrolle und -spülung (vor der Verstopfung).
- Regelmäßiges Durchmischen alle zwei bis drei Wochen, um Schlammverfestigungen zu vermeiden.

Bild 4.18: Elektromixer

- Probenahmen für Messung auf Trockensubstanz und zur Untersuchung auf Schwermetalle und Nährstoffe.
- Räumung nach Betriebsplan in Abstimmung mit den Landwirten.
- Aufzeichnungen im Betriebstagebuch über Füllen und Räumen mit Datums- und Mengenangabe und über die zugehörigen Ergebnisse der Schlammuntersuchungen.
- Bei Stapelräumen zwischen Erddämmen sind zusätzlich die Böschungen von Zeit zu Zeit nachzusehen auf Standfestigkeit und Dichtheit, da Nagetiere die Dämme unterwühlen können.
- Wenn auf kleinen Anlagen der Schlamm nur unzureichend stabilisiert wird, können Schlammstapelräume als unbeheizte Nachfaulräume betrieben werden. Bei der Räumung läßt man dann zur Impfung der nachfolgenden Füllung eine Restschlammenge im Stapelraum.

***Maschinelle Entwässerung***

Mit Hilfe von Maschinen kann im Vergleich zu den natürlichen Verfahren Zeit und Fläche eingespart werden. Aber auch die Kosten steigen erheblich an, weil Maschinen gekauft und betrieben werden müssen und weil der Schlamm bei diesen Verfahren konditioniert, d. h. vorbehandelt werden muß (Abschnitt 4.31).

Dadurch werden Bedingungen geschaffen, unter denen eine maschinelle Entwässerung erst wirkungsvoll möglich ist.

Die folgenden Ausführungen stützen sich vor allem auf die Erfahrungen, die dem Arbeitsbericht „maschinelle Schlammentwässerung" des ATV/VKS Fachausschusses 3.2 entnommen sind (Korrespondenz Abwasser Heft Nr. 5/87, Seite 559 [6]).

Voraussetzung für eine optimale Schlammentwässerung ist eine zielgerichtete Kombination der Einzelschritte EINDICKUNG – KONDITIONIERUNG – ENTWÄSSERUNG – NACHBEHANDLUNG. Dabei sind die vielfältigen Wechselwirkungen zu beachten, die sich aus Unterschieden in

- den Schlammeigenschaften (z. B. Größenverteilung und Zusammensetzung der Inhaltsstoffe, Wasserbindevermögen)
- den spezifischen Verfahrenstechniken von Entwässerungsaggregaten (z. B. Wirkungsweise, Trennarbeit, Abscheidegrad, erreichbare Trockenrückstände im Endprodukt)
- der Konditionierung bzw. Nachbehandlung (z. B. durch Chemikalien, Zuschlagstoffe, thermische Einflüsse)

ergeben.

Das Entwässerungsverfahren wird im Einzelfall entscheidend von der Entsorgungssicherheit, d. h. den langfristigen Verwertungs-/Beseitigungsmöglichkeiten bestimmt

(Landbau, Deponie, Verbrennung). Erst wenn dies geklärt ist und damit auch das Entwässerungsziel festliegt, kann die gesamte Verfahrenskette (vergleiche Bild 4.1) für die Klärschlammbehandlung erarbeitet werden. Ohne eine solche Gesamtbetrachtung ist ein Vergleich zwischen unterschiedlichen Entwässerungsverfahren nicht sinnvoll. Ein derartiger Vergleich liegt zwar nicht im Zuständigkeitsbereich des Ver- und Entsorgers, doch er kann mit seinen Betriebskenntnissen wesentlich zur Entscheidungsfindung beitragen.

Folgende Kriterien sind dabei zu prüfen oder zu bewerten:

- Betriebsergebnisse (Trockenrückstände im Endprodukt und dessen Konsistenz, Trennschärfe/Abscheidegrad),
- die Zuverlässigkeit (Betriebssicherheit aller technischen Einrichtungen, Einhaltung vorgegebener Betriebsergebnisse/Entwässerungsziele) und Flexibilität eines Systems (Anpassungsfähigkeit an wechselnde Belastungen/Betriebssituationen, Störfälle),
- Betriebsmittelkosten für Chemikalien/Zuschlagstoffe (Konditionierung), Wasser (Flockungshilfsmittel-Lösung, Spülwasser), Strom (tarifliche Auswirkungen beachten),
- Betriebskosten für Bedienung (nach Zahl der Arbeitsschichten), Wartung, Unterhaltung (Verschleißteile, Inspektionen), Reinigungsarbeiten,
- Folgekosten aus der Schlammnachbehandlung, für die Schlammwasserbehandlung (Rückbelastung einschließlich der Auswirkungen auf den Klärwerksablauf/die Abwasserabgabe), für den Schlammtransport und die Verwertung/Beseitigung,
- Investitionskosten (Kapitalkosten) für Maschinen, Installation und Bauwerke (Hochbauten, Zwischenlager) einschließlich der notwendigen Reserven (Verfügbarkeit, künftige Entwicklungen).

Weiterhin sind wichtig

- Emissionen wie Gerüche oder Geräusche,
- die Anforderungen an das Personal,
- der Regelungsbedarf,
- die Nutzungsdauer von Aggregaten und Verschleißteilen,
- Bedarf an Reserveaggregaten,
- die Verträglichkeit der Schmutzfrachten aus dem Zentrat/Filtrat für das Klärwerk,
- die Verträglichkeit/Eignung des entwässerten und eventuell nachbehandelten Klärschlammes für den Landbau (Boden, Pflanzen) oder für die Deponierung.

Die Kosten einer maschinellen Schlammentwässerung sollten nicht unterschätzt werden, wobei ein beträchtlicher Teil auf die Konditionierungsmittel entfällt. Mit Betriebsmittelkosten, die zwischen 1,50 und 6 DM/$m^3$ Naßschlamm liegen, muß in diesen Fällen gerechnet werden. Berücksichtigt man die Betriebskosten einschließlich Wartung und Unterhaltung sowie die Investitionskosten, dann ist mit Beträgen von 18 bis 25 DM/$m^3$, teilweise auch noch höher, zu rechnen.

Infolge der hohen Anforderungen sind die maschinellen Verfahren wesentlich aufwendiger als die natürlichen Entwässerungsmethoden. In vielen Fällen gibt es jedoch keine bessere Möglichkeit zur Verringerung der zu beseitigenden Schlammenge. Doch auch dann sollte auf einen Schlammstapelraum nicht verzichtet werden, da hierdurch die Betriebssicherheit der Kläranlage erheblich vergrößert wird.

Soll der Schlamm landwirtschaftlich verwertet werden, ist zuvor genau zu prüfen, ob eine maschinelle Entwässerung sinnvoll ist. Denn neben den Vorteilen des geringeren Raumbedarfs zur Zwischenlagerung und der niedrigeren Transportkosten gegenüber dem Flüssigschlamm, gibt es auch erhebliche Nachteile. Die Betriebskosten liegen erheblich höher. Die Ausbringung des Schlammes auf die Felder wird komplizierter, besonders die gleichmäßige Verteilung. Darüber hinaus kommt es zu Nährstoffverlusten; vor allem der Stickstoff wird beim Entwässerungsvorgang mit dem Schlammwasser herausgelöst.

Für den „Entwässerungserfolg" einer maschinellen Schlammentwässerungsanlage, einschließlich den Kosteneinsparungen bei den Betriebsmitteln (z. B. Flockungshilfsmitteln), ist ein fachlich ausgebildetes und gut eingewiesenes Personal von erheblicher Bedeutung.

***Konditionierung***

Die Entwässerung erfordert wegen der starken Bindung des Wassers an die Feststoffe des Schlammes (siehe Abschnitt 4.3) bei den meisten Schlämmen eine vorherige Aufbereitung, die sogenannte Konditionierung. Sie ist stets in Verbindung mit der anschließenden Entwässerung zu sehen. Dabei ist die Entscheidung über das Verfahren nicht allein von den Kosten abhängig, sondern auch davon, ob der Schlamm nach der Entwässerung deponiert oder landwirtschaftlich verwertet werden soll. Um ein optimales Ergebnis zu erzielen, können selbst für den gleichen Schlamm bei verschiedenen Entwässerungsverfahren unterschiedliche Konditionierungsmittel erforderlich werden. Je nach Verfahren entstehen Schlämme mit sehr unterschiedlichen Eigenschaften. Denn Wasserbindevermögen, Trockensubstanzgehalt oder Heizwert können sehr verschieden sein.

Die Konditionierungsverfahren sind für alle Schlämme, ob Roh- oder Faulschlamm, gleichermaßen anwendbar. Dies kann auf chemische oder physikalische Weise geschehen. Durch die Konditionierung können nennenswerte Veränderungen der Schlammtrockenmasse entstehen, welche bei einer entsprechenden Mengenbilanz zu berücksichtigen sind. Durch das bei der maschinellen Entwässerung abgetrennte Schlammwasser entsteht eine zusätzliche Belastung für die Kläranlage, die in Abhängigkeit von der gewählten Konditionierung sehr unterschiedlich sein kann.

Um die folgende Beschreibung der Konditionierungsmethoden übersichtlich zu gestalten, ist es sinnvoll, nur die heute am häufigsten eingesetzten Verfahren zu berücksichtigen.

**Chemische Verfahren**

Die Zugabe von chemischen Konditionierungsmitteln bewirkt vor allem eine Verminderung des Wasserbindungsvermögens. Dabei unterscheidet man nach anorganischen Flockungshilfsmitteln, die im Schlamm Flocken bilden, und nach organischen Polyelektrolyten, die eine Flockenbildung begünstigen, aber selbst keine Flocken bilden.

Bei einer Konditionierungsanlage nimmt die Ansetzstation für das Flockungshilfsmittel einen sehr wichtigen Platz ein. Neben der Frage, ob pulverförmige oder flüssige Mittel eingesetzt werden, spielt die Bemessung der Lager- und eventueller Reifebehälter eine bedeutende Rolle.

*Anorganische Konditionierungsmittel*

Als solche werden bevorzugt Eisen- oder Aluminumsalze sowie Kalk, allein oder in Kombination, angewendet. Sie haben die Aufgabe, die negativ geladenen Schlammteilchen und deren Wasserhüllen elektrochemisch zu destabilisieren. Diese Arbeit wird ausschließlich von den positiv geladenen Metallionen geleistet. Je stärker die Wasserhülle (Hydrathülle) um das Teilchen abgesprengt wird, desto höher ist der erreichbare Entwässerungsgrad.

Anorganische Konditionierungsmittel sind Flockungshilfsmittel, die im Schlamm selbst Flocken bilden und damit den ursprünglichen Trockensubstanzgehalt des Schlammes erhöhen; d.h. die Trockenmasse wird größer.

Die gebräuchlichsten anorganischen Flockungsmittel sind

| | |
|---|---|
| Aluminiumsulfat | $Al_2(SO_4)_3$ |
| Natriumaluminat | $NaAlO_2$ |
| Eisen(III)-chlorid | $FeC1_3$ |
| Eisenchloridsulfat | $FeClSO_4$ |
| Eisen(II)-sulfat | $FeSO_4$ |
| Kalk | $CaO$ |

Mit der Zugabe der genannten Metallsalze allein ist bei der Mehrzahl der Roh- oder Faulschlämme noch keine für die Entwässerung ausreichende Konditionierung zu erreichen. Dies wird erst durch den Zusatz von Kalkhydrat $Ca(OH)_2$ sichergestellt. Vor der Dosierung wird Kalkhydrat durch Wasserzusatz zu einer 20–30%igen Suspension aufbereitet.

Die als Konditionierungsmittel verwendeten Metallverbindungen werden, wenn sie nicht wie z.B. beim Eisen(III)-chlorid schon als Lösung angeliefert werden, zweckmäßigerweise vor ihrer Zugabe zum Schlamm in eine etwa 10%ige wässrige Lösung überführt. Bei der Verwendung von Abfallsäure als Konditionierungsmittel kann diese normalerweise in der Originalkonzentration verwendet werden. Zum Ansetzen von Lösungen stehen bewährte Anlagen zur Verfügung (Bild 4.19).

Für alle mit der Konditionierungsmittel-Lösung in Berührung kommenden Anlageteile, wie Behälter, Rohrleitungen, Pumpen usw., sind korrosionsbeständige Werkstoffe zu verwenden. So haben sich z.B. säurebeständige Kunststoffe oder Edelstahl sowie korrosionsfest beschichtete Materialien bewährt.

Um ein gutes Entwässerungsergebnis zu erzielen, darf der pH-Wert des Schlammes nach der Dosierung der Konditionierungsmittel nicht unter 7 liegen. Wenn nötig, muß er auf diesen Wert angehoben werden, wobei bevorzugt Kalk zugegeben wird. Meist wird erst die Metallsalzlösung und nach einer gewissen Einwirkzeit die Kalkmilch zugegeben.

Es ist wichtig, daß die Konditionierung des Schlammes schonend (d.h. es sollen keine Scherkräfte durch turbulente Strömungen auftreten) durchgeführt wird, damit eine Flockenstruktur entsteht und auch *erhalten* bleibt. Dies gilt sowohl für die Förderpumpen als auch für die Vermischung. In der Regel werden Membran- oder Exzenterschneckenpumpen und langsam umlaufende Trommel- oder Paddelmischer eingesetzt.

Die Reaktionsdauer für die Konditionierung richtet sich nach dem angewandten Flockungshilfsmittel. Für Eisensalzlösungen beträgt sie 5 bis 10 Minuten, für Kalk anschließend mindestens 10 Minuten. Wird auf eine vorgeschaltete Schlammeindickung verzichtet, sollte die Aufbereitungszeit 30 bis 90 Minuten betragen.

Bei der Rohschlamm-Konditionierung ist darauf zu achten, daß der Schlamm nicht anfault. Sonst steigt der Filtrationswiderstand des Schlammes wesentlich an und erfordert eine erheblich höhere Chemikalienmenge.

Bei der chemischen Konditionierung mit anorganischen Flockungshilfsmitteln wird ein deponierfähiger Schlammkuchen erzeugt, der problemlos zwischengelagert oder landwirtschaftlich ver-

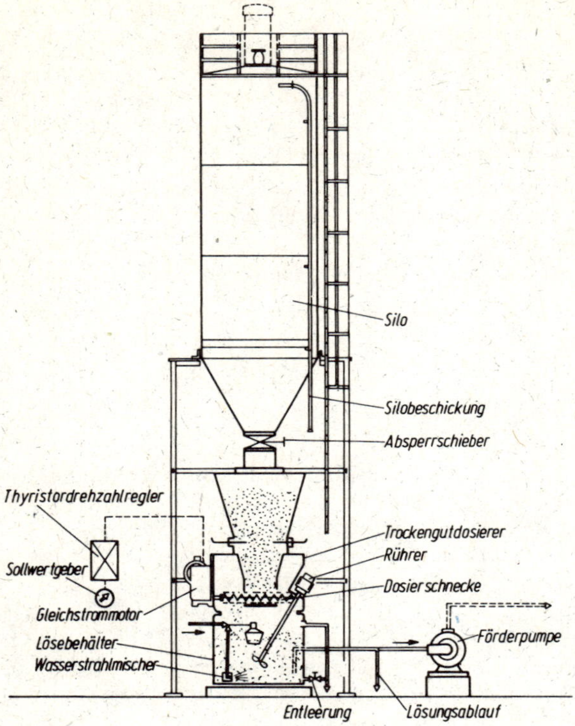


Bild 4.19: Fällmittel-Dosierstation

wertet werden kann. Die Verschmutzung von Filtertüchern und Transportmitteln ist relativ gering. Nachteilig ist die durch die Kontitionierungsmittel verursachte größere Trockenmasse, die bei begrenzter Deponiemöglichkeit von Bedeutung sein kann. Nicht zu vergesssen sind auch die höheren Transportkosten.

*Organische Konditionierungsmittel*

Dies sind organische hochmolekulare, wasserlösliche Polymere, die entweder aus natürlichen Rohstoffen gewonnen oder als synthetische Produkte industriell hergestellt werden.

Polymer ist die Bezeichnung von chemischen Verbindungen, deren Moleküle ein Mehrfaches des Moleküls einer anderen Verbindung sind (Größe, Masse, Gewicht). Die Abtrennung suspendierter Feststoffteilchen aus Schlämmen wird im wesentlichen durch die Korngröße und die Dichte der Partikel beeinflußt; je kleiner und je weniger dicht die Teilchen sind, um so schwieriger gestaltet sich ihre Trennung von der flüssigen Phase. Man ist deshalb bestrebt, die im Schlamm suspendierten Teilchen zu groben Zusammenballungen zu vereinigen, um somit ihre Abtrennung von der Flüssigkeit zu beschleunigen. Hierfür bieten sich polymere Flockungshilfsmittel an. Sie bewirken, bevorzugt dank elektrostatischer Wechselwirkungen zwischen ihren eigenen funktionellen Gruppen und Ladungszentren an den Oberflächen der suspendierten Feststoffteilchen, die Verbindung und Vereinigung vieler Feinstteilchen zu Flocken. Polymere Flockungshilfsmittel beschleunigen die Flockenbildung, bilden aber selbst keine Flocken. D. h. es kommt zu keiner Erhöhung des ursprünglichen Trockensubstanzgehaltes. Bei der Konditionierung spielen physikalische Vorgänge eine untergeordnete Rolle; es wirken nur chemische Kräfte. Die hochmolekularen Polymere besitzen viele ionisierbare Stellen und haben eine sehr große Ausdehnung. Infolgedessen können sie mehrere andere Moleküle an sich binden.

Nur die synthetischen hochpolymeren Flockungshilfsmittel spielen bei der Schlammkonditionierung eine Rolle. Es sind keine Massenchemikalien. Ihre Herstellung ist aufwendig und auch ihre Handhabung ist nicht einfach. Meistens werden sie in Form von Pulvern bzw. Granulaten, Dispersionen bzw. Emulsionen geliefert. Sie müssen vor ihrer Anwendung genau wie die anorganischen Konditionierungsmittel, in wäßrige Lösungen überführt werden.

Auch bei den polymeren synthetischen Konditionierungsmitteln sollten die Behälter, Rohrleitungen, Armaturen und sonstige flüssigkeitsberührten Anlagenteile korrosionsfest ausgeführt werden, da manche Flüssigpolymere einen pH-Wert zwischen 3 und 4 haben.

Bei der Konditionierung mit Polyelektrolyten bleiben die natürlichen Schlammeigenschaften erhalten, wie z. B. der Gehalt an organischer oder anorganischer Substanz. Der pH-Wert des Schlammes ändert sich nicht. Damit findet auch keine Entseuchung des Schlammes statt. Wie bereits erwähnt, erhöhen die organischen Konditionierungsmittel nicht den ursprünglichen Trockensubstanzgehalt und damit die Trockenmasse. Dies ist ein großer Vorteil beim Transport und bei Deponieengpässen. Die Flockungshilfsmittel können einfach und mit geringem technischem Aufwand zugegeben werden. Allerdings werden dem Schlamm durch die Konditionierungsmittelzugabe erhebliche Mengen an Wasser zugeführt. Die Belastung des Schlammwassers nach der Entwässerung ist gering. Es kommt zu keinen schädlichen Emissionen. Der mit Polyelektrolyten versetzte Schlamm neigt häufig dazu, die Filtertücher zu verstopfen.

Bisher wurden die organischen Konditinierungsmittel überwiegend bei Entwässerungsmaschinen mit Druckbereichen unterhalb von 2,5 bar (Dekanterzentrifuge, Vakuumfilter, Bandfilter) eingesetzt. Neuere Entwicklungen zeigen jedoch, daß beim Einsatz geeigneter Polymere auch eine Entwässerung mit Druckdifferenzen > 2,5 bar möglich ist. Hierbei können Trockenrückstände von mehr als 40% TR erreicht werden.

**Physikalische Verfahren**

Bei den physikalischen Verfahren ist zwischen der mechanischen und der thermischen Konditionierung zu unterscheiden.

Die mechanische Konditionierung verändert die Struktur der Schlamminhaltsstoffe durch Zugabe von Zuschlagsstoffen, die keine chemischen Reaktionen auslösen. Hierdurch wird die Kompressibilität (Zusammenpreßbarkeit) der Gesamttrockenrückstände verbessert, wodurch sich die Filtrationsfähigkeit des Schlammes erhöht.

Bei thermischen Verfahren werden durch Wärmeentzug oder Wärmezufuhr die Zellstrukturen der organischen Inhaltsstoffe aufgebrochen. Dies führt dazu, daß bei diesen Verfahren die weitestgehende Wasserabtrennung möglich ist. Hier kann im Gegensatz zu allen anderen Konditionierungsmethoden auch das Adsorptions- und Zellinnenwasser abgetrennt werden.

*Mechanische Konditionierung*

Die Kompressibilität ist für die Entwässerungsfähigkeit des Schlammes wichtig. In der Regel läßt sie sich durch Zugabe von gerüstbildenden Stoffen vermindern und somit die Entwässerbarkeit verbessern.

Eine mechanische Konditionierung kann durch Zugabe von Asche erfolgen. Auch Feinkohle, Sande und die aus Kieselgur gewonnenen Dicalitearten werden verwendet.

Prinzipiell ist eine mechanische Konditionierung bei allen Entwässerungsmaschinentypsen einsetzbar. Hauptsächlich wird sie jedoch bei Kammerfilterpressen angewandt.

Eine besondere Kontaktzeit von Schlamm und Konditionierungsmittel oder eine lange Mischzeit ist nicht erforderlich. Der Filtrationswiderstand vermindert sich mit zunehmendem Konditionierungsmittelanteil, doch bedeutet dies auch, daß der Anteil an Ballaststoffen ansteigt.

Art und Korngröße der zugesetzten Filterhilfsmittel beeinflussen das Entwässerungsverhalten. Verschiedene Aschearten wirken sich unterschiedlich auf den Filtrationswiderstand aus. Mit geringer werdender Korngröße tritt eine Verbesserung des Entwässerungsverhaltens bei gleichen Gewichtsmengen an zugesetzter Asche ein.

Ein sehr gutes Entwässerungsergebnis wird bei der Zugabe von den aus Diatomeenerde (Kieselgur) gewonnenen Dicalitearten erreicht. Kieselgur ist ein poröses Material, das im wesentlichen aus Silicium besteht. Das Ausgangsmaterial wird getrocknet, gemahlen und nach Art und Größe der Teilchen getrennt. Die Wirksamkeit der Dicalite ist auf ihre hohe Porosität zurückzuführen. Zum Teil sind diese Filterhilfsmittel ziemlich teuer.

Für die mechanische Konditionierung wird in den meisten Fällen arteigene Asche verwendet, die bei der Verbrennung des Schlammes anfällt. Sie besitzt nach einer nicht sehr großen Zerkleinerung eine Porosität (Hohlraumanteil) von etwa 50 bis 60%.

Um einen möglichst hohen Heizwert für die Verbrennung zu erzielen, sind maschinelle Entwässerungseinrichtungen zu wählen, die einen hohen Entwässerungsgrad erreichen. Kammerfilterpressen eignen sich hierfür in besonderem Maße. Es können Filterkuchen mit einem Trockenrückstand bis zu 50 Gew.-% und mehr erreicht werden. Allerdings beinhaltet dieser Trockenrückstand auch den Anteil der Asche, bzw. des Filterhilfsmittels. Eine Beurteilung der Wirksamkeit des Konditionierungsverfahrens ist hierdurch nur bedingt möglich, da mit steigendem Anteil der Zusatzstoffe zwar die Gesamtdurchsatzmenge ansteigt, die tatsächliche entwässerte Trockenmasse aber abnimmt. Aus wirtschaftlicher Sicht ist es daher notwendig, den Zusatzanteil so gering wie möglich zu halten.

Ob sich ein Schlamm durch eine mechanische Konditionierung entwässern läßt und wie hoch die Zudosierung des Konditionierungsmittels sein muß, wird zweckmäßigerweise durch Versuche bestimmt.

Die mechanische Konditionierung bietet bei gut entwässerbaren Schlämmen durchaus eine Alternative zu anderen Konditionierungsverfahren. Die Frage der Wirtschaftlichkeit ist ganz entscheidend von den Kosten des Zusatzstoffes abhängig. Die Verwendung arteigener Asche erfordert stets eine anschließende Verbrennung des Schlammes. Damit entstehen zwar keine zusätzlichen Kosten für das Konditionierungsmittel, doch ist die Wirksamkeit als Filterhilfsmittel nicht sehr hoch.

In vielen Fällen wird zur besseren Anpassung an wechselnde Schlammeigenschaften eine gemischte mechanisch-chemische Konditionierung gewählt.

*Hochthermische Konditionierung*

Bei diesem Verfahren wird die Verbesserung der Entwässerungseigenschaften des Schlammes durch Wärmebehandlung erreicht, und zwar ohne Zusatz von Fremdstoffen. Dadurch vergrößert sich weder die Trockenmasse noch wird der Heizwert des Schlammes negativ beeinflußt. Bei der hohen Behandlungstemperatur von etwa 200° C entsteht gleichzeitig ein seuchenhygienisch unbedenklicher Schlamm.

Das Verfahren ist sehr wirkungsvoll, da es nicht nur das Adsorptions-, Zwischenraum- und Kapillarwasser abtrennt, sondern auch das gebundene Zellinnenwasser aufschließt. Allerdings darf der

Wartungsaufwand für die maschinen- und elektrotechnischen Einrichtungen nicht unterschätzt werden. Problematisch ist auch das stark belastete Schlammwasser, das wiederum behandelt werden muß, denn die $BSB_5$-Konzentration liegt zwischen 3000 und 20000 mg/l. Außerdem kann der Geruch sehr unangenehm sein.

Der Schlamm wird aus einem Vorratsbehälter durch eine Hochdruckpumpe über Wärmetauscher in den Reaktor gefördert. Um die erforderlichen Temperaturen von 180 bis 220° C im Reaktor zu erreichen, wird Dampf zugeführt. Nach einer Verweilzeit von 30 bis 90 Minuten kann der Schlamm in Nacheindicker abgelassen werden. Um Verstopfungsprobleme zu vermeiden und die Betriebssicherheit zu erhöhen, ist es günstig, eine Vorsiebung bei groben, faserigen Schlämmen vorzunehmen. Im allgemeinen kann der Schlamm nach einem Tag im Nacheindicker auf einen Trockenrückstand von etwa 15% eingedickt werden. Damit verkürzt sich die Preßzeit bei Kammerfilterpressen, die vorzugsweise eingesetzt werden, auf etwa 1 Stunde. Schlammkuchen von etwa 50% Trokkenrückstand werden erreicht.

Die Betriebskosten setzen sich überwiegend aus den Kosten für die Schlammerhitzung und aus der Energie für das Betreiben der Konditionierungsanlage zusammen. Hinzu kommt der erhöhte Aufwand für die Schlammwasserbehandlung, der keinesfalls unterschätzt werden darf. Die Betriebsmittelkosten sind wegen des Wegfalls der Fällmittelkosten relativ niedrig. Dafür ist der Kapitalaufwand für die Installation der maschinen- und bautechnischen Anlage sehr hoch.

Die Investitionskosten wirken sich bei kleineren Anlagen spezifisch höher aus, so daß trotz der günstigeren Betriebsmittelkosten thermische Behandlungsanlagen im allgemeinen nur bei sehr großen Anlagen kostengünstiger sind, als chemische Konditionierungsanlagen.

*Gefrierkonditionierung*

Bei der Gefrierkonditionierung ist eine Temperaturabsenkung auf −20° C erforderlich. Sowohl der technische als auch der energetische Aufwand des Verfahrens sind so erheblich, daß eine Verbreitung dieser Techndik zur Behandlung von Klärschlämmen nicht zu erwarten ist. In kalten Klimazonen wird die Methode vielfach bei der natürlichen Schlammentwässerung genutzt.

*Niederthermische Konditionierung*

Die niederthermische Konditionierung arbeitet in Temperaturbereichen zwischen 60 und 80° C. Die Reaktionstemperaturen können durch künstliche Wärmezufuhr oder Ausnutzen von Rauchgasen oder von chemischen Reaktionen bei der Zugabe von Fällungsmitteln erzeugt werden.

### *Entwässerungsverfahren*

Wie alle technischen Verfahren haben auch die der maschinellen Schlammentwässerung ihre technologischen Eigengesetzlichkeiten. Die Auswahl des zweckmäßigsten Verfahrens liegt nicht im Aufgabenbereich des Ver- und Entsorgers. Jedoch muß er sich über die Leistungsfähigkeit und den jeweilig erforderlichen Wartungsaufwand der verschiedenen Verfahren ein Bild machen können.

Für die maschinelle Schlammentwässerung stehen zur mechanischen Trennung der flüssigen von der festen Phase zwei Grundoperationen zur Verfügung:

- Die Filtration mit Hilfe von Unterdruck bzw. Überdruck (Vakuumfilter, Bandfilterpressen, Filterpressen).
- Die Schweretrennung vor allem in Zentrifugen (Dekantern) mit maschinell erzeugtem Schwerefeld.

Bei der Filtration ist durch das eingesetzte Filtermedium eine zwangsweise Trennung von flüssiger und fester Phase gegeben, wobei die Trennschärfe von Filtermedium und der Konditionierung abhängt.

Bei der Schweretrennung werden die Dichteunterschiede zwischen der festen und der flüssigen Phase genutzt; dabei können geringe Dichteunterschiede die Trennschärfe wesentlich einschränken.

In der Regel sind die Ergebnisse bei einer Entwässerung besser, wenn der Klärschlamm gut voreingedickt ist. Ferner wirkt sich ein hoher Glührückstand oder ein hoher Stabilisierungsgrad günstig aus.

In Bild 4.20 sind in Zuordnung zu den unterschiedlichsten Konditionierungsverfahren und Entwässerungsmaschinen die erreichbaren Trockenrückstände angegeben. Zusätzlich sind Hinweise enthalten, mit welchen Verfahren die bodenmechanischen Beurteilungen der Deponiefähigkeit zu erreichen sind.

| | Entwässerungs-aggregat | Zentrifugen, Bandfilterpressen | | Kammerfilterpressen | |
|---|---|---|---|---|---|
| | Konditionierungs-verfahren | TR (%) einschl. Konditionierungsmittel und Zuschlagstoffe | bodenmechanische Deponierfähigkeit [1]) erreichbar | TR (%) einschl. Konditionierungsmittel und Zuschlagstoffe | bodenmechanische Deponierfähigkeit [1]) erreichbar |
| 1 | Konditionierung mit Polymeren | 22 – 30 [2]) | i. d. R.: Nein | 35 – 45 | i. d. R.: Ja |
| 2 | Konditionierung mit Metallsalzen | unüblich | ... | 30 – 40 | häufig: Ja |
| 3 | Konditionierung mit Metallsalzen und Kalkhydrat | unüblich | ... | 35 – 45 | i. d. R.: Ja |
| 4 | Hochthermische Konditionierung | 40 – 50 | i. d. R.: Nein | > 50 | i. d. R.: Nein |
| 5 | Konditionierung mit Polymeren u. Feinkohle (für anschl. Verbrennung) | nach den Erfordernissen des Entsorgungszieles | ... | nach den Erfordernissen des Entsorgungszieles | ... |
| 6 | Konditionierung mit Polymeren und Nachbehandlung mit Branntkalk oder Zement | nach den Erfordernissen des Entsorgungszieles | Ja | ... | ... |
| 7 | Konditionierung mit Polymeren und Nachbehandlung mit Ballaststoffen | abhängig von der Ballaststoffmenge | i. d. R.: Nein | ... | ... |

1) siehe Korrespondenz Abwasser 1986, Heft 11, Seite 1071 ff. [6]
2) bei zusätzlicher niederthermischer Konditionierung 25 – 35 %

Bild 4.20: Erreichbare Ergebnisse bei der maschinellen Klärschlammentwässerung unter Berücksichtigung unterschiedlicher Konditionierungsverfahren (Annahme: Mittlere Entwässerbarkeit der Schlämme)

Es empfiehlt sich stets, Entwässerungsversuche zur Aggregatsauswahl vorzunehmen. Dabei hat es sich eingebürgert, kleine mobile Maschinen zu Versuchszwecken einzusetzen. Die Ergebnisse geben zweifellos einen Hinweis auf die Eignung des einen oder anderen Entwässerungsverfahrens. Empfehlenswerter sind jedoch Versuche mit dem Maschinentyp, der auch später zum Einsatz kommen soll. Diese Maschinen können provisorisch am geplanten Einsatzort aufgestellt werden oder es kann der zu entwässernde Schlamm zu einem in der näheren Umgebung bereits fest installierten Aggregat transportiert werden.

Die Entwässerungsergebnisse und die ermittelten Kosten sind auch nach derartigen Versuchen nur in einer angemessenen Bandbreite richtig, da insbesondere die Schlammeigenschaften in ihrer Entwicklung nicht genau abzuschätzen sind.

Der Vergleich der Entwässerungsergebnisse verschiedener Kläranlagen mit gleichen Maschinen ist nur bedingt möglich. Die Ergebnisse können bei unterschiedlichen Schlammeigenschaften sehr verschieden sein.

Bei der Beurteilung von Entwässerungsverfahren und -ergebnissen ist neben dem erreichten Trockenrückstand im Austrag, der Flockungshilfsmittelverbrauch, der erreichte tatsächliche Durchsatz sowie der Abscheidegrad, kurz: die Gesamtleistung maßgebend. Bei Wirtschaftlichkeitsbetrachtungen ist unbedingt die vollständige Verfahrenskette in ihren Einzelkosten zu berücksichtigen. Mit einzubeziehen ist dabei der Abscheidegrad, der z.B. bei manchen schlecht ausgefaulten Schlämmen stark abnimmt, unter dem Aspekt der nennenswerten und kostenträchtigen Rückbelastung der Kläranlage.

**Zentrifugen (Dekanter)**

In Zentrifugen wird ein maschinell erzeugtes Schwerefeld dazu benutzt, die „flüssige" Phase des Klärschlammes von der „festen" Phase zu trennen.

Der Sedimentationsvorgang ist der gleiche wie bei der Eindickzentrifuge, die Entwässerungszentrifuge hat jedoch ein schlankeres Trommelende (Konus) zur Verlängerung der Trockenzone (Bild 4.21). Diese und die Entwässerungseigenschaften des Schlammes bestimmen den erreichbaren Trockenrückstand TR.

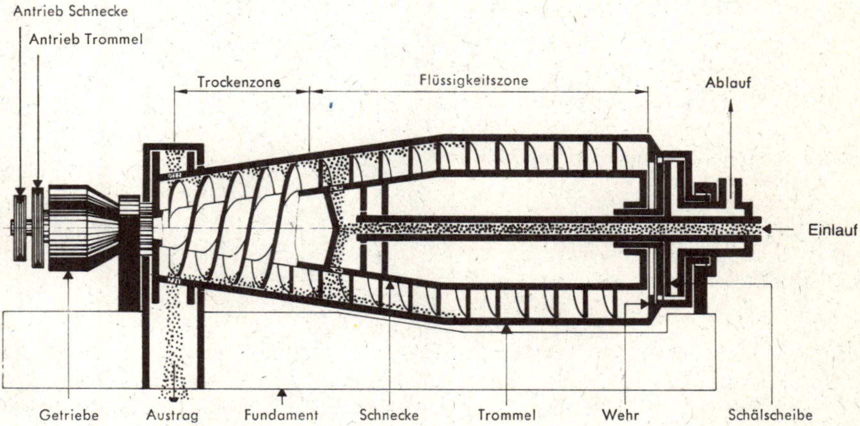


Bild 4.21: Vollmantel-Schneckenzentrifuge (Fa. Flottweg)

Eine weitergehende Wasserabtrennung setzt aber den Einsatz von Flockungshilfsmitteln voraus. Mit Hilfe von Polyelektrolyten gelingt es, im Schwerefeld absetzbare Flokken so zu erzeugen, daß eine Trennung der beiden genannten Phasen erfolgt und ein guter Abscheidegrad erreicht wird.

Der störungsfreie Betrieb und die kontinuierliche Beschickung sind die wesentlichen Vorteile, weshalb sich für die Klärschlammentwässerung mit Zentrifugen, die Vollmantelschneckenzentrifuge (Dekanter) durchgesetzt hat. Es werden Gleich- und Gegenstromzentrifugen eingesetzt. Diese Maschinen unterscheiden sich in der Strömungsrichtung der festen und der flüssigen Phase, die entweder gleich oder gegeneinander gerichtet sind.

*Konstruktion, Steuerungsmöglichkeiten*

Der zu entwässernde Schlamm wird durch das Einlaufrohr in die umlaufende Zentrifugentrommel eingeführt. Die Zentrifugalkräfte bewirken das Absetzen der Feststoffflocken an der inneren Trommelwandung, während sich die flüssige Phase *(Zentrat)* als innenliegender Ring darüber ausbildet. Die Transport- und Austragsschnecke hat die Aufgabe, die auf den Trommelwandungen abgesetzten Feststoffe in Richtung Trommelende zum Austrag zu transportieren. Die Länge der sogenannten Trockenzone ist mit ausschlaggebend für den Trockenrückstand im Austrag.

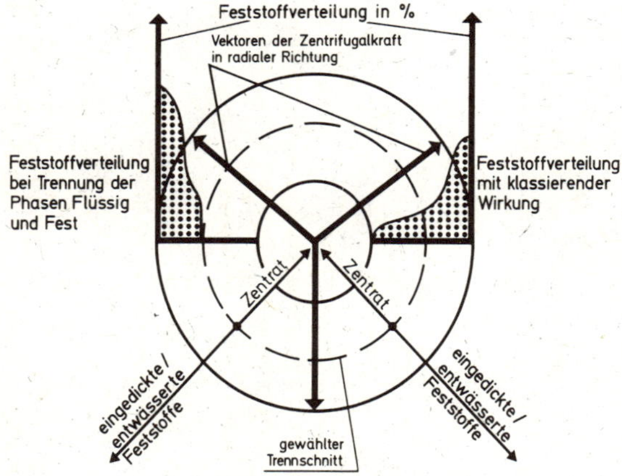


Bild 4.22: Theoretische Verteilung der Feststoffe in einer Zentrifuge

Das Prinzip der Gegenstromzentrifuge (siehe Bild 4.22) sieht gegenläufige Bewegungen der Feststoffe bzw. Flüssigkeit vor. Systembedingt ist dabei, daß im Bereich der Flüssigkeitszone sedimentierte Feststoffe durch den turbulenten Aufprallbereich in der Höhe der Einlaufrohrmündung bewegt werden müssen.

In der Gleichstromzentrifuge werden Feststoff und Flüssigkeit vom Zugabeort, der sich an der dem Trommelende gegenüberliegenden Seite befindet, gemeinsam in Richtung Trockenzone gefördert. Die Flüssigkeit fließt über innenliegende Abnahmerohre ab. Durch die Schlammzugabe bedingte Turbulenzen liegen somit der Trockenzone gegenüber und mischen bereits abgesetzte Flocken nicht mehr auf.

Die Vorteile des Gleichstromverfahrens lassen sich in der Praxis kaum meßbar nachweisen. Meist überlagern Einflüsse anderer Art die Entwässerungsergebnisse derart, daß eindeutige Feststellungen für oder gegen eine der beiden Bauarten nicht gemacht werden können.

Die Steuermöglichkeiten im Betrieb der Dekanter sind auf die Trommeldrehzahl, die Differenzdrehzahl zwischen Schnecke und Trommel, den Wehrscheibenradius, den Schlammdurchsatz pro Zeiteinheit und die Flockungshilfsmitteldosierung nach Art und Menge beschränkt.

Für die stufenlose Einstellung der Differenzdrehzahl sind spezielle Antriebe entwickelt worden. Sie sind eine nützliche und wirtschaftliche Ergänzung der Zentrifugen, da der Trockenrückstand im Austrag so ohne wesentliche Mehrkosten etwas gesteigert und ein „Zufahren" der Trommel weitgehend verhindert werden kann.

Eine Steuerung kann auch über die Beobachtung des Zentratablaufs und/oder die Messung des zugeführten Feststoff-Massenstroms vorgenommen werden. Bei der Beobachtung des Zentrats wird die Flockungshilfsmitteldosierung – gegebenenfalls auch der zulaufende Schlamm-Volumenstrom – manuell oder automatisch so geregelt, daß das Zentrat weitgehend trübungsfrei ist.

Im zweiten Fall wird bei konstanter Flockungshilfsmittelzugabe der zulaufende Schlamm-Volumenstrom so variiert, daß in Abhängigkeit von der zugeführten Feststoffkonzentration ein gleichbleibender Feststoff-Massenstrom zugeführt wird. Dies bedingt eine kontinuierliche Messung der Feststoffkonzentration, die bisher noch nicht in allen Fällen befriedigt.

*Anwendungsmöglichkeiten*

Die Einsatzmöglichkeit der Dekantierzentrifuge im Klärbetrieb ist vielfältig. Sie eignen sich zur Eindickung und Entwässerung aller Schlammarten. Durch Variationen ihrer Bauart und Ausrüstung mit verschiedenen Nebenaggregaten ist ihre Anwendung sehr flexibel. Zur Eindickung von Sekundärschlamm aus Belebungsanlagen sind auch Sonderbauarten entwickelt worden (Bild 4.11).

Für die Schlammaufgabe gibt es praktisch keine Einschränkung hinsichtlich der Eingangsfeststoffkonzentration. Es können sehr dünne, biologische Schlämme mit 0,5% ebenso aufgegeben werden wie erfolgreich eingedickte Mischschlämme mit 15 oder gar 20%. Hier könnten die Pumpfähigkeit und die Wirtschaftlichkeit eine Grenze darstellen, da die Einmischung des Flockungshilfsmittels dann nur in hoher Verdünnung erfolgen kann. Grundsätzlich sollte vor einer maschinellen Entwässerung die Möglichkeit der Eindickung des Schlammes mittels Schwerkraft genutzt werden.

Zentrifugen gibt es inzwischen in den unterschiedlichsten Größen:

| | von | bis |
|---|---|---|
| Nenndurchsatz in $m^3/h$ | 1 | 200 |
| Feststoffdurchsatz in kg/h | 80 | 6000 |
| Trommeldurchmesser in mm | 250 | 1400 |
| Trommellänge einschließlich Konus in mm | 600 | 4200 |
| Umdrehungen je Minute | 700 | 5000 |

*Entwässerungsergebnisse*

Der höchste Trockenrückstand im Austrag liegt etwa bei 40% TR. Bei der Entwässerung von reinem Überschußschlamm fällt dieser Wert auf unter 10%, bei simultan aerob stabilisierten Schlämmen auf ca. 15%. Ausreichend anaerob stabilisierter Schlamm mit mittelmäßiger Entwässerbarkeit läßt sich auf Werte von 22 bis 30% bringen.

Bei mittlerer Entwässerbarkeit kann zur ersten Orientierung mit einer Zugabe an pulverförmigen Flockungshilfsmitteln (100% Wirksubstanz) von 2 bis 5 kg pro t Trockenmasse gerechnet werden, bei einem flüssigen Flockungshilfsmittel (40% Wirksubstanz) von 5 bis 9 kg pro t Trockenmasse. Schlechte Entwässerbarkeit läßt diesen Wert z.T. auf ein Vielfaches ansteigen. Die optimale Dosierung ist in jedem Einzelfall zu ermitteln.

Der Flockungshilfsmitteleinsatz ist wesentlicher Ansatzpunkt für Optimierungsfragen. Die Art des Flockungshilfsmittels, die gewählte Verdünnung (hohe TR-Gehalte im Zulauf = hohe Verdünnung) und der Zugabeort beeinflussen das Entwässerungsergebnis erheblich.

Die Erfahrung zeigt, daß Zentrifugen im Dauerbetrieb meist mit einem Schlammdurchsatz von 50 bis 70% der Nennleistung gefahren werden.

**Bandfilterpressen**

Bandfilterpressen sind kontinuierlich arbeitende Maschinen, die in vier hintereinander geschalteten Schritten den Schlamm bei steigendem Druck und wechselnder Beanspruchung entwässern. Alle heute hergestellten Bandfilterpressen arbeiten nach diesem Prinzip, zum Teil mit modifizierter Bauweise für besondere Schlammeigenschaften und Betriebsabläufe (Bild 4.23).

Bei den Maschinen der „ersten Generation" war das Oberband lange ausschließlich ein undurchlässiges Preßband und das Unterband ein Siebband („Siebband-Pressen"), durch welches das abgepreßte Wasser austreten konnte (Bild 4.24).

Bei gleicher Baulänge der Pressen konnte in der „zweiten Generation" mit der Anordnung eines Siebbandes als Oberband und der Schlammaufgabe auf dieses Oberband die Vorentwässerungs- und Filterfläche mehr als verdoppelt werden (Bild 4.24). Gleichzeitig wurde durch den Schlammabwurf auf das Unterband eine Umschichtung des Schlammes vor der Preßzone erreicht. Bei den heutigen Maschinen der „dritten Generation" ist die aktive Filterfläche durch die stark vergrößerte zweite Preßzone/Scherzone nochmals um über 100% vergrößert worden (Bild 4.24).

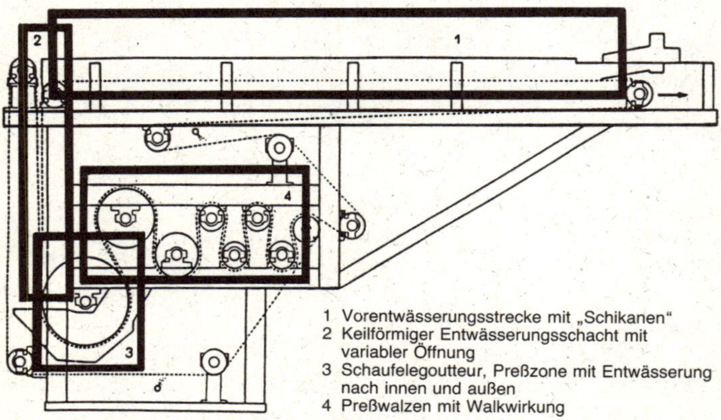


Bild 4.23: Entwässerungsstufen einer Bandfilterpresse (Fa. Bellmer)

Nach der Seih- oder Vorentwässerungszone verengt sich der Spalt zwischen den Bändern. Die stetig steigenden Druckkräfte der Preßzone werden im letzten Teil des gemeinsamen Bandweges durch einen Walkvorgang unterstützt. Hier wird durch versetzt angeordnete Druckwalzen eine Relativbewegung der Bänder gegeneinander erreicht. In begrenztem Umfang tritt im Schlamm eine Scher-Beanspruchung (Scherzone) auf.

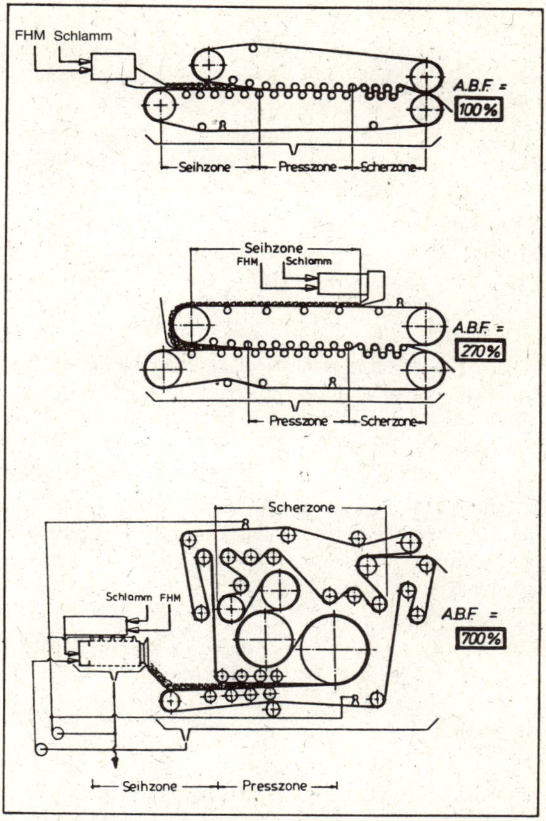


Bild 4.24: Vergrößerung der aktiven Filterfläche von der ersten bis zur dritten Maschinengeneration (nach Werkbild Fa. Klein); (FHM = Flockungshilfsmittel, ABF = Aktive Bandfläche)

### *Konstruktion, Steuerungsmöglichkeiten*

Der zu entwässernde Schlamm wird von einer regelbaren Pumpe zur Presse gefördert. Vor Eingabe in die Presse wird ein Konditionierungsmittel zudosiert und beides in der Mischeinrichtung intensiv vermengt. Bei der Verwendung von Polyelektrolyten muß hier die Totalflockung eintreten. Sie bewirkt, daß der Schlamm einen wesentlichen Anteil des Wassers sofort freisetzt, der in der Seih- oder Vorentwässerungszone durch das Siebband ablaufen kann. Durch verschiedene Vorrichtungen wird der Schlamm im Verlauf der Vorentwässerung umgeschichtet und umgelagert. Am Ende der Vorentwässerung muß der Schlamm eine so große Stabilität aufweisen, daß er nicht mehr seitlich vom Siebband abläuft. Dabei muß eine gleichmäßige Verteilung des Schlammes auf dem Siebband eingehalten werden. Sie ist eine Hauptvoraussetzung für ein gutes Entwässerungsergebnis. Bis zum Ende der Vorentwässerung wirken ausschließlich Gravitationskräfte auf den Schlamm ein.

Anschließend wird der auf den Schlamm einwirkende Druck durch stetige Verengung des Bandabstandes langsam erhöht. Durch seitliche Dichtungslippen wird verhindert, daß der Schlamm in diesem Bereich austritt.

Die erste Preßzone arbeitet mit weiter gesteigertem Druck, indem die Siebbänder mit großem Umschlingungswinkel um eine Walze geführt werden. Die Wasserabführung erfolgt bei den einzelnen Fabrikaten unterschiedlich.

In der zweiten Preßzone werden die Bänder s-förmig geführt. Die dadurch entstehende Relativbewegung zwischen Ober- und Unterband lagert den Schlamm um und walkt ihn so, daß zunächst noch eingeschlossenes Wasser durch die Bandfilter gepreßt wird.

Bei einigen Aggregaten wird die zweite Preßzone statt als Preß-Walk-Zone auch alternativ als Liniendruck-Zone, z. T. pneumatisch regelbar, ausgeführt. Andere Maschinen können über Hilfsbänder mit einer sogenannten Hochdruck-Preßzone ausgestattet werden, bei welcher der hohe Preßdruck ohne eine Überlastung der Filterbänder erreicht wird. Der maximal erreichbare Preßdruck liegt bei ca. 2,5 bar.

Der Filterkuchen fällt direkt an der Austragstelle ab, an welcher die Bänder auseinandergeführt werden. Reste werden durch Schaber gelöst. Im Verlauf der Bandrückführung sind Waschvorrichtungen angeordnet. Sie werden mit einem Wasserdruck von 5 bis 6 bar betrieben und reinigen die Bandfilter vor der erneuten Beschickung. Das für die Wäsche erforderliche Wasser kann in vielen Fällen dem Filtrat entnommen werden. Der Bandlauf wird mit Spann- und Steuervorrichtungen reguliert.

Die Bandfilterpresse kann durch mehrere Variable gesteuert und so wechselnden Schlammeigenschaften angepaßt werden. Durch die stufenlos regulierbare Schlammzuführung bei gleichbleibender Bandgeschwindigkeit werden Durchsatz und Filterkuchendicke eingestellt. Das Entwässerungsergebnis läßt sich auch durch Änderung der Bandgeschwindigkeit bei konstanter Schlammaufgabe beeinflussen.

Die Druckverhältnisse können über den Siebbandzug sowie über die Einstellung der Druckrollen und der keilförmigen Bandzusammenführung variiert werden.

### *Anwendungsmöglichkeiten*

Bandfilterpressen eignen sich für Schlämme, die nach der Zugabe von Konditionierungsmitteln und dem Passieren der Vorentwässerung einen standfesten und kompressiblen Filterkuchen ergeben. Der zu entwässernde Schlamm muß kontinuierlich aus einem Vorlagebehälter abgezogen werden können. Seine Zusammensetzung und seine Feststoffkonzentration sollten möglichst gleichmäßig sein.

Bei dünnen oder schwer zu entwässernden Schlämmen, z. B. Überschußschlamm von Belebungsanlagen, wird in der Vorentwässerung meist keine genügende Stabilität erreicht, um in der Preßzone das seitliche Austreten des Schlammes zu verhindern. Mit zunehmendem Feststoffanteil des Aufgabeschlammes von über 3% werden Betriebsbedingungen und Entwässerungsergebnisse besser, bis sich bei 8–10% Feststoffanteil die Einmischbarkeit der Flockungshilfsmittellösung und die Verteilbarkeit des Schlammes auf dem Oberband verschlechtern und dadurch die Maschinenleistung mindern. Damit kann der Eingangs-Feststoffanteil des zu entwässernden Schlammes auf etwa 3% bis 9% eingegrenzt werden.

Die Maschinen werden mit Bandbreiten von 800 bis 3000 mm hergestellt. Damit können Schlamm-Durchsatzleistungen von 2 bis 30 $m^3$/h und Feststoff-Massenströme von 100 bis 1500 kg/h verarbeitet werden.

Bandfilterpressen können auf Kläranlagen aller Größenordnungen und auch als mobile Einheiten angewendet werden. Voraussetzung für den Einsatz ist immer die gesamte Verfahrenskette der Schlammentsorgung, welche auf die vorhandenen Schlammeigenschaften und den mit der Bandfilterpresse zu erreichenden Trockenrückstand abzustimmen ist.

*Entwässerungsergebnisse*

Entscheidend für die Betriebsergebnisse sind die Schlammart, die anlagenspezifischen Schlammeigenschaften, das Konditionierungsmittel, die Maschine und ihre Bedienung durch das Personal. Die beste Maschine kann die physikalischen Randbedingungen nicht ändern. Bei extrem günstigen Voraussetzungen lassen sich kurzzeitig hohe Trokkenrückstände erreichen; solche Werte dürfen aber nicht verallgemeinert werden.

In ihrem Entwässerungsverhalten unterscheiden sich Schlämme hinsichtlich ihres spezifischen Filtrationswiderstandes, ihrer Kompressibilität, sowie ihres Trockenrückstandes und Glührückstandes. In Abhängigkeit davon weisen die Ergebnisse der Schlammentwässerung mit Bandfilterpresse eine erhebliche Bandbreite auf. Sie reicht von 40% TR in besonders günstigen Fällen bis zu 15% TR bei schlechten Voraussetzungen.

Bei einem Flockungshilfsmittel-Verbrauch von 3 bis 5 kg/t TR bei pulverförmigen Produkten (100% Wirksubstanz) oder 5 bis 9 kg/t TR bei Flüssigprodukten (40% Wirksubstanz) lassen sich Werte gemäß Bild 4.20 erreichen. Bei ungünstiger Betriebsweise und nicht optimaler Eindickung und Konditionierung liegen die Ergebnisse im unteren Bereich. Dies ist in der Praxis häufig der Fall.

Eine Bandfilterpresse kann mit optimaler Einstellung betrieben werden, wenn der Schlamm in gleichmäßiger Beschaffenheit anfällt.

In der Dosierung der Konditionierungsmittel liegt ein wesentlicher Faktor für den gesamten Entwässerungserfolg. Eine zu geringe Zugabe ergibt keine Totalflockung. In der Vorentwässerung entsteht dann kein durchgehend standfester Filterkuchen und das Gesamtergebnis fällt ab. Bei zu hoher Dosierung verschmieren die Siebbänder leicht, wodurch der Wassergehalt im Filterkuchen ansteigt.

Die Nutzungsdauer von Bandfilterpressen ist sehr unterschiedlich. Daher sollten bei der Beschaffung Betriebssicherheit und Verfügbarkeit der Maschine eine entscheidendere Rolle spielen, als die Investitionskosten.

Die Standzeit der Filterbänder ist sehr unterschiedlich und beträgt zwischen 150 und 1000 Betriebsstunden. Für die Nutzungsdauer der Bänder ist eine gleichmäßige Schlammverteilung und ein einwandfreier Bandlauf wichtig. Grobstoffe wie z. B. Kronenkorken, welche zu erhöhtem Verschleiß führen, sollten vorher abgeschieden werden.

Häufig lassen sich durch den Einsatz besonders qualifizierter Mitarbeiter Entwässerungsergebnisse verbessern und Kosten sparen.

**Kammerfilterpressen**

In der Kammerfilterpresse erfolgen Schlammzufuhr, Verteilung und der nachfolgende Trennprozeß innerhalb der zum Paket zusammengepreßten Filterplatten mit Tuchausrüstung. Die Abdichtung der Filterkammern erfolgt zwischen den äußeren Dichtflächen in der Regel durch das Filtertuch (Bild 4.25).

Kammerfilterpressen arbeiten chargenweise nach dem Prinzip der kuchenbildenden Filtration. Ein statisches Druckgefälle am Filtermedium führt zur Durchströmung des

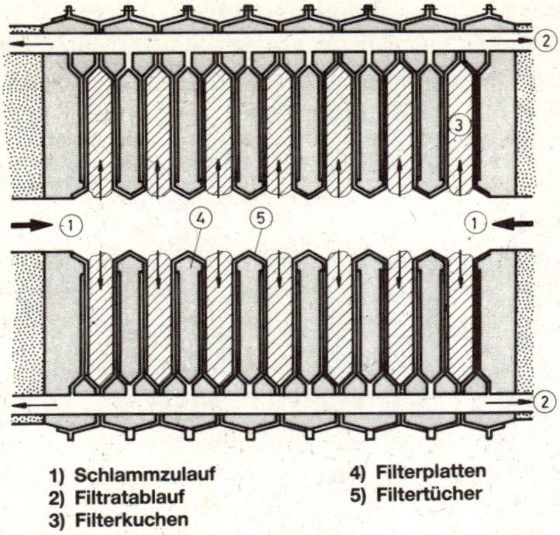


Bild 4.25: Filterplattenpaket (Funktionsdarstellung)

Filtermediums und des sich bei diesem Prozeß ausbildenden Filterkuchens. Als Filtermedium wird in der Regel Kunststoffgewebe verwandt, dessen Webart sich nach dem zu filtrierenden Schlamm richtet.

Die Trennschärfe der Filtration wird durch die Gewebedurchlässigkeit bestimmt, die in der Regel so gewählt wird, daß eine scharfe Trennung (Abscheidegrad ca. 100%) von Feststoffen und Schlammwasser erzielt wird. Das Druckgefälle im Filterkuchen wird durch den auf das zu filtrierende Material (Schlamm/Trübe) ausgeübten Flüssigkeitsdruck in der Kammerfilterpresse erzeugt. Dabei ist der Filtrationswiderstand, mit dem Filterkuchen und Filtertuch der Durchströmung entgegenwirken, bestimmend für die spezifische Flächenleistung der Filtertuchausrüstung.

Vor der Filtration muß der Schlamm konditioniert werden.

Kammerfilterpressen sind mit Plattenabmessungen bis zu 2000 × 2000 mm und 10 bis 200 Platten pro Presse eingesetzt. Da sich die Leistung einer Kammerfilterpresse proportional zur Anzahl der Kammern verhält, kann Reservekapazität durch „Freiraum" in der Maschine für einen späteren ergänzenden Platteneinbau vorgesehen werden.

*Konstruktion, Steuerungsmöglichkeiten*

Das Filterpressengestell dient zur Aufnahme der Filterplatten einschließlich Transportsystem, Verriegelung und Verschlußeinrichtung für das Plattenpaket. Gebräuchlich ist heute die Brückenausführung, Filterplatten- und Filtertuchmontage erfolgen von der Seite (Bild 4.26). Der Plattentransport erfolgt automatisch, der Verschluß hydraulisch. Unfallschutz-Lichtvorhänge schützen das Bedienungspersonal.

Für die Klärschlammfiltration hat sich beschichteter Sphäroguß bewährt. Graugußplatten erwiesen sich bei Bedienungsfehlern als nicht betriebssicher genug. Kunststoffplatten haben den niedrigsten Elastizitätsmodul. Sie verformen sich bereits bei relativ geringen Differenzdrücken. Dadurch entstehen unterschiedliche Kuchendicken, die bei geforderter gleicher Entwässerungsleistung zur Verlängerung der Filtrationsdauer, d.h. zu Leistungseinbußen führen. Dies macht sich

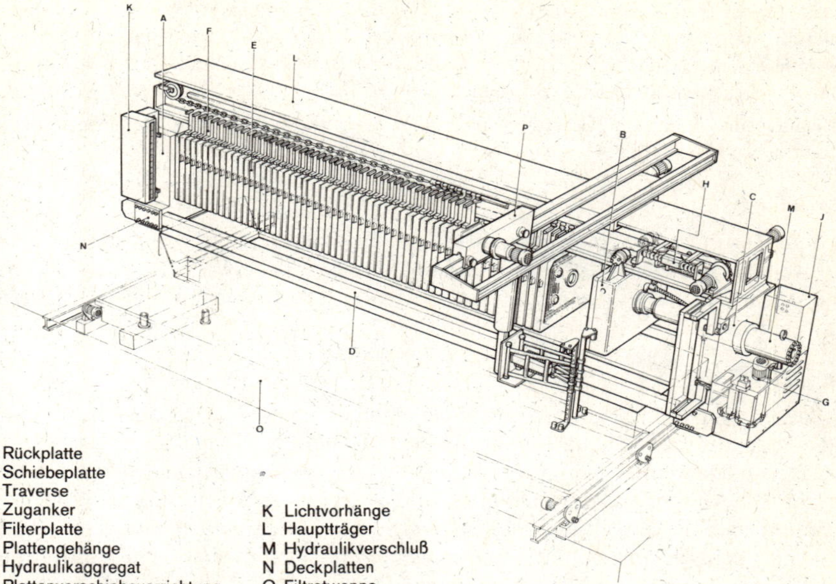


A Rückplatte
B Schiebeplatte
C Traverse
D Zuganker
E Filterplatte
F Plattengehänge
G Hydraulikaggregat
H Plattenverschiebevorrichtung
J Elektroschaltkasten
K Lichtvorhänge
L Hauptträger
M Hydraulikverschluß
N Deckplatten
O Filtratwanne
P Abspritzanlage

Bild 4.26: Kammerfilterpresse (Fa. Netzsch)

um so mehr bemerkbar, je größer die Maschinenabmessungen und je höher der Filtrationsdruck gewählt sind. Kunststoffilterplatten kommen daher vorzugsweise dann zum Einsatz, wenn Maschinenabmessung und gewählter Filtrationsdruck dies zulassen.

Die Festigkeit der Filterplatten wird durch Stütznocken wesentlich verstärkt.

Die Schlammzuführung erfolgt über Pumpen unterschiedlicher Bauart, die auch den Filtrationsdruck (ca. 8 bis 20 bar) aufbringen, von der Stirnseite des Plattenpaketes durch den Gestell-Ständer, bei langen Filterpressen zusätzlich auch durch das Druckstück.

Die Filtratableitung erfolgt bei Klärschlämmen wegen der Geruchsintensität des Filtrats geschlossen, und zwar in der Regel in vier in den Plattenecken angeordneten Bohrungen, die sich im Plattenpaket zu geschlossenen Kanälen verbinden.

Filtertücher werden am häufigsten aus Polyamid-Gewebe eingesetzt, und zwar in monofiler Webart. Zwischen Filtertuch und Filterplatte wird in der Regel ein Stützgewebe installiert.

Zur Reinigung der Filtertücher werden diese mit automatisch arbeitenden Abspritzeinrichtungen bei einem Spritzwasserdruck von 70 bis 100 bar abgespritzt. Beim Konditionieren mit Kalk und Fe-Salzen kann eine vorhergehende Säuerung der inkrustierten Filtertücher mit 3 bis 5%iger Salzsäure vorteilhaft sein.

Die Steuerung der Arbeitstakte einer Kammerfilterpresse erfolgt zumeist automatisch nach dem Prinzip der Folgesteuerung. Der Arbeitsablauf (Filterzyklus) läuft intermittierend wie folgt ab: Schließen, bis der hydraulische Schließdruck erreicht ist, Filtration, Entlastung und Ausblasen der Schlammzulaufbohrung mit Luft (Wasser), Schließdruck entlasten. Druckstück auffahren, Platten transportieren und Kuchen abwerfen, danach erneut schließen. Der Kuchenabwurf muß beobachtet werden, um bei klebendem Kuchen (z. B. bei mangelhafter Konditionierung) eingreifen zu können. Die Leistung der Kammerfilterpressen wird primär bestimmt durch Filterfläche, Konditionierung und Leistung der Beschickungspumpen, die druck- bzw. zeitabhängig in ihrem Volumenstrom geregelt werden. Für eine Optimierung unter Betriebsverhältnissen müssen Volumenstrom- und Druckverlauf registrierend gemessen und geregelt werden.

Die Dauer eines Filtrationszyklus ist schlammabhängig; in der Regel liegt sie zwischen 2 und 3 Stunden.

*Anwendungsmöglichkeiten*

Die Kammerfilterpresse kann grundsätzlich zur Entwässerung jeder Schlammart eingesetzt werden. Eine entsprechende Konditionierung ist dabei Voraussetzung. Es empfiehlt sich aus wirtschaftlichen Gründen, in der Regel den Schlamm vor seiner Entwässerung einzudicken.

*Entwässerungsergebnisse*

Die Abtrennung des Wassers aus den Schlämmen ist abhängig von der Wasserbindung an die Feststoffe und Kolloide. Durch die Konditionierung werden die Bindungskräfte reduziert und durch Erweiterung des Kapillarsystems die Durchströmung des Kuchens erreicht. Die Anwendung eines Druckgefälles bei der Filtration führt zur Kompression und damit auch zur Verdichtung des Kapillarsystems. Mineralische Bestandteile (Glührückstand) des Schlammes sind praktisch inkompressibel und wirken als Stützgerüst. Dies gilt in gleicher Weise für mineralische Filterhilfsmittel. Diese Zuschlagstoffe begünstigen die Filterleistung. Organische Bestandteile (Glühverlust) sind dagegen kompressibel und erschweren mit zunehmendem Anteil die Filtration. Ein höherer Anteil von Feinstteilchen im Schlamm, der sich naturgemäß mit der weitergehenden Abwasserreinigung einstellt, erschwert gleichfalls die Filtration.

Einen wesentlichen Leistungsparameter stellt das Bediendungspersonal dar. Erfahrene Betriebsführung, regelmäßige Wartung und technisches Verständnis des Ver- und Entsorgers steigern die Leistung einer Anlage wesentlich und tragen erheblich zur Kostensenkung bei.

Bei Kammerfilterpressen sind die Ergebnisse der Schlammentwässerung weniger von der Art der Konditionierung und dem Grad der Voreindickung des Schlammes abhängig. Die Trockenrückstände reichen von 50% TR in günstigen Fällen, bis 35% TR. Bei Anlagen mit thermischer Konditionierung werden durchwegs 50% TR, bei sehr gut ausgefaulten Schlämmen sogar Ergebnisse bis zu 60% TR erreicht.

Die Leistungsfähigkeit einer Kammerfilterpresse ist in starkem Maße abhängig vom Zustand der Filtertücher und der Ablaufrillierung in den Filterplatten. Es ist daher erforderlich, daß in regelmäßigen Zeitintervallen die Tücher gewaschen werden. In der Regel betragen diese Intervalle 50 bis 150 Chargen. Besonders bei Anwendung von Kalk zur Konditionierung ist es darüber hinaus zweckmäßig, nach zwei bis drei Waschprozessen die Filterkammern mit einer 3- bis 5%igen Salzsäure zu beschicken, um Kalkverbindungen, die sich an den Tüchern und Filterplatten angelagert haben, abzulösen. Nach der Säuerung empfiehlt es sich, die Tücher zu waschen. Die Einwirkzeit der Säure ist abhängig vom Verschmutzungsgrad und beträgt in der Regel zwei bis zwölf Stunden. Dieser Prozeß erfolgt normal zwischen den Betriebsphasen.

Betriebssicherheit und Verfügbarkeit werden durch eine gute Wartung wesentlich verbessert. Reserveaggregate dürfen nicht vergessen werden. Es empfiehlt sich, diese im abwechselnden Zyklus in Betrieb zu nehmen. Der Kammerfilterpressenraum sollte gut be- und entlüftbar sein.

Besondere Aufmerksamkeit ist auf die gleichförmige Dosierung und Konzentration in der Konditionierung sowie auf weitgehend konstante Schlamm-Stoffwerte zu richten.

Bei Stillstandszeiten von mehr als einem Tag sollten zuvor die Leitungen und Pumpen durchgespült werden. Jede Anlage sollte daher mit sinnvoll angebrachten Spülanschlüssen ausgerüstet sein. Empfehlenswert ist, wenn ganze Prozeßstrecken mit laufenden Pumpen gespült werden. Dies gilt besonders auch für die Kalksysteme. Filtertücher dürfen nicht abtrocknen. In Betriebspausen ist daher die Kammerfilterpresse geschlossen zu halten.

Die Optimierung der Konditionierung ist für das Betriebsergebnis von ausschlaggebender Bedeutung. Labormessungen zur Bestimmung der Filtrierbarkeit müssen daher periodisch durchgeführt werden.

***Nachbehandlung***

Unter Nachbehandlung ist hier eine weitergehende Bearbeitung des bereits maschinell entwässerten Klärschlammes vor seiner endgültigen Verwertung/Beseitigung zu verstehen. Durch die Nachbehandlung des entwässerten Schlammes können dessen Deponierfähigkeit, Energieinhalt, Düngewert bzw. sein seuchenhygienischer Zustand verändert werden. Im Zusammenhang mit der Schlammentwässerung wird bei der Nachbehandlung eine Verbesserung des für ein bestimmtes Entsorgungsziel unzureichenden Entwässerungsergebnisses bewirkt.

Dies erfolgt durch die Beimengung von Zuschlagstoffen. Bei den Zuschlagstoffen unterscheidet man:

- Ballaststoffe wie z. B. Sand, Steinmehl, Sägemehl

und

- mit dem Schlammkuchen reagierende Stoffe wie z. B. Branntkalk, Zement.

Beim Einsatz der Ballaststoffe wird in erster Linie eine Erhöhung des Trockenrückstandes im Schlammgemisch erreicht, ohne daß dessen bodenmechanische (Deponie-)Eigenschaften wesentlich verbessert werden.

Eine echte Verfestigung des Schlammgemisches wird nur durch ausreichende Zugabe von reagierenden Zuschlagstoffen erreicht. Daher enthält Bild 4.20 zusätzliche Hinweise, durch welche Verfahren die bodenmechanischen Kriterien der Deponierfähigkeit zu erreichen sind.

Eine Nachbehandlung kann im Anschluß an eine maschinelle Entwässerung mit Zentrifugen bzw. Bandfilterpressen erforderlich sein.

## 4.4 Biologische Vorgänge

### *4.4.1 Grundlagen*

Im Gegensatz zu den biologischen Vorgängen bei der Abwasserbehandlung, die nach dem Vorbild der natürlichen Selbstreinigung im Gewässer überwiegend aerob verlaufen, erfolgt der Abbau organischer Stoffe im Schlamm überwiegend anaerob.

Vorbilder für anaerobe biologische Abbauvorgänge, die man auch als Faulung bezeichnet, finden sich in der Natur etwa bei der Umsetzung organischer Stoffe im Bodenschlamm von Gewässern, besonders in stark mit Nährstoffen belasteten Teichen, verlandenden Seen und Mooren. Auch hier setzen Bakterien die organische Substanz um. Im Gegensatz aber zu den aeroben Bakterien, die zahlreiche Stoffe zu den Endprodukten $CO_2$, Wasser und Salzen abbauen können, sind die anaeroben Bakterien auf bestimmte Stoffe spezialisiert. Der Abbau erfolgt stufenweise in mehreren, aufeinander folgenden Abbauphasen. Die Endprodukte der Abbaukette sind dann neben Kohlendioxid ($CO_2$) und Wasser das energiereiche Methangas ($CH_4$).

Lange Zeit ging man davon aus, daß im wesentlichen zwei Phasen zu unterscheiden waren: Die saure Gärung und die Methangärung.

Genauere Untersuchungen zeigen, daß mehrere Schritte notwendig sind, wie in Bild 4.27 gezeigt wird.

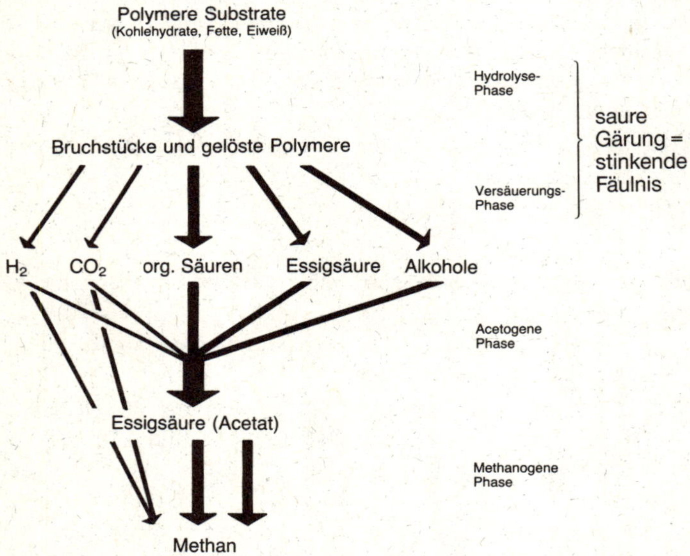


Bild 4.27: Schema des mehrstufigen, anaeroben Abbaues (nach Mudrak)

Das Ausgangsmaterial (Kohlenhydrate, Eiweißkörper, Fette) wird in der Hydrolyse-Phase aufgespalten. In der anschließenden Versäuerungsphase werden $H_2$, $CO_2$, organische Säuren wie Buttersäure und Essigsäure und Alkohole gebildet. Die Methanbakterien können von diesen Zwischenprodukten nur Essigsäure, $H_2$ und $CO_2$ direkt zu Methan umsetzen. Daher müssen weitere Bakterienarten, die mit den Methanbakterien eng vergesellschaftet leben, die organischen Säuren und Alkohole erst zu Essigsäure umbauen (acetogene Phase). Diese steht dann in der methanogenen Phase den Methanbakterien zur Verfügung, die sie zu Methan umsetzen.

Praktisch bedeutet dies, daß z. B. bei der Schlammfaulung die im Rohschlamm enthaltenen 70% bis 80% organischer Stoffe bei der anaeroben Umsetzung auf etwa 45% organischer Stoffe im Faulschlamm vermindert werden. Theoretisch geht der Abbau noch weiter, verläuft aber sehr viel langsamer. Die restliche organische Substanz ist nämlich schwer abbaubar. Im technischen Sinne gilt der Schlamm mit einem Glühverlust von etwa 45% als ausgefault und stabil.

Als Abbauprodukt entsteht bei der Faulung Faulgas. Es handelt sich um ein Gasgemisch, das etwa folgendermaßen zusammengesetzt ist:

- Methan 60–70%
- Kohlendioxid 26–36%
- geringe Mengen Stickstoff, Wasserstoff, Sauerstoff und Schwefelwasserstoff.

Die Faulgasentwicklung ist ein sehr einfacher Maßstab zur Kontrolle des Faulprozesses. Insbesondere deutet eine Zunahme des Anteiles an $CO_2$ mit gleichzeitiger Abnahme des $CH_4$-Anteiles auf Unregelmäßigkeiten hin.

Angewendet wird die Faulung seit den Anfängen der Abwasserreinigung bei der Schlammstabilisierung. Sie wird heute aber auch zunehmend zur Reinigung sehr hoch konzentrierter organisch belasteter Abwässer z. B. aus der Lebensmittelindustrie (etwa Hefeabwasser), zu Behandlung von Gülle oder auch von Filtratwasser aus der thermischen Schlammkonditionierung angewendet.

Ziel der Schlammstabilisierung ist der weitgehende Abbau der organischen Stoffe und ihre Überführung in energiearme, möglichst stabile Verbindungen. Praktisch heißt das, daß der Schlamm nicht mehr in saure, stinkende Gärung übergehen und dadurch zu Geruchsbelästigungen und Schwierigkeiten in den nachfolgenden Behandlungsstufen führen soll. Bei der Faulung wird darüber hinaus das Eindick- und Entwässerungsverhalten des Schlammes positiv beeinflußt. Nur in Ausnahmefällen kann im Rahmen des Gesamtprozesses auf die Stabilisierung verzichtet werden.

Die Umsetzung der organischen Substanz kann, wie in den vorangehenden Abschnitten dargelegt wurde, sowohl unter aeroben als auch unter anaeroben Bedingungen erfolgen. Jedes Verfahren hat seine Vor- und Nachteile, so daß im Einzelfall über die Anwendung entschieden werden muß. In der Praxis hat sich jedoch bei den kleinen Kläranlagen eine Tendenz zur gemeinsamen aeroben Stabilisierung hin entwickelt. Bei großen Kläranlagen wird überwiegend die Faulung angewendet. Die aerobe Stabilisation setzt Prozeßwärme frei, bei der Faulung entsteht Faulgas. Beide Energieformen, Wärme und Gas, lassen sich bei entsprechender technischer Ausrüstung sinnvoll nutzen.

Sowohl im aeroben wie im anaeroben Bereich entwickeln sich Mikroorganismen, die in unterschiedlichen Temperaturbereichen optimale Lebensbedingungen vorfinden (Bild 4.28). Aus diesen unterschiedlichen Bedingungen ergeben sich in der Praxis übliche Verfahrensansätze.

Vielfach ist bei der aeroben Schlammstabilisierung der Abbau der organischen Stoffe nicht so weitgehend wie bei der Faulung. Daher fault aerob stabilisierter Schlamm z. B. in Schlammsilos noch nach. Objektive Kriterien für einen Abschluß der Stabilisierung lassen sich trotz vieler Forschungsarbeiten nur als Bandbreite angeben. Als Test beim aeroben Abbau gilt die Enzymaktivität (TTC-Test, siehe Abschnitt 6.6) Bei der Faulung gilt der Schlamm als stabilisiert, wenn der Abbau der organischen Substanz bei Mischung von Primär- und Belebtschlamm etwa 40 bis 50% bzw. der Gehalt anorganischen Säuren weniger als 300 mg/l beträgt.

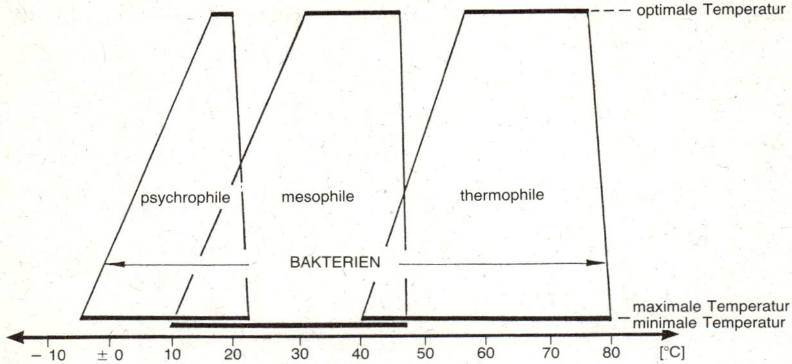


Bild 4.28: Lebensbereiche von Bakterien (nach Stanier u. a.)

### 4.4.2 *Aerobe Stabilisierung*

#### *Gemeinsame aerobe Stabilisierung*

Die *aerobe Stabilisierung* des Schlammes erfolgt bei kleinen Kläranlagen *gemeinsam mit der Abwasserbehandlung* im gleichen Becken (vergleiche Abschnitt 3.3.1). Dazu wird die Anlage extrem schwach belastet, um ein ausreichend hohes Schlammalter einzuhalten. Als Bemessungsgröße ist eine $BSB_5$-Schlammbelastung $B_{TS} > 0{,}05$ kg/(kg·d) festgelegt.

Damit soll erreicht werden, daß der aerobe Stoffwechsel der Mikroorganismen gezielt im wesentlichen als Betriebsstoffwechsel und nicht – wie bei der Abwasserreinigung als Baustoffwechsel verläuft (Bild 4.29).

Da die Stabilisierung temperaturabhängig ist, gilt für eine ausreichende Stabilisierung der in Bild 4.30 dargestellte Zusammenhang zwischen Temperatur und Schlammalter.

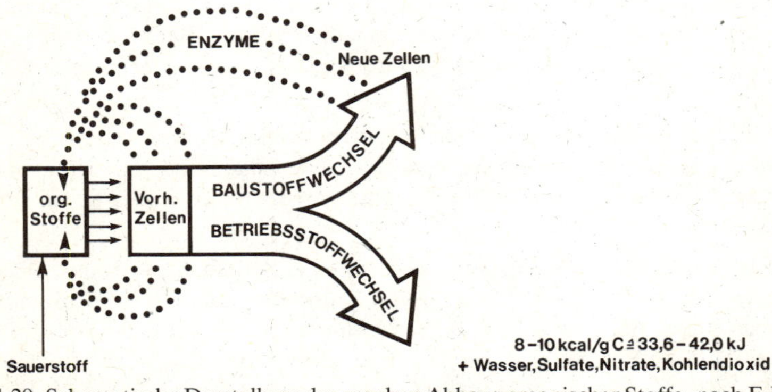


Bild 4.29: Schematische Darstellung des aeroben Abbaus organischer Stoffe, nach F. Pöpel

Bei der genannten Schlammbelastung wird ein Schlammalter von etwa 40 Tagen erreicht, so daß auch im Winter eine ausreichende Schlammstabilisierung zu erwarten ist.

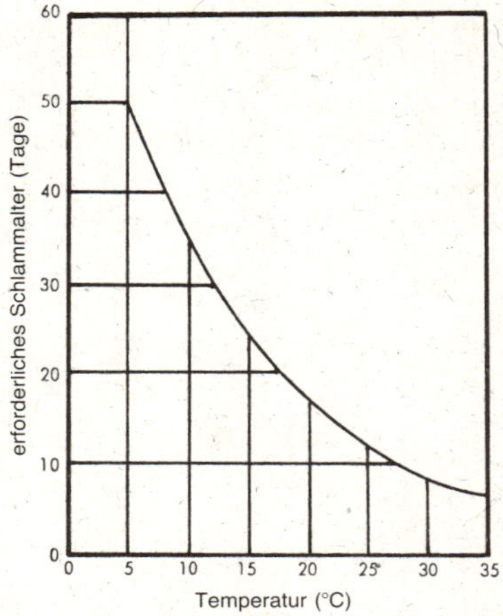


Bild 4.30: Erforderliches Schlammalter für die aerobe Stabilisierung von Klärschlamm in Abhängigkeit von derTemperaur (nach Wolf)

## *Getrennte aerobe Stabilisierung*

Die *getrennte aerobe Stabilisierung*, also die Stabilisierung des Schlammes in einem Belüftungsbecken für sich, wurde im *Temperaturbereich* > *20°* C vereinzelt angewendet, wenn toxische Schlamminhaltsstoffe eine anaerobe Behandlung nicht zuließen. Bei der Bemessung müssen hohe Aufenthaltszeiten (Bild 4.30) gewählt werden, entsprechend etwa 40 l/EW. Für Umwälzung und Sauerstoffeintrag ist eine Leistungsdichte von 25 W/m$^3$ anzusetzen. Der Schlamm wird in ein eigenes Stabilisierungsbecken geleitet und darin weiter belüftet. Als Belüftungseinrichtung können Kreisel (Bild 4.31) oder Druckluftbelüfter eingesetzt werden. Das Verfahren wird nicht sehr häufig eingesetzt, da der Energieaufwand sehr hoch ist.

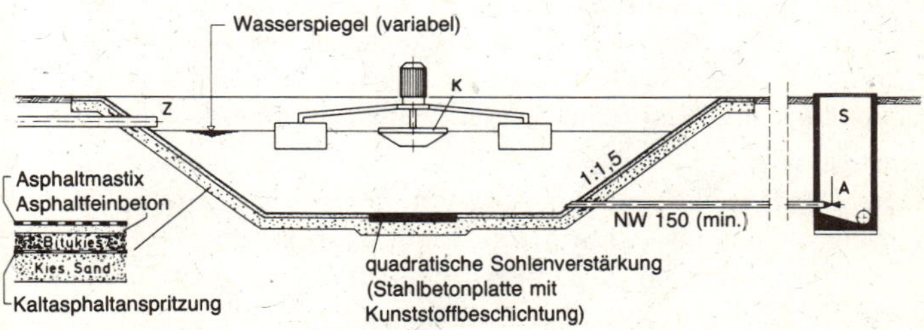


Bild 4.31: Becken für getrennte aerobe Schlammstabilisierung bei Normaltemperatur

***Aerob-thermophile Stabilisierung***

Bei ausreichend hoher Konzentration anorganischer Substanz verlaufen die Umsetzungsvorgänge bei der getrennten aeroben Stabilisierung so heftig, daß eine deutliche Selbsterhitzung des Schlammes auftritt. Wird diese ausgenutzt, läßt sich der Prozeß in den mesophilen bzw. thermophilen Bereich verlagern. Technisch wird aus mehreren Gründen die thermophile aerobe Stabilisierung bevorzugt. Neben einer erheblichen Verkürzung der Stabilisierungszeit (erforderlichen Volumen rd. 12 l/EW) ergibt sich durch die übliche Verweildauer von etwa 7 Tagen mit einer Temperatur um 50° C eine gleichzeitige Entseuchung (Hygienisierung) (vgl. Abschnitt 4.4.5) des Schlammes.

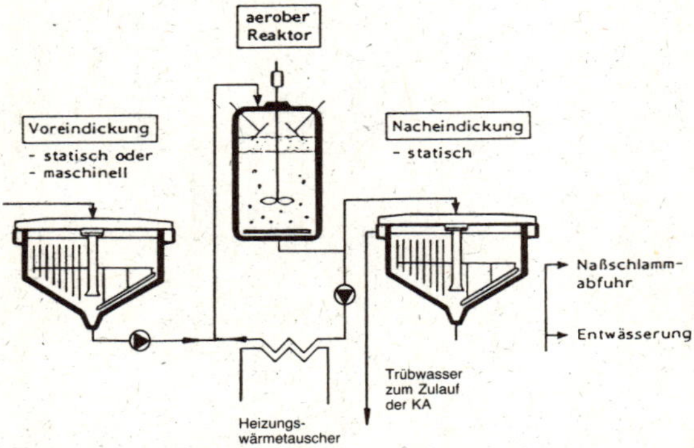


Bild 4.32: Verfahrensschema einer aerob-thermophilen Schlammstabilisierung (nach Dichtl)

In jüngerer Zeit hat man gelernt, diese Selbsterhitzung des Schlammes zu nutzen. Dazu muß der Behälter, der auch Reaktor genannt wird, gut isoliert werden. Außerdem ist eine kleine freie Oberfläche vorteilhaft.

Bild 4.31 zeigt die verfahrenstechnische Anordnung einer solchen Anlage. Betrieblich wichtig ist eine gute Voreindickung zur möglichst weitgehenden Erhöhung der Feststoffe im Schlamm. Sonst wird nicht genügend organische Masse in den Reaktor eingebracht und die entstehende Wärme reicht zur Selbsterhitzung des Schlammes nicht aus. Als Betriebsaggregate werden neben den Beschickungspumpen eine Umwälzung und eine Belüftungseinrichtung benötigt. Für Belüftung und Umwälzeinrichtung sind ca. $95 W/m^3$ erforderlich, die Eintragsleistung muß regelbar sein. Geeignet sind im Grunde alle üblichen Belüftungsverfahren. Allerdings sind Belüfter, die den Sauerstoffeintrag bei gleichzeitiger geringer Turbulenz an der Oberfläche (geringere Wärmeverluste) erreichen, besonders gut geeignet. Da eine starke Schaumbildung auftritt, sind auch Vorrichtungen zur Schaumbekämpfung (Schaumschneider) erforderlich.

Unter ungünstigen Bedingungen kann die Reaktortemperatur in den mesophilen Bereich absinken. Der Prozeß läuft dann zwar stabil weiter, die Entseuchung wird jedoch nicht mehr erreicht. Daher ist zur Stützung des Prozesses in der Regel eine Wärmerückgewinnung notwendig. Der Rohschlamm wird durch Wärmeaustauscher geleitet, durch die der stabilisierte Schlamm seine Wärme abgeben kann.

Das gleiche Verfahren wird auch mit Eintrag technisch reinem Sauerstoff angewendet.

### *4.4.3 Anaerobe Stabilisierung (Faulung)*

Wie auch im aeroben Bereich gibt es bei der Faulung Bakterien, die im niedrigen, im mesophilen und im thermophilen Temperaturbereich optimal arbeiten. Dabei ist die Abhängigkeit der erforderlichen Faulzeit von der Prozeßtemperatur noch deutlicher als bei der aeroben Stabilisierung. Rechnet man bei Temperauren < 10° C mit Faulzeiten > 100 Tagen, so reichen bei 35° C rd. 20 Tage bzw. bei 52° etwa 7 Tage aus (Bild 4.33). Die Temperaurbereiche > 20° C lassen sich nur durch Erwärmung des Schlammes erreichen, wofür allerdings das bei der Faulung entstehende Methangas benutzt werden kann.

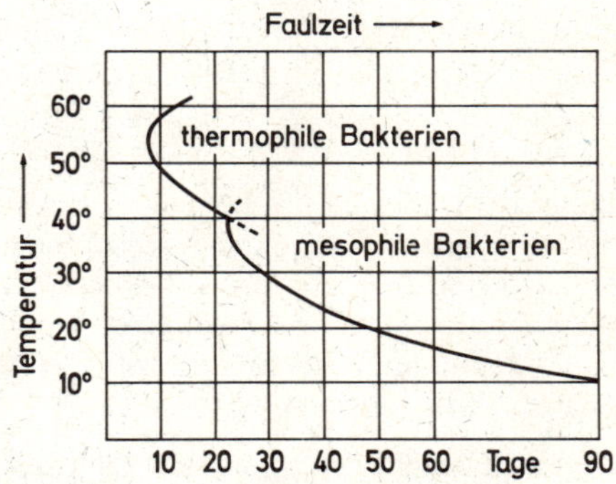


Bild 4.33: Temperaturabhängigkeit der Faulung (nach Fair und Moore)

#### *Unbeheizte anaerobe Stabilisierung*

*Kalte Faulbehälter* sind in der Form des Emscherbrunnens (siehe Bild 3.30) schon sehr früh zur Stabilisierung von Vorklärschlamm eingesetzt worden. Der obere Teil wurde ständig von frischem Rohabwasser durchflossen. Dadurch bildete sich ein guter Geruchsverschluß. Der Primärschlamm setzte sich nach unten ab und rutschte in den darunter liegenden Faulraum, wo er ausfaulte und nur von Zeit zu Zeit umgewälzt wurde. Nachteilig waren die hohen Kosten dieses Bauwerkes, da es tief gegründet werden muß. Emscherbecken sind daher nur noch bei kleinen Anlagen oder in Verbindung mit Tropfkörperanlagen in Betrieb (z. B. Schreiber-Kläranlagen). Nachteilig kann sich ein zu hoher Schlammspiegel im Faulraum auswirken, da das darüber strömende Wasser, insbesondere in der Kombination mit Nachklärbecken, nicht mehr ausreichend geklärt wird.

Daneben gibt es auch getrennte offene oder geschlossene kalte Faulbehälter wegen des einfachen Betriebes vor allem auf kleineren Anlagen. Das gilt besonders für Tropfkörperanlagen. Solche kalten Faulbehälter können leicht in die saure Gärung übergehen.

#### *Mesophile anaerobe Stabilisierung*

Die kalte Faulung läuft praktisch von selber weiter, wenn der Prozeß einmal eingefahren ist und genügend Faulraumvolumen zur Verfügung steht. Im Vergleich dazu liegt die beheizte Faulung in einem Temperaturbereich von 30–37° C. Die vorgesehene Temperatur muß mit einer Schwankungsbreite von nicht mehr als 1–2° C gehalten werden. Dennoch hat sich verfahrenstechnisch die mesophile Faulung allgemein durchgesetzt, wobei im wesentlichen folgende Ziele verfolgt werden:

- Stabilisierung (Hauptziel)
- Verringerung der Schlammenge, (Nebenziele)
- Verbesserung der Entwässerungseigenschaften, (Nebenziele)
- Gewinnung von Energie, (Nebenziele)

Im Gegensatz zur aeroben Schlammstabilisierung ist die Faulung ein relativ empfindlicher Prozeß. Man muß daher die Randbedingungen

- Heizung (konstante Temperatur),
- Durchmischung,
- Impfung und
- pH-Wert

in engen Grenzen einhalten. Darüber hinaus können Konzentrationen von Schwermetallen, die beim aeroben Prozeß unschädlich sind, die Faulung durch Vergiftung zum Erliegen bringen. Andererseits sind die Methoden der Abwasservorbehandlung zur Abscheidung von Schwermetallen soweit verbreitet, daß der Anteil an diesen Stoffen zurückgeht. Problematisch sind allerdings Stoßbelastungen bei Ausfall der Vorbehandlung oder infolge unzulässiger Einleitungen.

Zur Kontrolle des Verfahrens ist bei etwa gleichmäßiger täglicher Beschickung der Gasanfall und die Gaszusammensetzung sehr gut geeignet. Da das Verhältnis zwischen Methan ($CH_4$) und Kohlendioxid ($CO_2$) bei eingearbeiteten Behältern nur sehr wenig schwankt, ist ein plötzlicher Anstieg des $CO_2$-Anteiles ein Zeichen für Störungen. Der $CO_2$-Gehalt reagiert viel eher als der pH-Wert. Meist geht alsbald auch die Gasmenge zurück.

Wegen der Temperaturempfindlichkeit der Methanbakterien muß für eine ausreichende Heizung und Wärmedämmung des Faulbehälters gesorgt werden. Wichtig ist dabei weniger die absolute Temperatur als vielmehr die Vermeidung von kurzfristigen Schwankungen. So sollte auch der Rohschlamm vor der Beschickung des Faulbehälters aufgeheizt werden.

Für eine sichere Stabilisierung ist der Betrieb des Faulbehälters als total durchmischter Reaktor ohne Unterbrechung der Durchmischung und ohne Trübwasserabzug notwendig. Es dürfen auch keine Kurzschlußströmungen bei der Rohschlammbeschickung auftreten. Die früheren Versuche, nur den mittleren Behälterteil umzuwälzen und in der Trichterspitze eine Eindickung zu erzielen, widersprechen den Randbedingungen des biologischen Abbauprozesses. Danach ist eine ständige, intensive Durchmischung für die Umsetzung der Spaltprodukte der miteinander im Behälter lebenden Bakterien der unterschiedlichen Abbauphasen unbedingt notwendig. Nur bei unterbelasteten Behältern ist eine derartige Betriebsweise nicht direkt nachteilig. Besser ist es, die Eindickung des Schlammes in nachgeschalteten Silos oder Eindickern vorzunehmen und das teure Faulraumvolumen für den Stabilisationsprozeß zu nutzen.

Umwälzung und Heizung lassen sich bei außenliegenden Umwälzpumpen mit der Impfung des Schlammes verbinden, wenn der aufgeheizte Rohschlamm in den Umwälzstrom eingespeist wird.

Da die Faulung temperaturabhängig ist, richtet sich die Faulraumgröße nach der Temperatur im Faulraum (Prozeßtemperatur). Allgemein gelten folgende Richtwerte:

| | Faulung | | |
|---|---|---|---|
| | kalt | mesophil | thermophil |
| Temperatur | < 10° C | 35° C | 52° C |
| Faulzeit | > 100 Tage | 20 Tage | 7 Tage |
| spezielle Faulraumgröße | < 200 l/E | 40 l/E | 12 l/E |

*Bauformen der Faulräume*

Die Bauform wird vor allem von folgenden Gesichtspunkten bestimmt:

- Möglichst kleine Oberfläche zur Vermeidung von Wärmeverlusten (Idealform wäre die Kugel).
- Möglichst gute Voraussetzungen für eine energiesparende Umwälzung; daher bevorzugt man schlanke, hohe Bauformen.
- Vermeidung von Ablagerungen, einfache Schlammentnahme; man bildet die untere Spitze kegelförmig aus.
- Möglichst kleine Schlammoberfläche zur Vermeidung der Schwimmschlammdecke; auch die obere Spitze wird als Kegel ausgebildet.
- Möglichst geringe Baukosten.

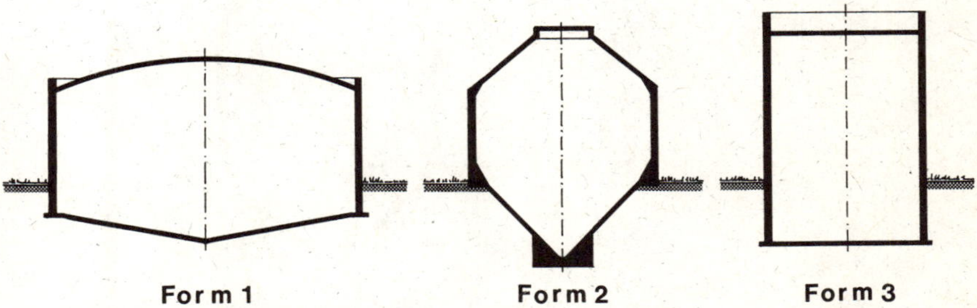


Bild 4.34: Bauformen für Faulbehälter

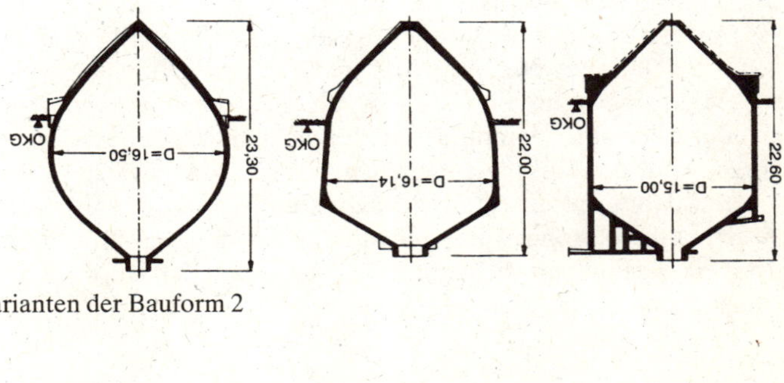


Bild 4.35: Varianten der Bauform 2

Diesen Punkten wird die Eiform mit verschiedenen Abwandlungen am ehesten gerecht (Bild 4.35). Sie wird deshalb in Deutschland meistens angewandt.

In Holland, England und Amerika sind dagegen auch einfache Zylinder oder flachere Behälter mit großem Durchmesser üblich (Bild 4.34). Das Problem der Umwälzung des Behälterinhaltes, für das diese Formen weniger günstig sind, wird dabei entweder durch den Einbau mehrerer Umwälzeinrichtungen oder eine Gaseinpressung an vielen Stellen gelöst. Ablagerungen in den toten Ecken der Zylinder nimmt man teilweise von vornherein in Kauf.

*Umwälzung und Heizung*

Die Behälterform bestimmt das Umwälzsystem. Andererseits ist es auch mit der Art der Heizung verknüpft. Bei der in Deutschland üblichen, dem Ei mehr oder weniger angenäherten Bauform kann die *Umwälzung durch außenliegende Pumpen* und die Heizung mit *außen liegenden Wärmetauschern* sehr einfach verbunden werden (Bild 4.35). Der Umwälzschlamm wird aus dem Faulbehälter seitlich oder aus der Spitze entnommen, durch einen Wärmeaustauscher gepumpt und oben wieder zugegeben. Der Wärmeaustauscher wird von einem Heizkessel oder einem Gasmotor mit Warmwasser versorgt. Bei der Beschickung des Behälters wird die Rohschlammpumpe zugeschaltet. Der Umwälzschlamm wirkt als Impfschlamm, gleichzeitig wird der Rohschlamm erwärmt und mit dem Impfschlamm gut vermischt.

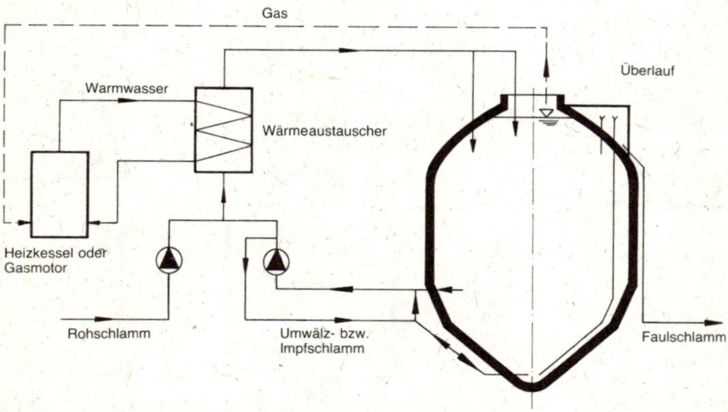


Bild 4.36: Umwälzung durch außenliegende Umwälzpumpen, Heizung durch außenliegende Wärmetauscher

Oft wird auch *Niederdruckdampf* zur Faulraumheizung verwendet. Ein Dampferzeuger (Heizkessel oder heißgekühlter Gasmotor) verdampft Wasser bei einem Druck von 0,5 bar. Das für die Dampferzeugung erforderliche Wasser muß allerdings aufbereitet werden, um Verkrustungen zu vermeiden. Der Dampf kann entweder direkt in den Faulbehälter oder über eine Dampfdüse in den Schlammstrom eingeblasen werden. Meist braucht man nur den Rohschlamm aufzuheizen. Die Umwälzung des Faulbehälterinhaltes erfolgt daher mit einem *Schraubenschaufler* (Bild 4.37). Zusätzlich kann Schlamm mit den außenliegenden Beschickungspumpen umgewälzt und beheizt werden. Da meist mehrere Pumpen vorhanden sind, kann man den Umwälzstrom auch zur Impfung heranziehen.

Neben diesen beiden Hauptformen, von denen die erstere (Bild 4.36) häufiger eingesetzt wird, sind eine Vielzahl von Varianten im Gebrauch. Das gilt vor allem für die Entnahme- und Zugabestellen des Schlammes. Zur Heizung wurden auch innenliegende Wärmeaustauscher verwendet. Das System hat sich nicht bewährt, da Reparaturen oder Wartungsarbeiten am Wärmeaustauscher nur unter Außerbetriebnahme des Behälters möglich sind.

Daneben wird zur Umwälzung auch die *Faulgaseinpressung* eingesetzt. Am kegelförmigen unteren Teil des Behälters sind rundum Einpreßdüsen angeordnet und durch eine Ringleitung verbunden. Das eingepreßte Gas perlt nach oben und setzt so den Faulbehälterinhalt in Bewegung. Es wird berichtet, daß sich durch diese Art der Umwälzung die Gasausbeute um rd. 10% steigern läßt. In Deutschland ist dieses System wenig verbreitet.

Jedes der beschriebenen Systeme hat Vor- und Nachteile. Ein exakter Kostenvergleich der Systeme ist nicht möglich, da die im Verhältnis zum Energieaufwand erzielte Umwälzleistung bei der Gaseinpressung überhaupt nicht und beim Schraubenschaufler bzw. den außenliegender Umwälzpumpen nur ungenau angegeben werden kann. Man kann nämlich nicht sicher sagen, ob der gesamte Behälterinhalt umgewälzt wird. Es bleibt festzustellen, daß beim Vergleich zwischen Schraubenschaufler und außenliegenden Umwälzpumpe bei gleicher elektrischer Anschlußlei-

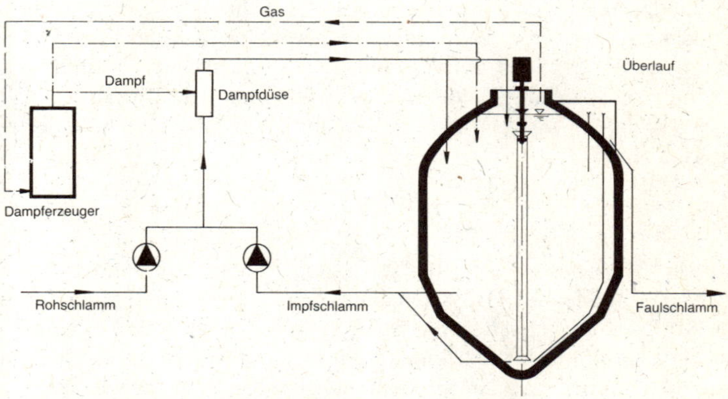


Bild 4.37: Umwälzung mit Schraubenschaufler, Heizung mit Dampf

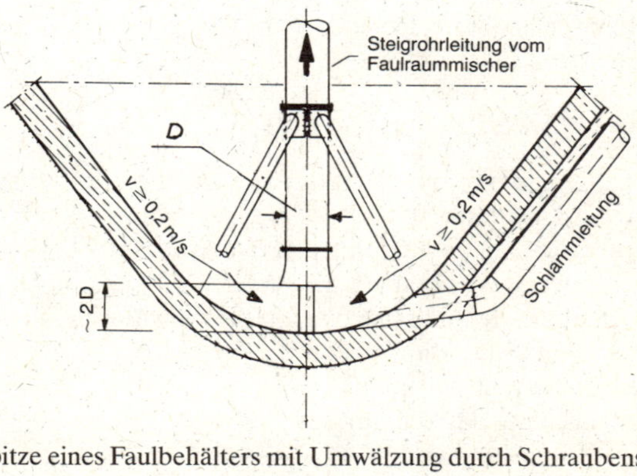


Bild 4.38: Trichterspitze eines Faulbehälters mit Umwälzung durch Schraubenschaufler

stung der Behälterinhalt mit dem Schraubenschaufler 12mal, mit den Pumpen 3mal am Tag umgewälzt wird. Wichtig ist, daß die Umwälzung möglichst intensiv und die Heizung möglichst einfach ist. Beim Schraubenschaufler muß daher das Steigrohr bis in die Spitze (Bild 4.38) oder bis kurz über die Sohle des Behälters gehen. Der Mischer sollte über 24 Stunden betrieben werden.

*Schwimmschlammbekämpfung*

Auf der Schlammoberfläche im Faulraum kann sich schnell eine kompakte Schwimmschlammdecke bilden, die immer wieder zerstört oder abgelassen werden muß. Besser ist es natürlich, durch weitestgehende Entnahme von Rechengut der Bildung von Schwimmschlammdecken vorzubeugen. Eine gänzliche Vermeidung ist allerdings kaum möglich. Zum Ablassen muß der Schwimmschlamm noch fließfähig sein. Aus diesem Grunde muß das Ablassen nach den Erfordernissen ziemlich häufig erfolgen. Mit Feinstrechen und Sieben im Kläranlagenzulauf können häufig die Schwimmstoffe im Faulbehälter vermindert werden.

Zur Zerstörung der Schwimmschlammdecke werden S-förmige rotierende Verteilerrohre oder drehbare Einlaßrohre in die Faulbehälterdecke eingebaut. Am Schraubenschaufler ist ein Prallteller angebracht, um den geförderten Schlamm zu verspritzen und so die Schwimmdecke zu zerstören. Zum Ablassen des Schwimmschlammes muß eine breite Öffnung im oberen Deckenkegel vorhanden sein, die schnell geöffnet werden kann. Sonst kommt eine stark ausgebildete Schwimmschlammdecke gar nicht in Bewegung. Andererseits ist dafür Sorge zu tragen, daß keine Luft in den Faulbehälter gelangen kann (Explosionsgefahr).

*Trockenrückstand*

Der günstigste Trockenrückstand für Umwälzung, Einspeisung und Faulraumnutzung liegt bei etwa 5–6% TR. Oft wird sogenanntes Schlammwasser (Trübwasser) abgezogen und in die Vorklärung eingeleitet, um den Feststoffanteil im Behälter zu erhöhen. Vielfach wird dazu vorher die Umwälzung unterbrochen. Dieses Trübwasser ist in Wirklichkeit Dünnschlamm, der die Kläranlage im internen Kreislauf stark belastet. Die Unterbrechung der Umwälzung und der Abzug des Dünnschlammes widersprechen der idealen Betriebsweise eines Faulraumes. Dieser ist ein biologischer Reaktor, bei dem ständig Rohschlamm zugeführt, laufend Gas entwickelt und ebenso ständig ausgefaulter Schlamm abgezogen wird. Es ist zweckmäßiger, Trübwasser im Nacheindicker abzuziehen.

***Thermophile anaerobe Stabilisierung***

Die thermophile Faulung bei Temperaturen zwischen 50 und 55° C ist nur vereinzelt angewendet worden. Als Nachteile sind
- die höhere Empfindlichkeit gegen Temperaturschwankungen,
- die schlechtere Trübwasserqualität aus der Nacheindickung,
- der höhere Aufwand für Heizung bzw. Wärmerückgewinnung

zu nennen. Diese wiegen bisher die Vorteile
- geringere Behältervolumen,
- gleichzeitige Entseuchung des Schlammes

nicht auf.

### *4.4.4 Verfahrenstechnische Kombinationen*

Versuche haben gezeigt, daß durch eine Kombination von aerober und anaerober Verfahrenstechnik der Abbau der organischen Substanz intensiviert, also die Stabilisierung des Schlammes verbessert werden kann. Das ist auf die unterschiedlichen Wirkungsmechanismen des biologischen Abbaues unter aeroben bzw. anaeroben Bedingungen zurückzuführen. Bestätigt werden diese Versuche durch die Betriebserfahrung an schwach belasteten Belebungsanlagen mit Schlammfaulung. Unterbelastete Anlagen weisen vielfach eine $BSB_5$-Schlammbelastung von 0,05 bis 0,08 kg/(kg·d) auf, fahren also im Belastungsbereich der Schlammstabilisierung. Bei der anschließenden Schlammfaulung ist jedoch kein Unterschied im Faulgasanfall gegenüber normal belasteten Belebungsanlagen zu erkennen (vgl. folgende Tabelle).

| Kläranlage | Ausbaugröße | $BSB_5$ Schlammbelastung kg/(kg. d) | spez. Gasanfall l Gas/kg GV | Faulzeit d |
|---|---|---|---|---|
| A | 40000 | 0,4 | 520 | 40 |
| B | 27500 | 0,18 | 530 | 47 |
| C | 20000 | 0,05 | 570 | 50 |
| D | 17500 | 0,05 | 680 | 150 |

Gegenüber der beschriebenen Betriebsweise, die sich ungewollt ergeben kann, werden zunehmend technische Anlagen der Verfahrenskombination *aerob thermophile Vorstufe* und *nachfolgende mesophile Faulung* in Betrieb genommen. Die Vorstufe wird nur als Teilstabilisierung, aber mit dem Ziel der Entseuchung gefahren, die Stabilisierung bei der anschließenden Faulung erreicht. Die wesentlichen Vorteile dieses Verfahrens liegen in der

- Entseuchung (Hygienisierung),
- hohen Prozeßstabilität,
- Möglichkeit zur Sanierung überlasteter Faulbehälter.

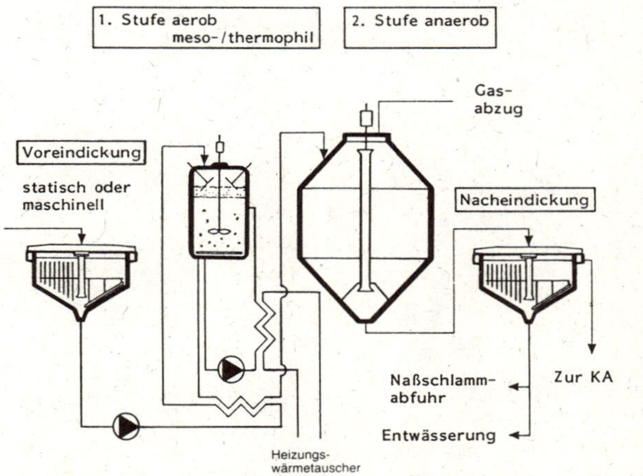


Bild 4.39: Verfahrensschema einer aerob-anaeroben Schlammstabilisierung (nach Dichtl)

Nachteilig sind vor allem die aufwendigere Prozeßführung und die höheren Investitionskosten, die bei der Sanierung bestehender Anlagen zurückgehen.

Bild 4.39 zeigt die Verfahrenskombination einer aerob-thermophilen mit einer anaerob-mesophilen Stufe. Ziel ist nicht nur die Einsparung von Gesamtvolumen, sondern auch eine sichere Entseuchung. Das Verfahren wird noch nicht sehr häufig angewendet. Es ist vor allem dort günstig einzusetzen, wo bei Erweiterungen von Kläranlagen das Volumen vorhandener Faulräume nicht mehr ausreicht. Nicht unterschätzt werden darf der maschinen- sowie meß- und regeltechnische Aufwand innerhalb der aerob-thermophilen Vorstufe.

### *4.4.5 Entseuchung (Hygienisierung)*

In Klärschlämmen, die bei der Behandlung kommunaler Abwässer anfallen, können auch Krankheitserreger (Wurmeier, Bakterien und Viren) enthalten sein. Bei der Verwertung des Schlammes im Landbau ist daher vor der Aufbringung z. B. auf Grünland eine ausreichende Entseuchung erforderlich. In der Praxis wird die keimabtötende Wirkung vor allem durch Temperatureinwirkung und/oder pH-Wert-Verschiebung in den stark alkalischen Bereich erreicht. Daher ist z. B. jede Schlammtrocknung, -vergasung oder -verbrennung mit einer Entseuchung verbunden.

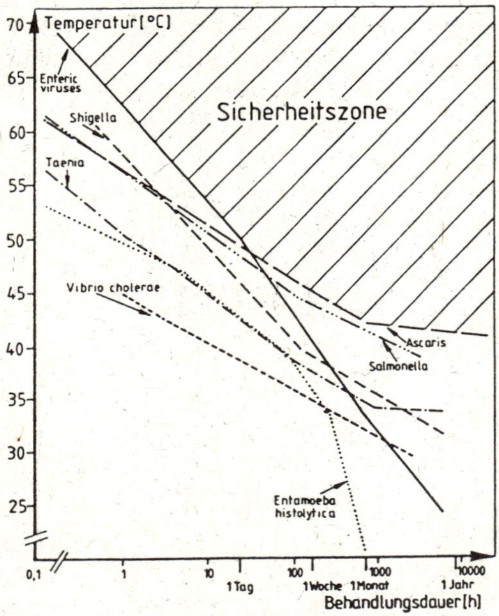


Bild 4.40: Einfluß von Zeit und Temperatur auf einige Krankheitserreger (nach Feachem u. a.)

Wichtig für die Entseuchung ist die erreichte Temperatur und die Einwirkdauer. Je höher die Temperatur, um so kürzer kann – in bestimmten Grenzen (Bild 4.40) – die Dauer sein. Praktisch möglich sind folgende Verfahren:

- Pasteurisierung bzw. Hygienisierung (70° C/½ Stunde bis 50° C/24 h) nur vor der Faulung (Vorpasteurisierung)
- aerob thermophile Vorstufe mit nachfolgender Faulung (50° C/24 h und 35° C/ca. 15 Tage)
- Konditionierung mit Kalk (pH > 12,5/24 h)
- aerob thermophile Schlammstabilisation (50° C/mehrere Tage)
- thermophile Faulung (50° C/mehrere Tage)
- Kompostierung (70° C/½ h)

### *4.4.6 Gasgewinnung und -speicherung*

Die Gewinnung von Faulgas und seine Nutzung zur Heizung oder Energiegewinnung ist von großer Bedeutung. Die anfallende Menge unterliegt jedoch je nach Faulzeit und -temperatur, Schlammenge und -zusammensetzung Schwankungen (Bild 4.41). Unter praktischen Bedingungen kann man mit einem Gasanfall von etwa 17 l/(E · d) rechnen. Bei Anlagen mit Regenbecken im Kanalnetz liegt dieser Wert wegen der höheren Schlammengen über 20 l/(E · d).

Auch der Verbrauch unterliegt gewissen Schwankungen. Zum Ausgleich zwischen Anfall und Verbrauch sind daher Gasspeicher als Mengenpuffer notwendig.

Man unterscheidet folgende Arten:

– Naßgasbehälter (Bild 4.42). Eine Glocke aus Stahlblech schwimmt in einer Wassertasse, die meist aus Stahlbeton hergestellt ist. Die Gasglocke wird durch das Gas aus der Wassertasse hochgedrückt. Solche Behälter sind weit verbreitet. Nachteilig ist die Korrosionsgefahr und die Gefahr des Einfrierens. Er muß daher im Winter beheizt werden.

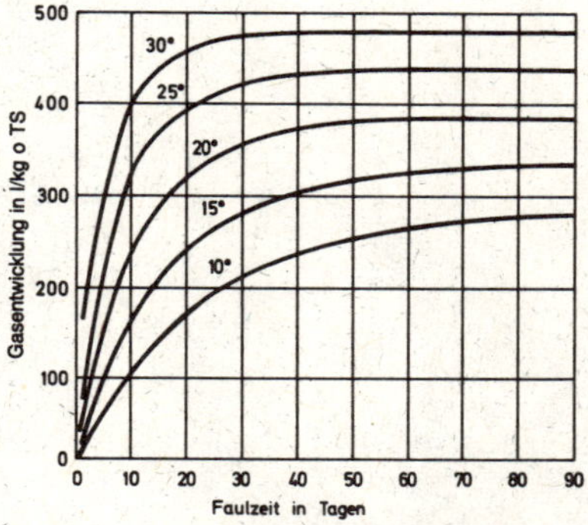


Bild 4.41: Faulgasentwicklung nach Fair und Moore mit deutschen Gaszahlen

– Trockengasbehälter (Bild 4.43). Innerhalb eines Stahlgehäuses ist eine Stahlscheibe über eine gasdichte Kunststoff- oder Gummimembrane mit dem Gehäuse verbunden. Entsprechend der Gasmenge hebt und senkt sich die Scheibe. Der Wartungsaufwand ist geringer als bei Naßbehältern.

– Druckbehälter (Bild 4.44). Sie werden meist in Kugelform gebaut und eignen sich wegen des maschinen- und regeltechnischen Aufwandes nur für Großanlagen. Das Gas wird mit Kompressoren in den Behälter gedrückt.

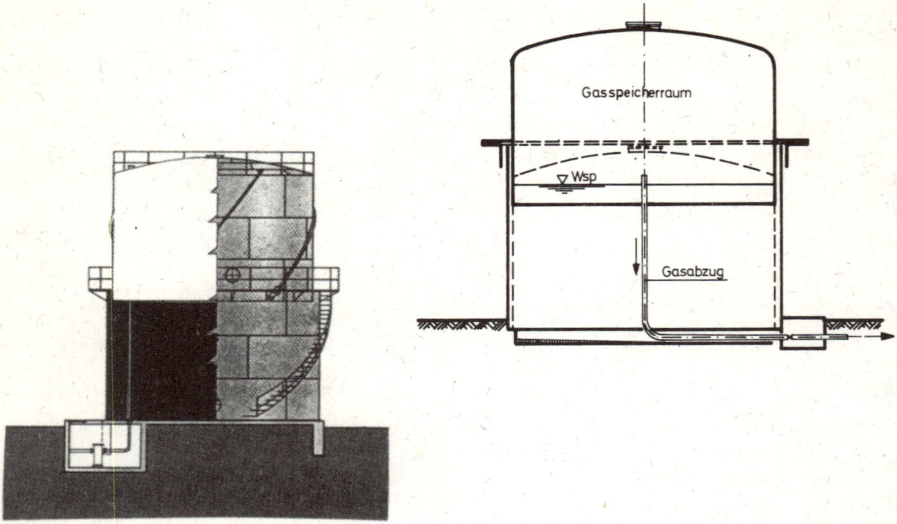


Bild 4.42: Naßgasbehälter

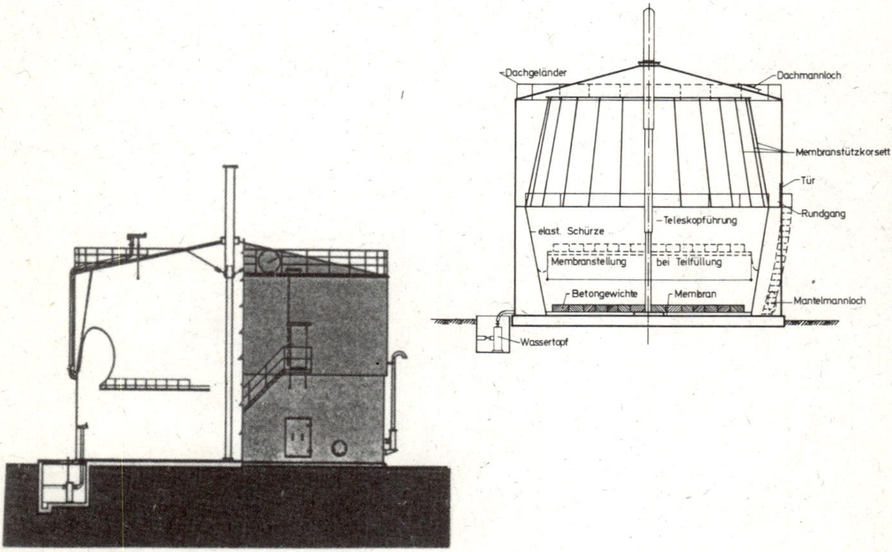


Bild 4.43: Trockengasbehälter

– Speicherkissen (Bild 4.45). Innerhalb einer Führungskonstruktion können Speicherkissen je nach Gasfüllung gehoben werden und wieder absinken. Der Gasdruck wird durch ein Belastungsgewicht auf den Kissen erzeugt. Diese sehr einfache Bauweise ist erst seit jüngster Zeit für kleinere Anlagen eingeführt.

Bild 4.44: Druckbehälter

Bild 4.45: Gasbehälter mit Speicherkissen

### *4.4.7 Gasentschwefelung*

Abhängig von den Schlamminhaltsstoffen kann im Faulgas bis an 1% des Volumens an Schwefelwasserstoff ($H_2S$) enthalten sein. $H_2S$ ist äußerst giftig und korrosiv. Bei sehr kleinen Konzentrationen, z. B. 0,001% ist $H_2S$ riechbar. Erstaunlicherweise ist $H_2S$ in größeren Konzentrationen meist nicht riechbar. Er greift Eisen (z. B. Rohrleitungen, Feuerungsanlagen) an und zersetzt auch Motorenöl. Einige Hersteller von Gasmotoren geben deshalb 0,15% als höchstzulässigen Anteil für $H_2S$ im Faulgas an. Wenn im

Faulgas regelmäßig $H_2S$ auftritt, muß es vor der Verwendung entschwefelt werden. Der $H_2S$-Anteil ist bei den einzelnen Anlagen sehr unterschiedlich und muß im Einzelfall gemessen werden. Literaturangaben reichen für den Betrieb nicht aus.

Zur Entschwefelung wird das Faulgas von unten nach oben durch ein einige Meter langes, stehendes Rohr (Reaktor) mit mehreren Dezimeter Durchmesser geleitet. Der Reaktor ist mit einem rötlichen Eisenoxidgranulat (Körnung 1–2 cm) gefüllt. Das Granulat bindet den Schwefel zu Schwefeleisen und wird dadurch nach einiger Zeit schwarz. Schwarzes Granulat verliert die Fähigkeit, Schwefel zu binden. Am unteren Ende des Reaktors ist deshalb eine Verschlußklappe, mit der in regelmäßigen Abständen (täglich bis wöchentlich, je nach $H_2S$-Anteil im Faulgas) eine bestimmte Menge des schwargefärbten Granulats entnommen wird. Die gleiche Menge frischen Granulats wird oben nachgefüllt. Das entnommene Granulat wird in einer höchstens einige cm dicken Schicht auf einer Betonfläche zum Regenerieren mit Luftsauerstoff ausgebreitet. Nach einigen Tagen verliert das Granulat seine Schwärzung; es wird wieder rötlich und kann dann wieder als frisches Granulat verwendet werden. Nach mehrfacher Verwendung überzieht sich das Granulat mit einer Schicht aus elementarem Schwefel und muß ausgetauscht werden.

Das Regenerieren ist ein Oxidationsvorgang, bei dem Wärme frei wird. Dadurch können sich bei dicker Schicht Gasreste oder andere brennbare Stoffe entzünden. Die EX-Sicherheitsregeln sind hier genau zu beachten. In größeren Anlagen werden manchmal automatische Entschwefler eingesetzt, die aus zwei Reaktoren bestehen, von denen jeweils einer entschwefelt und der andere regeneriert.

Wenn im Belebungsbecken simultan Phosphat mit Eisensalzen ausgefällt wird, werden in der Regel die korrosiven Eigenschaften des Faulgases soweit vermindert, daß eine Entschwefelung nicht mehr notwendig ist, es sei denn, die Gasmotoren sind mit Abgaskatalysatoren ausgerüstet ([36], S. 40).

Diese Art der Gasentschwefelung darf nicht mit der Rauchgasentschwefelung bei Kohlekraftwerken verwechselt werden, bei der $SO_2$ zurückgehalten wird, um Luftverunreinigungen zu vermeiden.

### *4.4.8 Gasverwertung*

Auf den Kläranlagen wird Energie in Form von Strom und Wärme benötigt. Es liegt nahe, das anfallende Faulgas nicht allein für die Faulbehälter- und Gebäudeheizung zu nutzen, sondern auch selbst Strom zu erzeugen. Dabei benutzt man die *Kraft-Wärme-Koppelung*. Das Gas wird in einem Verbrennungsmotor verbrannt (und so Kraft erzeugt), der einen Generator zur Stromerzeugung oder eine Pumpe oder ein Gebläse direkt antreibt. Der Verbrennungsmotor selbst muß gekühlt werden (es fällt Wärme an), und mit der an das Kühlwasser abgegebenen Wärme kann geheizt werden.

Das Klärgas hat einen Heizwert von ca. 23000 kJ/m³. Der Gesamtwirkungsgrad der Wärmenutzung beträgt zwischen 80–90%.

Gas-Dieselmotoren können, da sie mit zwei Brennstoffsystemen arbeiten (Zündstrahl durch Einspritzen einer geringen Menge Heizöl), auch ganz mit Dieselöl betrieben werden. Sie können daher voll die Funktion eines Notstromaggregates übernehmen. Der Motor ist aber teurer als ein

Gas-Ottomotor. Daher wird meistens der Ottomotor angewendet. Für kleinere Kläranlagen werden sehr kompakte Blockheizkraftwerke (BHKW) angeboten. Sie bestehen aus Motor und Generator und können auch sehr gut nachgerüstet werden.

Stellt man die Kosten für Bau und Betrieb eines BHKW und den daraus errechneten Strompreis dem Strompreis aus dem Netz gegenüber, dann kann sich eine Wirtschaftlichkeit schon bei Anlagen ab 25000 bis 30000 EW ergeben.

Dabei ist, auch bei einer Nachrüstung, folgendes zu bedenken:

- Zu groß bemessene Gasmaschinen laufen oft im unwirtschaftlichen Teillastbetrieb.
- Der mittlere Gasverbrauch für Gasmaschine und Heizung sollte etwa dem mittleren Gasanfall entsprechen.
- Bei zu klein bemessener Maschine muß, auch wenn der Speicher großzügig bemessen wurde, Gas abgefackelt werden.
- Gasspeicher müssen ausreichend bemessen sein. Bei 24stündigem Gasmaschinenbetrieb sollte er 70%, sonst mindestens 100% des Gasanfalles eines normalen Wochentages aufnehmen (zwischen 10 l und 20 l Volumen je EW).
- Bei Nutzung der Abwärme muß sichergestellt sein, daß zur Laufzeit des Motors auch ein entsprechender Wärmebedarf besteht. Man muß den stündlichen Wärmeanfall dem stündlichen Wärmebedarf gegenüberstellen.
- Bei kleineren Anlagen sollte zur Vereinfachung des Betriebes auf eine Synchronisation der Generatoren mit dem Netz verzichtet werden. Die Trennung bestimmter Maschinengruppen vom Netz und Zusammenschaltung mit dem Generator ist auch billiger als die Synchronisation.
- Bei kleineren Anlagen kann durch Vorhaltung von Flüssiggas auch ein Notstrombetrieb sichergestellt werden.

Der Faulgasanfall deckt im Mittel nur rd. 25% der insgesamt auf einer Kläranlage benötigten Energie. je nach Tarifgestaltung seines Stromlieferungsvertrages hat also der Kläranlagenbetreiber mehrere Möglichkeiten, Fremdstrom durch Eigenstrom zu ersetzen:

- im Grundlastbetrieb,
- im Abfahren der Spitzen,
- im Betrieb während der Hochtarifzeit.

Meist wird während der Hochtarifzeit gefahren, da diese mit der Arbeitszeit weitgehend zusammenfällt. Dem steht entgegen, daß auch beim BHKW mit abnehmender Laufzeit der Preis für die erzeugte Kilowattstunde steigt. Bei Außerbetriebnahme der Eigenstromerzeugung (Schichtende) tritt außerdem in der Leistungsaufnahme aus dem Netz ein Sprung auf. Zu hohe Leistungspreise sind die Folge. Auch muß das BHKW groß genug sein, um am Tag den Bedarf zu decken. Beim Spitzenlastbetrieb gelten diese Gesichtspunkte noch eher. Daher sollte geprüft werden, ob man den Gasmotor nicht besser als Dauerläufer einen Teil der Grundlast abarbeiten läßt. Ausnahmen können sich bei sehr starken Belastungsschwankungen ergeben, da dann der Spitzenstrombezug sehr teuer wird.

## 4.5 Schlammverwertung und -entsorgung

### *4.5.1 Grundlagen*

Die Schlammentsorgung ist ein wesentlicher Teil der Abwasserbehandlung und steht in engem Zusammenhang mit der Abfallentsorgung. Dabei stellt der Schlamm nur einen – wenn vom Volumen her auch den größten – Teil der auf einer Kläranlage zu entsorgenden Reststoffe dar (Bild 4.4.6). Sie alle müssen umweltverträglich beseitigt werden. Wie allgemein in der Abfallwirtschaft gilt auch hier

**Verwertung ist besser als Beseitigung.**

Unter Beseitigung wird im allgemeinen Ablagerung auf eine Deponie oder Verbrennung verstanden, wobei Verbrennung manchmal auch zur Verwertung gerechnet wird, da durch den Heizwert des Schlammes in begrenztem Maß Energie zurückgewonnen werden kann. Es bleibt aber die Asche, die oft nur zu deponieren ist. Mit der Einführung der technischen Anleitung (TA Siedlungsabfall) wird für eine Deponierung der organische Anteil von Abfällen auf 5% begrenzt. Bis zum Inkrafttreten der TA Siedlungsabfall und einer anschließend vorgesehenen Übergangsfrist von 8 Jahren kann Klärschlamm jedoch weiterhin deponiert werden. Für die weitere Zukunft bedeutet dies, daß jede Art der Behandlung, sei es Faulung, Stabilisieren, Entwässern, Trocknen, Kompostieren oder Veraschen, nur eine Zwischenstufe darstellt, die zu einer der zwei Entsorgungsmöglichkeiten führt: Deponie oder Rückführung in den natürlichen bzw. technischen Stoffkreislauf. Im Sinne des Grundsatzes „Verwertung ist besser als Beseitigung" heißt Verwertung Rückführung in den natürlichen Stoffkreislauf, also

**Verwertung im Landbau/in der Landwirtschaft**

bzw. Rückführung in den technischen Stoffkreislauf

**Verbrennung mit Energienutzung und Ascheverwertung.**

Ziel aller technischen Verfahren muß es sein, Asche, die deponiert werden muß, zu vermeiden, auch wenn die Restmenge sehr vermindert wurde. Auswaschungen aus Schlacke und Asche können wassergefährdend sein. In bestimmten Fällen (Schmelzkammerfeuerung) kann Schlacke im Straßenbau verwendet werden.

In Sonderfällen wird entwässerter Schlamm bei der Zementherstellung mitverbrannt und die Asche in den Zementklinker eingebunden. Auch bei der Herstellung von Straßenbaustoffen auf Bitumenbasis verbleibt die Asche als Feinkornanteil im Baustoff.

Klärschlamm enthält viele Wertstoffe wie organische Substanz, Spurenelemente und vor allem Pflanzennährstoffe, die bei der Verbrennung verloren gehen. Der Düngewert des Klärschlammes ist erheblich. Durch die Zuführung der organischen Substanz kann der Boden verbessert und der Humusgehalt erhöht werden. Ökologisch und wirtschaftlich ist deshalb die Verwertung in der Landwirtschaft die vernünftigste Art der Schlammentsorgung.

Da in manchen Schlämmen aber auch Schadstoffe enthalten sein können, die bei Überschreiten bestimmter Konzentrationen Mensch, Boden und Pflanzen gefähren kön-

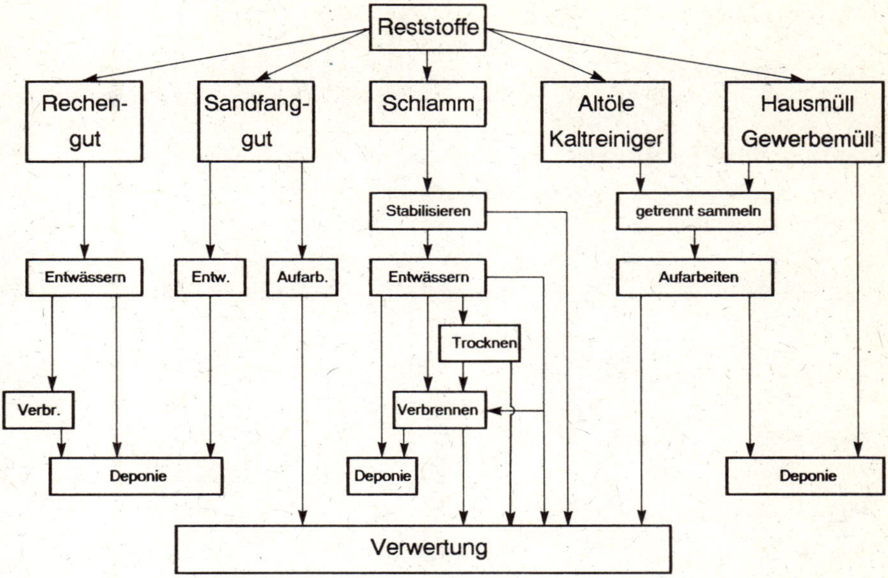


Bild 4.46: Reststoffe aus der Abwasserbehandlung

nen, sind der landwirtschaftlichen Verwertung Grenzen gesetzt. In vielen Fällen wird die Verbrennung nicht zu umgehen sein. Bei der Deponie (siehe auch Abschnitt 4.6.5) als Endablagerung ist zu unterscheiden zwischen *Monodeponie*, d.h. Ablagerung von nur einer Art von Stoffen, hier also Klärschlamm, und *Mischdeponie*, z.B. Klärschlamm zusammen mit Hausmüll. Dabei spielt die Konsistenz des Schlammes, d.h. seine Festigkeit und Beschaffenheit im Zusammenhang mit seinem Wasseranteil eine wesentliche Rolle.

So wie die anderen Reststoffe aus der Abwasserreinigung, z.B. Rechen- und Sandfanggut, wird auch Klärschlamm häufig zusammen mit Hausmüll deponiert. Der Anteil an Hausmüll muß dabei wesentlich größer sein als der Klärschlammanteil. Einzelheiten können aus dem ATV-Regelwerk Arbeitsblatt A 301 „Klärschlammeinbau in Deponien, Gemeinsame Ablagerung von Klärschlamm und Siedlungsabfälle“ entnommen werden [5].

Allerdings sind nicht alle Schlämme gleich und der Wasseranteil allein gibt manchmal nicht ausreichend Auskunft über seine Konsistenz und Deponiefähigkeit. Deshalb wurde zusätzlich die Flügelscherfestigkeit als bodenmechanischer Kennwert zur Beschreibung der Standfestigkeit einer Deponie eingeführt. Der Bayerische Landkreistag empfiehlt in seiner Mustersatzung für Deponiebetreiber eine Flügelscherfestigkeit von 20 $kN/m^2$.

### *4.5.2 Verwertung von Klärschlamm in der Landwirtschaft*

Die Verwertung des Klärschlammes in der Landwirtschaft wird dem Anliegen „Verwertung geht vor Beseitigung" am ehesten gerecht. Der Schlamm wird dadurch wieder in den natürlichen Stoffkreislauf zurückgeführt. Dies ist ein Hauptziel der Abfallentsorgung und wird oft mit dem englischen Wort „recycling" bezeichnet.

Die folgende Tabelle gibt den Anteil an organischer Substanz und Pflanzennährstoffen in Klärschlämmen an:

Untersuchungsergebnisse von Klärschlämmen bayerischer Klein-, Mittel- und Großstädte 1977 und 1978

| Bestandteil | Mittelwerte von Naßschlämmen in % derTS | Schwankungsbreite in % der Trockensubstanz (TS) |
|---|---|---|
| Organische Substanz ca. | 50,0 | 30,0–70,0 |
| Stickstoff (N) | 3,0 | 1,1– 6,6 |
| Phosphorsäure ($P_2O_5$) | 4,0 | 1,8– 9,2 |
| Kali ($K_2O$) | 0,4 | 0,1– 0,9 |
| Kalk (CaO) | 8,0 | 0,8–16,0 |
| Magnesium (Mg) | 0,8 | 0,1– 1,5 |

(Aus Berichte der ATV, Nr. 34 (1982), Seite 213, Dr. Diez, Düngung und Bodenverbesserung mit Klärschlamm).

Ähnliche Zahlen wurden 1987 auch im Bereich Hannover ermittelt. Im Merkblatt der ATV-Landesgruppe Bayern für Landwirte wird angegeben:

| Wertbestimmende Inhaltsstoffe in kg/10 $m^3$ | | | |
|---|---|---|---|
| | Klärschlamm 5% TR | Rindergülle 7,5% TR | Schweinegülle 7,5% TR |
| Organische Substanz | 250 | 580 | 550 |
| Stickstoff gesamt (N) | 15 | 40 | 55 |
| davon sofort verfügbar ($NH_4$-N) | 8 | 20 | 30 |
| Phosphat ($P_2O_5$) | 20 | 20 | 45 |
| Kali ($K_2O$) | 2 | 60 | 30 |
| Kalk (CaO) | 40 | 20 | 30 |
| Magnesium (Mg) | 4 | 6 | 9 |

Durch Zufuhr der organischen Substanz des Schlammes wird der Boden verbessert und der Humusgehalt erhöht. Mängel von Spurenelementen können mit Klärschlamm wirkungsvoll und billig behoben werden. Ein landwirtschaftlicher Betrieb kann durch Aufbringen der zulässigen Höchstmenge von etwa 33 $m^3$ Naßschlamm je ha im Jahr bis zu einem Drittel seiner Handelsdüngermenge einsparen (nach *Diez*). Im Bereich der ATV wurde ein Formblatt (Bild 4.47) zur Ermittlung des Düngerwertes erarbeitet. Damit kann einfach berechnet werden, daß die landwirtschaftliche Verwertung neben seiner ökologischen Bedeutung auch ökonomisch interessant ist.

Der Düngewert des Klärschlammes wird maßgeblich durch den Trockensubstanzgehalt bestimmt. Die meisten Naßschlämme haben Trockenrückstände um oder unter 5%. Durch Lagerung oder maschinelle Entwässerung lassen sich im allgemeinen Trockenrückstände von 10 bis 40% erzielen. Dadurch erhöht sich zwar der Humuswert der Klärschlämme, mit dem abgetrennten Wasser geht jedoch ein Teil der gelösten Nährstoffe verloren.

Naßschlämme sind reich an N und P, aber stets arm an K. Besonders der hohe P-Gehalt bestimmt den Düngewert.

Auf die K-Ergänzungsdüngung muß besonders hingewiesen werden, da Klärschlamm im Gegensatz zu Rinderflüssigmist eine empfindliche K-Versorgungslücke hinterläßt.

Der Stickstoff liegt zu etwa 30 bis 50% als Ammoniak, der Rest in organischer Bindung vor (ähnlich wie bei Flüssigmist).

Der größte Teil der Phosphorsäure ist anorganisch gebunden (vor allem Polyphosphate aus Waschmitteln) und in seiner Düngewirkung mit der von aufgeschlossenen Phosphaten gleichzusetzen.

Die meisten Klärschlämme sind leicht basisch. Die jährlichen Ca- und Mg-Verluste durch Ernteentzug und Auswaschung werden durch den Klärschlamm teilweise ersetzt. Der in Naßschlamm enthaltene Stickstoff ist leicht pflanzenverfügbar (ähnlich wie bei Gülle). Das bedeutet

- hohe N-Verluste (bis 80%), wenn der Klärschlamm im Sommer und Herbst auf unbewachsene Felder gebracht wird;
- hohe Ausnutzungsraten (50 bis 70%), bei Ausbringung kurz vor oder während der Vegetationsperiode.

Beim Stickstoff ist ein schnell- und langsamwirkender Anteil zu unterscheiden. Der schnellwirksame Stickstoff besteht hauptsächlich aus Ammonium und ist in dieser Form im Boden nicht auswaschungsgefährdet. Erst nach Umwandlung in Nitrat, bei warmem Boden ist dies nach ca. 3 Wochen abgeschlossen, ist Auswaschung zu befürchten. Deshalb sollte Klärschlamm nur dann ausgebracht werden, wenn entsprechender Bedarf an Stickstoff besteht, d.h. Pflanzen das gebildete Nitrat aufnehmen können.

Im Hinblick auf die unterschiedliche N-Wirkung können unter pflanzenbaulichen Gesichtspunkten im Herbst und Winter höhere Klärschlammengen ausgebracht werden als im Frühjahr.

N-Überschuß bewirkt Ertragsrückgang und Qualitätseinbußen, besonders bei Getreide, weniger bei Hackfrüchten (Rüben, Kartoffeln) und Mais.

Nicht von der Vegetation aufgenommener Stickstoff unterliegt, soweit er nicht mikrobiell gebunden wird, der Denitrifikation (gasförmige Verluste) oder der Auswaschung.

Kläranlage

**Welchen Düngerwert hat Klärschlamm bei der Verwertung in der Landwirtschaft?**
(überschlägige Ermittlung)

**Mineraldüngerwert** (Hauptnährstoffe)

| | | | | | | | |
|---|---|---|---|---|---|---|---|
| Stickstoff (N) | : ....... | kg N/m³ Schlamm | x | 1,70 DM/kg N | = | ........ | DM/m³ |
| Phosphor ($P_2O_5$) | : ....... | kg $P_2O_5$/m³ Schlamm | x | 1,80 DM/kg $P_2O_5$ | = | ........ | DM/m³ |
| Kalium ($K_2O$) | : ....... | kg $K_2O$/m³ Schlamm | x | 0,80 DM/kg $K_2O$ | = | ........ | DM/m³ |
| Kalk (CaO) | : ....... | kg CaO/m³ Schlamm | x | 0,30 DM/kg CaO | = | ........ | DM/m³ |
| Magnesium (MgO) | : ....... | kg MgO/m³ Schlamm | x | 0,70 DM/kg MgO | = | ........ | DM/m³ |

gesamter Mineraldüngerwert pro Kubikmeter Schlamm ........... DM/m³

Handesüblicher NPK-Dünger (z. B. „Nitrophoska" kostet etwa 25,– DM je Zentner *).
Damit ergibt sich folgender rechnerischer Vergleich (25,– DM/Ztr.: ..... DM/m³ = ..... m³/Ztr.)

......... m³ Schlamm entsprechen 1 Zentner NPK-Dünger

**Zusätzlich** enthält Klärschlamm wichtige Spurenelemente (z. B. Eisen, Mangan), die für das Pflanzenwachstum benötigt werden.

**Zusätzlich** enthält Klärschlamm einen hohen Anteil organischer Substanz (Humus).
Humus zur Erhaltung der Bodenfruchtbarkeit ist
- bei besonders leichten oder besonders schweren Böden,
- bei Intensivbetrieben,
- bei vieharmen oder viehlosen Betrieben,
- bei erosionsgefährdeten Flächen (Mais)

besonders wünschenswert.

**Zusätzlich** erhält der Landwirt eine kostenlose Bodenuntersuchung (Nährstoffe, Schwermetalle). Durch den Einsatz von Klärschlamm können bis zu einem Drittel der Düngerkosten eingespart werden.

**Zusätzlich** erhält der Landwirt in der Regel einen Beitrag zu seinen Transportkosten.

**Merke:**
Die landwirtschaftliche Klärschlammverwertung ist sowohl für den Kläranlagenbetreiber als auch für den Landwirt eine wirtschaftlich vernünftige Lösung!

*) 1 Ztr. = nach SI ½ dt

Bild 4.47: Formblatt zur Ermittlung des Düngerwertes von Klärschlamm

Dies führt im allgemeinen zu einer Nitratanreicherung im Grundwasser und anderen Gewässern. Die anderen Hauptnährstoffe, vor allem die Phosphorsäure, werden im Boden gespeichert.

Rund die Hälfte der Trockenmasse von Naßschlämmen besteht aus organischer Substanz. 100 $m^3$ Naßschlamm mit 5% TR enthalten etwa die gleiche Menge organischer Substanz wie 100 dt Stallmist.

Die organische Substanz der Klärschlämme wird im Boden sehr rasch umgesetzt. Durch Klärschlammgaben wird die biologische Aktivität der Böden gefördert. Flachgründige und zur Trockenheit neigende Böden können durch Beschlammung in ihrer Ertragsfähigkeit erheblich verbessert werden.

Naßschlamm ist in vielen Punkten Flüssigmist oder Gülle vergleichbar und damit ein Düngemittel, mit dem der Landwirt gewohnt ist umzugehen. Naßschlamm läßt sich auch besser auf landwirtschaftlichen Flächen verteilen als entwässerter Schlamm. Zur Naßschlammabgabe ist auf der Kläranlage eine galgenartige Schlammabzugsleitung zweckmäßig, mit der Jauchefässer oder Tankwagen bequem gefüllt werden können.

Während die Klärwerke an einer möglichst kontinuierlichen Schlammabnahme interessiert sind, muß der Landwirt die Beschlammung seiner Felder mit den natürlichen Gegebenheiten, dem Düngeplan und der Fruchtfolge seines Betriebes in Einklang bringen.

Die beste Ausnutzung der Düngestoffe bei gleichzeitig geringster Umweltbelastung wird erreicht, wenn die Klärschlammgaben niedrig gehalten werden. Ein vorheriges Auflockern der Krume beschleunigt die Abtrocknung der Naßschlämme und wirkt deren Abfließen im hängigen Gelände entgegen.

Klärschlamm in Verbindung mit Strohdüngungen und Zwischenfruchtbau (Ausbringung auf die Getreidestoppel) fördert die Strohrotte und mindert die N-Verluste. Sofortige Einarbeitung in den Boden vermindert die gasförmigen N-Verluste und ist aus hygienischen Gründen, besonders in Ortsnähe, geboten.

Im übrigen gelten für das Aufbringen von Klärschlamm auch die Bestimmungen des Düngemittelrechts. Das Aufbringen von Klärschlamm auf gefrorenem oder schneebedecktem Boden ist daher nicht zulässig.

Bis zu etwa 12% TR sind Klärschlämme pumpfähig. Ihre Ausbringung auf die Felder kann mit den in der Landwirtschaft üblichen Güllefässern oder Großtankwagen erfolgen. Die bodenschonendste Ausbringung ist die vom Weg aus mit weitwerfender Schleudereinrichtung oder über Rohrleitungen und Güllewerfer.

Entwässerte Schlämme ab etwa 25 bis 30% TR können mit Mist- oder Mehrzweckstreuer ausgebracht werden. Klärschlämme mit pastenartiger Konsistenz (TR zwischen 12 und 25%) werden am besten mit Zuschlagsstoffen (z. B. Kalk) nachbehandelt, bis sie eine krümelige Struktur erreicht haben. Es ist zweckmäßig, solche Schlämme im Herbst auszubringen, um die zerteilende Wirkung des Frostes auszunützen.

Unproblematisch ist die Schlammunterbringung nach der Getreideernte ab Anfang August bis Ende des Winters. Frühräumende Früchte, wie Wintergerste und Raps, geben bereits Anfang Juli Flächen für die Beschlammung frei.

Die Frühjahrsbeschlammung ist problematisch, wenn die schweren Schlammfahrzeuge die Felder befahren müssen (Bodenverdichtung!). Erfolgt die Ausbringung dagegen durch Verspritzen vom Weg aus, so können die Schlammgaben nicht nur vor der Bestellung, sondern auch noch als Kopfdüngung gegeben werden.

Stehen für die Hauptvegetationsperioden keine geeigneten Flächen zur Verfügung, so ist diese kritische Zeit durch ausreichende Schlammstapelräume in den Kläranlagen oder durch Ausbringung auf nicht landwirtschaftlich oder gärtnerisch genutzte Flächen (z. B. Rekultivierungsflächen) zu überbrücken. In [6], Heft 8/86, sind Aufsätze zu den Themen „Verfahrenstechnik der landwirtschaftlichen Klärschlammverwertung", „Schlammprobenahme" und „Klärschlammverwertung durch Kalkzugabe".

Da stabilisierter Schlamm im allgemeinen noch Krankheitserreger (pathogene Keime wie Bakterien, Salmonellen, Viren und Wurmeier) und auch Schwermetalle enthalten kann, sind bei der Verwertung in der Landwirtschaft bestimmte Regeln einzuhalten. Die Beschaffenheit des Schlammes muß eine solche Verwertung zulassen.

Im Bundesabfallgesetz (1986, BGBl. I, S. 1410) wird das Aufbringen von Klärschlamm auf landwirtschaftlich genutzte Böden behandelt. Demnach darf das Wohl der Allgemeinheit dadurch nicht beeinträchtigt und Gesundheit und Wohlbefinden der Menschen nicht gefährdet werden. Einzelheiten dazu sind in der Klärschlammverordnung – AbfKlärV [11] – festgelegt. Sie gilt für Haushaltsabwässer, kommunale Abwässer oder Abwässer mit ähnlich geringer Schadstoffbelastung.

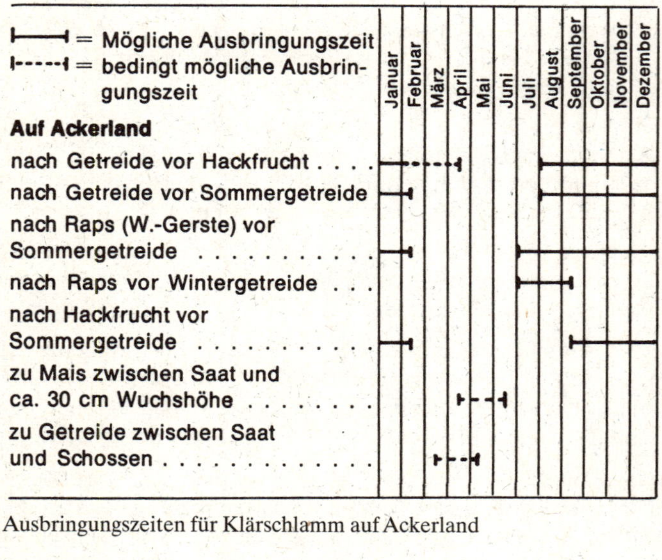


Tabelle über Ausbringungszeiten für Klärschlamm auf Ackerland

## *Bestimmungen der Klärschlammverordnung*

**Verbote und Einschränkungen**

Durch die Klärschlamm-Verordnung wurden rechtliche Grundlagen geschaffen, die eine schadlose Verwertung von Klärschlamm in der Landwirtschaft gewährleisten. Durch die Verordnung soll der Boden vor unerwünschter Belastung mit Schadstoffen sowie Mensch und Tier vor der Aufnahme von Schadstoffen über die Nahrung geschützt werden.

- Aus hygienischen Gründen ist das Aufbringen von Klärschlamm auf Gemüse- und Obstanbauflächen verboten.
- Das Aufbringen von Rohschlamm (= unbehandelter Schlamm) ist verboten.
- Das Aufbringen von Klärschlamm auf landwirtschaftlich oder gärtnerisch genutzte Böden in Naturschutzgebieten, Naturdenkmalen, Nationalparks und nach Bundesnaturschutzgesetz geschützten Flächen ist verboten.
- Verboten ist das Aufbringen auf forstwirtschaftlich genutzten Böden.
- Das Aufbringen von Klärschlamm auf Dauergrünland ist verboten.
- Das Aufbringen von Klärschlamm auf Feldfutteranbauflächen ist nur vor der Aussaat mit anschließender tiefwendender Einarbeitung zulässig.
- Das Aufbringen von Klärschlamm in den Zonen I und II von Wasserschutzgebieten sowie auf Uferrandstreifen bis zu einer Breite von zehn Metern ist verboten.
- Klärschlamm darf auf Aufbringungsflächen nur gelagert werden, soweit es für das Ausbringen unbedingt erforderlich ist.
- Das Aufbringen von Klärschlamm auf Böden mit einem pH-Wert $\leq 5$ ist verboten.

**Begrenzung der Aufbringungsmenge**

Die zulässige Aufbringungsmenge wurde auf 5 t/ha innerhalb von 3 Jahren begrenzt.

**Wie wird der Flächenbedarf ermittelt?**

Mindestflächenbedarf je Jahr (ha) = Schlammenge (tTS) : 1,67 (tTS/ha) oder
in 3 Jahren = Schlammenge : 5 (tTS/ha)

Rechenbeispiel:

| | |
|---|---|
| Ausbaugröße: | 10000 EW |
| Spezifischer Naßschlammanfall: | 0,3 $m^3$ (EW · a) |
| Naßschlammenge (10000 x 0,3): | 3000 $m^3$/a |
| Trockenrückstand | |
| bei 5% TR $\left(\frac{3000 \cdot 5}{100}\right)$ : | 150 tTR |
| Flächenbedarf je Jahr (150 : 5) | 30 ha |

Da nach der Klärschlammverordnung jede Fläche nur alle drei Jahre mit der zulässigen Höchstmenge beschlammt werden darf, sind nach diesem Rechenbeispiel für die dauernde Klärschlammverwertung insgesamt $3 \times 30$ ha = 90 ha notwendig.

**Schadstoffgehalte**

- Klärschlamm darf nur dann auf landwirtschaftlich oder gärtnerisch genutzten Böden aufgebracht werden, wenn er im Abstand von längstens 6 Monaten auf die Gehalte an Blei, Cadmium, Chrom, Kupfer, Nickel, Quecksilber und Zink, auf die Summe der organischen Halogenverbindungen (AOX), Gesamt- und Ammoniumstickstoff, Phosphat, Kalium, Magnesium sowie den Trockenrückstand, die organische Substanz, die basisch wirksamen Stoffe und den pH-Wert untersucht wird und die gefundenen Werte einen der folgenden Werte nicht übersteigen:

| | | |
|---|---|---|
| Blei | 900 | |
| Cadmium* | 10 (5) | |
| Chrom | 900 | |
| Kupfer | 800 | in mg/kg Klärschlamm-Trockenrückstand |
| Nickel | 200 | |
| Quecksilber | 8 | |
| Zink* | 2500 (2000) | |

| | |
|---|---|
| polychlorierte Biphenyle (PCB) | |
| Komponenten Nr. 28, 52, 101, 138, 153, 180 | je 0,2 |
| halogenorganische Verbindungen (AOX) | 5000 |
| Dioxine/Furane | 100 ng Toxizitätsquivalente je kg Klärschlamm-Trockenrückstand |

– Klärschlamm darf ferner nur aufgebracht werden, wenn vorher die Schwermetallgehalte der Böden untersucht wurden und folgende Gehalte nicht überschritten wurden:

| | | |
|---|---|---|
| Blei | 100 | |
| Cadmium* | 1,5 (1) | |
| Chrom | 100 | |
| Kupfer | 60 | in mg/kg Trockenmasse |
| Nickel | 50 | |
| Quecksilber | 1 | |
| Zink* | 200 (150) | |

* Die Werte in Klammern gelten bei leichten Böden mit einem Tongehalt kleiner als 5% und einem pH-Wert des Bodens zwischen 5 und 6

– Durch die Festlegung der genannten zulässigen Schadstoffgehalte und der gleichzeitigen Begrenzung der Aufbringungsmengen für Klärschlamm werden auch die Frachten (Fracht = Aufbringungsmenge × Schadstoffgehalt) begrenzt. Diese Schwermetallfrachten sind maßgebend für Langzeitbetrachtungen über das Ausmaß der Schadstoffanreicherung im Boden. Die in der Klärschlammverordnung für Klärschlämme und Böden als unkritisch festgelegten Schwermetallgehalte sind so berechnet, daß auch bei Zeiträumen über 100 Jahre im Boden keine gefährlichen Anreicherungen dieser Schwermetalle zu befürchten sind.

– In diesem Zusammenhang ist von Bedeutung, daß das Problem schadstoffhaltiger Klärschlämme sich nicht in der Kläranlage selbst, sondern nur in deren Vorfeld lösen läßt. So sollte bereits die Einleitung schadstoffhaltiger Abwässer in die Kanalisation durch innerbetriebliche Vorreinigung von Abwässern aus Industrie- und Gewerbebetrieben unterbunden werden. Dafür sind die rechtlichen Grundlagen durch die „Indirekteinleiterverordnung" (VGS) und die kommunale Entwässerungssatzung (EWS) gegeben.

**Klärschlamm-Untersuchung**

- nur Kläranlagen > 1000 EW
- Untersuchungen durch zugelassene Untersuchungsstellen
- Untersuchungsumfang auf
  Schwermetalle (Blei, Cadmium, Chrom, Kupfer, Nickel, Quecksilber, Zink)
  organische Verbindungen (AOX, PCB, Dioxine/Furane)
  Trockenrückstand, pH-Wert, organische Substanz, basisch wirksame Stoffe
  Pflanzennährstoffe (Gesamt- und Ammoniumstickstoff, Phosphat, Kalium, Calzium, Magnesium)
- Untersuchungshäufigkeit
  – Untersuchung alle 6 Monate
    kann im Einzelfall bis auf zwei Monate verkürzt werden.
  Ausnahmen: PCB und Dioxine/Furane: Untersuchung alle zwei Jahre.
- Probenahme durch Kläranlagenpersonal oder Untersuchungsstelle
- Probenahme: 5 verschiedene Proben – jeweils 5 l – zu einer Durchschnittsprobe gemischt, davon 5 l in Kunststoff- oder Aluminiumbehältern (siehe Anhang 1 zur Klärschlammverordnung) [11]
- jährliche Kosten ca. 3000 bis 4000 DM

**Bodenuntersuchung**

- Bodenuntersuchung *erstmalig vor* der Klärschlammaufbringung und alle zehn Jahre auf Schwermetalle und vor jeder Aufbringung auf pH-Wert, Phosphat, Kalium und Magnesium
- Landwirt gibt die Flächen an, die beschlammt werden sollen
- Der Kläranlagenbetreiber oder der Beauftragte veranlaßt die Bodenuntersuchung und holt die Zustimmung des Landwirts ein
- Probenahme durch Beauftragten oder durch Kläranlagenpersonal nach Einweisung des Amtes für Landwirtschaft
- Untersuchung durch zugelassene Untersuchungsstellen
- Untersuchungsumfang
  Schwermetalle
  Blei, Cadmium, Chrom, Kupfer, Nickel, Quecksilber, Zink sowie
  pH, Phosphat, Kali und Magnesium

**Aufbringungsplan**

Die Landwirtschaftsbehörden erstellen jährlich über die aufgebrachten Klärschlämme einen Aufbringungsplan, um eine Überdüngung des Bodens zu verhindern.

- Probenahme

1 Durchschnittsprobe je ha, bei einheitlicher Probenbeschaffenheit und gleicher Bewirtschaftung je 3 ha
20 Einstiche bis zur Bearbeitungstiefe
(siehe Anhang 1 zur Klärschlammverordnung [11])

- Kosten ca. 450,– DM je Probe

**Lieferschein und Schlagkartei**

– Der Lieferschein (siehe die nächsten Seiten)

  Wozu dient der Lieferschein?
  – Dem Landwirt dient er als Beleg über die bezogene Klärschlammenge, deren Nährstoff- und Schadstoffgehalte und als Bestätigung, daß die Kläranlage die Klärschlammverordnung einhält.

  – Der Kläranlage dient er als Grundlage für die Abrechnung mit den Landwirten und für die Schlagkartei

  Was geschieht mit den Lieferscheinen?

– Der Landwirt erhält für die Klärschlammlieferungen jedes Tages einen Lieferschein.
– Ein Doppel des Lieferscheines ist vom Kläranlagenbetreiber 30 Jahre lang aufzubewahren.

– Die Schlagkartei (Bild 4.48)

  In die Schlagkartei werden die aufgebrachten Schlammengen je Schlag (Flurstück) eingetragen. Dadurch ermöglicht es die Schlagkartei, zusammen mit den Schlammuntersuchungen die aus jahre- oder jahrzehntelanger Klärschlammaufbringung sich ergebende Bodenbelastung zu ermitteln.

  Die Ergebnisse der Schlammuntersuchungen sind der Schlagkartei beizufügen.

| Durchschrift für: (jeweils ankreuzen) | |
|---|---|
| | Betreiber (original) |
| | Landwirtschaftliche Behörde |
| | Kreisverwaltung (Aufbringungsfläche) |
| | Kreisverwaltung (Aufbringungsfläche) |
| | Kreisverwaltung (Standort Kläranlage) |
| | Abnehmer, Anwender, Landwirt |
| | Beförderer |
| | |

# Lieferschein gemäß § 7 AbfKlärV

gültig ab 1. Juli 1992

Abwasserbehandlungsanlage

Name und Anschrift des **Betreibers:**
(paßt in Fensterkuvert)

______________________
______________________
______________________
______________________

Ort: ______________

Datum: ______________

Tel.: ______________

Fax: ______________

Dieser Lieferschein ist vom Betreiber der Abwasserbehandlungsanlage 30 Jahre lang aufzubewahren.

Name und Anschrift des **Anwenders (Abnehmers):**

______________________________________________

______________________________________________

Wir werden im/in den Monat/en ______________ 19____ ______ $m^3$ Klärschlamm mit einem Trockensubstanzgehalt von ________%, das entspricht einer Menge von ________ t Trockenmasse, auf Flurstück Nr. ________ , Gemarkung ______________________, Größe ________ (Hektar) ☐ abgeben. ☐ aufbringen.

☐ durch ______________________________________ überbringen/aufbringen lassen.
(Name und Anschrift des beauftragten Dritten/Beförderers)

Derzeitige Bodennutzung: ______________________________________

Die **Bodenuntersuchung** vom ______________________ (Analyse-Nr.: ____________ )

☐ hat keine Überschreitung der zulässigen Gehalte an Schwermetallen ergeben.

☐ hat eine teilweise Überschreitung der zulässigen Gehalte an Schwermetallen ergeben.

Der **Klärschlamm** wurde wie folgt behandelt: ☐ biologisch ☐ chemisch ☐ thermisch ☐ langfristig gelagert

☐ entseucht ☐ sonstige Behandlung ______________________________

Die **Klärschlammuntersuchung** vom ______________________ (Analyse-Nr.: ____________ )

☐ hat keine Überschreitung der zulässigen Schadstoffgehalte ergeben.

☐ hat eine teilweise Überschreitung der zulässigen Schadstoffgehalte an Schwermetallen ergeben.

Die **Boden-/Klärschlammuntersuchungen** haben folgende Ergebnisse:

## 1) Boden:

pH-Wert __________ Bodenart i. S. v. § 4 Abs. 8 bzw. 12 AbfKlärV ______________

Der Boden enthält im Mittel in mg/100 g Trockenmasse:

Phosphat ($P_2O_5$): __________ Kaliumoxid ($K_2O$): __________ Magnesium (Mg): __________

| in mg/kg Trockenmasse: | Höchstgehalte gem. § 4 Abs. 8 AbfKlärV | |
|---|---|---|
| Blei: __________ | 100 | |
| Cadmium: __________ | 1,5 | (1 nach § 4 Abs. 8 Satz 2) |
| Chrom: __________ | 100 | |
| Kupfer: __________ | 60 | |
| Nickel: __________ | 50 | |
| Quecksilber: __________ | 1 | |
| Zink: __________ | 200 | (150 nach § 4 Abs. 8 Satz 2) |

## 2) **Klärschlamm:**

Rückseite des Lieferscheins

Der Klärschlamm hat folgenden pH-Wert: ____________

| Der Klärschlamm enthält im Mittel: | a) Nährstoffgehalte in der Frischsubstanz in % | b) Nährstoffgehalte in der Trockensubstanz in % |
|---|---|---|
| Organische Substanz: | | |
| Gesamtstickstoff (N): | | |
| Ammoniumstickstoff ($NH_4$–N): | | |
| Phosphat ($P_2O_5$): | | |
| Kaliumoxid ($K_2O$): | | |
| Calciumoxid (CaO): | | |
| Magnesiumoxid (MgO): | | |

in mg/kg Schlamm-Trockenmasse ($m_T$):

| | Grenzwerte gem. § 4 Abs. 11 und 12 AbfKlärV |
|---|---|
| Blei: ________ | 900 |
| Cadmium: ________ | 10 (5 nach § 4 Abs. 12 Satz 2) |
| Chrom: ________ | 900 |
| Kupfer: ________ | 800 |
| Nickel: ________ | 200 |
| Quecksilber: ________ | 8 |
| Zink: ________ | 2500 (2000 nach § 4 Abs. 12 Satz 2) |
| AOX: ________ | 500 |

in mg/kg Schlamm-Trockenmasse ($m_T$):

| | | Grenzwerte gem. § 4 Abs. 10 AbfKlärV |
|---|---|---|
| PCB[1] Nr. | | |
| 28: ______ | 138: ______ | 0,2 mg PCB/kg $m_T$ je Komponente |
| 52: ______ | 153: ______ | |
| 101: ______ | 180: ______ | |

in ng TE/kg $m_T$:

| | |
|---|---|
| PCDD, PCDF[2]: ______ | 100 ng TE/kg $m_T$ |

1) Systematische Numerierung der PCB-Komponenten nach den Regeln der Internationalen Union für Reine und Angewandte Chemie (IUPAC).
2) Gemäß Berechnungsvorschrift im Anhang 1 zur AbfKlärV.

Es wird bestätigt, daß der Schlamm unserer Abwasserbehandlungsanlage gemäß den vorstehenden Angaben nach Maßgabe der Klärschlammverordnung vom 15. April 1992 (BGBl. I S. 912) und der von der zuständigen obersten Landesbehörde eingeführten Richtlinie zur Verwertung von Klärschlamm in der Landwirtschaft vom ____________ verwertet werden kann.

____________________
(Unterschrift des Betreibers der Abwasserbehandlungsanlage)

## Bestätigungen:

**Abgabe** gemäß § 7 Abs. 2 Satz 1 AbfKlärV

Wir haben heute ____________ $m^3$ Klärschlamm mit einem Trockensubstanzgehalt von ________ %, das entspricht ____________ t Trockenmasse, gemäß den vorstehenden Angaben abgegeben.

____________________
(Datum und Unterschrift des Betreibers der Abwasserbehandlungsanlage)

**Aufbringung** gemäß § 7 Abs. 2 Satz 3 AbfKlärV

Ich habe heute den mir durch ____________ am ____________ übergebenen Klärschlamm gemäß den vorstehenden Angaben aufgebracht. Die nach § 6 der Klärschlammverordnung zulässige Aufbringungsmenge wird nicht überschritten.

____________________
(Datum und Unterschrift des Abnehmers/Landwirts)

*Das Formular wird mit sechs Durchschriften benötigt, wenn nicht nach § 7 Abs. 5 auf die Anzeige nach Absatz 1 verzichtet wird oder z. B. Abnehmer, Betreiber oder Beförderer identisch sind. Wenn die Zahl der Durchschriften Schwierigkeiten bereitet, sind Fotokopien zu empfehlen.*

Herausgeber: Abwassertechnische Vereinigung e. V., ATV – Landesgruppe Bayern, Klärwärter-Fortbildung

## Schlagkartei zur Klärschlammverwertung in der Landwirtschaft

**(entspr. Nr. 2.14 der Gem. Bekanntmachung vom 7. 4. 1983, MABl 13/1983, S. 400)**

Landwirtsch. Betrieb: ______________________

PLZ, Ort: ______________________ Kläranlage: ______________________

Landkreis: ______________________

| Bezeichnung des Schlages (Flurstücksbezeichnung) | Art. *) | Flur Nr. | Größe ha | Aufgebrachter Klärschlamm in t Trockenmasse entspr. Angaben im Lieferschein, auch Sammeleintragungen sind möglich) | | | | | | | | | | | |
|---|---|---|---|---|---|---|---|---|---|---|---|---|---|---|---|
| | | | | 1992 | 1993 | 1994 | 1995 | 1996 | 1997 | 1998 | 1999 | 2000 | 2001 | 2002 | 2003 |
| | | | | | | | | | | | | | | | |
| | | | | | | | | | | | | | | | |
| | | | | | | | | | | | | | | | |
| | | | | | | | | | | | | | | | |
| | | | | | | | | | | | | | | | |
| | | | | | | | | | | | | | | | |
| | | | | | | | | | | | | | | | |
| | | | | | | | | | | | | | | | |
| | | | | | | | | | | | | | | | |
| | | | | | | | | | | | | | | | |
| | | | | | | | | | | | | | | | |
| | | | | | | | | | | | | | | | |

*) Art: A = Ackerland, G = Grünland, S = sonstige z. B. Weinbau

Beziehbar v. F. Hirthammer Verlag, Frankfurter Ring 247, 8000 München 40, Tel. (089) 3 23 33 60, Fax (089) 3 24 17 28

Bild 4.48: Karteikarte für Schlagkartei (im Original DIN A4)

### Betriebliche Gesichtspunkte

*Geeignete Flächen*

Klärschlamm paßt am besten in den Ackerbaubetrieb zu stickstoffunempfindlichen Früchten (ähnlich wie Gülle).

Wegen der relativ spät einsetzenden Stickstoffverfügbarkeit ist die Klärschlammdüngung für Hackfrüchte, also Rüben und Kartoffeln, besonders günstig.

Silomais gehört nicht zu den Feldfutteranbauflächen, da die Verschmutzungsgefahr im Hinblick auf die Erntemethode (Abschneiden der Pflanzen ca. 10–20 cm über dem Erdboden, Düngung mit Klärschlamm regelmäßig vor der Aussaat) sehr gering ist. Mais ist die bevorzugte Frucht für Klärschlamm, auch wenn er aus landbaulichen und wasserwirtschaftlichen Gründen nicht überall erwünscht ist.

*Ausbringungszeiten*

Die günstigsten Zeiten für das Ausbringen von Klärschlamm sind auf Ackerland:

Im Sommer auf die Getreidestoppel
im Herbst vor dem Pflügen
im Frühjahr vor der Bestellung auf getrocknetem Boden

Ungünstige Zeiten für die Klärschlammausbringung sind die Hauptvegetationszeiten und der Winter, das sind in den Ackerbaugebieten vor allem die Monate Mai bis Juli sowie die Zeit mit Schneedecke oder tiefgefrorenem Boden.

Die beste Stickstoff-Wirkung wird bei Ausbringung im Frühjahr erzielt. Dabei müssen jedoch allzu große Verdichtungen in den Spurrillen der Güllefässer vermieden werden.

*Ausbringung von Naßschlamm oder entwässertem Schlamm*

- Durch den Einsatz von Klärschlamm kann der Landwirt bis zu einem Drittel seiner Düngekosten einsparen. Für die Kläranlage ist die Verwertung von Klärschlamm in der Landwirtschaft kostengünstiger als andere Beseitigungsverfahren. Deshalb trägt sie neben den Untersuchungskosten in der Regel auch die Kosten des Klärschlammtransportes.

- Die übliche Methode der Ausbringung ist die Naßabfuhr mit etwa 5% TR, da Naßschlamm mit den gleichen Geräten ausgebracht werden kann wie Gülle. Für den Transport aufs Feld kommen in Frage Jauchefässer bei kleinen Schlammengen oder Straßentankwagen für größere Mengen. Für Beschickung vom Weg aus sind Güllewerfer empfehlenswert.

- Die Ausbringung von entwässertem Schlamm ist technisch schwierig und erfordert den Einsatz spezieller Geräte. Die Lagerung des entwässerten Schlammes auf der Kläranlage ist jedoch durch das sehr viel geringere Volumen um vieles einfacher, der Transport kostengünstiger; evtl. kann auch das Einsatzgebiet vergrößert und damit der Absatz sicherer werden.

- Schlamm aus Zentrifugen oder Bandfilterpressen mit TR-Gehalten zwischen 20–25% ist schwieriger aufzubringen, da der normale Dungstreuer verklebt. Hier bewährt sich der Zusatz von Branntkalt.

Für Transport und Verteilung des Klärschlammes hat sich eine Zusammenarbeit zwischen Kläranlagenbetreiber und den Landwirtschaftlichen Maschinenringen bewährt. Diese Organisationen sind in der Lage, die Verfügbarkeit

- großräumiger Fässer und Trankfahrzeuge
- spezieller Verteilereinrichtungen, z.B. spezielle Streugeräte für entwässerten Schlamm oder weitreichende Güllewerfer für Naßschlamm,
- von Personal
- und von geeigneten landwirtschaftlichen Nutzflächen

zu organisieren und aufeinander abzustimmen.
Inzwischen bieten gewerbliche Betriebe Landwirten einen kostenlosen Düngerservice mit Klärschlamm an. Dabei werden häufig landkreisfremde Klärschlämme verwendet. Zur Sicherung des Klärschlammabsatzes im eigenen Bereich sollte unbedingt darauf geachtet werden, daß nicht Klärschlamm in Landkreise hineintransportiert und dort verwendet wird, in denen bereits Engpässe in der Klärschlammentsorgung bestehen. Vorteilhaft für Kläranlagenbetreiber und Landwirt ist die Übernahme der organisatorischen Abwicklung durch die Firmen. Die Überwachung der ordnungsgemäßen Aufbringung obliegt den Kreisverwaltungsbehörden. Die Dienste der Privatfirmen sind für den Landwirt kostenfrei. Der Klärschlammabgeber zahlt in der Regel 300–350 DM/t Klärschlamm-Trockenrückstand.

**Einrichtungen auf der Kläranlage**

- Schlammabgabestelle

  Die Schlammabgabestelle muß gut zugänglich sein und das Wenden der Fahrzeuge ermöglichen. Für Naßschlamm ist eine galgenartige Schlammleitung mit Schnellschlußschieber zweckmäßig. Die Einrichtung soll das Beschmutzen von Person und Fahrzeug vermeiden. Eine Abspritzstelle für Fahrzeuge ist zu empfehlen.

- Schlammstapelräume

  In der Zeit, in der die Landwirte keinen Schlamm abnehmen, muß dieser auf der Kläranlage in Schlammstapelräumen gespeichert werden können. Zu empfehlen sind im Normalfall Speichermöglichkeiten für mindestens 3–4 Monate.

**Zusammenarbeit zwischen Landwirt und Kläranlagenbetreiber**

Technik und Organisation allein nützen jedoch nichts, wenn nicht die Bereitschaft der Landwirte zur Klärschlammabnahme erhalten bleibt und durch gegenseitige Information gepflegt wird. Nur auf der Basis einer vertrauensvollen Zusammenarbeit aller wird auch künftig eine landwirtschaftliche Klärschlammverwertung möglich sein.

### *4.5.3 Kompostierung*

Nur in wenigen Kläranlagen wird Klärschlamm in größeren Mengen kompostiert, da das Verfahren verhältnismäßig aufwendig ist und die Abnahme des Kompostes meist nur über einen begrenzten Zeitraum gesichert ist.

Klärschlammkomposte können zu Rekultivierungsmaßnahmen im Landschaftsbau oder zur Begrünung von Straßenböschungen oder Lärmschutzwällen eingesetzt werden.

Werden Klärschlammkomposte als Streudünger auf landwirtschaftlich oder gärtnerisch genutzte Flächen aufgebracht, unterliegen sie den Bestimmungen der Klärschlammverordnung. Dies gilt gleichermaßen für die Werte der Inhaltsstoffe und des Bodens sowie auf die zulässige Aufbringungsmenge, bezogen auf den eingesetzten Klärschlamm und nicht auf das Gemisch.

Der Einsatz von Klärschlammkomposten als Bodenverbesserungsmittel (organischer Humusbildner) ist nicht zulässig.

Der Klärschlamm ist zur Kompostierung mit einem Kohlenstoffträger zu mischen. Ein Wasseranteil von 40–60% im Kompostgemisch ist einzustellen. Als Kohlenstoffträger kommen z. B. in Frage Laub, zerkleinerte Gartenabfälle oder Baumrinde, Torf, Sägemehl, Stroh oder vorbehandelter Hausmüll.

Die zwei wichtigsten Verfahren sind die Kompostierung in Mieten oder in Reaktoren.

*Kompostierung in Mieten*

Die Mieten sind langgestreckte Häufen des Kompostgemisches bis zu 3 m Höhe, meistens aber niedriger. Sie müssen ein- bis mehrmals wöchentlich umgesetzt, d. h. umgeschaufelt werden, soweit nicht eigene Maschinen dafür eingesetzt werden. Während der Rotte treten in der Mitte der Miete Temperaturen bis zu 70° C auf, die nach außen abnehmen. Nach drei bis sechs Wochen ist der Kompost reif. Das Verfahren ist sehr arbeitsintensiv und braucht viel Platz. Um das Umsetzen zu ersparen, werden die Mieten manchmal zwangsbelüftet.

*Kompostierung in Reaktoren*

Hier wird das Kompostgemisch kontinuierlich in einem Behälter mit künstlicher Luftzufuhr langsam umgewälzt. Manchmal werden die Behälter dazu vertikal oder horizontal gedreht. Bei anderen Verfahren sind die Behälter starr und nur das Füllgut wird bewegt.

Die intensive Belüftung kann eine Austrocknung des Füllgutes zur Folge haben oder bei unvollständiger Umwälzung kann durch Toträume eine anaerobe Faulung entstehen. Es wurde deshalb ein Schnellrotte-Verfahren mit Fermenttechnik entwickelt, das diese kritischen Punkte vermeidet. Mit solchen Rottezellen kann in wenigen Tagen Kompost erzeugt werden, der Temperaturen von über 60° C ausgesetzt war. Meistens ist zur völligen Reife eine Nachrotte notwendig.

### 4.5.4 Trocknung, Verbrennung, Veraschung

Mit der maschinellen Schlammentwässerung kann das im Schlamm enthaltene Wasser nur teilweise entfernt werden. Selbst bei der Entwässerung mit Kammerfilterpressen bleibt in Abhängigkeit von der Zugabe an Konditionierungsmitteln noch ein Restwasseranteil von etwa 30% bis 50% im Filterkuchen. Um noch eine weitergehende Gewichts- bzw. Volumenverminderung zu erreichen, muß man das Schlammwasser verdampfen oder verdunsten.

#### Trocknung

*Thermische Trocknung*

Maßgebend für die Leistung von Trocknungsanlagen ist die sogenannte Verdampfungsleistung. Ein thermischer Wasserentzug erfordert einen hohen Aufwand an Wärmeenergie und damit an Energiekosten.

Der Entwurf zur TA Siedlungsabfall sieht die Trocknung des Klärschlamms vor einer thermischen Verwertung vor.

Die Kosten einer Trocknungsstufe hängen direkt von der zu verdampfenden Wassermenge, das heißt vom Wassergehalt des eingebrachten Schlammes, ab. In jedem Falle ist daher eine möglichst weitgehende Vorentwässerung wichtig. Stark verdichteter Schlamm ist im allgemeinen für die Trocknung nachteilig. Günstigere Verdunstungs- bzw. Verdampfungseigenschaften haben relativ lockere Strukturen mit hoher spezifischer Oberfläche. Anorganische Konditionierungsmittel vergrößern die Schlammenge und entsprechen damit nicht der Forderung zur Abfallminimierung, falls der Klärschlamm nicht als Wirtschaftsgut verwertet werden kann. Bei Einsatz organischer Konditionierungsmittel ist die Volumenverminderung vernachlässigbar.

Der Endwasseranteil ist dann abhängig von der Trockenzeit und der Erhitzungstemperatur; er sollte weniger als 10% betragen. Der Trockenschlamm kann dann landwirtschaftlich oder thermisch verwertet werden.

Die bei der Trocknung entweichende Luft, die mit Wasserdampf gesättigt ist, nennt man *Brüden.* Diese Luft enthält feste, flüssige und gasförmige Verunreinigungen und kann zu erheblichen Geruchsbelästigungen führen. Deshalb werden die Brüden anschließend entstaubt, kondensiert und zur Beseitigung von Geruchsstoffen z. B. in einem Biofilter nachbehandelt. Die Brüdenkondensate sind organisch belastet und weisen einen relativ hohen Ammonium-Stickstoffgehalt auf. In Einzelfällen kann vor deren Rückleitung in die Kläranlage deshalb eine Vorbehandlung notwendig werden.

Zur thermischen Klärschlammtrocknung gibt es zwei verschiedene Arten der Wärmezufuhr, um die *direkte* oder die *indirekte Trocknung* durchzuführen. Beide Trocknungsverfahren sind im ATV-Arbeitsbericht „Thermische Klärschlammbehandlung – heutiger Stand“ [5], 6/91, S. 814 näher beschrieben.

Direkte Trocknung in Konvektionstrocknern

Bei der direkten Trocknung wird das Heizmedium, z. B. Rauchgase oder Abgase, direkt mit dem zu trocknenden Schlamm in den Trockner aufgegeben. Das verdampfte Schlammwasser vermischt sich mit dem Rauchgas. Die Brüden werden gemeinsam mit dem Rauchgas abgezogen und müssen behandelt werden.

Da bei direkten Trocknern eine wirkungsvolle Wärmerückführung und -rückgewinnung nicht möglich ist, wird ca. das Doppelte der theoretisch benötigten Wärme zur Wasserverdampfung und ein entsprechend hoher Fremdenergiebedarf benötigt.

Nach diesem Prinzip arbeiten die

- Trommeltrockner, die ähnlich einem Drehrohrofen sich langsam um die eigene Achse bewegen. Dabei wird der zugeführte Schlamm häufig umgelagert, die Aufenthaltszeit im Trockner beträgt 30 bis 60 Minuten.
- Bandtrockner, die den Schlamm auf ein oder mehreren Förderbändern langsam durch den von heißen Gasen druchströmten Trockner befördern.
- Etagentrockner. Dabei wird der Schlamm auf die oberste Etage aufgegeben und von Abstreifern, die an einer drehbaren Mittelachse befestigt sind, über Öffnungen auf die nächst untere Etage befördert. Bis schließlich bei Verlassen der letzten Ebene der Endwassergehalt des Trokkenschlammes erreicht ist.
- Wirbelschichttrockner. Dabei muß der vorentwässerte Schlamm vor seinem Eintritt in den Trockner mit bereits getrocknetem Material gemischt werden, damit er nicht mehr klebt. Dann erfolgt die Verdampfung des Schlammwassers in einem Strom senkrecht aufsteigender Rauchgase, also in der Schwebe.

Indirekte Trocknung oder Kontakttrocknung

Bei indirekter Trocknung kommt das Heizmedium mit dem zu trocknenden Schlamm nicht in Berührung, sondern wird in einem geschlossenen System im Kreislauf geführt. Die Heizenergie wird über Kontaktflächen auf das Trockengut übertragen. Wärmteträger sind üblicherweise Dampf, Heißwasser oder Thermoöle. Die Brüden werden separat abgeleitet und unter Wärmerückgewinnung kondensiert.

Nach derzeitigem Kenntnisstand haben die indirekten Trockner nicht nur aus wärmetechnischer Sicht, sondern auch hinsichtlich der Beschaffenheit der Emissionen, Vorteile gegenüber den direkten Trocknern.

Zum Einsatz kommen

- Dünnschichttrockner. Hier wird der Klärschlamm an der Innenwand eines Hohlzylinders in dünner Schicht verteilt. Der Trockenschlamm klebt an der Wand und wird mit Pendelblätter abgeschabt.
- Scheibentrockner. Bei diesem Trockner sind mehrere kreisförmige hohle Scheiben auf einer liegenden Hohlwelle angeordnet, wobei die Scheiben über die Hohlwelle beheizt werden. Bewehrungen am Umfang der Scheiben wälzen das Trockengut um und fördern es durch den Trockner. Am Gehäuse festmontierte Kratzer entfernen eventuell auftretende Verkrustungen von den Scheiben und halten auf diese Weise die Kontaktflächen frei.

- Wirbelschichttrockner. Bei indirekten Wirbelsichttrocknern wird die benötigte Energie über einen Wärmetauscher im Fließbett auf das Trockengut übertragen. Im Kreislauf geführtes Inertgas hält die Wirbelschicht, bestehend aus granuliertem Klärschlamm und Quarzsand, in fluidisiertem Zustand.

Brüdenbehandlung

Schlammtrocknungsanlagen können zu einer erheblichen Belästigung und Luftverschmutzung führen. Dies kommt vor allem von Wasserdampfschwaden, Stäuben und Gerüchen. Durch entsprechende Maßnahmen muß deshalb dafür gesorgt werden, daß keine schädlichen Umwelteinflüsse auftreten.

Die einschlägigen gesetzlichen und technischen Vorschriften zur Begrenzung der Luftverschmutzung sind im Bundesimmissionsschutzgesetz (BImSchG) und in der TA-Luft (Technische Anleitung zur Reinhaltung der Luft) enthalten. Hier sind die Emissions- und Immissionsgrenzwerte festgelegt, um die Reinhaltung der Luft sicherzustellen.

*Emission* ist die Aussendung von Dämpfen, Gerüchen, Geräuschen o. ä.

*Immission* ist die Zuführung von Dämpfen, Gerüchen, Geräuschen o. ä. auf die Umgebung; also die Auswirkung auf die Umwelt.

Je größer die Trocknungsanlage ist, desto größer ist die Gefahr einer möglichen Belästigung. Einrichtungen zur Brüdenbehandlung sind dort besonders wichtig. Die Trocknung von Frischschlamm oder schlecht ausgefaultem Schlamm führt zu einer größeren Geruchsentwicklung, als die Behandlung von stabilisiertem Schlamm. Bei der indirekten Trocknung entstehen kleinere Brüdenmengen als bei der direkten Trocknung.

Als Verfahren werden Trockenabscheider, Wäscher, Biofilter oder thermische Nachbehandlungen eingesetzt. Die letztere Art ist am wirkungsvollsten, aber auch am teuersten, da die Geruchsbeseitigung durch eine Erhitzung der Brüden auf 800° C geschieht.

### *Verbrennung, Veraschung*

Künftig soll nur noch die Deponierung von Reststoffen mit weniger als 10% organischen Anteilen erlaubt sein. Daher ist neben den Verwertungswegen in den Landbau oder in die Landwirtschaft entweder nur die thermische Verwertung (Verbrennung unter Nutzung des Energieinhaltes) oder vor einer Deponie die Veraschung (Verbrennung mit dem Ziel der weitgehenden Vernichtung der organischen Stoffe) des Schlammes möglich. Der noch in Bild 4.48 dargestellte und heute vielfach beschrittene Weg der Deponie entwässerten Schlammes ist dann ausgeschlossen.

Eine Verbrennung unter Nutzung des Energieinhaltes ist bei einer Mitverbrennung getrockneten Schlammes in Zementwerken, Heizkraftwerken bzw. Kraftwerken mit Schmelzkammerfeuerung oder in Müllheizwerken möglich. Die Verbrennung im Zementofen ist insofern günstig, als dem Kalkstein-Rohmehl zur Zementherstellung Zuschlagstoffe zugefügt werden müssen, die der Klärschlamm in seinen mineralischen Bestandteilen bereits enhält. Die Flugasche der Rauchgasreinigung wird in den Brennprozeß zurückgeführt (Bild 4.50) und bei den am Brenner herrschenden Temperaturen von etwa 2000° C werden auch organische Spurenstoffe restlos thermisch oxidiert. Dies ist also technisch und ökologisch das beste Verfahren, da keine Reststoffe anfallen, denn diese werden in das Produkt, den Zement, eingebunden. Die Genehmigungspraxis und oft auch die Ausrüstung der Zementwerke stehen diesem Verwertungsweg allerdings entgegen.

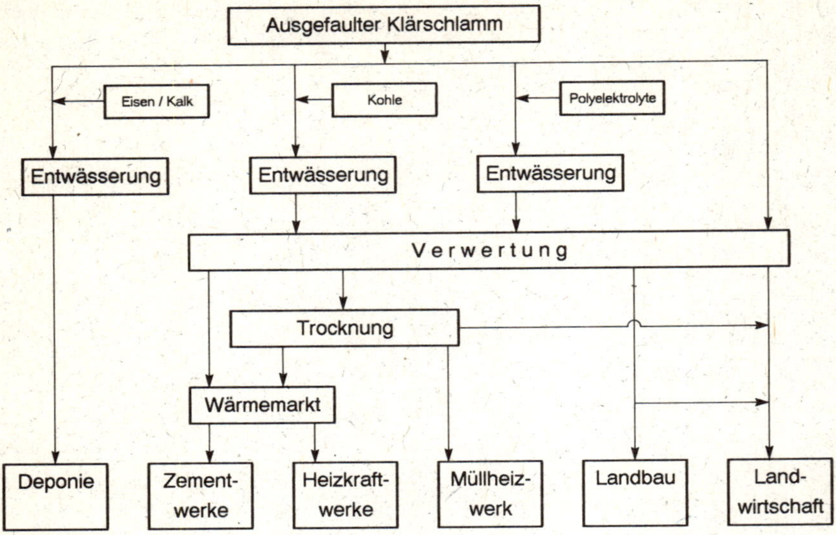


Bild 4.49: Entsorgungswege für Klärschlamm

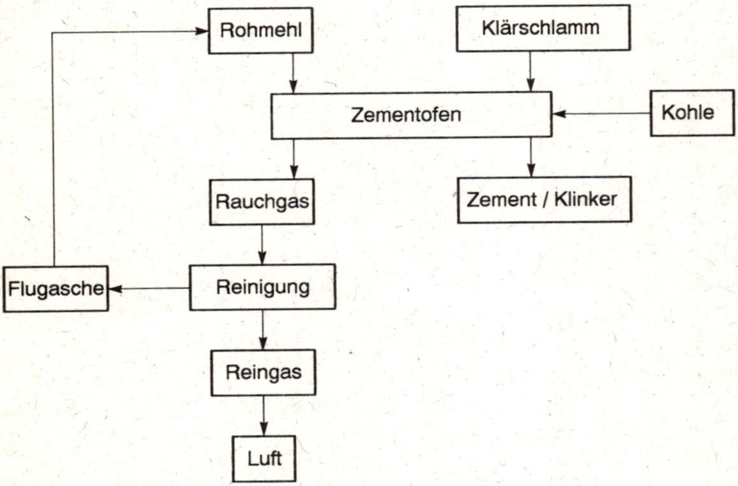


Bild 4.50: Mitverbrennung im Zementofen

Die Verbrennung zusammen mit Hausmüll erscheint von der Genehmigungspraxis her möglich, es bleibt in diesem Fall aber die Asche zur Deponie übrig (Bild 4.51). Technisch bestehen bei staubförmig getrocknetem Schlamm Probleme mit der Abscheidung des Feinststaubes. Bei granuliertem Schlamm ist der restlose Ausbrand nicht unbedingt sichergestellt. Hier ist in naher Zukunft erheblicher Entwicklungsbedarf.

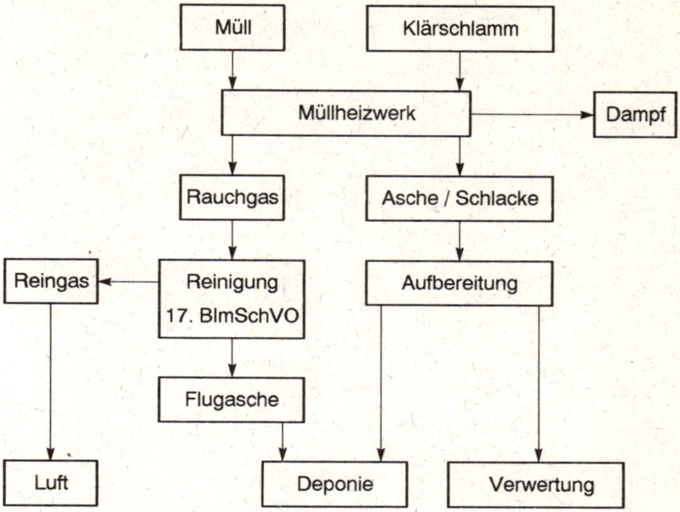


Bild 4.51: Verbrennung von Müll und Klärschlamm

Bei der Schlammverbrennung wird zwar das Restvolumen gegenüber dem Faulschlamm oder auch dem entwässertem Schlamm drastisch vermindert. Gegenüber getrocknetem Schlamm ist aber die Volumenverminderung nur noch gering (Bild 4.52). 50% Asche bleiben zurück. Da die Schadstoffe in der Asche angereichert sind, ist dieser Rest sogar oft als Sondermüll einzustufen.

Unter dem Gesichtspunkt der Kosten ist nach Möglichkeit eine Wärmenutzung anzustreben. Dann lohnt auch eine Trocknung vor der Verbrennung. Ist dagegen nur eine Veraschung möglich, kann man auf die Trocknung verzichten.

Sowohl stabilisierter Schlamm als auch Rohschlamm kann verbrannt werden. Es bietet sich sogar an, auf eine vorhergehende Schlammbehandlung zu verzichten und den energiereichen Rohschlamm zu verbrennen. Denn durch die Stabilisierung des Klärschlammes geht der Heizwert fast bis auf die Hälfte zurück. So gesehen erscheint zwar die Kombination von Rohschlammentwässerung und Schlammverbrennung als das kostengünstigste Verfahren, Rohschlamm neigt aber zu Geruchsentwicklung und kann nicht zwischengelagert werden. Daher geht man zunehmend auf eine Stabilisierung des Schlammes vor der Verbrennung über.

Wird der Klärschlamm zuvor auf einen Wasseranteil von etwa 70% entwässert, dann verläuft die Schlammverbrennung bereits weitgehend selbstgängig und kommt ohne zusätzliche Energiezufuhr aus. Die Klärschlammtrockenmasse hat etwa einen Heizwert von 12 MJ/kg, im Vergleich dazu liegt der Heizwert von Brennholz mit 16 MJ/kg nicht viel höher.

Abgelagertes Rechengut hat einen Wasseranteil von etwa 70%. Der Heizwert der trockenen Masse ist hoch, weil kaum mineralische Anteile darin enthalten sind. So ist erklärlich, warum der Heizwert des Rechengutes höher als der des entwässerten Klärschlammes ist.

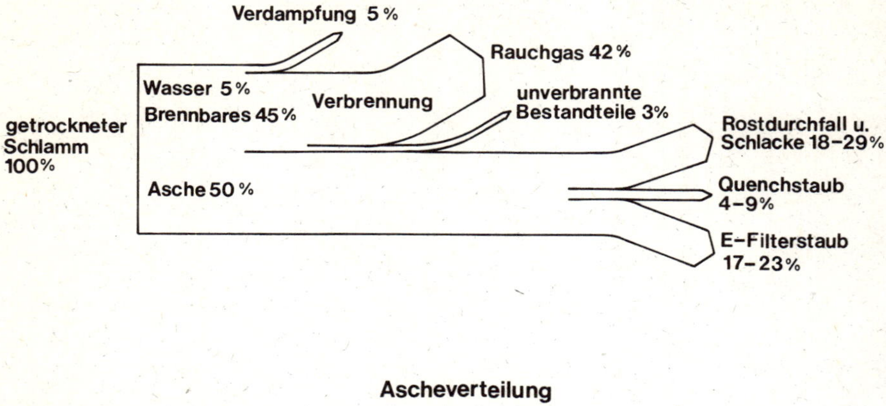


Bild 4.52: Anteile bei der Verbrennung von getrocknetem Klärschlamm

Sandfanggut wird nicht im eigentlichen Sinne verbrannt, sondern nur in Asche übergeführt. Dabei sorgen die im Sand immer enthaltenen Teile an organischer Substanz für einen geringfügigen Heizwert.

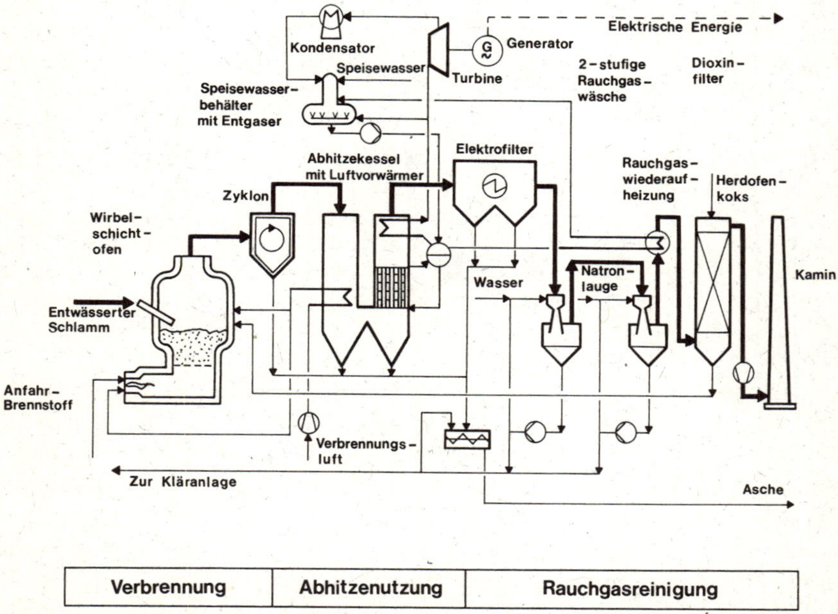


Bild 4.53: Wirbelschichtofen mit Abhitzenutzung und Rauchgasreinigung

Ganz anders ist es mit Kläranlagenrückständen wie Schwimmstoffe aus Fettfängen oder Schwimmschlammdecken aus Faulbehältern. Hier ist der Anteil an organischer Substanz im allgemeinen besonders hoch und daher sind diese Rückstände sehr energiereich.

Für die Schlammverbrennung werden Einrichtungen benötigt, die eine vollständige Verbrennung ohne Schwelvorgänge ermöglichen. Dabei muß das mitgeführte Wasser verdampft und auf eine Prozeßtemperatur von annähernd 1000° C gebracht werden, um die organischen und die oxidierbaren anorganischen Anteile der Trockenstoffe vollkommen zu verbrennen. Es ist wichtig, daß die entstehenden Abgase zuverlässig entstaubt und geruchsfrei gemacht werden. Bei allen Verbrennungsverfahren sind die Zusatzeinrichtungen für die Schlammaufbereitung, die wärmetechnischen Anlagen und die Aufwendungen für die Rauchgasbehandlung umfangreicher als die eigentliche Verbrennungsanlage. (Bild 4.53)

Die Wirtschaftlichkeit der Verbrennung hängt weitgehend vom vorhergehenden Wasserentzug ab. Dabei sind die verschiedenen Einrichtungen zur Konditionierung, zur maschinellen Entwässerung und zur Verbrennung als ein zusammenhängendes System zu betrachten. Die Einrichtungen sind daher nicht beliebig austauschbar, sondern voneinander abhängig. Das trifft nicht zuletzt auch auf die gewählte Art und Menge der Konditionierungsmittel zu.

Eines der ältesten Verfahren ist die Beimischung von Asche zum Naßschlamm, zur Erhöhung der Trockenmasse oder auch als Filterhilfsmittel in der Entwässerungsmaschine. Eine weitere Variante ist die Zugabe von feinkörniger Kohle, um darüber hinaus noch den Heizwert des Schlammes zu verbessern.

*Verbrennungseinrichtungen*

Das Kernstück einer Verbrennungsanlage ist das Feuerungssystem. Für die Auslegung eines Verbrennungsofens sind die zu verdampfende Wassermenge und der Heizwert die wichtigsten Ausgangsgrößen. Der Energiebedarf und damit der Kostenaufwand für die Verdampfung von Wasser (2270 J/kg Wasser bei 100° C) liegt sehr viel höher als die Kosten für den Entzug des Wassers durch Verfahren der Entwässerung.

Mit verschiedensten Konstruktionen wurde anfangs versucht, das Zusammenspiel zwischen Brennmaterial, Sauerstoffzufuhr, Hitzeentwicklung sowie Ableitung der gasförmigen und festen Reststoffe zu optimieren. Letztlich aber sind nur wenige Feuerungssysteme übriggeblieben, die sich durchsetzen konnten. Doch auch hier ist sicher die Entwicklung noch nicht abgeschlossen.

Es eignen sich drei Ofenbauarten zur Schlammverbrennung:

Drehrohrofen,
Etagenofen,
Wirbelschichtofen.

Diese Anlagen erfüllen die Anforderungen einer weitgehenden Verbrennung des Materials unter Einhaltung der gesetzlichen Vorschriften.

*Drehrohrofen*

Der Brennraum des Drehrohrofens ist ein leicht gegen die Horizontale geneigter, feuerfest ausgekleideter Stahlblechzylinder. Er dreht sich während des Betriebs langsam um seine Achse. Dabei wird der Schlamm durch Einbauten häufig umgelagert und durch die Trommelneigung gleichzeitig auch in Längsrichtung bewegt.

Beim Gleichstromofen befinden sich Schlammzugabe und Brenner am selben Ende. Meistens werden aber Verbrennungsluft und Klärschlamm im Gegenstrom durch den Ofen geleitet. Die heißen Rauchgase streichen von der Brennzone aus über den noch feuchten Schlammkuchen in Richtung auf die Schlammaufgabestelle, wobei sie den feuchten Schlammkuchen unter gleichzeitiger Abkühlung trocknen. Dabei können jedoch Geruchsstoffe aus dem Kuchen erfaßt und mit den Abgasen ausgetragen werden. Daher führt man die Rauchgase meist noch über eine Nachbrennkammer (Bild 4.54).

Drehrohröfen sind hinsichtlich der Wärmeausnutzung relativ unwirtschaftlich, die Wärmeverluste sind groß, weil die Brenntemperatur von normalerweise 1200 bis 1300° C durch starke Luftzufuhr auf etwa 900°C abgekühlt werden muß, um eine schlackenfreie Asche zu bekommen. Die starke Luftzufuhr erhöht natürlich auch die Abgasmenge, die warmen Abgase entziehen aber dem System Energie.

Drehrohröfen eignen sich besonders zur Verbrennung von ölhaltigen Schlämmen, vom Schwimmschlamm und Rechengut sowie von Müll und Industrieabfällen.

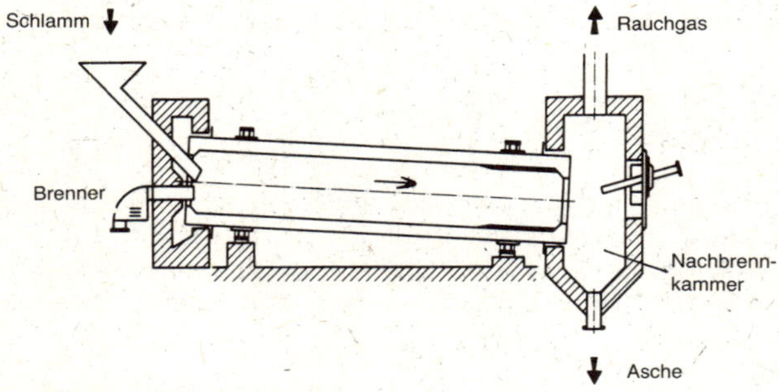


Bild 4.54: Gleichstrom-Drehrohrofen

*Etagenöfen*

Der Etagenofen besteht aus einem senkrechten Stahlblechzylinder, in dem etagenartig waagerechte Plattformen eingebaut sind. Der entwässerte Schlamm wird oben aufgegeben und fällt dann über versetzt angeordnete Öffnungen von einer Etage zur anderen. Der Transport in den einzelnen Etagen erfolgt durch ein Krählwerk (Bild 4.55).

Man unterscheidet, von oben nach unten, zwischen einer Trocknungszone, einer Verbrennungszone und der Kühlzone. Zum Anheizen und bei wasserreichen Schlämmen ist eine Zusatzheizung erforderlich. Die Brüden aus der Trocknungszone müssen nachverbrannt werden, damit die Rauchgase geruchlos sind.

Die heißen Rauchgase ziehen von unten nach oben ab und trocknen dabei im Gegenstrom den Schlamm, wodurch sich eine sehr günstige Wärmeausnutzung ergibt, weil durch den waagerechten Transport auf den Plattformen eine dauernde Umwälzung des trocknenden Schlammes erfolgt.

Der Etagenofen kommt schon seit Jahrzehnten zum Einsatz. Ein mittelgroßer Etagenofen kann 50 t stichfesten Schlamm pro Tag verbrennen. Der Brennstoffbedarf beträgt etwa 2,3 kg Heizöl pro Tonne Schlamm.

Es soll die Möglichkeit bestehen, Schwimmschlamm, Öle und Fette direkt in der Brennzone zuzugeben, um Geruchsbelästigungen zu vermeiden. Wie beim Drehrohrofen werden durch die Ableitung der Rauchgase über den nassen Schlamm immer Geruchsstoffe mit ausgetragen, die auch bei einer anschließenden Rauchgaswäsche nicht immer verschwinden. Aus diesem Grunde ist die Bedeutung des Etagenofens, der bisher vor allen Ofenformen am weitesten verbreitet war, in letzter Zeit etwas in den Hintergrund getreten.

Leicht flüchtige Stoffe oder Schlämme mit hohen Anteilen an solchen Stoffen dürfen nicht im Etagenofen verbrannt werden, weil die Gefahr einer Verpuffung schon in der Trocknungszone besteht.

Für den Betrieb wichtig ist weiterhin, daß die hohlen Krählwerke immer gekühlt werden, auch bei Stromausfall, weil sonst diese Einbauten Schaden leiden.

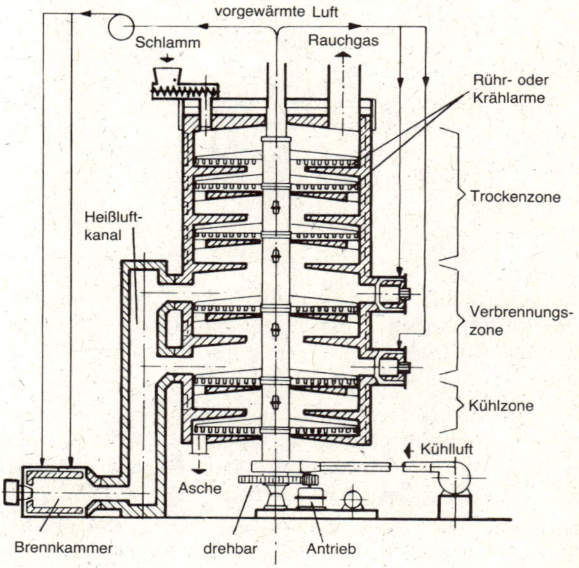


Bild 4.55: Etagenofen

*Wirbelschichtofen*

Dem Wirbelschichtofen fehlt der Nachteil der bisher beschriebenen Ofentypen, nämlich der Austrag von Geruchsstoffen mit dem Rauchgas. Er ist deshalb in jüngster Zeit wieder sehr stark in den Vordergrund getreten.

Er besteht aus einem zylindrischen oben und unten geschlossenen Stahlmantel mit Durchtrittsöffnungen für Luft, Schlamm, Rauchgas, Öl und Sand. Die feuerfeste Ausmauerung, die unten konisch eingezogen ist, bildet die eigentliche Brennkammer. Ein mit Düsen bestückter Boden grenzt sie gegen die darunter liegende Luftkammer ab. Auf dem Boden liegt eine Schicht aus Quarzsand mit einer Körnung von etwa 1–2 mm (Bild 4.56).

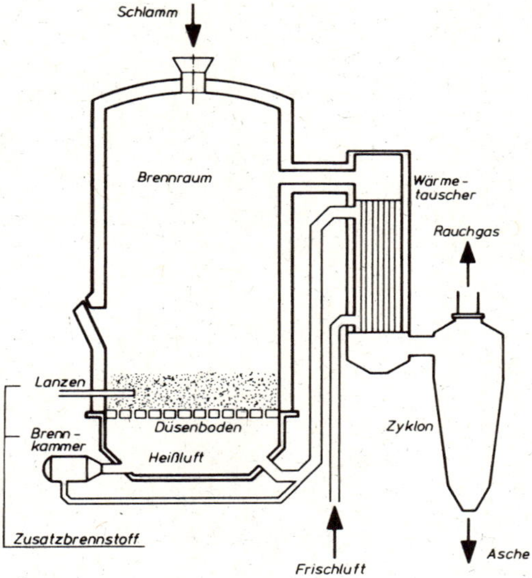


Bild 4.56: Wirbelschichtofen

Die vorgewärmte Verbrennungsluft tritt in die Luftkammer ein und strömt mit hoher Geschwindigkeit durch die Düsen in das Sandbett, wirbelt es auf und hält es in Schwebe. Der Schlamm wird je nach Konsistenz entweder mit Schnecken eingetragen oder mit Pumpen über eine Lanze in das Wirbelbett eingeführt.

Die hohe Turbulenz in der Wirbelschicht bewirkt einen intensiven Stoff- und Wärmeaustausch. Der Schlamm wird sofort gleichmäßig verteilt und dabei zwischen den Sandkörnern zermahlen. Die entstehende große Oberfläche begünstigt das Trocknen, Entgasen und Zünden der einzelnen Partikel. Die Wärmeausnutzung ist dadurch sehr günstig.

Bei der Verbrennung ist nur ein geringer Luftüberschuß erforderlich, wodurch auch geringe Rauchgasmengen anfallen. Dies ist einer der wesentlichen Vorteile des Wirbelschichtofens.

Der Wirbelschichtofen eignet sich auch für die Verbrennung von flüssigen, teigigen oder pulverförmigen Brennstoffen sowie für die Verbrennung von Altöl, wodurch die Wärmebilanz gegenüber der alleinigen Schlammverbrennung verbessert werden kann.

Um die Entstehung toxischer, chlororganischer Verbindungen und Geruchsbelästigungen zu vermeiden, müssen alle Gas- und Feststoffpartikel auf ungefähr 850° C gebracht werden. Da die Trocknung und Verbrennung im gleichen Raum durchgeführt wird, ist diese Forderung ohne weiteres einzuhalten. Geruchsstoffe werden dadurch mit verbrannt und nicht mit dem Abgas ausgetragen.

*Weitere Verfahren*

An dieser Stelle soll kurz auf die Möglichkeit der Schlammvergasung anstatt der Verbrennung hingewiesen werden. Dabei werden die organischen Trockenstoffe des Schlammes fast vollständig in brennbares Gas übergeführt. Das geschieht in Gasgeneratoren. Mit dem getrockneten Klärschamm wird Wasserdampf und Luft eingeführt; statt Luft teilweise auch Sauerstoff. Endprodukte sind granulierte Asche und Generatorgas. Da die Schlammvergasung eine sehr aufwendige Vorbereitung des Klärschlammes voraussetzt (80% Trockenrückstand), spielt sie in der Praxis nur eine untergeordnete Rolle.

Ob dies bei den neueren Entwicklungstendenzen mit Pyrolyse-Verfahren vermieden werden kann, bleibt abzuwarten. Unter Pyrolyse versteht man die Zersetzung organischer Stoffe bei Temperaturen von über 300° C unter Luftabschluß.

Im Handbuch für Ver- und Entsorger, Band 4, Fachrichtung Abfall, sind weitere Einzelheiten zur Verbrennung zu finden.

### *4.5.5 Deponie*

Zur Zeit wird der Entwurf der TA Siedlungsabfall diskutiert, in der die Begrenzung des organischen Anteils im Deponiegut auf 5% nach einer möglichen Übergangszeit von acht Jahren vorgesehen ist. Klärschlämme weisen im allgemeinen einen organischen Anteil um 50% auf. Die Verminderung auf 5% kann nur durch thermische Behandlungsmaßnahmen erreicht werden. Die Ablagerung von entwässertem bzw. getrocknetem Klärschlamm auf Deponien wird dann nur noch mittelfristig möglich sein. Die weiteren Ausführungen zur Ablagerung von Klärschlamm sind vor diesem Hintergrund zu sehen.

Abfälle können im eigentlichen Sinn nicht vollständig vernichtet, sondern nur in andere Stoffe umgewandelt werden. Diese können fest, flüssig und/oder gasförmig sein. Doch irgendwie müssen diese Stoffe deponiert werden, sei es im bzw. auf dem Boden oder in der Luft. Abfall-„Beseitigung“ bedeutet daher im Grunde genommen *Deponie*. Dabei sollen die Abfälle möglichst so „beseitigt“ werden, daß sie weder unmittelbar noch mittelbar den Lebensraum der Menschen stören. Ein nachteiliger Einfluß darf gar nicht oder nur in vertretbarem Umfang entstehen. Mit den technischen und wirtschaftlichen Möglichkeiten müssen daher die Abfälle so umgewandelt werden, daß die Restprodukte die Umwelt weniger belasten und schädigen, als die ursprünglichen Abfallstoffe.

Abfall-Beseitigung durch Deponie heißt damit *geordnete Ablagerung*.

Bei der kontrollierten Ablagerung sind die Belange der Hygiene, des Gewässer- und Immissionsschutzes, aber auch der Landespflege und der Bauleitplanung zu beachten. Rechtlich gesehen sind hierfür vor allem die Abfallgesetze und das Wasserhaushaltsgesetz einschlägig. Danach dürfen alle Stoffe nur so abgelagert werden, daß eine schädliche Verunreinigung von Oberflächengewässern und Grundwasser oder eine sonstige nachteilige Veränderung seiner Eigenschaften nicht zu besorgen ist. Durch die Begrenzung des organischen Anteils auf 5% (TA Siedlungsabfall) ist diesen Forderungen durch geeignete Abdichtungsmaßnahmen Rechnung zu tragen.

Einzelheiten über Deponien und den Abdichtungsmöglichkeiten werden in Band 4 beschrieben. Auch das ATV-Regelwerk Arbeitsblatt A 301 „Klärschlammeinbau in Deponien“ enthält dazu Hinweise [5]. Insbesondere ist weniger der Wassergehalt eines Schlammes für die Einbaufähigkeit maßgebend als vielmehr die Scherfestigkeit.

Sammlung, unschädliche Ableitung und Behandlung des aus den Deponien anfallenden Wassers, vor allem des Sickerwassers, sind unverzichtbare Bedingungen für den Betrieb einer geordneten Deponie.

Rückstände aus Kläranlagen, die bisher als Abfall auf Deponien transportiert werden, sind im wesentlichen Rechengut, Sandfanggut, Schwimmschlämme aus Faulbehältern und nicht zuletzt bis zur Einführung der TA Siedlungsabfall Klärschlämme. Später ist es dann die verbleibende Asche, denn auch die anderen Reststoffe müssen in ihrem organischen Bestandteilen verringert werden.

Insofern ist gerade beim Klärschlamm eine Verwertung zu bevorzugen.

***Monodeponie***

Obwohl die Tendenz dahin geht, möglichst eine gemeinsame Ablagerung aller Stoffe vorzusehen, können für Abwasserschlämme im Einzelfall Sonderlösungen nicht ausgeschlossen werden.

In der Literatur werden öfters die Begriffe Schlammteiche, Schlammstapelteiche (bewirtschaftet oder unbewirtschaftet) sowie Schlammpolder fälschlicherweise in Verbindung mit Schlamm-Monodeponien verwendet. Dies ist aber nur dann richtig, wenn es sich um endgültige Ablagerungen des Klärschlammes handelt und nicht um Zwischenlagerungen – beispielsweise bis zur späteren landwirtschaftlichen Verwertung – wie es in der Regel der Fall ist. Um Verwechslungen zu vermeiden, sind deshalb diese Bezeichnungen nur in Verbindung mit Einrichtungen zur Zwischenlagerung anzuwenden.

Abwasserschlämme lassen sich in Deponien in flüssigem, entwässertem oder getrocknetem Zustand einbringen. Eine Trocknung von Abwasserschlämmen bietet jedoch hinsichtlich ihrer damit verbundenen Volumenverminderung oder von ihrer verbesserten Beschaffenheit her keine interessanten Vorteile.

***Mischdeponie***

In den meisten Ländern der Bundesrepublik Deutschland werden für den Einbau in Mischdeponien, entwässerter Schlamm mit einem Trockenrückstand von mindestens 35% gefordert. In Bayern wird zusätzlich eine Flügelscherfestigkeit von 20 $kN/m^2$ empfohlen.

Die Anforderungen an die Qualität des Schlammes sind weitgehend im Merkblatt der LAGA [Mitteilungen der Länderarbeitsgemeinschaft Abfall (LAGA), Nr. 2 „Die geordnete Ablagerung von Abfällen“ (Deponie-Merkblatt), Stand 1. September 1979, Erich Schmidt Verlag, Berlin] geregelt: „Für die Ablagerung kommen in erster Linie ausgefaulte und aerob stabilisierte Schlämme in Betracht; Rohschlämme können dann abgelagert werden, wenn geeignete Maßnahmen zur Geruchsbindung, z. B. bei deren Entwässerung, getroffen werden. Eine vorherige Schlammhygienisierung ist in der Regel nicht erforderlich. Schlämme mit Wasseranteilen bis zu 65% sind nach dem derzeitigen Kenntnisstand uneingeschränkt ablagerungsfähig. Der Zeitpunkt der Schlammanlieferungen ist in Abhängigkeit von Art und Menge der Schlämme im Einvernehmen mit dem für die Deponie Verantwortlichen festzulegen und mit der Anlieferung von festen Abfällen zu koordinieren.“

Immer größere Sorgen bereitet die Beseitigung der anderen auf der Kläranlage anfallenden Rückstände. Das gilt insbesondere für das sehr unangenehme Rechengut, dessen Menge in den letzten Jahren deutlich zugenommen hat und das in seiner Zusammensetzung immer mehr durch Kunststoffabfälle und Faserstoffe bestimmt ist.

Durch moderne wirkungsvollere Rechenanlagen versucht man im Klärwerksbetrieb diesem Problem zu begegnen und mehr Rechengut zurückzuhalten. Das bedeutet aber, daß die Menge weiter zunehmen wird. Durch den Einsatz von Rechengutpressen reduziert man das Volumen, um die Zwischenlagerung auf der Kläranlage und den Abtransport zu beherrschen. Eindeutig aber ist, daß eine schadlose Beseitigung des Rechengutes nur durch dessen Deponie möglich ist, sei es durch unmittelbare Ablagerung oder nach vorausgegangener Verbrennung.

Bei unmittelbarer Ablagerung des Rechengutes, das sich insbesondere in der wärmeren Jahreszeit schnell zersetzt sowie leicht von Ratten und anderem Ungeziefer befallen wird, ist die ausreichende Abdeckung der Schüttgutoberfläche mit inertem Material wichtig. Die günstigste Ablagerung des Rechengutes erfolgt daher gemeinsam mit Müll in einer Großdeponie. Hier lassen sich die Erfordernisse einer geordneten Ablagerung leichter und kostengünstiger erfüllen.

## 4.6 Rückbelastung der Kläranlage aus der Schlammbehandlung

Bei den verschiedenen Schritten der Schlammbehandlung wird immer wieder Wasser abgetrennt, das der biologischen Behandlung zugeführt werden muß. Diese Wässer sind nämlich, je nach Verfahrensschritt der Schlammbehandlung, teilweise erheblich mit biologisch abbaubaren Stoffen belastet. Dadurch können sich für die Kläranlage deutliche Zusatzbelastungen ergeben.
Aus folgenden Verfahrensschritten sind Rückbelastungen zu beobachten:
- Schlammwasser aus der Voreindickung,
- Trübwasser aus der Faulung (sofern der Faulbehälter nicht als Reaktor gefahren wird),
- Schlammwasser aus der Nacheindickung, unterschieden nach der Art der Stabilisierung,
- Schlammwasser aus Eindickung und Entwässerung nach der thermischen Konditionierung,
- Schlammwasser aus der maschinellen Entwässerung,
- Brüdenkondensate aus der Trocknung.

Belastungen durch die Übernahme von Fäkalschlamm sind in Abschnitt 8.3.9 behandelt, da sie nicht als unmittelbare Rückbelastung aus der Schlammbehandlung anzusehen sind.

Bezüglich *$BSB_5$ und CSB* ist festzustellen, daß die Schlammwässer aus Voreindickung, Faulung und Nacheindickung – sofern sie weitgehend feststofffrei anfallen – etwa die 2- bis 3fache Belastung von Rohabwasser aufweisen. Wasser von Schlamm aus thermischer Konditionierung ist dagegen wesentlich stärker belastet:

| | aus Rohschlamm | aus Faulschlamm |
|---|---|---|
| $BSB_5$ mg/l | 3000–15000 | 2500–8000 |
| CSB mg/l | 5000–20000 | 5000–13000 |

Für die Wässer aus der maschinelle Schlammentwässerung gelten etwa die Werte wie für die Eindickung. Sie steigen jedoch stark an, wenn, etwa bei Zentrifugen, das abgetrennte Wasser deutlich mit Feststoffen belastet ist.

Für Brüdenkondensate liegen noch nicht viele Angaben vor, doch werden die Werte aus der Eindickung nicht überschritten.

Die Rückbelastung mit sauerstoffzehrenden Stoffen ist also (bis auf den Fall der thermischen Konditionierung) im allgemeinen für die Kläranlage ohne Probleme zu verkraften. Im Verhältnis zum Zulauf sind nämlich die zurückgeführten Wassermengen gering. Außerdem wird die im Schlamm aufkonzentrierte organische Substanz bei der Schlammstabilisierung teilweise mineralisiert bzw. vergast und damit dem Kreislauf entzogen.

Der in den Schlamm eingebundene *Stickstoff* wird dagegen, vor allem bei der anaeroben Stabilisierung, wieder in Aluminium-Stickstoff umgewandelt. Auf diese Weise können 5–20% des im Rohwasser anfallenden Stickstoffes als Zusatzbelastung auf die biologische Stufe zukommen, und zwar vor allem aus der Faulung, der Nacheindickung und der Entwässerung. Besonders problematisch wirkt sich diese Rückbelastung aus, wenn sie nicht ständig, sondern stoßweise anfällt.

Bei der Nitrifikation führen die höheren Stickstoffbelastungen zu einem höheren Sauerstoffbedarf. Werden sie stoßweise eingeleitet, wird die Nitrifikationsleistung der Anlage überfordert, und die erhöhten Konzentrationen schlagen unvermindert bis in den Ablauf durch.

Auf die Denitrifikation wirkt sich die Verschiebung des Kohlenstoff-Stickstoff-Verhältnisses in Richtung des Stickstoffes negativ aus: Selbst wenn der zusätzlich zugeführte Stickstoff nitrifiziert werden konnte, so ist nicht genügend Kohlenstoff vorhanden, um das gebildete Nitrat zu reduzieren. Der Nitrat-Gehalt des Ablaufes steigt also an.

Allgemein reagieren die nitrifizierenden Bakterien stark auf reduzierte organische Verbindungen. Solche Verbindungen werden bei der Faulung, bei der thermischen Konditionierung und bei der Trocknung gebildet. Insofern kann es zusätzlich zur erhöhten Stickstoffbelastung zu Hemmungserscheinungen kommen, die den Prozeß negativ beeinflussen und die Ablaufwerte verschlechtern.

Diese möglichen negativen Einflüsse werden auf die Spitze getrieben, wenn Schlamm von mehreren Kläranlagen zu einer zentralen Anlage zur Behandlung zusammengeführt wird. Gleiches gilt für Schlamm, den man für längere Zeit speichert und dann mit mobilen Einrichtungen in wenigen Tagen entwässert. Solch eine Betriebsweise muß sich ungünstig auf die Abbauleistung der Kläranlagen auswirken.

Die *Rückführung des Stickstoffes* aus den Rückläufen der Schlammbehandlung muß daher sorgfältig bewirtschaftet werden. Wesentliche Merkmale sind Mengenausgleich und Vergleichmäßigung der Zugabe zur biologischen Stufe. Auch kann die Rückführung nur während der Abend- und Nachtstunden zweckmäßig sein. Hierfür wird ein Stapelvolumen von ca. 0,5 bis 1% der Tageswassermenge benötigt. Ungünstig ist allerdings die geringe Belastung des Nachtwassers (zu wenig Kohlenstoff) für die Denitrifikation. Daher wird auch eine Stapelung der Rückführungswässer und gezielte Zugabe entsprechend dem für die Umsetzung günstigen BSB:N:P-Verhältnis vorgeschlagen.

Beim *Phosphor* kann ebenfalls ein Teil des entnommenen P wieder zurückgeführt werden. Im praktischen Betrieb wird jedoch mehr Fällungsmittel als für die unmittelbare chemische Reaktion notwendig eingesetzt. Dadurch werden sowohl bei alleiniger P-Fällung wie auch im Zusammenhang mit vermehrter biologischer P-Entnahme die zurückgeführten P-Mengen in der Regel aufgefangen, der Ablauf nicht verschlechtert.

# 5. Probenahme

## 5.1 Grundsätzliches

Am Anfang jeder Untersuchung steht die Probenahme; ihre einwandfreie und gewissenhafte Durchführung ist ebenso wichtig wie die Analyse selber. Nur wenn die Probe vorschriftsmäßig und sorgfältig entnommen – man sagt auch gezogen – wurde, kann das Ergebnis der Untersuchung die tatsächlichen Verhältnisse wiedergeben. Es lohnt sich also hier ordentlich zu arbeiten. Die Probenahme sollte nur von sachkundigem Personal oder zumindest von einer fachlich eingewiesenen Person durchgeführt werden.

Bei der Probenahme ist man gezwungen, aus einem großen Wasser- oder Schlammvolumen eine kleine Menge zu entnehmen. Das Untersuchungsergebnis dieser kleinen Probemenge muß aber eine Aussage über die Beschaffenheit des gesamten Volumens zulassen. Deshalb muß die entnommene Probe in ihrer Zusammensetzung dem Gesamt-Abwasser bzw. -Schlamm tatsächlich entsprechen: *die repräsentative Probe*.

Jede Entnahme von Proben, gleichgültig ob es sich um Stichproben oder um eine Probenahme über einen längeren Zeitraum handelt, verlangt eine detaillierte Vorbereitung. Dabei muß man sich zuerst über folgende Fragen im klaren sein:

- Welche Parameter sollen untersucht werden?
- Wieviel Probenmaterial (ml/l) wird zur Analyse benötigt?
- Welche Materialien sind für die Probenahmegeräte brauchbar (Glas, Kunststoff, Edelstahl)?
- Wo, wie und wann werden die Proben gezogen?

Entsprechend den Antworten auf diese Fragen, können die für die anstehende Probenahme erforderlichen Einrichtungen sowie Meßgeräte, wie pH-Meter, Thermometer, Imhofftrichter, bereitgestellt werden. Probenahmegeräte (Schöpfkelle, automatischer Probensammler) und Probenflaschen werden zuvor gründlich gereinigt, wobei darauf zu achten ist, daß keine Spül- und Reinigungsmittel mehr in den Probenflaschen enthalten sind. Bei Messungen im Spurenbereich ist eine Ausspülung mit destilliertem Wasser sinnvoll. Probenflaschen, die später ins Labor gegeben werden, sollten zweckmäßigerweise bereits vorher mit einem wasserfesten Stift beschriftet oder etikettiert werden. Die Beschriftung umfaßt üblicherweise den Ort, das Datum und die Uhrzeit der Probenahme. Bei ordentlicher Führung des Probenahmeprotokolls können die Probenflaschen auch numeriert werden. Doch birgt diese Vorgehensweise die Gefahr der Verwechslung der Proben.

Vor der beginnenden Probenahme sind Probenahmegefäß und Probenflaschen mehrfach mit dem zu untersuchenden Probenmaterial auszuspülen. Dies ist insbesondere dann erforderlich, wenn mit ein und demselben Schöpfgefäß kurz hintereinander Proben an mehreren Meßstellen gezogen werden. Eine repräsentative Probenerstellung ist mit herkömmlichen Mitteln kaum möglich, wenn

- Zwei- oder Mehrphasensysteme wie z. B. Öl/Wasser, Wasser/Schlamm, Wasser/organische Lösemittel oder
- geringe Abwasserzuflüsse

die Probenahme erschweren.

Um die Ergebnisse vergleichen zu können, sind die Proben stets an derselben Stelle, aus gleicher Tiefe und in gleicher Weise zu entnehmen. Änderungen bei der Probenahme sind im Betriebstagebuch zu vermerken. Allerdings sollte der Zeitpunkt einer täglichen Probenahme regelmäßig verlegt werden, um langfristig die tageszeitlichen Schwankungen erfassen und graphisch darstellen zu können.

Die Proben sollen nach der Entnahme möglichst bald untersucht werden, bzw. erst kurz vor der Untersuchung entnommen werden. Ist dies nicht durchführbar, sind die Proben möglichst kühl und dunkel (Kühlschrank, Keller, Schatten) aufzubewahren. Die optimale Temperatur zum Aufbewahren liegt bei + 4° C. Das Einfrieren der Proben sollte im Normalfall vermieden werden, es führt evtl. zu einer zusätzlichen Flockung. Wenn die Proben weitergegeben werden, sollten im Zweifelsfall die geeignete Vorbehandlungs- und Aufbewahrungsart zuvor mit dem zuständigen Labor abgestimmt werden. Sind längere Weiterleitungszeiten nicht zu vermeiden, so sind die Proben zu konservieren (siehe Abschnitt Nr. 5.7 Konservierung).

Der Entnahme der Probe kommt eine große Bedeutung zu. Eine falsch entnommene oder durch falsche Behandlung nachträglich veränderte Probe kann auch bei genauester Untersuchung im Labor kein repräsentatives Ergebnis mehr liefern.

## 5.2 Arten der Probenahme

Eine Einzelprobe nennt man *Stichprobe*; sie liefert nur eine Momentaufnahme der augenblicklichen Beschaffenheit. Das kann mehr oder weniger ein Zufallsergebnis sein. Eine sichere Aussage über die durchschnittliche Zusammensetzung mit Stichproben ist nur in Ausnahmefällen (z. B. im Ablauf von Abwasserteichen) möglich.

Eine *Durchschnittsprobe* ist eine Mischprobe, die aus Stichproben von Hand gemischt oder von automatischen Probenahmegeräten über eine bestimmte Zeit gesammelt wird. Dies kann kontinuierlich oder diskontinuierlich geschehen. Auf diese Weise lassen sich Proben herstellen, die wesentlich aussagekräftiger sind. Wenn eine Stichprobe gut durchmischt ist, wird sie deshalb noch nicht zur Mischprobe. Erst wenn viele Stichproben über eine bestimmte Zeit entnommen und zusammengemischt werden, spricht man von einer Durchschnittsprobe.

Sehr häufig werden Tagesdurchschnittsproben oder Zweistundendurchschnittsproben gezogen. Dazu werden während einer durchgehenden Zeitspanne von 24 Stunden bzw. zwei Stunden mittels einer kontinuierlichen oder diskontinuierlichen Entnahme die Proben genommen.

Wird ohne Unterbrechung ein Teilstrom entnommen, so ist das eine *kontinuierliche Probenahme*. Dabei gibt es zwei Möglichkeiten: Bei der *zeitkontinuierlichen Probenahme* werden ohne Unterbrechung in bestimmten Zeitabschnitten stets gleich große Volumina entnommen. Dagegen wird bei der *durchflußkontinuierlichen Probenahme* die Probe kontinuierlich aus einem proportional zum Durchfluß geregelten Abwasserteilstrom entnommen.

Bei der *diskontinuierlichen Probenahme* (Intervallprobenahme) werden die Einzelproben portionsweise entnommen.

Hier gibt es drei Arten:

Die *zeitproportionale (zeitabhängige) Probenahme* ist eine diskontinuierliche Entnahme, bei der in gleichen Zeitabständen immer gleich große Volumina entnommen werden (z. B. alle 10 min 10 ml, unabhängig vom Durchfluß).

Die *durchflußproportionale (durchflußabhängige) Probenahme* ist diskontinuierlich. Dabei werden in gleichen Zeitabständen variable, dem jeweiligen Durchfluß proportionale Volumina entnommen (z. B. alle 10 min eine dem jeweiligen Durchfluß entsprechende Menge, bei 50 l/s 10 ml, bei 75 l/s 15 ml oder bei 100 l/s 20 ml).

Die *volumenproportionale Probenahme* ist ebenfalls diskontinuierlich. Es werden nach dem Durchfluß eines stets konstanten Volumens gleich große Probenvolumina entnommen. Damit ergeben sich unterschiedliche Zeitabstände (z. B. jedes Mal, wenn die Zählerablesung im Durchflußmeßgerät 10 durchgeflossene $m^3$ anzeigt, werden 20 ml entnommen).

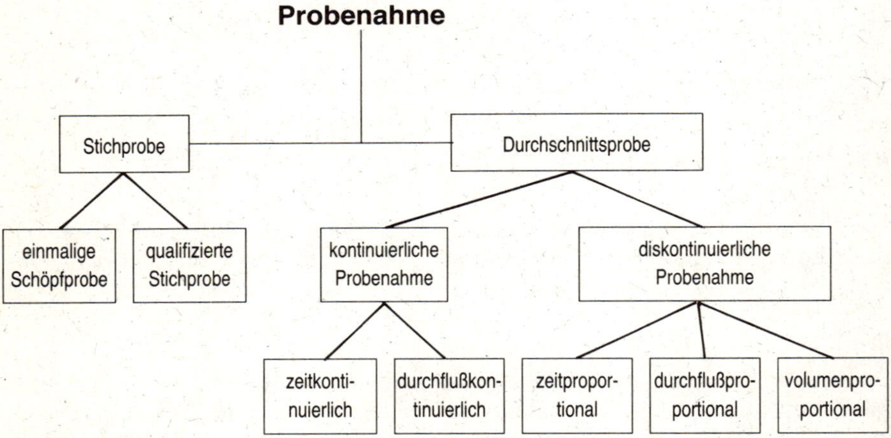


Bild 5.1: Probenahmearten

Zur Ermittlung einer Schmutzfracht kommt die zeitproportionale oder die zeitkontinuierliche Probenahme nur bei gleichbleibenden oder nur geringen Schwankungen des Volumenstromes oder der Konzentrationen in Frage. Da bei Zu- und Ablauf von Kläranlagen sowohl Durchfluß als auch Konzentration in der Regel schwanken, müssen die Proben hier meistens durchfluß- oder volumemproportional genommen werden.

## 5.3 Probenahme Abwasser (DIN 38402 Teil 11)

Die Entnahmestelle ist sorgfältig zu wählen. Dabei spielen die örtlichen Gegebenheiten eine maßgebliche Rolle. Normalerweise werden die Meßstellen auf der Kläranlage einmalig festgelegt und dann beibehalten. Ist an eine ständige Entnahme gedacht, so müssen dafür eigene ausgerüstete Meßstationen aufgestellt werden. Messungen bei den einzelnen Behandlungsstufen dienen vorwiegend zur Betriebskontrolle, am Ablauf der Kläranlage darüber hinaus der Überwachung der wasserrechtlichen Auflagen.

Je nach Art und Größe der Kläranlage werden Proben untersucht vom:

- Abwasserzulauf (Rohabwasser),
- Abwasserablauf der Vorklärung (mechanisch geklärtes Abwasser),
- Abwasser aus dem Belebungsbecken bzw. vom Ablauf des Tropfkörpers,
- Ablauf der Nachklärung (gereinigtes Abwasser),
- Abwasser von Industriebetrieben.

Die Proben sind stets dort zu nehmen, wo die Probe möglichst weitgehend der Gesamtmenge entspricht. Die Probeentnahmestellen sind jeweils deutlich festzulegen, damit auch bei wechselnden Entnahmepersonen die Proben immer an den gleichen Stellen entnommen werden.

Die Wahl der Probenahmestelle richtet sich immer nach dem Zweck der Untersuchung. So wird z. B. der Wirkungsgrad der mechanischen Reinigungsstufe einer Kläranlage über Proben aus dem Zulauf vor dem Sandfang und Proben aus dem Ablauf des Vorklärbeckens festgestellt. Die Leistung der biologischen Reinigung wird durch Proben aus dem Zulauf zur biologischen Stufe und dem Ablauf des Nachklärbeckens überwacht.

Bei Regenwetter kann die Probenahme schwierig sein. Hier müssen entsprechend den Auflagen im Wasserrechtsbescheid die Mischwasserproben am Ablauf der Kläranlage gezogen werden. Das bedeutet, daß in der Regel bei Regenwetter der Gesamtmischwasserabfluß bis zum zweifachen des Trockenwetterabflusses ($Q_t$) erfaßt werden muß. Gegebenenfalls müssen dabei auch Entlastungsstellen vor der biologischen Stufe zusätzlich gemessen werden, wenn weniger als der zweifache $Q_t$ biologisch gereinigt wird und gleichzeitig schon entlastet wird. Verschiedene Beispiele für diese Fälle sind in Bild 5.2 dargestellt.

Auf eine gute Durchmischung des Abwassers ist zu achten, so daß keine Ablagerungen mitgeschöpft werden. Die Entnahme eines Teilstromes an einer Überfallkante kann ein falsches Ergebnis bringen; ebenso wenn im Zulauf nur von oben geschöpft wird. Im Kanal ist es bei geringen Abflüssen meist sehr schwer repräsentative Proben zu ziehen. Manchmal baut man dafür an geeigneten Stellen eigens einen Absturz ein.

Grundsätzlich empfiehlt es sich, Abwasserproben sofort nach der Entnahme zu untersuchen. Die Proben verändern sich nämlich mit der Zeit und vor allem dann, wenn die Flaschen nicht ganz gefüllt sind. Beim Transport von Abwasserproben kann sich das Volumen der absetzbaren Stoffe durch Flockungsvorgänge oder Eindickung stark verändern. Deshalb muß besonders diese Messung immer vor Ort, d. h. an der Probenahmestelle oder gleich nach der Probenahme auf der Kläranlage, erfolgen.

Aber auch die Parameter pH-Wert, Temperatur u. ä. müssen an Ort und Stelle bestimmt werden. Für umfangreichere Untersuchungen auf zahlreiche Abwasserinhaltsstoffe sollte die Abwasserprobe gleich auf mehrere Probenbehälter verteilt werden. Auf eine gute Durchmischung der Sammelprobe ist dabei zu achten. Durchmischen heißt nicht im Mixer schaumig schlagen.

Die Stichprobe genügt für eine grobe Abschätzung. Aussagen über die durchschnittliche Zusammensetzung sind damit bei stark schwankender Abwasserbeschaffenheit nicht möglich. Belastungen und Wirkungsgrad einer Kläranlage lassen sich dann höchstens schätzen.

Es empfiehlt sich deshalb in den meisten Fällen 2-h-Durchschnittsproben zu nehmen, teilweise sind sogar 24-h-Durchschnittsproben erforderlich. Es ist zweckmäßig,

Probenahme bei Trockenwetter:

Bei der Probenahme ist der Gesamtabfluß der Kläranlage zu erfassen
(d. h. alle Abflüsse
- aus der biologischen Stufe
- aus sogenannten Feinentlastungen vor oder nach der Vorklärung und
- aus der letzten Regenentlastung vor der Kläranlage)

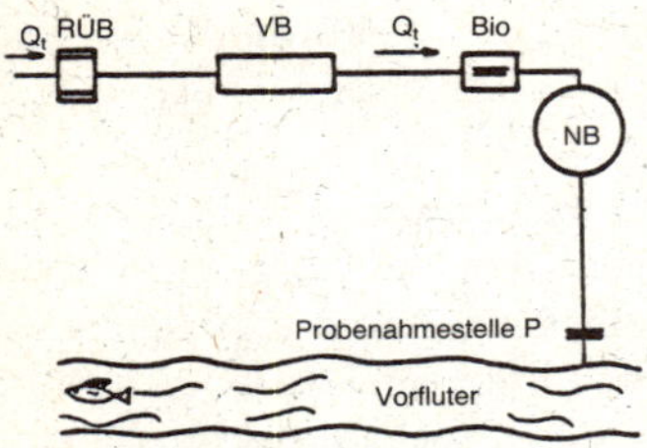


Probenahme am Ablauf der Kläranlage

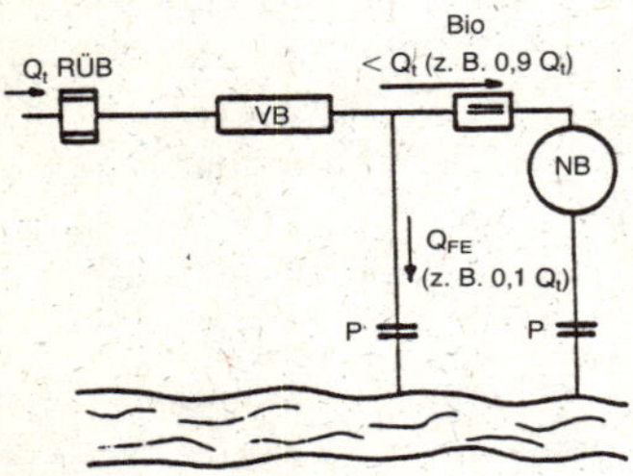


Mischprobe aus
Abfluß Biologie und
Gesamtabfluß Feinentlastung

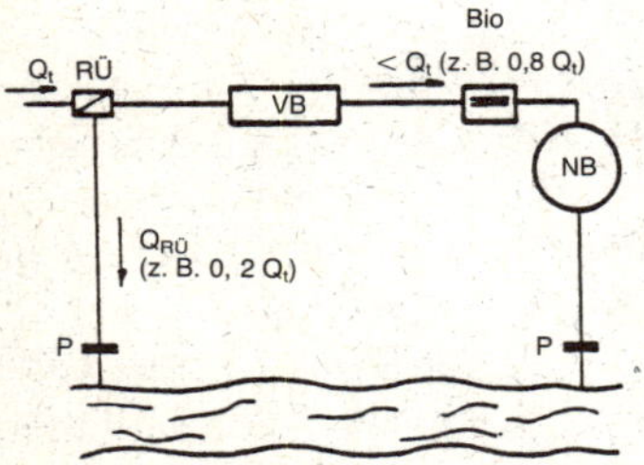


Mischprobe aus
Abfluß Biologie und
Gesamtabfluß des RÜ

Probenahme bei Regenwetter:

Bei der Probenahme ist der Gesamtwasserabfluß der Kläranlage bis zum 2fachen des Trockenwetterabflusses zu erfassen
(d. h. alle Abflüsse
- aus der biologischen Stufe und
- gegebenenfalls aus Entlastungen vor der biologischen Stufe
bis insgesamt zum 2fachen des Trockenwetterabflusses)

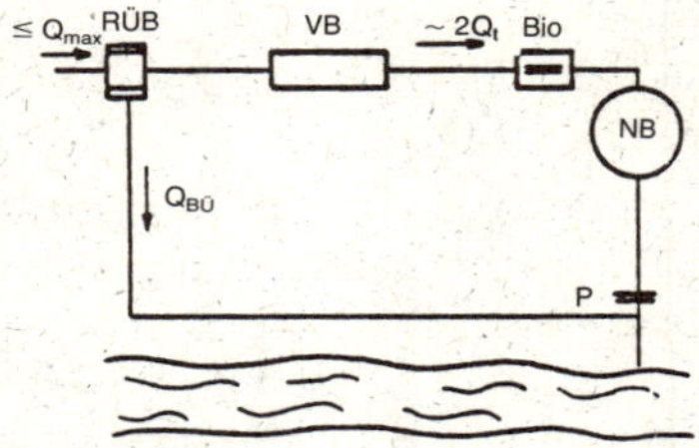


Probenahme am Ablauf der Biologie

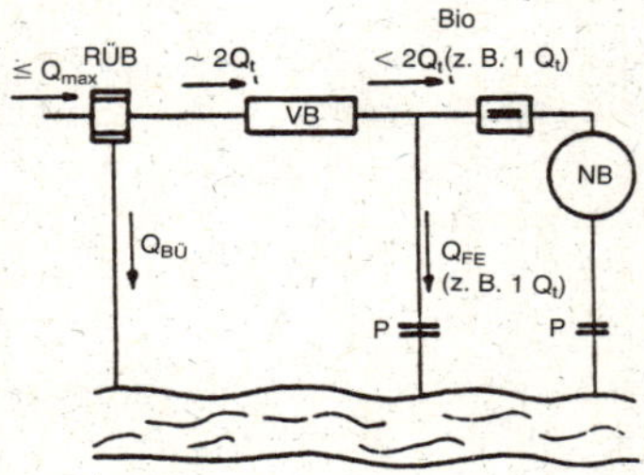


Mischprobe aus
Abfluß Biologie und
Gesamtabfluß Feinentlastung

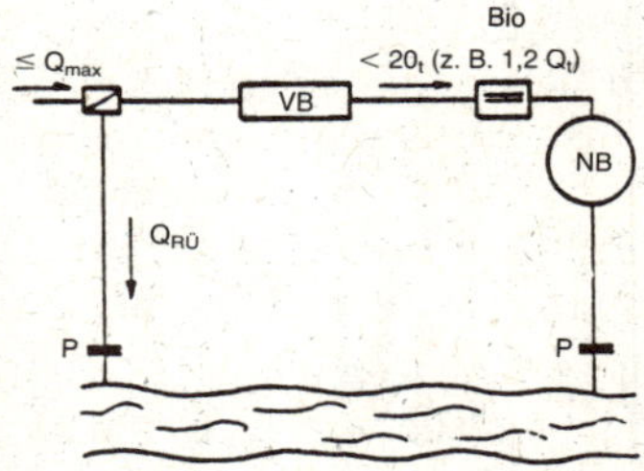


Mischprobe aus
Abfluß Biologie und
Anteil des Regenüberlaufes
bis zu 2 $Q_t$

Erläuterungen zu den Beispielen:

$Q_t$ = maximaler Trockenwetterzufluß, für den die KA bemessen wurde (bei hydraulisch überlasteten Anlagen ist es der tatsächlich zufließende max. Trockenwetterzufluß)
$Q_{max}$ = größter Mischwasserzufluß

$Q_{BÜ}$ = Überlauf des Beckens
$Q_{RÜ}$ = Überlauf des RÜ
$Q_{FE}$ = Überlauf der Feinentlastung
P = Probenahmestelle
RÜB = Regenüberlaufbauwerk
VB = Vorklärbecken
NB = Nachklärbecken
Bio = biologischer Teil der Kläranlage

Bild 5.2: Probenahmestellen

die Probenahme an verschiedenen Wochentagen bzw. zu verschiedenen Tageszeiten versetzt vorzunehmen, um langfristig Belastungsschwankungen erkennen zu können. Die zeitabhängige Probenahme kann Schwankungen des Zuflusses oder der Konzentrationen nicht erfassen; daher ist auf diese Weise nur annäherend eine Auskunft über die Belastung möglich.

Eine sichere Beurteilung der Belastung oder der Reinigungsleistung (Wirkungsgrad) ist nur mit der volumenproportionalen oder der durchflußproportionalen Probenahme möglich. Dazu werden in immer gleichen Zeitabständen je nach Zuflußgröße kleinere oder größere Probevolumina (volumenproportional) oder je nach Zuflußgröße häufiger oder weniger oft immer das gleiche Probevolumen (durchflußproportional) entnommen.

Um den Wirkungsgrad der Kläranlage zu ermitteln, ist darauf zu achten, daß die Proben der Verweilzeit des Abwassers entsprechend zeitlich versetzt dem Abwasserstrom entnommen werden. Deshalb sind für diesen Zweck an den verschiedenen Stellen *korrespondierende Proben* zu entnehmen. Stichproben sind hierfür ungeeignet; andererseits werden bei zu langer Probenahmedauer Konzentrationsschwankungen nicht erkannt, da sich die Konzentrationsspitzen im Probevolumen vermischen und ausgleichen. Entsprechend dem zeitlichen Durchfluß ist annähernd immer das gleiche Wasser zu untersuchen. Meistens ist der tatsächliche Durchfluß erheblich kürzer als die über den Nutzinhalt der Becken errechneten Zeiten.

### 5.3.1 Stichprobe

Die Stichprobe ist eine einmalige Schöpfprobe. Es empfiehlt sich jedoch ein mehrfaches Schöpfen von Einzelproben, wodurch man eine sogenannte *„qualifizierte Stichprobe"* erhält. Dies gilt besonders bei uneinheitlicher und sich schnell ändernder Zusammensetzung des Abwassers, z. B. im Zulauf einer Kläranlage. Nach der Rahmen-AbwasserVwV sind für eine qualifizierte Stichprobe mindestens fünf Stichproben im Abstand von nicht weniger als zwei Minuten zu schöpfen und zu vermischen. Man benötigt dazu ein größeres Gefäß (z. B. 10-l-Eimer), in welchem die Stichproben gesammelt werden. Jede Stichprobe sollte etwa 0,5 bis 1 l Abwasser enthalten (Bild 5.3). An der Entnahmestelle ist auf eine gute Durchmischung des Abwassers zu achten, um eine möglichst repräsentative Probe zu schöpfen. Dieser allgemeine Grundsatz gilt besonders bei der Stichprobe. Nach intensivem Umrühren des Eimerinhaltes wird die für die Untersuchung notwendige Probe abgefüllt. Normalerweise genügen 2 l, für die man eine Kautexflasche benutzen kann.

Die Stichprobe ist für Messungen im Ablauf von Kläranlagen mit großen Nutzräumen (besonders Abwasserteiche mit einer Durchflußzeit von mehr als 24 Stunden) ausreichend. Bei diesen Anlagen sind die Konzentrationen am Ablauf so stark ausgeglichen, daß Mischproben nicht erforderlich sind.

### 5.3.2 Durchschnittsproben von Hand

Bei Durchschnittsproben werden viele Einzelproben über einen längeren Zeitraum entnommen. Eine zweistündige Durchschnittsprobe sollte durch mehrmaliges Schöpfen in regelmäßigen Zeitabständen von nicht größer als fünf Minuten (in Ausnahme-

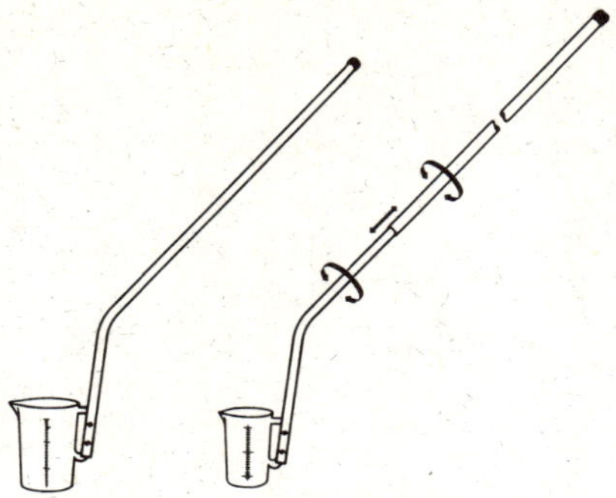

Bild 5.3: Schöpfbecher

fällen 15 Minuten) hergestellt werden. Für Tagesdurchschnittsproben sollten die Zeitintervalle nicht größer als 30 Minuten sein.

Sollen die tageszeitlichen Belastungsschwankungen festgestellt werden, kann die Tagesdurchschnittsprobe auch über 12 zweistündige Durchschnittsproben gesammelt werden. Diese können dann einzeln untersucht werden. Zur Beurteilung des Wirkungsgrades der Kläranlage werden die über 24 Stunden entnommenen zweistündigen Durchschnittsproben im Verhältnis der abgeflossenen Wassermengen zu Tagesmischproben des Zu- und Ablaufs vereinigt. Der Inhalt der Mischprobe (Eimerinhalt) wird gut umgerührt und bei Proben vom Kläranlagenzulauf noch drei Minuten lang abgesetzt, bevor hieraus das für die Untersuchung erforderliche Abwasser entnommen wird.

Wenn volumen- oder durchflußproportionale Durchschnittsproben von Hand genommen werden, muß man sich vorher ein genaues Entnahmeprogramm zurechtlegen. Dabei ist es zweckmäßig, jeweils Stichproben in regelmäßigen Abständen mit einem Schöpfbecher zu entnehmen; das dem Durchfluß entsprechende Probevolumen wird in einem Meßzylinder abgemessen und dessen Inhalt in einem 10-l-Eimer gesammelt, der am Ende 4 bis 6 l an Mischprobe enthalten soll. Im allgemeinen entnimmt man die jeweilige Stichprobe in der Mitte des Zeitraumes, für welchen die Probe maßgebend ist; z. B. wird bei halbstündlicher Entnahme für die Zeit von 7.00–7.30 Uhr um 7.15 Uhr entnommen.

Einzelheiten über die Größe des zu entnehmenden Probevolumens in Abhängigkeit von Zeit und Durchfluß, sind im Klärwärter-Taschenbuch [15] enthalten.

### *5.3.3 Probenahme mit automatischen Geräten*

Ohne regelmäßige durchflußabhängige Probenahme am Zu- und Ablauf ist eine Aussage über die Wirkung einer Kläranlage auf Dauer nicht möglich. Es liegt also im Interesse eines jeden Betreibers, sich durch möglichst genaue Messungen darüber zu informieren. Wegen des verhältnismäßig hohen Personalaufwandes, der bei der manuellen (von Hand) durchflußabhängigen Probenahme notwendig wäre, ist die Anschaffung von automatischen Geräten in der Regel nicht zu umgehen. Dies gilt auch für Probenahmen im Kanalnetz.

Unter dem Begriff „automatische Probenahmegeräte“ werden alle Gerätekombinationen verstanden, die selbständig Durchschnittsproben entnehmen. Neben den Geräten zur Entnahme von Abwasserproben werden gelegentlich auch automatische Probenahmegeräte zur Entnahme von Schlammproben eingesetzt.

Bereits ab einer Kläranlagen-Ausbaugröße von 1000 EW empfiehlt es sich, ein transportables Probenahmegerät anzuschaffen (Bild 5.4), um bei Bedarf an den verschiedensten Meßstellen, z. B. auch im Kanalnetz, Proben entnehmen zu können. Dieses Gerät muß netzunabhängig betrieben werden können und explosionsgeschützt ausgeführt sein. Fest eingebaute Standprobenehmer (Bild 5.5) kommen meist nur für größere Kläranlagen in Frage; dann sollte aber mindestens ein zweites transportables Gerät für die weiteren Meßstellen zur Verfügung stehen.

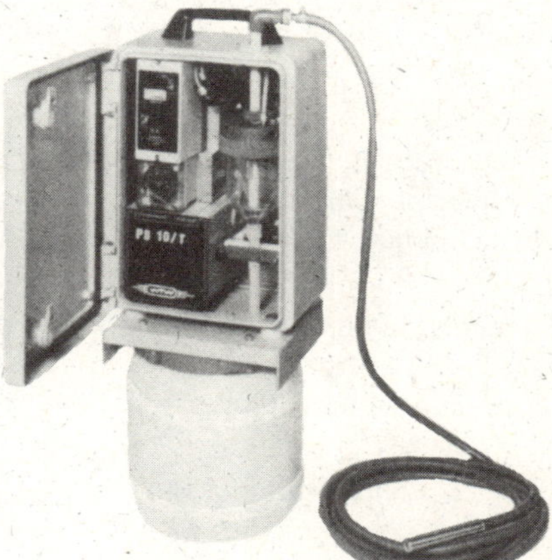

Bild 5.4: Transportables Probenahmegerät

Automatische Probenahmegeräte bestehen im wesentlichen aus der Fördereinrichtung, dem Steuerteil, der Dosiereinrichtung und einer möglichst kühlbaren Einrichtung zur Aufnahme der Sammelgefäße. Die Geräte sollten sowohl zeitabhängige als auch durchflußabhängige Proben nehmen können. Die Voraussetzung für die Entnahme von volumen- oder durchflußproportionalen Proben ist, daß eine Durchflußmeßeinrichtung mit einem elektrischen Ausgang (Analogströme von 0–20 mA, besser 4–20 mA) vorhanden ist. Die Probenahmegeräte können dann mittels dieser Analogströme (nur bei kurzen Entfernungen) oder mittels Schließkontakten mit höheren Stromstärken und Spannungen (über beliebige Entfernungen) angesteuert werden. Der Anschluß erfolgt von der Schaltwarte oder direkt vom Durchflußmeßgerät aus.

Bild 5.5: Automatischer Standprobennehmer

*Fördereinrichtungen*

Zur Abwasserförderung werden Pumpen verschiedener Bauarten, Schöpfwerke, Druckluft und Vakuumhebeeinrichtungen benutzt. Die Entnahme erfolgt sowohl kontinuierlich als auch diskontinuierlich und ist meist an das jeweilige Probenahmeverfahren gebunden.

Für die gesammelte Durchschnittsprobe ist die Art der Förderung von ausschlaggebender Bedeutung; denn die zu überprüfenden Wasserinhaltsstoffe einer Durchschnittsprobe dürfen durch die Fördereinrichtung möglichst nicht verändert werden (repräsentative Probe).

Die Wahl der richtigen Abwasserförderung ist daher bei der Festlegung der Probenahmepunkte auf einer Kläranlage genauso wichtig wie die Arbeitsweise des einzusetzenden automatischen Probenahmegerätes.

Um Verstopfungen bei ungünstiger Verlegung des Ansaugschlauches zu vermeiden, hat sich ein sogenannter Säuberungszyklus bewährt. Hier wird die Probeleitung nach jeder Probenahme durch Luft oder Wasser rückgespült. Besonders bei der Rohabwasserförderung ist dies empfehlenswert.

*Steuerteil*

Das Steuerteil enthält verschiedene Zeitgeber für Probebeginn und Probeende, Flaschenwechsel, Probenabstand, Probevolumen und andere Größen. Im Steuerteil befindet sich meist auch der Meßwertumsetzer für die zeit- oder durchflußabhängige Probenahme. Gute Probenahmegeräte sind so ausgestattet, daß sie entweder durchfluß- oder volumenproportional arbeiten.

Geräte, die durchflußproportional arbeiten, entnehmen eine konstante Menge Abwasser bei geringem Abwasserzufluß in entsprechend langen Zeitabständen und bei großem Abwasserzufluß in entsprechend kurzen Zeitabständen.

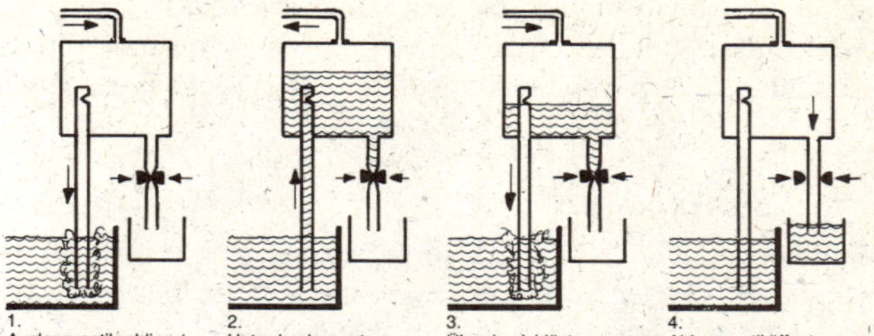


Bild 5.6: Arbeitsweise bei der Vakuumentnahme [30]

Geräte, die volumenproportional arbeiten, entnehmen in konstanten Zeitabständen entsprechend dem Abwasserzufluß mehr oder weniger Abwasser.

*Dosiereinrichtung*

Als Dosiereinrichtung werden Schöpfwerke, Ventile, Wasserweichen (Strömungslenker) und spezielle Dosiergefäße eingesetzt. Auch Dosierpumpen können verwendet werden.

Die Dosiereinrichtung kommt direkt mit dem Abwasser in Berührung und muß robust, verstopfungsunanfällig und leicht zu säubern sein. Sie soll sich möglichst automatisch selbst spülen und so funktionieren, daß der in den Schläuchen nach jeder Probenahme verbleibende Abwasserrest vor jeder neuen Probenahme abgeführt wird. Wasserweichen und Schlauchventile verlangen einen konstanten Abwasserzulauf zum Probenahmegerät. Schöpfwerke, Magnetventile und spezielle Dosiergefäße, z. B. bei der Vakuumförderung, brauchen keinen konstanten Abwasserzulauf.

Probenahmegeräte, die mehr als eine Abwasserprobe in einer bestimmten Zeiteinheit sammeln, sind mit unterschiedlich aufgebauten Probeverteilervorrichtungen ausgerüstet. Diese besitzen 6 bis 24 Probeflaschen mit einem Inhalt von höchstens zwei Litern.

*Kühleinrichtungen*

Die Proben sind möglichst kühl aufzubewahren. Schwierig wird es, wenn Abwasserproben im Sommer über mehrere Stunden hohen Temperaturen ausgesetzt sind und keine Möglichkeit für einen Transport an einen kühlen Ort besteht. In diesen Fällen sind Kühleinrichtungen notwendig. Die Kühlung ist dann insbesondere für Ablaufproben erforderlich.

Die Notwendigkeit sollte im Einzelfall überprüft werden, da eine elektrische Kühleinrichtung nicht billig ist. Besonders bei kleineren Anlagen mit weniger häufigen Messungen ist die Probenkühlung mit handelsüblichen Kühlkissen in Kühltaschen oder mit selbst herstellbaren Kühlkästen möglich.

Ein Einfrieren der Proben ist im allgemeinen weder erforderlich noch zweckmäßig; es ist teuer, erfordert eine spezielle Behandlung der Proben nach dem Auftauen und sollte deshalb auf Kläranlagen nach Möglichkeit vermieden werden (siehe Abschnitt 5.7 Konservierung).

*Energieversorgung der Probenahmegeräte*

Bei der Entscheidung über die Energieversorgung eines Gerätes (Netzbetrieb oder Batteriebetrieb) sind die örtlichen Verhältnisse an der Probenahmestelle wesentlich. Während der Netzbetrieb die Abhängigkeit vom Stromnetz mit sich bringt, verursacht das universelle Batteriegerät einen höheren Wartungsaufwand. Für kleine Kläranlagen oder fest eingebaute Probenehmer sind im allgemeinen netzbetriebene Geräte praktischer; aus Sicherheitsgründen werden diese meistens mit 24 V 50 Hz angeschlossen. Für große Anlagen mit weiten Entfernungen von den Probenahmestellen zum Stromanschluß, können batteriebetriebene Geräte oder Druckluftgeräte von Vorteil sein. Auch die Probenahme im Kanalnetz ist meist nur mit Batteriebetrieb oder Druckluft möglich (Bild 5.7).

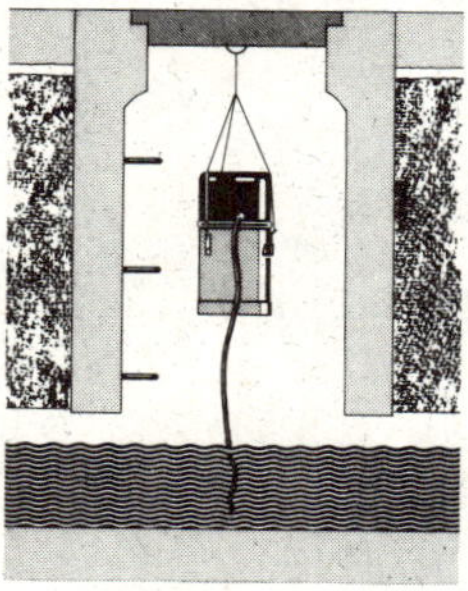

Bild 5.7: Transportables Probenahmegerät im Kanalschacht

**Zusammenfassung der wichtigsten Merkmale**

Bei der Wahl eines automatischen Probenahmegerätes sind folgende Punkte wichtig:

- Einfacher und robuster Aufbau, korrosionssichere Materialien.
- Einfache und leichte Montage und Demontage des Gerätes.
- Einfache und schnelle Reinigung des Gerätes, der Leitungen und der Probesammelgefäße.
- Frei einstellbare Probenahmezeiten, -intervalle und -volumina für mindestens 24 Stunden.
- Explosionssichere Ausführung für Kanalbetrieb.
- Ausreichende Größe der Probeflaschen, damit sie bei Regenwetter nicht überlaufen und bei Trockenwetter noch 2 bis 4 l Probemenge gesammelt werden können.
- Bei Überfüllung der Probeflasche sollte das überfließende Abwasser abgeführt werden, ohne das gesamte Gerät zu verschmutzen.
- Fließgeschwindigkeit des Abwassers in den ständig durchflossenen Leitungen und Bauteilen über 1 m/s und Mindestdurchmesser dieser Leitungen ½ Zoll (= DN 13 mm).

- Konstruktion des Gerätes so, daß es entweder im Freien in einem wetterfesten Schrank mit Kühlung bzw. Heizung auf 5° C oder in einem Gebäude mit Kühlung der Probeflaschen, untergebracht werden kann.
- Trennung von Steuerteil und Dosiereinrichtung, so daß an einem Steuerteil zwei oder mehrere Dosiereinrichtungen angeschlossen werden können.
- Zeitwahl für Beginn und Ende der Füllung einer Probeflasche.
- Bei großen Kläranlagen, bei denen nicht nur eine 24-h-Probe zu untersuchen ist, sondern auch der Tagesgang der Abwasserbelastung, ist ein Gerät mit Probeverteilung erforderlich. Geräte mit nur einer Probeflasche sollten auf eine Probeverteilung nachrüstbar sein.

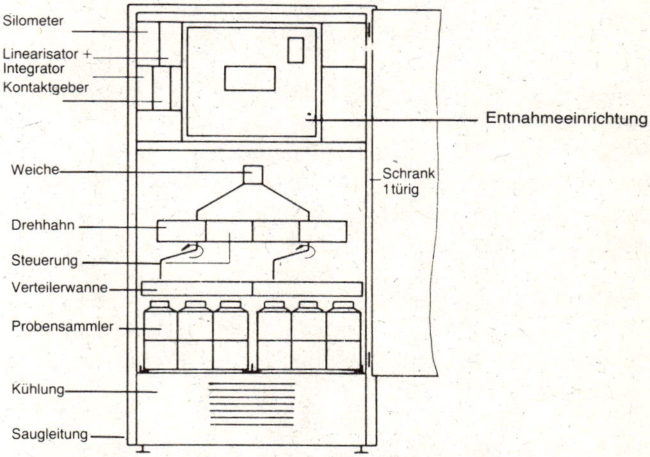


Bild 5.8: Aufbau eines automatischen Probenahmegerätes [30]

Das Umweltbundesamt hat vergleichende Untersuchungen an verschiedenen Probenahmegeräten durchgeführt und aus den Ergebnissen eine Rahmenrichtlinie für die repräsentative Abwasserprobenahme erstellt [35].

***Rückstellproben aus dem Ablauf der Kläranlagen***

In der Eigenüberwachung werden verschiedentlich die Einleiter verpflichtet, kontinuierlich Rückstellproben vom Ablauf der Abwasserbehandlungsanlage zu entnehmen.

Dies hat für den Betreiber den Vorteil, die tatsächlich eingeleitete Schadstofffracht besser belegen und sich vor ungerechtfertigten Anschuldigungen schützen zu können.

So schreibt z. B. die Eigenkontrolle in Baden-Württemberg für alle Anlagen ab 5000 EW die tägliche Entnahme einer Rückstellprobe vor, die mindestens 10 Tage aufzubewahren ist.

*Geräteausstattung*

- 1 stationäres, durchflußproportionales Probenahmegerät am Ablauf der Nachklärung mit Kühleinrichtung, eingerichtet für 12 2-h-Mischproben
- 1 Mischbehälter, Kunststoff (30 l)

- 10 Glasflaschen 1 l (klare Laborflasche mit Isogewinde, z. B. Fa. Schott blauer Verschlußdeckel); empfohlen werden 14 Glasflaschen, um eine tägliche Neubeschriftung zu vermeiden
- Kühlschrank

*Durchführung*

Ein automatischer Probenehmer entnimmt über 24 Stunden durchflußproportional zwölf 2-h-Mischproben. Diese zwölf Proben werden in einem Behälter zu einer 24-h-Probe gemischt. Bei durchflußproportionaler Entnahme der 2-h-Mischproben ergibt sich bei der Mischung im Behälter immer eine durchflußproportionale 24-h-Mischprobe.

Es wird empfohlen, den Zeitpunkt der täglichen Mischung der zwölf Proben mit dem zuständigen Wasserwirtschaftsamt abzusprechen.

Aus diesem Behälter wird 1 l in eine Glasflasche gefüllt und verschlossen. Die Probe ist zu kennzeichnen (Bezeichnung der Anlage, Probenahme, Entnahmestelle, Entnahmedatum und Entnahmezeit). Anschließend wird die Glasflasche in den Kühlschrank gestellt und dort mindestens 7 bzw. 10 Tage (die Aufbewahrungszeit ist in den Ländern unterschiedlich festgelegt) bei einer Lagertemperatur von höchstens + 5 °C aufbewahrt.

Wird die Flasche immer für den gleichen Wochentag verwendet, bietet es sich an, die Flasche mit einem wasserfesten Stift zu beschriften. Gab es während der festgelegten Aufbewahrungszeit keine Störungen im Kläranlagenbetrieb oder ungewöhnliche Vorkommnisse im Gewässer, kann der Inhalt der Flasche weggeschüttet werden. Nach dem Säubern der Glasflasche kann sie wieder für eine neue Rückstellprobe verwendet werden. (Keine phosphathaltigen Spülmittel verwenden, Verkrustungen können mit 10%iger Salzsäure entfernt werden).

Wird von den zwölf 2-h-Mischproben eine Probe für Abwasseruntersuchungen gebraucht, fehlt sie für die 24-h-Mischprobe. Das Fehlen dieser Probe kann bei der 24-h-Mischung vernachlässigt werden, da sie eigens untersucht wird und dieses Meßergebnis vorliegt.

## 5.4 Probenahme Schlamm (DIN 38414 Teil 1)

Bei einer Probenahme von Schlämmen ist auf die damit verbundene Unfallgefahr und Gesundheitsgefährdung besonders zu achten. Entsprechende Verhaltensmaßregeln sind den Unfallverhütungsvorschriften der Berufsgenossenschaft zu entnehmen.

Je nach Art und Größe der Kläranlage werden Proben untersucht vom:
- Rohschlamm,
- Faulschlamm,
- getrockneter Schlamm,
- Rücklaufschlamm,
- Schlammwasser (Trübwasser).

Bei der Probenahme von Schlamm ist seine Ungleichförmigkeit das Hauptproblem. Bei homogenen (gleichförmig) Material, wie vor allem Wasser, ist eine repräsentative Durchschnittsprobe leichter zu entnehmen. Werden z. B. Schlämme aus Leitungen gezogen, so ist darauf zu achten, daß der Stutzen und die Leitung zuvor ausreichend mit

Schlamm durchspült wurden, um in der Probe den gleichen Schlamm zu haben, wie der in der Rohrleitung fließende Schlamm. Zur Technik, Sorgfalt und Probenahmeprotokoll gelten annähernd die gleichen Ausführungen wie zur Probenahme von Abwasser.

Für die Untersuchung des *Klärschlammes* sollte man sich nicht mit Stichproben begnügen. So müssen z. B. vor der Verwertung des Klärschlammes in der Landwirtschaft Durchschnittsproben zur Bestimmung des Trockenrückstandes oder der Schwermetalle hergestellt werden (AbfKlärV) [11]. Die Proben müssen repräsentativ für das Gesamtvolumen sein.

Das ist nicht immer leicht zu erreichen, denn je nach dem wo der Schlamm gelagert wird, ist die Entnahmemöglichkeit sehr erschwert. Wird der Schlamm aus dem Faulbehälter direkt abgelassen, sind während der gesamten Entnahmezeit Teilproben zu entnehmen und zu einer Gesamtmischprobe zu vereinigen. Auf eine ausreichende Vorlaufzeit ist zu achten. Die entnommene Menge soll etwa 10 l betragen. Steht ein Silo mit einer Rühr- oder Umwälzeinrichtung zur Verfügung, so werden gegen Ende der Durchmischung durch mehrmaliges Schöpfen an verschiedenen Stellen Stichproben von insgesamt etwa 10 l entnommen.

Problematisch ist die Probenahme bei Schlamm-Eindickern, die nicht durchmischt werden können, bei großflächigen Schlammspeichern oder bei Trockenbeeten. Die unterschiedliche Eindickung, die durch die Lagerung entstehenden Schichtungen und die schlechte Zugänglichkeit, erschweren eine repräsentative Entnahme. Man muß sich in diesen Fällen damit behelfen, die Stichproben entlang der Umrandung bis zur Schöpferreichweite zu entnehmen; eine möglichst häufige Entnahme (ca. 20mal) über der erreichbaren Fläche gleichmäßig verteilt, ist wichtig. Es werden etwa 10 l Probengut gesammelt.

Einfacher und auch repräsentativer ist die Probenahme, wenn sie beim Entleeren der Speicherräume vorgenommen wird. Nach der Klärschlammverordnung (AbfKlärV) [11] ist folgendes vorgeschrieben: Von mindestens fünf verschiedenen Klärschlammabgaben sind jeweils 5 l Schlamm zu entnehmen und in einem geeigneten Kunststoffbehälter zur Durchschnittsprobe zu vereinigen. Die Probenahme sollte möglichst mehrere Tage auseinanderliegen. Vor der Entnahme der für die Untersuchung erforderlichen endgültigen Schlammenge ist das Probengut gut zu durchmischen. Während des Mischens sind Teilproben zur Bestimmung des Trockenrückstandes und gegebenenfalls der Pflanzennährstoffe zu entnehmen.

Nachdem auf eine der vorstehend beschriebenen Weise die Schlammdurchschnittsprobe entnommen wurde, wird während des gründlichen Durchmischens die Probe für das Labor abgefüllt. Grobe Inhaltsstoffe wie Holz, Plastik oder Flaschenverschlüsse werden entfernt. Mindestens 3 l Schlamm werden anschließend in einen 5-l-Kunststoffbehälter abgefüllt und zur Untersuchungsstelle versandt.

Handelt es sich um entwässerten Schlamm, so sind an mindestens 10 Stellen Einzelproben von etwa 1 kg zu entnehmen, die zu einer Gesamtprobe vereinigt werden. Nach gründlichem Mischen wird hieraus eine Durchschnittsprobe (0,5 bis 1 kg) gezogen.

Werden *Schlammwasser-* oder *Faulschlammproben* aus dem Faulbehälter entnommen, muß abgewartet werden, bis die Rohrleitungen mit frischem Material gut gespült sind. In der Regel wird während der Rohschlammzuführung in den Faulbehälter das Schlammwasser verdrängt; zuvor darf der Faulbehälter nicht umgewälzt werden, um nicht unnötig Feststoffe mit in das Schlammwasser auszutragen. Aus dem Überlauf werden über den ganzen Pumpenzeitraum verteilt Teilproben entnommen und zu einer Durchschnittsprobe vereinigt. Das entnommene Probevolumen sollte 10 l betragen. Im Gegensatz dazu ist vor der Faulschlammentnahme der Faulbehälterinhalt umzuwälzen, damit die Faulschlammprobe möglichst repräsentativ ist. Auch hier sollte eine Reihe von Teilproben entnommen und zu einer Durchschnittsprobe zusammengefaßt werden.

Die Entnahme des *Rücklaufschlammes* sollte bei konstanter Betriebsweise erfolgen. Das Rücklaufschlammverhältnis darf nicht kurz zuvor geändert worden sein, dies wäre womöglich kein repräsentativer Betriebszustand. Bei der Entnahme aus Schächten ist auf eine gute Durchmischung des Rücklaufschlammes zu achten.

Die Entnahme einer Mischprobe aus dem *Belebungsbecken* z. B. zur Kontrolle des Schlammvolumens, ist bei guter Turbulenz ohne Probleme möglich.

## 5.5 Probenahme Bodenproben (nach Einweisung)

Das Aufbringen von Klärschlamm auf landwirtschaftlich oder gärtnerisch genutzte Böden ist verboten, wenn sich aus Bodenuntersuchungen ergibt, daß die Gehalte an Schwermetallen bestimmte Werte übersteigen (siehe Klärschlammverordnung AbfKlärV [11]). Es müssen also vorher diese Böden untersucht werden.

Die Entnahme der Bodenproben darf nur von amtlich zugelassenen Labors oder fachkundig eingewiesenen Personen durchgeführt werden.

Nach der Ernte ist die günstigste Zeit für die Probenahme. Bodenproben müssen in ihrer Zusammensetzung dem Durchschnitt der zu untersuchenden Fläche entsprechen. Bei Grundstücksgrößen bis zu 1 ha ist mindestens eine Durchschnittsprobe zu ziehen. Bei größeren Feldern und einheitlicher Beschaffenheit sind andere Einteilungen möglich.

Zur Entnahme gibt es spezielle Bodenprobenstecher. Es sollte möglichst nur bei Trockenwetter entnommen werden. Für eine Durchschnittsprobe sind mindestens 20 Einstiche bis zur Bearbeitungstiefe von 20 bis 30 cm erforderlich, bei Grünland und Forstflächen mindestens 30 Einstiche bis zu einer Tiefe von 10 cm. Die Einstiche sind gleichmäßig über die Fläche zu verteilen. Je ungleicher die Bodenverhältnisse sind, um so mehr Proben müssen gezogen werden. Der Boden sollte feucht krümelig sein.

Die Proben werden in einem Eimer gesammelt und gut vermischt, größere Steine werden entfernt. Die Durchschnittsprobe sollte luftgetrocknet 1 kg wiegen und wird in eine Plastiktüte abgepackt. Wichtig ist die Beschriftung der Plastiktüte mit einem wasserfesten Stift.

In das Protokoll gehören Daten, die die Lage und Zuordnung des Grundstücks eindeutig beschreiben. Neben Anschrift, Flurnummer und Bodenprobennehmer ist die Anzahl der Einstiche, Einstichtiefe, Art der Bodennutzung und Zeitpunkt der Probenahme anzugeben. Besonderheiten sind zu vermerken.

Zur Untersuchung ist die Bodenprobe an ein fachlich anerkanntes, zugelassenes Labor zu senden.

## 5.6 Sinnesprüfung

Die Sinnesprüfung, wie überhaupt alle wahrnehmbaren Merkmale eines Abwassers werden gerne vernachlässigt und in ihrer Bedeutung unterschätzt. Gerade aber sie erleichtert die nachfolgenden Untersuchungen und bringt oft wichtige Erkenntnisse.

Deshalb gehören Angaben über Aussehen, Geruch und besondere Wahrnehmungen einer Probe zu jedem vollständigen Untersuchunsbefund. Eine solche Beurteilung ist mit Rücksicht auf mögliche Veränderungen der Abwasserprobe unmittelbar nach der Entnahme vorzunehmen.

Das Aussehen der Probe prüft das Auge und umfaßt die Färbung (DIN 38404 Teil 1) und die Trübung (DIN 38404 Teil 2).

Die Färbung des Abwassers ist in erster Linie auf Verunreinigung zurückzuführen. Vor allem interessiert die durch gelöste Stoffe hervorgerufene Färbung. Sie wird im abgesetzten Abwasser nach Farbton und Farbstärke beschrieben. Die Probe wird dazu in einer 1-l-Klarglasflasche gegen einen weißen Hintergrund betrachtet. Die Färbung wird nach dem Farbton z. B. mit

grau – gelblichbraun – rötlich – braun

oder nach der Farbstärke, z. B. mit

farblos – schwach gefärbt – stark gefärbt

angegeben.

Zur Prüfung der Trübung wird etwa 0,7 l der Probe in eine 1-l-Klarglasflasche gefüllt, gut umgeschüttelt und gegen einen weißen Hintergrund gehalten. Das Ergebnis wird z. B. beschrieben mit

klar – fast klar – schwach getrübt – stark getrübt – undurchsichtig.

Der Geruch (DEV B 1/2) [9] einer Probe wird mit der Nase geprüft. Dazu füllt man eine geruchsfreie Glasflasche zur Hälfte mit Abwasser, verschließt sie mit dem Glasstopfen oder teflonüberzogenen Verschluß und schüttelt kräftig. Sofort nach Abnahme des Stopfens wird der Geruch durch Zufächern der Luft über der Öffnung geprüft. Dabei ist es üblich, die Stärke des Geruchs

ohne – schwach – stark

und die Art des Geruchs z. B. als

häusliches Abwasser – muffig – erdig – metallisch – fischig – faulig-aromatisch – modrig – jauchig – widerlich stinkend

zu bezeichnen.

Läßt sich ein bestimmter Stoff deutlich wahrnehmen, wird z. B. angegeben

nach Ammoniak, Benzin, Teer, Öl, Chlor, Treber, Milchsäure, Schwefelwasserstoff.

Sinngemäß sind diese Prüfungsmerkmale auch für den Schlamm anwendbar.

## 5.7 Vorbehandlung, Konservierung, Transport

Die Proben sind möglichst schnell nach der Entnahme zu untersuchen. Dieser Grundsatz ist jedoch nicht immer durchführbar. Beispielsweise bei Kurzzeitdienst am Wochenende kann manchmal erst am Montag untersucht werden. Wird die Analyse auf einer benachbarten Kläranlage durchgeführt oder muß die Probe gar zu einem Fachlabor geschickt werden, sind entsprechende Vorkehrungen zu treffen. In jedem Fall gilt auch hier, daß die mit dem Abwasser gefüllten Probenahmeflaschen fest verschlossen, kühl und dunkel unverzüglich zur Untersuchungsstelle gelangen sollen.

Da sich einzelne Abwasserinhaltsstoffe mehr oder weniger schnell im Abwasser verändern können, so z. B. durch weitergehenden biologischen Abbau, Denitrifikation, Faulung, Ausflockungserscheinungen usw., müssen Proben, die nicht sofort in ein Labor zur Analyse gebracht werden können, anderweitig haltbar gemacht, d. h. konserviert werden.

Die geläufigste Art der Probenkonservierung ist die kühle und dunkle Lagerung bei + 4° C im Kühlschrank. In vielen Fällen ist diese Konservierungsmethode nicht ausreichend, besonders dann, wenn längere Zeiträume bis zur Analyse der Probe verstreichen. Die Konservierungsmethoden richten sich nach der Internationalen Norm ISO 5667, Teil 3 und der DIN 38402 Teil 21. Aufgrund der möglichen Gesundheitsgefahren sowie der Umweltgefährdung ist der Einsatz einzelner Konservierungsmittel auf ein unvermeidbares Mindestmaß zu reduzieren.

In der Tabelle für Konservierungsmittel sind einige gängige Konservierungsmaßnahmen aufgeführt. Bei der Zugabe von Konservierungsmitteln sind zumeist 1–3 Tropfen ausreichend. Entsprechende Glasgeräte für die vorsichtige Dosierung sind erforderlich.

Tabelle für Konservierungsmittel:

| Parameter | Konservierung | Wirkungsweise |
|---|---|---|
| CSB | Schwefelsäure 1 : 3 | pH < 2 |
| $BSB_5$ | tiefgefrieren | T < −18° C |
| TOC | konzentrierte Phosphorsäure | pH < 2 |
| Stickstoff-verbindungen | keine * | – |
| Phosphor, gesamt | Schwefelsäure | pH < 2 |
| Fischgiftigkeit | tiefgefrieren | T < −18° C |
| AOX | reine, konzentrierte Salpetersäure | pH < 2 |
| Schwermetalle | reine, konzentrierte Salpetersäure | pH < 2 |

* In der Praxis hat sich die Zugabe von Schwefelsäure bewährt, um eine Konservierung für einige Tage zu erreichen.

Selbstverständlich dürfen die zugegebenen Chemikalien bei der späteren Analyse das Ergebnis nicht verändern.

Beim Einfrieren der Probe ist immer auf die mögliche Bruchgefahr des Behälters durch die Ausdehnung des Wassers zu achten. Die Behälter sind dementsprechend zu füllen. In der Regel sind Kunststoffgefäße zu verwenden. Die längste Konservierungsdauer beim Tiefgefrieren beträgt für die organischen Stoffe ca. 28 Tage, für Nitratstickstoff allerdings nur acht Tage. Nach dem Auftauen ist mit Ausflockungen zu rechnen. Die Probe muß dann im Mixer homogenisiert werden.

Eine Veränderung der Wasserprobe durch Wechselwirkung mit dem Behälterwerkstoff oder ein langsames Durchtreten der Flüssigkeit durch die Behälterwand muß ausgeschlossen werden. Man nennt dies Diffusion. Ist eine Diffusion zu befürchten, dürfen nur Glas- oder Borsilicatflaschen eingesetzt werden.

Physikalische Meßgrößen (z.B. Temperatur, Schlammvolumen) lassen sich chemisch nicht fixieren, d.h. es läßt sich kaum verhindern, daß sie sich schon kurz nach der Probenahme verändern. Sie sind deshalb immer vor Ort zu bestimmen. Auch die absetzbaren Stoffe müssen sofort aus der Probe bestimmt werden, da durch längeres Stehen der Wasserprobe Veränderungen im Verhältnis von gelösten zu ungelösten Stoffen eintreten können.

Für den normalen Abwasser- und Schlamm-Probentransport eignen sich am besten 1-l- und 2-l-Kunststoff-Flaschen. In besonderen Fällen, wenn Proben z. B. auf organische Lösungsmittel oder Schädlingsbekämpfungsmittel untersucht werden sollen, müssen die Proben in speziellen Glasflaschen abgefüllt und transportiert werden. Wenn ein Fremdlabor eingeschaltet wird, ist der Transport vorher abzusprechen. Wegen der Bruchgefahr sind Glasgefäße in Flaschenträgern zu transportieren; zum Versand müssen sie bruchsicher verpackt werden. Versandte Proben müssen mit Angaben über Zeit und Stelle der Probenahme auf einem Etikett versehen sein. Ein Probenahmeprotokoll sollte beiliegen. Abwasser ist für Transportproben immer randvoll einzufüllen, um eine Sauerstoffaufnahme während des Transports so gering wie möglich zu halten.

Öfters hört man, daß Schlammproben nur wenige Stunden verschlossen aufbewahrt werden dürfen, weil infolge Gasbildung der Behälter gesprengt werden kann. Diese Gefahr ist sicherlich nicht auszuschließen, insbesondere bei Klärschlamm aber kaum zu befürchten, wenn man den Kunststoffbehälter nur teilweise befüllt und damit Gärraum für die entstehenden Gase schafft. Klärschlammproben können sogar mit der Post in Kanistern verschickt werden (z. B. Versand an ein Institut zur Untersuchung auf den Schwermetallgehalt), wenn man folgendes berücksichtigt:

- Es dürfen nur geprüfte Kunststoffbehälter verwendet werden; z. B. 5-l-Euro-Kanister (EK 50) verstärkt, PTZ-Prüfnummer 152/05.
- Wegen der möglichen Gasentwicklung sind in den 5-l-Kanister nur 3 l Schlamm einzufüllen.
- Bei extrem hohen Sommertemperaturen ist vom Versand abzusehen.
- Auf eine schnelle Beförderung ist zu achten. Eine Einlieferung bei der Post ist auf Montag und Dienstag zu beschränken, damit die Zustellung sicher vor dem Wochenende erfolgt.

## 5.8 Probenahmeprotokoll

Bei der Probenahme sind die wichtigsten Angaben mit Beschreibung der örtlichen und zeitlichen Umstände festzuhalten und ins Betriebstagebuch einzutragen. Sind größere Betriebsaufzeichnungen erforderlich oder werden die Proben an ein Fremdlabor versandt, ist ein Probenahmeprotokoll anzufertigen. Es dient dem Probenehmer als Checkliste und dem Labor als Dokument für die spätere Auswertung.

Das Probenahmeprotokoll soll folgende Angaben enthalten: Probenkennzeichnung, Anlaß der Entnahme, Entnahmestelle, Datum, Zeitpunkt, Art der Probenahme (Stich- oder Durchschnittsprobe), örtliche Beobachtungen (z. B. Wetterverhältnisse), Angaben über Probenvorbereitung, Sinnesprüfung (Färbung, Geruch), Messungen an Ort und Stelle (Temperatur, pH-Wert, absetzbare Stoffe), Abwasserzufluß oder Schlammanfall, Konservierungsmaßnahmen.

In besonderen Fällen ist das Protokoll mit einer Lageskizze zu ergänzen, aus der wesentliche Angaben über die örtlichen Verhältnisse zu ersehen sind.

Jedes Protokoll ist vom Probenehmer zu unterschreiben. Es ist ein Dokument.

Wie ein Probenahmeprotokoll für Abwasser aussehen kann, ist in Bild 5.9 dargestellt (nach DIN 38402 Teil 11), für Schlamm in Bild 5.10.

Probekennzeichnung: ........................................................................
Anlaß der Probenahme: ........................................................................
Entnahmestelle: ........................................................................
Betreiber der Anlage/Einleiter: ........................................................................
Datum: Tag .......... Monat .......... Jahr .......... Stichprobe .......... Uhr
Mischprobe: Beginn .................... Uhr, Dauer .................... h
zeitkontinuierlich ☐ durchflußkontinuierlich ☐
zeitproportional ☐ durchflußproportional ☐
handgeschöpft (Intervall ................ min) ☐ volumenproportional ☐

Örtliche Wetterverhältnisse: am Entnahmetag am Vortag
trocken ☐ ☐
Niederschlag ☐ ☐
Volumenstrom des Wassers: .............. m³/h oder .................... l/s
bzw. Zählerstand um .................... Uhr: ....................
um .................... Uhr: ....................
Umrechnungsfaktor: .................... Differenz ....................
Beobachtungen am Abwasserstrom:
Farbe: .................... Trübung: ....................
Schaumbildung: .................... Geruch: ....................
Schwimmstoffe: .................... Sonstige: ....................

Messungen vor Ort:
Lufttemperatur: ... °C, Wassertemperatur .... °C, pH-Wert: ...
absetzbare Stoffe (nach ....... h): ....... ml/l
Kühlung der Probe auf etwa 4 °C:
während der Probenahme ☐ ☐ ja nein
während des Transportes ☐ ☐ ja nein

Dunkelhalten der Probe bei Entnahme und Transport: ☐ ☐ ja nein

Konservierungsmaßnahmen:
für Paramenter .................... Kennzeichnung der Probe ....................
Konservierungsmittel und -menge ....................
....................
für Paramenter .................... Kennzeichnung der Probe ....................
Konservierungsmittel und -menge ....................
....................
für Parameter .................... Kennzeichnung der Probe ....................
Konservierungsmittel und -menge ....................
....................

Die Probenahme und obige Arbeiten haben ausgeführt:
Name/Institution: ........................................................................
Unterschrift: ........................................................................
Die Proben wurden übergeben:
am .................... um .................... Uhr an ....................
Analysenregister-Nr.: ........................................................................
Bemerkungen: ........................................................................
........................................................................
........................................................................

______________________ ______________________
Datum Unterschrift

Bild 5.9: Probenahmeprotokoll für Abwasser in besonderen Fällen

Probekennzeichnung: ..................................................
Anlaß der Probenahme: ..................................................
Entnahmestelle: ..................................................
Betreiber der Anlage: ..................................................
Datum: Tag ............ Monat ............ Jahr ............ Uhrzeit ............
Einzelprobe: ☐
Sammelprobe: ☐
Durchschnittsprobe: ☐
Probenahmegerät: ..................................................

| Örtliche Wetterverhältnisse: | am Entnahmetag | am Vortag |
|---|---|---|
| trocken: | ☐ | ☐ |
| Niederschlag: | ☐ | ☐ |

Beobachtungen: Farbe ........................ Geruch ........................
Gasentwicklung: ja/nein
Kühlung der Probe auf etwa 4 °C
während der Probenahme: ja/nein
während des Transports: ja/nein
Dunkelhalten der Proben:
bei Entnahme: ja/nein
beim Transport: ja/nein

Konservierungsmaßnahmen: ..................................................

Die Probenahme und obige Arbeiten haben ausgeführt:
Name/Institution: ..................................................
Unterschrift: ..................................................
Die Proben wurden übergeben am: ............ um ............ Uhr an ............
Bemerkungen: ..................................................

________________ ________________
Datum Unterschrift

Bild 5.10: Probenahmeprotokoll für Schlamm in besonderen Fällen

# 6 Analytik

## 6.1 Zweck der Untersuchungen

Mit Hilfe der Untersuchungen zur Eigenüberwachung wird das Betriebsgeschehen kontrolliert. Eigenüberwachung wird auch Selbstüberwachung oder Eigenkontrolle genannt. Wichtig ist, daß die Messungen möglichst häufig durchgeführt werden. Damit bekommt der Ver- und Entsorger ein Gespür für die Leistungsfähigkeit und Leistungsgrenzen der Kläranlage.

Im Unterschied dazu wird bei den amtlichen Untersuchungen durch die Wasserwirtschaftsverwaltung wesentlich weniger oft gemessen. Es ist sinnvoll, möglichst gleichzeitig mit der amtlichen Untersuchung auch Proben für die Eigenüberwachung zu entnehmen und zu analysieren, um die Meßergebnisse miteinander vergleichen zu können.

Für den Mindestumfang der Eigenkontrolle gelten in den einzelnen Bundesländern unterschiedliche Vorschriften. Teilweise werden die Messungen im wasserrechtlichen Genehmigungsbescheid festgelegt; aber auch in Landesverordnungen oder Landeserlassen können sie vorgeschrieben sein. Die Messungen zur Eigenüberwachung sind vom Betriebspersonal des Unternehmensträgers oder von beauftragten Fremdlabors durchzuführen.

In den letzten Jahren führte eine Fülle neuer gesetzlicher Auflagen im Bereich des Gewässerschutzes zu neuen Messungen und zu einer größeren Meßhäufigkeit. Wasserwirtschaftliche Untersuchungen dürfen dabei nicht an den einzelnen Einleitungsstellen in den Vorfluter enden. Amtliche Fachstellen müssen den gesamten Flußlauf bzw. das Flußgebiet betrachten.

Um die verschiedenen Meßergebnisse bewerten zu können, sind einheitlich durchzuführende Arbeitsweisen Voraussetzung. Nur so sind die Untersuchungen miteinander vergleichbar. So wurden in den Deutschen Einheitsverfahren (DEV) [9] alle wichtigen Verfahren für Abwasser- und Schlammuntersuchungen standardisiert. In der Regel arbeiten alle Fachinstitute und Laboratorien nach diesen Bestimmungsvorschriften.

Auch die Messungen der Eigenüberwachung durch das Kläranlagenpersonal sind im Grundsatz in diese Überwachungspraxis mit einbezogen. Hierzu muß der Ver- und Entsorger intensiv geschult und durch Fachleute eingewiesen werden. Unter diesen Voraussetzungen ist sichergestellt, daß die Meßdaten auf der Kläranlage zuverlässig und genau ermittelt werden.

Wegen der Vielzahl der Analysenvorschriften können hier nicht alle im einzelnen wiedergegeben werden. Deshalb sind nur die wichtigsten Vorschriften aufgeführt, bei einigen wird auf Literaturstellen verwiesen.

An erster Stelle stehen die schon genannten Deutschen Einheitsverfahren [9], die als Ringbuch herausgegeben werden. Ein Großteil der dort beschriebenen Verfahren ist als DIN-Norm erschienen [8].

Die Durchführung einiger dieser Analysenverfahren ist allerdings sehr zeitaufwendig und teilweise auch kompliziert. Diese Messungen eignen sich weniger für die Eigenüberwachung im praktischen Kläranlagenbetrieb und sollten den chemisch geschulten Fachleuten für besonders genaue Untersuchungen in entsprechend ausgerüsteten Labors vorbehalten bleiben (Schiedsmethoden). Stattdessen wurden einige Meßverfahren entwickelt, die sich speziell für die Eigenkontrolle auf der Kläranlage eignen. Diese sogenannten Betriebsmethoden haben den Vorteil der einfachen Handhabung und der relativ schnellen Verfügbarkeit der Ergebnisse, ausgenommen die Messung des $BSB_5$. Bei sorgfältiger Durchführung der Betriebsmethoden sind ausreichend genaue Ergebnisse zu erwarten. Das ist Grund genug, im Regelfall von aufwendigeren Messungen abzusehen.

Um die verschiedenen Methoden in der Meßtechnik leichter unterscheiden und zuordnen zu können, wird folgende Begriffsfestlegung (Definition) verwendet:

- Labormethode (Schiedsmethode, z. B. CSB-DIN-Methode mit Kaliumdichromat),
- Betriebsmethode (Messungen zur Eigenüberwachung auf der Kläranlage, z. B. fotometrische Bestimmung des CSB),
- Feldmethode (Grobbestimmung mit einfachster Handhabung – auch als „in situ"-Methode bezeichnet, z. B. $NH_4$-N-Bestimmung mit Stäbchen und Farbvergleich).

Die Meßverfahren, die sich besonders für die Eigenüberwachung eignen, sind in folgenden Büchern beschrieben:

- „Handbuch einfacher Messungen und Untersuchungen auf Klärwerken" (von Burchard, Groche und Zerres) [19] und
- „Anleitung zur Durchführung und Auswertung einfacher Untersuchungen auf Kläranlagen" (von Rüffer und Mudrack) [20].

Für die Steuerung der Kläranlage ist der Ver- und Entsorger darauf angewiesen, täglich schnelle Informationen hinsichtlich bestimmter Abwasserinhaltsstoffe zu erhalten. Dazu werden für manche Zwecke einfache Kurzzeitverfahren eingesetzt. Allerdings ist der Aussagewert so gewonnener Untersuchungsbefunde nicht immer allzu groß, da vom Prinzip dieser Schnellmeßverfahren her die Ergebnisse weder sehr genau noch verbindlich sein können. Diese einfachen Meßmethoden, wie z. B. die Sichttiefe oder der Volumenanteil der absetzbaren Stoffe, erfordern aber apparativ und bei der Handhabung keinen großen Aufwand, so daß die Messungen schon deshalb zu rechtfertigen sind. Man sollte auch nicht unterschätzen, daß der erfahrene Ver- und Entsorger bei Veränderungen dieser Parameter bereits erste Hinweise auf eine eventuelle Betriebsänderung oder -störung erhalten kann.

Um jedoch eine Abwasserbehandlungsanlage mit einem hohen Wirkungsgrad steuern zu können, müssen einige aussagekräftige Parameter schnell und häufig bestimmt werden können. Zur Zeit gibt es wenige Meßwerte dieser Art, die solche Bedingungen erfüllen. Hier sind zu nennen, die Sauerstoffkonzentration, die Trübung, der pH-Wert und die Durchflußbestimmung. Die für die Steuerung wichtigen Parameter, nämlich der Schlammtrockensubstanzgehalt und die Konzentration der organischen Stoffe im Ablauf der Kläranlage, können nicht oder nur mit Einschränkung kontinuierlich und genügend rasch ermittelt werden.

## 6.2 Laborausstattung

Um gravierende Fehler bei den einfachen Meßverfahren zu vermeiden, sind die Meßgeräte regelmäßig zu überprüfen. Eine Kontrolle durch Parallelmessungen oder durch Nachmessungen mit Eichlösungen bietet sich an. Eine weitere Möglichkeit besteht darin, die Messungen mit einem anderen Gerät oder Meßverfahren zu überprüfen.

Bei kleinen Anlagen ist es möglich, daß mehrere benachbarte Kläranlagen gemeinsam Geräte anschaffen. Im Zuge der Nachbarschaftshilfe ist es denkbar, daß eine große Anlage für die kleinen Kläranlagen die Untersuchungen vornimmt; auch die Vergabe an ein fremdes Fachlabor ist manchmal zweckmäßig. In jedem Fall muß jedoch auf der Kläranlage eine Mindestausstattung vorhanden sein, um sämtliche geforderten Messungen einwandfrei durchführen zu können.

Zur Durchführung ist ein geeigneter Raum als Labor einzurichten. Das Labor muß einwandfrei zu lüften und gut beleuchtet sein. Der Raum sollte möglichst ebenerdig und nach Norden liegen (notfalls mit außen liegenden Sonnenblenden). Größe und Einrichtung müssen so beschaffen sein, daß alle notwendigen Untersuchungen durchgeführt werden können (Bild 6.1).

Bild 6.1: Labor einer Kläranlage

Ein gut eingerichtetes Labor mit richtiger Größe ist Voraussetzung für eine einwandfreie Arbeit. Dieser Grundsatz gilt besonders für analytische Untersuchungen, da das Ergebnis entscheidend von der Sorgfalt und Genauigkeit der Analyse abhängt. So sollte die Grundausstattung eines Labors bei einer Kläranlagengröße zwischen 5000 und 20000 EW etwa folgendermaßen aussehen:

Fläche > 15 m², gut beleuchtet, einwandfrei zu lüften, verdunkelbar; 2 säurefeste Spülbecken mit Kalt- und Warmwasseranschluß, 50 bis 60 cm tief; Ventile mit Schraubverbindung, DIN 1988 zum Schutz der Leitungsanlagen gegen Verunreinigungen ist zu beachten; 4 Steckdosen 220 V; Abzugsschrank; Abtropfgestell; Kühlschrank; 1 Labortisch mit chemikalienbeständiger Platte; Wägetisch; 1 Schreibtisch und Arbeitstisch mit Schrankunterbau, Sitznische und Labordrehstuhl; Schrank zur Aufbewahrung von Chemikalien und Laborgeräten; 1 Abfalleimer, Reinigungsgeräte für Laborgeräte, Wasch- und Spülmittel; je 1 Kurzzeituhr 60 und 120 Minuten; 1 Präzisionswaage, gedämpft, Ablesegenauigkeit 1 mg; 1 Destillations- oder Vollentsalzungsanlage für die Bereitung von destilliertem Wasser mit Vorratsbehälter (10 l) und Spritzflasche; Schutzbrille, Augenwaschflasche, 2 Paar Gummihandschuhe, Wandhalter mit Papierhandtüchern; Wasch-, Reinigungs- und Desinfektionsmittel mit Spender.

Die für die Eigenüberwachung erforderliche Mindestausrüstung – abhängig von der Ausbaugröße – ist aus Tabelle 6.1 zu entnehmen (Quelle: Bayer. Eigenüberwachungsverordnung 1991).

| Ausstattung/Ausrüstung | Abwasserteiche | | technische Kläranlagen | | | | |
|---|---|---|---|---|---|---|---|
| | unbelüftet | belüftet oder mit biologischen Reaktoren | 60–999 EW | 1000–4999 EW | 5000–19999 EW | 20000–99999 EW | ab 100000 EW |
| Aufenthaltsraum mit Grundausstattung | $>6\,m^2$ | $>6\,m^2$<br>$\langle>12\,m^2\rangle$ | $>6\,m^2$ | $>12\,m^2$ | $>15\,m^2$ | $>20\,m^2$ | $>20\,m^2$ |
| Sanitär-/Waschräume mit Grundausstattung | $>3\,m^2$ | $>3\,m^2$<br>$\langle>6\,m^2\rangle$ | $>3\,m^2$ | $>6\,m^2$ | $>10\,m^2$ | $>16\,m^2$ | $>16\,m^2$ |
| Schaltwarte mit Grundausstattung | | $>4\,m^2$<br>$\langle>6\,m^2\rangle$ | $>4\,m^2$ | $>6\,m^2$ | $>10\,m^2$ | $>15\,m^2$ | $>15\,m^2$ |
| Werk-/Geräte-/Lagerraum mit Grundausstattung | $>6\,m^2$ | $>8\,m^2$<br>$\langle>12\,m^2\rangle$ | $>8\,m^2$ | $>12\,m^2$ | $>20\,m^2$ | $>30\,m^2$ | $>30\,m^2$ |
| Laborraum mit Grundausstattung | | $>3\,m^2$<br>$\langle>10\,m^2\rangle$ | $>3\,m^2$ | $>10\,m^2$ | $>15\,m^2$ | $>20\,m^2$ | $>20\,m^2$ |
| Arbeitsschutz-, Erste-Hilfe-Ausrüstung | × | × | × | × | × | × | × |
| Arbeits-/Dienstanweisung, Betriebstagebuch, Wasserrechtsbescheid, Satzung, Fachliteratur | × | × | × | × | × | × | × |
| Schöpfbecher, Mischbehälter, Probeflaschen | × | × | × | × | × | × | × |
| stationäres oder tragbares Probenahmegerät am Zulauf Biologie | | | | | × | × | × |
| stationäres Probenahmegerät am Ablauf Nachklärung | | | [×] | × | × | × | × |
| stationäres Probenahmegerät am Ablauf Schönungsteich | | | | | | | × |
| tragbares Probenahmegerät | | × | × | × | × | × | × |
| Meßwehr (fester Einbau oder Steckschieber) | × | × | × | × | × | | |
| stationäre Durchflußabschätzung (z. B. über Betriebsstundenzähler) | × | × | × | × | | | |
| selbstschreibendes Meßgerät mit Zählwerk und Anschluß für Probenahmegerät | ⟨×⟩ | ⟨×⟩ | | × | × | × | × |
| hydrometrischer Taschenflügel | | | | | | × | × |
| Max.-Min.-Luftthermometer | × | × | × | × | × | × | × |
| Wasserschöpfthermometer | × | × | × | × | × | × | × |
| stationäres Temperaturmeßgerät je Faulraum/Schlammreaktor | | | | [×] | × | × | × |
| pH-Indikatorpapier | × | × | × | × | × | × | × |
| pH-Taschengerät | × | × | × | × | × | × | × |
| stationäres pH-Meßgerät im Zulauf und Ablauf | | | | | × | × | × |
| stationäres pH-Meßgerät je Faulraum/Schlammreaktor | | | | | × | × | × |
| Imhofftrichter mit Gestell | × | × | × | × | × | × | × |
| Filtriereinrichtung mit Vakuumpumpe | ○ | ○ | ○ | ○ | × | × | × |
| Trockenschrank oder Mikrowellenherd | ○ | ○ | ○ | ○ | × | × | × |
| Präzisionswaage | ○ | ○ | ○ | ○ | × | × | × |
| Glühofen (400–800 °C regelbar) bei beheizter Schlammfaulung/(aerob) thermoph. Schlammreaktoren | | | | ○ | × | × | × |
| Ausstattung für Methylenblau-Test | × | × | × | × | | | |
| Brutschrank | × | × | × | × | × | × | |
| respirometrisches $BSB_5$-Meßgerät mit Zubehör | ○ | ○ | ○ | ○ | × | × | × |
| Zubehör zur Direktmessung der $O_2$-Zehrung | | | | | | × | × |
| Zubehör für $BSB_5$-Bestimmung nach DIN 38409, Teil 51 | | | | | | | × |
| Zubehör für CSB-Küvettentest | ○ | ○ | ○ | ○ | × | × | × |
| Zubehör für CSB-Bestimmung nach DIN 38409, Teil 41 | | | | | | | × |
| Chemikalien für die CSB-Probenkonservierung | × | × | × | × | × | × | × |

Zeichenerklärung:

× Mindestausrüstung (bei gemeinsamer Überwachung mehrerer Anlagen unter 5000 EW ist tragbare Ausrüstung i. d. R. nur einmal erforderlich)

○ Ausrüstung, falls Messung vom Betriebspersonal durchgeführt wird

⟨⟩ zusätzliche Ausrüstung bei Abwasserteichen ab 1000 EW

[ ] zusätzliche Ausrüstung bei Anlagen mit strengeren Einleitungsanforderungen als gemäß § 7 a Abs. 1 WHG erforderlich

Tabelle 6.1 Übersicht über die Mindestausrüstung für die Eigenüberwachung

Fortsetzung Tabelle 6.1

| Ausstattung/Ausrüstung | Abwasserteiche | | technische Kläranlagen | | | | |
|---|---|---|---|---|---|---|---|
| | unbelüftet | belüftet oder mit biologischen Reaktoren | 60–999 EW | 1000–4999 EW | 5000–19999 EW | 20000–99999 EW | ab 100000 EW |
| $NH_4$-N-Teststäbchen/-Küvettentest | o / | o / [o] | o / | o / o | / × | / × | / × |
| Zubehör für $NH_4$-N-Bestimmung nach DIN 38406, Teil 5 | | | | | | | × |
| stationäres $NH_4$-N-Meßgerät im Ablauf | | | | | | [×] | × |
| $NO_3$-N-Küvettentest | | | | | × | × | × |
| Zubehör für $NO_3$-N-Bestimmung nach DIN 38405, Teil 9 | | | | | | | × |
| stationäres $NO_3$-N-Meßgerät im Ablauf | | | | | | [×] | × |
| $NO_2$-N-Teststäbchen und -Küvettentest | | | | | | | × |
| Zubehör zur Bestimmung des org. geb. Stickstoffs nach DEV H 11 | | | | | | | × |
| o-$PO_4$-P-Küvettentest und Aufschlußvorrichtung für Gesamtphosphorbestimmung | | | | | | × | × |
| Zubehör für P-Bestimmung nach DIN 38405, Teil 11 | | | | | | | × |
| stationäres $PO_4$-P-Meßgerät im Ablauf | | | | | | [×] | × |
| TOC-Meßgerät im Ablauf | | | | | | | × |
| Testbecken/-teich zur Bioakkumulation | | | | | | | × |
| Sichtscheibe bzw. Sichttiefenzylinder | × | × | × | × | × | × | × |
| stationäres Trübungsmeßgerät im Ablauf | | | | | [×] | × | × |
| Sauerstofftestbesteck | | × | × | | | | |
| tragbares Sauerstoffmeßgerät | | ⟨×⟩ | × | × | × | × | × |
| stationäres Sauerstoffmeßgerät | | ⟨[×]⟩ | | [×] | [×] | × | × |
| stationäres Meßgerät zur Bestimmung des TS-Gehaltes bei Belebungsanlagen | | | | | [×] | [×] | [×] |
| Mikroskop mit Zubehör | | ⟨[×]⟩ | | [×] | × | × | × |
| Ausstattung für organische Säuren und Kalkreserve bei beheizter Schlammfaulung/(aerob) thermophilen Schlammreaktoren | | | | o | × | × | × |
| $CO_2$- bzw. $CH_4$-Handmeßgerät bei Schlammfaulung mit Gasgewinnung | | | | × | × | × | × |
| stationäres $CO_2$- bzw $CH_4$-Meßgerät bei Schlammfaulung mit Gasgewinnung | | | | | | × | × |
| stationäres Meßgerät für Faulgasanfall | | | | × | × | × | × |
| Ausstattung für TTC-Test bei aerober Schlammstabilisierung | | | | o | × | × | |
| weitere Ausrüstung für Eigenüberwachung und Betriebsführung je nach Wasserrechtsbescheid und Betriebserfordernissen erforderlich. | | | | | | | |

Zeichenerklärung:

× Mindestausrüstung (bei gemeinsamer Überwachung mehrerer Anlagen unter 5000 EW ist tragbare Ausrüstung i. d. R. nur einmal erforderlich)

o Ausrüstung, falls Messung vom Betriebspersonal durchgeführt wird

⟨⟩ zusätzliche Ausrüstung bei Abwasserteichen ab 1000 EW

[ ] zusätzliche Ausrüstung bei Anlagen mit strengeren Einleitungsanforderungen als gemäß § 7 a Abs. 1 WHG erforderlich

Beim Umgang mit der Laborausrüstung ist Sauberkeit und Pflege oberstes Gebot. Bei allen Laborgeräten sind die Hinweise in den Bedienungsanleitungen genauestens zu beachten. Die teilweise empfindlichen Geräte können nur exakt arbeiten, wenn sie nach Gebrauch gereinigt und in sauberem Zustand aufbewahrt werden.

Nach den Laboratoriums-Richtlinien der Berufsgenossenschaft der chemischen Industrie (Karl Heymanns Verlag, Köln, 1967) gehören zur Laborausstattung auch Einrichtungen, die die Erste Hilfe sicherstellen. Dabei ist es unter Umständen mit einem Verbandskasten allein nicht getan.

## 6.3 Begriffe der Meßtechnik

In der Meßtechnik sind folgende Begriffe auseinanderzuhalten:

Die *Meßgröße* ist die zu messende physikalische oder chemische Größe (Temperatur, Sichttiefe, Durchfluß usw.)

Die *Meßeinheit* der Meßgröße ist teilweise durch Naturgesetze gegeben, meist aber durch Vereinbarungen festgelegt (° C, cm, l/s, kg/$m^3$ usw.).

Der *Meßwert* wird aus der Anzeige eines Meßgerätes oder der Analyse ermittelt. Er ist das Produkt aus Zahlenwert und Meßeinheit (8° C, 30 cm, 25 l/s usw.).

Die *Meßwertanzeige* gibt einen Momentanwert auf der Skala eines Meßgerätes, einem Schreibstreifen oder einem Zählwerk an.

Der *Meßfehler* ist die Summe aller Fehler, die ein Meßergebnis verfälschen können. Sei es durch zufällige Fehler (falsche Ablesung, fehlerhafte Probenahme u. ä.) oder systematische Fehler (falsche Meßanordnung, ungenaues Meßgerät).

## 6.4 Art und Häufigkeit der Untersuchungen

Die Häufigkeit der eigenen Messungen richtet sich nach der Bedeutung der Parameter und den praktischen Möglichkeiten. Kläranlagengröße, Reinigungsverfahren, Abwasserart und personelle Besetzung spielen dabei eine Rolle; natürlich auch die Eigenschaften des Vorfluters. Die Untersuchungshäufigkeit sollte auch vom Ergebnis der Reinigungsleistung abhängig gemacht werden. Z.B. muß auf Kläranlagen mit einer großen Streuung der Ablaufwerte häufiger gemessen werden, als auf solchen mit geringer Streubreite.

Eine vollständige Analyse aller im Wasser befindlichen Einzelverbindungen ist praktisch unmöglich und würde Jahre in Anspruch nehmen. Deshalb ist es notwendig, sich auf die Stoffe zu beschränken, deren Bestimmung eine möglichst umfassende Information über den Betrieb und den Wirkungsgrad ergeben.

Die regelmäßig erforderlichen Messungen sind als Beispiel in einer Übersicht über die Häufigkeit (Tab. 6.2) zusammengestellt (Quelle: Bayer. Eigenüberwachungsverordnung 1991).

| Ort der Untersuchung | Parameter bzw. Überprüfung | unbelüftete und belüftete Abwasserteiche und Abwasserteiche mit biologischen Reaktoren | | technische Kläranlagen und Abwasserteiche ab 5000 EW | | | | |
|---|---|---|---|---|---|---|---|---|
| | | 60–999 EW | 1000–4999 EW | 60–999 EW | 1000–4999 EW | 5000–19999 EW | 20000–99999 EW | ab 100000 EW |
| Kläranlagenstandort | Wetter, Lufttemperatur | 2 x w | 2 x w | 2 x w | at | t | t | t |
| Zulauf | Abwasserzufluß | nur bei fehlender Abflußmessung, Häufigkeit siehe Abwasserabfluß | | | | | | |
| | Abwassertemperatur | 2 x w | 2 x w | 2 x w | at | | | |
| | pH-Wert | 2 x w | 2 x w | 2 x w | at | kon | kon | kon |
| Absetzteich | Schlammstand | ¼ j | ¼ j | | | | | |
| Zulauf biologischer Teil | abfiltrierbare Stoffe | | | | | 1 x w | 1 x w | at |
| | $BSB_5$, CSB | ½ j [¼ j] | ¼ j [1 x m] | ½ j [¼ j] | 1 x m | 2 x m | 2 x m | 1 x w |
| | $NH_4$-N | | | | | | 2 x m | |
| | $P_{ges}$ | | | | | | 2 x m | 1 x w |
| | $N_{ges}$ | | | | | | | 1 x w |
| Belebungsbecken oder belüftete Teiche | Sauerstoffgehalt | 2 x w | 2 x w | 2 x w | at [kon] | 3 x at [kon] | kon | kon |
| Belebungsbecken oder belüftete Teiche mit Rücklaufschlammführung | Schlammvolumen | 2 x w | 2 x w | 2 x w | at | t | t | t |
| | $TS_R$-Gehalt, Schlammindex | 1 x m | 1 x m [1 x w] | 1 x m | 1 x m [1 x w] | 2 x w | 3 x w | at [kon] |
| | $TS_R$-Gehalt im Rücklauf schlamm | | | | | 2 x m | 1 x w | at |
| | mikroskopisches Bild | | [1 x w] | | [1 x w] | 1 x w | 2 x w | at |
| Tropfkörper | Beschickung | at | at | at | at | t | t | t |
| | mikroskopisches Bild | | | [1 x w] | | 1 x w | 2 x w | at |
| Tauchkörper | Sauerstoffgehalt | 1 x w | 1 x w | 1 x w | 1 x w | 2 x w | at | |
| | mikroskopisches Bild | | | [1 x w] | 1 x w | 2 x w | | |
| Ablauf biologischer Teil | Abwassertemperatur | | | | | t | t | t |
| Ablauf | Abwasserabfluß | 1 x w [2 x w] | kon | 1 x w [2 x w] | kon | kon | kon | kon |
| Ablauf bzw. Zulauf Schönungsteich (bei techn. Anlagen mit nachgeschaltetem Schönungsteich) | pH-Wert | 2 x w | 2 x w | 2 x w | at | kon | kon | kon |
| | Sichttiefe | 2 x w | 2 x w | 2 x w | at | t | | |
| | Trübung | | | | | [kon] | kon | kon |
| | abfiltrierbare Stoffe | | | | | 1 x w | at | at |
| | absetzbare Stoffe | 2 x w | 2 x w | 2 x w | at | | | |
| | Methylenblauprobe | 2 x w | 2 x w | 2 x w | 2 x w | | | |
| | Rückstellproben | | | | | | kon | kon |
| | $BSB_5$, CSB | ¼ j | ¼ j [1 x m] | ¼ j | 1 x m | 2 x m [1 x w] | 1 x w [at] | at [t] |
| | $NH_4$-N | ¼ j | ¼ j [1 x m] | ¼ j | 1 x m | 2 x m [1 x w] | 1 x w [at]/[kon] | at [t]/kon |
| | $NO_3$-N | | | | | 2 x m [1 x w] | 1 x w [at]/[kon] | at [t]/kon |
| | $P_{ges}$ | | | | | | 1 x w [at] | at [t] |
| | $PO_4$-P | | | | | | | kon |
| | TOC | | | | | | | kon |
| Ablauf Schönungsteich | abfiltrierbare Stoffe | | | | 1 x m | 1 x w | 1 x w | at |
| | $BSB_5$, CSB, $NH_4$-N | ¼ j | ¼ j | ¼ j | ¼ j | 1 x m | 1 x m | 1 x w |
| | $NO_3$-N | | | | | 1 x m | 1 x m | 1 x w |
| | $P_{ges}$ | | | | | | 1 x m | 1 x w |
| Schlammbehandlungsteil | Beschickung | | | | at | t | t | t |
| | Temperatur | | | | | kon | kon | kon |
| | pH-Wert | | | | at | kon | kon | kon |
| | TS, Glühverlust | | | | 1 x m | 1 x m | 1 x m | 1 x m |
| | Gasanfall | | | | at | t | t | t |
| | $CO_2$ bzw. $CH_4$ | | | | | 3 x w | 3 x w | 3 x w |
| | Schlammentnahme | | | | at | t | t | t |
| Gesamtanlage | Energieverbrauch | w | w | w | at | t | t | t |
| Sonstiges | Einzelfallregelung je nach Wasserrechtsbescheid | | | | | | | |

j = jährlich; m = monatlich; w = wöchentlich; t = täglich; at = arbeitstäglich; kon = kontinuierlich
[ ] = strengere Einleitungsanforderungen als gemäß § 7 a Abs. 1 WHG erforderlich

Tabelle 6.2: Übersicht über die wichtigsten Untersuchungen bei der Eigenüberwachung

Die wichtigsten Abwasseranalysen können nach verschiedenen Gesichtspunkten eingeteilt werden, z. B. nach

- organischen und anorganischen Wasserinhaltsstoffen,
- Meßstellen (vor Ort oder im Labor),
- Abwasser- und Schlammuntersuchungen oder nach
- physikalischen, chemischen und biochemischen Meßgrößen.

Da die zuletzt genannte Einteilung eine eindeutige Zuordnung der meisten Untersuchungen ermöglicht, sind die weiteren Ausführungen nach der folgenden Aufstellung untergliedert:

| Meßgröße | Meßeinheit | DEV bzw. DIN-Norm u. a. |
|---|---|---|
| **physikalische Werte** (Nr. 6.5) | | |
| Durchfluß (Abwasser, Schlamm) | l/s, $m^3$/h | DIN 19559 Teil 1, 2 |
| Farbe, Geruch | – | DIN 38404 Teil 1, DEV B 1/2 |
| Temperatur (Luft, Abwasser, Schlamm) | °C | DIN 38404 Teil 4 |
| Sichttiefe, Durchsichtigkeit, Trübung | cm | DIN 38404 Teil 2 |
| absetzbare Stoffe | ml/l | DIN 38409 Teil 9, 10 |
| abfiltrierte Stoffe | mg/l | DIN 38409 Teil 2 |
| Trockensubstanzgehalt (Index) | g/l | DIN 38414 Teil 2 (10) |
| Glührückstand (Glühverlust) | % | DIN 38414 Teil 3 |
| Aufschlämmen | – | – |
| Filtrationswiderstand | – | – |
| **chemische Werte** (Nr. 6.6) | | |
| Sauerstoffgehalt | mg/l | DIN 38408 Teil 21, 22 |
| chemischer Sauerstoffbedarf (CSB) | mg/l | DIN 38409 Teil 41 |
| Haltbarkeit (Methylenblauprobe) | h, d | DEV H 22 |
| Faulfähigkeit (Schwefelwasserstofftest) | h, d | – |
| pH-Wert (Abwasser, Schlamm) | – | DIN 38404 Teil 5 |
| organische Säuren, Kalkreserve im Faulwasser | ml | DEV H 21 |
| elektrische Leitfähigkeit | mS/m | DIN 38404 Teil 8 |
| Kohlendioxid im Faulgas ($CO_2$-Anteil) | Vol.-% | – |
| Enzymaktivität (TTC-Test) | min | – |
| Ammonium-Stickstoff ($NH_4$-N) | mg/l | DIN 38406 Teil 5 |
| Nitrat-Stickstoff ($NO_3$-N) | mg/l | DIN 38405 Teil 9 |
| Phosphor (P) | mg/l | DIN 38405 Teil 11 |
| **biochemische Werte** (Nr. 6.7) | | |
| $BSB_5$ | mg/l | DIN 38409 Teil 51 |
| **mikroskopisches Bild** (Nr. 6.8) | | |
| mikroskopische Untersuchung des Belebtschlammes | | – |

## 6.5 Messung physikalischer Werte

### *6.5.1 Durchflußmessung*

#### *Abwasserdurchfluß*

Werden Wasservolumina (z.B. $m^3$), die einen bestimmten Querschnitt durchfließen, auf eine Zeiteinheit bezogen, bezeichnet man diese als Abfluß, Zufluß oder Durchfluß ($m^3$/h; l/s).

Der Abwasserzufluß bzw. -abfluß ist für die Bemessung und den Betrieb eines Kanalnetzes oder einer Kläranlage eine wichtige Größe. Er setzt sich bei Trockenwetter im wesentlichen aus dem häuslichen und dem industriellen Schmutzwasseranfall sowie aus dem in die Kanalisation eindringenden Fremdwasser zusammen. Bei Regenwetter kann der Abfluß durch das Mischwasser erheblich größer werden. Die Messung des Durchflusses ist nicht nur für die hydraulische Beurteilung wichtig, sondern auch für die Berechnung der Schmutzfrachten und des Wirkungsgrades. Auch bei kleinen oder älteren Anlagen ist die Kenntnis des Durchflusses von großer Wichtigkeit; auf die Messung kann nicht verzichtet werden.

Die Ermittlung des Abwasserdurchflusses kann rechnerisch erfolgen. Dies geschieht mit Hilfe des spezifischen Schmutzwasseranfalls je Einwohner (l/E·d) oder je Produktionsgut eines Betriebes; auch durch Erhebungen über den Wasserverbrauch der Bevölkerung und der Industrie ist dies möglich. Zusätzlich sind Fremdwasserzuschläge zu berücksichtigen, ebenso das Niederschlagswasser, das vom Kanalnetz aufgenommen wird. Es ist einleuchtend, daß die rechnerische Bestimmung des Abwasserzuflusses relativ ungenau ist und sich nur für orientierende Größenordnungen eignet.

Nach Möglichkeit ist deshalb der Durchfluß durch Messungen zu ermitteln. Dies ist allerdings nicht so einfach, denn die große Schwankungsbreite (kleiner Nachtzufluß bis großer Mischwasserzufluß) und die Abwasserinhaltsstoffe (Sand, Grobstoffe u.ä.) erschweren die Messung. Der Wahl der richtigen Meßeinrichtung kommt daher besondere Bedeutung zu.

Durchflußmeßstellen können an den verschiedensten Stellen erforderlich werden, z.B.

- in Industriebetrieben,
- an Einleitungsstellen in das öffentliche Kanalnetz,
- im Kanalnetz,
- auf Kläranlagen,
- an Einleitungsstellen in ein Gewässer.

Die Berechnung des Durchflusses erfolgt nach der Formel

$Q = A \cdot v$, dabei ist
Q = Durchfluß ($m^3$/s)
A = durchflossene Querschnittsfläche ($m^2$)
v = Fließgeschwindigkeit (m/s)

oder Q (l/s) = $1000 \cdot A \cdot v$, wenn A in $cm^2$ und v in cm/s angesetzt werden.

Es müssen daher immer zwei Werte für die Durchflußermittlung bekannt sein. Um aber nur mit einer Meßgröße auskommen zu können, werden in der Praxis besonders geformte Meßgerinne oder Querschnitte verwendet (Querschnittsverbau). Hierdurch ist es möglich, über die Messung des Wasserstandes oder der Geschwindigkeit den Durchfluß zu errechnen. Dies ist z. B. bei Venturi-Kanälen oder Meßwehren der Fall, weil sich hier zu bestimmten Wasserständen immer bestimmte Werte für v und A ergeben.

Meßeinrichtungen ohne einen Querschnittsverbau kommen als Dauermessung bisher nur selten zum Einsatz. Der Grund ist darin zu sehen, daß dazu eine kalibrierte (geeichte) Meßstrecke notwendig ist, und dies erfordert einen hohen meßtechnischen Aufwand. Besser ist es, für solche Fälle einen zweiten Meßwertaufnehmer einzubauen, um so Wasserstand und Fließgeschwindigkeit messen zu können (z. B. Messung mit Ultraschall).

Welche Meßverfahren kommen in Frage?

Bevor dies beantwortet werden kann, sollte man sich im klaren sein, zu welchem Zweck die Messung erfolgen soll. Oft geht es um die Einhaltung rechtlicher Auflagen (Satzung, Wasserrecht, Abwasserabgabe). Aber auch die Eigenkontrolle, die Steuerung von Anlageteilen im Kanalnetz und auf der Kläranlage sind wichtige Aufgaben. Ferner ist zu überlegen, ob kurzzeitige Messungen für Überprüfungen oder Dauermessungen erfolgen sollen. Weiter ist von Bedeutung

- die Zusammensetzung des Abwassers,
- der erforderliche Meßbereich ($Q_{min}$ bis $Q_{max}$),
- die hydraulischen Verhältnissen, Rückstau usw.,
- die Anforderungen an die Meßgenauigkeit,
- die Möglichkeiten von Kontrollmessungen,
- die Betriebssicherheit und Wartungsfreundlichkeit,
- die örtlichen Gegebenheiten (Platzverhältnisse).

Die anwendbaren Meßeinrichtungen sind in einem Überblick dargestellt.

**Überblick über Durchflußmeßeinrichtungen**

| | **mit Querschnittverbau** | | **ohne Querschnittverbau** |
|---|---|---|---|
| | Durchfluß-aufnehmer | Meßwert-aufnehmer | Meßwertaufnehmer |
| Dauermessungen | Venturi-Kanal<br>Düker<br>Meßwehr<br>Drossel<br>Sohlschwelle | Schwimmer<br>Einperlung<br>Echolot<br>Druckmeßdose | Echolot<br>Ultraschall<br>Induktive Messung<br>Netzmessung |
| Kurzzeitige Messungen | Meßwehr<br>Drossel<br>Sohlschwelle | Induktive Messung<br>Kapazitive Sonden<br>Stechpegel | Tracer-Verfahren<br>Volumenbestimmung |

Der Einsatz von selbsttätig registrierenden Meßgeräten ist vorzuziehen, denn nur mit aufgezeichneten Meßwerten sind Aussagen über die Abwasserschwankungen möglich. Mit Hilfe von Tagesganglinien werden sämtliche Abflußspitzen erfaßt, die durch kurzzeitiges Einleiten von gewerblichem Abwasser, Einschalten von Pumpenwerken oder durch Regenabflußspitzen entstehen können. Bei einer getrennten Auswertung für Wochentage bzw. Sonn- und Feiertage sind die unterschiedlichen täglichen Schwankungen des Abwasseranfalls direkt ablesbar.

Werden die Meßergebnisse regelmäßig abgelesen oder aufgezeichnet, können nicht nur Tagesschwankungen, sondern auch wöchentliche oder jahreszeitliche Veränderungen erkannt und ausgewertet werden. Dies erleichtert das Erkennen regelmäßig wiederkehrender Besonderheiten. Langfristige Veränderungen können frühzeitig festgestellt werden. Auch lassen sich Aussagen für die Zukunft treffen, die sowohl für den Betrieb als auch für Haushaltsplanungen wertvoll sein können.

**Durchflußaufnehmer**

*Venturi-Kanal*

Der Venturi-Kanal als Freispiegelgerinne wird in der Abwassertechnik wohl deshalb am häufigsten angewendet, weil er nur eine seitliche Einschnürung aufweist und keine beweglichen Teile hat, die einer stärkeren Abnutzung unterliegen. Die mit dem Wasser transportierten Stoffe durchfließen solange ungehindert das Meßgerinne, als die Fließgeschwindigkeit groß genug ist, um Ablagerungen zu vermeiden. Das Meßprinzip beruht darauf, daß durch die symmetrische Einschnürung des Kanalquerschnittes das Abwasser angestaut wird und mit erhöhter Geschwindigkeit durch die eingeengte Stelle fließt. Der angestaute Wasserspiegel (Oberwasserhöhe) ist das Maß für den Durchfluß. Venturikanäle werden vorwiegend mit rechteckigem, teils auch mit trapezförmigem oder parabelförmigem Querschnitt an der Einschnürung eingebaut.

Die Venturi-Kanäle werden nach einer Einlaufstrecke häufig an Ort und Stelle aus Beton hergestellt. Hierzu liefern die Hersteller von Meßgeräten entsprechende Zeichnungen mit Anleitungen für den Einbau. Daneben werden jedoch auch Venturi-Rinnen in vorgefertigter Ausführung angeboten. Die kompakte, formsteife Rinne läßt sich leicht einbetonieren; sie bietet die Gewähr für eine maßgerechte Ausbildung der für eine einwandfreie Durchflußmessung entscheidenden Stelle des Venturi-Kanals. Wegen der größeren Maßhaltigkeit und der vor dem Einbau möglichen Kalibrierung (Eichung) lassen sich damit genauere Meßergebnisse erzielen.

Venturi-Kanäle haben einen optimalen Arbeitsbereich, d.h. sie liefern z.B. im mittleren oder oberen Teil des Meßbereichs die größte Präzision. Charakteristisch ist auch der Dynamikbereich, d.h. die Verhältniszahl von $Q_{min} : Q_{max}$, in welchem eine geforderte Genauigkeit erzielt werden kann; sie sollte in der Regel den Wert 0,1 nicht unterschreiten. Durch Variationen des Einengungsverhältnisses $b_e : b_o$ kann der Venturi-Kanal entsprechend dem gewünschten Meßbereich ausgelegt werden (Bild 6.2).

Bei unzureichenden Platzverhältnissen oder bei zu erwartendem Rückstau vom Unterwasser her, können Venturi-Kanäle nicht eingesetzt werden.

Hydraulische Störungen in der Einlaufstrecke durch Krümmungen, Gefällsknicke, seitliche Einleitungen oder auch durch Meßgeräte (z.B. zur pH- oder Temperatur-

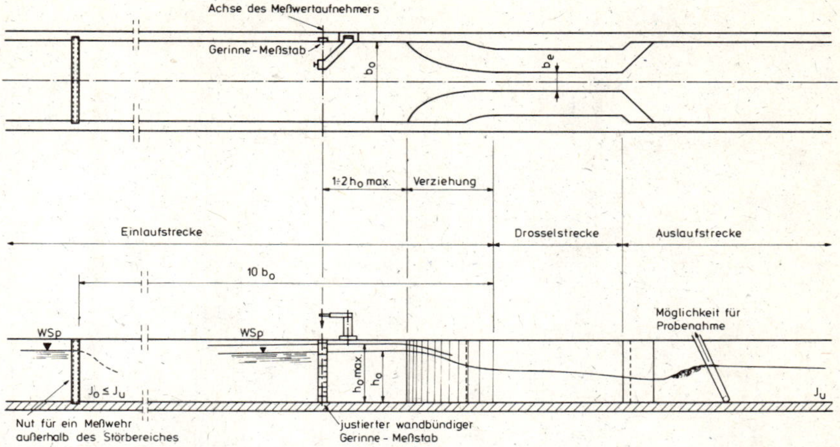


Bild 6.2: Venturi-Kanal nach DIN 19 559

Messung), müssen vermieden werden. Wenn die Gefahr von Ablagerungen in der Einlaufstrecke besteht, ist für eine Mindestfließgeschwindigkeit zu sorgen, bei der noch eine ausreichende Spülung erfolgt.

Venturi-Kanäle sind ferner nicht einsetzbar, wenn im Oberwasser kein strömender Abfluß erreicht werden kann oder das Abwasser so grobsperrige Stoffe führt, daß im Bereich der Einengung mit Verstopfungen gerechnet werden muß.

Der kleinste meßbare Durchfluß bei feststofffreiem Abwasser in kleinen Venturi-Kanälen beträgt etwa 0,5 l/s; für Rohabwasser liegt dieser Wert bei etwa 5 l/s.

Wichtig ist auch die Lage des Meßwertaufnehmers, denn häufig wird der Meßwertaufnehmer zu nahe an der Einschnürung angeordnet. Der richtige Abstand ist 1 bis 2 x $h_{omax}$ oberhalb des Beginns der Verziehung.

*Düker*

Zur Durchflußmessung in Druckleitungen werden vorwiegend magnetisch-induktive Durchflußmeßgeräte (MID) verwendet. Ist eine Freispiegelleitung vorhanden, so ist es durch Tieferlegung eines Teilabschnittes in der Form eines Dükers möglich, einen Abfluß unter Druck zu erzeugen. Damit können Meßverfahren für die Durchflußmessung wie in Druckrohren eingesetzt werden (Bild 6.3).

*Meßwehr*

Ein einfaches Verfahren für die kontinuierliche sowie die kurzzeitige Messung in offenen Gerinnen, ist die Überfall-Messung mit einem Meßwehr.

Die Meßwehre sind dünnwandige Platten, die senkrecht zur Strömungsrichtung in offene Gerinne eingebaut werden. Sie können je nach Aufgabenstellung unterschiedlich gestaltete Ausschnitte haben (Bild 6.4). Es muß sichergestellt sein, daß der Strahl des überfallenden Wassers vollständig belüftet ist. Dies setzt voraus, daß die Wehrkante

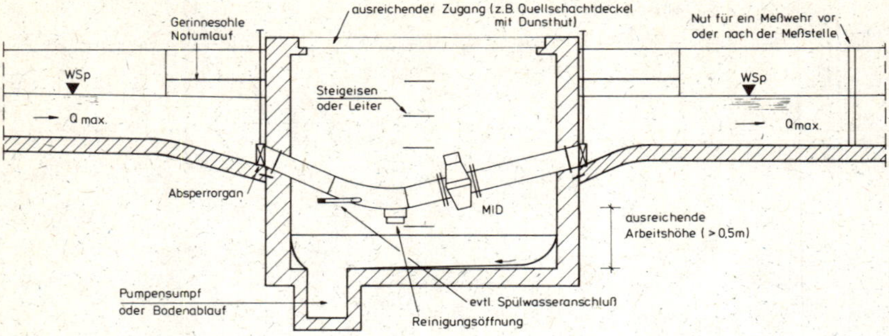


Bild 6.3: Einbau eines MID in einen Düker

(Wehrkrone) höher als der Unterwasserspiegel liegt, damit ein vollkommener Überfall eintritt. Daraus ergibt sich ein Höhenbedarf von wenigstens 30 cm über dem ungestauten Wasserspiegel, der zwangsläufig zu einem Rückstau im Oberwasser führt. Besonders bei Rohabwasser ist darauf zu achten, daß dies zu Ablagerungsproblemen führen kann.

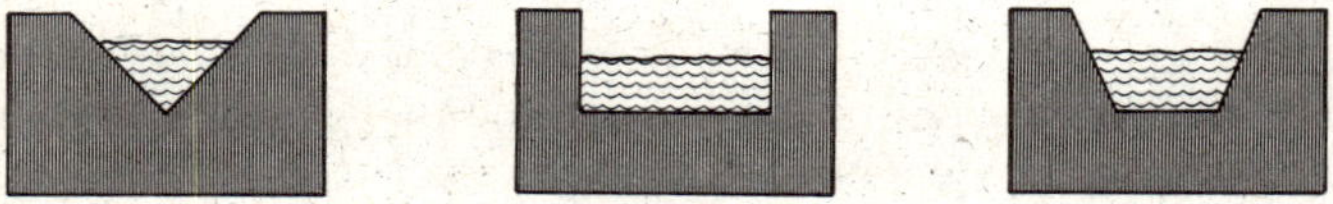


Bild 6.4: Übliche Ausschnitte bei Meßwehren

Die Überfallhöhe wird an einer Meßlatte abgelesen, wenn keine selbsttätige Höhenstandsmessung eingebaut ist. Der Nullpunkt ist am Tiefpunkt der Meßwehrkante (Bild 6.5). Es haben sich zwei Grundformen für den praktischen Einsatz bewährt: Das Dreieckmeßwehr und das Rechteckmeßwehr. Der Anwendungsbereich der Meßwehre ist abhängig von dem jeweiligen Ausschnitt.

Bei Durchflüssen bis 40 l/s werden vorwiegend Dreieckwehre und hier das 90°-Wehr verwendet. Bei sehr kleinen Durchflüssen ist es sinnvoll, die Stauhöhe zu vergrößern und z. B. ein 60°-Wehr oder ein 45°-Wehr einzubauen. Überfallhöhen, die kleiner als 5 cm sind, sind zu vermeiden, da der überfallende Wasserstrahl nicht mehr vollständig belüftet wird; man spricht hier vom „Kleben" des Wasserstrahls, und dies führt zu Fehlmessungen. Umgekehrt ist es natürlich auch möglich, bei größeren Durchflüssen z. B. ein 120°-Wehr zu wählen.

Rechteckwehre sind Wehre mit waagrechter Überfallkante; sie werden mit oder ohne Einengung verwendet. Sie eignen sich für Durchflüsse, die über 40 l/s liegen. Im unteren Teil des Meßbereiches ist die Genauigkeit stark eingeschränkt.

Günstiger sind für solche Fälle Trapezwehre, da sie im unteren Meßbereich eine größere Genauigkeit bieten. In der Praxis werden sie leider zu selten eingesetzt.

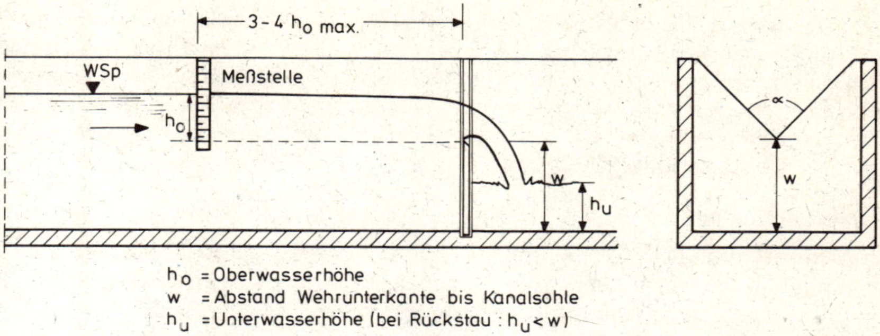


Bild 6.5: Anordnung eines Meßwehres

*Drossel*

Drosseleinrichtungen zur Messung des Wirkdruckes werden für Wasser- und Schlammmessungen in Niederdruckleitungen eingesetzt. Verengt man in einer Rohrleitung den Querschnitt, so nimmt die Geschwindigkeit an der verengten Stelle zu. Dabei bleibt jedoch die Gesamtenergie, die sich aus der Geschwindigkeit- und der Druckenergie zusammensetzt, konstant. Somit ist mit der Zunahme der Geschwindigkeit in der Einengung eine Verringerung des statischen Druckes verbunden. Dieser Druckabfall (Wirkdruck) ist ein Maß für den Durchfluß. Als Drosselgeräte in Verbindung mit entsprechenden Meßgeräten werden u. a. das Venturirohr, Meßdüsen oder Meßblenden verwendet. Beispiele zur Druckmessung sind unter „Einperlung" und „Gasdurchfluß" beschrieben.

*Sohlschwelle*

Im Gegensatz zum Venturi-Kanal erfolgt die Einengung des Querschnittes nicht im Bereich der Seitenwände, sondern an der Gerinnesohle (Bild 6.6).

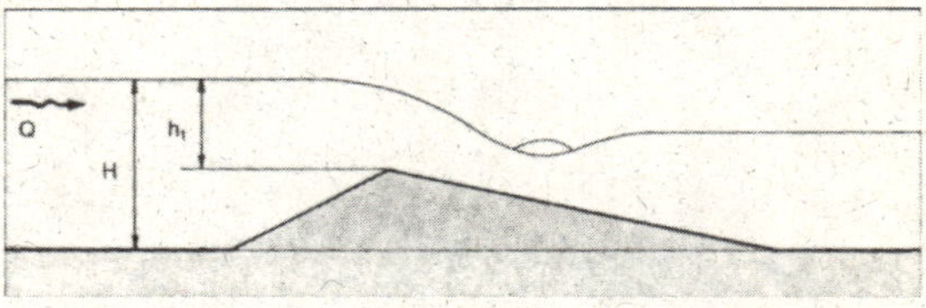


Bild 6.6: Sohlschwelle

Je nach Art können Kurzformen mit strömungsgünstiger Gestaltung oder Wehre mit breiter Krone zur Anwendung kommen. Ähnlich wie beim Venturi-Kanal bringen auch hier die längeren Bauarten günstigere Voraussetzungen für das hydraulische Verhalten. Die exakte Ausführung der Krone ist für die zu erreichende Meßgenauigkeit sehr wichtig. Empfehlenswert sind daher vorgefertigte Sohlschwellen aus Kunststoffen oder nichtrostendem Stahl. Rückstaueinflüsse sind auszuschließen, da dann die Oberwassertiefe allein nicht mehr als Meßgröße zur Durchflußbestimmung herangezogen werden kann.

Im Rohabwasser ist eine Messung mit der Sohlschwelle deshalb möglich, weil Grobstoffe, wie Sand und Kies, die Meßstelle gut passieren können. Allerdings beeinflussen bereits geringfügige Ablagerungen vor der Sohlschwelle die Anströmbedingungen und damit die Meßgenauigkeit. In der Praxis werden Sohlschwellen vorzugsweise für Einzelmessungen bei schwierigen örtlichen Verhältnissen oder bei sehr großen Durchflüssen eingesetzt. Der eigentliche Einsatzbereich ist in Fließgewässern mit wenig Geschiebe.

**Meßwertaufnehmer**

Der Meßwertaufnehmer hat die Aufgabe, an der Meßstelle einen Wert zu messen. Das Gerät muß an die besonderen Anforderungen der Abwassermeßstelle angepaßt werden. Da die Genauigkeit der Messung entscheidend vom Meßwertaufnehmer abhängt, sollte er robust, wartungsarm und unabhängig von äußeren Umwelteinflüssen sein. Je weniger Teile davon mit dem Wasser in Berührung kommen, um so besser ist dies für die Meßgenauigkeit.

Aus dem Meßsignal des Meßwertaufnehmers muß der Durchfluß eindeutig bestimmbar sein. Das Meßsignal kann durch geeignete Umformer bzw. Umsetzer in ein durchflußproportionales Ausgangssignal umgewandelt werden.

*Schwimmer*

Eine der ältesten Abtastungen des Wasserstandes ist die Messung mit Schwimmer. Dabei wird die Stellung eines auf der Wasseroberfläche schwimmenden Körpers über ein Hebelsystem oder einen Seilzug auf ein Anzeigegerät oder einen Meßumformer übertragen (Bild 6.7).

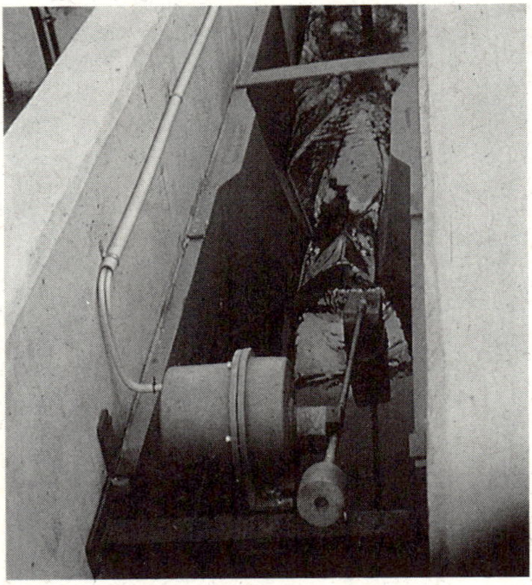

Bild 6.7: Schwimmermessung mit Venturi-Kanal

Die Messung hat besonders bei Rohabwasser Nachteile, da der Schwimmer mit dem Abwasser in Kontakt steht. So können Meßfehler durch das Anlagern von Stoffen entstehen. Das Strömungsprofil kann durch den Schwimmer beeinflußt werden. Die mechanisch bewegten Teile der Meßeinrichtung werden teilweise im Laufe der Zeit schwergängig (Bild 6.8).

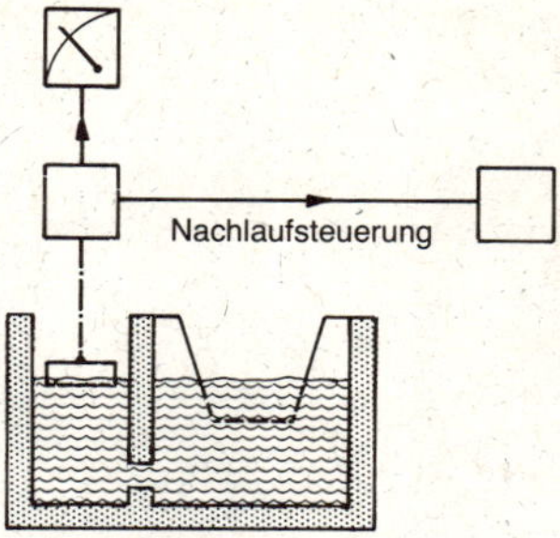


Bild 6.8: Schwimmermessung in einem Nebenschacht [30]

Werden Anforderungen an die Genauigkeit der Messung gestellt, ist die Schwimmermessung nicht genau genug (z. B. zur Ermittlung der Jahresschmutzwassermenge nach dem Abwasserabgabengesetz).

*Einperlung*

Die Messung arbeitet ohne bewegte Teile im Abwasser. An der Meßstelle selbst wird nur ein Tauchrohr eingebaut. Aus diesem Tauchrohr perlt an der tiefsten Stelle des zu messenden Wasserstandes Luft aus. Der Luftdruck in der Meßleitung entspricht dem Druck der Wassersäule über der Luftaustrittsöffnung. Alle weiteren Teile der Meßanlage können von der Meßstelle entfernt z. B. in einem trockenen Raum untergebracht werden. Zur Drucklufterzeugung ist eine Membranpumpe, ein Kleinkompressor o. ä. erforderlich.

Störungen bei der Einperlung können durch Verschmutzung, Algenaufwuchs oder Kondensatbildung in der Leitung und an der Austrittsöffnung auftreten. Eine regelmäßige Reinigung ist deshalb wichtig. Eine automatische Druckluftspülung erleichtert die Wartung.

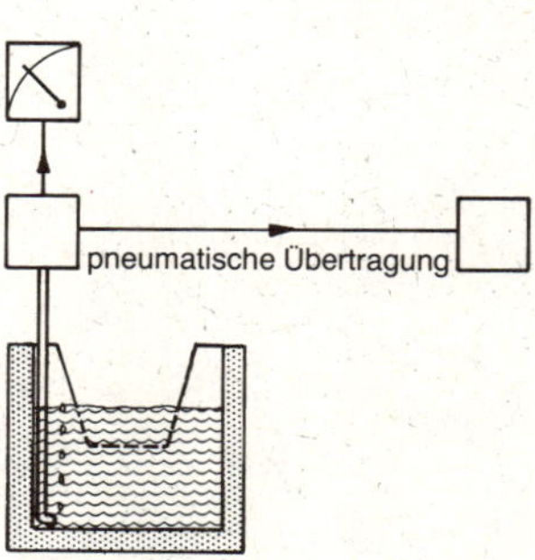


Bild 6.9: Lufteinperlung [30]

Der Meßdruck wird z. B. mit Hilfe einer Membran- oder Kolben-Druckwaage in die Meßgröße umgeformt. Dabei wägt ein Waagebalken den übertragenen Druck selbsttätig und laufend aus, indem sich ein verstellbares Gewicht automatisch verschiebt, bis es wieder zum Kräftegleichgewicht kommt. Der Meßwert wird über einen mit dem Stellgewicht verbundenen Zeiger auf einer Skala angezeigt.

Der Meßdruck kann auch pneumokapazitiv übertragen und in die Meßgröße umgesetzt werden. Dazu wird der Druck über eine Leitung auf eine Flüssigkeitswaage übertragen. Die Veränderung des Flüssigkeitspegelstandes wird kapazitiv gemessen und in den Durchfluß-Meßwert umgeformt.

Der Meßdruck kann schließlich auch auf einfachste Weise durch ein Manometer gemessen werden. So waren früher als Druckaufnehmer der Rohrfedermesser, der Plattenfedermesser oder die Ringwaage gebräuchlich. Am bekanntesten davon ist die Ringwaage. Sie besteht aus einem drehbar gelagerten Hohlring, der zur Hälfte mit einer Flüssigkeit (Öl, Quecksilber) gefüllt ist. Der Raum über der Flüssigkeit ist durch eine Trennwand in zwei Kammern geteilt. Hier enden die Leitungen, die die unterschiedlichen Drücke übertragen und dadurch den Hohlring drehen. Der Drehwinkel ist ein Maß der Meßgröße. Die Bewegung des Wirkdruckempfängers kann mechanisch angezeigt oder auf ein Fernanzeigegerät übertragen werden (vergleiche Bild 6.17).

Da mit diesen Geräten größere Meßbereiche nicht genau genug erfaßt werden können, kommen sie bei Abwassermessungen nur noch selten zum Einsatz.

*Echolot*

Von einem über dem Kanal angeordneten Sensor (Schall- oder Ultraschall-Sender) wird ein kurzer Impuls ausgesandt, der nach Reflexion an der Wasseroberfläche von einem Empfänger als Echo aufgenommen wird. Die Laufzeit ist das Maß für den jeweiligen Wasserstand (Bild 6.10).

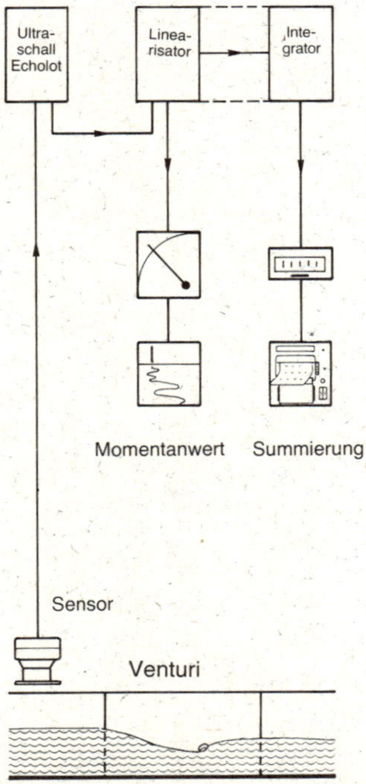


Bild 6.10: Echolotmessung [30]

Dieses berührungslose Meßverfahren ist unabhängig vom Verschmutzungsgrad des Wassers und hat keine mechanisch beweglichen Teile (Bild 6.11).

Die Abhängigkeit der Schallgeschwindigkeit von der Temperatur und Feuchte der Luft (auch Nebel oder Schaum) muß beachtet werden.

Bild 6.11: Echolotmeßgerät

*Druckmeßdose*

Die Messung des Wasserstandes über der Meßstelle (hydrostatischer Druck) kann direkt mit Druckmeßdosen erfolgen. Sie werden entweder an der Gerinnesohle oder in der Gerinnewand bündig eingebaut.

Es gibt keine Störung des Strömungsprofils, doch sind die Meßdosen nach Bauart anfällig für mechanische Beschädigungen. Zu beachten ist ferner, daß die Geräte teilweise empfindlich auf Temperaturveränderungen reagieren und die Nullpunktstabilität nicht immer gegeben ist.

*Induktive Messung*

Magnetisch-induktive Durchflußmeßgeräte (MID) werden zur Messung der Fließgeschwindigkeit verwendet. Sie werden überwiegend in Rohren eingebaut. Voraussetzung für die Messung ist, daß die Leitung ständig mit Flüssigkeit gefüllt ist. Bei der Anwendung in offenen Gerinnen und Freispiegelleitungen wird daher der MID zur Vermeidung von Teilfüllungen in einen Düker eingesetzt (siehe Bild 6.3).

Die physikalische Grundlage für die Messung ist das Faraday'sche Induktivgesetz: Bewegt sich ein Leiter in einem Magnetfeld, so wird darin eine Spannung induziert. Diese Spannung ist proportional der mittleren Durchflußgeschwindigkeit. Beim MID ist der Leiter das elektrisch leitende Wasser. Das Magnetfeld erzeugen zwei Magnetspulen, die Spannung wird von zwei Meßelektroden abgegriffen.

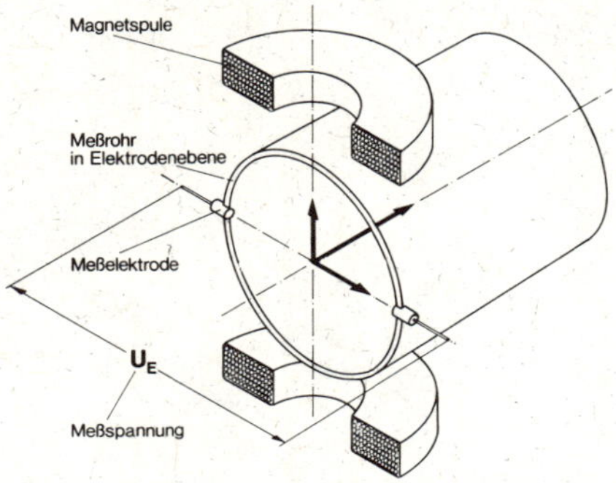


Bild 6.12: Wirkungsweise eines magnetisch-induktiven Durchflußmeßgerätes (MID)

Die Messung ist unabhängig von Grobstoffen im Abwasser und daher auch für Schlammmessungen geeignet. Rückstau führt nicht zu Fehlmessungen. Durch eine günstige Gestaltung des Dükers und der Einbaustelle ist dafür zu sorgen, daß Ablagerungen im Meßquerschnitt oder Luftblasen in der Leitung, die Messung nicht beeinflussen.

Neben dem vorstehend beschriebenen Düker-MID kommen gelegentlich auch der Eintauch-MID oder der Gerinne-MID in offenen Gerinnen zum Einsaz. Diese Geräte sind jedoch von der Meßgenauigkeit her dem Düker-MID gegenüber nicht gleichwertig.

*Kapazitive oder Leitfähigkeitssonden*

Als Meßwertaufnehmer dient eine Meßsonde, die direkt im Kanal montiert wird. Bei diesen Sonden werden entweder der elektrische Widerstand oder die Kapazität zwischen zwei parallelen Stäben oder Platten gemessen. Als Maß für den Wasserstand wird die Veränderung des Widerstandes oder der Kapazität genutzt, die von der Eintauchtiefe abhängen.

Anlagerungen an der kunststoffbeschichteten Sonde können den Meßwert verfälschen.

Beide Messungen werden im allgemeinen nur im Labor eingesetzt.

*Stechpegel*

Der automatische Stechpegel tastet die momentane Lage des Wasserspiegels periodisch ab. Bei Kontakt des Fühlers mit dem Wasserspiegel schließt sich ein Stromkreis, das Signal geht zu einem Meßumformer, der einen diskontinuierlichen Meßwert liefert.

Die Meßeinrichtung hat mechanisch bewegte Teile; sie ist empfindlich gegenüber Anlagerungen an der Tasterspitze. Die Messung liefert nur bei glatten Wasseroberflächen genaue Werte und wird deshalb mehr für Laborzwecke eingesetzt.

*Ultraschall*

Prinzipiell ist hier zwischen dem Laufzeitverfahren und dem Dopplerverfahren zu unterscheiden.

Beim Laufzeitverfahren muß das Wasser quer durch die Meßebene einmal in und einmal gegen die Strömungsrichtung durchschallt werden. Es sind dazu zwei Meßköpfe erforderlich. Die Laufzeitdifferenz des Schalls ist das Maß für die Bestimmung der Fließgeschwindigkeit.

Das Dopplerverfahren erfordert reflektierende Festteile im Wasser (bei Abwasser meistens vorhanden). Wie beim Radarmeßprinzip ändert sich die Frequenz von Schallwellen, wenn sie von einem sich bewegenden Körper reflektiert werden. Diese Frequenzdifferenz ist ein Maß für die Fließgeschwindigkeit. Mit diesem Verfahren kann demnach in absolut sauberem Wasser nicht gemessen werden.

Bei beiden beschriebenen Verfahren ist zusätzlich auch der Wasserstand zu messen. Mit einer Verbundmessung wird über den Wasserstand und der Fließgeschwindigkeit elektronisch der Durchfluß errechnet. Da zwei Messungen erforderlich sind, ist der meßtechnische Aufwand relativ hoch, doch sind nach Angabe der Hersteller sehr genaue Messungen möglich. Die Anwendung ist vor allem bei Rückstauproblemen interessant. Auch bei nachträglichem Einbau in bestehende Anlagen mit beengten Platzverhältnissen wird die Messung immer häufiger eingesetzt.

*Netzmessung*

In einem Kanal mit bekannten Abmessungen werden in verschiedenen Punkten über den Querschnitt die Fließgeschwindigkeiten gemessen. Daraus wird die mittlere Geschwindigkeit bestimmt und mit Hilfe der Querschnittsfläche der Durchfluß errechnet. Für die punktförmige Messung der Fließgeschwindigkeit werden vor allem Meßflügel (Bild 6.13) oder Staurohre verwendet.

Der Meßflügel hat als wesentlichen Bestandteil eine Schaufel mit schraubenförmig gekrümmten Flächen, die leicht drehbar auf einer horizontalen Achse gelagert ist. Die Achse istwährend der Messung gegen die Strömung, welche die Schaufel in Rotation versetzt, gerichtet. Die Drehzahl ist das Maß für die Fließgeschwindigkeit. Die Messung ist nur für Kurzzeitmessungen geeignet (Bild 6.14).

Mit Staurohren wird der Staudruck des strömenden Wassers als Differenz zwischen Gesamtdruck und statischem Druck ermittelt. Die Fließgeschwindigkeit kann daraus errechnet werden. Zur Messung des Gesamtdruckes benutzt man ein der Strömung entgegengerichtetes offenes Rohr. Der statische Druck wird mit Öffnungen im Rohr senkrecht zur Strömungsrichtung erfaßt. Hier ist die Gefahr von Verstopfungen und die Richtungsempfindlichkeit besonders zu beachten.

Trotz der einfachen Handhabung setzen Netzmessungen große Erfahrungen voraus.

*Verdünnungsverfahren*

Zur Durchflußbestimmung benötigt man einen Tracer (Indikator). Es eignen sich hierfür Substanzen, die auch noch in kleinen Spurenmengen nachweisbar sind und sich auf der Fließstrecke nicht verändern. Verwendet werden vor allem Salze, Farbstoffe oder radioaktive Stoffe. Oberhalb der Meßstelle wird der Tracer dem Wasser zugeführt. Je nach Art der Substanz wird anhand der Konzentration, der Strahlung, der Leitfähigkeit u. a., der Tracer quantitativ nachgewiesen und daraus der Durchfluß bestimmt.

Die Messung ist auch bei sehr ungünstigen örtlichen Gegebenheiten oder Abflußquerschnitten anwendbar. Allerdings setzt sie große Erfahrungen in der Analytik und eine sorgfältige Handhabung voraus und bleibt deshalb bisher auf Sonderfälle beschränkt.

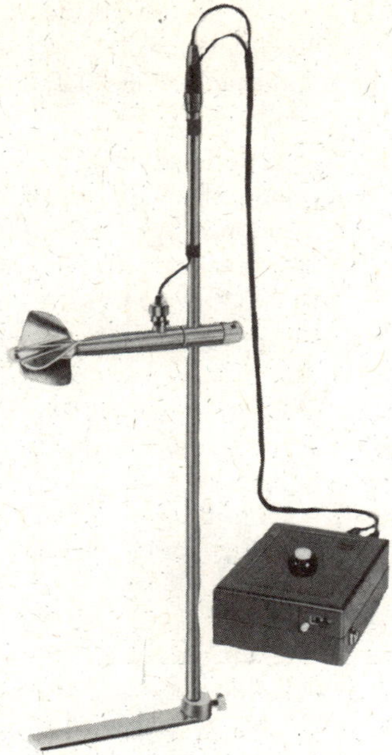

Bild 6.13: Meßflügel

*Volumetrische Verfahren*

Die Ermittlung des Durchflusses erfolgt durch eine Messung des Volumens bei gleichzeitiger Messung der Zeit. Die volumetrische Messung kann diskontinuierlich (Behälter) oder kontinuierlich (Kippbehälter, Wasserzähler) erfolgen. Sie wird meist nur zur Kalibrierung (Eichung) anderer Meßeinrichtungen oder bei kurzfristigen Messungen eingesetzt.

Für die Behältermessung eignen sich z. B. Schächte, Becken oder große Gefäße, deren Volumen vorher genau bestimmt werden kann. Für sehr kleine Durchflüsse hat sich vor allem die Kübelmessung bewährt.

**Betrieb und Kontrollmaßnahmen**

Es ist notwendig, den Meßbereich auf die tatsächlichen Zuflüsse der Kläranlage abzustimmen. Wenn z. B. bei unterbelasteten Anlagen der Zufluß erheblich unter den Bemessungswerten liegt, ist es wichtig, den Meßbereich der Durchflußmeßanlage auf einen kleineren, den Verhältnissen angepaßten Bereich auszulegen. Kleine Zuflüsse können nämlich von einem Gerät mit zu großem Meßbereich nur ungenau erfaßt werden. Gerät und Meßstrecke sind daher entsprechend kleiner zu bemessen und erst im Bedarfsfall auf den Endausbau umzurüsten.

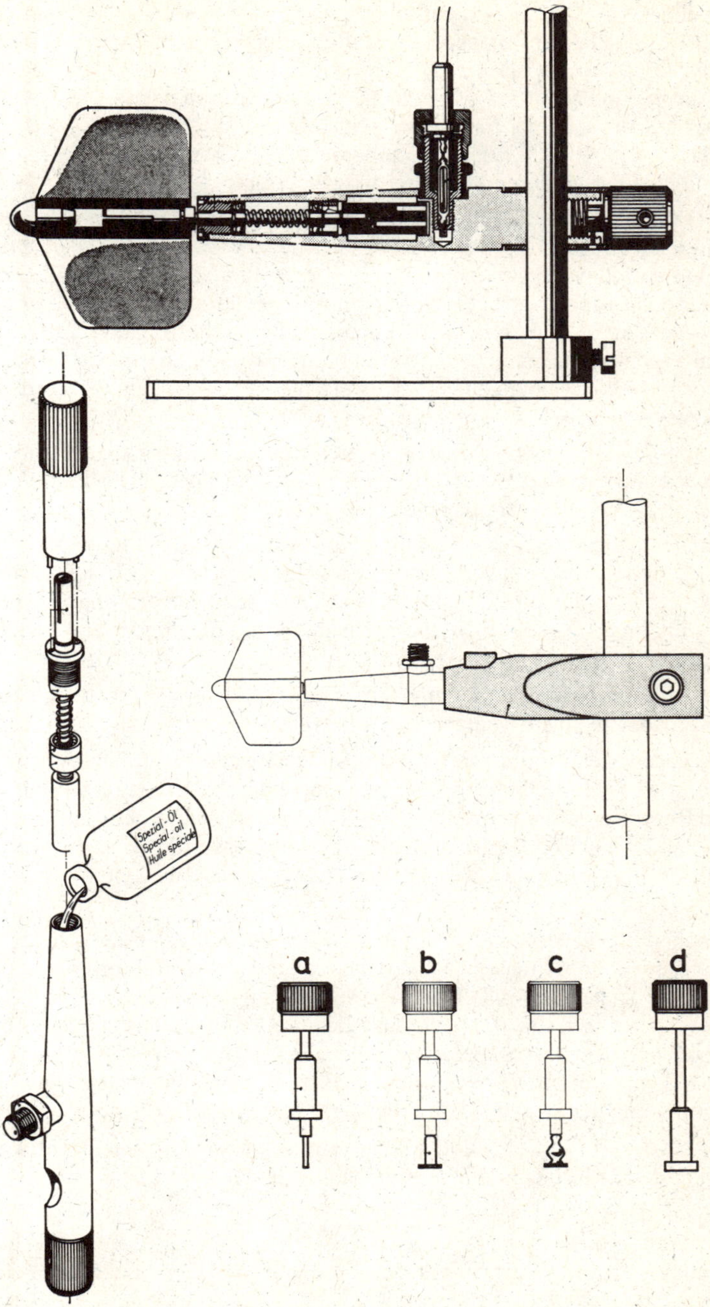


Bild 6.14: Aufbau eines Meßflügels

Meßanlagen sind so auszulegen, daß der größte zu messende Zufluß zur Kläranlage ($Q_{max}$) sich am zweifachen Trockenwetterzufluß orientiert, damit der Meßfehler beim geringsten Zufluß in der Nachtzeit ($Q_{min}$) möglichst klein bleibt. Mindesttiefen bei Freispiegelleitungen und Mindestfließgeschwindigkeiten spielen dabei eine Rolle. Vertretbare Fehlergrenzen sind nur einhaltbar, wenn sich der Meßbereich $Q_{min} : Q_{max}$ auf 0,1 beschränkt, d. h. wenn $Q_{max}$ höchstens zehnmal so groß wie $Q_{min}$ ist. Höhere Anforderungen erfüllen Geräte, deren Meßbereich 0,06 beträgt.

Die nach DIN 19559 „Durchflußmessung von Abwasser in offenen Gerinnen und Freispiegelleitungen" angegebenen Fehlergrenzen sind so weit gesetzt, daß eine richtig installierte Durchflußmeßangabe diese Grenzen einhalten kann. Dabei ist zu beachten, daß aus der Sicht des Ver- und Entsorgers nur die Fehlergrenzen für die *vollständige* Meßeinrichtung (z. B. einschließlich Einbau, Meßwertübertragung und Umwelteinflüsse) maßgebend sind und nicht die für das Meßgerät allein. Wichtig ist ferner, daß die tatsächlichen Meßabweichungen vom Sollwert angegeben werden. Sie werden als *Verkehrsfehlergrenzen unter Betriebsbedingungen* bezeichnet.

Die Garantie-Fehlergrenzen, wie sie häufig in Firmenprospekten angegeben sind, werden nur auf dem Prüfstand unter Verwendung von Reinwasser erreicht. Solche Angaben interessieren für den Kläranlagenbetrieb nicht.

Bei Meßfehlerangaben ist darauf zu achten, daß sie nicht auf den Meßbereichsendwert, sondern auf den Momentanwert bezogen werden. Grundsätzlich sollten nur Meßgeräte eingebaut werden, die zumindest eine einmalige Bauartprüfung des Herstellers oder eines unabhängigen Prüfinstituts nachweisen und die an Ort und Stelle justiert werden können.

Unter diesen Voraussetzungen kann erreicht werden, daß die Verkehrsfehlergrenzen unter Betriebsbedingungen weniger als 5% betragen.

Der Meß- und Anzeigebereich der Geräte ist so zu wählen, daß die zu erwartenden Meßwerte etwa im Mittelbereich liegen. Logarithmische Einteilungen auf den Anzeige- und Registriergeräten haben sich vielfach bewährt. Die Ergebnisse sind so aufzuzeichnen, daß Datum und Uhrzeit eindeutig zugeordnet werden können. Schreibstreifen, bei denen der Durchfluß in Prozent des Meßbereiches angegeben wird, sind unbefriedigend.

Die Meßanlage ist regelmäßig zu warten. Zur Überprüfung der Zuverlässigkeit sind nicht nur bei der Inbetriebnahme Kontrollmessungen durchzuführen. Wurden Meßgeräte eingebaut, bei denen vom Personal die Meßgenauigkeit überprüft und die Anzeige justiert werden können, sind der Nullpunkt einzustellen sowie verschiedene Meßwerte zu simulieren und mit der Anzeige zu vergleichen. Auch die richtige Funktion des Zählwerkes ist zu prüfen. Kontrollmessungen mit Hilfe eines unabhängigen Meßverfahrens müssen immer möglich sein (z. B. mit Meßwehr- oder Behältermessung).

Eine Hilfe bei der Überprüfung sind für das Wartungspersonal folgende Unterlagen; sie sollten zumindest in Kopie immer vorhanden und griffbereit sein.

- Einbauplan der Meßanlage,
- Abnahmeprotokoll,
- Beschreibung des Meßgerätes mit den Möglichkeiten der Funktionsüberprüfung und der Kalibrierung,
- Diagramm der Abflußkurve (Q/h-Kurve).

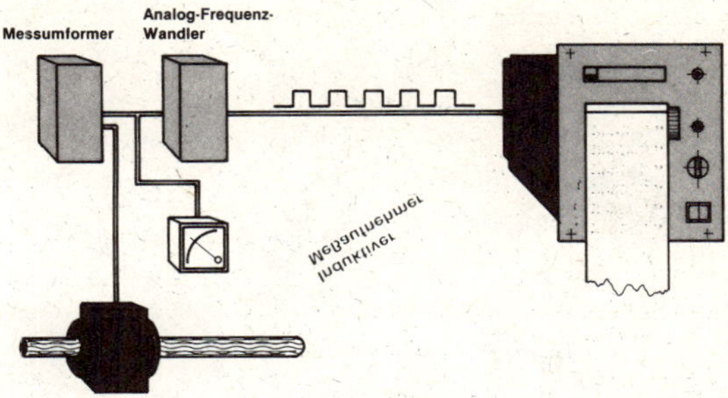


Bild 6.15: Durchflußmessung in Druckrohren [30]

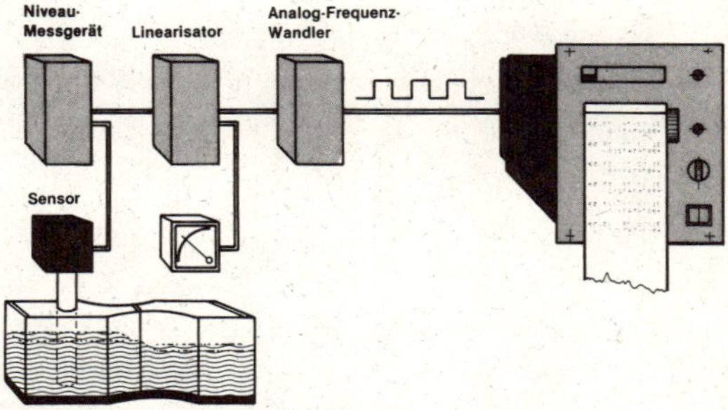


Bild 6.16: Durchflußmessung in offenen Gerinnen [30]

### *Schlammdurchfluß*

Grundsätzlich kann mit einem Teil der Meßmethoden für den Abwasserdurchfluß auch der Schlammdurchfluß gemessen werden. In der Praxis haben sich aber bestimmte Verfahren als besonders geeignet erwiesen.

In erster Linie ist hier die MID-Messung (magnetisch-induktive Durchflußmessung) zu nennen. Bei kleineren Kläranlagen kann das Volumen des täglich anfallenden Schlammes dann ermittelt werden, wenn der Schlamm in ein Becken mit bekanntem Nutzinhalt abgelassen wird.

$V(m^3)$ = Länge (l) × Breite (b) × Höhe (h) des Schlammspiegels oder bei rechteckigen Trichtern mit spitz nach unten zulaufenden Wänden

$$V = \frac{l \cdot b \cdot h}{3} \quad (m^3) \quad (h = \text{Trichtertiefe})$$

wobei sich die Maße auf die Höhe des Schlammes beziehen.

Der Inhalt von Schlammbecken läßt sich für verschiedene Schlammhöhen ausrechnen und kann dann für die einzelnen Höhen in einerTabelle zusammengestellt oder in einer Kurve dargestellt werden.

Zur Erleichterung empfiehlt es sich, im Becken eine Meßlatte zu befestigen, an der dann die Schlammhöhe abgelesen werden kann. Auch eine automatische Höhenstandsmessung mit Anzeige und Registrierung ist möglich.

Wird der Schlamm gepumpt, kann der Schlammanfall relativ genau über die Pumpzeit (z. B. Betriebsstundenzähler) bestimmt werden. Ist der Nutzinhalt des Pumpensumpfes bekannt, so errechnet sich die tatsächliche Förderleistung der Pumpe aus

$$\frac{\text{Schlammenge} \quad (\text{m}^3)}{\text{Pumpzeit} \quad (\text{h})} = \text{Förderleistung} \quad (\text{m}^3/\text{h})$$

Diese Zahl ist maßgebend für die künftige Pumpzeit. Es ist nur noch erforderlich, z. B. die täglichen Betriebsstunden abzulesen, denn

Pumpzeit (h) × Förderleistung ($m^3/h$) = die gepumpte Schlammenge ($m^3$).

Da sich die Förderleistung der Pumpen im Laufe der Zeit (Abnutzung usw.) ändern kann, sollte die Messung nach vorstehendem Muster von Zeit zu Zeit überprüft werden.

### *Gasdurchfluß*

Durch eine ständige Messung des Faulgasanfalles können die Vorgänge im Faulbehälter kontrolliert und beurteilt werden. Hierzu dient ein Gasdurchflußmesser. Sind mehrere Faulbehälter vorhanden, wird der Gasanfall jedes einzelnen Faulbehälters gemessen. Nach dem Gasbehälter wird bei größeren Käranlagen auch der Gasdurchfluß zu den einzelnen Verbrauchern (z. B. Heizung, Gasmaschine) gemessen.

Einzelheiten sind im ATV-Hinweisblatt H 264 „Durchflußmessung von Faulgas auf Kläranlagen" [5] beschrieben.

Zur Messung des Faulgases wird vielfach als Meßsystem das Wirkdruckmeßverfahren verwendet. Durch eine Verengung des Rohrquerschnitts entsteht ein Druckabfall (Wirkdruck), der gemessen und elektrisch zur Meßwarte übertragen wird. Der Gasanfall kann direkt auf dem Anzeigegerät abgelesen Bild (6.17) oder über eine elektrische Meßeinrichtung auf ein Fernanzeigegerät übertragen werden.

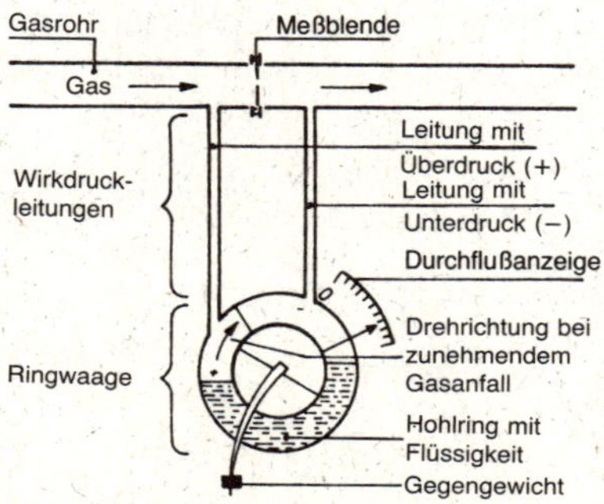


Bild 6.17: Prinzip einer Wirkdruckmeßeinrichtung mit Meßblende

Bei neueren Kläranlagen erfolgt die Messung des Gasanfalls teilweise auch mit volumetrischen Verfahren z. B. mit Drehkolbengaszählern oder mit Turbinenradzählern. Diese Meßverfahren arbeiten sehr genau, sie sind eichfähig. Sie erfordern aber einen erhöhten Aufwand bei der Installation durch Einrichtungen zur Vorreinigung des Gases und einer regelmäßigen Instandhaltung, um Störungen durch Feststoffanlagerungen zu vermeiden. Wegen dieser Einschränkungen werden in der Praxis Meßverfahren bevorzugt, die ohne bewegliche Teile auskommen.
Als Sondermeßverfahren ist noch die Ultraschall-Messung zu erwähnen. Sie beruht auf dem Effekt der Mitführung von Schallwellen in strömenden Medien. Die Laufzeit eines Schallimpulses durch das Meßgut ist deshalb ein Maß für dessen Strömungsgeschwindigkeit. Das Verfahren erfordert einen erheblichen technischen Aufwand und ist entsprechend kostenintensiv.

### *6.5.2 Farbe, Geruch*

Bei der Beurteilung geht es um grobsinnliche Wahrnehmungen. Es ist darauf zu achten, daß die Analyse schon unmittelbar nach der Probenahme erfolgt; hierdurch werden mögliche Veränderungen der Abwasserprobe, die schon nach kurzer Zeit eintreten können, vermieden. Obwohl die Wahrnehmungen der Färbung und des Geruchs subjektiv sind, erlauben sie untereinander Vergleiche und damit Angaben über Änderungen der Abwasserzusammensetzung.

Einzelheiten über die Beurteilung sind unter Nr. 5.6 Sinnesprüfung erläutert.

### *6.5.3 Temperatur*

Die Messung der Temperatur ist erforderlich, weil der biologische Abbau der organischen Stoffe (z. B. im Belebungsbecken, Tropfkörper, Faulbehälter) temperaturabhängig verläuft. Auch die Löslichkeit von Sauerstoff im Wasser ist davon abhängig.

*Abwassertemperatur*

Zur Bestimmung der Abwassertemperatur benötigt man ein Quecksilberthermometer, das einen Meßbereich von − 5 bis + 50° C umfaßt.

Die Abwasserprobe wird mit Hilfe eines Schöpfers entnommen, der vorher die Temperatur des Wassers angenommen hat. Das Thermometer wird sofort – etwa 1 Minute lang – in die Probe eingetaucht und die Temperatur anschließend am eingetauchten Thermometer abgelesen. Für die Betriebsaufzeichnungen auf der Kläranlage genügt es, die Temperatur auf 1,0° C gerundet anzugeben. Während der Messung muß sich die Quecksilberkugel des Thermometers unter Wasser befinden.

Einfacher ist die Verwendung eines „Schöpfthermometers“, bei dem sich um die Quecksilberkugel eine Hülse für das Probewasser befindet. Es wird etwa eine Minute in das Wasser gehalten, bevor man das Schöpfthermometer herauszieht. Ohne das Wasser am unteren Ende der Hülse auszugießen, wird die Temperatur abgelesen.

Noch bequemer und schneller ist die Messung mit einem Widerstandsthermometer, auf dem die Temperatur sofort nach Eintauchen der Sonde in das Abwasser abgelesen werden kann. Diese Meßanordnung erlaubt, wenn die Sonde fest installiert ist, auch die Übertragung in die Schaltwarte und auf einen Schreibstreifen. Man benutzt dazu edelstahlummantelte Temperaturfühler, die nicht korrodieren und auch geringe Temperaturschwankungen schnell anzeigen.

Normale Temperaturen im Rohabwasser liegen zwischen 20° C (im Sommer) und 10° C (im Winter). Von großem Einfluß ist der Fremdwasseranteil (z.B. Grundwasser) oder die Schneeschmelze; auch Kühlwasser kann sich auf die Temperatur sehr auswirken. Kühlwasser oder andere Industrieabläufe sollten bei Einleitung in ein Gewässer nicht wärmer als 30° C sein. Bei Einleitungen in ein Kanalnetz ist wegen der Kanalbaustoffe die Obergrenze 35° C. Messungen der Abwassertemperatur in der biologischen Stufe erlauben Aussagen über den Ablauf der Nitrifikation.

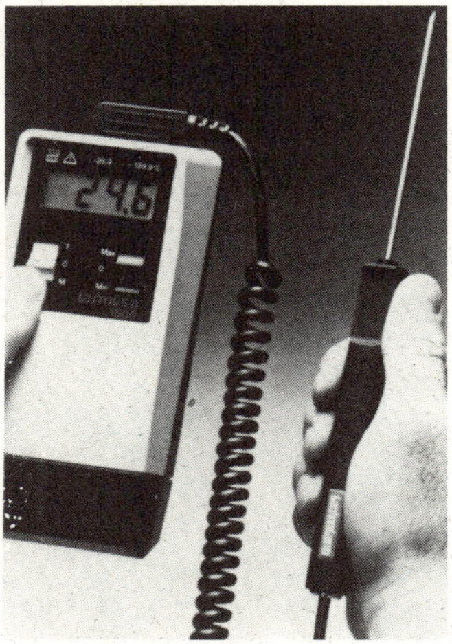

Bild 6.18: Elektronische Temperaturmessung mit digitaler Anzeige

Schlammtemperatur

In offenen Faulräumen kann die Schlammtemperatur ebenfalls mit einem Schöpfthermometer gemessen werden. In beheizten Faulbehältern dagegen ist es üblich, die Temperatur durch fest eingebaute Widerstandsthermometer elektrisch festzustellen und auf ein Anzeigegerät fernzuübertragen. Mindestens zwei Meßstellen sind erforderlich. Die Widerstandsthermometer werden meistens in Einbaurohre, die zur besseren Wärmeübertragung mit Öl gefüllt sind, installiert. Treten Störungen auf, so können die Thermometer nach den Betriebsbeschreibungen der Lieferfirmen ausgewechselt werden.

Ungünstig eingebaute Thermometer können durch Ablagerungen verfälschte Werte liefern, daher muß man von Zeit zu Zeit durch Handmessungen Kontrollen durchführen.

*Lufttemperatur*

Die Temperatur der Luft wird im Schatten, mindestens 1 m über dem Boden, gemessen. Der Meßbereich sollte etwa zwischen − 30 und + 50° C liegen. Die Ablesung auf 1,0° C gerundet genügt für die Betriebsaufzeichnungen der Kläranlage. Zweckmäßig ist ein Maximum-Minimum-Thermometer, das neben dem augenblicklichen Wert auch die höchste und niedrigste Temperatur seit der letzten Ablesung angibt. Die Marken der Höchst- und Tiefstwerte werden nach der Ablesung mit einem Magneten zurückgestellt.

*Zur Wartung:*

Die Meßeinrichtung zur elektrischen Messung der Temperatur besteht aus einem Temperaturfühler und einem Meßwertverstärker. Der Fühler ist meist ein Widerstandsgeber. Die Messung beruht auf der Widerstandsänderung eines auf isolierende Spulenkörper aufgewickelten Platin- oder Nickeldrahtes in Abhängigkeit von der Temperatur. Die Temperaturfühler unterliegen keinem Verschleiß und müssen nicht regelmäßig nachjustiert werden. Trotzdem darf eine regelmäßige Funktionskontrolle nicht vergessen werden. Bei der Wartung sollte die elektrische Temperaturmessung in den allgemeinen Wartungsplan mit einbezogen werden.

### *6.5.4 Sichttiefe, Durchsichtigkeit, Trübung*

Ungelöste oder kolloidal gelöste Stoffe führen im Wasser zu einer Trübung. Je weniger der Anteil dieser Stoffe ist, desto geringer ist die Trübung und um so größer die Durchsichtigkeit oder Sichttiefe.

Die Durchsichtigkeit im Nachklärbecken oder im Ablauf ist damit ein Gradmesser, mit dem man die Restverschmutzung im Wasser abschätzen kann. Die Trübung durch anorganische Stoffe oder durch Farben stören bei der Bestimmung. Gelöste Stoffe werden bei der Messung nicht wahrgenommen. Die Messung der Sichttiefe ist weniger zum Vergleich der Ergebnisse verschiedener Kläranlagen geeignet, als vielmehr zur Abschätzung der Leistung der eigenen Anlage über einen längeren Zeitraum.

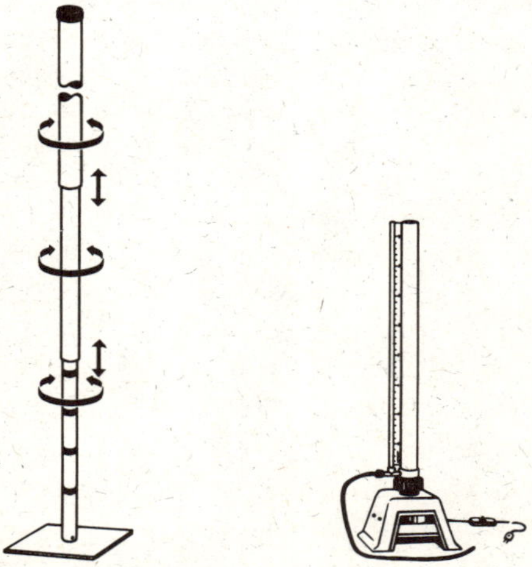

Bild 6.19: Sichtscheibe und Sichttiefenzylinder

*Bestimmung mit Sichtscheibe*

Zur Messung mit der Sichtscheibe (Bild 6.19) wird die an einer Kette oder Stange befestigte weiße Sichtscheibe mit einer 20 × 20 cm großen Fläche langsam soweit unter den Wasserspiegel abgesenkt, bis sie gerade noch erkennbar ist. Die Länge des eingetauchten Teiles der Kette oder der Stange wird an den Markierungen abgelesen oder ausgemessen. Der Wert wird als Sichttiefe in cm angegeben.

Die Meßergebnisse sind von dem Sehvermögen der messenden Person und auch von den Lichtverhältnissen beeinflußt. Die Werte werden bei Sichttiefen ≤ 1 m auf 1 cm, bei Tiefen > 1 m auf 10 cm gerundet angegeben. Gut arbeitende Kläranlagen haben im Ablauf meist Sichttiefen von über 50 cm (manchmal sogar über 1 m).

*Bestimmung mit Sichttiefen- oder Durchsichtigkeitszylinder*

Für die Messung mit dem Sichttiefenzylinder (Bild 6.19) wird ein Zylinder mit eng anliegender Abdeckhülse und mit Ablaßhahn verwendet. Die Abdeckhülse soll seitlich einfallendes Licht abschirmen. Die gut durchmischte Probe wird in den Zylinder eingefüllt. Nach kurzer Beruhigungszeit, wenn keine Luftbläschen mehr aufsteigen, wird der Wasserspiegel langsam so weit abgesenkt, bis die geräteeigene, beleuchtete Sichtmarke am Boden (Fadenkreuz) gerade sichtbar wird. Die Höhe der Wassersäule wird an den Markierungen des Zylinders abgelesen und als Sichttiefe in cm angegeben.

Stattdessen kann auch ein Durchsichtigkeitszylinder verwendet werden. Anstelle des Fadenkreuzes befindet sich hier eine Schriftprobe am Boden (schwarze Schrift auf weißem Untergrund mit einer Schrifthöhe von 3,5 mm und 0,35 mm Linienbreite). Die Schriftprobe muß mit einer konstanten Lichtquelle von unten beleuchtet werden. Die Höhe der Wassersäule, bei der die Schrift gerade gelesen werden kann, wird in cm abgelesen.

Die Sichttiefe wird auf 1 cm gerundet angegeben. Die Sehschärfe der messenden Person hat auch hier Einfluß auf das Meßergebnis. Der Wert ist nicht mit dem der Sichtscheibe vergleichbar, jedoch ist das Meßergebnis genauer als bei der Sichtscheibe.

*Bestimmung der Trübung mit fotometrischen Geräten*

Die Restverschmutzung des gereinigten Abwassers setzt sich zum einen aus den gelösten noch weiter biologisch abbaubaren Kohlenstoffverbindungen („Rest-CSB“) und gelösten Nährstoffen (Stickstoff- und Phosphorverbindungen) zusammen. Bei ausreichendem Wirkungsgrad oder Nachklärung ist der Anteil abtreibender Schlammflocken an der Restverschmutzung relativ gering. Ist die vollständige Trennung der Wasserphase vom belebten Schlamm nicht mehr gewährleistet (z. B. bei zu hohem Mischwasserzufluß), kann die Belastung des Gewässers um ein Vielfaches ansteigen.

Durch kontinuierliche Messung von Feststoffgehalten im Kläranlagenablauf können solche Störungen erkannt werden. Dies geschieht mit Hilfe von Trübungssonden, die mit dem Parameter „TE/F“ (Trübungseinheit, bezogen auf Formazin) einen qualitativen Wert der Restverschmutzung des Ablaufs liefern.

Es stehen zwei Verfahren zur Verfügung, die Messung

- der Schwächung des durchgehenden Lichtes (Lichtabsorption),
- des Streulichtes (Lichtreflexion).

Die Geräte sind sowohl für Einzelproben als auch für kontinuierlichen Messungen im Handel; sie werden meistens als Trübungsmeßgeräte bezeichnet.

Beim Lichtabsorptionsverfahren wird durch die Wasserprobe ein Lichtstrahl geschickt, das durch die Trübung an Helligkeit verliert. Dieser Lichtverlust wird fotometrisch gemessen und auf einem Schreiber aufgezeichnet. Der Lichtstrahl kann auf seinem Weg von der Lichtquelle zum Lichtempfänger jedoch nicht nur durch Schwebstoffteilchen geschwächt werden, sondern auch durch Verfärbungen der Wasserprobe.

Beim Lichtreflexionsprinzip wird vom Lichtempfänger der Anteil des Lichtes gemessen, der beim Zusammentreffen mit Schwebstoffteilchen abgelenkt wird (Streulichtmethode).

Die beiden Meßverfahren können auch kombiniert werden. Für die kontinuierliche Messung ist die Sauberkeit der lichtdurchlässigen Wandungen der Durchlaufküvette oder der Trübungs-Meß-Sonde von grundlegender Voraussetzung. Es ist daher erforderlich, den Einfluß der Verschmutzung so klein wie möglich zu halten. Die Verschmutzung der Durchlaufsonde oder der Tauchsonde kann nur in einem bestimmten Bereich automatisch ausgeglichen werden. Die Meßsonden müssen in jedem Fall von anhaftendem Schmutz oder Algenbewuchs befreit werden. Verschiedentlich werden im Handel selbstreinigende Sonden angeboten. Mit diesen Geräten wird der Wartungsaufwand wesentlich geringer.
Nachdem entsprechende anlagenspezifische Übertragungsfunktionen gefunden sind, kann im Bereich normalerweise auftretender Feststoffgehalte im Ablauf aus den gemessenen Trübungseinheiten direkt auf den Gehalt an abfiltrierbaren Stoffen (AS) geschlossen werden. Die auftretenden AS-Gehalte liegen üblicherweise unterhalb von 50 mg/l, was knapp 20 TE/F entspricht. Aus den Ergebnissen der Untersuchungen einer Kläranlage ist erkennbar, daß der Meßbereich etwa bis 300 mg/l AS linear verlief. Dies sind Werte, die nur bei starkem Schlammabtrieb vorkommen können.

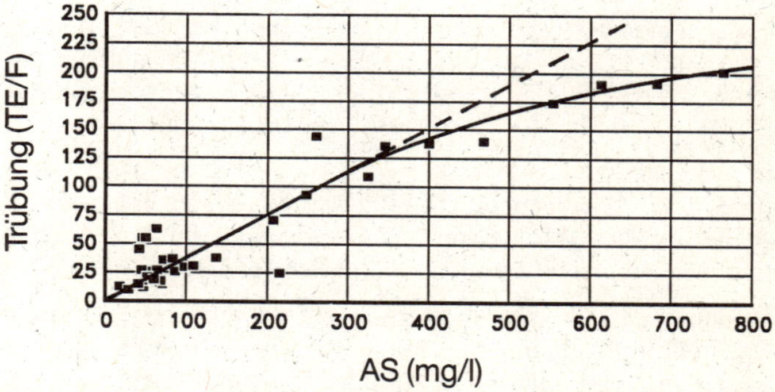


Bild 6.20: Abhängigkeit der Trübung vom Gehalt an abfiltrierbaren Stoffen (Beispiel) im Ablauf des Nachklärbeckens

### *6.5.5 Absetzbare Stoffe und Schlammvolumen*

#### *Absetzbare Stoffe*

Eine wichtige Bestimmung ist die der ungelösten Stoffe, weil diese den Klärschlamm bilden. Man unterscheidet absetzbare Stoffe, nicht absetzbare und absiebbare Schwebstoffe.

Die *absetzbaren Stoffe* werden im allgemeinen im Rohabwasser (Zulauf der Kläranlage) sowie im Ablauf des Vor- und des Nachklärbeckens bestimmt; in Einzelfällen auch vom Ablauf von Tropfkörpern und im Trübwasser von beheizten Faulbehältern.

Das Verfahren ermöglicht die Bestimmung des Volumenanteils der absetzbaren Stoffe im Abwasser, wenn der Wert über 0,1 ml/l liegt.

Die Messung im Rohabwasser gibt einen Hinweis auf den zu erwartenden Vorklärschlammanfall, im Ablauf von Vor- und Nachklärbecken kann auf die Absetzwirkung (mechanische Wirkung) der Anlagen geschlossen werden. Im Ablauf von Tropfkörpern kann man durch diese Messung die Menge des ausgespülten biologischen Rasens bestimmen; wird bei hoher Schmutzbelastung hier eine geringe Schlammenge ausgespült, besteht die Gefahr der Verstopfung des Tropfkörpers. Im Trübwasser schließlich zeigt die Messung, in welchem Umfang Faulschlamm mit dem Trübwasser in die Kläranlage zurückgeführt wird.

Da das Volumen der Stoffe, die im Augenblick der Probenahme absetzfähig sind, festgestellt werden soll, ist die Bestimmung unverzüglich nach der Probenahme durchzuführen. Lagerung und Transport können nämlich das Ergebnis erheblich beeinflussen.

Die absetzbaren Stoffe werden in einem Imhofftrichter (Bild 6.21) gemessen. Die gut durchmischte Probe wird in das Absetzglas bis zur 1-l-Marke eingefüllt. Das Absetzglas wird senkrecht, erschütterungsfrei und vor direkter Sonneneinstrahlung geschützt aufgestellt. Die Temperatur der Probe soll sich wähend der Bestimmung möglichst wenig ändern. Keinesfalls darf sie über 25° C liegen. Das Absetzglas wird jeweils nach 50 und 110 Minuten ruckartig dreimal um seine Längsachse gedreht, damit auch die an der Glaswand anhaftenden Teilchen erfaßt werden. Das Volumen der absetzbaren Stoffe wird nach einer Standzeit von zwei Stunden abgelesen.

| | |
|---|---|
| Die Ergebnisse werden bei Werten | kleiner als 2 ml/l abgerundet auf 0,1 ml/l |
| | 2 bis 10 ml/l abgerundet auf 0,5 ml/l |
| | 10 bis 40 ml/l abgerundet auf 1 ml/l |
| | 40 bis 100 ml/l abgerundet auf 2 ml/l |

angegeben.

Für bestimmte Messungen kann unter besonderen Voraussetzungen eine Verkürzung der Absetzdauer für die Messung von 2 Stunden auf 30 Minuten vereinbart werden. Die verkürzten Messungen sind dann nur unter sich vergleichbar.

Der Volumenanteil der absetzbaren Stoffe liegt im Rohabwasser üblicherweise zwischen 1 und 20 ml/l. Im Ablauf der Kläranlage darf er, je nach Festlegung im Wasserrechtsbescheid, den Wert von 0,3, 0,5 oder 0,6 ml/l nicht überschreiten.

Bei Meßgeräten zur automatischen Messung der absetzbaren Stoffe werden die einzelnen Schritte, die bei der manuellen Messung ausgeführt werden, durch sinnvoll aneinandergereihte mechanisch-elektrisch arbeitende Vorrichtungen übernommen.

Das Füllen des Absetzgefäßes mit Abwasser, das ruckartige Drehen in den Senkrechten des Absetzgefäßes in Abständen von 15 Minuten, die Ablesung des Volumens der absetzbaren Stoffe nach einer Absetzzeit von 2 Stunden und das anschließende Entleeren und Säubern des Absetzgefäßes werden von einem Programmgeber gesteuert.

Als Absetzgefäß dient ein Imhoff-Absetzglas, welches an der Spitze zu einem Glasrohr ausgebildet ist, das durch eine Ventilanordnung geöffnet oder geschlossen werden kann.

Bild 6.21: Bestimmung der absetzbaren Stoffe im Imhofftrichter

Nach der Absetzzeit von 2 Stunden haben sich die im Abwasser befindlichen absetzbaren Stoffe im Glasrohr angesammelt. Eine höhenbewegliche Meßbühne, auf der eine Lichtschranke angebracht ist, tastet die sich gebildete Grenzschicht zwischen lichtundurchlässigem abgesetzten Schlamm und lichtdurchlässigem überstehenden Wasser ab. Die Standhöhe der Meßbühne über der Nullhöhe der Ventilanordnung, multipliziert mit der Grundfläche des Glasrohres, ergibt das Volumen der absetzbaren Stoffe. Dieser Wert wird elektrisch angezeigt und mit Hilfe eines Schreibers registriert. Nach dem Meßvorgang wird automatisch neues Abwasser in das Absetzgefäß gefüllt und der Meßvorgang wiederholt sich.

Die Geräte müssen vom Wartungspersonal in regelmäßigen Abständen überprüft werden. Die speziellen Wartungsarbeiten und Wartungsintervalle sind den Betriebsanleitungen zu entnehmen.

Auf eine Gewichtsbestimmung der absetzbaren Stoffe (Massenkonzentration) wird normalerweise verzichtet. Bei Rohabwasser sind mittlere Werte von etwa 350 mg/l zu erwarten. Soll das Gewicht der absetzbaren Stoffe festgestellt werden, so erfolgt die Bestimmung ähnlich wie bei der Schlammtrockensubstanz. Die genaue Methode ist in der DIN 38409 Teil 10 beschrieben.

Die *nicht absetzbaren Schwebstoffe* erhält man, wenn man durch Filtern die Gesamtschwebstoffe ermittelt und davon die absetzbaren abzieht. Man filtert zu diesem Zweck etwa 0,5 l Abwasser, trocknet den Filterrückstand und wiegt ihn wie die Schlammtrockensubstanz. Das gleiche geschieht mit dem abgesetzten Abwasser, das über dem Bodensatz steht. Der Unterschied in den beiden Gewichten gibt die nicht absetzbaren Schwebstoffe an.

Die *absiebbaren Schwebstoffe* bestimmt man im Abwasser, wenn es sich darum handelt, eine Siebanlage zu prüfen. Man verwendet dazu Metallsiebe, deren Durchgangsöffnung denen der Betriebsanlage entsprechen.

### *Abfiltrierbare Stoffe*

Feststoffe im Kläranlagenablauf können u. a. die Gehalte an CSB und $BSB_5$ erhöhen. Sie sind daher schon im Hinblick auf die Einhaltung von wasser- und abgaberechtlichen

Grenzwerten generell unerwünscht. Es ist allerdings zu erwähnen, daß der optische Eindruck oft einen stärkeren Feststoffabtrieb vortäuscht, als tatsächlich vorhanden ist. Aus diesem Grunde wird immer häufiger die Messung der abfiltrierbaren Stoffe gefordert.

Bei ausreichend dimensionierter Nachklärung und störungsfreiem Betrieb der biologischen Stufe liegen die Gehalte der abfiltrierbaren Stoffe im Ablauf um 10 mg/l. Von erhöhtem Suspensaabtrieb ist erst dann zu sprechen, wenn 30 bis 50 mg/l überschritten werden.

1 mg/l Feststoffe haben einen CSB von 0,8 bis 1,6 mg/l bzw. einen $BSB_5$ von 0,3–1,0 mg/l. Die Stickstoffverbindungen befinden sich in der gelösten Phase, daher ist der Feststoffanteil im Kläranlagenablauf für Überwachungswerte des anorganisch gebundenen Stickstoffs bedeutungslos. Der Parameter Phosphor dagegen kann durch ungelöste Stoffe im Ablauf mitbeeinflußt werden.

Die abfiltrierbaren Stoffe sind für die Bemessung biologischer Stufen, die für Nitrifikation ausgelegt werden sollen, eine wichtige Kenngröße. Deshalb werden im Zulauf zur biologischen Stufe immer häufiger entsprechende Messungen verlangt. Hier sind Werte von etwa 200 mg/l zu erwarten (im Rohabwasser zwischen 300 mg/l und 500 mg/l).

Abfiltrierbare Stoffe (AS) sind die durch Filtrieren abtrennbaren Sink-, Schweb- und Schwimmstoffe im Abwasser. Sie werden auf das Volumen der Wasserprobe bezogen, in der sie bestimmt wurden und in mg/l angegeben. Das Filtrieren geschieht am besten mit Glasfaserfilter (z. B. Schleicher & Schüll Nr. 6) über eine Vakuumfiltrationseinrichtung mit Wasserstrahlpumpe.

Die AS-Bestimmungen sollten möglichst frühzeitig nach der Probenahme erfolgen, um Fehler durch Nachflockung zu vermeiden.

Wird die Bestimmung aus einer Teilmenge eines größeren Probevolumens vorgenommen, sollte das zu filtrierende Volumen so bemessen werden, daß die gesamte abgemessene Abwassermenge in 5–15 Minuten filtriert werden kann und mindestens 20 mg Trockenmasse auf dem Filter erhalten werden. Bei zu erwartenden AS-Werten < 20 mg/l sind mindestens 2 l Abwasser zu filtrieren.

In der Regel lassen sich bei kommunalen Abwässern
50– 200 ml Rohabwasser (nach dem Rechen),
100– 500 ml vom Ablauf der Vorklärung und
500–3000 ml vom Ablauf der Nachklärung nach biologischer Reinigung
in weniger als 15 Minuten filtrieren. Mit längeren Filtrationszeiten kann der Durchsatz nur unwesentlich erhöht werden.

Um ein genaues Meßergebnis zu erhalten, muß der Filter vor der Analyse behandelt werden, er könnte sonst bei der Filtration Glasfasern abgeben. Dazu wird der Filter in die Porzellannutsche eingelegt und etwa 0,5 l sauberes Leitungswasser durchgesaugt. Anschließend wird der Filter mindestens 1 Stunde im Trockenschrank bei 105° C getrocknet, im Exiskkator abgekühlt und auf 1 mg genau ausgewogen. Es ist zweckmäßig, gleich mehrere Filter auf diese Weise vorzubereiten, auf der Rückseite zu numerieren und das Leergewicht ins Filterbuch einzutragen.

Bei der eigentlichen Bestimmung wird die abgemessene Probe filtriert und der Filter etwa 1 Minute trockengesaugt. Der Filter kommt 2 Stunden in den Trockenschrank bei 105° C, dann 5 Minuten Abkühlung im Exsikkator und auswiegen.

Zur Trocknung können alternativ auch Infrarot Trockengeräte oder Mikrowellenherde verwendet werden.

*Die Berechnung erfolgt nach Formel:*

$$\frac{(\text{Filter mit AS} - \text{Filter leer}) \times 1000}{\text{filtriertes Abwasservolumen in ml}} = \text{AS in mg/l}$$

Die Ergebnisse werden auf 1 mg/l, bei AS-Werten über 100 mg/l auf 10 mg/l auf- oder abgerundet.

Soll auch der Glührückstand der abfiltrierbaren Stoffe bestimmt werden, so geschieht dies wie in Abschnitt 6.5.7 für die Bestimmung des Glührückstandes des Belebtschlammes beschrieben.

Für die $BSB_5$- und CSB-Messung sollen bei Abwasserteichen nur ungetrübte, unverfärbte, klare Proben genommen werden. In der Rahmen-AbwasserVwV ist festgelegt:

Ist bei Teichanlagen, die für eine Aufenthaltszeit von 24 Stunden und mehr bemessen sind, die Proben durch Algen deutlich gefärbt, so sind CSB, $BSB_5$, $NH_4$-N, $NO_3$- und $P_{ges}$ von der algenfreien Probe zu bestimmen. In diesem Fall erniedrigen sich die festgelegten Werte beim CSB um 15 mg/l und beim $BSB_5$ um 5 mg/l.

D. h. die Proben müssen filtriert werden, damit die Schwebestoffe, vorwiegend Plankton-Algen, entfernt werden. Die Algen würden sonst die Meßwerte verfälschen. Die Verfälschung käme vor allem vom verstärkten Sauerstoffverbrauch der Algen durch Atmung (bei Dunkelheit) und Absterben, der in Wirklichkeit aber nicht in dieser Form auftreten würde. Algengetrübte Proben ergeben deshalb höhere Werte. Der Meßfehler, der entsteht, wenn mit den Algen auch andere Schwebstoffe entfernt werden, ist bei Abwasserteichen verhältnismäßig klein.

### *Schlammvolumen*

Der Volumenanteil, den der Belebtschlamm aus 1 Liter Belebungsbeckeninhalt bei ungestörtem Absetzen in einem Standzylinder nach 30 Minuten einnimmt, wird als Schlammvolumen ($V_s$) – eigentlich Schlammabsetzvolumen – bezeichnet. Seine Einheit ist ml/l.

Das Schlammvolumen gibt einen Hinweis auf die in dem Belebungsbecken vorhandene, biologisch aktive Schlammasse; der Wert gehört zu den wichtigsten Kenngrößen einer Belebungsanlage und ist deshalb regelmäßig zu bestimmen.

Die absetzbaren Stoffe des belebten Schlammes werden nicht im Imhofftrichter, sondern in einem 1000-ml-Meßzylinder bestimmt (Bild 6.22). Die gut durchmischte Probe aus dem Belebungsbecken wird in den Meßzylinder bis zur 1000-ml-Marke gefüllt und der Meßzylinder erschütterungsfrei und vor direkter Sonneneinstrahlung geschützt aufgestellt. Im Gegensatz zur Bestimmung der absetzbaren Stoffe wird der Meßzylinder während der Standzeit nicht gedreht und das Schlammvolumen nach 30 Minuten abgelesen. Der Meßwert wird auf 10 ml/l abgerundet angegeben.

Ist das Volumen des belebten Schlammes größer als 250 ml/l, wird die Probe mit Wasser aus dem Nachklärbecken verdünnt, und zwar in der Weise, daß 1 Teil der zu untersuchenden Probe mit 1, 2, 3 oder 4 Teilen Wasser des Nachklärbeckens gemischt wird, so

Bild 6.22: Bestimmung des Schlammvolumens im Meßzylinder

daß der Meßwert zwischen 200 und 250 ml/l liegt. Der Meßwert muß dann, je nach der Verdünnung, mit einem Faktor multipliziert werden. Der Verdünnungsfaktor beträgt für die Mischanteile

1 + 1 (z. B.: 500 ml + 500 ml) = Faktor 2
1 + 2 (z. B.: 333 ml + 667 ml) = Faktor 3
1 + 3 (z. B.: 250 ml + 750 ml) = Faktor 4
1 + 4 (z. B.: 200 ml + 800 ml) = Faktor 5

Bei unterbelasteten oder sehr schwach belasteten Anlagen kann es vorkommen, daß der Schlamm während der Absetzzeit auftreibt. Diese Erscheinung ist durch Entwicklung von Stickstoff-Gasbläschen (Denitrifikation) verursacht, die an den Belebtschlammflocken haften. Man läßt in diesem Fall die Probe 2 bis 3 Stunden stehen, bis die Stickstoffentwicklung abgeklungen ist, schüttelt um und läßt die Probe erneut absetzen.

Meßgeräte zur automatischen Messung des Schlammvolumens benutzen das Meßprinzip der Höhenabtastung der sich bildenden Trennschicht zwischen abgesetztem Schlamm und überstehendem lichtdurchlässigen Abwasser mit Hilfe einer in der Höhe beweglichen Lichtschranke.

Das Meßrohr zur Aufnahme des Gemisches aus Abwasser und belebtem Schlamm ist baugleich mit dem bei der manuellen Bestimmung benutzten Meßzylinder. Am Boden des Meßrohres befindet sich eine steuerbare Ventilanordnung zum Füllen und Entleeren. Nach der automatischen Füllung des Meßrohres und Schließen der Ventilanordnung kommt das Gemisch zur Ruhe und es bildet sich eine Trennschicht zwischen absetzendem belebten Schlamm und darüber befindlichem Abwasser. Nach der Absetzzeit von 30 Minuten tastet eine in der Höhe automatisch verstellbare Lichtschranke die Grenzschicht ab. Die abgetastete Höhe wird auf eine Anzeige oder auf einen Schreiber elektrisch übertragen und kann direkt in ml/l nach 30 Minuten abgelesen werden. Durch Umschalten eines Schalters können mit diesen Geräten auch Absetzkurven erstellt werden.

Die Geräte müssen vom Wartungspersonal regelmäßig kontrolliert werden. Die speziellen Wartungsarbeiten sind den Betriebsanleitungen zu entnehmen.

### *6.5.6 Schlammtrockensubstanz und Schlammindex*

#### *Schlammtrockensubstanz*

Von Schlämmen wird der Trockensubstanzgehalt ($TS_R$) bestimmt. Er wird auch als Trockenmassenkonzentration, Feststoffgehalt oder Schlammgehalt bezeichnet. Seine Einheit ist g/l.

Die getrocknete Schlammasse ist die Trockensubstanz – auch Trockenmasse – mit der Einheit kg, g oder mg. Die Bestimmung des Trockensubstanzgehaltes des belebten Schlammes unterscheidet sich von der des Roh- und Faulschlammes.

*Trockensubstanzgehalt des Belebtschlammes ($TS_{BB}$) und des Rücklaufschlammes ($TS_{RS}$).*

Er gibt die Konzentration der biologisch wirksamen Masse, der Biomasse an. Teilt man das Schlammvolumen durch den Trockensubstanzgehalt, so erhält man den Schlammindex, der die Absetzeigenschaft des belebten Schlammes kennzeichnet.

Für den Trockensubstanzgehalt von Belebtschlamm gilt grundsätzlich, daß er um so höher sein sollte, je stärker das Becken mit Schmutzstoffen belastet wird. Praktisch kommen vor 1–10 g/l, günstig sind 3–7 g/l.

Zur Bestimmung des Trockensubstanzgehaltes des belebten Schlammes wird zunächst die Hauptmenge des Wassers der Probe entfernt. Dies geschieht durch Filtrieren, das restliche Wasser wird durch Erhitzen im Trockenschrank (Bild 6.23) bei 105° C abgedampft.

Immer häufiger werden auch Mikrowellenherde verwendet, sie haben den Vorteil, daß die Trockenzeiten wesentlich verkürzt werden.

Das zur Filtration verwendete Belebtschlammvolumen läßt man zweckmäßig erst einige Stunden im Meßzylinder eindicken und filtriert dann das überstehende Klarwas-

Bild 6.23: Erhitzen der Schlammprobe im Trockenschrank bei 105° C

ser und schließlich den Belebtschlamm. Dazu können Faltenfilter in einem Glastrichter (Bild 6.24) verwendet werden. Nach einem anderen zeitsparenden Verfahren wird ein Rundfilter auf eine gelochte Porzellanplatte mit einem Rand (Nutsche) gelegt. Die Nutsche wird auf eine Saugflasche gesetzt, die an einer Wasserstrahlpumpe angeschlossen ist. Mit der Pumpe wird das Wasser durch das Filter gesaugt. Das Filter mit dem feuchten Schlammkuchen wird auf ein „Uhrglas" oder eine Porzellanschale gelegt, bei 105° C im Trockenschrank getrocknet und nach dem Abkühlen (eventuell im Exsikkator) gewogen (Bild 6.25). Von diesem Gesamtgewicht wird das Gewicht des (vorher!) gewogenen, leeren Filters abgezogen und das erhaltene Trockengewicht auf 1 l Belebtschlamm umgerechnet. Wenn das Ausgangsvolumen der Probe 1000 ml war, so dauert die Trocknungszeit mindestens 12 Stunden, wenn nur 100 ml genommen werden, genügen 1 bis 2 Stunden.

Den Trockensubstanzgehalt des Belebtschlammes und des Rücklaufschlammes berechnet man nach der Formel

$$TS_{BB} \text{ bzw. } TS_{RS} = \frac{\text{Filter mit Trockensubstanz (g)} - \text{Filter leer (g)}}{\text{filtriertes Schlammvolumen (ml)}} \cdot 1000 \text{ ml/l (g/l)}$$

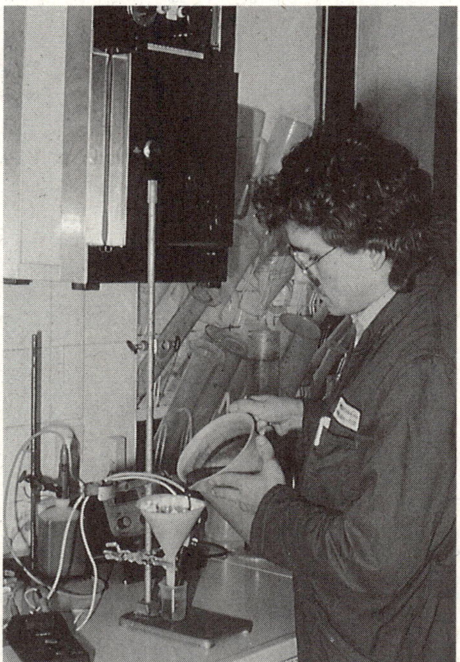

Bild 6.24: Filtrieren mit Faltenfilter und Glastrichter

Im Fachhandel werden auch automatische Meßgeräte angeboten, die nach dem fotometrischen Trübungsmeßprinzip den Trockensubstanzgehalt oder das Schlammvolumen bestimmen. Wegen des hohen Feststoffgehaltes ist jedoch der Anzeigenbereich durch ein geändertes Infrarotsender- oder Linsensystem auf Werte zwischen 0 und 20 g TS/l erweitert. Die Zuverlässigkeit der Meßergebnisse ist sehr unterschiedlich. Dies ist wohl darauf zurückzuführen, daß sowohl die Methode der Lichtabsorption als auch die der Lichtreflexion nicht nur von der Anzahl der Schlammteilchen, sondern auch von der Größe, Farbe und dem Reflexionsvermögen beeinflußt werden. Es muß daher immer wieder durch Kontrollmessungen eine Überprüfung erfolgen.

Die Kalibrierung der werkseitig grob voreingestellten Sonden erfolgt mit Schlamm aus dem Belebungsbecken. Die am Meßgerät ablesbaren Werte werden denen aus der Messung des Trockensubstanzgehaltes gegenübergestellt. Am Beispiel der Meßergebnisse einer Kläranlage wird dies verdeutlicht (Bild 6.25).

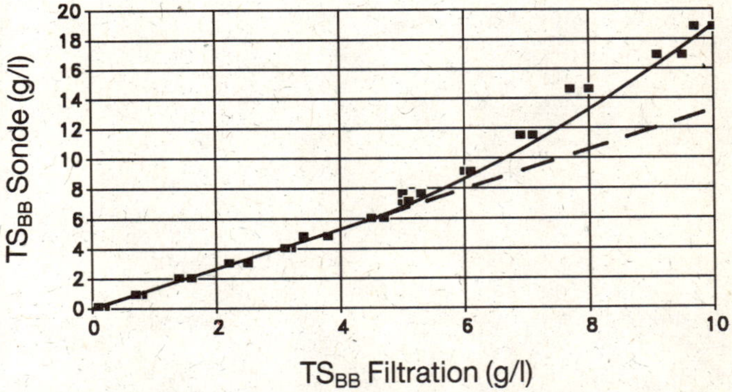


Bild 6.25: Abhängigkeit des Meßwertes der Sonde vom Trockensubstanzgehalt im Belebungsbekken (Beispiel)

*Trockenrückstand des Roh- und des Faulschlammes*

Zur Bestimmung des Trockenrückstandes (TR) des Roh- oder Faulschlammes wird die Schlammprobe im Gegensatz zum belebten Schlamm nicht im Meßzylinder abgemessen und filtriert, sondern in einer Schale eingewogen und eingedampft, weil sich das Schlammwasser des Roh- oder Faulschlammes durch Filtration kaum abtrennen läßt. Beim Eindampfen des Schlammes werden daher nicht nur die ungelösten Schlammstoffe, sondern auch die im Schlammwasser gelösten Stoffe, vor allem Salze, mit erfaßt.

Die gut durchmischte Schlammprobe wird in einer Menge von 30–40 g (etwa 2–3 Eßlöffel voll) in eine vorgewogene Schale aus Porzellan oder Aluminiumfolie eingefüllt und gewogen.

Einwaage = Gewicht der Schale mit Schlamm − Leergewicht der Schale

Nach einer Trocknungszeit von mindestens 12 Stunden im Trockenschrank bei 105° C (Bild 6.23) wird die Schale zum Abkühlen im Exsikkator aufbewahrt und nach dem Abkühlen erneut gewogen (Bild 6.26).

Auswaage = Gewicht der Schale mit Trockenschlamm − Leergewicht der Schale.

Wenn nicht mit Sicherheit angenommen werden kann, daß der Schlamm ganz trocken geworden ist, muß die Auswaage, wie beim belebten Schlamm beschrieben, nach nochmaliger halbstündiger Trocknungszeit überprüft werden.

Der Trockenrückstand (TR) des Roh- oder Faulschlammes errechnet sich nach der Formel

$$\mathrm{TR} = \frac{\text{Schale mit TS (g)} - \text{Schale leer (g)}}{\text{Schale mit Schlamm (g)} - \text{Schale leer (g)}} \cdot 100 \ (\%)$$

Beim Roh- oder Faulschlamm ist auch die Angabe des Wasseranteils üblich. Er ergibt sich aus folgender Differenz:

$$\text{Wasseranteil} = 100 - \mathrm{TR}\ (\%)$$

Bild 6.26: Abkühlen im Exsikkator und Auswiegen der Schlammprobe

***Schlammindex***

Der Schlammindex (ISV) wird errechnet und ergibt sich aus dem Quotient von Schlammvolumen ($V_S$) und Trockensubstanzgehalt ($TS_R$). Seine Einheit ist ml/g.

$$ISV = \frac{V_S\ (ml/l)}{TS_R\ (g/l)} \quad (ml/g)$$

Der Schlammindex gibt das Volumen an, das 1 g Trockensubstanz nach 30 Minuten Absetzzeit einnimmt und ist ein Maß für die Absetzeigenschaft des Schlammes. Der Schlammindex eines normalen Belebtschlammes liegt zwischen 40 und 150 ml/g. Bei einem höheren Schlammindex spricht man von „Blähschlamm", der meist durch fadenförmige Mikroorganismen verursacht wird. Die Neigung zur Blähschlammbildung wird häufig bei einem hohen Anteil an Industrieabwasser beobachtet; manchmal wird sie auch durch stärkere Temperaturänderungen im Frühjahr und Herbst verursacht (siehe dazu Abschnitt 8.3.2).

### *6.5.7 Glührückstand, Glühverlust*

Der Glührückstand (= Aschegehalt) eines Schlammes ist ein ungefähres Maß für seinen Gehalt an minderalischen (nicht brennbaren) Stoffen.

Die Differenz zwischen den abfiltrierbaren Stoffen und dem Glührückstand ist der Glühverlust. Er gibt das ungefähre Maß für die organischen (brennbaren) Bestandteile des Schlammes an.

Zur Bestimmung des Glührückstandes wird getrockneter Schlamm in einem Porzellantiegel bei 550° C mindestens 2 Stunden im Tiegelofen (Bild 6.27) geglüht. Dazu werden dauerhaft numerierte Tiegel verwendet, die vor dem ersten Gebrauch mehrere Stunden bei 600° C ausgeglüht werden müssen. Nach dem Abkühlen im Exsikkator wird das Leergewicht der Tiegel auf 0,01 g genau notiert.

Bild 6.27: Tiegelofen

Bei der Angabe des Glührückstandes (GR) und des Glühverlustes (GV) ist zu unterscheiden:

- GR und GV aus dem Belebtschlamm werden nach DIN *in mg/l* angegeben, da sich die Ermittlung auf den Trockenstubstanzgehalt bezieht.

In der Praxis hat sich diese Dimension aber nicht durchgesetzt, da die Werte keine Aussage für den Betrieb bringen. Gebräuchlich sind deshalb die Angaben *in* %.

- GR und GV aus dem Roh- oder Faulschlamm werden nach DIN *in* % angegeben, da sich die Ermittlung auf die Trockensubstanz des Schlammes bezieht.

*Glührückstand des Belebtschlammes*

Der Gehalt an mineralischen Bestandteilen im Schlamm ist für den Betrieb von Interesse, denn er gibt einen Hinweis auf die Wirksamkeit des Sandfanges. So kann es z. B. zu Betriebsproblemen kommen, weil bei starken Regenfällen regelmäßig viele erdige Stoffe in das Belebungsbecken gelangen, so daß der „belebte Schlamm" zu großen Teilen aus totem Material besteht. Der Glührückstand des belebten Schlammes gibt darüber Aufschluß.

Beim belebten Schlamm wird zunächst der Trockensubstanzgehalt ($TS_{BB}$) ermittelt. Dazu wird der Schlamm durch ein aschefreies Filter filtriert, das beim späteren Glühen ohne Rückstand verbrennt. Der getrocknete Schlamm wird dann mit dem Filter in den gewogenen Porzellantiegel gegeben und wie vorstehend beschrieben im Tiegelofen (Bild 6.27) geglüht. Nach dem Abkühlen im Exsikkator wird der Tiegel gewogen.

Der Glührückstand (GR) wird auf das Probevolumen (V) bezogen, die für die Ermittlung des Trockensubstanzgehaltes verwendet wurde; er errechnet sich nach DIN

$$\text{GR} = \frac{\text{Tiegel mit Asche (g)} - \text{Tiegel leer (g)}}{\text{Probevolumen V (ml)}} \cdot 1000 \ \text{ml/l} \ \ (\text{g/l})$$

Für die Praxis ermittelt sich der Glührückstand (GR) und der Glühverlust (GV) wie folgt:

$$\text{GR} = \frac{\text{Tiegel mit Asche (g)} - \text{Tiegel leer (g)}}{\text{Filter mit TS (g)} - \text{Filter leer (g)}} \cdot 100 \ \ (\%\ \text{d.}\,\text{TS}_{BB})$$

$$\text{GV} = 100 - \text{GR\%} \ \ (\%\ \text{d.}\,\text{TS}_{BB})$$

*Glührückstand des Roh- und des Faulschlammes*

Mit dieser Bestimung erhält man wichtige Hinweise über das Ausmaß der Stabilisierung eines Schlammes.

Rohschlamm hat einen Glührückstand von 20–40%, bzw. einen Glühverlust von 60–80%.

Stabilisierter Schlamm hat einen Glührückstand von etwa 60%, bzw. einen Glühverlust von etwa 40%.

Beim Roh- oder Faulschlamm wird der in der Porzellanschale getrocknete Schlamm gut durchgemischt und mindestens 1 g in eine Schale gegeben und mit der Schale gewogen. Nach dem Glühen im Tiegelofen (Bild 6.27) und Abkühlen im Exsikkator, wird die Schale erneut gewogen.

Der Glührückstand (GR) wird auf die Trockensubstanz (TS) bezogen und errechnet sich

$$GR = \frac{\text{Schale mit Asche (g)} - \text{Schale leer (g)}}{\text{Schale mit TS (g)} - \text{Schale leer (g)}} \cdot 100 \quad (\% \text{ d.TS})$$

Der Glühverlust (GV) ergibt sich dann

$$GV = 100 - GR \quad (\% \text{ d.TS})$$

### *6.5.8 Aufschlämmen*

Mit Hilfe des Aufschlämmversuches erfährt man auf schnelle Weise, wie groß der Anteil der mineralischen Stoffe im Schlamm ist. Damit kann man vor allem die Wirksamkeit eines Sandfanges überprüfen.

Das Aufschlämmen geschieht am besten mit Primärschlamm. Man füllt einen 1-l-Standzylinder bis zum 100-ml-Strich mit Schlamm, der möglichst aus der Trichterspitze des Vorklärbeckens stammt. Die Probenahme des Schlammes muß deshalb gleich zu Beginn des Schlammablassens erfolgen. Der Standzylinder wird dann mit Leitungswasser bis zum 1000-ml-Strich gefüllt und der Inhalt kräftig durchgeschüttelt. Nach einigen Minuten Standzeit wird der Überstand wieder bis zum 100-ml-Strich abgegossen (dekantiert). Dann wird wieder aufgegossen, wie schon beschrieben. Nach 2- bis 3maligem Dekantieren kann man einen Sandgehalt meistens schon recht gut erkennen und anschließend auch die Korngröße des Sandes prüfen. Wenn deutlich Sand im Bodensatz zu finden ist, dann ist die Wirkung des Sandfanges nicht einwandfrei.

Man kann auch den stabilisierten Schlamm auf diese Weise untersuchen, doch kann damit nicht mehr auf die Zeit zurückgeschlossen werden, in der der Sandfang funktioniert hat oder nicht.

### *6.5.9 Filtrationswiderstand*

Der spezifische Filtrationswiderstand (m/kg) ist das Maß für die Entwässerbarkeit eines Schlammes unter einem definierten Druck. Dieser Wert hat für die Bemessung und den Betrieb aller Schlammeinrichtungen deshalb eine Bedeutung, weil er das Entwässerungsverhalten des Schlammes wiedergibt.

Noch gibt es keine allgemein gültige Labormethode zur Bestimmung des spezifischen Filtrationswiderstandes eines Schlammes. Einen gewissen Anhalt läßt folgender Test zu: Man gibt eine vorgegebene Schlammmenge auf einen Papierfilter. Je schneller eine bestimmte Menge an Schlammwasser davon abläuft, desto besser entwässert der Schlamm. Änderungen in diesem Kennwert deuten auf eine Änderung des Entwässerungsverhaltens hin.

Für manche Verfahren der Schlammentwässerung ist auch die Kornzusammensetzung von Bedeutung. Dies gilt besonders beim Einsatz von Zentrifugen. Ist der Anteil an Feinstoffen sehr hoch, eignet sich der Schlamm schlecht zur Behandlung in Zentrifugen, weil die Feinkornanteile oft nicht mit abgeschieden werden und den Zentrifugenüberlauf belasten. Falls Flockungshilfsmittel zugesetzt werden, erhöht sich die Zugabemenge durch hohe Feinstkornanteile entsprechend.

## 6.6 Messung chemischer Werte

### *6.6.1 Sauerstoffgehalt*

Der im Wasser gelöste Sauerstoff ist für den Abbau der organischen Substanz unentbehrlich. Sauerstoffmessungen sind in der Regel nur bei Belebungsanlagen erforderlich, da – im Gegensatz zu Tropfkörpern, bei denen das Abwasser beim Durchtropfen immer genügend Sauerstoff aufnimmt – hier die Gefahr besteht, daß zu wenig Sauerstoff im Belebungsbecken enthalten ist.

Der Sauerstoffgehalt (Sauerstoffkonzentration) wird in mg/l gemessen. Belebungsanlagen müssen so betrieben werden, daß ein Sauerstoffgehalt von mindestens 1 bis 2 mg/l, insbesondere auch zur Zeit der Spitzenbelastung vorhanden ist. Höhere Sauerstoffkonzentrationen schaden dem Belebtschlamm nicht, für die Nitrifikation sind sie meistens unumgänglich.

Die gebräuchlichsten Meßmethoden sind die chemische Bestimmung nach Winkler (DIN 38408 Teil 21), eine Vereinfachung dieser Methode (Winkler-Hach) und elektrochemische Messungen mit einer Sauerstoffelektrode. Da die Bestimmung nach Winkler im praktischen Einsatz auf der Kläranlage gänzlich durch die elektrischen Sauerstoffmeßgeräte verdrängt worden ist, soll sie hier nicht weiter behandelt werden. Die vereinfachte Methode nach Winkler-Hach hat als Feldmethode, wenn kein Meßgerät vorhanden ist, eine gewisse praktische Bedeutung.

*Feldmethoden*

Der Sauerstoffgehalt einer Probe kann als Faustwert auf einfache Weise mit Hilfe einer Farbtafel festgestellt werden. Diese Methode ist zur Feststellung, ob im Belebungsbecken ein ausreichender Sauerstoffgehalt vorhanden ist, geeignet. Dazu wird die Sauerstoff-Flasche mit Fällungsreagenzien wie Manganchlorid oder Natriumhydroxid, die in Tablettenform erhältlich sind, versetzt. Die verschlossene luftblasen- und schlammfrei gefüllte Flasche wird gut umgeschüttelt. Dabei entsteht ein Niederschlag, der je nach dem Sauerstoffgehalt mehr oder weniger stark braun gefärbt ist. In Proben ohne Sauerstoff ist der Niederschlag grau. Die Farbstärke des Niederschlages kann mit der Farbtafel verglichen werden, die den Sauerstoffgehalt in grober Einteilung anzeigt.

Für die chemische Feldmethoden-Bestimmung des Sauerstoffs sind seit einigen Jahren Testbestecke (Test-Kästen) im Handel, bei dem nach dem Prinzip der Labormethode nach Winkler gearbeitet wird. Die benötigten Chemikalien sind als Pulver in Kunststoffbeutelchen abgepackt oder als Lösung in Flaschen beigegeben. Bei der Sauerstoffbestimmung wird die mitgelieferte Schliffstopfenflasche luftblasen- und schlammfrei mit dem Probewasser gefüllt. Handelt es sich um Belebtschlamm, muß man den Schlamm soweit sedimentieren lassen, daß man genügend schlammfreien Überstand zur Füllung der Schliffstopfenflasche erhält. Damit sich während des Absetzvorganges der $O_2$-Gehalt durch die Schlammatmung nicht wesentlich verändert, muß die Sedimentation durch Zugabe eines organischen Flockungsmittels beschleunigt werden. Die Schlammprobe kann aber auch sofort bei der Entnahme mit 10 ml Hemmlösung („Schlammtod“ oder 30%ige Natronlauge) versetzt werden. Anschließend werden der Flasche nacheinander Reagenz I und Reagenz II zugegeben, wobei sich ein weißlicher bis brauner Niederschlag bildet. Danach wird der Niederschlag durch Zugabe des Beutelchens III (= Säure) aufgelöst, wobei die dem Sauerstoffgehalt entsprechende Jodmenge freigesetzt wird. Aus der Glasflasche wird anschließend ein abgemessenes Wasservolumen entnommen und mit 1 bis 2 Tropfen Reagenz IV (Zinkjodid – Stärkelösung als Indikator) versetzt, was eine Blaufärbung hervorruft. Anschließend wird Reagenz V (Natriumthiosulfat) solange tropfenweise hinzugefügt, bis die Blaufärbung gerade verschwindet. Je nach Testbesteck kann der Sauerstoffgehalt der Probe in mg/l direkt an der Pipette abgelesen werden oder, wenn es sich um eine „Tröpfelmethode" handelt, entspricht die Anzahl der verbrauchten Tropfen einem bestimmten Sauerstoffgehalt. Die Mindesthaltbarkeit der Reagenzien wird von den Herstellern mit zwei Jahren angegeben.

*Elektrische Meßgeräte*

Zur Messung des Sauerstoffgehaltes im Belebungsbecken gehört ein eingebautes, kontinuierlich messendes Gerät zur Normalausstattung. Ist dies nicht der Fall, sollte wenigstens ein tragbares Sauerstoffmeßgerät (Bild 6.28) vorhanden sein, mit dem möglichst täglich, zu verschiedenen Tageszeiten und an verschiedenen Stellen, der Sauerstoffgehalt kontrolliert werden kann.

Bild 6.28: Tragbares Sauerstoffmeßgerät

Die Meßeinrichtung zur elektrochemischen Sauerstoffmessung besteht aus der Sauerstoffsonde, auch Sauerstoffelektrode genannt, und dem Sauerstoffmeßumformer.

Bei den tragbaren Sauerstoffmeßgeräten besitzt der Sauerstoffmeßumformer eine eingebaute Anzeige und wird mit Hilfe von Batterien oder einem eingebauten Akku betrieben. Sauerstoffmeßgeräte für die laufende Betriebsüberwachung sind robuster gebaut und besitzen neben der eingebauten Anzeige elektrische Ausgänge, an die Instrumente zur Fernanzeige des Meßwertes, Schreiber, Regler und Grenzkontaktgeber für Steuerungen angeschlossen werden. Die Betriebsspannung liegt bei 220 V, 50 Hz oder 24 V, 50 Hz. In der Meßfunktion, Kalibrierung und Wartung unterscheiden sich die tragbaren Sauerstoffmeßgeräte nicht von den stationären Sauerstoffmeßgeräten.

Bei den membranbedeckten Elektroden diffundiert der im Wasser gelöste Sauerstoff durch die Membran und erzeugt in der Meßzelle durch eine elektrochemische Reaktion einen elektrischen Strom. Die Stromstärke ist proportional der Konzentration des im Wasser gelösten Sauerstoffs.

Dieser elektrochemische Vorgang ist mit einer Sauerstoffverminderung unmittelbar an der Oberfläche der Kunststoffmembran verbunden; daher muß die Anströmungsgeschwindigkeit des Wassers an der Membran mindestens 0,3 m/s betragen, die man z.B. bei Handmessungen durch kreisende Bewegung der $O_2$-Elektrode erreicht. Im Belüftungsbecken ist diese Strömungsgeschwindigkeit normalerweise vorhanden.

Neben den membranbedeckten Elektroden sind Sauerstoffmeßgeräte im Einsatz, bei denen die Elektrodenanordnung aus zwei konzentrisch angeordneten und gegenseitig isolierten Metallringen besteht, welche von einem rotierend schleifenden Isolierstab an der Oberfläche gereinigt werden. Dieser Schleifstein wird von einem im Sondenkopf eingebauten Wechselstrommotor kontinuierlich gedreht. Die Kontrolle des Elektrodensystems ist nur noch in längeren Zeitabständen erforderlich.

Die Geräte müssen regelmäßig kalibriert oder abgeglichen werden. Sehr wichtig ist, daß die Gebrauchsanweisung komplett in die Hand dessen gelangt, der die Kalibrierung oder den Abgleich des Sauerstoffmeßgerätes durchführt. Nur die an das Gerät bzw. Gerätetyp gebundene Gebrauchsanweisung garantiert eine korrekte Handhabung des Meßgerätes und berücksichtigt die einzelnen gerätetechnischen Besonderheiten der auf dem Markt befindlichen verschiedenen $O_2$-Meßgeräte.

Die relativ aufwendige Kalibrierung ist mit stationär arbeitenden Sauerstoffmeßgeräten in kürzeren Abständen schwer durchführbar. Deshalb führt man diese vorzugsweise nur mit tragbaren netzunabhängig arbeitenden Geräten durch, die dann ihrerseits zur Kalibrierung und Kontrolle von kontinuierlich arbeitenden Sauerstoffmeßgeräten benutzt werden. Die Kalibrierung sollte mindestens wöchentlich erfolgen.

Für den Betrieb von Sauerstoffmeßstellen in der Belebung ist der Standort der Sauerstoffelektrode von wesentlicher Bedeutung. Die Anströmung sollte möglichst groß sein, nicht nur wegen der erforderlichen Mindestanströmgeschwindigkeit von 0,3 m/s, sondern auch wegen der geringeren Verschmutzung. Zur Erleichterung der Wartung sollte die Elektrode gut erreichbar sein. Der Meßpunkt muß für die Belebung repräsentativ sein; der Meßpunkt richtet sich deshalb im wesentlichen nach der Art des Belebungsbeckens. Bei längs durchflossenen Belebungsbecken befindet sich die Sauerstoffelektrode meist im letzten Drittel des Beckens.

Meßstellen im unmittelbaren Bereich eines Belüfters sind zu vermeiden, da die Meßwerte dann meist keinen repräsentativen Sauerstoffgehalt für das gesamte Becken angeben. In jedem Fall sind die Einbauanleitungen und Betriebsanweisungen der Lieferfirmen zu beachten.

### *6.6.2 Chemischer Sauerstoffbedarf (CSB)*

Unter dem chemischen Sauerstoffbedarf versteht man die Menge an Sauerstoff, die erforderlich ist, alle organischen Inhaltsstoffe chemisch zu oxidieren. Der chemische Sauerstoffbedarf von einem Liter Wasser wird als $O_2$ in mg/l angegeben.

Der CSB ist eine wichtige Kenngröße für die Gesamtbelastung eines Abwassers mit organischen Stoffen. Bei der Bestimmung werden auch biologisch nicht abbaubare Substanzen erfaßt. Diese bewirken zwar auch keine Sauerstoffzehrung, sind aber trotzdem für das Gewässer schädlich.

Der CSB ist in der Rahmen-AbwasserVwV für die Bestimmung der oxidierbaren Stoffe vorgeschrieben. Er ist im AbwAG ein Schadstoffparameter, weil mit ihm die organischen Stoffe vollständig erfaßt werden und die Verschmutzung von Industrieabwässern mit der des kommunalen Abwassers für die Abgabe besser vergleichbar wird.

Die CSB-Werte liegen höher als die $BSB_5$-Werte. So rechnet man im Mittel für kommunales Rohabwasser mit einem Wert von 500 mg/l, für mechanisch gereinigtes Abwasser mit ca. 330 mg/l und für biologisch gereinigtes mit 25–75 mg/l.

Der CSB ist im Rohabwasser etwa 1,5- bis 2mal größer als der $BSB_5$, im Kläranlagenablauf rund 4- bis 5mal. Bei Industrie- und Gewerbebetrieben kann der Unterschied zwischen den CSB- und den $BSB_5$-Werten noch viel größer sein, weil biologisch nicht abbaubare Verbindungen in stärkerem Maße enthalten sein können. Diese werden dann nur bei der CSB-Bestimmung nicht jedoch bei der $BSB_5$-Bestimmung erfaßt.

Bei der CSB-Messung wird die Oxidation (der Abbau) der organischen Stoffe mit Hilfe von Chemikalien vorgenommen. Für die Bestimmung darf der Probe kein Allylthioharnstoff (zur Vermeidung der Stickstoffoxidation) zugesetzt werden, da der Hemmstoff selbst mitgemessen würde. Dies ist auch nicht erforderlich, da der für die Stickstoffoxidation verbrauchte Sauerstoff vom CSB kaum erfaßt wird.

Die CSB-Bestimmung dauert ca. 3 Stunden, das Ergebnis ist also am selben Tag verfügbar, also erheblich schneller als die $BSB_5$-Bestimmung. Der CSB kann aber den $BSB_5$ nicht ersetzen. Für die Planung, Bemessung und den Betrieb einer biologischen Abwasserreinigung ist der $BSB_5$ unentbehrlich geblieben, weil nur der $BSB_5$ die Vorgänge richtig wiedergibt, die bei der biologischen Abwasserreinigung ablaufen.

Die Bestimmung des CSB nach dem Kaliumpermanganat-Verbrauch ($KMnO_4$) wird nur der Vollständigkeit halber erwähnt. Auf eine nähere Beschreibung kann verzichtet werden, da diese Methode als Betriebsmessung auf der Kläranlage kaum noch angewandt wird.

Die Labormethode zur CSB-Bestimmung nach DIN erfolgt über den Kaliumdichromat-Verbrauch.

Das CSB-DIN-Verfahren, wie es in der Abwasser-Rahmen VwV vorgeschrieben wird, ist ein offenes Verfahren, in dem mit z. T. sehr giftigen Chemikalien offen umgegangen werden muß. Es kann deshalb nur in größeren Labors von labortechnisch vorgebildetem Personal ausgeführt werden. Die Bestimmung geschieht mit einer verhältnismäßig großen Probemenge (20 bis 50 ml); dies erfordert eine größere Menge der ziemlich teuren Chemikalien. Dafür ist die Genauigkeit mit fünf bis zehn Prozent Unsicherheit recht gut und auch für gerichtliche Auseinandersetzungen verwendbar.

Da das DIN-Verfahren auf Kläranlagen normalerweise selten anwendbar wäre, wurde eine einfachere Methode mit einem geschlossenen Verfahren entwickelt. Bei der Betriebsmethode mit fotometrischer Bestimmung werden die gefährlichen Chemikalien abgepaßt in geschlossenen Küvetten geliefert. Man sagt deshalb auch Küvetten-Test dazu (Bild 6.29).

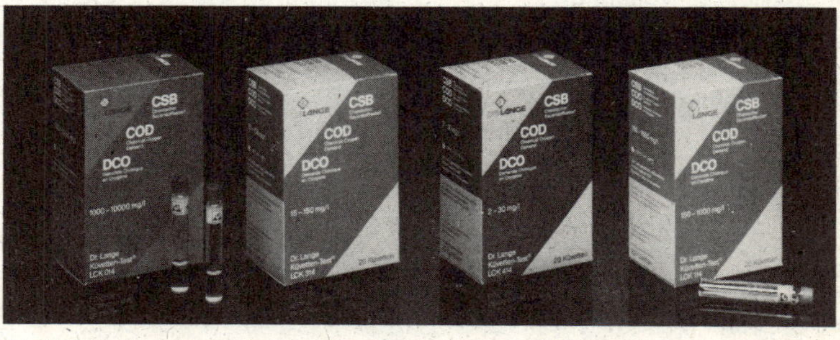


Bild 6.29: CSB-Bestimmung mit dem Küvettentest (Betriebsmethode)

Die Grundlagen der Fotometrie sind im Band 1, Abschnitt 9, beschrieben.

Die Schmutzstoffe im Abwasser werden wie beim DIN-Verfahren mit Kaliumdichromat oxidiert, der Verbrauch an Oxidationsmittel wird jedoch nicht titrimetrisch (DIN), sondern fotometrisch ermittelt. CSB-Werte unter 150 mg/l (kleiner Meßbereich) werden über die Abnahme des gelben Kaliumdichromats und höhere über den Gehalt der bei der Oxidation entstehenden grünen Chrom(III)-ionen gemessen. Die CSB-Betriebsmethode braucht nur eine kleine Probenmenge (z. B. 2 ml) und wenig Chemikalien. Allerdings muß die kleine Probemenge sehr genau abgemessen werden. Mit Schutzbrille, Handschuhen und Schürze kann sie auch vom entsprechend ausgebildeten Ver- und Entsorger vorgenommen werden, wie von der Bundesarbeitsgemeinschaft der gemeindlichen Unfallversicherungsträger festgestellt wurde.

Die Schutzbestimmungen betreffen vor allem die stark schwefelsaure Dichromatlösung. Zu beachten ist auch, daß sich die Chromschwefelsäure bei Zugabe der Abwasserprobe spürbar erwärmt.

Die giftigen Chemikalien bleiben in den Küvetten, die nach einmaligem Gebrauch an den Hersteller zurückgehen. Keinesfalls dürfen die verbrauchten Küvetten in den Ablauf geschüttet oder in den Abfall geworfen werden. Besonders die Küvetten der CSB-Bestimmung enthalten stark giftige Lösungen.

Die Meßergebnisse sind manchmal wegen der wesentlich kleineren Probemenge nicht so genau wie die DIN-Methode und vor einem Gericht schlecht beweiskräftig. Die fotometrische Methode ist jedoch gut geeignet, auf Kläranlagen den CSB zur laufenden Eigenüberwachung und Selbsteinschätzung zu messen.

Wegen der Vielfalt der Gerätetypen existiert für die CSB-Betriebsmethode keine einheitliche Arbeitsvorschrift. Es ist deshalb immer nach der vom Hersteller mitgelieferten Anleitung zu arbeiten.

Die modernen Fotometer erleichtern dem Ver- und Entsorger durch eingebaute Rechner und digitale Ergebnisanzeigen sowie durch leicht einstellbare Wellenlängen die Benutzung erheblich (Bild 6.30). Die fertigen Lösungen in den Küvetten sind ohne Probleme zu handhaben. Nach Eingabe der den Analysenbeschreibungen vorgegebenen Faktoren, zeigen die Fotometer direkt die Konzentration der Lösung an. Dadurch wird der Benutzer leicht verleitet, die Zahlen kritiklos zu übernehmen. Es ist aber nicht auszuschließen, daß sich methodische Fehler einschleichen oder Gerätefehler auftreten, die nicht rechtzeitig erkannt werden. Auch die Haltbarkeit der zu verwendenden Reagenzien ist begrenzt; nach dem Verfallsdatum können sie zu falschen Werten führen. Da die fotometrische Bestimmung über die Lichtabsorption erfolgt, muß die Abwasserprobe frei von Trübstoffen sein, sie würden sonst auch Licht absorbieren oder streuen.

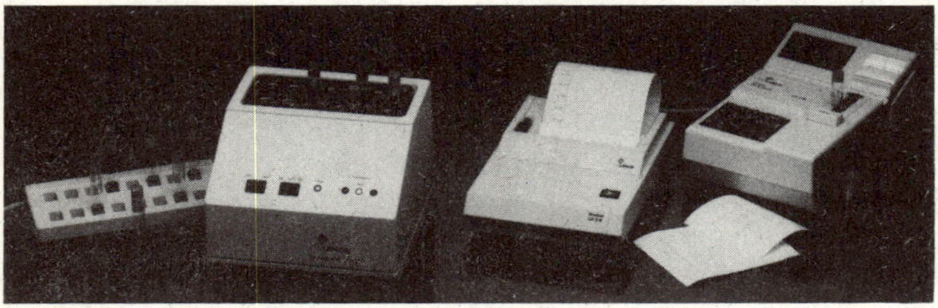

Bild 6.30: Fotometrische Bestimmung des CSB

*Mittelwertberechnung*

Der CSB der Probe ist der Mittelwert aus drei Parallelbestimmungen. Sogenannte Ausreißer werden nicht berücksichtigt. Ein Ausreißer wird daran erkannt, wenn bei CSB-Werten
- unter 150 mg/l (kleiner Meßbereich) ein Wert um 15 mg/l oder mehr,
- über 150 mg/l (großer Meßbereich) ein Wert um 10% oder mehr

vom mittleren Wert der Einzelbestimmung (Median genannt) abweicht.

Beispiel: 1. Messung 75 mg/l (Median),
2. Messung 72 mg/l,
3. Messung 91 mg/l (Ausreißer).

Bei mehr als einem Ausreißer ist die Messung zu wiederholen und nach Fehlerursachen zu suchen.

*Häufige Fehlerursachen*

a) Falscher Faktor eingetippt oder CSB-Skala nicht exakt eingesetzt (je nach Fotometertyp).

b) Wellenlänge falsch eingestellt oder optisches Filter verwechselt (je nach Fotometertyp).

c) Nullpunkt nicht stabil (Nullpunkt häufiger kontrollieren).

d) Küvetten außen verunreinigt (Küvetten vor der Messung mit sauberem Tuch abwischen).

e) Verschlußkappe der Küvette undicht, dadurch Volumenminderung durch entweichenden Wasserdampf (Stand der Flüssigkeit mit anderen Küvetten vergleichen).

f) Schwebstoffe, häufig durch Kristallbildung, im Reaktionsgemisch (Küvette nochmals kurz erhitzen).

g) Probevolumen falsch, da Pipettenspitze nicht vollständig ausläuft.

Die kontinuierliche Messung des CSB mit automatischen Analysengeräten hat sich bislang in der Eigenüberwachung nicht durchgesetzt.

In letzter Zeit werden in der Fachwelt Bedenken gegen die CSB-Messung geäußert. Vor allem deshalb, weil die Verwendung der giftigen Chemikalien nicht umweltfreundlich ist und ein teures Entsorgungsverfahren erfordert. Außerdem werden bei der CSB-Messung alle oxidierbaren Verbindungen erfaßt, also sowohl die organischen als auch die anorganischen Komponenten.

Als Alternative wird von der TOC-Messung (Total Organic Carbon = gesamter organischer Kohlenstoff) gesprochen, mit der praktisch ohne Chemikalieneinsatz eine eindeutige Aussage über den Gehalt an organischem Kohlenstoff im Abwasser gemacht werden kann. Die Einführung der TOC-Messung in die Eigenüberwachung ist jedoch derzeit nicht absehbar, da es bisher eine einfache Betriebsmethode nicht gibt. Zudem ist Voraussetzung für eine derartige Umstellung die Änderung der wasser- und abgabenrechtlichen Gesetzgebung.

### *6.6.3 Haltbarkeit (Methylenblauprobe)*

Die Bestimmung der Haltbarkeit geschieht mit der Methylenblauprobe. Bei dieser Untersuchung wird die Zeit bis zur Entfärbung des der Probe zugesetzten Methylenblaus bestimmt.

Der Farbstoff „Methylenblau“ gehört zu einer Gruppe von Indikatoren, die durch ihre Färbung anzeigen, ob in einer Lösung ein oxidativer oder reduktiver Zustand herrscht. In blau gefärbtem Zustand zeigt er den aeroben (oxidativen) Zustand des Abwassers, also das Vorhandensein von Sauerstoff, an. Entfärbt er sich, so zeigt dies, daß reduktive (anaerobe) Vorgänge wie Fäulniserscheinungen überwiegen. Die Entfärbung einer mit Methylenblau versetzten Abwasserprobe tritt ein, wenn die im Wasser vorhandenen Bakterien allen gelösten Sauerstoff aufgebraucht haben und nunmehr das Methylenblau angreifen. Je länger die Blaufärbung der Probe erhalten bleibt, um so geringer ist in der Regel der Gehalt des Abwassers an organischer Verschmutzung. Die Haltbarkeitsuntersuchung wird im allgemeinen nur im Ablauf biologischer Kläranlagen durchgeführt, um einen Hinweis auf die Restbelastung zu erhalten. Bei weitgehender Reinigung des Abwassers wird hier das Methylenblau innerhalb von 5 Tagen nicht mehr entfärbt.

Zu ihrer Bestimmung werden folgende Lösung und Geräte benötigt:

1. Methylenblau-Lösung,
2. Glasflasche mit Schliffstopfen mit 50 ml Inhalt,
3. Meßpipette, Inhalt 2 ml, oder Tropfflasche aus Kunststoff, Inhalt ca. 100 ml für Methylenblau-Lösung

0,3 ml Methylenblau-Lösung werden mit der Pipette, das entspricht 6 Tropfen aus der Tropfflasche, in die Flasche gegeben. Danach wird die Flasche mit der Probe randvoll gefüllt und der Schliffstopfen aufgesetzt. Die luftblasenfrei gefüllte Probe wird gut umgeschüttelt und im Dunkeln bei 20° C 5 Tage lang aufbewahrt. Sie wird mit einer ebenso angesetzten Probe von destilliertem Wasser verglichen, und zwar am 1. Tag (bei stärker verunreinigten Proben) alle 2 Stunden, vom 2. bis 5. Tag täglich einmal.

Die beobachteten Veränderungen, wie starke Aufhellung und Entfärbung der Probe, werden mit Angabe der Zeit nach Ansatz der Probe notiert. Tritt die Entfärbung oder eine Veränderung nicht innerhalb von 5 Tagen ein, so wird das Ergebnis als n. e. (nicht entfärbt) bezeichnet. Beispiele zur Angabe des Ergebnisses:

| | |
|---|---|
| Methylenblau-Probe | entfärbt nach 8 Stunden, |
| | Aufhellung nach 3 Tagen, |
| | entfärbt nach 4 Tagen |
| | n. e. |

Durch Giftstoffe im Abwasser (z. B. Säuren, Schwermetalle) wird die Entfärbung verzögert oder gar verhindert, auch wenn im Wasser noch größere Konzentrationen an organischen Schmutzstoffen vorhanden sind. Auf eine genaue Einhaltung der vorgeschriebenen Untersuchungstemperatur von 20° C ist zu achten. Abweichungen von mehr als 1 bis 2° C können bereits nicht vergleichbare und z. T. falsche Ergebnisse liefern. In stark gefärbtem oder schlammhaltigem Wasser ist die Entfärbung nicht mehr kennbar. In diesem Fall ist die Haltbarkeitsuntersuchung mit Methylenblau nicht sinnvoll, statt dessen ist die Faulfähigkeitsuntersuchung mit der Schwefelwasserstoffprobe durchzuführen.

Die Methylenblaulösung selbst ist unbegrenzt haltbar. Die Reaktionsfähigkeit der Lösung läßt mit der Zeit nur dann nach, wenn sie verschmutzt wird. Die Flasche ist deshalb immer gut zu verschließen und im Laborschrank oder im Kühlschrank aufzubewahren.

Die Haltbarkeitsbestimmung ist ein Verfahren, das auch bei einfachster Laborausstattung durchführbar ist. Bei häufigen CSB-Bestimmungen wird sie aber entbehrlich, da die CSB-Meßergebnisse eine genauere Aussage über den Kläranlagenablauf ermöglichen.

### *6.6.4 Faulfähigkeit (Schwefelwasserstofftest)*

Die Faulfähigkeitsuntersuchung ergibt eine ähnliche Aussage wie die Haltbarkeitsuntersuchung mit Methylenblau. In diesem Fall wird die Faulfähigkeit durch Feststellung des bei der Faulung entstehenden Schwefelwasserstoffgases ($H_2S$) beurteilt. Durch Schwärzen von Bleisalzen wird das Vorhandensein von $H_2S$ angezeigt.

Die Untersuchung kann auch mit stark gefärbtem oder schlammhaltigem Abwasser durchgeführt werden. Giftstoffe in der Probe stören die Prüfung. Stark sauer reagierende Wässer werden daher zuvor mit Natronlauge unter Benutzung von Lackmus als Indikator, stark alkalisch reagierende Wässer zuvor mit Salzsäure unter Benutzung von Phenolphthalein als Indikator neutralisiert. Sterile Wässer impft man durch Zusatz von etwa 5 ml faulendem Wasser an.

Im allgemeinen wird die Faulfähigkeitsuntersuchung nur gelegentlich bei stark verschmutzten, zur Fäulnis neigenden Abwässern, durchgeführt. Sie dient hauptsächlich zur Überprüfung, ob das einer Kläranlage zufließende oder das der biologischen Reinigung zugeführte Abwasser bereits angefault ist.

Der Unterschied zur Methylenblauprobe liegt darin, daß die Schwefelwasserstoffprobe erst die schon eingetretene Fäulnis, nämlich das aus dem Abwasser entweichende $H_2S$ anzeigt, während die Methylenblau-Probe bereits auf die vorausgehenden Reduktionsvorgänge reagiert.

Zur Bestimmung der Fäulnisfähigkeit wird eine 250-ml-Glasflasche mit der Abwasserprobe bis etwa 5 cm unter dem Hals gefüllt. In den Luftraum der Flasche wird dann ein mit destilliertem Wasser angefeuchteter Streifen Bleiacetatpapier eingeführt und die Flasche mit einem Korkstopfen verschlossen, der das Bleiacetatpapier im Flaschenhals einklemmt. Der Streifen darf nicht in die Probe eintauchen. Die Probe wird im Dunkeln bei 20° C aufbewahrt. Bei angefaultem Abwasser tritt schon nach einigen Minuten eine Schwärzung des Papiers ein. Soll die Fäulnisfähigkeit einer Probe über mehrere Tage beobachtet werden, muß täglich ein frischer Streifen Bleiacetatpapier eingehängt werden.

Die Schwärzung des Bleiacetatpapiers wird mit „stark“, „schwach“ oder „Spuren“ gekennzeichnet und die Zeitspanne vom Ansatz der Probe bis zur Fertigstellung der Schwärzung angegeben. Beispiele für Angabe des Ergebnisses:

Fäulnisfähigkeit: $H_2S$-Entwicklung sofort (bei Schwärzung innerhalb 15 Minuten);
nach 2 Stunden, stark;
nach 3 Tagen, Spuren;
nach 5 Tagen, nicht nachweisbar (n. n.) oder
vom 2. bis zum 5. Tag, stark;
vom 6. bis zum 7. Tag, Spuren;
am 8. Tag, nicht nachweisbar (n. n.).

Im Handel werden ähnlich wie die Sauerstoff-Testkästchen Geräte für einen $H_2S$-Test angeboten. Der Schwefelwasserstoff und die leicht flüchtigen Sulfide werden durch ein schwach saures Treibgas aus der Abwasserprobe ausgetrieben. Das $H_2S$ enthaltende Gas wird wieder durch ein mit Bleiacetat getränktes Filterpapier geschickt. Das Filterpapier wird durch die Bildung von Bleisulfid je nach Konzentration des $H_2S$ schwach bräunlich bis schwarz gefärbt.

### *6.6.5 pH-Wert*

Die Bestimmung des pH-Wertes ist bereits in Band 1 (Nr. 9.3.1) beschrieben. Die Bedeutung des pH-Wertes in der Abwassertechnik ist allerdings so groß, daß an dieser Stelle noch einmal aus fachspezifischer Sicht darauf eingegangen wird.

Bei pH-Wert 7 ist eine Lösung neutral,
pH-Werte $< 7$ liegen im sauren Bereich,
pH-Werte $> 7$ liegen im basischen Bereich.

Durch die Messung des pH-Wertes im Abwasser von Kanalisation und Kläranlage wird geprüft, ob Säuren oder Laugen enthalten sind. Bei pH-Werten unter 6,5 besteht die Gefahr von Betonzerstörungen. Wenn im Kläranlagenzulauf pH-Werte unter 6 oder über 9 festgestellt werden, kann hierdurch der Abwasserreinigungsvorgang gestört werden.

Im allgemeinen wird deshalb der pH-Wert im Ablauf von Gewerbebetrieben und im Zulauf von Kläranlagen gemessen. In Kläranlagen mit Faulbehältern ist auch der pH-Wert der Schlammfaulung zu überwachen, da dieser eine wichtige Meßgröße für die Beurteilung des störungsfreien Betriebs des Faulprozesses darstellt. Schließlich darf der pH-Wert im Kläranlagenablauf nur in einem wasserrechtlich festgelegten Bereich schwanken.

Mit Säuren oder sauren Salzen (z. B. Eisen(II)-Sulfat) kann man den pH-Wert eines Wassers zur sauren Seite, d. h. zu niedrigen Werten hinverschieben, mit Laugen (z. B. Kalkmilch) zur alkalischen Seite, d. h. zu höheren Werten. Eine derartige Zudosierung kann in Notfällen über Betriebsprobleme hinweghelfen, kommt aber als Dauerlösung nicht in Betracht. In jedem Fall muß man schleunigst den Ursachen der extremen pH-Werte nachgehen, die zumeist auf unzulässiges Einleiten von Industrie- oder Gewerbeabwasser zurückzuführen sind.

Rohabwasser weist meist einen pH-Wert zwischen 6,5 und 7,5 auf. Beim Durchlaufen der Kläranlagen tritt nur eine unbedeutende Verschiebung ein. Der pH-Wert von schwach alkalischem Wasser wird dabei zum Neutralpunkt hin verändert. Der für den biologischen Abbau günstige pH-Bereich liegt zwischen 7,2 und 7,8. Bei Nitrifikationsvorgängen finden pH-Wert-Verschiebungen zum sauren Bereich statt, bei Denitrifiktionsvorgängen zum basischen Bereich.

Der pH-Wert ist ein Maß für die Konzentration der Wasserstoffionen und zeigt damit die Stärke einer Säure oder Lauge an. Er wird als negativer Logarithmus zur Basis 10 der Wasserstoffionen-Konzentration (Band 1 Nr. 9.1.7) angegeben.

Der gemessene pH-Wert ist ein Einzelwert, der wegen seiner komplizierten Umrechnungsart nicht mit einem zweiten Meßwert gemittelt werden kann (zumindest nicht in der einfachen Zahlenreihe). Bei kleinen Meßwertdifferenzen kann eine Mittelwertbildung noch wegen der geringen Ungenauigkeiten hingenommen werden, doch bereits bei Unterschieden von 0,5 wird der Fehler deutlich. Der Mittelwert z. B. der pH-Werte 8 und 12 ist nicht 10, sondern genau gerechnet pH-Wert 8.3!

Also keine Mittelwerte angeben, sondern immer den Höchst- und Niedrigstwert aus dem betrachteten Zeitraum. Dies gilt besonders für automatische Datenerfassungsanlagen, die aus einer Vielzahl von Meßwerten den repräsentativen Wert ermitteln und protokollieren sollen. Für diese Fälle sollte der ¼ h lang dauernde höchste und niedrigste Wert mit Uhrzeitangabe festgehalten werden.

*pH-Papier oder pH-Stäbchen*

Bei kleinen Kläranlagen kann der pH-Wert im Abwasser oder Schlamm auf einfache Weise mit Papierstreifen oder Stäbchen mit beschränkter Genauigkeit bestimmt werden.

Bei diesen Feldmethoden beruht die Bestimung auf Farbreaktionen. Verschiedene organische Stoffe nehmen in Abhängigkeit vom pH-Wert einen bestimmten Farbton oder eine bestimmte Farbtiefe an. Beim Universalindikator-Papier oder bei -Stäbchen, die einen pH-Bereich von 1 bis 12 unterscheiden, sind mehrere Papierstreifen mit solchen Farbstoffen getränkt, die im Wasser unterschiedlich gefärbt werden. Zur genaueren pH-Wert-Bestimmung wird Spezialindikator-Papier verwendet, das für einen engen pH-Bereich von etwa 1,2 bis 2,5 pH-Einheiten Unterteilungen bis 0,2 zuläßt.

Hohe Salzkonzentrationen oder sehr weiche und salzarme Wässer sowie auch Kolloide führen zu Meßfehlern.

Zur Bestimung des pH-Wertes wird ein Streifen Universalindikator-Papier oder -Stäbchen in die Wasserprobe eingetaucht. (Bei Schlammproben pH-Papier auf die Oberfläche legen). Nach einigen Sekunden wird die Färbung des Papiers mit der zugehörigen Farbskala verglichen. Das Ergebnis wird in ganzen pH-Einheiten abgelesen. Zur genaueren Bestimmung wird die Messung mit Spezialindikator-Papier, das den vorher gemessenen pH-Wert einschließt, wiederholt.

Das Ergebnis der pH-Bestimmung wird unter Angabe des Indikators wie folgt angegeben:

pH (Universalindikator) 8
pH (Spezialindikator) 7,6

*Elektrische pH-Meßgeräte*

Genaue pH-Werte (auf 0,1 oder 0,05 pH-Einheiten genau) liefern elektrische Geräte, die als Batterie-, Netz- oder kombinierte Geräte erhältlich sind.

Die Meßeinrichtungen zur elektrischen Messung des pH-Wertes in wäßrigen Lösungen setzt sich aus der pH-Meßsonde und dem pH-Meßverstärker mit eingebauter Anzeige zusammen.

Die pH-Meßsonde besteht wiederum aus einer Einstabmeßkette, d. h. einer pH-Elektrode, bei der die Glaselektrode (Bild 6.31) und die Bezugselektrode (Bild 6.32) zu einer Einheit verschmolzen sind.

pH-Meßsonden, bei denen die Glas- und Bezugselektrode zwei getrennte Elektroden sind, werden nur bei speziellen Meßproblemen eingesetzt.

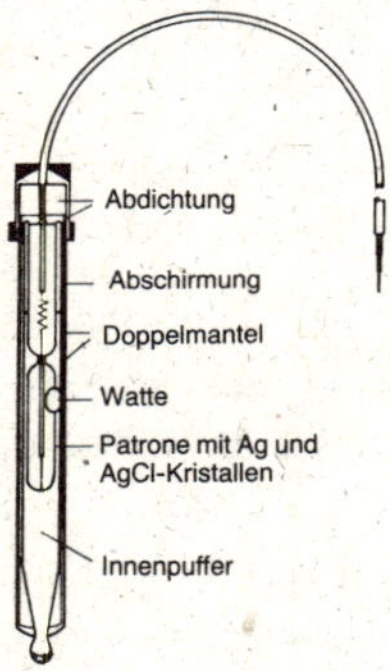


Bild 6.31: Ausführung einer Standard-Glaselektrode [30]

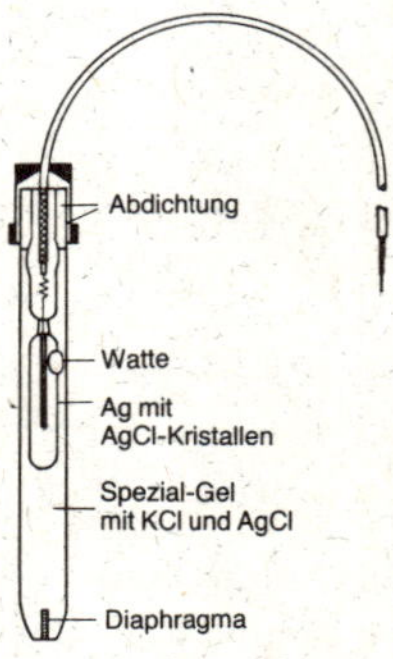


Bild 6.32: Ausführung einer Standard-Bezugselektrode [30]

Die Einstabmeßkette ist aus Glas gefertigt (Bruchgefahr). Dies muß beim Ein- oder Ausbau und bei Wartungsarbeiten unbedingt beachtet werden (Bild 6.33).

Auf Kläranlagen werden zur Kontrolle der pH-Werte von Abwasser- oder Schlamm-Einzelproben oft kleinere transportable, batterie- oder auch netzbetriebene pH-Meßgeräte eingesetzt. Diese Geräte unterscheiden sich im Meßprinzip nicht von den fest eingebauten pH-Meßgeräten (Bild 6.34).

Bei der Verwendung von pH-Meßgeräten muß regelmäßig die gesamte Meßeinrichtung auf ihre Funktionssicherheit überprüft werden. Das gilt sowohl für das transportable Gerät als auch für das ständig messende pH-Meßgerät im Zulauf der Kläranlage.

Die bestgeeignete Überprüfung erfolgt durch die Kalibrierung der pH-Meßanordnung. Dabei wird die Anzeige des Gerätes auf den pH-Wert von Pufferlösungen eingestellt.

Eine Pufferlösung ist eine Lösung, die ihren pH-Wert bei Zugabe von Säuren oder Basen nur sehr wenig ändert, weil diese mit den im Wasser gelösten Bestandteilen so reagieren, daß die zugegebenen H- oder OH-Ionen gebunden (gepuffert) werden.

Angewandt werden in der Regel zwei Pufferlösungen. Die 1. Pufferlösung sollte den Wert des Innenpuffers der Glaselektrode besitzen und die 2. Pufferlösung zwei pH-Einheiten über oder unter dem pH-Wert des Innenpuffers liegen. Beträgt der Innenpuffer der Glaselektrode pH 7, dann sollte die erste Pufferlösung den pH-Wert 7 haben und die zweite Pufferlösung den pH-Wert 5, wenn im Mittel der gemessene Wert des Abwassers zwischen pH 5 und pH 7 liegt. Die zweite Pufferlösung sollte den pH-Wert 9 haben, wenn im Mittel der gemessene Wert des Abwassers zwischen pH 7 und H 9 liegt. Pufferlösungen sollte man fertig über den Laborhandel beziehen. Die Pufferlösungen sollten kühl, trocken und im Dunkeln aufbewahrt werden. Die Haltbarkeit beträgt 1 Jahr. In der Praxis hat es sich als vorteilhaft erwiesen, die für eine Messung erforderliche Pufferlösung (max. 50 ml) getrennt von der Original-Pufferlösung über einen Monat zu benutzen und dann zu verwerfen.

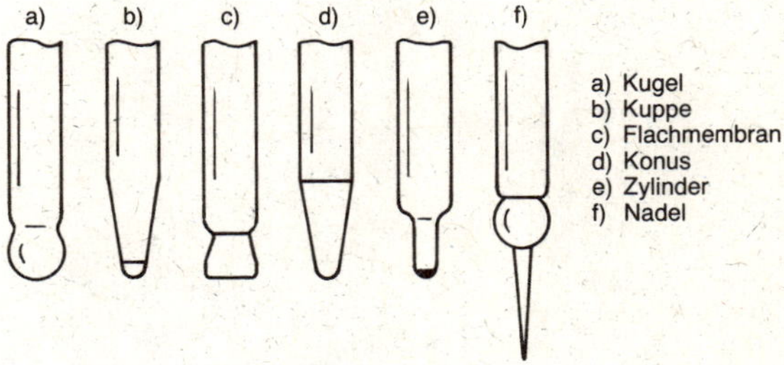


Bild 6.33: Typische Membranformen von Glaselektroden [30]

Die Meßelektrode (Einstabmeßkette) wird nach der Reinigung mit Leitungswasser gut abgespült und mit Fließpapier getrocknet. Dann taucht man die pH-Elektrode zur Hälfte in die Pufferlösung pH 7 und wartet bei eingeschaltetem Meßgerät, bis sich der Zeiger der Anzeige auf einen Wert eingestellt hat. Mit dem Einstellknopf der mit „AP" (Asymetric Potential) gekennzeichnet ist, stellt man das Anzeigegerät auf den pH-Wert der Pufferlösung ein. Nach Abspülen der pH-Elektrode mit Leitungswasser und Trocknen mit weichem Fließpapier taucht man sie nun in die zweite Pufferlösung ein, deren Wert z. B. bei pH 5 liegt, wartet bis zum Stillstand der Anzeige und stellt mit dem Einstellknopf „Empfindlichkeit" oder „% Steilheit" auf pH 5 ein. Dieser Vorgang ist zu wiederholen. Zuvor sollte die Temperatur der Pufferlösung am Gerät eingestellt werden. Die Nachprüfung sollte regelmäßig (täglich bis wöchentlich) erfolgen.

*Durchführung der pH-Messung*

1. pH-Meßgerät einschalten und die Temperatur der zu messenden Probe am entsprechend gekennzeichneten Verstellknopf einstellen.
2. pH-Elektrode aus dem Aufbewahrungsgefäß entnehmen, Leitungswasser abtropfen lassen und zur Hälfte in die zu messende Lösung tauchen.
3. Einstellknopf auf Messen stellen und nach Zeigerstillstand den pH-Wert ablesen.
4. Das Gerät abschalten (wichtig bei Batteriegeräten).

Die eingesetzte Einstabkette wird für die Messung unbrauchbar, wenn sie mit öl- oder fetthaltigem Wasser oder Schlamm in Berührung gekommen ist. In diesem Falle ist die Elektrode mit schwach seifenhaltigem Wasser zu reinigen. Harte Bürsten sollten nicht angewandt werden. Starke fett- oder teerähnliche Verschmutzungen können mit einem Wattebausch, der mit einem Lösungsmittel (z. B. Spiritus) getränkt ist, vorsichtig abgelöst werden. Die Elektrode muß danach gut in Leitungswasser gewässert werden.

pH-Elektroden dürfen nicht trocken aufbewahrt werden. Zu diesem Zweck ist bei netzunabhängigen pH-Meßgeräten die pH-Elektrode bei Nichtgebrauch mit einer wasserhaltigen Gummikappe zu verschließen. Sind pH-Einstabmeßketten über einen längeren Zeitraum trocken gelagert worden, so sind sie nicht unbrauchbar. Vor dem Einbau sind sie mindestens 24 Stunden zu wässern.

Wird eine neue Elektrode eingebaut, so ist in jedem Falle eine Kontrolle der gesamten Meßeinrichtung vorzunehmen.

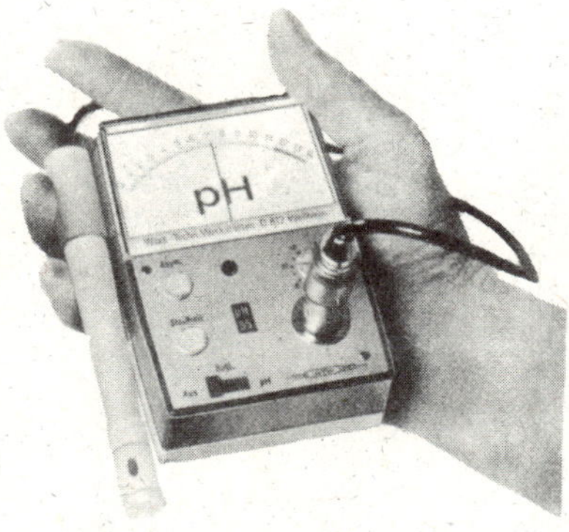


Bild 6.34: Transportables, batteriebetriebenes pH-Meßgerät

## *6.6.6 Organische Säuren und Säurekapazität (Kalkreserve)*

### *Säurekapazität im Abwasser*

*Allgemeines*

Als Säurekapazität ($K_{S\,4,3}$) eines Wassers ist der Verbrauch an Salzsäure in mmol/l Wasser bis zum pH-Wert von 4,3 zu verstehen. Die Säurekapazität wird häufig auch als Pufferkapazität bezeichnet. Sie ist bei weichen und mittelweichen Abwässern häufig der begrenzende Faktor für die Nitrifikation. Werden Fällmittel auf Metallbasis mit pH-Werten von zumeist $< 2$ zugegeben, wird die Säurekapazität zusätzlich vermindert. Auch Regenwasser kann sie vermindern, da es keine Härtebildner enthält.

Die Säurekapazität des vorgeklärten Abwassers liegt je nach Fremdwasseranteil und Trinkwasserhärte in der Regel zwischen 4 mmol/l (weich) und 12 mmol/l (hart). Die verbleibende Säurekapazität im Ablauf der Belebungsanlage sollte nicht kleiner als 1,5 mmol/l sein.

*Geräteausstattung*

Kunststoffbecher 150 bis 250 ml.
Schnellbürette 15 ml (ggf. Meßpipette 10 bis 25 ml).
Magnetrührgerät stufenlos regelbar bis etwa 1000 Umdrehungen pro Minute.
1 l 0,1 m Salzsäure oder 0,05 m Schwefelsäure (die Lösungen sind im Laborhandel erhältlich).

*Durchführung der Bestimmung*

- 100 ml Abwasser (15° C bis 25° C) in einen Kunststoffbecher geben.
- Bei langsamer Durchmischung auf einem Magnetrührer aus einer Bürette (ggf. Meßpipette) tropfenweise 0,1 molare Salzsäure (0,1 m HCl) zusetzen bis der pH-Wert = 4,3 (± 0,2) erreicht ist.
- Der Verbrauch an 0,1 m HCl in ml ist die Säurekapazität ($K_{S\,4,3}$) des Abwassers in mmol/l.
- Statt der 0,1 mHCl kann auch 0,05 m $H_2SO_4$ verwendet werden.

### *Säurekapazität im Faulwasser*

Der Gehalt an organische Säuren wird auch als Buttersäuregehalt, Fettsäuregehalt oder „Gehalt an wasserdampfflüchtigen organischen Säuren“ bezeichnet. Er ist ein wichtiger Kennwert für die Beurteilung eines Schlammzustandes beim Faulprozeß. Der Säuregehalt wird in mg/l Essigsäure oder mg/l Buttersäure angegeben.

Daneben haben Schlämme eine gewisse Konzentration an puffernden, d. h. pH-stabilisierenden Karbonaten und Bikarbonaten (im folgenden Säurekapazität bzw. Kalkreserve genannt). Auch das Wort Alkalität wird hierfür manchmal benutzt.

Beim Faulvorgang werden die organischen Stoffe in der ersten Stufe durch Bakterien in organische Säuren zerlegt. Diese wiederum dienen den Methan-Bakterien des darauffolgenden Prozesses als Nahrung. Bei einem gut arbeitenden Faulbehälter besteht ein Gleichgewicht des Abbaues in beiden Stufen. Dabei gibt es immer einen kleinen Säurevorrat, der einem Wert in der Größenordnung bis 700 mg/l Essigsäure oder etwa 1000 mg/l Buttersäure entspricht. Steigt der Säuregehalt plötzlich über den der Anlage entsprechenden Normalwert an, so liegt eine Überlastung der Anlage oder eine Vergiftung der relativ empfindlichen Methan-Bakterien vor. Durch den Anstieg der Säure fällt der pH-Wert im Faulbehälter ab. Da jedoch das Pufferungsvermögen des Faulschlammes im allgemeinen relativ groß ist, wird der pH-Wert-Abfall erst festgestellt, wenn ein beträchtlicher Anstieg des Säuregehaltes erfolgt ist. Die Veränderung des Säuregehaltes und der Kalkreserven sind also das erste Anzeichen einer Störung des Faulprozesses und deshalb von großer Bedeutung für den Faulbetrieb.

Die Bestimmung der wasserdampfflüchtigen organischen Säuren sollte nur von Klärfacharbeitern mit großer Laborerfahrung durchgeführt werden. Das Verfahren wird deshalb hier nicht weiter erläutert. Neuerdings sind jedoch auch Kompaktgeräte im Handel, die wesentlich leichter zu bedienen sind.

Die Kalkreserve und der Fettsäuregehalt lassen sich aber mit einer für den praktischen Kläranlagenbetrieb ausreichenden Genauigkeit in einfacher Weise bestimmen.

Methode:
20 ml Faulwasser, durch Filtration über Papierfilter erhalten, werden in einem 50-ml-Kunststoffbecher mit einer 0,1 n Schwefelsäurelösung bis zum pH-Wert von genau 5,0 titriert. Dabei befindet sich die Elektrode des pH-Meters ständig in der wäßrigen Lösung und wird zum Durchmischen des Becherinhaltes in diesem herumgerührt. Die bis zum Erreichen von pH 5,0 benötigte Menge an 0,1 n Schwefelsäure wird als Verbrauch A bezeichnet. Anschließend wird vorsichtig bis pH 4,0 weitertitriert, wobei nach jedem Tropfen Säurelösung der Becherinhalt gut durchgemischt wird. Die benötigte Säuremenge wird als Verbrauch B bezeichnet.

Der Verbrauch A ist ein Maß für das durch die Kalkreserve bestimmte Pufferungsvermögen des Schlammes. In der Regel liegt der Verbrauch A bei 5–10 ml. *Wichtiger* als die Höhe des Verbrauches selbst ist das rechtzeitige Erkennen eines verminderten Verbrauches. Nimmt die Kalkreserve mehrere Tage lang ab, liegt mit großer Wahrscheinlichkeit eine Störung des Faulprozesses vor, ohne daß sich der pH-Wert zunächst wesentlich ändert.

Der Verbrauch B ist ein Maß für den Fettsäuregehalt. Bei gut ausgefaulten Schlämmen liegt der Verbrauch B unter 1 ml. *Wichtig* ist auch hier die Änderung, bedenklich ist in diesem Fall ein Ansteigen des Säureverbrauches. Schon eine Erhöhung um 0,3–0,5 ml muß als Zeichen eines nachlassenden Säureabbaues gewertet werden. Der pH-Wert muß dabei noch nicht absinken, da bei ausreichendem Pufferungsvermögen ein Anstieg an organischen Säuren zunächst keine Auswirkungen hat.

Geräte und Chemikalien:
Labor- oder Taschen-pH-Meter,
Schnellbürette, 15 ml, 0,5 l Vorratsflasche,
Kunsstoffbecher, 50 ml, hohe Form,
0,1 n Schwefelsäure, 1 l (Merck-Nr. 9074).

### *6.6.7 Elektrische Leitfähigkeit*

Durch die Messung der elektrischen Leitfähigkeit von Wasser kann auf dessen Salzgehalt geschlossen werden. Über die Art der Salze gibt sie jedoch keine Auskunft. Der Salzgehalt im Abwasser kann auf der Kläranlage nicht beeinflußt werden, deshalb kann auf seine Messung meistens verzichtet werden. Da aber in Industrieabwässern oder in Gewässern die Messung eine Rolle spielen kann, soll der Begriff kurz erläutert werden.

Säuren, Laugen und Salze liegen im Wasser weitgehend als elektrisch geladene Teilchen (Ionen) vor. Je mehr davon vorhanden sind, um so besser leitet das Wasser den elektrischen Strom. Dies wird mit einer Sonde oder Elektrode als Leitfähigkeit gemessen (Bild 6.35). Wenn Säuren und Laugen, wie z. B. im kommunalen Abwasser, kaum enthalten sind, ist sie ein Maß für den Gesamtsalzgehalt des Wassers. Im kommunalen Abwasser ist normalerweise auch der Salzgehalt gering.

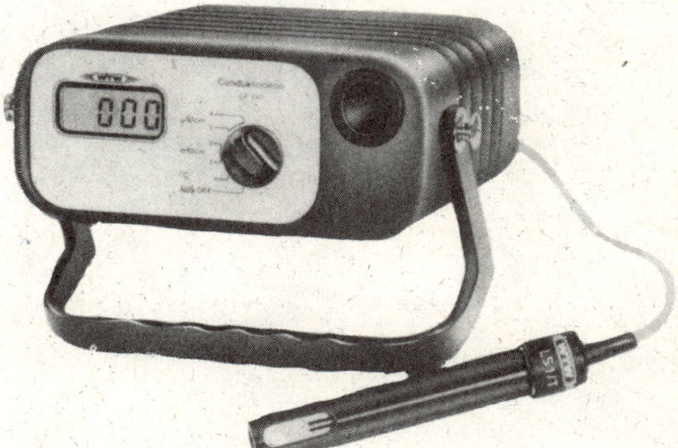


Bild 6.35: Bestimmung der elektrischen Leitfähigkeit

Die Angabe der Leitfähigkeit erfolgt in mS/cm (Milli-Siemens je cm).

Im Abwasser kommen Werte von 0,1–10,0 mS/cm vor. Der Wert von 0,1 mS/cm oder auch 100 $\mu$S/cm (Mikro-Siemens) deutet auf einen niedrigen Salzgehalt hin, während 10,0 mS/cm bzw. 10000 $\mu$S/cm auf einen hohen Salzgehalt hinweist. Im Vergleich zu diesen Werten hat Leitungswasser eine Leitfähigkeit von etwa 1 mS/cm.

Hohe Leitfähigkeitswerte können in der Winterzeit durch Salzstreuung verursacht werden.

Im Kläranlagenzufluß zeigt die Leitfähigkeit oft einen typischen Tagesgang mit einem Niedrigstwert in der Nacht und einem Spitzenwert am Tage. Verfolgt man die „Leitfähigkeitsspitze" in den einzelnen Teilen der Kläranlage, so ergibt dies einen Hinweis auf die tatsächliche Aufenthaltszeit des Abwassers in diesen Kläranlagenteilen, da die Salzkonzentation in den einzelnen Reinigungsstufen nicht wesentlich verändert wird.

### *6.6.8 Kohlendioxid im Faulgas*

Faulgas besteht im wesentlichen aus Methan ($CH_4$) und Kohlendioxid ($CO_2$). Der $CO_2$-Anteil liegt normalerweise zwischen 26–36 Vol.-%. Da die Messung des Methananteils aufwendig ist, bestimmt man in relativ einfacher Weise den $CO_2$-Anteil. Da bei Störungen der Schlammfaulung der Kohlendioxidanteil fast immer ansteigt, kann man mit der Bestimmung des $CO_2$-Anteils im Faulgas den Faulprozeß gut überwachen.

In eine zum Teil mit Kalilauge gefüllte Flasche wird Faulgas gepumpt. Beim Schütteln der verschlossenen Flasche wird das Kohlendioxyd von der Kalilauge gebunden. Der dadurch entstehende Unterdruck ist als Maß für den $CO_2$-Anteil auf einer Anzeige in Vol.-% ablesbar.

Meßgeräte werden im Fachhandel angeboten (Bild 6.36).

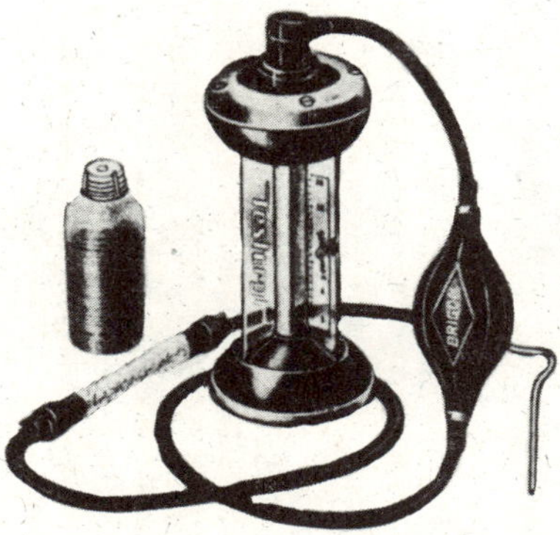

Bild 6.36: Bestimmung des $CO_2$-Anteils im Faulgas

Automatische Meßgeräte (Gasanalysatoren) werden mit einer eingebauten Gaspumpe kontinuierlich mit dem zu messenden Faulgas beschickt. Um die Ansaugwege so kurz wie möglich zu halten, wird das Meßgerät meist unmittelbar am Faulturm eingebaut und ist deshalb explosionsgeschützt ausgeführt.

Das Meßprinzip beruht auf dem Ultrarot-Absorptions-Verfahren.

Die eingesetzten Meßgeräte arbeiten weitestgehend wartungsfrei. Bedingt durch den erforderlichen Ex-Schutz sollten Arbeiten am Gerät nur von geschulten Fachleuten durchgeführt werden.

Die Meßgeräte haben einen Meßwertausgang zur Anzeige und Registrierung. Die Angabe erfolgt in Vol.-% $CO_2$. Neuerdings werden im Handel auch Geräte mit einer direkten Messung des Methangehaltes angeboten.

### *6.6.9 Enzymaktivität (TTC-Test)*

Eine genaue Bestimmung des Stabilisierungsgrades des Schlammes aus einer Belegungsanlage mit gemeinsamer aerober Schlammstabilisierung, ist nur mit großem Laboraufwand möglich.

Der TTC-Test ist Bestandteil der Deutschen Einheitsverfahren zur Wasser-, Abwasser- und Schlammuntersuchung (DEV/L3–L4), mit dem die Aktivität von Dehydrogenasen (wasserstoffübertragende Enzyme) in Schlämmen ermittelt werden kann. Da die Aktivität der Dehydrogenasen an die Gegenwart lebender Bakterienzellen gebunden ist, kann anhand der fotometrisch meßbaren Formazanproduktion der Stabilisierungsgrad eines Schlammes annährend festgelegt werden.

Um den Stabilisierungsgrad (d. h. eine möglichst weitgehende Fäulnisunfähigkeit) auf einfach Weise wenigstens abschätzen zu können, wurde für den Kläranlagenbetrieb ein einfacher Test entwickelt. Er ist aus der Labormethode zur Bestimmung der Enzymaktivität abgeleitet.

Man braucht dazu neben Brutschrank und einem Meßzylinder – also Geräte, welche auf den meisten Kläranlagen ohnehin erforderlisch sind – nur einige Reagenzgläser mit Gummistopfen und eine 0,5prozentige Triphenyltetrazoliumchloridlösung (TTC-Lösung, Merck-Nr. 8380).

*Arbeitsanleitung*

1. TS-Konzentration des Schlammes bestimmen oder auf ± 20% abschätzen.
2. 20 ml Schlamm mit Wasser aus der Nachklärung in einem Meßzylinder auf einen TS-Wert von etwa 1 g/l verdünnen. Für die Mischungsrechnung bietet sich die Kreuzregel an. Dazu folgendes Beispiel:

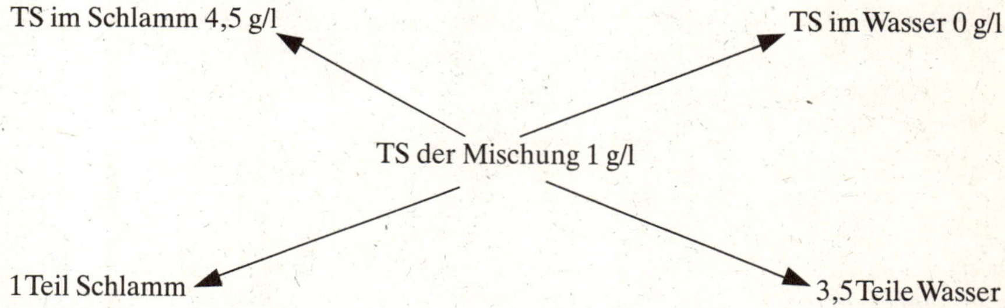


   oder 20 ml Schlamm + 70 ml Wasser ergeben 90 ml mit 1 g/l TS.

3. Verdünnte Schlammprobe im Wasserbad auf etwa 25° C erwärmen. 10 ml dieser Probe in ein mit 1 ml einer 0,5%igen TTC-Lösung beschicktes Reagenzglas abfüllen. Glas mit einem Gummistopfen verschließen und Inhalt gut durchmischen. Das Glas sofort in einen auf 25° C vorgeheizten Brutschrank stellen.
   Zur Beachtung: Die Temperatur im Brutschrank darf um maximal 2° C vom Sollwert 25° C abweichen, Lichteinfall in den Brutschrank ist zu vermeiden.
4. Nach 30 und 60 Minuten Standzeit wird der Schlamm auf seine Rotfärbung überprüft.
5. Beurteilung: Ist nach einer Stunde noch keine rötliche Färbung der Schlammflokken erkennbar, handelt es sich in der Regel um einen Schlamm, der die „technische aerobe Stabilisationsgrenze“ erreicht hat. Bei unzureichend stabilisierten Schlämmen tritt oft schon nach 30 Minuten, spätestens aber nach 60 Minuten, eine deutlich erkennbare Rotfärbung ein.

### *6.6.10 Ammonium-Stickstoff ($NH_4$-N)*

Neben den organischen Stoffen ($BSB_5$) und Phosphaten sind im Abwasser noch anorganische und organische Stickstoffverbindungen enthalten. Meist schon im Kanalnetz und in der Vorklärung werden diese Stickstoffverbindungen bis zum Ammonium reduziert, d. h. es liegt im Zulauf zur biologischen Stufe der Stickstoff überwiegend als Ammonium-Stickstoff vor. $NH_4$-N wird in mg/l angegeben.

Diese Ammonium-Verbindung kann in der Kläranlage zu Nitrit ($NO_2$) und Nitrat ($NO_3$) oxidiert werden. Diese sogenannte Nitrifikation findet aber nur unter ganz bestimmten Bedingungen in der biologischen Stufe statt, da die dafür notwendigen Bakterien (Nitrifikanten) nur sehr langsam wachsen und warme Temperaturen brauchen. Ohne diese Nitrifikation kann der $NH_4$-N sowohl zu Betriebsschwierigkeiten in der Kläranlage führen, als auch den Vorfluter durch Sauerstoffzehrung schädigen.

Im Interesse des Gewässerschutzes sollte daher im Kläranlagenablauf die $NH_4$-N-Konzentration möglichst niedrig liegen. So sind in der Rahmen-AbwasserVwV Grenzwerte für das Einleiten von Abwasser in den Vorfluter festgelegt. Danach dürfen Käranlagen ab 5000 EW im Sommerhalbjahr von Mai bis Oktober – bzw. ab einer Abwassertemperatur von 12° C im biologischen Teil – Ablaufwerte von 10 mg/l $NH_4$-N nicht übersteigen. Um dies zu erreichen, müssen die Kläranlagen für eine Nitrifikation eingerichtet sein. Für den Ver- und Entsorger bedeutet dies, regelmäßig $NH_4$-N-Bestimmungen durchzuführen.

Die Messung des $NH_4$-N ist auch von Bedeutung, wenn in schwachbelasteten Anlagen der $BSB_5$ im Ablauf ohne Hemmstoffe gemessen wurde und unerwartet hoch ist. Es ist dann zu vermuten, daß über die Oxidation der Kohlenstoffverbindungen hinaus bereits Stickstoff oxidiert wird.

Im allgemeinen liegt der $NH_4$-N im Zulauf von kommunalen Kläranlagen zwischen 20 und 50 mg/l. Liegt die Konzentration niedriger, ist meist ein hoher Fremdwasseranteil die Erklärung dafür. Wenn keine besonderen Maßnahmen zu seinem Abbau vorgesehen sind, wird er im Ablauf von schwach belasteten Anlagen auf die Hälfte vermindert. Zusammen mit $BSB_5$ und CSB geht der $NH_4$-N in die Sauerstoffbedarfsstufe (Abbaustufe) einer Kläranlage ein.

Für den Ver- und Entsorger bieten sich zwei Meßmethoden an, das kolorimetrische Verfahren mit visueller Auswertung und die fotometrische Bestimmung.

Kolorimetrische Verfahren werden hauptsächlich als Feldmethode angewandt. Dabei wird das Auge zur Konzentrationsbestimmung durch Vergleich verschieden gefärbter Lösungen zur Hilfe genommen. Entsprechende Teststäbchen oder Testbestecke mit Farbskala (Bild 6.37) sind im Handel beziehbar. Sie lassen allerdings nur eine sehr grobe Bestimmung zu. Die Methode hat stark an Bedeutung verloren, da der $NH_4$-N mit geringen Kosten verhältnismäßig einfach und mit großer Genauigkeit fotometrisch gemessen werden kann.

Für die fotometrische Bestimmung (Betriebsmethode) des $NH_4$-N (Bild 6.38) kann das gleiche Gerät verwendet werden, wie bei der CSB-Bestimmung (Nr. 6.2.2). Bei der Messung ist darauf zu achten, den richtigen Interferenzfilter und die vorgeschriebenen Ammonium-Küvetten nach den Vorschriften des Herstellers zu verwenden. Wenn ein Meßbereich überschritten wird, ist die Abwasserprobe zuvor zu verdünnen. Eine Erhit-

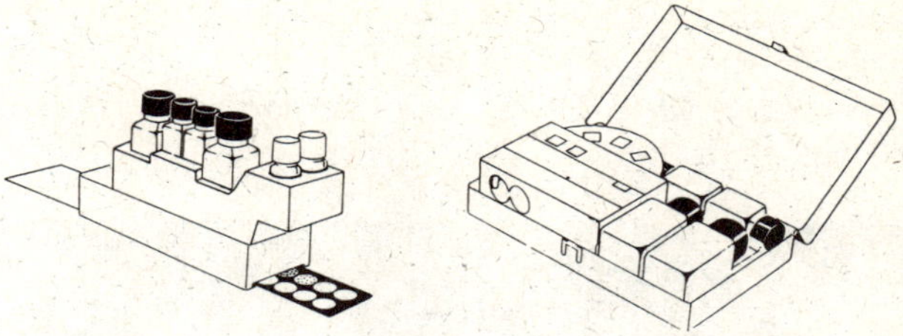

Bild 6.37: Kolorimetrische $NH_4$-N-Bestimmung mit verschiedenen Feldmethoden

zung im Thermoblock ist nicht erforderlich. Es ist lediglich eine gewisse Wartezeit nach der Zumischung der Reagenzien einzuhalten, in der der Farbstoff sich voll entwickelt. Diese Zeit nach Angabe der Herstellerfirmen ist genau einzuhalten. Auch wenn es sich bei der Bestimmung um eine Betriebsmethode handelt, darf nicht vergessen werden, daß ein genaues Meßergebnis nur bei sorgfältiger Handhabung möglich ist. Auf die Schutzvorkehrungen soll an dieser Stelle noch einmal hingewiesen werden.

Abwasserproben zur Bestimmung des $NH_4$-N müssen bei + 2° C bis 5° C gesammelt und gelagert werden. Die so gesammelten Proben sind möglichst umgehend aufzuarbeiten. Durch Konservierung mit Schwefelsäure auf pH < 2 und weiter kühl lagern bei + 2° C bis 5° C, kann die Probe mehrere Tage aufbewahrt werden.

Für die fortlaufende $NH_4$-N-Messung (die sog. On-Line-Messung) werden von verschiedenen Firmen Geräte angeboten. Neben fotometrischen Verfahren werden gassensitive Elektroden eingesetzt. Auf eine temperaturkonstante Messung ist zu achten, eine regelmäßige Eichung ist erforderlich. Eine kleine Pumpe entnimmt die Abwasserprobe, mit Hilfe einer möglichst wirkungsvollen Filtration wird ein feststofffreies Abwasser erreicht, bevor die automatische Analyse erfolgt. Die Steuerung des Gerätes übernimmt ein Mikroprozessor. Die gängigen Geräte kommen mehrere Wochen mit einem Reagenziensatz aus. Die normale Wartung beschränkt sich auf die Kontrolle der Leitungen und Reagenzienbehälter. Kontinuierliche Meßgeräte eignen sich besonders für die Regelung der Nitrifikation am Ablauf des Belebungsbeckens.

### *6.6.11 Nitrat-Stickstoff ($NO_3$-N)*

In einer Kläranlage ohne Stickstoffoxidation (Nitrifikation) ist der Nitratgehalt im Abwasser sehr gering. Es ist dann auch nicht sinnvoll, Nitrat zu messen. Sobald sich aber in einer Kläranlage durch Nitrifikation Nitrat bildet, kann der Nitratgehalt bis zu 50 mg/l und mehr betragen. D. h. wenn eine Anlage gut nitrifiziert, sinkt der Ammonium-Stickstoff, dafür entsteht aber Nitrat (siehe auch Abschnitt 3.3.1).

$$NH_4^+ + 2\,O_2 \rightarrow NO_3^- + 2\,H^+ + H_2O$$

Um unkontrollierten Denitrifikationsvorgängen im Kläranlagenbetrieb – vor allem in der Nachklärung – begegnen zu können, ist es wichtig zu wissen, wie groß der $NO_3$-N-

Gehalt im Kläranlagenablauf ist. Außerdem ist Nitrat-Stickstoff ein Nährstoff und damit eine Belastung für das Gewässer.

In der Rahmen-AbwasserVwV sind dafür keine Grenzwerte für das Einleiten von Abwasser in den Vorfluter festgelegt.

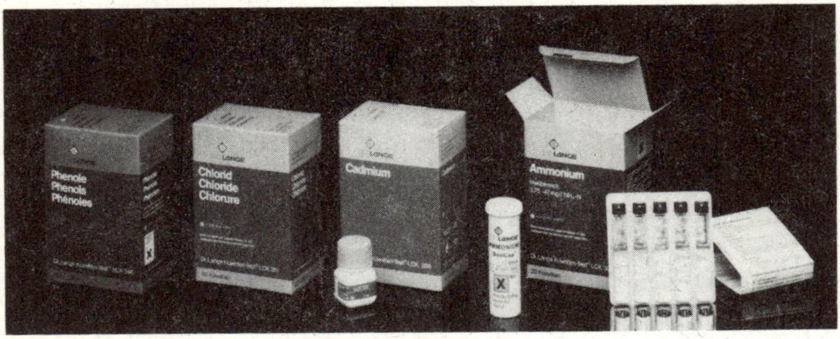


Bild 6.38: Fertigküvetten für die $NH_4$-N-Bestimmung und andere Parameter

$NO_3$-N wird in mg/l angegeben. Die fotometrische Bestimmung mit dem Küvettentest ist als Betriebsmethode zu empfehlen. Dazu wird wieder das gleiche Geräte verwendet, wie zur CSB- oder $NH_4$-N-Bestimmung. Eine Erhitzung im Thermoblock für den Aufschluß ist nicht erforderlich. Allerdings müssen ein eigener Interferenzfilter und die richtigen Nitrat-Küvetten vorhanden sein (Einzelheiten zum Fotometer siehe Nr. 6.2.2).

Als Feldmethode zur Grobbestimmung gibt es kolorimetrische Verfahren mit Teststäbchen oder mit Testblock (Bild 6.39).

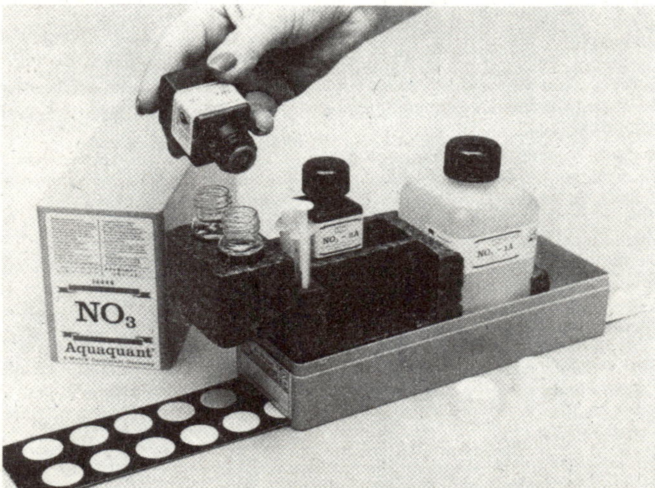


Bild 6.39: Kolorimetrische Nitratbestimmung (Feldmethode)

Grundsätzlich sollte die Bestimmung möglichst umgehend erfolgen. Gekühlt bei + 2° C bis + 5° C bewahrt, muß die Probe innerhalb von 6 Stunden im Labor untersucht werden. Nach ISO 5667/3 darf die Probe durch Ansäuern mit Schwefelsäure auf $pH < 2$ und Kühlen auf + 2° C bis + 5° C, bis zu 24 Stunden konserviert und somit am nächsten Tag aufgearbeitet werden. Dieses Konservierungsverfahren ermöglicht damit die Entnahme von Durchschnittsproben über 24 Stunden, wenn die Proben in eine Vorlage der Konservierungslösung dosiert wurde.

Für die fortlaufende Messung $NO_3$-N-Messung (On-line-Messung) gibt es von verschiedenen Firmen Geräte. Es werden fotometrische Verfahren eingesetzt, ebenso kommen aber auch sog. „ionenselektive Nitratelektroden" zur Anwendung. Zwischen drei Meßverfahren ist zu unterscheiden:

- Nitrat wird zu Nitrit reduziert, in dem Sulfanilsäure und Naphtyletlendiamin zugegeben wird. Nitrit reagiert zu einem violettroten Azofarbstoff, der fotometrisch erfaßt werden kann.
- Nitrat- und Nitritionen absorbieren das UV-Licht eines bestimmten Wellenbereiches. Dies wird in einem Fotometer erfaßt. Der Vorteil dieses Systems besteht darin, daß keine Chemikalien benötigt werden und eine automatische Spülung der Meßküvette vorgenommen wird. Störungen können bei getrübten Wässern und gefärbter Abwasserproben auftreten.
- Die Nitratkonzentration wird mittels ionenselektiver Elektrode direkt gemessen.

Zur ständigen Entnahme des Abwasserstromes ist eine kleine Pumpe erforderlich. Für ein feststofffreies Abwasser sonst eine möglichst wirkungsvolle Filtration, bevor die automatische Analyse erfolgt. Die Steuerung des Gerätes übernimmt eine Mikroprozessor. On-line-Meßgeräte werden bevorzugt zur betrieblichen Regelung von Denitrifikationsstufen eingesetzt.

## *6.6.12 Nitrit-Stickstoff ($NO_2$-N), Gesamtstickstoff*

### *$NO_2$-N*

Die Nitrit-Messung ist in aller Regel bei der Eigenüberwachung entbehrlich, da der Nitritgehalt im kommunalen Abwasser vernachlässigbar gering ist. Nitritstickstoff ist normalerweise keine stabile Stickstoffverbindung und entsteht, wenn eine Kläranlage gut nitrifiziert als „Zwischenstation" zum Nitratstickstoff.

$$NH_4^+ + O_2 \rightarrow NO_2^- \text{ (Nitrit als Zwischenstation)}$$

$$NO_2^- + O_2 \rightarrow NO_3^- + 2H^+ + H_2O$$

Der Nitritgehalt liegt meist deutlich kleiner als 1 mg/l. Die Messung kann mit dem Küvettentest und fotometrischer Bestimmung erfolgen, wie diese bei der $NH_4$-N durchgeführt wird. Voraussetzung sind ein eigener Interferenzfilter und die richtigen Küvetten.

Eine Konservierung ist nicht möglich. Da das Nitrition sehr instabil ist, muß grundsätzlich vor Ort analysiert werden.

***Gesamtstickstoff***

In der Rahmen-AbwasserVwV für das Einleiten von Abwasser für Kläranlagen ab 5000 EW wird ein Grenzwert von 18 mg/l Gesamtstickstoff festgelegt. Der Gesamtstickstoff (anorganisch) ist als Summe der Stickstoffverbindungen $NH_4$-N + $NO_3$-N + $NO_2$-N definiert. Der Wert darf im Sommerhalbjahr von Mai bis Oktober – bzw. ab einer Abwassertemperatur vor 12° C im biologischen Teil – nicht überschritten werden. Ablaufwerte von N ges < 18 mg/l sind nur einhaltbar, wenn die Kläranlage nitrifizieren und denitrifizieren kann. Der Gesamtstickstoff ist auch abgaberechtlich ein Schadstoffparameter. Für die Summenbildung ist es wichtig, daß einzelne Stickstoffverbindungen immer aus *einer* Abwasserprobe bestimmt werden, da sonst das Ergebnis nicht repräsentativ ist.

Bei der Bestimmung des Gesamtstickstoff $N_{ges}$ (anorganisch) wird nach der Definition der Rahmen-AbwasserVwV und dem AbwAG der organische Anteil des Stickstoffs nicht berücksichtigt. Dieser ist nach biologischer Abwasserreinigung i. d. R. sehr niedrig, so daß seine Messung nicht notwendig ist. Zudem gibt es bisher keine ausgereifte Betriebsmethode zur Bestimmung des organischen N.

Der Chemiker benutzt für die Gesamtstickstoffbestimmung im Rohabwasser hilfsweise den TKN (Total Kjeldahl Stickstoff). Dies ist die Summe aller reduzierend wirkenden Stickstoffverbindungen = Ammonium + org. N, dabei ist der oxidierte Stickstoff nicht erfaßt. Er kommt im Rohabwasser aber auch kaum vor. Die Messung des TKN ist als Betriebswert in der Eigenüberwachung kaum von Interesse.

### *6.6.13 Phosphor (P)*

Im biologisch gereinigten Abwasser sind noch anorganische Salze enthalten, von denen besonders Phosphate das Wachstum von Algen und Grünpflanzen in Gewässern fördern. Vor allem bei Einleitungen in stehende Gewässer (Seen, Teiche) oder gestaute Flüsse kann es dadurch zu unerwünschten Massenentwicklungen (Algenblüte, Verkrautung) und dann zu einer sekundären Gewässerverunreinigung kommen.

In den Kläranlagen wird daher in zunehmendem Maße die Entfernung der Phosphate durch chemische Fällung und Flockung mit Eisen-, Aluminium- oder Calciumverbindung angewandt.

P und seine Verbindungen werden in mg/l angegeben.

In der Rahmen-AbwasserVwV ist festgelegt, daß im Ablauf von Kläranlagen, die größer als 20000 EW sind, ein Grenzwert von 2 mg/l $P_{ges}$ nicht überschritten werden darf. Bei empfindlichen Vorflutern kann diese Begrenzung auch schon bei kleineren Kläranlagen erforderlich sein. Ab 100000 EW liegt der Grenzwert bei 1 mg/l $P_{ges}$. Phosphor gesamt ist im AbwAG ein Schadstoffparameter.

Zur Steuerung und Überwachung der Maßnahmen muß der Ver- und Entsorger in der Lage sein, den Phosphorgehalt im Abwasser bestimmen zu können.

Die Bestimmung von Phosphorverbindungen nach der DIN-Methode sollte nur von Kläranlagenpersonal mit großer Laborerfahrung durchgeführt werden. Die Geräteausstattung und die Chemikalien dafür sind sehr aufwendig.

Es empfiehlt sich in den meisten Fällen die Betriebsmethode anzuwenden. Es ist die fotometrische Auswertung mit Küvetten (siehe dazu CSB-Bestimmung Nr. 6.2.2). Auf die richtigen Phosphor-Küvetten und den geeigneten Interferenzfilter ist zu achten. Da im allgemeinen in Spülmitteln Phosphate enthalten sind, ist es bei dieser Bestimmung besonders wichtig, alle eingesetzten Geräte vorher gründlich mit destilliertem Wasser nachzuspülen, um Spülmittelreste zu entfernen.

Bei der Messung des Phosphors mit dem Fotometer beschränkt man sich in der Eigenüberwachung teilweise auf die Bestimmung des $PO_4$-P (Ortho-Phosphat-Phosphor). Es ist die häufigste im Abwasser vorkommende Verbindung des Phosphors und kann für den Kläranlagenbetrieb ausreichend genau mit dem Küvettentest (nach dem Molybdänblau-Verfahren) bestimmt werden. Im Ablauf einer Kläranlage beträgt der $PO_4$-P 80–90% des Gesamtphosphors ($P_{ges}$).

Folgende Faustregel ist in der Praxis bei der Umrechnung der Ablaufergebnisse üblich:

Die Bestimmung des $P_{ges}$ kann entfallen, wenn das Mittel der letzten 5 Messungen des $PO_4$-P 80% des zulässigen $P_{ges}$-Wertes nicht überschreitet.

Diese Faustregel kann allerdings nicht auf die Meßergebnisse des $PO_4$-P im Zulauf oder im Ablauf der Vorklärung übertragen werden. Hier führen die Messungen zu sehr unterschiedlichen Ergebnissen. Das Verhältnis von $PO_4$-P zu $P_{ges}$ beträgt an diesen Stellen oft nur 35 bis 40%. Dies ist teilweise darauf zurückzuführen, daß nach den Vorschriften eine Filtration dieser Abwasserproben mit einem Membranfilter erforderlich ist. Bei diesen Meßergebnissen des $PO_4$-P kann auf die tatsächliche $P_{ges}$-Fracht im Zulauf nicht geschlossen werden. Eine Dosierung der Fällungsmittelzugabe nach dieser Messung ist nicht möglich. Ebenso kann nicht die $P_{ges}$-Eliminationsrate überprüft werden (85% sollten mindestens erzielt werden).

Aus betrieblichen wie aus wasserrechtlichen Gründen empfiehlt es sich deshalb, auch in der Eigenüberwachung den Gesamtphosphorgehalt im Zulauf (bzw. Ablauf der Vorklärung) sowie im Ablauf der Kläranlage zu bestimmen. Die fotometrische Bestimmung mit der Küvettenmethode ist inzwischen so weit verbessert, daß bei sorgfältiger Handhabung sehr gute Ergebnisse erzielt werden können. Der Gesamtphosphor ($P_{ges}$) ergibt sich, wenn das Gesamtphosphat, das bei der Analyse bestimmt wird, durch den Faktor 3,066 geteilt wird. Bei der Angabe der Analysenergebnisse ist unbedingt auf die Eingabe des richtigen Umrechnungsfaktors am Gerät zu achten. Da ein Aufschluß von Phosphaten (z. B. aus Waschmitteln) und organisch gebundenen Phosphaten ein Erhitzen der vorbereiteten sauren Lösung auf ca. 100 ° C erfordert, wird dazu der Thermoblock gebraucht.

Durch Konservierung mit Schwefelsäure auf pH $< 2$ sind die Abwasserproben bis zu einem Monat sicher haltbar.

Für kontinuierliche P-Messungen (On-line-Messungen) werden von verschiedenen Herstellern Geräte angeboten. Während das Orthophosphat ($PO_4$-P) ohne größeren Aufwand fotometrisch bestimmt werden kann, erfordert die Gesamtphosphor-Bestimmung einen Aufschluß mit Säure und Erwärmung. Der apparative Aufwand für die kontinuierliche Messung des $P_{ges}$ ist so beträchtlich, daß nur von wenigen Herstellern Geräte auf dem Markt erhältlich sind. In der Regel wird daher auf die einfache Orthophosphatmessung zurückgegriffen. Eine Pumpe entnimmt ständig einen kleinen Abwasserprobenteilstrom. Durch eine wirkungsvolle Filtration wird eine möglichst feststofffreie Probe gewonnen, bevor die automatische Analyse erfolgt. Die Steuerung des Gerätes erfolgt mit einem Mikroprozessor. Die notwendigen Reagenzien reichen für mehrere Wochen, danach werden die Vorratsbehälter gegen neue ausgetauscht. Kontinuierliche Meßgeräte eignen sich besonders für die Regelung der P-Fällungseinrichtung.

## 6.7 Messung biochemischer Werte

### *6.7.1 Biochemischer Sauerstoffbedarf ($BSB_5$)*

Die Menge an gelöstem Sauerstoff im Wasser, die von Mikroorganismen in einem bestimmten Zeitraum verbraucht wird, um die im Wasser enthaltenen organischen Stoffe bei 20° C durch Oxidation (aerob) abzubauen, wird als „biochemischer Sauerstoffbedarf" (= BSB) bezeichnet. Der BSB kann in organisch verschmutzten Industrieabwässern (z.B. Molkerei-, Brauerei-, Schlachthofabwasser), in städtischem Rohabwasser, mechanisch und biologisch gereinigtem Abwasser und auch in Flußwasser bestimmt werden. Er ist für Bemessung und Feststellung der Wirksamkeit von Kläranlagen der wichtigste Kennwert, da er die Konzentration der durch Mikroorganismen abbaubaren organischen Verschmutzung eines Wassers kennzeichnet.

Aus der Multiplikation von Abwasseranfall ($m^3/d$) und BSB-Konzentration ($g/m^3$) des Zulaufs erhält man die BSB-Zulauffracht einer Kläranlage (g bzw. kg/d); aus Abwasseranfall und BSB-Konzentration des Ablaufes die BSB-Restfracht, welche die Kläranlage verläßt. Dies sind wesentliche Daten für das Leistungsbild einer Kläranlage (Nr. 8.2.4).

BSB-Zulauffracht minus BSB-Ablauffracht ergibt die abgebaute BSB-Fracht. Den BSB-Wirkungsgrad der Kläranlage in % erhält man aus:

$$\eta = \frac{F_Z - F_A}{F_Z} \cdot 100$$

$\eta$ (sprich eta) = Wirkungsgrad
$F_Z$ = BSB-Zulauffracht (kg/d)
$F_A$ = BSB-Ablauffracht (kg/d)

Der BSB kennzeichnet auch am besten die Qualität eines biologisch gereinigten Abwassers. Im Gewässer ist der BSB ein wichtiger Kennwert für die Verschmutzung mit biologisch abbaubaren organischen Stoffen, wobei die Restfracht über die Belastung des Gewässers mehr aussagt als die Konzentration.

Da der biologische Abbau der organischen Substanz von der Zeit abhängig ist, muß für den Sauerstoffverbrauch auch der Zeitraum angegeben werden, in dem die Messung durchgeführt wurde. Man wählt in der Regel 5 Tage; das Ergebnis wird dann als $BSB_5$ bezeichnet. Kürzere Meßzeiträume sind nicht ratsam, da infolge unterschiedlichen Abbauverhaltens der Abwässer die Werte starke Abweichungen zeigen. Über längere Zeiträume erfolgt ein Ausgleich. Über 5 Tage hinausgehende Messungen haben aber den Nachteil des allzu großen Zeitaufwandes.

Die BSB-Konzentration von Abwasserproben wird in mg/l ($g/m^3$) gemessen.

Für die Bestimmung des BSB sind folgende Voraussetzungen notwendig:

1. Die angesetzte Probe muß während der gesamten Zehrungszeit ausreichend Sauerstoff, das sind mindestens 2 mg/l, enthalten.

2. Die angesetzte Probe muß genügend Bakterien enthalten. Sie sind im normalen Abwasser reichlich vorhanden. Bei speziellen Abwässern gewerblicher Betriebe müssen Bakterien zugesetzt werden. Man „impft" mit 0,3 ml häuslichem Abwasser je Liter angesetzter Probe.

3. Die angesetzte Probe muß genügend Stickstoff und Phosphor als Nährstoffe enthalten.

4. Die angesetzten Proben müssen während der gesamten Zehrungszeit möglichst genau bei 20° C und im Dunkeln aufbewahrt werden.

Der BSB als Maß für die Belastung eines Abwassers mit biologisch abbaubaren organischen Stoffen ist in folgenden Fällen falsch:

1. Wenn das Abwasser leicht oxidierbare anorganische Stoffe (z. B. Eisen(II)-Salze) enthält, verbrauchen diese den im Wasser gelösten Sauerstoff. Der BSB-Wert ist zu hoch.

2. Wenn die Probe Giftstoffe enthält, werden die Mikroorganismen getötet oder gehemmt. Der BSB-Wert ist zu niedrig.

3. Wenn durch nitrifizierende Bakterien Ammoniak ($NH_3$) oxidiert wird, ist der BSB-Wert zu hoch.

Im ersten Fall kann der Fehler ausgeschaltet werden. Die Probe muß vor der Bestimmung in einer halbgefüllten Flasche etwa 1 Stunde geschüttelt werden. Dabei werden die anorganischen Stoffe oxidiert.

Im zweiten Fall ist eine genaue BSB-Bestimmung in der Regel nicht möglich. Bei Abwässern jedoch, die lediglich durch Säuren oder Laugen giftig sind, kann die Bestimmung durchgeführt werden, wenn die Probe zuvor neutralisiert (pH 6,5 bis 8,5) wird. Im dritten Fall kann die Nitratbildung durch einen Hemmstoff (Allylthioharnstoff) verhindert werden.

Bei der Untersuchung von Rohabwasser müssen die groben *Feststoffe* (z. B. Papierfetzen, Apfelsinenschalen und dgl.) entfernt werden. Um die Feststoffe den Bakterien besser zugänglich zu machen, wird das Rohabwasser gelegentlich mit einem Mixer behandelt und die Feststoffe dabei zerkleinert („homogenisiert").

**Methoden der BSB-Messung**

In größeren Laboratorien wird der BSB in den meisten Fällen nach der Verdünnungsmethode bestimmt. Sie hat den Vorteil großer Genauigkeit, der Arbeitsaufwand ist aber wesentlich höher als bei anderen Methoden. Ebenso ist für die Durchführung ausreichende

Laborerfahrung notwendig. Da diese Methode auf Klärwerken seltener Anwendung findet, wird sie am Schluß dieses Abschnittes in ihren Grundzügen beschrieben.

Größere Bedeutung für die Eigenüberwachung des Betriebes einer Kläranlage hat die respirometrische (barometrische, manometrische) Methode. Für diese stehen verschiedene Gerätetypen zur Verfügung. Alle Geräte können vom Kläranlagenpersonal nach kurzer Einarbeitung bedient werden.

Bei diesen Geräten wird eine abgemessene Abwasserprobe zusammen mit Luft in das Meßgefäß eingeschlossen. Beim Abbau der organischen Stoffe durch Mikroorganismen wird Sauerstoff verbraucht und Kohlendioxid gebildet. Das Kohlendioxid bleibt bei großer Probenmenge des gereinigten Abwassers im Wasser gelöst. Es wird bei Rohabwasser im Luftraum des Gefäßes durch Kaliumhydroxidplätzchen aufgenommen. Im Gerät entsteht daher ein Unterdruck, der am Dosenbarometer oder am Quecksilbermanometer gemessen und in BSB-Werten abgelesen werden kann. Diese Art der Messung wird als „respirometrischer $BSB_5$“ bezeichnet, da der Unterdruck durch direkte Veratmung des Sauerstoffes durch Bakterien entsteht und eigentlich diese Veratmung gemessen wird.

Seit einiger Zeit sind BSB-Meßgeräte auf dem Markt, die nach einem Kurzzeitverfahren arbeiten und das Ergebnis kontinuierlich bereits nach wenigen Minuten anzeigen (z. B. 3 Minuten BSB). Diese Geräte eignen sich für die Zulaufmessung und Steuerung biologischer Kläranlagen, da die Meßergebnisse schnell verfügbar sind und deshalb Zulaufschwankungen rechtzeitig erkannt werden können. Die Kurzzeitmessung ist aber nicht mit der $BSB_5$-Messung vergleichbar. Die im Wasserrechtsbescheid für den Kläranlagenablauf einzuhaltenden $BSB_5$-Werte sind auch zukünftig mit einer der vorher aufgeführten Meßmethoden zu bestimmen.

### Respirometrische $BSB_5$-Meßgeräte mit Dosenbarometer

Die Meßgefäße dieser Geräte haben zwei Meßbereiche:

0– 30 mg/l BSB für biologisch gereinigtes Abwasser bei Auffüllen des Gefäßes mit der Probe bis zur oberen Marke (700–740 ml, je nach Gerät). In diesem Fall muß die Skalenanzeige (0–300) zur Angabe des BSB-Wertes durch 10 geteilt werden.

0–300 mg/l BSB für Rohabwasser und mechanisch geklärtes Abwasser bei Auffüllen des Gefäßes mit der Probe bis zur unteren Marke (275–285 ml, je nach Gerät). Die Skalenanzeige (0–300) entspricht dem BSB der angesetzten Probe.

Sind höhere $BSB_5$-Werte als 300 mg/l zu erwarten, wird das Abwasser mit Leitungswasser verdünnt. (Gechlortes Leitungswasser kurze Zeit kochen und nach dem Abkühlen verwenden.) Nach der $BSB_5$-Bestimmung muß der auf der Skala angezeigte Wert je nach der Verdünnung mit einem Faktor multipliziert werden. Der Verdünnungsfaktor beträgt für die Mischanteile

1 Teil Abwasser + 1 Teil Leitungswasser = Faktor 2
1 Teil Abwasser + 2 Teile Leitungswasser = Faktor 3
1 Teil Abwasser + 3 Teile Leitungswasser = Faktor 4
1 Teil Abwasser + 4 Teile Leitungswasser = Faktor 5

Die Durchführung der $BSB_5$-Messung ist in den Bedienungsanleitungen für die Geräte beschrieben.

Die wesentlichen Bedienungsvorgänge umfassen:

1. Zeigerruhestellung der Meßgeräte kontrollieren; falls notwendig nachstellen.
2. Erforderlichen Meßbereich abschätzen und je nachdem, ob es sich um einen Kläranlagenzulauf oder -ablauf handelt, Füllmenge festlegen. Falls ein $BSB_5$ über 30 oder über 300 mg/l erwartet wird, Abwasser verdünnen. Bezeichnung der Proben (Zeit und Ort der Probenahme), Füllmengen und – falls angesetzt – Verdünnungsfaktor in ein Meßprotokoll eintragen.
3. Füllmenge in ein oder mehrere Meßgefäße füllen. (Bei BSB-M-Testen Magnetrührstäbchen in das Meßgefäß einlegen.)
4. Wenn das Meßgefäß nur bis zur unteren Marke gefüllt wird, 4 Plätzchen Kaliumhydroxid oder 10 Steinchen Natronkalk mit Pinzette in das Reagenzglas geben. Bei Füllung bis zur oberen Marke das Reagenzglas herausnehmen.
5. Meßgefäß mit Schraubdeckel verschließen.
6. Meßgefäß auf den Vibriertisch in einem Raum mit 20° C oder in das vorher auf eine Wassertemperatur von 20° C einregulierte Wasserbad einstellen. Gerät einschalten (Schaltstufe der Bedienungsanweisung entnehmen) und 1 bis 2 Stunden laufen lassen (Temperatur- und Druckausgleich).
7. Luft einblasen und Ventil schließen, Zeiger auf der Skala bei Meßbeginn auf 0 stellen. Datum und Uhrzeit des Meßbeginns in das Meßprotokoll eintragen.
8. Meßergebnis jeden Tag ablesen, Ergebnis in das Meßprotokoll eintragen.
9. Nach 5 Tagen Endergebnis in das Meßprotokoll eintragen. Bei Verdünnung der Proben Verdünnungsfaktor beachten.
10. Ventil öffnen. Meßgefäße entleeren und mit Wasser reinigen. (Vorsicht, im Reagenzglas ist ätzende Kalilauge!) Gereinigte Meßgefäße offen aufbewahren.

*Besonderheiten:*

Zeigt sich im Verlauf der Messung wider Erwarten, daß der Meßbereich (30 oder 300 mg/l) vor Ablauf der Untersuchungszeit überschritten wird, muß ein Zwischenergebnis abgelesen werden. Dann wird das Gefäß geöffnet, Luft hineingeblasen und das Kaliumhydroxid erneuert. Nach Verschließen des Gerätes wird die Messung wie zu Beginn von 0 aus fortgesetzt. Das Endergebnis errechnet sich dann aus der Summe der Teilmessungen.

Auf mitgelieferten Formblättern können die täglich abgelesenen Werte und auch der Endwert ($BSB_5$) eingetragen und graphisch aufgezeichnet werden. Verbindet man auf dem Millimeterpapier die täglich gemessenen Werte, so erhält man eine Kurve des biochemischen Sauerstoffbedarfs, auch „BSB-Kurve" genannt, die den Abbauverlauf der im Abwasser enthaltenen Schmutzstoffe kennzeichnet.

**Respirometrische $BSB_5$-Meßgeräte mit Quecksilbermanometer**

Zur Eigenüberwachung werden überwiegend Geräte mit manometrischer Anzeige eingesetzt (Bild 6.40).

Je nach eingefüllter Probenmenge kann der Meßbereich des Gerätes verändert werden. Im allgemeinen werden für den Zulauf normaler Kläranlagen die Probenmenge von 157 ml (Meßbereich 0–350 mg/l BSB, entsprechend der Skala) und für den Klär-

Bild 6.40: $BSB_5$-Meßgeräte mit manometrischer Anzeige

anlagenablauf eine Probenmenge von 428 ml (Meßbereich 0–35 mg/l, jeder Skalenstrich = 1 mg/l BSB) verwendet.

Vor der ersten Inbetriebnahme werden die Vorratszylinder mit je 2 ml Quecksilber (nur mit Sicherheitspipette arbeiten!) gefüllt und mit 1 ml Wasser überschichtet. Damit keine Quecksilbertropfen in den Laborraum gelangen, ist es zweckmäßig, beim Einfüllen das Gerät und das Quecksilber in eine große Wanne zu stellen, aus der Quecksilbertropfen leicht entfernt werden können.

Die Durchführung der $BSB_5$-Messung ist in der Bedienungsanleitung des Gerätes beschrieben (Bild 6.41).

Die wesentlichen Bedienungsvorgänge umfassen:

1. Dichtungen mit Siliconfett dünn bestreichen.
2. Erforderlichen Meßbereich abschätzen und entsprechende Probenmenge abmessen. Es ist auch möglich, die Proben vor dem Einfüllen zu verdünnen; in diesem Fall ist die Verdünnung, wie bereits zuvor beschrieben, anzusetzen.
3. Probenmenge mit Magnetrührstäbchen in das Meßgefäß geben. Bezeichnung der Proben mit Zeit und Ort der Probeentnahme. Füllmenge und – falls angesetzt – Verdünnungsfaktor in ein Meßprotokoll eintragen.
4. Mit Pipette je 2 Tropfen 45prozentige Kalilauge oder mit Pinzette 10 Steinchen aus Natronkalk mit Indikator (Fa. Merck) in den Köcher einfüllen und Köcher vorsichtig in das Meßgefäß einsetzen. (Vorsicht! Kalilauge und Natronkalk sind ätzend!)
5. Meßgefäße auf das Gerät stellen. Gerät mit Netzstecker in Betrieb setzen.
6. Etwa 2 Stunden lang Temperatur ausgleichen lassen.
7. Meßgefäße und Quecksilbervorratszylinder schließen und Luft einblasen. Datum und Uhrzeit des Meßbeginns in das Meßprotokoll eintragen. Null-Strich der Anzeigeskala durch Verschieben der Skala auf die Oberkante der Quecksilbersäule einstellen.

8. Meßergebnisse jeden Tag ablesen; Ergebnis in das Meßprotokoll eintragen.
9. Nach 5 Tagen Endergebnis (BSB$_5$ in mg/l = abgelesener Wert je nach Probenmenge) in das Meßprotokoll eintragen.
   Bei Verdünnung der Proben: Verdünnungsfaktor beachten!
10. Schraubkappe des Meßgefäßes öffnen. Probeflaschen entleeren und Meßgefäß, Köcher und Rührmagnet gründlich mit klarem Wasser spülen.

*Besonderheiten:*

Zeigt sich im Verlauf der Messung wider Erwarten, daß der BSB$_5$-Meßbereich (350 Skalenteile) vor Ablauf der Untersuchungszeit überschritten wird, so wird ein Zwischenwert abgelesen, das Meßgefäß geöffnet und die Luft durch Einblasen erneuert. Nach Verschließen des Meßgefäßes wird die Messung wie zu Beginn von 0 aus fortgesetzt. Das Endergebnis errechnet sich aus der Summe der Teilmessungen.

Bei täglicher Ablesung und zeichnerischer Auftragung kann auch hier die BSB-Kurve festgestellt werden.

Diese Geräte haben den Vorteil, daß sie praktisch keine bewegten Teile enthalten, aber auch den Nachteil, daß hier mit Quecksilber gearbeitet werden muß. Es muß sorgfältig darauf geachtet werden, daß kein Quecksilber im Laborraum verschüttet wird, weil es giftige Quecksilber-Dämpfe abgibt. Verschüttetes Quecksilber kann mit einem Blatt Papier aufgenommen werden. Reste werden mit Zinkstaub bestreut und das Pulver aufgesammelt.

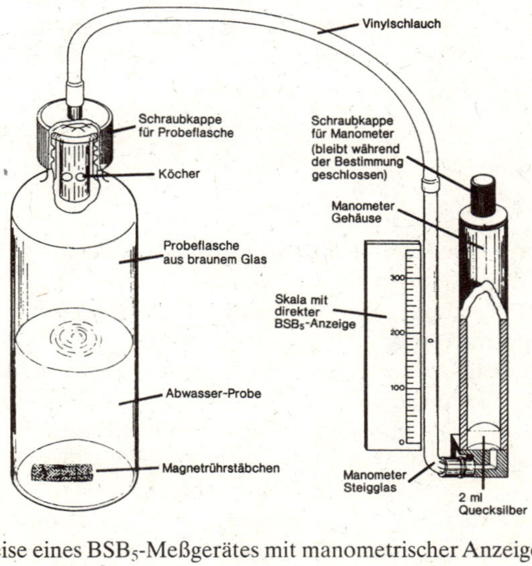


Bild 6.41: Arbeitsweise eines BSB$_5$-Meßgerätes mit manometrischer Anzeige

### *$BSB_5$-Messung nach einem vereinfachten Verdünnungsverfahren*

### *Allgemeines*

Der Ablauf biologisch reinigender Kläranlagen liegt meist niedriger als 15 mg/l ATH-$BSB_5$. Die respirometrische $BSB_5$-Messung zählt zu den zeitaufwendigsten Laborarbeiten, das Verfahren stößt bei sehr niedrigen Werten bezüglich der Genauigkeit an seine Grenzen. Es bietet sich daher an, bei geringer organischer Restverschmutzung auf ein vereinfachtes Verdünnungsverfahren nach *Nordmann* auszuweichen; diese Methode ist genauer und weniger zeitaufwendig.

### *Geräteausstattung*

$BSB_5$-Thermostatschrank, einstellbar auf 20° C ± 1° C.

Sauerstoffflaschen nach *Winkler* (sog. Winkler-Flaschen), Inhalt 250-300 ml, (genaue Volumenangabe nicht erforderlich), Flaschenhalsweite in etwa der vorhandenen $O_2$-Laborsonde angepaßt.

Sauerstoffmeßgerät mit $O_2$-Laborsonde, möglichst mit digitaler Anzeige.

Magnetrührgerät mit stufenlos regelbarer Drehzahl, möglichst mit 12-V-Betrieb (Adapter erforderlich).

Magnetrührstäbe, Länge mindestens 30 mm; z. B. Rührstäbe der BSB-Geräte.

Meßbecher oder Meßzylinder mit 10- oder 20-ml-Teilung, Inhalt 500 ml.

2-ml-Pipette

N-Allylthioharnstoff (ATH), 0,05%ige Lösung (0,25 g ATH in 500 ml destilliertem Wasser lösen).

Verdünnungswasser, hergestellt durch Belüftung von chlorfreiem Leitungswasser mit Trinkwasserqualität. Die Belüftung (z. B. halbgefüllte Flasche etwa 1 Minute kräftig aufschütteln) erfolgt nach der Entnahme und etwa 10–20 Minuten vor Gebrauch. Das Verdünnungswasser wird in einer Glasflasche im Dunkeln aufbewahrt und ist frühestens nach 3 Tagen und längstens 14 Tage zu verwenden.

### *Durchführung der Messung*

*Herstellen der Probenansätze*

1. In die mit einem wasserfesten Faserstift numerierten Winkler-Flaschen 1 und 2 jeweils 2 ml ATH-Lösung geben.
2. Etwa ¾ der Ablaufprobe in eine 1-l-Flasche füllen und zur $O_2$-Anreicherung 1/2 bis 1 Minute kräftig aufschütteln. Die Wassertemperatur sollte 18–22° C betragen.
3. Überschüssige Luftblasen entweichen lassen und *Flasche 1* mit der Ablaufprobe bis zum Rand auffüllen (Ansatz 1).
4. 200 ml der Ablaufprobe im 500-ml-Meßbecher oder Meßzylinder abmessen, mit Verdünnungswasser (18–22° C) auf 400 ml auffüllen und kurz durchmischen (Glasstab).
5. *Flasche 2* mit der verdünnten Ablaufprobe bis zum Rand auffüllen (Ansatz 2). Rest der verdünnten Probe bis nach der $O_2$-Messung aufbewahren!

*Bestimmung der $O_2$-Konzentration in beiden Flaschen*
- Winkler-Flasche in einem Gefäß*) (z.B. Becherglas) auf den Magnetrührer stellen und Magnetrührstab einwerfen.
- $O_2$-Sonde langsam bis auf etwa 5 cm über dem Rührstab in die Flasche einführen; eventuell an der Mambran eingeschlossene Luftblase durch kurzes ruckartiges Hochziehen der Sonde entfernen.
- Drehzahl am Magnetrührer langsam erhöhen. Eine ausreichende Turbulenz ist dann erreicht, wenn sich der $O_2$-Wert nicht weiter nach oben verändert.
- $O_2$-Wert ablesen, wenn dieser mindestens 30 Sekunden auf ± 0,1 mg/l konstant bleibt und als Sofort-$O_2$ ins Protokollheft eintragen.
- Das durch die Sonde verdrängte Wasservolumen ersetzen*), Flasche luftblasenfrei verschließen und in den BSB-Schrank stellen. Es empfiehlt sich, die Flasche in einem Gefäß (z. B. 5-l-Eimer) mit dem Verschlußstopfen unter Wasser aufzubewahren.
- Sauerstoffkonzentration nach 5 Tagen wie oben beschrieben abermals messen und Werte als Rest-$O_2$ ins Protokoll eintragen.

*) Bei Verwendung einer Spezialausstattung nicht erforderlich.

*Berechnung*
Flasche 1: Sofort-$O_2$ – Rest-$O_2$ = 1. $BSB_5$-Einzelwert
Flasche 2: (Sofort-$O_2$ – Rest-$O_2$) × 2 = 2. $BSB_5$-Einzelwert

Der $BSB_5$ der Ablaufprobe ist der auf ganze mg/l auf- oder abgerundete Mittelwert aus beiden Ansätzen. Wichtig! Liegt der Rest-$O_2$ in Flasche 1 unter 1 mg/l, wird nur das Ergebnis der Flasche 2 gewertet. Liegt der Rest-$O_2$ auch in Flasche 2 unter 1 mg/l, ist als Ergebnis > 15 mg/l $BSB_5$ einzugeben.

Beispiel 1:
Flasche 1: 8,5 mg/l − 0,4 mg/l = 8,1 mg/l (nicht werten)
Flasche 2: (8,7 mg/l − 3,7 mg/l) × 2 = 10,0 mg/l
$BSB_5$ der Probe = 10 mg/l

Beispiel 2:
Flasche 1: 8,5 mg/l − 4,1 mg/l = 4,4 mg/l
Flasche 2: (8,7 mg/l − 6,0 mg/l) × 2 = 5,4 mg/l
$BSB_5$ der Probe = 5 mg/l

**Hemmstoffe bei der $BSB_5$-Messung**

In Rahmen AbwVwV wird beim Analysenverfahren für den $BSB_5$ vorgeschrieben, 5 mg/l Allylthioharnstoff (ATH) zur Hemmung der Nitrifikation (Stickstoffoxidation) zu verwenden.

Auch in der Eigenüberwachung darf auf die Zugabe des Hemmstoffs bei der $BSB_5$-Messung biologisch gereinigter Abwässer nicht verzichtet werden. Dabei tritt die Frage auf, ob dies richtig ist, da der Abbau und damit der Sauerstoffverbrauch im Gewässer ja ungehemmt verläuft. Die Begründung für die Verwendung eines Nitrifikationshemmstoffes für $BSB_5$-Messungen ist so zu erklären:

Bei der aeroben biologischen Reinigung des Hausabwassers können im wesentlichen zwei Stoffe oxidiert werden (Sauerstoffverbraucher)
- *Kohlenstoffverbindungen* (Grundsubstanz der organischen Verschmutzung)
- *Stickstoff*, organisch gebunden (Harnstoff, Harnsäure, Eiweißverbindungen) bzw. Ammonium, Ammoniak.

Die Oxidation (Sauerstoffzehrung) verläuft in zwei Stufen:

- erste Stufe: Abbau der Kohlenstoffverbindungen (bei 20° C nach etwa 20 Tagen beendet);
- zweite Stufe: Stickstoffoxidation (beginnt bei Rohabwasser im allgemeinen bei 20° C erst nach etwa 10 Tagen und erstreckt sich über lange Zeit).

Hochbelastete Kläranlagen bauen nur in der ersten Stufe ab. In schwachbelasteten Anlagen wird bereits ein Teil des Ammoniums oxidiert, also nitrifiziert; dadurch wird der Beginn der Nitrifikation vorverlegt. Sie kann dann schon innerhalb der ersten 5 Tage, also während der $BSB_5$-Messung einsetzen. Der $O_2$-Verbrauch für die Nitrifikation ist beträchtlich (etwa 3,5 mg $O_2$ je mg Ammonium). Der gemessene $BSB_5$ von gereinigtem Hausabwasser wird dadurch höher.

Die Werte von den verschiedenen Anlagen sind dann nicht mehr vergleichbar, da bei schwachbelasteten Anlagen mit besserer Reinigungswirkung womöglich ein höherer $BSB_5$ gemessen wird, als bei hochbelasteten Anlagen mit schlechterer Reinigung.

Um nur den $BSB_5$ des Kohlenstoffabbaues zu vergleichen, wird die Unterdrückung der Nitrifikation durch Zusatz eines Hemmstoffes gefordert.

Die Kohlenstoffoxidation wird durch 5 mg/l Allylthioharnstoff (ATH) nicht gestört. Auch der Hemmstoff „Nitrifikations Inhibitor Formula 2533$^{Tm}$“ der Firma Hach kann bei der Eigenüberwachung verwendet werden, auch TCMP genannt.

Da man im voraus nicht weiß, wann mit einem Nitrifikationsbeginn während der Messung zu rechnen ist, wird der Zusatz von Hemmstoffen beim Ablauf von Kläranlagen vorgeschrieben, um vergleichbare Ergebnisse zu erhalten (im Zulauf ohne Bedeutung).

Der ATH-Hemmstoff selbst ist nicht unbegrenzt haltbar. Die Hemmfähigkeit läßt je nach Aufbewahrungsort und Temperatur mit der Zeit nach. Genauere Verfallsangaben sind nicht bekannt. Um eine sichere Hemmung zu erreichen wird empfohlen, den Allylthioharnstoff nicht länger als ½ Jahr aufzubewahren bzw. zu verwenden, keinesfalls aber länger als 1 Jahr.

## 6.8 Bestimmung des mikroskopischen Bildes

*Zweck der mikroskopischen Beurteilung*

Bei Belebungsanlagen sollte die Möglichkeit gegeben sein, die Beschaffenheit des belebten Schlammes mikroskopisch zu beobachten. Auch ohne spezielle biologische Kenntnisse kann man beurteilen, ob die Flocken kompakt oder fein zerteilt sind, ob Fadenorganismen auftreten (Blähschlamm) und ob neben den Flocken noch Kleinlebewesen vorhanden sind. Durch rechtzeitiges Erkennen von Veränderungen im Belebtschlamm *vor* Beeinträchtigung des Wirkungsgrades, kann der Ver- und Entsorger sich frühzeitig mit dem Problem befassen und Schlimmeres verhindern. Die Störungsursache ist zu ermitteln und die Betriebsweise so zu verbessern, daß wieder stabile Betriebsverhältnisse entstehen.

Eine Belebungsanlage ist ein ökologisches System. Anlage, Abwasser und Betriebsweise sind Lebensraum und unbelebte Umweltfaktoren dieses Systems, die Organismen des Belebtschlammes die Lebensgemeinschaft. Zwischen diesen Elementen besteht ein Gleichgewichtszustand. Änderungen in der Abwasserzusammensetzung oder in der Betriebsweise wirken sich zwangsläufig auf die Lebensgemeinschaft aus. Der geübte Ver-

und Entsorger kann deshalb aus Veränderungen in der Lebensgemeinschaft Rückschlüsse auf deren Ursache ziehen. Damit wird die mikroskopische Schlammbeurteilung zu einer wertvollen Ergänzung der physikalischen und chemischen Betriebsparameter.

*Was zeigt das mikroskopische Bild?*

Das Mikroskop enthüllt eine aus den verschiedensten Lebewesen bestehende Gemeinschaft. Eine wissenschaftlich exakte Bestimmung all dieser Organismen, die zumeist keine deutschen Namen haben, ist für den Kläranlagenbetrieb nicht notwendig. Der Ver- und Entsorger kann sich auf die Arten beschränken, die regelmäßig in einer gewissen Besiedlungsdichte in allen Belebtschlämmen auftreten und die besonders charakteristisch sind.

Im wesentlichen sind dies Angehörige der folgenden Gruppen:

Die *Bakterien*, die für die Abbauleistung eines Belebtschlammes wichtigsten Organismen, sind zugleich die kleinsten und häufigsten Lebewesen. Sie können wegen ihrer geringen Größe (1/100–1/1000 mm) nach ihrer Gestalt auch mit dem Mikroskop nur grob unterschieden werden in Stäbchen-, Kugel-, Schrauben-, Bäumchen- und Fadenbakterien. Für eine genaue Bestimmung sind aufwendige physiologische Prüfverfahren im Labor notwendig.

Die *Geißeltierchen* (Flagellaten) sind etwas größer als Bakterien (ca. 1/20 mm). Sie bewegen sich mit Hilfe von Geißeln in Ein- oder Mehrzahl, die allerdings oft nur schwer zu erkennen sind.

Die *Wechseltierchen* (Amöben) ändern während ihrer kriechenden Fortbewegung ständig ihre Gestalt (Name). Ihre Größe kann zwischen 1/50 mm und mehr als 1 mm schwanken. Manche Arten besitzen auch ein Gehäuse (beschalte Amöben).

Zu den *Wimpertierchen* (Ciliaten) gehören frei bewegliche Formen, die sich mittels ihrer Wimpern fortbewegen, wie z. B. Paramecium, das Pantoffeltierchen, aber auch die mit Stielen festgehefteten Glockentierchen. Bei ihnen sind die Wimpern bis auf einen Kranz an der Oberseite der Glocke (Peristom) zurückgebildet. Je nach Artzugehörigkeit können Glockentierchen einzeln auftreten (Vorticella) oder als vielköpfige Kolonien (Carchesium, Opercularia). Manche Arten verfügen über eine Art „Muskel" im Stiel und können dadurch die Glöckchen zurückziehen.

Die *Sauginfusorien* (Suktorien) sind Verwandte der Wimpertierchen. Anstelle der Wimpern besitzen sie jedoch unterschiedlich zahlreiche, starre Saugtentakel mit kleinen Knöpfchen am Ende. Mit ihnen saugen sie ihre Beute – Wimpertierchen – aus. Sie sitzen meist auf kurzen, steifen Stielen.

*Rädertiere* (Rotatorien) sind im Gegensatz zu den bisher aufgeführten Gruppen, trotz ihrer Kleinheit, echte Vielzeller. Sie gehören zu den Würmern und weisen am Vorderende ein Strudelorgan auf, das in ausgestülptem Zustand an rotierende Räder erinnert (Name).

*Was wird bewertet?*

Für den Anfang genügt es, wenn der Ver- und Entsorger die Flockenstruktur einschließlich evtl. blähschlammverursachender Fadenorganismen sowie wenige Gruppen von Mikroorganismen (Glockentierchen, Wimpertierchen) erkennt. Allein aus dieser Tatsache, daß eine reiche Lebewelt von Glocken-, Wimper- und evtl. Rädertierchen vorhanden ist, kann geschlossen werden, daß

- im Belebtschlamm kein Sauerstoffmangel vorliegt und
- keine Vergiftung des Belebtschlammes eingetreten ist.

Ein an Mikroorganismen stark verarmter oder sehr einseitig zusammengesetzter Belebtschlamm (z. B. nur Geißeltierchen) deutet dagegen auf Schädigung des Belebtschlammes hin.

Auf die genaue Bestimmung der einzelnen Arten der Mikroorganismen sollte anfangs kein übertrieben starker Wert gelegt werden. Mit der Zeit – bei häufigem Mikroskopieren – wird der Ver- und Entsorger „von selbst" die Unterschiede der einzelnen Arten und Gruppen der Mikroorganismen erkennen und diese zunehmend richtiger einordnen. Erst nach längerer Erfahrung ist es möglich, die einzelnen Mikroorganismen genauer zu bestimmen und daraus u. a. Rückschlüsse auf Sauerstoffverhältnisse, Schlammbelastung, Schlammalter und dgl. zu ziehen.

In verschiedenen Bundesländern sind zur Eigenkontrolle Aufzeichnungen über das mikroskopische Bild vorgeschrieben.

Im Bereich der ATV wurden dazu Aufzeichnungsblätter „Dokumentation der biologischen Bilder von Belebtschlamm" (Bild 6.42) herausgegeben, die blockweise beim F. Hirthammer Verlag beziehbar sind. Durch einfaches Ankreuzen vorgezeichneter Bilder, wenn sie im Mikroskop erkannt wurden, entfällt jede Zeichen- oder Schreibarbeit. Wesentlich ist dabei jeweils festzustellen, ob sich gegenüber früheren Bildern Veränderungen ergeben haben und welche. Arbeitshilfen dazu sind in [20], [22] und [23] zu finden.

Insbesondere der Informationsbericht „Das mikroskopische Bild bei der aeroben Abwasserreinigung" [32] ist eine wertvolle Arbeitsanleitung. Darüber hinaus ist es empfehlenswert, einen Fachkurs zum richtigen Mikroskopieren mitzumachen, um so in die Geheimnisse des mikroskopischen Bildes richtig eingeführt zu werden.

*Das Mikroskop*

Die Qualität und die Ausstattung eines Mikroskopes sind für die Bestimmung des mikroskopischen Bildes nicht zu unterschätzen. Manchmal wird behauptet, daß für das Kläranlagenpersonal das „Billigmikroskop" gut genug sei. Zur einfachen Bestimmung mit dem weniger geschulten Auge sei eine bessere Qualität nicht notwendig. Dies ist nicht richtig. Viele Mikroskope stehen im Labor nur deshalb unbenutzt herum, weil sie von minderer Qualität und für eine Bestimmung untauglich sind. Gerade das weniger geübte Auge braucht ein Mikroskop mit guter Ausstattung, um bestimmen zu können und Veränderungen zu erkennen.

Folgende Grundausstattung ist zu empfehlen (Bild 6.43):

- Binokular-Tubus (Doppeleinblick).
- Wechselobjektive für Vergrößerungen von etwa 100 bis 400fach. Stärkere Vergrößerungen sind nur in Spezialfällen erforderlich.
- Eine einfache Phasenkontrast-Einrichtung, sie erleichtert das Erkennen z. B. von Blähschlammorganismen.
- Ein Kreuztisch, um den Objektträger gleichmäßig bewegen zu können.
- Eine im Mikroskop eingebaute Halogenleuchte. Zwischen Lichtquelle und Objektiv muß eine Iris-Blende zur Regulierung der Lichtstärke vorhanden sein.

Das Mikroskop muß auf einem festen Tisch stehen, um Erschütterungen zu vermeiden. Das Geräte ist vor Staub und Dämpfen zu schützen und sollte deshalb in einem Schrank aufbewahrt oder mindestens mit einer Plastikhülle abgedeckt werden. Die Hinweise

**Dokumentation des biologischen Bildes von Belebtschlamm (Mikroskopisches Bild)**

Kläranlage: ______________________ Lkr.: ______________

Literatur: BUCK, H. (1979): Mikroorganismen in der Abwasserreinigung. – Herausgegeben von der ATV, F. Hirthammer Verlag, München, Preis 56,– DM.
RÜFER, H., und MUDRACK, K. (1972): Anleitung zur Durchführung und Auswertung einfacher Untersuchungen auf Kläranlagen. – Eigenverlag des Instituts für Siedlungswasserwirtschaft der Universität Hannover.
EIKELBOOM, D. H., und BUIJSEN, H. J. J. (1983): Handbuch für die mikroskopische Schlammuntersuchung. – F. Hirthammer Verlag, München, Preis 36,– DM.

**1. Belebtschlammflocke** (Zutreffendes ankreuzen)

1.1 Form
☐ abgerundet (1)
☐ unregelmäßig (2)

1.2 Struktur
☐ fest (3)
☐ locker (4)

1.3 Größe
☐ groß (5)
☐ klein (6)

1.4 Fädigkeit
☐ keine (7) ☐ sehr wenig (8) ☐ wenig (9)
☐ viel (10) ☐ sehr viel (11)

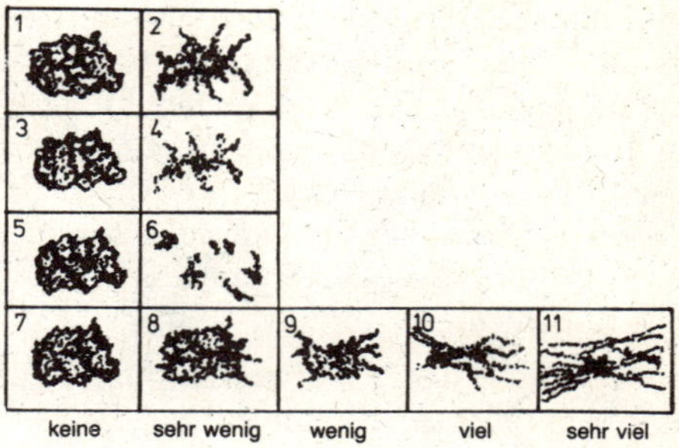


**2. Welche Belebtschlamm-Organismen sind zu sehen? *)**
Die Häufigkeit der einzelnen Organismengruppen wird geschätzt und unter den Namen geschrieben:
0 = nicht gefunden, 1 = selten, 2 = mehrfach, 3 = häufig.

Bäumchen-bakterien *(Zoogloea)* BUCK, Abb. 11, 64
. . .

Fadenbakterien „Abwasserpilz" *(Sphaerotilus)* BUCK, Abb. 9, 54
. . .

Schrauben-bakterien *(Spirillen)* BUCK, Abb. 7, 8, 68
. . .

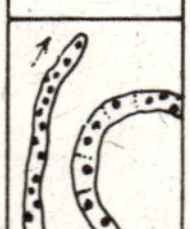
Schwefelbakterien *(Beggiatoa)* BUCK, Abb. 10, 69
. . .

Wechsel-tierchen *(Amoeba)* BUCK, Abb. 15, 16, 72
. . .

Geißel-tierchen *(Flagellata)* BUCK, Abb. 13, 32
. . .

*Colpidium* BUCK, Abb. 51, 57
. . .

Pantoffel-tierchen *(Paramecium)* BUCK, Abb. 19, 34
. . .

*Aspidisca* BUCK, Abb. 66
. . .

Glockentierchen I *(Vorticella convallaria)* BUCK, Abb. 23, 47
. . .

Glockentierchen II *(Vorticella microstoma)* ähnl. BUCK, Abb. 50
. . .

*Carchesium polypinum* BUCK, Abb. 22, 35, 48
. . .

*Opercularia/ Epistylis* BUCK, Abb. 24, 49, 60, 61, 62
. . .

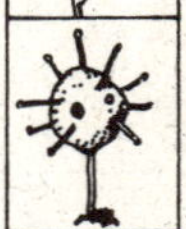
Sauginfusor *(Podophrya fixa)* ähnl. BUCK, Abb. 26, 45, 65
. . .

Rädertier *(Rotatoria)* BUCK, Abb. 28, 36, 74, 75
. . .

*) Zum Vergleichen wird auf die Abbildungen in der Veröffentlichung von H. BUCK (s. o.) verwiesen.

**3. Beurteilung des Belebtschlammes durch den Klärwärter** (Zutreffendes ankreuzen):

☐ ähnlich letzter Beobachtung

☐ wesentliche Änderung gegenüber letzter Beobachtung; bei der ☐ Flocke (1.); bei den ☐ Organismen (2.)

Datum: ______________ Unterschrift: ______________________

Blockweise beziehbar beim F. Hirthammer Verlag, Frankfurter Ring 247, 8000 München 40, Telefon (089) 3233360

Bild 6.42: Die Bewertung des mikroskopischen Bildes

zur Pflege des Mikroskopes (Reinigung von Okularen und Objektiven mit weichen Lappen oder speziellem Reinigungspapier, gelegentlich Getriebe mit Spezialöl ölen) sind zu beachten.

*Durchführung der mikroskopischen Untersuchung*

Für das Mikroskopieren ist es wichtig, stets saubere Objektträger und Deckgläser zu verwenden; eine wiederholte Verwendung ist nach vorsichtiger Reinigung möglich. Zu große Präparate sind ungeeignet. Es genügt, mit der Tropfpipette einen kleinen Tropfen belebten Schlammes aufzubringen. Dieser Tropfen darf nur so groß sein, daß keine Flüssigkeit seitlich unter dem Deckglas austritt. Das Präparat darf auch nicht zu dicht sein, da sich sonst die einzelnen Organismen überdecken und die Beobachtung behindern (dann verdünnen). Natürlich ist umgekehrt ein zu dünner Schlammtropfen ebenfalls ungeeignet (dann eindicken).

Um bei der Herstellung des Präparates Luftblasen zu vermeiden, kippt man das Deckglas schräg auf den Belebtschlammtropfen.

Beim Einstellen des Mikroskopes bringt man das Objektiv nahe ans Präparat heran. Dabei ist seitlich zu beobachten, daß das Objektiv das Deckglas nicht berührt. Beim anschließenden Scharfeinstellen muß sich das Objektiv vom Präparat wegbewegen.

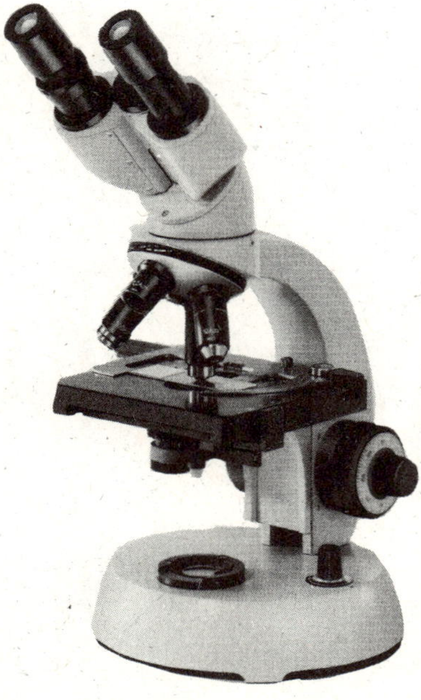

Bild 6.43: Mikroskop

Andernfalls besteht die Gefahr, daß das Objektiv den Objektträger zerdrückt oder gar das Mikroskop beschädigt wird.

Zusammenfassung der wichtigsten Arbeitshinweise beim Mikroskopieren:

- Arbeitsgerät stets sauber halten.
- Mikroskop nach Abschluß der Untersuchung abdecken, da es sonst unnötig verstaubt.
- Mikroskop beim Transport nie an der Mikrometerschraube anpacken, sondern am Tubus.
- Mikrometerschraube nie überdrehen, für die Ersteinstellung immer zuerst die Grobschraube benutzen.
- Beim Einstellen den Tubus *immer* von unten nach oben, *nie* umgekehrt, bewegen, da sonst evtl. das Objektiv beschädigt und das Präparat zerdrückt werden könnte.
- Kein direktes Sonnenlicht zum Mikroskopieren benutzen. Das schädigt erstens die Augen, zweitens löschen die strömenden Lichtfluten feine Einzelheiten vollkommen aus, drittens schadet die grelle Bestrahlung dem Instrument.
- Nie das eine Auge zudrücken, wenn man mit dem anderen beobachtet.
- Nie in einem kalten Zimmer arbeiten. Durch den Wasserdampf des Atems laufen die Linsen an und das Bild wird getrübt.
- Beim Arbeiten mit Reagenzien (z. B. Säure) immer darauf achten, daß die Frontlinse des Objektives nicht verunreinigt wird. Das Objektiv könnte unbrauchbar werden. Aus diesem Grund nicht zu kleine Deckgläser verwenden.
- Nie in der Nähe des Mikroskops offene Reagenzien stehen lassen, da manche Dämpfe Glas und Metalle angreifen. Ebensowenig darf das Instrument zusammen mit Reagenzien in einem Schrank aufbewahrt werden.
- Die Objektive dürfen nie auseinandergeschraubt werden, Okulare nur zum Reinigen. Objektivreinigung soll von der Lieferfirma vorgenommen werden.
- Zum Reinigen der Frontlinse des Objektives verwendet man einen weichen Lappen, z. B. Brillenputztuch, der mit etwas destilliertem Wasser angefeuchtet ist. Das Mikroskop wird ebenfalls mit einem weichen Lappen oder mit einem Pinsel gereinigt.
- Zum Schmieren der Grobschraube nie Öl verwenden. Es fördert den Staubansatz und schmutzt durch Verdicken. Reine Vaseline, mit einem weichen Lappen hauchdünn verrieben, ist ein hervorragendes Schmiermittel für die Mikroskopie.
- Schwierigere Reparaturen immer von der Lieferfirma ausführen lassen.

## 6.9 Das Wetter

Auch über das Wetter muß der Ver- und Entsorger ein „Urteil abgeben". Er muß zwar nicht im meteorologischen Sinne eine Auswertung und Analyse vornehmen, aber immerhin muß er beurteilen, ob es im Einzugsgebiet des Kanalnetzes so geregnet hat, daß es zu einer spürbaren Erhöhung des Trockenwetterzulaufs gekommen ist und das ist leichter gesagt als getan. Diese Feststellung muß der Ver- und Entsorger ohne große Entscheidungshilfen treffen.

Da die Jahresschmutzwassermenge auf der Grundlage der Abwasserzuflüsse aller Trokkenwettertage ermittelt wird, ist die Angabe des Wetters besonders wichtig. Täglich muß der Ver- und Entsorger das Wetter der *vergangenen* 24 Stunden ins Betriebstagebuch eintragen. Und zwar eindeutig. Es ist nicht sehr hilfreich, zwei Wetterarten zu notieren, wenn es z. B. Sonnenschein und Regenschauer gab.

Deshalb gilt:
Wenn Niederschläge zu einer erkennbaren Zunahme des Zuflusses führen, dann ist Regenwetter aufzuschreiben.

Zur Vereinfachung der Eintragungen ins Betriebstagebuch [17] hat sich folgender Wetterschlüssel bewährt:

| | |
|---|---|
| trocken | = 1 |
| Frost | = 2 |
| Regen | = 3 |
| Gewitter | = 4 |
| Schneeschmelze | = 5 |
| Schneefall | = 6 |
| Regennachlauf | = 7 |

Untersuchungen haben gezeigt, daß kurze Regenereignisse mit einer täglichen Niederschlagshöhe bis zu 0,5 mm zu keiner nennenswerten Zunahme des Abflusses führen. Regenmesser (Bild 6.44) auf der Kläranlage geben über den Niederschlag einen gewissen Anhaltswert. Eine repräsentative Aussage über die Niederschlagshöhe im Einzugsbereich des Kanalnetzes ist aber damit nur in seltensten Fällen möglich. Man braucht kein Wetterfachmann zu sein um zu wissen, daß es oft nur „strichweise regnet" und bei größeren Kanalnetzen oder Anschlüssen anderer Ortschaften wird diese Entscheidung noch schwieriger.

In Nordrhein-Westfalen ist festgelegt, daß nur Tagesmeßergebnisse für Trockenwettertage verwendet werden, wenn die Niederschlagshöhe weniger oder gleich 1,0 mm am Tag beträgt (siehe auch Abschnitt 8.2.4).

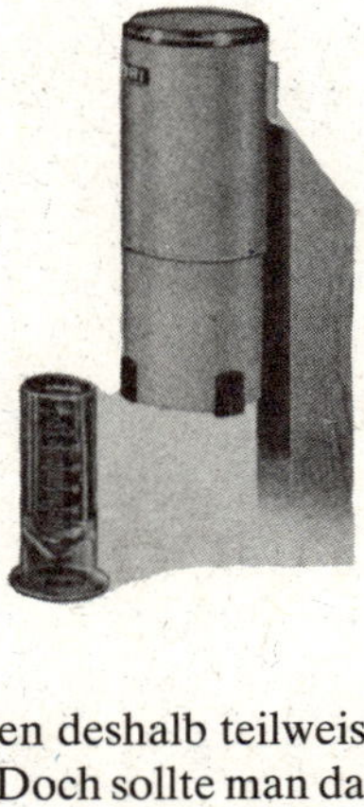

Bild 6.44: Regenmesser

In großen Verbandsgebieten werden deshalb teilweise auch mehrere Regenmesser im Einzugsgebiet verteilt aufgestellt. Doch sollte man daraus keinesfalls eine Wissenschaft machen. In Großstädten z. B. ist es oft sinnlos, mit dem Wetterschlüssel zu arbeiten; hier empfiehlt es sich, mit Hilfe einer Jahresdauerlinie von allen Tagesabflüssen ein

Dichtemittel zu berechnen, um daraus den mittleren täglichen Trockenwetterabfluß sowie die Jahresschmutzwassermenge zu ermitteln (Korrespondenz Abwasser Heft 1/81 S. 12 bis 20 [6]). Frost ist immer dann einzutragen, wenn die Temperaturen unter 0° C liegen. Steigen die Temperaturen über 0° C und liegt Schnee, dann ist Schneeschmelze anzugeben, wenn sich durch das Schmelzwasser der Trockenwetterzufluß erhöht. Die Festlegungen bei Gewitter und bei Schneefall ist wohl am einfachsten.

Schwieriger wird es bei der Frage des Regennachlaufs. Die zunehmende Zahl an Regenbecken und Kanalstauräumen in den Kanalnetzen führen zu immer längeren Entleerungszeiten und damit zu länger andauernden Mischwasserzuflüssen zur Kläranlage. Bei richtige Dimensionierung sind die Becken und Stauräume so bemessen, daß die Entleerung nach einer Zeit von 6 Stunden nach dem Niederschlagsereignis beendet ist. Unter Berücksichtigung von längeren Fließstrecken und hintereinander liegenden Becken, müßte normalerweise nach 12 Stunden das zurückgehaltene Mischwasser vollständig abgeflossen sein. Da im Betriebstagebuch nur das Wetter eines ganzen (24stündigen) Tages einzutragen ist, heißt das, daß nach einem Regenereignis auch der folgende Tag als Regentag eingetragen wird. Werden dann immer noch höhere Zuflüsse festgestellt, dann ist dies häufig auf einen erhöhten Grundwasserstand in Verbindung mit undichten Kanälen zurückzuführen. In diesen Fällen ist dann Regennachlauf anzugeben, der allerdings bei der Ermittlung der Monats- bzw. Jahresschmutzwassermenge zum Trockenwetter zu rechnen ist. Ob ein Regennachlauf, der länger als einen Tag dauert, ins Betriebstagebuch eingetragen werden darf, ist mit den zuständigen Fachbehörden zu klären, damit die Berechnung der Jahresschmutzwassermenge auch anerkannt werden kann.

Bei der Festlegung, ob Trockenwetter oder Regenwetter herrschte, sollte der Ver- und Entsorger nicht zu unentschlossen oder kritisch sein. Im Zweifelsfall eher einen Regentag angeben. Es bleiben noch genügend eindeutige Trockenwettertage übrig. In einem durchschnittlichen Jahr liegt die Zahl der Trockenwettertage zwischen 150 und 180. Keinesfalls ist es zulässig, am Jahresende die Trockenwettertage zu „kontrollieren“ und dabei die höheren Werte wegzustreichen. Die Festlegung kann jeweils nur *vor Ort und unmittelbar* am folgenden Tag erfolgen.

Wird das Betriebstagebuch durch das Protokoll einer automatisch arbeitenden Datenerfassungsanlage ersetzt, wird die Normalzeit eines Tages von 0 bis 24 Uhr protokolliert und nicht wie üblicherweise nach dem Arbeitszeitrhythmus (z. B. von 8 Uhr bis 8 Uhr). Bei selbsttätiger Ablesung der Meßergebnisse gibt es dabei auch keine Probleme. Jedoch ist die Festlegung des Wetters durch das Personal dadurch erschwert, denn jetzt ist bei Arbeitsbeginn festzulegen, wie das Wetter am Vortag zwischen *0 und 24 Uhr* war. Also z. B. die Frage, „hat es vor oder nach Mitternacht geregnet?“ Hier kann man im Zweifelsfall nicht ohne die automatischen Aufzeichnungen der Zuflüsse am Schreibstreifen der Durchflußmeßanlage arbeiten.

# 7 Messen, Steuern, Regeln

*Messen, Steuern* und *Regeln* sind die logischen (vernünftigen) Einzelschritte einer folgerichtigen Betriebsführung. In der modernen Verfahrenstechnik werden diese Vorgänge immer mehr automatisiert und vom Handbetrieb unabhängig gemacht. Nach den heutigen Regeln der Technik ist damit in vielen Betrieben und Produktionszweigen die Automation so weit fortgeschritten, daß der Mensch nur mehr wenig in die Arbeitsvorgänge eingreifen muß und sie im wesentlichen nur überwacht.

In der Abwassertechnik steht man erst am Anfang dieser Entwicklung. Doch ist es dem Fachmann klar, daß es die „vollautomatische Kläranlage" nicht geben wird. Dies liegt unter anderem daran, daß bisher nur wenige wichtige Betriebsgrößen fortlaufend gemessen werden können. Die Entwicklung in der Zukunft ist abzuwarten. Entscheidender aber ist, daß die einzelnen Verfahrensschritte in der Kläranlage zwar nach bestimmten Gesetzmäßigkeiten ablaufen, die Wirkungsweise aber durch verschiedenartigste Einflüsse verändert werden kann. Da dies nicht vorhersehbar ist und auch nicht immer zu den gleichen Auswirkungen führt, kommt dem Ver- und Entsorger hier eine ganz besondere Verantwortung zu. Nur mit seiner Betriebserfahrung kann die Steuerung und Regelung nach den jeweiligen Erfordernissen erfolgen. Die Zukunftsvision der Verfahrenstechnik, der Klärfacharbeiter in der Kontrollfunktion im Drehstuhl vor der vollautomatischen Schaltwarte, ist kaum vorstellbar.

Das heißt jedoch nicht, daß eine Kläranlage ohne Meß- und Regeltechnik auskommen kann. Eine sichere und wirtschaftliche Betriebsführung ist nur mit Hilfe sinnvoller Einrichtungen zum Messen, Steuern und Regeln zu erreichen. Der Aufwand hierfür ist abhängig von der Größe und dem Technisierungsgrad der Anlage, den Anforderungen an die Reinigungsleistung und nicht zuletzt vom Ausbildungsstand des Personals. Während noch vor wenigen Jahren der technische Ausrüstungsstand der Kläranlagen verhältnismäßig niedrig lag, trifft dies für neuere Anlagen nicht mehr zu (Bild 7.1). Auch ältere Anlagen werden nach und nach umgebaut, modernisiert und mit der neuesten Meß- und Regeltechnik ausgerüstet. Immer häufiger werden Arbeitsvorgänge automatisiert, so daß das Personal nicht mehr in diese Prozesse eingreift. Dies ist aber nur sinnvoll, soweit die Automatisierung das Personal zeitlich entlastet, der Mensch dabei aber nicht gänzlich ausgeschaltet wird. Das Personal muß die Vorgänge noch selber durchschauen und beherrschen können, um bei Notfällen von Hand in den Verfahrensablauf eingreifen zu können. Ein Umschalten auf Handbetrieb bzw. Handregelung muß deshalb immer möglich sein.

## 7.1 Messen

Wichtigste Voraussetzung für die Steuerung und Regelung der Reinigungsvorgänge sind verläßliche Meßwerte. Die Anforderungen beim „Einsatz von Betriebsmeßeinrichtungen auf Kläranlagen" sind im ATV-Regelwerk Merkblatt M 256, Blatt 1 bis 5, näher beschrieben [5].

Die beste Regelungstechnik nützt nichts, wenn die Ausgangsdaten nicht stimmen. Deshalb ist es notwendig, die Meßgenauigkeit und Plausibilität zu kontrollieren. Plausibel heißt einleuchtend, annehmbar. Die Werte müssen also in einem Bereich liegen, der wahrscheinlich richtig ist. Ein Wert, der aus dem Rahmen fällt und deshalb falsch sein könnte, ist nicht plausibel.

Bild 7.1: EDV-Einrichtung einer modernen Kläranlage

Für alle Einrichtungen der Meß- und Regeltechnik gelten:

- Sorgfältige Wartung
- Ständige Überprüfung
- Ablagerungen und Verkrustungen in Meßrinnen, Meßschächten und Meßleitungen vermeiden
- Bewegliche Einrichtungen gängig halten
- Meßwertaufnehmer und Elektroden regelmäßig säubern
- Vorschriften der Hersteller beachten
- Prüfintervalle einhalten
- Einmessen und Einstellen möglichst immer vom gleichen Personal (oder nach genauer Einweisung)
- Fernübertragene Daten mit Messung vor Ort vergleichen
- Wartungsverträge abschließen.

Die Messungen, die in der Regel auf der Kläranlage durchgeführt werden müssen, sind in Abschnitt 6 „Analytik" ausführlich beschrieben. Dabei sind auch die Messungen aufgeführt, die sich für die Regeltechnik besonders eignen, wie vor allem die Durchfluß-, Sauerstoff-, Temperatur- und die pH-Wert-Messung.

Nicht eigens erläutert wurde die *Füllstandsmessung* (Pegelstandsmessung), die vor allem in Behältern, Becken, Pumpensümpfen oder bei Rechenanlagen eingesetzt wird. Grundsätzlich kann man den Verwendungszweck von Füllstandsmeßgrößen unterteilen in:

- Grenzwertmeldungen
  zur Erfassung von maximalen und minimalen Füllhöhen. Aus den Grenzwertmeldungen werden Signale (optisch und akustisch) und Steuerimpulse für Transporteinrichtungen oder Pumpenanlagen abgeleitet, sowie Störmeldungen.

- Kontinuierliche Anzeigen
  geben den Füllhöhenwert an, zur Ermittlung der momentanen Vorratsmenge in einem Behälter. Einige Systeme sind auch geeignet als Meßwertgeber für Regelstrecken.

Die meisten der für die Füllstandsmessung verwendeten Meßwertaufnehmer sind im Abschnitt 6.5.1 Durchflußmessung beschrieben.

Eingesetzt werden vor allem
Echolot
Einperlung
Druckmeßsonden (Piezoresistive Sonden)
Kapazitive Sonden
Schwimmer.

Aber auch radioaktive Meßmethoden (Gammastrahlen), Trübungsmeßgeräte und Messung über die Leitfähigkeit werden zur Bestimmung des Füllstandes verwendet.

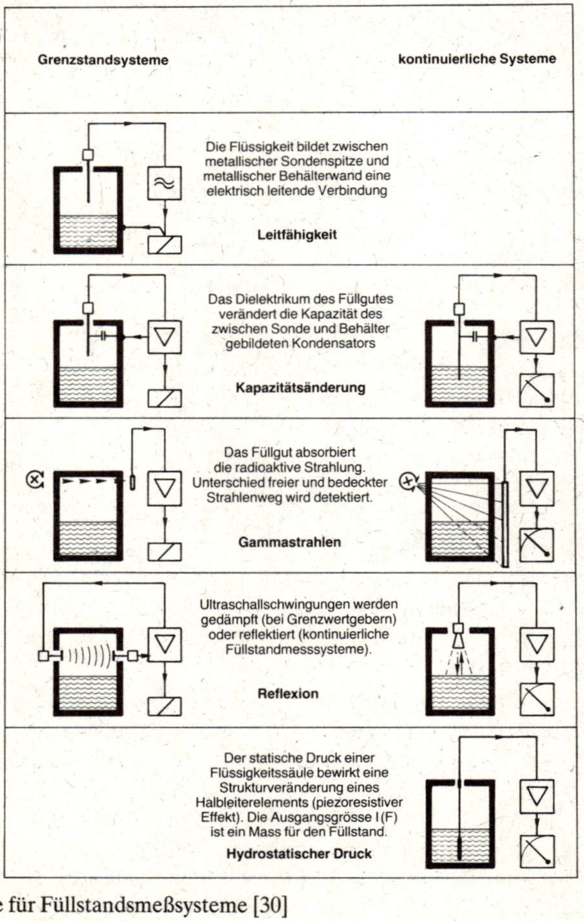


Bild 7.2: Beispiele für Füllstandsmeßsysteme [30]

## 7.2 Steuern und Regeln

***Grundbegriffe***

Steuern ist ein Vorgang, bei dem in gesetzmäßiger Weise (ohne laufende Anpassung) ein Arbeitsablauf beeinflußt wird (z. B. mit Zeitintervallschaltung),

Regeln ist ein Vorgang, bei dem aufgrund kontinuierlicher Meßinformationen ein Arbeitsablauf laufend überprüft und nach Erfordernis beeinflußt wird,

Automation ist die selbsttätige Kontrolle, Steuerung und Regelung von Arbeitsvorgängen durch Automaten, ohne daß der Mensch in diesen Prozeß eingreift.

Diese allgemeine Beschreibung läßt sich am Beispiel der Rechenreinigung einfach verdeutlichen:

Bei einer Rechenanlage sind sowohl *Steuerung* als auch *Regelung* üblich, bei größeren Anlagen immer *Regelung*.

Die *Steuerung* mit der Zeitintervallschaltung ist weniger aufwendig. Bei veränderten Verhältnissen, z. B. einem erhöhten Rechengutanfall durch ein Regenereignis, ist jedoch keine Reaktion möglich.

| Lfd. Nr. | Zielgröße | Steuer- oder Regelgröße | Steuer- oder Regelkonzenptionen |
|---|---|---|---|
| 1 | $C_e \rightarrow$ min.<br>$Q \rightarrow$ min. | Abwasserdurchfluß | Ausgleich des Zuflusses unter Ausnutzung der Speicherräume (Kanal, Becken, Pumpensumpf |
| 2 | 1. $TS_R \rightarrow$ max.<br>2. $C_e \rightarrow$ min. | Schlammabzug | Arbeitszeit-Pausensteuerung<br>Schlammspiegel<br>Dickschlammkonzentration, mengenabhängig |
| 3 | 1. $C_e \rightarrow$ min.<br>2. $E \rightarrow$ min. | Sauerstoffzufuhr in der Belebung | konzentrationsabhängig<br>(mengenabhängig)<br>(frachtabhängig) |
| 4 | 1. $TS_{BB} \rightarrow$ konst.<br>2. $C_e \rightarrow$ min. | Konzentration belebter Schlamm | (Konzentration = konst.)<br>Schlammalter = konst.<br>(belastungsabhängig ($B_{TS}$ = konst.)) |
| 5 | 1. $NH_4$-N $\rightarrow$ min.<br>2. $NO_3$-N $\rightarrow$ min. | Sauerstoffzufuhr<br>$NH_4$-N-Konzentration<br>$NO_3$-N-Konzentration<br>Redox | Arbeitszeit-Pausensteuerung<br>Ganglinie<br>konzentrationsabhängig |
| 6 | $P_{ges} \rightarrow$ min. | $PO_4$-Konzentration | zeitabhängig<br>Ganglinie<br>konzentrationsabhängig |
| 7 | $E \rightarrow$ min. | el. Energiebezug | Höchstlastüberwachung<br>Zeitprogramme und automatische Leistungssteuerung durch Lastabwurf |

Tabelle 7.1: Übersicht wesentlicher Steuerungen und Regelungen ($C_e$ = Ablaufkonzentration, Q = Zufluß, E = elektr. Energie, $TS_R$ = Trockensubstanzgehalt beim Schlamm, $TS_{BB}$ = Trockensubstanzgehalt beim Belebtschlamm)

Bei der *Regelung* wird der Wasserspiegel vor und hinter dem Rechen ständig gemessen (Füllstandsmessung). Mit diesen kontinuierlichen Meßinformationen erhält man eine Aussage über die Belegung des Rechenrostes mit Rechengut. Je höher der Aufstau, um so größer die Rechenrostbelegung (Aufstau ist die Wasserspiegeldifferenz vor und nach dem Rechen). Zwischen dem Meßwert und dessen Folgerungen kann ein eindeutiger Zusammenhang hergestellt werden und damit ist eine sinnvolle *Regelung* möglich.

Bei vielen anderen Teilprozessen fehlt entweder die kontinuierliche Messung oder es ist damit keine eindeutige Aussage abzuleiten. Dies erklärt, warum die Automation in der Abwassertechnik noch nicht weit verbreitet ist. Es ist nicht sinnvoll, alle Möglichkeiten der Steuer- und Regeltechnik zu beschreiben, die es bei den einzelnen Klärverfahren geben kann. Im Einzelfall muß dazu die Betriebsanweisung der jeweiligen Kläranlage Aufschluß geben.

Es soll im folgenden an einigen ausgewählten Einrichtungen die Auswirkungen der Steuer- und Regeltechnik beschrieben werden.

### 7.2.1 Pumpwerke

Ein- und Ausschalten von Schnecken und Pumpen werden überwiegend über Füllstandsmessungen des Wasserspiegels im Pumpensumpf gesteuert. Durch den Einsatz von polumschaltbaren Motoren oder mit Hilfe einer Frequenzregelung ist es möglich, sich besser an die Zuflußverhältnisse anzupassen. Dann kann auch die Regelung über eine Durchflußmessung sinnvoll sein (Bild 7.3).

Grundsätzlich gibt es zwei Möglichkeiten (dazu auch Abschnitt 7.1):

- Steuerung ohne Füllstandsanzeige, jedoch mit Pegelstand-Grenzwertgeber.
- Kontinuierliche Regelung und Füllstandsanzeige.

### 7.2.2 Rechenanlagen

Mit dem Einbau der Rechenanlage ist die Durchgangsweite (Stababstand) des Rechens festgelegt. Sie bestimmt weitgehend die Wirkung der Rechenanlage, ist aber im Betrieb nicht veränderbar. Die optimale Wirkung läßt aber nach, wenn der Rechenrost nicht rechtzeitig geräumt wird und die Durchgangsleistung eingeschränkt ist.

Um die Belegung des Rechenrostes mit Rechengut zu messen, wird die Wasserspiegeldifferenzregelung angewandt. Zum Einsatz kommen im wesentlichen 3 Meßverfahren:

- Einperlung,
- Echolot,
- Druckmeßsonden.

Beim Mischwasserzufluß kann der Rechengutanfall durch Freispülen der Kanalisation ein Vielfaches dessen betragen, was bei Trockenwetterzufluß an Rechengut zu erwarten ist. Daher empfiehlt es sich, einen Leitfähigkeitsgrenzschalter oder einen Schwimmerschalter zusätzlich einzu-

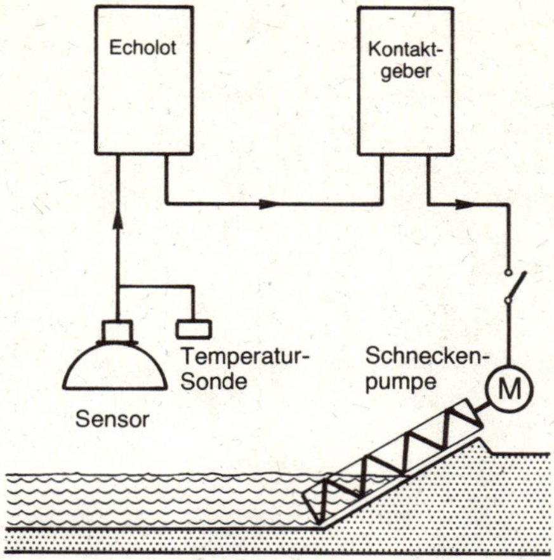


Bild 7.3: Beispiel einer kontinuierlichen Pumpenregelung [30]

setzen, der bei einem bestimmten Wasserstand im Zulaufkanal, die Rechenanlage auf Automatikbetrieb schaltet. Werden 2 oder mehr Rechen im Parallelbetrieb eingesetzt und stehen die Kanäle vor und hinter dem Rechen in hydraulischer Verbindung, so darf für alle eingesetzten Rechen nur mit einer Regelung gearbeitet werden. Zum Vorentwässern von Rechengut kann eine Halteposition der Rechenharke oberhalb des Wasserspiegels zusätzlich angeordnet werden. Werden Rechenanlagen in ex-gefährdeten Räumen eingesetzt, so ist bei der Auswahl der Meßeinrichtungen und der Anordnung der Regeleinrichtungen dies entsprechend zu berücksichtigen. Als weiteres besteht die Möglichkeit, auf die Wasserspiegeldifferenzmessungen grundsätzlich zu verzichten und statt dessen die Rechenanlage über einen Impuls des Zählwerkes der Durchflußmeßanlage zu regeln.

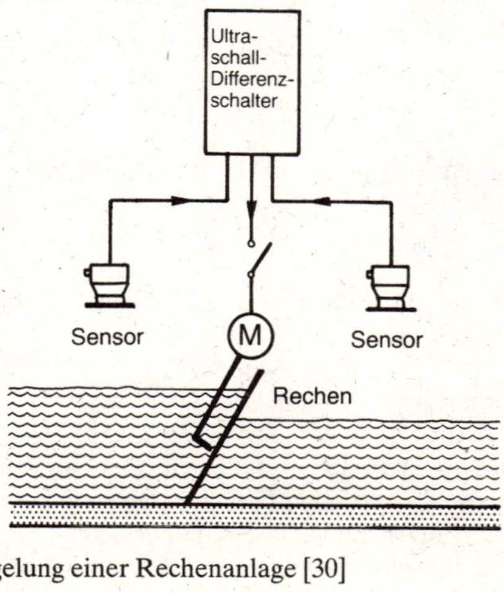


Bild 7.4: Beispiel zur Regelung einer Rechenanlage [30]

### *7.2.3 Rechengutpressen*

Förderbänder oder Schneckenpressen werden über einen Impuls der Rechenanlage angesteuert, wobei die Nachlaufzeit so eingestellt werden soll, daß der komplette Fördervorgang abgeschlossen ist, bevor das Förderaggregat wieder abschaltet. Bei Rechengutpressen (Kompaktoren) wird ebenfalls der Einschaltimpuls für die Rechenanlage genutzt, um das Aggregat in Betrieb zu setzen. Üblicherweise erfolgt die Abschaltung der Rechengutpresse wiederum über ein Nachlaufzeitschaltwerk. Alternativ dazu besteht die Möglichkeit, eine Grenzstandsmessung z. B. über Leitfähigkeitsgrenzschalter im Sammeltrichter der Rechengutpressen vorzusehen. Hierdurch wird die Laufzeit der Rechengutpresse verringert. Zusätzlich zur Minimum- bzw. Maximum-Sonde muß unbedingt eine Maximum-Alarm-Sonde eingesetzt werden, um bei Brückenbildung im Sammeltrichter einen Alarm auszulösen und ein Überlaufen des Sammeltrichters zu verhindern.

### *7.2.4 Sandfänge*

Treten beim Sandfang Störungen auf, so wirken sie sich auf den ganzen Betrieb der Kläranlage nachteilig aus. Eine störungsfreie Funktion des Sandfanges ist zu erreichen, wenn folgende Voraussetzungen erfüllt sind:

- Die Fließgeschwindigkeit des Abwassers soll gleichmäßig bleiben.
- Der zurückgehaltene Sand ist rechtzeitig zu entfernen.
- Bei belüfteten Sandfängen ist für eine dauernde Luftzufuhr zu sorgen.
- Bei Frost sind rechtzeitig Vorkehrungen zu treffen, daß die einwandfreie Funktion erhalten bleibt.

Durch regelmäßige Messungen der Sandmengen und des Gehaltes an mineralischen und organischen Stoffen in der Trockensubstanz des Schlammes, ist die Wirkung des Sandfanges zu prüfen. Ist die Leistung nicht zufriedenstellend, kann eine wirkungsvolle Verbesserung nur über eine Veränderung der Fließ- und Sinkgeschwindigkeit bzw. die Verlängerung der Aufenthaltszeit erreicht werden. Bei belüfteten Sandfängen gibt es eine Steuerungsmöglichkeit über das Einblasen der Druckluft, wobei bei stärkerer Luftzufuhr mehr leichtere organische Stoffe mit dem Abwasser fortgespült werden. Da es keine kontinuierlich meßbare Meßgröße zur Überprüfung der Sandfangwirkung gibt, ist eine andere Art der Steuerung von Sandfängen nicht möglich.

Dagegen ist je nach Sandfangart eine Steuerung der Sandräumung möglich.

*Räumer mit Bodenschild*

Die Ruhestellung von Langsandfangräumern mit Bodenräumschild sollte möglichst am Ende des Sandfanges vorgesehen werden. Bei dieser Anordnung beeinflußt die maschinentechnischen Einrichtungen das Strömungsprofil im Einlaufbereich nur wenig, außerdem ist bei einer Impulsansteuerung des Sandfangräumers die Laufzeit für den ersten Räumvorgang nur halb so groß. Langsandfangräumer arbeiten üblicherweise mit Arbeitszeitpausensteuerung. Es ist jedoch auch möglich, den Räumer über eine Durchflußmessung vom Kläranlagenzulauf zu steuern. Hierbei wird ein durchflußproportionaler Impuls für den Räumvorgang eingesetzt. Werden Langsandfangräumer mit anpreßbarem Sandräumschild in Form eines Elektrospindel- oder Hydraulikhubwerkes ausgerüstet, ist es möglich, die auf das Sandräumschild wirkende Räumkraft über Grenzschalter beim Elektrospindelhubwerk oder über Druckventil beim Hydraulikhubwerk zu messen und für eine Korrektur des Sandräumschildes auszunutzen. Auf diese Weise kann der Sand schichtweise aus der Sandsammelrinne abgeräumt werden. Das Räumprogramm wird erst dann beendet, wenn das Sandräumschild die Sandrinne ohne Höhenstandsänderungen durchfahren hat.

*Räumer mit Tauchpumpe oder Drucklufttheber*

Es hat sich als zweckmäßig erwiesen, die vertikale Sandförderleitung drehbar gelagert auszuführen. Kommt es beim Räumvorgang und bei größeren Sandmengen zur Schrägstellung der Sandförderleitung, schaltet dann das Fahrwerk des Räumers ab. Eine Inbetriebnahme erfolgt erst dann, wenn die vertikale Ausgangslage der Sandförderleitungen wieder erreicht wird. Zusätzlich sollte ein Zeitschaltwerk vorgesehen werden, damit die Pausenzeit der Räumfahrt begrenzt wird und eine Störmeldung erfolgt, wenn nach einem angemessenen Zeitraum die Rohrleitung nicht wieder die vertikale Position erreicht hat.

*Räumer mit Sandsilo*

Grundsätzlich ist es möglich, die Sandmenge im Sandsilo zu messen. Bei einer kontinuierlichen Messung wäre dies über ein Gamma-Silometer möglich, doch ist dies nicht zu empfehlen, da der Aufwand in keinem Verhältnis zum Meßerfolg steht. Als Grenzstandgeber für einen maximalen Sandspiegel bietet sich, an ein spezielles Vibrationssonden-Meßgerät (Bild 7.5) einzusetzen, das für die Messung von Feststoffen unter Wasser geeignet ist. Das Meßgerät stellt die Höhe des Sandes mit Hilfe eines piezoelektrisch arbeitenden Meßsystems fest. Hierbei ist zu berücksichtigen, daß die sogenannte Schwinggabel für den Zeitraum der Förderung des Sandwassergemisches überbrückt wird.

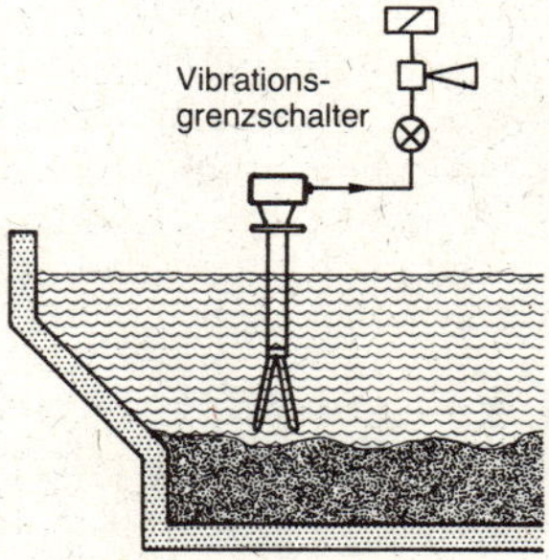


Bild 7.5: Beispiel zur Messung des Sandspiegels [30]

*Räumer mit aufgesetztem Klassierer*

Die Steuerung erfolgt in gleicher Weise wie bei dem Langsandfangräumer mit Bodenräumschild. Bei der Klassierschnecke ist es zur Verbeserung des Winterbetriebs möglich, mit Hilfe eines Motorstellschiebers die Entleerung der Klassierschnecke nach Beendigung des Räumvorganges und des Klassiervorganges zu regeln.

*Räumer mit Sandfangtrichter*

Die in der Trichterspitze eines Langsandfanges aufgestellte Pumpe sollte den Schaltimpuls durch den Langsandfangräumer erhalten. Die Förderung der Pumpe kann bereits beginnen, bevor das Sandräumschild den Sand in die Trichterspitze räumt. Der Pumpvorgang wird über ein Nachlaufzeitschaltwerk beendet.

*Rundsandfang*

Der Fördervorgang wird üblicherweise über eine Arbeitszeitpausenschaltung gesteuert. Möglich ist jedoch auch eine Steuerung über die Durchflußmessung im Kläranlagenzulauf oder eine Grenzstandsmessung mit Schwinggabel.

### *7.2.5 Sandklassierer*

Wann ein Klassierer in Abhängigkeit des Zulaufs vom Sandwassergemisch ein- bzw. ausgeschaltet wird, kann nicht allgemeingültig festgelegt werden. Empfehlenswert ist die Einschaltung des sogenannten Pilgerschrittklassierers oder des Schneckenklassierers direkt mit dem Beginn der Beschickung, wenn mit einem hohen Anteil organischer Stoffe im Sandwassergemisch zu rechnen ist. Bei belüfteten Langsandfängen ist der prozentuale Anteil von organischen Feststoffen geringer, so daß eine zeitliche verzögerte Einschaltung möglich ist, da hierbei das Absetzen des Sandes vorteilhafter erfolgt.

### *7.2.6 Vorklärbecken*

Der Zufluß zur Vorklärung wird bei Trockenwetter nicht geregelt, allenfalls ist bei vorhandenem Vorpumpwerk ein gewisser Ausgleich der Zuflußspitzen gegeben. Im übrigen aber soll das Abwasser möglichst ohne Verzögerung in die Vorklärung geleitet werden. Anders verhält es sich beim Mischwasseranfall. Hier soll im allgemeinen der Zufluß so gesteuert werden, daß bis zum 2fachen Trockenwetteranfall das Vorklärbecken beschickt wird, bei höherem Mischwasseranfall erfolgt eine Rückhaltung oder eine Behandlung in entsprechenden Einrichtungen im Kanalnetz (Regenbecken).

Werden die Richtwerte für Durchflußzeiten bei Trockenwetter (Einzelheiten dazu im Abschnitt 3.2.5) erheblich unter- oder überschritten, so kann die nachfolgende biologische Stufe hierdurch gestört werden. Schlammabtrieb bei zu kurzer Durchflußzeit oder angefaultes Abwasser bei zu langer Durchflußzeit können die Folgen sein. Abhilfe ist hier grundlegend nur über eine Veränderung des Beckenvolumens möglich. Bei mehreren Beckeneinheiten können einzelne Becken außer Betrieb genommen oder dazugeschaltet werden.

Innerhalb der Vorklärung ist die Entfernung des abgesetzten (sedimentierten) Schlammes ein Vorgang, bei dem eine Steuerung oder Regelung sinnvoll ist. Dabei gibt es zwei Teilvorgänge:

- Transport des auf der Beckensohle sedimentierten Schlammes zu einem Trichter mittels Räumschilder,
- Abzug des im Trichter angesammelten Schlammes zur weiteren Schlammbehandlung.

**Räumerbetrieb**

Der Betrieb der Räumschilder erfolgt üblicherweise durch eine Steuerung mit Zeitschaltwerk, z. B. jede Stunde transportiert der Räumer den sedimentierten Schlamm in zwei Läufen hintereinander in die Trichter. Nachteilig ist bei dieser Steuerung, daß bei erhöhtem Schlammanfall – z. B. bei Mischwasserzufluß oder bei Fäkalschlammzugabe im Zulauf – die Räumung nicht verstärkt wird.

Bei Längsräumern mit Schleppschild wird üblicherweise jeweils die gesamte Beckenlänge geräumt. Es gibt aber auch die Möglichkeit, den Längsräumer mit der sogenannten Pilgerschrittsteuerung auszurüsten. Hierbei hat es sich als sinnvoll herausgestellt, daß die Schritte auf jeweils ⅓ des Beckens festgelegt werden. Diese Steuerung ermöglicht eine bedingt kontinuierliche Räumung der Schlammenge in die Trichterspitze. Erfahrungsgemäß ist die Wahl der Räumvorgänge 3 : 2 : 1 ausreichend. Grundsätzlich besteht jedoch auch die Möglichkeit, über Zählwerke die Anzahl der auszuführenden Schritte vorzuwählen, wenn dies aus verfahrenstechnischen Gründen notwendig erscheint. Eine gezielte Regelung des Betriebs von Längsschlammräumern kann nach der Höhe der Schlammschicht im Becken mit Hilfe einer Trübungsmessung erfolgen. Die Bestimmung geschieht fotoelektrisch aufgrund der unterschiedlichen Lichtdurchlässigkeit von Schlamm und Trübwasser.

Die Räumgeschwindigkeit von Rundräumern mit Schleppschild und Bandräumern kann ebenfalls mit einer fotoelektrischen Trübungsmessung geregelt werden.

**Schlammabzug**

Üblicherweise erfolgt der Abzug aus dem Schlammtrichter durch Öffnen eines handbedienten Schiebers. Der Bedienungsmann beobachtet den in den Schacht fließenden Schlamm; hat er den Eindruck, daß der Schlamm zu dünn wird, schließt er den Schieber wieder. Dieser Vorgang erfolgt meistens morgens, da sich der Schlamm im Trichter über die Nachtstunden gut eingedickt hat. Bei höherem Schlammanfall wird nochmals am Nachmittag abgezogen. Durch diese Betriebsweise wird der Faulbehälter täglich stoßweise über kurze Zeiträume beschickt. Die stoßweise Beschickung ist für knapp bemessene Faulräume ungünstig.

Der Schlamm sollte möglichst kontinuierlich aus dem Trichter abgezogen werden, wenn anschließend der Faulbehälter beschickt wird. Auf diese Weise wird der Faulprozeß am wenigsten gestört. Dies gilt sinngemäß auch bei der Beschickung aus Voreindickern oder Vorlagebehältern.

In erster Linie bietet sich hierfür eine zeitabhängige Steuerung für das Öffnen und Schließen des Schiebers an. Dazu schaltet sich gleichzeitig die Rohschlammpumpe zur Faulraumbeschickung ein, z.B. jede Stunde über 10 Minuten. Einmal täglich erfolgt eine vollständige Entleerung des Trichters mit Beobachtung. Der Nachteil dieser Steuerung ist, daß ein von den üblichen Messungen abweichender außergewöhnlich großer oder geringer Schlammanfall nicht berücksichtigt wird.

Eine Regelung des Abzugs entprechend dem tatsächlichen Schlammanfall ist über die Bestimmung der Schlammspiegelhöhe im Trichter zu erreichen. Fotosonden können auf fotoelektrischem Wege die Schlammtrübung (Bild 7.6) oder die Schlammspiegelhöhe feststellen. Schlammtrennschichten können auch mit Echolot oder radiometrischen Rückstreusonden gemessen werden.

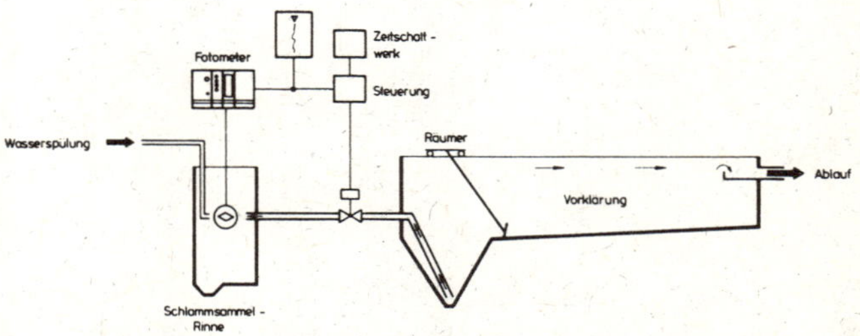


Bild 7.6: Beispiel zur Regelung des Schlammabzugs aus dem Vorklärbecken

### *7.2.7 Belebungsanlagen*

Der Zufluß (l/s) und die $BSB_5$-Konzentration (mg/l) des Abwassers sind die entscheidenden Faktoren für den Betrieb einer biologischen Stufe. Beide Parameter sind kaum beeinflußbar. Lediglich die Einleitung innerbetrieblicher Abwasserströme, wie das Schlammwasser aus der maschinellen Schlammentwässerung, das Faulwasser aus dem Faulbehälter, das Überstandswasser eines Eindickers u. ä., kann in gewissem Umfang gesteuert oder geregelt werden.

Um einen stabilen Zustand in der Belebungsanlage zu erhalten, muß die Anlage so betrieben werden, daß entsprechend der zugeführten organischen Schmutzfracht eine ausreichende Bakterienmasse und Sauerstoffmenge im Belebungsbecken zur Verfügung stehen. Die Aufgabe besteht darin, eine möglichst konstante $BSB_5$-Schlammbelastung ($B_{TS}$) zu erreichen. Da die zugeführte $BSB_5$-Fracht als Meßwert zumindest bei konventioneller Messung in kurzer Zeit nicht zur Verfügung steht (die $BSB_5$-Messung dauert 5 Tage) und auch die aktive Bakterienmasse nicht schnell bestimmbar ist, behilft man sich zur Steuerung mit anderen Meßgrößen.

**Sauerstoffgehalt**

Am häufigsten geschieht dies über den Sauerstoffgehalt. Dazu wird der $O_2$-Gehalt im Belebungsbecken mit einer Elektrode kontinuierlich gemessen, um damit die $O_2$-Zufuhr zu regeln (Bild 7.7). Bei Unterschreitung eines vorgegebenen Grenzwertes (z. B. 1,5 mg/l) erfolgt eine verstärkte $O_2$-Zufuhr, bis ein oberer Grenzwert (z. B. 2,5 mg/l) wieder erreicht wird. Je nach Belüftungseinrichtung erfolgt die verstärkte $O_2$-Zufuhr, z. B. bei Kreiseln durch Veränderung der Umdrehung oder der Eintauchtiefe, bei Druckbelüftung durch Drehzahlregelung der Kompressoren oder Zuschalten eines weiteren Aggregates.

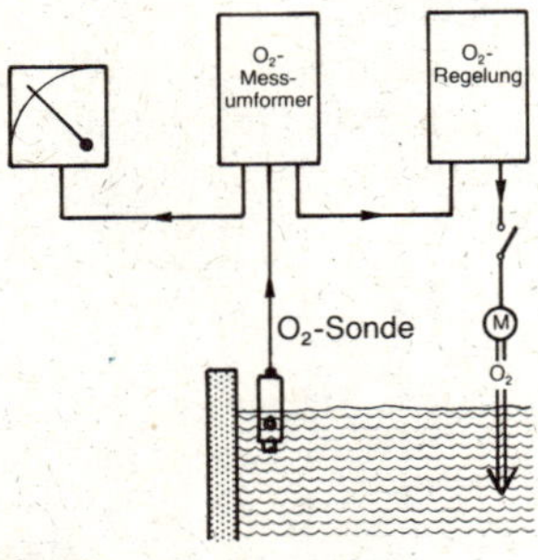


Bild 7.7: Sauerstoffregelung im Belebungsbecken [30]

Wichtig dabei ist eine günstige Anordnung der $O_2$-Elektrode im Belebungsbecken. Nur wenn der repräsentative $O_2$-Gehalt im Becken gemessen wird und nicht der unmittelbare $O_2$-Eintrag im Bereich der Belüftungseinrichtung, ist eine Regelung auch von Erfolg.

Schwierigkeiten bei der $O_2$-Regelung kann es dann geben, wenn im Abwasser Stoffe stören und den Abbau so hemmen, daß die Bakterien nicht voll arbeiten. In diesen Fällen steigt der $O_2$-Gehalt, obwohl die Belastung nicht geringer geworden ist. Trotzdem sollte die vom $O_2$-Gehalt abhängige $O_2$-Regelung immer der Zeitsteuerung vorgezogen werden, weil sie sich besser an die Belastung anpaßt und damit auch Energie eingespart werden kann.

Je nach Beckenform, Belüftungseinrichtung und Betriebsart ergeben sich die unterschiedlichsten Betriebsweisen und Festlegungen des $O_2$-Gehaltes im Belebungsbekken. Es ist unmöglich auf alle Besonderheiten einzugehen. Deshalb werden hier nur die grundsätzlichen Betriebsweisen beschrieben.

Bei der biologischen Reinigung ohne Stickstoffoxidation (Nitrifikation) ist man bestrebt, ein vollständiges Mischbecken mit gleichem $O_2$-Gehalt zu erhalten. Um zu verhindern, daß am Beckenanfang $O_2$-Mangel und am Beckenende $O_2$-Überschuß auftritt, kann die $O_2$-Zufuhr so abgestuft werden, daß in allen Beckenabschnitten annähernd der gleiche $O_2$-Gehalt besteht. Dies kann durch eine abgestufte $O_2$-Zuführung der Belüftungseinrichtung geschehen (z. B. bei Druckbelüftung eine größere Anzahl von Kerzen am Beckenanfang). Auch eine verteilte Abwasserzuführung bei Längsbekken bis auf etwa ¾ der Beckenlänge verhindert einen $O_2$-Mangel in der Einlaufzone.

Bei der biologischen Reinigung mit gemeinsamer Nitrifikation in einem Becken werden oft andere Betriebsweisen und Steuerungen erforderlich. So sollte der $O_2$-Gehalt nicht unter 2 mg/l liegen. Um unkontrollierte Denitrifikationsprobleme vor allem in der Nachklärung zu vermeiden (Schlammauftreiben), sind gezielte Maßnahmen im Belebungsbecken möglich. So kann z. B. eine Denitrifikation im Belebungsbecken erreicht werden, wenn im Zulaufbereich ein sauerstoffloser Bereich (anoxische Zone) geschaffen wird. Bei der Zusammenführung des ungereinigten Abwassers und des nitrathaltigen Rücklaufschlammes wird durch den $O_2$-Mangel der im Nitrat gebundene Stickstoff gasförmig und geht in die Luft (Näheres dazu im Abschnitt 3.3.4). Es kommt zur Denitrifikation, ohne daß dies zu Betriebsproblemen führt. Bei dieser Betriebsweise ist in der ersten Zone lediglich für eine geringe Turbulenz zu sorgen, damit sich der Schlamm nicht absetzt.

Andere Betriebsweisen sorgen durch teilweise Außerbetriebnahme der Belüftung oder Belüfterteile dafür, daß kurzzeitig kein $O_2$ vorhanden ist.

Dafür werden verschiedentlich schon spezielle Regelungstechniken angeboten. Allgemein gültige Angaben können darüber noch nicht gemacht werden. Gute Regelungsmöglichkeiten bieten z. B. Systeme, die über kleine Anlagen im Labormaßstab arbeiten. Diese werden parallel zum Belebungsbecken oder Nachklärbecken mit Originalabwasser beschickt. Dort wird neben dem $O_2$-Gehalt auch der $O_2$-Verbrauch (Zehrung) kontinuierlich gemessen; auch Trübungsmessungen werden eingesetzt. Veränderungen der Zehrung als Maß der Aktivität des belebten Schlammes können schneller erkannt werden. Die $O_2$-Regelung kann dann z. B. nach dem aus Zufluß und Zehrung errechneten $O_2$-Bedarf erfolgen.

**Trockensubstanzgehalt ($TS_{BB}$)**

Die meisten Belebungsanlagen arbeiten optimal bei einem Trockensubstanzgehalt von $TS_{BB}$ = 3 bis 5 g/l (Näheres in Abschnitt 3.4.3, Bild 3.47). Da die Bestimmung von $TS_{BB}$ aufwendig ist, genügt in vielen Fällen, $TS_{BB}$ ein- bis zweimal wöchentlich zu messen und den Schlammgehalt täglich zu kontrollieren. Dabei ist Voraussetzung, daß der Schlammindex zwischen zwei Bestimmungen konstant bleibt. Ändert sich die Schlammbeschaffenheit und damit der Index, muß der Trockensubstanzgehalt häufiger gemessen werden.

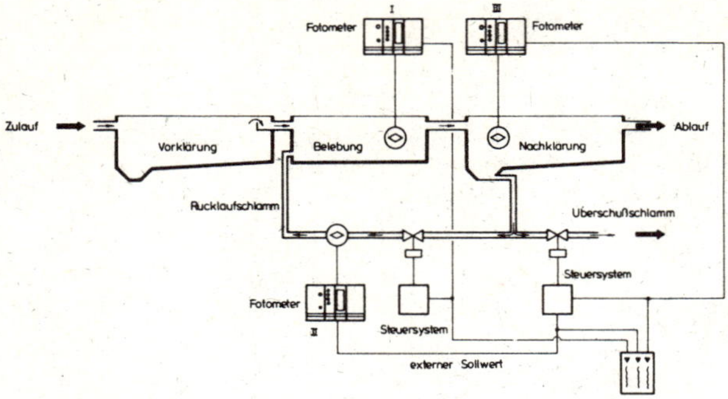


Bild 7.8: Beispiel zur Regelung des Trockensubstanzgehaltes in einer Belebungsanlage mit zwei Fotosonden und einer Schlammspiegelmessung im Nachklärbecken

Eine fortlaufende Messung ist fotoelektrisch über die Bestimmung der Trübung im Belebungsbecken möglich (Bild 7.8). Sie läßt eine Aussage über den Trockensubstanzgehalt zu. Hierdurch können kurzfristige Änderungen der Schlammeigenschaften erkannt werden und z. B. mit einer Steuerung oder Regelung des Schlammrücklaufs verbunden werden.

Grundsätzlich empfiehlt es sich, wenn möglich den $TS_{BB}$ im Belebungsbecken hoch zu halten, da bei niedrigen Konzentrationen nur eine kleinere Menge an arbeitenden Organismen zur Verfügung steht. Im allgemeinen wird durch einen hohen $TS_{BB}$ die Neigung des Schlammes zum Auftreiben vermindert, vorausgesetzt daß die Luftzufuhr ausreichend ist und der Sauerstoffgehalt im Belebungsbecken nicht unter 2 mg/l liegt. Dies hat zwar einen etwas höheren Energieverbrauch zur Folge, doch besonders bei der Neigung zu Blähschlamm im Nachklärbecken können so Betriebsstörungen vermieden werden. Der höhere $TS_{BB}$ hat ferner den Vorteil, daß die Anlage gegen Auswirkungen von Stoßbelastungen und störenden Stoffen unempfindlicher wird.

**Rücklaufschlamm**

Die Menge des Rücklaufschlammes, die aus dem Nachklärbecken abgezogen wird, hat ganz entscheidenden Einfluß auf den Betrieb und den Reinigungserfolg der biologischen Stufe. Bei der Förderung des Rücklaufschlammes haben sich vor allem Fördereinrichtungen bewährt, die eine mechanische Zerstörung der Schlammflocken vermeiden. Dies sind in erster Linie Schneckenpumpen, aber auch Schöpfräder oder langsam laufende Kreiselpumpen kommen infrage.

Die biologische Reinigungsstufe soll so betrieben werden, daß die Trockensubstanz im Belebungsbecken konstant bleibt. D. h. daß die Schlammenge, die aus dem Belebungsbecken zum Nachklärbecken hin ausläuft, über den Rücklaufschlamm wieder zugegeben werden muß. Die Rücklaufschlammförderung ist von der Schlammeindickung im Nachklärbecken abhängig. Sie muß so groß sein, daß keine Schlammstapelung im Nachklärbecken stattfindet. Der zu fördernde Rücklaufschlamm wird in Prozent des dem Belebungsbecken zufließenden Abwassers angegeben. Als Faustwert für die

Bemessung des Rücklaufverhältnisses (RV) ist von 100% auszugehen. D. h. es wird genau soviel Schlamm zurückgeführt, wie abgezogen wurde.

$$RV = \frac{TS_{BB} \cdot 100}{TS_{RS} - TS_{BB}} \quad (\%)$$

$TS_{BB}$ = Trockensubstanzgehalt in der Belebung
$TS_{RS}$ = Trockensubstanzgehalt im Rücklaufschlamm

Je besser sich ein belebter Schlamm im Nachklärbecken eindickt, desto geringer kann das Rücklaufverhältnis sein. Bei schlechter Eindickung ist es umgekehrt.

Die betrieblichen Gründe für eine Veränderung des Rücklaufverhältnisses sind sehr vielfältig und immer vom Einzelfall abhängig. So ist es bei einer überlasteten Anlage zweckmäßig, die Trockensubstanz im Belebungsbecken zu erhöhen, um die Schlammbelastung und damit die Abbauleistung stabil zu halten. Dies erfordert eine verstärkte Schlammrückführung.

Es ist zweckmäßig, entsprechend den jeweiligen Anforderungen, das Rückführen des Schlammes zu regeln. Eine Regelung ist aber nur dann erfolgversprechend, wenn die Fördereinrichtung entsprechend variabel fördern kann (z. B. mit Drehzahlregelung). Dann bietet es sich vor allem an, die Fördereinrichtung über die Durchflußmessung des Abwasserzulaufs zu regeln. Auch hier kann mit einer fotoelektrischen Trübungsmessung, als Maß für den $TS_{RS}$, geregelt werden.

**Nährstoffentfernung**

Die höheren Anforderungen an die Abwasserreinigung, insbesondere für die Parameter Stickstoff und Phosphor, erfordern eine stärkere Betriebsüberwachung der Klärprozesse. Hierfür stehen inzwischen ausreichend betriebssichere On-line-Meßgeräte zur Ermittlung der Konzentration von Ammonium, Nitrat und Phosphat zur Verfügung. Diese können neben anderen Meßgrößen, wie z. B. dem Redox-Potential, besonders für Prozeßregelungen und -steuerungen verwendet werden.

Die erforderlichen Parameter sind dort zu messen, wo ihre Gehalte am wirkungsvollsten zu beeinflussen sind, nämlich direkt am Ablauf des Belebungsreaktors. Dies erfordert eine Aufbereitung des Probenstroms mittels Filtration, denn nur bei einem schwebstofffreien Abwasser ist eine störungsfreie Messung sichergestellt. Es empfiehlt sich dazu, das Belebtschlammgemisch mit einer Tauchpumpe zu fördern, sowie die Verbindung von Pumpe zum Filter kurz und möglichst gestreckt zu halten, damit keine unnötigen Totzeiten entstehen. Auch sollte das Meßgerät sehr nahe am Filter aufgestellt werden.

Die Geräte arbeiten kontinuierlich oder quasikontinuierlich, d. h. alle 5 bis 10 Minuten wird ein Meßwert registriert. Damit ist es möglich bei Veränderungen sehr schnell zu reagieren und betriebliche Gegenmaßnahmen zu ergreifen, z. B. durch eine verstärkte Sauerstoffzufuhr bei zu geringer Stickstoffoxidation.

*Regelungen zur Stickstoffentnahme*

Die Stickstoffentnahme (Nitrifikation und Denitrifikation) wird überwiegend in Form der simultanen oder vorgeschalteten Denitrifikation durchgeführt. Dabei erfordert die

Denitrifikation nicht selbstverständlich den Einsatz von Meßgeräten. Generell gilt, je großzügiger die Belebungsbecken bemessen sind, desto geringer ist der Bedarf an einer Meß- und Regeltechnik. Auch kann mit gezielter Verfahrenstechnik dieser Aufwand eingeschränkt werden. So erübrigt sich z. B. bei der Kaskadendenitrifikation – einer speziellen Variante der vorgeschalteten Denitrifikation – die Steuerung des *Rücklaufwassers;* damit kann ohne speziellen Regelaufwand ein hoher Grad an Stickstoffentnahme erreicht werden.

*Simultane Denitrifikation*

Bei diesem Verfahren erfolgt die Nitrifikation und Denitrifikation in einem ungeteilten Becken. Beim „einfachen" Belebungsbecken genügte bisher die Gebläseregelung über die Sauerstoffmessung. Die Regelung allein nach dem $O_2$-Bedarf reicht bei Anlagen mit Stickstoffentnahme nicht mehr. Denn die Ganglinie von Sauerstoff, Nitrifikation und Denitrifikation ist nicht so ohne weiteres nachvollziehbar (Bild 7.9).

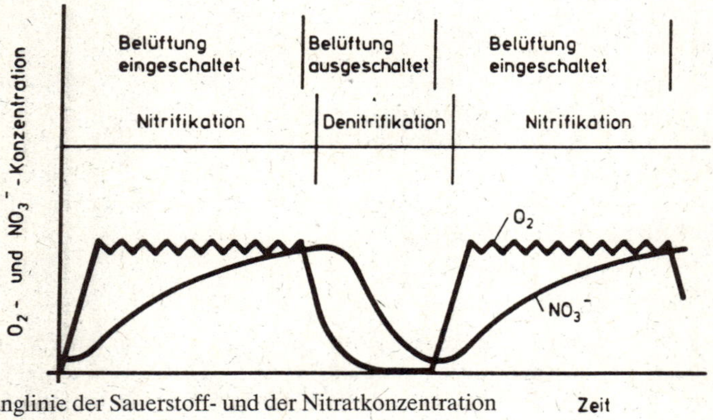


Bild 7.9: Ganglinie der Sauerstoff- und der Nitratkonzentration

Um das Verhältnis zwischen oxischen und anoxischen Zonen oder Phasen wirkungsvoll erkennen zu können, ist es ideal, die Belüftung nach dem Nitrat- oder dem Ammoniumgehalt zu regeln. Ein entsprechendes Regelschema zeigt Bild 7.10.

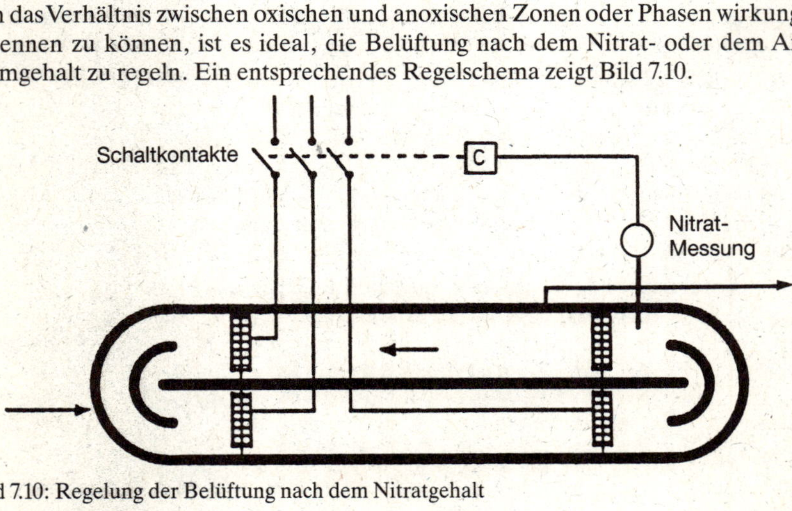


Bild 7.10: Regelung der Belüftung nach dem Nitratgehalt

Die Regelung erfolgt bei dieser Anlage nach dem Nitratgehalt. Hier schalten sich neben einem ständig laufenden Kreisel weitere bei einem unteren $NO_3$-N-Gehalt zu und bei Erreichen eines oberen Grenzwertes ab. Eine Regelung nach dem $NH_4$-N-Gehalt wäre hier ebenfalls möglich, doch ist aus betrieblicher Sicht die Regelung nach dem Nitratgehalt vorzuziehen.

Anstelle der Nitratregelung kann auch eine Regelung nach dem Redox-Potential durchgeführt werden. Sie ist im Vergleich zu den On-line-Meßgeräten wesentlich kostengünstiger, da sie als Sonde keine Probenaufbereitung benötigt. Parallelmessungen zeigen, daß die Redox-Kurve bei niedrigen $NO_3$-N-Gehalten sehr flach wird und plötzlich, bei Erreichen von Nitrat = > 0, scharf abfällt (Bild 7.11).

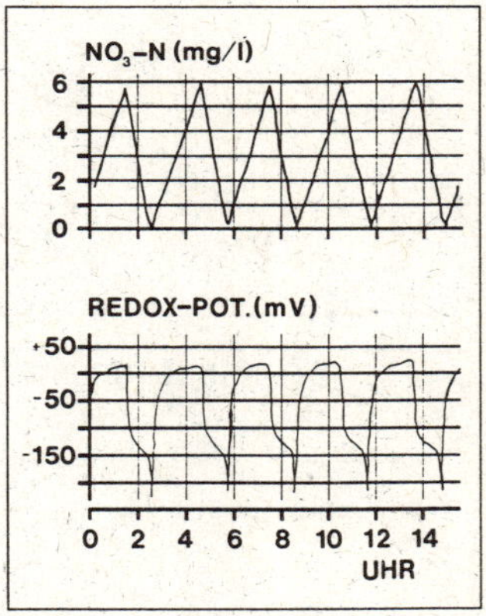


Bild 7.11: Nitratgehalte und Redox-Potential bei intermittierender Belüftung

Durch den Wendepunkt in der Kurve wird der Nitratgehalt „Null" sehr klar definiert. Mit dieser Meß- und Regeltechnik arbeiten eine Reihe von insbesondere kleineren Anlagen mit gutem Erfolg (7.12). Die Nitrifikationszeit kann anschließend entweder nach einem Programm bei Vorgabe einer festen Belüftungsdauer oder aber auch in Abhängigkeit vom Ammoniumgehalt vorgenommen werden.

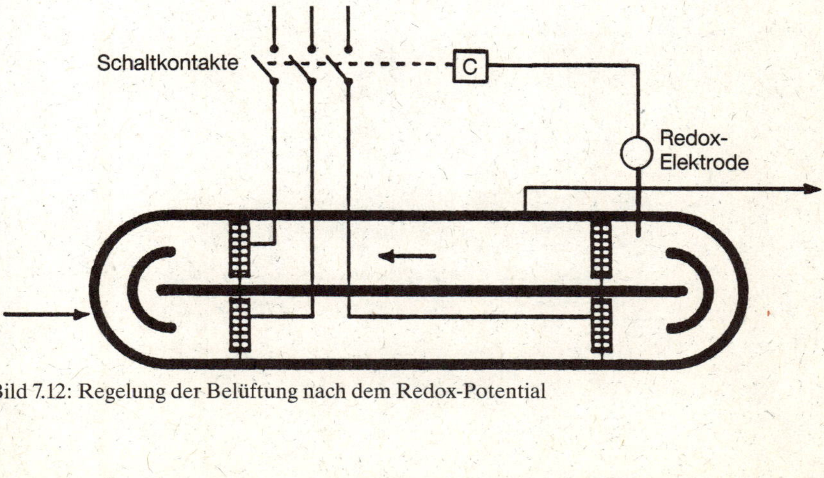


Bild 7.12: Regelung der Belüftung nach dem Redox-Potential

**Vorgeschaltete Denitrifikation**

Bei der vorgeschalteten Denitrifikation ist im allgemeinen durch die Aufteilung in einem anoxischen und einen oxischen Teil, die eliminierbare Nitratmenge festgelegt. Die Rückführung des *Rücklaufwassers* ist darauf abzustimmen. Sie sollte möglichst so groß sein, daß am Ende der Denitrifikationszone der Nitratgehalt praktisch Null ist. Bei zu großer Rückführung geht die Denitrifikationsleistung eher zurück, insbesondere dann, wenn in der oxischen Zone am Ablauf hohe Sauerstoffgehalte vorliegen. Es kann daher zweckmäßig sein, an Beckenende auch eine unbelüftete Mischzone vorzusehen, damit der Sauerstoffgehalt aufgezehrt wird (7.13).

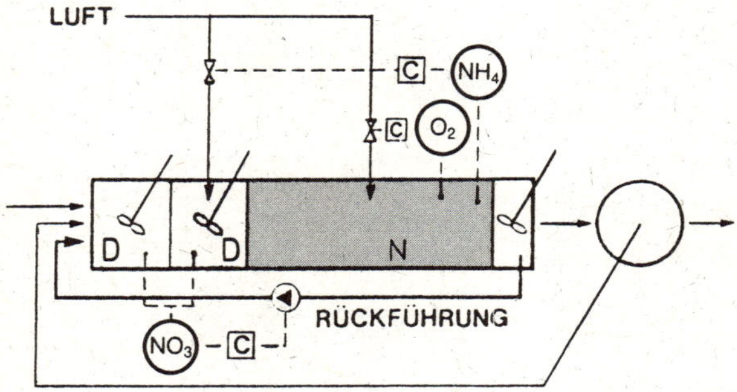


Bild 7.13: Regelung der Stickstoffelimination bei vorgeschalteter Denitrifikation

Wenn man die Denitrifikationszone unterteilt, ist eine bessere Anpassung möglich, da die zweite Zone notfalls belüftet werden kann. Je nach $NH_4$-N-Gehalt im Ablauf des Belebungsbeckens wird entschieden, wann die zweite Zone belüftet wird. Die Rückführung wird jeweils sprunghaft mitverändert. Ist die Förderpumpe regelbar, so kann man mit Hilfe der $NO_3$-N-Messung die Rückführung automatisch anpassen.

Eine andere Möglichkeit der Regelung besteht bei Kaskadenanlagen, da hier die belüfteten Zonen auch zur Durchführung einer simultanen Denitrifikation ausgerüstet werden können (7.14).

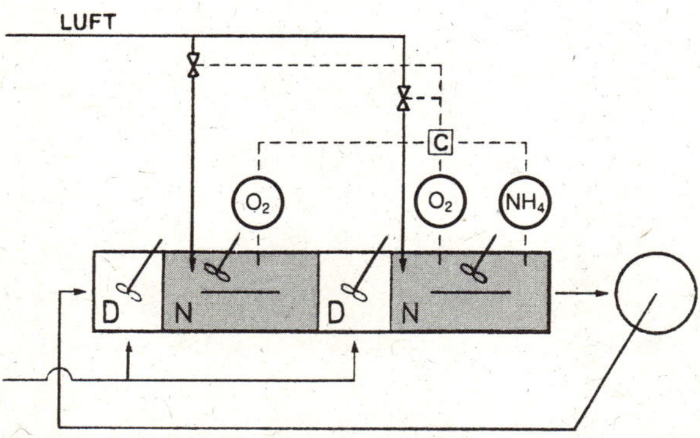


Bild 7.14: Regelung der Stickstoffelimination einer Kaskadenanlage

Hier wirkt der $NH_4$-N-Gehalt auf die Luftzufuhr im überwiegend aeroben Beckenbereich. Liegt der $NH_4$-N-Gehalt unter einem vorgegebenen Limit, kann die Luftzufuhr in einer oder beiden Belüftungszonen gedrosselt oder ganz abgestellt werden. Grundsätzlich ist es zweckmäßig, die erste Belüftungszone mit niedrigen $O_2$-Gehalten zu betreiben als die zweite.

***Regelungen zur Phosphorentnahme***

Wie bei der Stickstoffentnahme wird ein Teil der Phosphate biologisch entfernt. Wie hoch dieser Anteil ist, hängt unter anderem von dem Verhältnis $BSB_5$: P ab. Infolge der reduzierten P-Frachten im Abwasser ist es im allgemeinen, mit der einfach durch zuführenden simultanen Fällung die geforderten Ablaufwerte von 1 bzw 2 mg/l einzubehalten.

Bei der einfachsten Form der Regelung erfolgt eine programmgesteuerte Fällmittelzugabe nach einer vorgegebenen festen Frachtganglinie. Hier muß jedoch überdosiert werden, um auch Spitzenwerte abzudecken.

Eine Regelung der Fällmittelzugabe über die Messung des Abwasserzuflusses berücksichtigt zwar die hydraulischen Spitzen, nicht aber die tatsächlichen P-Konzentrationen. Auch in diesem Fall muß daher überdosiert werden, um die Reinigungsleistung zu gewährleisten.

Leider ist die Messung des Gesamtphosphors im Rohabwasser aufwendig und störanfällig. Da ein Aufschluß erfolgen muß, ist die Messung nur quasikontinuierlich. Gezielte Untersuchungen haben gezeigt, daß die kontinuierlich gemessene $PO_4$-P-Konzentration im Belebungsbecken weitgehend dem Gehalt an Gesamtphosphor im Ablauf entspricht.

Als erfolgreich hat sich eine Zweipunktregelung erwiesen, mit der Konzentration an $PO_4$-P im Ablauf der Belebung als Regelgröße und einer Dosierpumpe für Fällmittel als Stellglied der Regelung. Für die Wahl der Dosierstelle sind folgende Punkte wichtig:

- Intensive Einmischung des Fällmittels in das Abwasser,
- Möglichst weitgehende Ausnutzung der biologischen P-Entnahme,
- Geringe hydraulische Totzeiten für die Regelung.

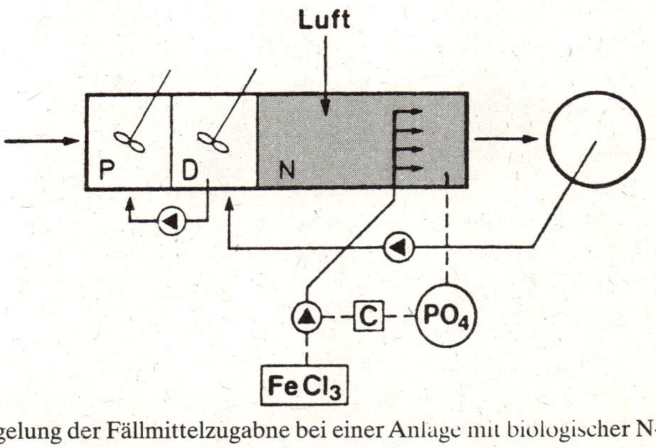


Bild 7.15: Regelung der Fällmittelzugabe bei einer Anlage mit biologischer N- und P-Entnahme

Dabei hat sich eine Dosierung an mehreren Stellen (über die Breite des Belebungsbekkens) als günstig erwiesen, nur wenige Meter vor dem Ablauf. Eine solche Regelung ist im Bild 7.15 dargestellt.

### *7.2.8 Nachklärbecken*

Belebungsbecken und Nachklärbecken bilden als biologische Stufe eine verfahrenstechnische Einheit. Dies ist besonders deutlich an der Rücklaufschlammenge erkennbar, die von der Funktion des Nachklärbeckens abhängt. Auch Betriebsstörungen, wie Blähschlamm oder Denitrifikation, wirken sich erst im Nachklärbecken aus, obwohl die Ursachen im Belebungsbecken zu suchen sind.

Es liegt daher nahe, die Betriebs- und Steuerungsmöglichkeiten des Nachklärbeckens an dieser Stelle zu beschreiben. Bei langen Durchflußzeiten in der Nachklärung kann es vorkommen, daß es zu Denitrifikationserscheinungen kommt und der belebte Schlamm durch Stickstoffbläschen an die Oberfläche getrieben wird. Um das Schlammauftreiben zu vermeiden, muß u.a. die Aufenthaltszeit des abgesetzten belebten Schlammes in der Nachklärung verkürzt werden. In manchen Fällen kann man sich damit behelfen, neben einer erhöhten Schlammrückführung, die Geschwindigkeit des Nachklärbeckenräumers etwas zu erhöhen. Die Räumergeschwindigkeit sollte aber nicht wesentlich über 2 cm/s bei Längsräumern und 4 cm/s bei Rundräumern hinausgehen, um Turbulenzen zu vermeiden und den Schlamm nicht unnötig aufzuwirbeln.

Nach neueren Erkenntnissen ist eine Optimierung der Schlammrückführung zu erzielen, wenn der Räumer mit zwei Geschwindigkeiten (Trockenwetter-und Mischwasserzufluß) geregelt werden kann. Dabei ist eine Erhöhung bis zu 6 bis 8 cm/s möglich. Ideal ist es, wenn die Aufenthaltszeit des Schlammes in der Nachklärung nicht mehr als eine Stunde beträgt.

#### Räumerbetrieb

Im Grundsatz eignen sich alle Räumerarten der Vorklärbecken auch für Nachklärbecken und umgekehrt. Wenn an dieser Stelle trotzdem einige Räumerarten beschrieben werden, dann deshalb, weil sie sich besonders zur Entnahme und Regelung des Rücklaufschlammes eignen.

*Längsräumer mit Saugrohren und Heberprinzip*

Bei diesen Längsräumern kann der Abfluß des Rücklaufschlammes durch Regelung des Wasserspiegels in der Sammelrinne erfolgen; z.B. mit Hilfe eines Elektro-Stellschiebers am Ende der Rinne. Dieser Schieber regelt den Wasserspiegel der Sammelrinne im Verhältnis zum Wasserspiegel des Beckens und beeinflußt somit über das hydraulische Gefälle die Strömungsgeschwindigkeit bzw. den Abfluß des Rücklaufschlammes.

*Längsräumer mit Saugrohren und Rohrpumpen*

Werden Pumpen eingesetzt, so kann der Abzug des Rücklaufschlammes über eine Drehzahl- bzw. Frequenzregelung der Pumpen geregelt werden. Weiter ist es auch möglich, die Motorkabeltrommel des Längsräumers mit einem Potentiometer auszurüsten, um auf diese Weise die Drehzahl der Rohrpumpen in Abhängigkeit von der jeweiligen Räumerstellung zu regeln.

*Rundräumer mit Saugrohren und Heberprinzip*

Rundräumer, die den Schlamm nach dem Heberprinzip abziehen, können den Abzug des Rücklaufschlamms mit MID-Meßgeräten durchführen. Das Durchflußmeßgerät wird in die Rücklaufschlammleitung eingebaut. Die Abflußregelung des Rücklaufschlammes erfolgt dann über einen

Motorstellantrieb, der die Höhenverstellung der Teleskoprohre im Sammelbehälter durchführt. Dabei ist die Einstellung der einzelnen Teleskoprohre zueinander und somit das Förderverhältnis der einzelnen Räumsegmente in einer Grundstellung festgelegt. Eine Einzelverstellung der Teleskoprohre ist nicht sinnvoll.

Auch die Regelung über fotoelektrische Trübungsmeßgeräte wird mit Erfolg eingesetzt.

*Rundräumer mit Saugrohren und Rohrpumpen*

Bei Rundräumern mit Rohrpumpen wird der Rücklaufschlamm über getrennte Rohrleitungen direkt in die mittige Sammelrinne gefördert. Die Messung des Rücklaufschlammanfalls kann über ein MID-Meßgerät erfolgen, wobei die Steuerung dann über die Drehzahlregelung der Rohrpumpen durchgeführt wird.

**Überschußschlamm**

Der Überschußschlamm kann automatisch zeitabhängig über Pumpen oder Schieber abgezogen werden. Auch die Regelung über eine fotoelektrische Trübungsmessung oder eine Schlammtrennschichtmessung im Nachklärbecken ist möglich. Bei kleinen Kläranlagen kann die Überschußschlammproduktion so gering sein, daß eine dauernde Entnahme nicht mehr zweckmäßig ist. Dabei ist es wichtig, das Nachklärbecken genau zu beobachten. Steigt hier der Schlammspiegel und der Gehalt an absetzbaren Stoffen, wird es Zeit, Überschußschlamm abzupumpen. Grundsätzlich ist es wichtig zu wissen, daß der Trockensubstanzgehalt im Belebungsbecken durch verstärkte Überschußschlammentnahme sinkt, umgekehrt aber steigt, wenn weniger entnommen wird.

**Schwimmschlamm**

Eine Steuerungsmöglichkeit des Schwimmschlammabzugs ist weitgehend von der Beckenform und der Konstruktion der Abzugseinrichtung abhängig. Schlammtaschen bei Rundbecken und Schlammrinnen bei Längsbecken werden im Turnus des Räumers beschickt. Der Abzug mit Tauchpumpen, beweglichen Skimrinnen (Skim [englisch] = Schaum) o. ä. werden meist nach Bedarf im Handbetrieb oder den Erfahrungen des Ver- und Entsorgers zeitabhängig gesteuert.

### *7.2.9 Tropfkörperanlagen*

Tropfkörper werden über ein Pumpwerk beschickt, soweit nicht die Zulaufleitung im natürlichen Gefälle verlegt werden kann. Das Abwasser wird durch einen Drehsprenger auf der Oberfläche des Tropfkörpers verteilt, dessen Drehbewegung durch den Rückstoß des austretenden Wasserstrahls entsteht. In dem Drehsprenger muß ein bestimmter Überdruck vorhanden sein, um diesen Rückstoß zu erzeugen. Dieser hydrostatische Druck muß bei der Bemessung der Pumpen berücksichtigt werden. Dies bedeutet, daß die Pumpenleistung nicht beliebig klein sein kann, sonst dreht sich womöglich der Sprenger nicht mehr.

Eine ideale Beschickung ist zu erreichen, wenn die Umdrehung des Drehsprengers durch einen eigenen Antriebsmotor geregelt wird. Wegen des Aufwands ist diese Lösung jedoch selten.

Im allgemeinen ist die Pumpenleistung das Maß für die Drehsprengerbewegung (soweit nicht die Drehsprengerarme selbst oder die Austrittsöffnungen verändert werden). Die Steuerung der Pumpen erfolgt über eine Füllstandsmessung oder über

Grenzwertgeber im Pumpenschacht, in den der Abwasserzulauf geleitet wird. Der schwankende Zulauf wird meist selbsttätig über eine Schwimmersteuerung durch Rücklaufwasser aus dem Nachklärbeckenablauf ergänzt.

Bei Unterbelastung oder sehr niedrigen Nachtzuflüssen kann es vorkommen, daß der Tropfkörper fast nur noch mit Rücklaufwasser beschickt wird. Dies ist weder aus Reinigungsgründen notwendig, noch aus energiewirtschaftlicher Sicht sinnvoll. In diesen Fällen ist zu empfehlen, die Tropfkörperbeschickung kurzzeitig mit einer Zeitintervallschaltung zu unterbrechen.

Im Winter können die Unterbrechungen die Einfriergefahr vergrößern; andererseits bringt der Intervallbetrieb unter Umständen Vorteile, da ein weiteres Auskühlen des Abwassers durch zu häufiges Rückpumpen vermieden wird. Stillstandszeiten bis zu 10 Minuten sind im allgemeinen ohne schädliche Nebenwirkungen möglich.

Im übrigen braucht bei nicht ausgelasteten Tropfkörpern nicht ständig eine Oberflächenbeschickung von 0,8 m/h oder mehr aufrecht erhalten werden. Es genügt, wenn die erforderliche Spülkraftwirkung täglich einige Stunden vorhanden ist. Sonst aber kann das zur Verdünnung des Zulaufes auf $BSB_5$-Konzentrationen von 100–150 mg/l erforderliche Rücklaufverhältnis als Maßstab dienen. Aufgrund dieser Überlegungen ist es möglich, in Abhängigkeit von der Raumbelastung nachts Oberflächenbeschickungen von 0,2 bis 0,4 m/h zuzulassen. Im allgemeinen ist eine ausreichende Anpassung der Beschickung an den Abwasseranfall möglich, wenn sich die Beschickung im Verhältnis 1 (nachts) zu 2 bis 3 (tagsüber) zu 4 (Mischwasserzufluß) regeln läßt. Bei längerfristigen Teilauslastungen ist zur besseren Anpassung an den geringen Zufluß eine Drehzahlveränderung oder ein Auswechseln der Pumpenlaufräder vorzusehen. Bei größeren Anlagen ist grundsätzlich die kontinuierliche Drehzahlregelung der Pumpenantriebe zweckmäßig.

Es kann aber auch notwendig werden, zeitweise mit einer größeren Pumpenleistung als üblich zu fahren. Eine Erhöhung der sogenannten Spülkraft durch starkes Rückpumpen empfiehlt sich vor allem bei Anzeichen einer Verschlammung des Tropfkörpers. Auch die Verschlechterung der Reinigungsleistung, als Folge von Belastungsstößen durch gewerbliche Betriebe, kann so abgefangen werden. Starke Belästigungen durch Tropfkörperfliegen können ebenfalls durch eine Verstärkung des Rückpumpens bekämpft werden.

Eine Regelung der Tropfkörperbeschickung über die Abwasser-Durchflußmeßanlage im Zulauf ist nur dann sinnvoll, wenn eine weitgehende Anpassung der Pumpenleistung – z.B. durch Motoren mit Frequenzumwandler – möglich ist. Außerdem sollte die Durchflußmeßanlage so angeordnet sein, daß sie den natürlichen Abwasserzufluß mißt und nicht im Bereich eines Vorpumpwerkes die jeweiligen Pumpenstöße.

Bei sehr großen Durchflußzeiten in der Vorklärung kann es vorkommen, daß das Abwasser anfault und dadurch die biologische Reinigung im Tropfkörper behindert. Kann das Volumen der Vorklärung nicht verkleindert werden, so hat es sich in manchen Fällen bewährt, das Rücklaufwasser durch die Vorklärung zu leiten. Auf diese Weise können die Durchflußzeiten verkürzt werden.

Soll der Abzug des Tropfkörperschlammes aus dem Nachklärbecken automatisch gesteuert werden, so kann dies über eine Zeitschaltung nach Erfahrungswerten geschehen. Eine Regelung ist mit Hilfe einer fotoelektrischen Schlammtrennschichtmessung möglich.

### *7.2.10 Tauchkörperanlagen*

Tauchkörper erreichen den $O_2$-Eintrag durch langsames Drehen der Walzen im Abwasser. Wobei die Walzen nur teilweise im Abwasser eintauchen und dadurch die Kleinlebewesen abwechselnd mit $O_2$ aus der Luft und Nahrung aus den organischen Schmutzstoffen des Abwassers versorgt werden.

Eine Steuerung oder Regelung ist hier kaum nötig, da ein Rückführen von nachgeklärtem Abwasser normalerweise entfällt. Gegebenenfalls wäre eine Drehzahlregelung der Walzen möglich, doch liegen hierzu keine allgemeingültigen Bemessungsgrundsätze vor. Bei bestimmten Bauformen konnten Verstopfungsprobleme durch eine Erhöhung der Umdrehungsgeschwindigkeit beseitigt werden.

Sind mehrere Walzen vorhanden, so können bei Unterbelastung Walzen stillgelegt werden. Eine Inbetriebnahme ist in kurzer Zeit wieder möglich, da sich der biologische Bewuchs am Tauchkörper schnell bildet. Besonders bei jahreszeitlichen Abwasserschwankungen (Kampagnebetriebe z. B. im Weinbau oder bei Gemüsekonserven), hat sich diese Betriebsweise bewährt.

Der Abzug des Tauchkörperschlamms aus dem Nachklärbecken wird durch Zeitintervallschaltung gesteuert. Bei kleineren Anlagen erfolgt häufig eine Grobentschlammung über Plattenabscheider oder Filteranlagen. In diesen Fällen wird der Schlamm meist kontinuierlich oder mit Zeitintervallschaltung zur Vorklärung zurückgepumpt.

Eine gezielte, aber nicht vollständige Denitrifikation ist möglich, wenn das nitrathaltige Abwasser aus dem Ablauf in den Zulauf vor die Vorklärung zurückgeführt und mit dem ungereinigten Abwasser vermischt wird.

In manchen Fällen wird der Fließweg des Abwassers und die Drehrichtung der Walzen in gewissen Zeitabständen umgekehrt, um die Reinigungswirkung zu verbessern. Diese Steuerungstechnik setzt allerdings entsprechende maschinelle und leitungsmäßige Vorkehrungen voraus.

### *7.2.11 Beheizte Faulbehälter*

Beheizte Faulbehälter werden so unterschiedlich betrieben, daß eine allgemein gültige Steuer- und Regeltechnik nicht aufgestellt werden kann.

Wird beispielsweise der Faulbehälter als volldurchmischter Reaktor mit möglichst überall gleicher Schlammkonzentration betrieben, dann ist eine ständige Umwälzung erforderlich. Statt Faulwasser entsteht ein Dünnschlamm, der regelmäßig entfernt werden muß, da sonst die Menge zu groß wird und den Klärprozeß erheblich belastet. Auch der abgezogene Faulschlamm ist dünner, so daß in jedem Fall eine Nacheindickung erforderlich wird.

Der Faulbehälter kann aber auch mit verschiedenen Eindickzonen und damit unterschiedlichen Schlammkonzentrationen betrieben werden. Eine Eindickung erfolgt im Trichterbereich, da dort nicht umgewälzt wird. Umgewälzt wird nur zeitweise im mittleren und oberen Bereich. Es entsteht ein relativ klares Faulwasser (Trübwasser), das den Klärprozeß weniger belastet.

Ist ein zwei- oder mehrstufiger Faulbehälterbetrieb möglich, ergeben sich noch weitere Varianten, wie z. B. einen Behälter gänzlich als Eindicker zu betreiben.

Wichtigstes Ziel von Messung, Steuerung und Regelung beim Faulbehälter ist zu vermeiden, daß die Faulung „umkippt“ und in saure Gärung übergeht (siehe dazu Abschnitt 8.3.3 Störungen der Schlammfaulung). Es ist dafür zu sorgen, daß sich die Lebensbedingungen der Methanbakterie nicht schwerwiegend verändern. So ist die Methanbakterie z. B. sehr empfindlich gegenüber plötzlichen Temperaturänderungen. Bei einem Rückgang von 2 bis 3° C verringert sich bereits die Gaserzeugung merkbar. Methanbakterien sind auch empfindlich gegenüber nennenswerten pH-Wert-Veränderungen zur sauren Seite.

Eine möglichst gleichmäßige Beschickung mit Rohschlamm ist anzustreben, weil dadurch der Faulprozeß am besten in Gang gehalten wird.

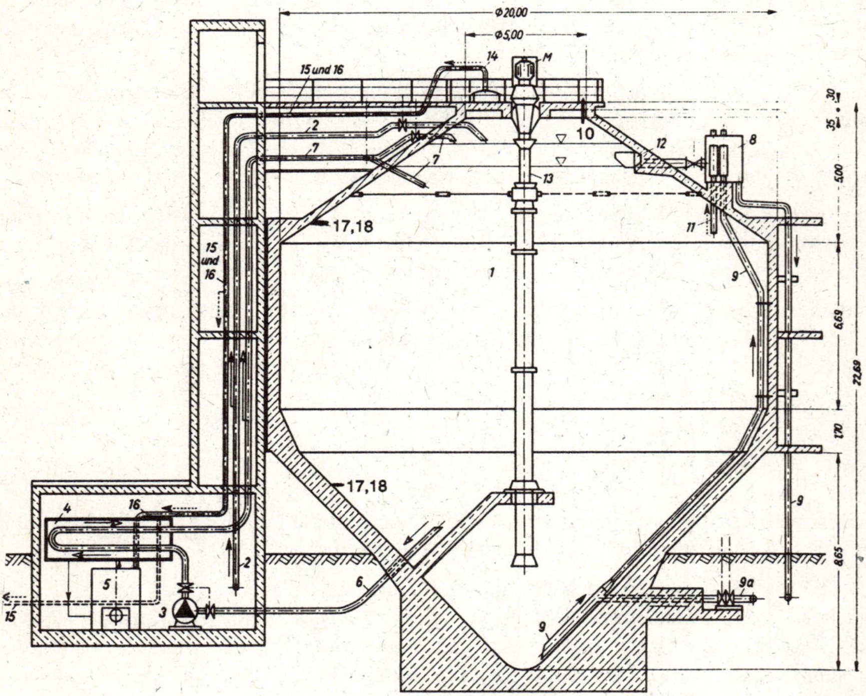


1 Faulbehälter 4 000 m³
2 Rohschlammzugabe mit Durchflußmessung (MID) und Trübungsmessung
3 Schlammpumpfe für Umwälzschlamm mit Laufzeigmessung
4 Wärmetauscher mit Temperaturmessung des Vor- und Rücklaufs
5 Heizkessel
6 Umwälzschlamm Entnahme
7 Umwälzschlamm Zugabe
8 Beobachtungstopf
9 Faulschlammentnahme mit Durchflußmessung (MID) und Trübungsmessung
9a Faulschlammentnahmeweg 2
10 Messung des Schlammstandes
11 Faulwasserentnahme
12 Schwimmschlammentnahme
13 Schraubenmischer, E-Motor mit Zeitschaltung
14 Gasdom
15 Gas zum Speicher mit Durchflußmessung
16 Gas zum Heizkessel mit Durchflußmessung
17 pH-Wert Messung
18 Temperatur-Messung

Bild 7.16: Messungen für den Betrieb eines beheizten Faulbehälters

Zur Steuerung und Regelung des Faulprozesses eignen sich folgende kontinuierlichen Messungen (Bild 7.16):

- Temperaturmessung im Faulbehälter,
- Temperaturmessungen des Vor- und Rücklaufs der Schlammheizung,
- pH-Wertmessungen im Faulbehälter,
- Schlammstand im Faulbehälter,
- Zulaufmessung des Rohschlammes (MID),
- Feststoffbestimmung des Rohschlammes (fotoelektrische Trübungsmessung),
- Ablaufmessung des Faulschlammes (MID),
- Feststoffbestimmung des Faulschlammes (fotoelektrische Trübungsmessung),
- Laufzeit der Umwälzeinrichtung,
- Durchflußmessung des Faulgases.

Neben diesen kontinuierlichen Messungen sind auch die Bildung der Schwimmdecke zu beobachten und regelmäßig das Faulwasser zu untersuchen. Dazu gehört auch die Bestimmung der organischen Säuren und der Kalkreserve.

Erst durch längerfristige Aufzeichnungen der Meßwerte und genaue Beobachtungen kann beurteilt werden, ob die Faulung in bester Weise vor sich geht. Aus dieser Erfahrung heraus kann dann eine endgültige und folgerichtige automatische Steuerung und Regelung festgelegt werden.

Wird dem Faulbehälter auch Fäkalschlamm zugegeben, ist darauf zu achten, daß die Faulung hierdurch nicht beeinträchtigt wird. Besonders der pH-Wert und der $CO_2$-Gehalt im Faulgas ist zu beobachten, um unangenehme Überraschungen auszuschließen. Wieviel Fäkalschlamm aufgenommen werden kann, hängt von der Ausbaugröße und dem Auslastungsgrad der Kläranlage ab. Einzelheiten darüber sind in Abschnitt 8.3.9 beschrieben.

# 8 Betriebsüberwachung, Betriebsaufzeichnungen

## 8.1 Allgemeines

Die Betriebsüberwachung einer Kläranlage und eines Kanalnetzes ist umfangreich und vielfältig. Sie umfaßt nicht nur das Bedienen, Beaufsichtigen, Pflegen und Instandhalten aller baulichen und maschinellen Einrichtungen, sondern auch das Überwachen und Steuern des Betriebsablaufes sowie das Messen, Untersuchen, Aufzeichnen und Auswerten.

Eine gewissenhafte Betriebsführung und Betriebsüberwachung leitet sich auch aus dem Wasserhaushaltsgesetz (§ 7a, § 18b) ab. Ziel muß es sein, die Kläranlage so zu betreiben, daß sie stets mit einer guten Reinigungsleistung arbeitet. Nur bei einer sorgfältigen Betriebsführung kann auf Dauer eine Verunreinigung des Gewässers oder eine nachteilige Veränderung seiner Eigenschaften verhütet werden.

Um die Reinigungsleistung beeinflussen zu können, braucht der Betreiber Kenntnisse über die Ergebnisse des Reinigungsprozesses und den betrieblichen Zustand der Anlage. Alles was der Betreiber in eigener Verantwortung unternimmt, um zu diesem Kenntnisstand zu gelangen – sei es durch das eigene Betriebspersonal, sei es durch beauftragte Dritte – wird als *Selbstkontrolle oder Eigenüberwachung* bezeichnet. Daneben stehen die von den staatlichen Aufsichtsbehörden veranlaßten Überwachungen.

Die aus Kanalnetz und Kläranlage bestehenden Abwasseranlagen zählen mit zu den teuersten Vermögenswerten der Gemeinden. Schon aus diesem Grunde ist das Betriebspersonal verpflichtet, mit den ihm anvertrauten Maschinen und Geräten sorgfältig umzugehen. Werterhaltung und Betriebssicherheit sind oberstes Gebot. Es ist deshalb eine wichtige Aufgabe des Personals, alle Einrichtungen der Abwasseranlage zu pflegen und zu warten.

Die Betriebsüberwachung ist demnach ein Entscheidungsinstrument, das Informationen über Qualität und Wirtschaftlichkeit des Betriebes sowie über den Zustand der dazu benötigten Einrichtungen liefert. Maßnahmen zur Betriebsverbesserung richten sich nach den Erkenntnissen der Eigenüberwachung. Unterläßt der Kläranlagenbetreiber diese Selbstkontrolle, muß er sich vorwerfen lassen, eine teure Anlage „blind" zu betreiben. Auch besteht die Gefahr, daß sonst frühzeitig erkennbare wasserrechtlich, strafrechtlich oder abgaberechtlich unzulässige oder unerwünschte Betriebszustände nicht abgestellt werden. Schließlich kann der Verantwortliche die Wirtschaftlichkeit bzw. die Notwendigkeit kostenaufwendiger Maßnahmen nicht belegen.

Aus der Vielfalt der Aufgaben ist erkennbar, daß die Betriebsüberwachung nicht nur solche Selbstverständlichkeiten wie Pflege und Wartung oder die Funktionsprüfung maschineller Einrichtungen umfaßt. Auch Betriebs- und Labormessungen, samt der zugehörigen Auswertung und Dokumentation in Betriebstagebüchern, sind hier mit eingeschlossen.

Nur durch regelmäßige Untersuchungen ist der Betreiber in der Lage, die Wirkungsweise seiner Kläranlage zu verfolgen. Mit Hilfe einer umfassenden Eigenüberwachung ist es möglich rechtzeitig zu erkennen, ob

- Belastungsschwankungen des zufließenden Abwassers sich auf den Betrieb und auf die Reinigungsleistung auswirken;

- die wasserrechtlich festgelegten Grenzwerte eingehalten werden;
- es möglich ist, die Abwasserabgabe zu vermindern oder gar abgabenfrei zu werden;
- die Kläranlage wirtschaftlich betrieben wird und z. B. der Energieverbrauch nicht unnötig hoch ist;
- nicht Schadstoffe die Wirkung der Kläranlage verschlechtern und frühzeitig Gegenmaßnahmen zu ergreifen sind;
- sich eine Überlastung der Anlage andeutet und deshalb Vorbereitungen für eine Erweiterung zu treffen sind.

Mit einer lückenlosen Aufschreibung und Auswertung der Betriebsergebnisse kann der Betreiber beweisen, wie gut seine Kläranlage arbeitet. Damit können auch ungerechtfertigte Anschuldigungen bzw. Schadensersatzforderungen Dritter abgewiesen werden (Schadstoffeinleitungen in ein Gewässer, Fischsterben u. a.).

Eine sorgfältige Betriebsüberwachung ist nur dann möglich, wenn ausreichende Betriebsunterlagen vorhanden sind. Alle zum Betrieb notwendigen Unterlagen gehören deshalb – schnell auffindbar – auf die Kläranlage. Dies sollte eigentlich selbstverständlich sein, doch leider sieht die Praxis oft anders aus.

Wer schon einmal in die Lage gekommen ist, vor Ort den Auslastungsgrad der Kläranlage zu ermitteln, ohne die Bauwerksabmessungen oder die Bemessungswerte zu kennen, der weiß es zu schätzen, wenn die Planungsunterlagen vollständig sind. Ein Stellvertreter ist auf die Betriebsunterlagen besonders angewiesen, vor allem dann, wenn eine Ausnahmesituation eintritt.

Zu den Betriebsunterlagen gehören:

- Betriebstagebuch,
- Planunterlagen mit Bemessungswerten und Bestandplänen,
- wasserrechtliche und abgaberechtliche Bescheide,
- Dienstanweisung des Dienstherrn,
- Betriebsanweisung für die Abwasseranlage,
- Betriebsvorschriften für maschinelle und elektrische Einrichtungen,
- Bedienungsanleitungen für Betriebs- und Labormeßgeräte; Analysenvorschriften,
- Unfallverhütungsvorschriften und Erste-Hilfe-Anleitungen,
- Alarm- und Katastrophenplan,
- bundes- und landesgesetzliche Bestimmungen,
- Entwässerungssatzung soweit diese mittelbar und unmittelbar den Betrieb und die Betriebsüberwachung betreffen.

Vielfach sind diese Unterlagen an mehreren Stellen verstreut vorhanden und nicht übersichtlich griffbereit zu finden; manchmal liegen sie aber auch in der Verwaltung im Rathaus oder beim Planer. Dies sollte schleunigst geändert werden.

## 8.2 Darstellen und Auswerten von Arbeitsergebnissen

Das Darstellen und Auswerten hat den Zweck, Zurückliegendes zu dokumentieren und Prognosen über zukünftige Betriebsabläufe zu ermöglichen. Die Meßergebnisse müssen deshalb in übersichtlicher Form aufgeschrieben werden. Hierzu gehören auch die wesentlichen Bedienungs- und Wartungsvorgänge, Betriebszustände und Störungen, Defekte, Beanstandungen sowie sonstige Vorkommnisse, soweit daraus mit Auswirkungen auf Menge und Beschaffenheit des Abwassers zu rechnen ist.

Gedruckte Protokolle automatisch arbeitender Datenerfassungsanlagen (Bild 8.1) können handgeschriebene Betriebsaufzeichnungen ersetzen. Voraussetzung dabei ist, daß Form und Inhalt der Ausdrucke so übersichtlich und zweckdienlich sind, daß sie für das Personal eine Arbeitserleichterung und eine Zeitersparnis bieten.

Bild 8.1: Schaltwarte mit einer automatisch arbeitenden Datenerfassungs- und Protokollierungsanlage

Betriebsaufzeichnungen, Protokolle von Datenerfassungsanlagen und Schreibstreifen von selbsttätig aufzeichnenden Meßgeräten, sind mindestens 3 Jahre – in manchen Bundesländern sind 5 Jahre vorgeschrieben – nach der letzten Eintragung aufzubewahren. Es ist sinnvoll, diese Unterlagen nicht einfach in den Schrank zu stellen und zu vergessen, sie sollten auch ausgewertet werden.

Wird beispielsweise regelmäßig am Freitagnachmittag auf dem Schreibstreifen des pH-Meßgerätes ein erhöhter Wert registriert, dann ist zu vermuten, daß hier ein Industriebetrieb Laugen wie z. B. Waschwässer abläßt. Wird hierdurch der Reinigungsprozeß gestört, die wasserrechtlichen Auflagen in Frage gestellt, das Kanalrohr geschädigt? Da der Zeitpunkt der pH-Stöße ersichtlich ist, kann der Betriebsablauf gezielt beobachtet und kontrolliert werden. Die Schreibstreifen können dabei als Beweis vorgelegt werden. Dies gilt natürlich auch für andere Aufzeichnungen von Meßdaten.

Schreibstreifen und Protokolle sind somit eine wichtige Beweissicherung bei Rechtsstreitigkeiten. Eine Aufbewahrung in Ordnern, nach Zeit sortiert, hat sich bewährt. Die Meßergebnisse müssen nachträglich jederzeit ermittelt und über Datum und Uhrzeit eindeutig zugeordnet werden können. Schreibstreifen, auf denen der Parametermaßstab in Prozent vom Meßbereich des Meßinstrumentes angegeben wird, erfüllen diese Forderung nicht.

### *8.2.1 Betriebstagebuch*

Das Führen eines Betriebstagebuches ist für alle Kläranlagen – gleich welcher Größe – unerläßlich. Im allgemeinen wird dies in den wasserrechtlichen Erlaubnisbescheiden zwingend vorgeschrieben.

Das Betriebstagebuch ist eine Urkunde, alle Eintragungen sind sorgfältig und lückenlos mit Kugelschreiber vorzunehmen. Fehleintragungen nicht radieren, sondern durchstreichen. Es muß vom Betriebspersonal unterschrieben werden. Der verantwortliche Vorgesetzte sollte das Betriebstagebuch von Zeit zu Zeit gegenzeichnen. Der Gewässerschutzbeauftragte hat die ordnunsgemäße Führung zu kontrollieren.

Mit dem Betriebstagebuch wird der Nachweis geführt, wie gut die Anlage gearbeitet hat. Dies ist vor allem auch bei Schadensersatzforderungen oder ungerechtfertigten Anschuldigungen wichtig. Das Betriebstagebuch kann als Beweissicherung vor Gericht herangezogen werden. Es ist daher ein Dokument, aus dem Originalblätter nicht entfernt werden dürfen. Als Urkunde muß das Betriebstagebuch mindestens 3 bis 5 Jahre lang aufbewahrt werden.

In das Betriebstagebuch ist alles einzutragen, was mit dem Betrieb der Kläranlage zusammenhängt. Im allgemeinen erfolgen täglich die Eintragungen von Messungen, Beobachtungen, Kontrollen, Wartungs- und Reparaturarbeiten sowie von besonderen Betriebszuständen. Damit können folgende wichtige Nachweise geführt werden:

- Wirkungsgrad,
- hydraulische und biologische Kläranlagenbelastung,
- Energieverbrauch,
- Betriebsabläufe im biologischen Teil,
- Betriebsabläufe im Schlammbehandlungsteil,
- Besonderheiten im Betrieb,
- Materialverbrauch.

Durch die Eintragungen wird nachgewiesen, in welcher Weise die Auflagen der Aufsichtsbehörden eingehalten werden. Gleichzeitig erhält man ein zusammenhängendes Bild über den von den einzelnen Anlagenteilen erbrachten Wirkungsgrad und damit auch Unterlagen für notwendige Betriebsumstellungen oder Erweiterungen.

Das Betriebstagebuch hat im Interesse der Gemeinde auch den Zweck, einen wirtschaftlichen Klärwerksbetrieb zu ermöglichen. Aus den Eintragungen lassen sich wirtschaftliche Kenngrößen ermitteln wie etwa

- Stromverbrauch je $m^3$ gereinigen Abwassers(kWh/$m^3$),
- Stromverbrauch je kg abgebauten $BSB_5$ (kWh/kg),
- Kosten je angeschlossenen Einwohner und Zeiteinheit, z. B. DM/(E.a).

Je nach Größe der Kläranlage umfaßt der Begriff „Betriebstagebuch“ neben den täglichen Eintragungen auch spezielle Berichte. Der Mindestumfang sind Monatsberichte einschließlich eines Jahresberichtes.

Je nach Bedarf können Tagesberichte, Leistungsbescheinigungen, Lohnzettel, Inventarlisten, Schlammbuch, Pumpenbetrieb und sonstige Nachweise, wie Schreibstreifen von selbstschreibenden Meßgeräten, dazukommen. Maßgebend für alle Aufzeichnungen ist die für jede Kläranlage besonders aufzustellende Dienst- und Betriebsanweisung. Was „Dienst- und Betriebsanweisungen für das Personal von Kläranlagen“ alles beinhalten sollen, ist im ATV-Regelwerk Arbeitsblatt A 124 zusammengestellt [5].

Bewährt hat sich das im Bereich der ATV entwickelte Betriebstagebuch [17], das seit 1966 in gebundener Form herausgegeben und ständig auf den neuesten Stand gebracht wird. Es eignet sich für die meisten Kläranlagen. Es enthält Monatsberichte, viertel- oder halbjährliche Auswertungen sowie Jahresberichte; Formblätter zur Fremdwasserermittlung, zum Energiesparen und Blätter für das Leistungsbild. Für sehr große Anlagen sind zusätzliche Aufzeichnungen notwendig. Für Abwasserteiche gibt es ein eigenes Betriebstagebuch.

Das Betriebstagebuch kann auch mit Hilfe der EDV geführt und ausgedruckt werden. Voraussetzung dafür ist allerdings, daß die Protokolle den Bedürfnissen des Betriebspersonals genügen. So darf z. B. der Monatsbericht nicht aus mehreren Einzelblättern bestehen, da sonst die Zusammenhänge nicht mehr übersichtlich erkennbar sind.

### *Tagesbericht*

Aufzeichnungen während des Wartungsrundganges durch die Kläranlage sollten nicht unmittelbar in das Betriebstagebuch eingetragen werden, um das Tagebuch nicht zu verschmutzen. Es empfiehlt sich, einen handlichen Notizblock zu benutzen und erst nach dem Rundgang die Angaben zu übertragen. Auf vielen Kläranlagen wird für die Aufzeichnungen ein Tagesaufzeichnungsblock verwendet, der vom Hirthammer Verlag beziehbar ist (Bild 8.2). Dazu gibt es auch einen Block für die regelmäßigen Laborwerte (Bild 8.3).

In jüngster Zeit sieht man häufiger auf Kläranlagen Tagesprotokolle. Mit Hilfe elektronischer Datenerfassungsanlagen ist es möglich, über jeden beliebigen Zeitabschnitt (z. B. ¼ h, 1 h, 2 h) Meßergebnisse zu erfassen und zu protokollieren.

Damit können die Meßwerte über den Tagesverlauf dokumentiert werden (z. B. für Tagesganglinien), ähnlich wie dies bei Schreibstreifen automatischer Meßgeräte der Fall ist. Nachteilig ist oft, daß durch die Aufzeichnung sehr vieler, nur wenig schwankender Werte, oft unnötig viel Papier produziert wird. Daher ist es wichtig, die Werte, die protokolliert werden sollen, sorgfältig auszuwählen. Häufig ist es besser und übersichtlicher, nur Abweichungen vom Normalbetrieb protokollieren zu lassen. Tagesprotokolle aus EDV-Anlagen sind nur bei großen Kläranlagen sinnvoll, wenn viele automatische Meßgeräte vorhanden sind oder die Meßwerte mit einer EDV-Anlage zeitsparend verarbeitet werden können.

Bei konventionellen Kläranlagen ist es meistens ausreichend, die täglichen Aufzeichnungen in einen Monatsbericht einzutragen.

### *Monatsbericht*

Ein Monatsbericht muß übersichtlich aufgebaut sein. Dazu ist es wichtig, daß alle Tage des Monats auf *einem* Blatt (Bild 8.4) aufgeführt werden. Jeder Tag erhält eine eigene Zeile. Somit ist es möglich, den Verlauf und die Schwankungen der einzelnen Meßwerte über den ganzen Monat verfolgen zu können. Besondere Vorkommnisse werden unter Bemerkungen angegeben.

Um die Belastungsschwankungen innerhalb eines Tages langfristig beobachten zu können, sollten einige Messungen täglich um eine Stunde verschoben werden. Dies betrifft alle Messungen, die nicht den ganzen Tag erfassen (z. B. alle Stichproben oder 2-h-Mischproben); vor allem bertrifft dies den pH-Wert, den Abwasserdurchfluß (l/s), die absetzbaren Stoffe, $BSB_5$, CSB, $NH_4$-N, $NO_3$-N und $P_{ges.}$ und auch die Summenbildung von $N_{ges}$.

Ausgenommen von dieser Regelung sind alle Messungen und Ablesungen, die für Tagesbilanzen gebraucht werden; diese müssen immer zur gleichen Tageszeit gemessen oder abgelesen werden. Davon betroffen sind der Wetterschlüssel, der Abwasserdurchfluß (m³/d) nach der Zählerablesung, Rechengutanfall, Sandanfall, Schlammanfall, Faulgasanfall- und -verbrauch, Stromverbräuche, Betriebsstunden u. ä. Nur wenn diese Bedingung eingehalten wird, sind die Tageswerte aussagekräftig und vergleichbar. Eine besondere Bedeutung hat dabei der Wetterschlüssel, der aber erst am näch-

**Tagesaufzeichnungen beim Kläranlagenrundgang
und in der Meßwarte
für den monatlichen Betriebsbericht**

**Wetterschlüssel:**
1 = trocken
2 = Frost
3 = Regen
4 = Gewitter
5 = Schneeschmelze
6 = Schneefall
7 = Regennachlauf

Donnerstag, 10. 8 1991
Wochentag, Datum

| Spalte | | | | Wert | Einheit |
|---|---|---|---|---|---|
| 3 | Uhrzeit für Sp. 6,8 usw. | | | 17 | |
| | Niederschlag in den letzten 24 Std. | | | — | mm |
| | Wetter in den letzten 24 Std. | | | 1 | |
| 5 | Lufttemperatur | | ~~min~~ | 23 | °C |
| | | | ~~max~~ | | °C |
| 6 | Zulaufbereich | Abwassertemperatur | | 20 | °C |
| 7 | | pH-Wert mit Uhrzeit | ~~min~~ | Uhr 17 / 7,0 | |
| | | | ~~max~~ | Uhr — | |
| Bem | | auffällige Farbe | | keine | |
| 8 | | Durchfluß Zu- und/oder Ablauf | Zeigerablesung Zul. | 29 | l/s |
| | | | Zählerablesung Zul. | 55 566 | m³ |
| | | | Zeigerablesung | — | l/s |
| | | | Zählerablesung | — | m³ |
| 14 | | Rechengutanfall | | 0,3 | m³ |
| 15 | | Sandanfall | | — | — |
| 25 | Abwassertemperatur in der biologischen Stufe | | | 20 | °C |
| 22 | Belebungsbecken | $O_2$-Gehalt mit Uhrzeit | Becken 1 | Uhr 11 / 3,6 | mg/l |
| | | | Becken 2 | Uhr — | mg/l |
| | | | Becken 3 | Uhr — | mg/l |
| | | | Becken 4 | Uhr — | mg/l |
| | | | Mittelwert | 3,6 | mg/l |
| 26 | Kläranlagenablauf | pH-Wert mit Uhrzeit | ~~min~~ | Uhr — / 7,0 | |
| | | | ~~max~~ | Uhr — | |
| 28 | | Sichttiefe | | 90 | cm |
| Bem | | auffällige Farbe | | keine | |

| Spalte | | | | Wert | Einheit |
|---|---|---|---|---|---|
| 36 | Rohschlammanfall insgesamt | | | 17 | m³/d |
| 37-40 | Füllen von Stapelraum Nr. ______ | | | — | m³ |
| 41 | zur maschinellen Entwässerung | | | 32 | m³ |
| 42 | Schlammabgabe | naß | | — | m³/d |
| 43 | | entwässert | | D 6 | m³/d |
| 45 | Schlammfaulung | Temperatur | | 35 | °C |
| 46 | | pH-Wert | | 7,1 | |
| 50 | | Gaserzeugung | | 170 | m³ |
| 51 | | Gasverbrauch | | 150 | m³ |
| 52 | | Zusatzheizung | | — | h |
| 53 | | Brennstoffverbrauch | | — | |
| 56 | Stromverbrauch | Hochtarif-Ablesung | | 72 758 | kWh |
| 57 | | Niedertarif-Ablesung | | 42 448 | kWh |
| | | biologische Stufe | HT | 512 | kWh |
| | | | NT | + 292 | kWh |
| | | HT: 18347 / 18859 / 512 — NT: 12819 / 13111 / 292 | | 804 | |
| [illegible] | Rückl. Schl.: Pumpe Nr. 1 | 8,5 | A | 24 | h |
| [illegible] | Rückl. Schl.: Pumpe Nr. 2 | — | A | — | h |
| [illegible] | Umwälzpumpe Pumpe Nr. 1 | 4,7 | A | 4 | h |
| [illegible] | " Pumpe Nr. 2 " | — | A | — | h |

In der Regel sind die Ablesungen für die gerasterten Zeilen in der ersten Arbeitsstunde für den vorangegangenen Tag einzutragen.

**Bemerkungen:**
(auch z.B. Windrichtung, wenn Geruch oder Kontrolle v. Tropfkörperoberfläche und Drehsprenger oder Änderung von Probenahmestellen)

verstärkter Überschußschlammabzug wegen hohem Schlammvolumen

Meder
Unterschrift



Bild 8.2: Tagesaufzeichnungsblock für Kläranlagenrundgang

# Tagesaufzeichnungen von Labormessungen für den monatlichen Betriebsbericht

Donnerstag, 10. 8. 1991

Wochentag — Datum

| Spalte | Abfiltrierbare Stoffe (Absetzbare struck through) | | | | Spalte | Schlammfaulung | | |
|---|---|---|---|---|---|---|---|---|
| 11 | | Zulauf Vorklärung | — | ml/l oder g/l | 47 | | Fettsäure | 0,3 ml |
| 12 | | Zulauf biologischer Teil | 111 | ~~ml/l oder~~ g/l | 48 | | Kalkreserve | 9,2 ml |
| 13 | | Ablauf Tropfkörper | — | ml/l oder g/l | 49 | | $CO_2$-Anteil | 27 % |
| | | | | | | | Trockenrückstand TR | 29 % |
| 27 | | Kläranlagenablauf | 8 | ~~ml/l oder~~ g/l | | | Glühverlust | 41 % |

| Spalte | Belebungsbecken | | | Becken 1 | Becken 2 | Becken 3 | Becken 4 |
|---|---|---|---|---|---|---|---|
| 13 | | Schlammvolumen VS (f = Verdünnungsfaktor) | | 200 ml/l | ml/l | ml/l | ml/l |
| | | | | x f ... 3 ... | x f ............ | x f ............ | x f ............ |
| | | | | = 600 ml/l | = ml/l | = ml/l | = ml/l |
| | | | | für Betriebsbericht: 3 x 200 ml/l (~~min/max/Mittelw.~~) | | | |
| 20 | | Trockensubstanzgehalt des Belebtschlammes ($TS_{BB}$) oder des Rücklaufschlammes ($TS_{RS}$) | filtriertes Schlammvolumen V | 250 ml | ml | ml | ml |
| | | | mit Schlamm | 1,09 g | g | g | g |
| | | | ohne Schlamm | - 0,66 g | - g | - g | - g |
| | | | Schlammgewicht D | 0,43 g | g | g | g |
| | | | $\frac{1000}{V} \cdot D \cdot f = TS$ | 5,16 g/l | g/l | g/l | g/l |
| | | | | für Betriebsbericht: 5,2 g/l (~~min/max/~~Mittelw.) | | | |
| 21 | | Schlammindex $J_{SV}$ | $\frac{\text{Schlammvolumen VS}}{\text{Trockensubstanzg. } TS_{BB}} = J_{SV}$ | 115,4 ml/g | ml/g | ml/g | ml/g |
| | | | | für Betriebsbericht: 115 g/l (~~min/max/~~Mittelw.) | | | |
| 22 | | $O_2$-Gehalt | | 3,6 mg/l | mg/l | mg/l | mg/l |
| | | | | für Betriebsbericht: 3,6 g/l (~~min/max/~~Mittelw.) | | | |
| 23 | | Mikroskopisches Bild (= oder ≠) | | | | | |

**16, 17, 18 und 19 — Zulauf biologischer Teil**

Probenahme: Datum 10.8 Uhrzeit 9⁰⁰ Art.: ~~Sp/2h/~~24h — Art.: ~~Sp~~/2h/~~24h~~

| | $BSB_5$ mg/l | | CSB mg/l | | $NH_4$-N mg/l | | $P_{ges}$ mg/l | | $P_{ges}$ Ablauf mg/l | |
|---|---|---|---|---|---|---|---|---|---|---|
| | | Mittelwert | | Mittelwert | | Mittelwert | | Mittelwert | | Mittelwert |
| Pr.1 | 215 | 230 | 630 | 640 | 35 | 34 | 12 | 10 | 1,4 | 1,5 |
| Pr.2 | 245 | | 650 | | 35 | | 10 | | 1,6 | |
| Pr.3 | 230 | | — | | 31 | | 8 | | — | |
| | Enddatum: 15.8 Sp. 16 | | Sp.17 | | Sp.18 | | Sp.19 | | Sp.34 | |

**30, 31, 32a, 32b, 32c und 34 — Kläranlagenablauf**

Probenahme: Datum 10.8 Uhrzeit 10⁰⁰ Art.: ~~Sp~~/2h/~~24h~~

| | ATH-$BSB_5$ mg/l | | CSB mg/l | | $NH_4$-N mg/l | | $NO_3$-N mg/l | | $NO_2$-N mg/l | |
|---|---|---|---|---|---|---|---|---|---|---|
| | | Mittelwert | | Mittelwert | | Mittelwert | | Mittelwert | | Mittelwert |
| Pr.1 | 14 | 14 | 46 | 50 | 2,4 | 2,9 | 11,0 | 10,6 | 0,5 | 0,5 |
| Pr.2 | 16 | | 56 | | 3,6 | | 10,2 | | — | |
| Pr.3 | 12 | | 48 | | 2,7 | | — | | — | |
| | Enddatum: 15.8 Sp. 30 | | Sp.31 | | Sp.32a | | Sp.32b | | Sp.32c | |

**Die Ergebnisse für $BSB_5$ sind im Betriebsbericht in die Datumszeile des Probenahmetages einzutragen.**

Meder
Unterschrift



Bild 8.3: Tagesaufzeichnungen für Labormessungen

**Wetterschlüssel für das Wetter des gesamten Tages:**
trocken = 1; Frost = 2; Regen = 3; Gewitter = 4; Schneeschmelze = 5; Schneefall = 6; Regennachlauf = 7.

**Betriebsbericht für Kläranlage:** ______

| | | | | | Zulaufbereich | | | | | | | | | | | | | | Belebungsbecken | | | | | | Kläranlagenablauf | | | | | | | | | | |
|---|---|---|---|---|---|---|---|---|---|---|---|---|---|---|---|---|---|---|---|---|---|---|---|---|---|---|---|---|---|---|---|---|---|---|---|
| | | | | | | | Abwasserdurchfluß Zulauf oder Ablauf | | | Absetzbare Stoffe | | | | | Zulauf biolog. Teil | | | | | | | | | | | | | | Besondere Proben kennzeichnen z. B.* = 24-h-Probe | | | | | | |
| Datum | Wochentag | Uhrzeit | Wetter | Lufttemperatur min/max | Abwasser-Temperatur | pH-Wert min/max | Zeiger-Ablesung | Zähler-Ablesung | Tages-differenz | Zulauf-Vorklärung | Ablauf-Vorklärung | Tropfkörper Ablauf / Schlammvolumen im Belebungsbecken | Rechengutanfall | Sandanfall | $BSB_5$ | CSB | $NH_4$-N bzw. TKN | $P_{ges}$ | Trockensubstanzgehalt des Belebtschlammes | Schlammindex Sp. 13/Sp. 20 | $O_2$-Gehalt im Belebungsbecken min/max | Mikroskopisches Bild (=oder) bzw. BTS | $NO_3$-N im. Abl.BB | | pH-Wert min/max | Absetzbare Stoffe | Sichttiefe/Trübung | Methylenblauprobe entf. nach wieviel Tagen | ATH-$BSB_5$ | CSB | $NH_4$-N | $NO_3$-N | $NO_2$-N | $N_{ges}$ | $P_{ges}$ |
| | | | | °C | °C | | l/s | m³ | m³/d | ml/l | ml/l | ml/l | l o. m³ | m³ | mg/l | mg/l | mg/l | mg/l | g/l | ml/g | mg/l | | mg/l | | | ml/l | cm/% | d | mg/l | mg/l | mg/l | mg/l | mg/l | mg/l | mg/l |
| 1 | 2 | 3 | 4 | 5 | 6 | 7 | 8 | 9 | 10 | 11 | 12 | 13 | 14 | 15 | 16 | 17 | 18 | 19 | 20 | 21 | 22 | 23 | 24 | 25 | 26 | 27 | 28 | 29 | 30 | 31 | 32a | 32b | 32c | 33 | 34 |
| 1. | | | | | | | | | | | | | | | | | | | | | | | | | | | | | | | | | | | |
| 2. | | | | | | | | | | | | | | | | | | | | | | | | | | | | | | | | | | | |
| 3. | | | | | | | | | | | | | | | | | | | | | | | | | | | | | | | | | | | |
| 4. | | | | | | | | | | | | | | | | | | | | | | | | | | | | | | | | | | | |
| 5. | | | | | | | | | | | | | | | | | | | | | | | | | | | | | | | | | | | |
| 6. | | | | | | | | | | | | | | | | | | | | | | | | | | | | | | | | | | | |
| 7. | | | | | | | | | | | | | | | | | | | | | | | | | | | | | | | | | | | |

**Lkr.:** ______ (Kfz.-Kz.) **Monat:** ______ **19** ____

| | Schlamm | | | | | | | | | Schlammfaulung | | | | | | | | | | Stromverbrauch | | | | | | Pumpenbetrieb Ablesung am Betriebsstundenzähler | | | | | |
|---|---|---|---|---|---|---|---|---|---|---|---|---|---|---|---|---|---|---|---|---|---|---|---|---|---|---|---|---|---|---|---|
| | | Stapelräume Füllen = F Räumen = R Durchmischen = M Probenahme = Pr | | | | | Abgabe | | | | | | | | | | | | | Hochtarif HT | | Niedertarif NT | | | | | | | | Bemerkungen | |
| | Rohschlammanfall insgesamt | | | | | zur maschinellen Entwässerung | naß | entwässert | | Faultemperatur | pH-Wert im Faulraum | Fettsäure | Kalkreserve | $CO_2$-Anteil | Gaserzeugung | Gasverbrauch | Zusatzheizungs-dauer | Brennstoff-verbrauch | | Zähler-Ablesung | Tages-differenz | Zähler-Ablesung | Tages-differenz | Gesamtanlage | | Pumpe Nr. ____ | Pumpe Nr. ____ | Pumpe Nr. ____ | Pumpe Nr. ____ | | Datum |
| | m³/d | m³ | m³ | m³ | m³ | m³ | m³ | m³ | | °C | | ml | ml | % | m³ | m³ | h | | | kWH | kWh | kWh | kWh | | | h | h | h | h | | |
| 35 | 36 | 37 | 38 | 39 | 40 | 41 | 42 | 43 | 44 | 45 | 46 | 47 | 48 | 49 | 50 | 51 | 52 | 53 | 54 | 55 | 56 | 57 | 58 | 59 | 60 | 61 | 62 | 63 | 64 | | |
| | | | | | | | | | | | | | | | | | | | | | | | | | | | | | | | 1. |
| | | | | | | | | | | | | | | | | | | | | | | | | | | | | | | | 2. |
| | | | | | | | | | | | | | | | | | | | | | | | | | | | | | | | 3. |
| | | | | | | | | | | | | | | | | | | | | | | | | | | | | | | | 4. |
| | | | | | | | | | | | | | | | | | | | | | | | | | | | | | | | 5. |
| | | | | | | | | | | | | | | | | | | | | | | | | | | | | | | | 6. |
| | | | | | | | | | | | | | | | | | | | | | | | | | | | | | | | 7. |

Bild 8.4: Kopfleiste des Monatsberichts (17)

## Jahresbericht vom 1.1. bis 31.12.19 __

**Kläranlage:** ______________ **Lkrs: (Kfz-Kz)** ______

Dieser **Kläranlagen-Jahresbericht** ist auch einzeln beziehbar vom F. Hirthammer Verlag, Frankfurter Ring 247, 8000 München 40

| | Anzahl der Tage mit Mischwasserdurchfluß (Wetter 3-7) | gesamter behandelter Abwasserdurchfluß | Monats-schmutzwassermenge | Höchster Tagesabwasser-durchfluß bei Trockenwetter | $BSB_5$ Zulauf: mittlere Konzentration | $BSB_5$ Zulauf: mittlere Tagesfracht | $BSB_5$ Ablauf: maximale Konzentration | $BSB_5$ Ablauf: Anzahl aller Messungen | $BSB_5$ Ablauf: Anzahl der Überschreitungen | $BSB_5$ Ablauf: mittlere Konzentration | $BSB_5$ Ablauf: mittlere Tagesfracht | $BSB_5$: biologischer Wirkungsgrad | CSB Zul.: mittlere Konzentration | CSB Ablauf: maximale Konzentration | CSB Ablauf: Anzahl aller Messungen | CSB Ablauf: Anzahl der Überschreitungen | CSB Ablauf: mittlere Konzentration | $NH_4$-N Zul.: mittlere Konzentration | $NH_4$-N Ablauf: maximale Konzentration | $NH_4$-N Ablauf: Anzahl aller Messungen | $NH_4$-N Ablauf: Anzahl der Überschreitungen | $NH_4$-N Ablauf: mittlere Konzentration | $NO_3$-N Ablauf: maximale Konzentration | $NO_3$-N Ablauf: Anzahl aller Messungen | $NO_3$-N Ablauf: mittlere Konzentration | $NO_2$-N Abl.: maximale Konzentration | $N_{ges}$ Ablauf: maximale Konzentration | $N_{ges}$ Ablauf: Anzahl der Überschreitungen |
|---|---|---|---|---|---|---|---|---|---|---|---|---|---|---|---|---|---|---|---|---|---|---|---|---|---|---|---|---|
| Bezugsspalte der Monatsberichte | 4 | 10 | Ermittlung v. 10 | v. 10 unten | 16 unten | 10 u x 16 u | 30 | 30 | 30 u | 30 unten | 10 u x 30 u | - | 17 unten | 31 | 31 | 31 u | 31 unten | 18 unten | 32a | 32a | 32a u | 32 a unt. | 32b | 32b | 32b u | 32c unt. | 33 unten | 33 u |
| Monat — Einheit: | d | m³ | m³ | m³/d | mg/l | kg/d | mg/l | Stck | Stck | mg/l | kg/d | % | mg/l | mg/l | Stck | Stck | mg/l | mg/l | mg/l | Stck | Stck | mg/l | mg/l | Stck | mg/l | mg/l | mg/l | Stck |
| Monat — Spaltennummer | 1 | 2 | 3 | 4 | 5 | 6 | 7 | 8 | 9 | 10 | 11 | 12 | 13 | 14 | 15 | 16 | 17 | 18 | 19 | 20 | 21 | 22 | 23 | 24 | 25 | 26 | 27 | 28 |
| Januar | | | | | | | | | | | | | | | | | | | | | | | | | | | | |
| Februar | | | | | | | | | | | | | | | | | | | | | | | | | | | | |
| März | | | | | | | | | | | | | | | | | | | | | | | | | | | | |
| April | | | | | | | | | | | | | | | | | | | | | | | | | | | | |
| Mai | | | | | | | | | | | | | | | | | | | | | | | | | | | | |
| Juni | | | | | | | | | | | | | | | | | | | | | | | | | | | | |
| Juli | | | | | | | | | | | | | | | | | | | | | | | | | | | | |
| August | | | | | | | | | | | | | | | | | | | | | | | | | | | | |
| September | | | | | | | | | | | | | | | | | | | | | | | | | | | | |
| Oktober | | | | | | | | | | | | | | | | | | | | | | | | | | | | |
| November | | | | | | | | | | | | | | | | | | | | | | | | | | | | |
| Dezember | | | | | | | | | | | | | | | | | | | | | | | | | | | | |
| Summen bzw. Mittel-/Höchstwerte | | | | Höchstw. | Mittelwert | Höchstw. | Höchstw. | | | Mittelwert | Mittelwert | | Mittelwert | Höchstw. | | | Mittelwert | Mittelwert | Höchstw. | | | Mittelwert | Höchstw. | | Mittelwert | Höchstw. | Höchstw. | |
| Vergleichszahlen Vorjahr | | | | | | | | | | | | | | | | | | | | | | | | | | | | |
| Zunahme (+) bzw. Abnahme (-) gegenüber dem Vorjahr | | | | | | | | | | | | | | | | | | | | | | | | | | | | |
| Zum Vergleich: zugelassene Grenzwerte | | | | | | | | | | | | | | | | | | | | | | | | | | | | |

## Abgabenummer: ______

| $P_{ges}$ Zul.: mittlere Konzentration | $P_{ges}$ Ablauf: maximale Konzentration | $P_{ges}$ Ablauf: Anzahl aller Messungen | $P_{ges}$ Ablauf: Anzahl der Überschreitungen | $P_{ges}$ Ablauf: mittlere Konzentration | sonstige Überschreitungen im Ablauf: pH-Wert | sonstige Überschreitungen im Ablauf: absetzbare Stoffe | sonstige Überschreitungen im Ablauf: Methylenblauproben entfärbt vor 5 Tagen | sonstige Überschreitungen im Ablauf | Reststoffentsorgung: Rechengutanfall | Reststoffentsorgung: Sandanfall | Klärschlamm: Rohschlamm-anfall insgesamt | Klärschlamm: in Stapelräume | Klärschlamm: zur maschinellen Entwässerung | Klärschlamm Abgabe: Naß-schlamm | Klärschlamm Abgabe: Trocken-rückstand | Klärschlamm Abgabe: entwäss. Schlamm | Klärschlamm Abgabe: Trocken-rückstand | Energiebilanz Gas: Gasrückstand | Energiebilanz Gas: Gasverbrauch | Energiebilanz Gas: Unterschied (+ oder -) | Energiebilanz: Zusatzbrennstoff-verbrauch | Stromverbrauch: Gesamtanlage | Stromverbrauch | Stromverbrauch | Pumpen-Betriebsstunden: Pumpe Nr.: | Pumpe Nr.: | Pumpe Nr.: | Pumpe Nr.: | Bemerkungen | | | |
|---|---|---|---|---|---|---|---|---|---|---|---|---|---|---|---|---|---|---|---|---|---|---|---|---|---|---|---|---|---|---|---|---|
| 19 unten | 34 | 34 | 34 u | 34 unten | 26 | 27 | 29 | | 14 | 15 | 36 | 37-40 | 41 | 42 | | 43 | | 50 | 51 | | 53 | 59 | | | 61 | 62 | 63 | 64 | | | | |
| mg/l | mg/l | Stck | Stck | mg/l | d | d | d | | m³ | m³ | m³ | m³ | m³ | m³ | % | m³ | % | m³ | m³ | | kWh | | | | h | h | h | h | | | | |
| 29 | 30 | 31 | 32 | 33 | 34 | 35 | 36 | 37 | 38 | 39 | 40 | 41 | 42 | 43 | 44 | 45 | 46 | 47 | 48 | 49 | 50 | 51 | 52 | 53 | 54 | 55 | 56 | 57 | 58 | 59 | 60 | 61 |
| | | | | | | | | | | | | | | | | | | | | | | | | | | | | | | | | |

Bild 8.5: Kopfleiste des Jahresberichts (17)

Unternehmensträger: Bad Knellenburg Landkreis: KR

Kläranlage: Bad Knellenburg Ausbaugröße ($EW_{60}$): 15000

# Meßprotokoll

## Fremdwasserermittlung und Bewertung **mit** automatischer Durchflußmeßeinrichtung

### ERMITTLUNG

Die Ermittlung erfolgt bei Trockenwetter (Wetterschlüssel 1 oder 2) anhand des geringsten Durchflusses (in der Regel z. B. Nachtmessungen gegen 3 Uhr) und Messungen des Tagesabwasserzuflusses über 24 Stunden (Zählwerkablesung). Um den repräsentativen Fremdwasserzufluß innerhalb eines Jahres abschätzen zu können, sind mindestens vier Messungen notwendig, die jeweils zwei Monate auseinander liegen. Wichtig ist es, daß die Meßanlage regelmäßig überprüft wird und Kontrollmessungen durchgeführt werden.

Spitzenzufluß bei Trockenwetter nach Planung: 65 l/s Derzeit angeschlossene (echte) Einwohner etwa: 10 900 EZ.

Durchflußmeßeinrichtung (Meßverfahren): Induktiv (MID)

Oberer Meßbereich des Gerätes bis 200 l/s Meßanlage überprüft am: 26.04.91 Kanal-Einzugsgebiet $A_{EK}$ 118 ha

| für das Jahr 1991 | | 3.5 (Datum) | 25.7. (Datum) | 15.9. (Datum) | 20.11 (Datum) | Jahresmittel (Summe der Ergebnisse / Anzahl der Messungen) |
|---|---|---|---|---|---|---|
| a) gemessener geringster Nachtzufluß | l/s | 35 | 32 | 25 | 10 | |
| b) abzügl. geschätzter Nachtzufluß der angeschl. Einw. (EZ) $(\frac{q \cdot EZ}{1000})$ (Faktor q = 0,3 bis 0,5 l/s je 1000 EZ) bei großen Kanalnetzen mit langem Fließweg bis zu 1 l/s | l/s | - 2,0 | - 2,0 | - 2,0 | - 2,0 | |
| c) abzüglich geschätzter Nachtzufluß aus Industrie | l/s | - — | - — | - — | - — | |
| d) Fremdwasserzufluß = (a − b − c) | l/s | 33 | 30 | 23 | 8 | |
| e) Tagesfremdwasserzufluß (d x 86,4) | $m^3/d$ | 2851 | 2592 | 1987 | 691 | 2030 |
| f) gemessener Tagesabwasserzufluß (24 Std. bei TW) einschl. Fremdwasser | $m^3/d$ | 4500 | 4420 | 4250 | 3700 | 4217 |
| g) Tagesschmutzwasserzufluß (f − e) | $m^3/d$ | 1649 | 1828 | 2263 | 3009 | 2187 |

h) Fremdwasser im Jahresmittel

**Fremdwasser-Anteil** $(\frac{e}{f} \times 100) = \frac{2030}{4217} \cdot 100 =$ 48 %
**(Verdünnungsanteil nach AbwAG)**

## Bewertung

mit senkrechtem Strich im folgenden Diagramm

**Fremdwasser-Anteil in %**

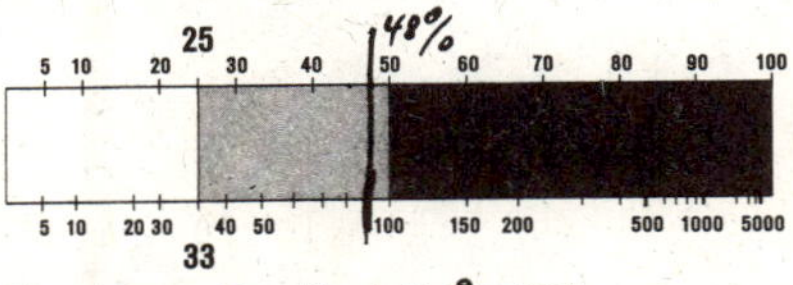


**Fremdwasser-Zuschlag in %** $(\frac{e}{g} \times 100)$

- niedrig, keine Auswirkungen auf die Abwasserabgabe
- Verminderung anzustreben
- X zu hoch, sanierungsbedürftig

Folgende Ursachen für den Fremdwasserzufluß sind bekannt:

undichte Kanäle im Grundwasserbereich

Gründe erläutern, wenn zukünftig eine Veränderung des Verdünnungsanteils zu erwarten ist.

20.11.91 Josef Berger
Unterschrift

ATV-Landesgruppe Bayern, Hirthammer Verlag, München 1991

Bild 8.6: Formblatt zur Fremdwasserermittlung (17)

**Kläranlage:** Bergstadt **Landkr.:** OkR **NB-Nr.** 53 / 11

**AUSWERTUNG der monatlichen Betriebsberichte (Zwischenbericht)**

**Zeitraum von** 1. Juli **bis** 30. Sept. 1991

| Zeile | | Einheit | Ausbaugröße/ zugelassene Grenzwerte | Meßwerte aus den Monatsberichten |
|---|---|---|---|---|
| **Zulauf (Beurteilung der Belastung)** | | | | |
| a | Abwasserdurchfluß, höchster Wert bei TW (TW = Wetter 1 und 2) | l/s | 65 | 49 |
| $b_1$ | Tagesabwasserdurchfluß, höchster Wert aller TW-Tage | $m^3/d$ | 2800 | 2923 |
| $b_2$ | Tagesabwasserdurchfluß, Mittelwert aller TW-Tage | $m^3/d$ | | 2050 |
| c | Fremdwasseranteil (Nachtmessung) | % | < 25 | 48 |
| d | Zulauf: Roh-$BSB_5$ (Mittelwert) bei TW 206 (~~2-h~~/24-h Proben) aus 6 Messungen (x 1,5 nach Vorklärung) | mg/l | | 309 |
| e* | Zulauf: $BSB_5$-Fracht = $b_2 \times d : 1000$ | kg/d | 600 | 633 |
| f* | Zulauf: EW = e x 1000 : 60 | $EW_{60}$ | 10 000 | 10 550 |
| g | Zul. biol. Teil: CSB (Mittelwert) bei TW (~~2-h~~/24-h Proben) aus 6 Messungen | mg/l | | 680 |
| h | Zul. biol. Teil: $NH_4$-N (Mittelwert) bei TW (~~2-h~~/24-h Proben) aus 6 Messungen | mg/l | | 32 |
| i | Zul. biol. Teil: $P_{ges}$ (Mittelwert) bei TW (~~2-h~~/24-h Proben) aus 6 Messungen | mg/l | | 9 |

Nur Meßwerte aus der gleichen Probe addieren, nicht die Quersumme von Zeile m oder n

**Ablauf (Beurteilung von Restverschmutzung, Sauerstoffbedarfsstufe und Nährstoffbelastung)**

| | | Einheit | ATH-$BSB_5$ | CSB | $NH_4$-N | $NO_3$-N | $NO_2$-N | $P_{ges}$ | $N_{ges}$ Summe $NH_4$-N $NO_3$-N $NO_2$-N |
|---|---|---|---|---|---|---|---|---|---|
| k | Art der Probenahme<br>Stichprobe = Sp<br>2-h Probe = 2 h<br>24-h Probe = 24 h | | 24 | 24 | 24 | 24 | 24 | 24 | |
| l | Anzahl der Messungen | | 11 | 11 | 11 | 11 | 11 | 11 | 11 |
| m | höchster Meßwert | mg/l | 19 | 66 | 4,2 | 13,8 | < 1 | 2,6 | 18,0 |
| n | Mittelwert | mg/l | 13 | 45 | 3 | 10 | < 1 | 1,5 | 13 |
| o | zugelassener Grenzwert | mg/l | 20 | 90 | 10 | | | 2 | 18 |
| p | Anzahl der Grenzwertüberschreitungen | | 0 | 0 | 0 | | | 1 | 0 |
| q | Sauerstoffbedarfsstufe aus dem Mittelwert (n) (Schlüssel siehe unten) | | 2 | 2 | 1 | | | | |
| r* | Rest-Fracht = $b_2 \times n : 1000$ | kg/d | 26,7 | | | | | 3,1 | 27,3 |

| | | | | | |
|---|---|---|---|---|---|
| s* | Wirkungsgrad | $BSB_5$ | $\frac{d-n}{d} \times 100$ | % | 95,3 |
| t* | Wirkungsgrad | $P_{ges}$ | $\frac{i-n}{i} \times 100$ | % | 83,3 |
| u* | Wirkungsgrad | $N_{ges}$ | $\frac{TKN-n}{TKN} \times 100$ | % | 66,1 |

Faustwert für TKN im Rohabwasser = h x 1,7
nach Vorklärung = h x 1,2

*) Es handelt sich hier um eine größenordnungsmäßige Ermittlung

$$\frac{32 \times 1{,}2 - 13}{32 \times 1{,}2} \times 100$$

Schlüssel für Sauerstoffsbedarfsstufe

| Stufe | 1 | 2 | 3 | 4 | 5 |
|---|---|---|---|---|---|
| ATH-$BSB_5$ | 0 7 | 8 (x) 15 | 16 25 | 26 40 | 41 -> |
| CSB | 0 35 | 36 (x) 60 | 61 90 | 91 120 | 121 -> |
| $NH_4$-N | 0 (x) 3 | 4 10 | 11 20 | 21 30 | 31 -> |

gering <- Restlast -> groß

(Zutreffendes Feld ankreuzen)

Gesamtstufe zur Vereinfachung gemittelt: 2

5 : 3 = 1,7

Stufe festgelegt am 4.10.91

durch Meder (Unterschrift)

1991 Hirthammer-Verlag, Frankfurter Ring 247, 8000 München 40, 14. Auflage

Bild 8.7: Auswertung der Betriebsergebnisse (17)

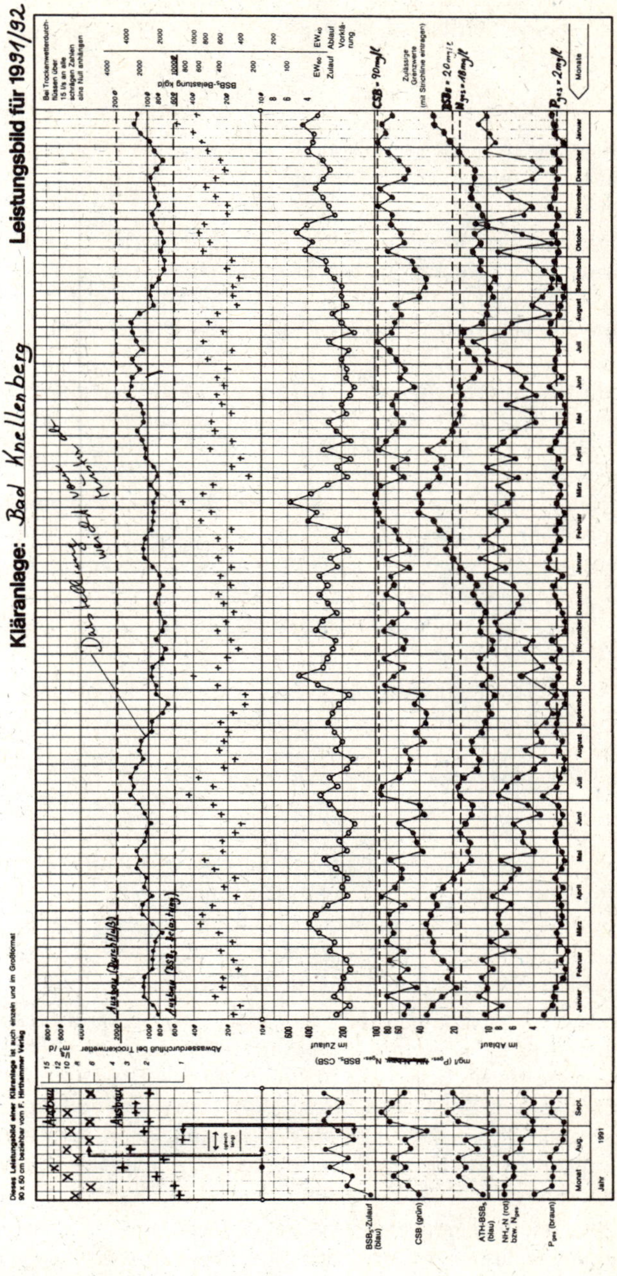


Bild 8.8: Leistungsbild (17)

sten Morgen für den vorangegangenen Tag festlegt, ob er als Trocken- oder Regenwettertag eingestuft wird (siehe auch Abschnitt 6.9). Damit ist dieser Schlüssel eine wichtige Kenngröße für die Ermittlung der Monatsschmutzwassermenge.

### *Jahresbericht*

Der Jahresbericht muß für jeden Monat eine Zeile mit den wichtigsten Monatswerten enthalten (Bild 8.5). Damit ist eine Jahresbilanz möglich, die in vielerlei Hinsicht von Bedeutung ist.

So gibt es vor allem eine Reihe wichtiger Jahressummenwerte; voran die Jahresschmutzwassermenge, als Kenngröße zur Ermittlung der Abwasserabgabe. Aber auch die Energieverbräuche zur Berechnung der Betriebskosten, der Schlammanfall, der Gasanfall und -verbrauch sowie die Betriebsstunden für Pumpen sind für eine Jahresbilanz wichtig.

Ebenfalls wichtig sind die gemessenen Höchstwerte. Sie sind entscheidend für den Vergleich mit den wasserrechtlich festgelegten Grenzwerten und für den zukünftigen Kläranlagenbetrieb. PH-Werte, $BSB_5$, CSB, $NH_4$-N, $NO_3$-N, $N_{ges\ oder\ Pges.}$ sind die wesentlichsten Meßgrößen. Aus der Ermittlung der Kläranlagenbelastung, den verschiedenen Wirkungsgraden und dem Vergleich mit den Werten des Vorjahres können wesentliche Erkenntnisse gewonnen werden.

Somit ist der Jahresbericht nicht nur für die Einhaltung des wasserrechtlichen Bescheides und den Vollzug des Abwasserabgabengesetzes wichtig, sondern auch für die Festsetzung kostendeckender Gebühren und das rechtzeitige Erkennen langfristiger Sanierungs- oder Erweiterungsmaßnahmen.

Sowohl Aufsichts- und Fachbehörden als auch Gewässerschutzbeauftragte und Bürgermeister haben deshalb am Jahresbericht ein großes Interesse.

### *8.2.2 Sauerstoffbedarfsstufen, Nährstoffbelastungsstufen* (Bild 8.7, 8.9 und 8.10)

Früher war der $BSB_5$ des Kläranlagenablaufes die allein maßgebende Größe für den Verschmutzungsgrad. Für den Sauerstoffverbrauch in unseren Gewässern sind aber drei wesentliche Parameter der Abwassereinleitung maßgebend.

Dies sind der biochemische Sauerstoffbedarf ($BSB_5$) als Maß für die biologisch abbaubare Verschmutzung, der chemische Sauerstoffbedarf (CSB) als Maß für die chemisch abbaubare organische Verschmutzung und der Ammonium-Stickstoff ($NH_4$-N).

Besonders der durch die Oxidation des Stickstoffs im Gewässer auftretende Sauerstoffbedarf wird immer wichtiger. Solange in unseren Gewässern noch die organischen Verschmutzungen (gemessen als $BSB_5$) wegen ihrer leichten Abbaubarkeit vorherrschten, war der Sauerstoffverbrauch des Stickstoffs, der nur verzögert und temperaturabhängig auftritt, überdeckt. Durch die gute Reinigungsleistung der Kläranlagen hat sich die Gewässerbeschaffenheit jedoch soweit verbessert, daß nun dem Ammonium besondere Aufmerksamkeit geschenkt werden muß.

Mit Hilfe der Sauerstoffbedarfsstufen ist es auf einfache Weise möglich, die durch die Abwassereinleitungen aus einer Kläranlage verursachten Auswirkungen im Gewässer beurteilen zu können.

In dem Schlüssel, der fünf Stufen vorsieht, wird jeder der genannten Meßwerte einer zugehörigen Sauerstoffbedarfsstufe zugeordnet und schließlich eine vereinfachte gemittelte Gesamtstufe errechnet. Wenn die aus dem Klärwerk ablaufende Restschmutzfracht sehr klein ist, ergibt sich Stufe 1. Stufe 5 gilt bei großer Restlast, die gemäß den Mindestanforderungen nicht mehr zulässig ist.

Ab dem Jahr 1993 gilt folgender Bewertungsschlüssel, der den $NH_4$-N strenger einordnet.

| Stufe | 1 | 2 | 3 | 4 | 5 |
|---|---|---|---|---|---|
| Restbelastung | sehr gering | gering | mäßig | groß | sehr groß |
| ATH-$BSB_5$ mg/l | 0 – 5 | 6 – 10 | 11 – 20 | 21 – 30 | 31 → |
| CSB mg/l | 0 – 30 | 31 – 50 | 51 – 90 | 91 – 120 | 121 → |
| $NH_4$-N mg/l | 0 – 1 | 2 – 3 | 4 – 10 | 11 – 20 | 21 → |

Bild 8.9: Schlüssel für die Sauerstoffbedarfsstufen

Beispiel für die Ermittlung der Gesamtstufe:

| | | | | Schlüssel |
|---|---|---|---|---|
| | $BSB_5$ | = | 8 mg/l | 2 |
| | CSB | = | 45 mg/l | 2 |
| | $NH_4$-N | = | 9 mg/l | 3 |
| Gesamtstufe | (2 + 2 + 3) : 3 | | = | 2 |

Aus der Gesamtstufe ist zu erkennen, wie weit die Kläranlage die Verschmutzung abgebaut hat bzw. wie hoch der Sauerstoffbedarf noch ist, der das Gewässer belastet. Außerdem kann durch Ankreuzen des Meßwertbereiches aus dem Schlüssel mit einem Blick festgestellt werden, welcher Parameter das Ergebnis am meisten verschlechtert und wo gezielt eine Verbesserung ansetzen sollte. Die Meßwerte sind so für den Klärwärter und als Sauerstoffbedarfsstufe auch für die Öffentlichkeit leicht verständlich und interessant.

*Nährstoffbelastungsstufen*

Werden Nährstoffe (Phosphat und Nitrat) in ein Gewässer eingeleitet, führt dies nicht zu einer unmittelbaren Kohlenstoffbelastung bzw. einem Sauerstoffverbrauch. Die Nährstoffbelastung eines Gewässers paßt damit nicht in das Bewertungssystem der Sauerstoffbedarfsstufen.

Nährstoffe fördern die Eutrophierung (Pflanzenwachstum im Gewässer durch anorganische Nährstoffe). Dies macht deutlich, warum es sinnvoll ist, als zweites Bewertungssystem die Nährstoffbelastungsstufen zusätzlich einzuführen.

Ab dem Jahr 1993 gilt folgender Bewertungsschlüssel

| Stufe | 1 | 2 | 3 | 4 | 5 |
|---|---|---|---|---|---|
| Restbelastung | sehr gering | gering | mäßig | groß | sehr groß |
| Phosphat ($P_{ges}$) mg/l | 0 – 0,5 | 0,6 – 1 | 1,1 – 2 | 2,1 – 5 | 5,1 → |
| Stickstoff ($N_{ges}$) mg/l | 0 – 8 | 9 – 13 | 14 – 18 | 19 – 35 | 36 → |

Bild 8.10: Schlüssel für die Nährstoffbelastungsstufen

Beispiel für die Ermittlung der Gesamtstufe:

| | | | Schlüssel |
|---|---|---|---|
| | $P_{ges}$ | = 1,8 mg/l | 3 |
| | $N_{ges}$ | = 15 mg/l | 3 |
| Gesamtstufe | (3 + 3) : 2 | = | 3 |

### *8.2.3 Fremdwasserermittlung*

#### *Fremdwasser und seine Ursachen*

Fremdwasser ist ein zusammenfassender Begriff für Wasser, das nicht in einen Abwasserkanal gehört und auch nicht in einer Kläranlage behandelt werden muß (vgl. DIN 4045).

Fremdwasser ist beispielsweise

- Grund- und Quellwasser

oder Wasser aus

- Grundstücks- und Baustellendrängungen,
- Wasserhaltungen von Baugruben,
- Gewässern und Entwässerungsgräben,
- Brunnenüberläufen

sowie

- Kühlwasser.

Unverschmutztes Kühlwasser ist zwar im eigentlichen Sinn kein Fremdwasser, gehört aber ebensowenig in einen Abwasserkanal, da es lediglich zur Verdünnung des Schmutzwassers beiträgt.

Fremdwasser darf in einer Kanalisation im Mischverfahren nicht abgeleitet werden. Beim Trennverfahren muß es ebenfalls vom Schmutzwasserkanal ferngehalten werden, darf aber im Regenwasserkanal abgeleitet werden. Regenwasser ist Fremdwasser nur im Schmutzwasserkanal beim Trennverfahren, nicht im Mischwasserkanal.

Am häufigsten tritt Fremdwasser wohl auf, wenn Grundwasser über undichte Kanäle oder Schächte in die Kanalisation gelangt. Der Fremdwasseranfall wird aber nicht nur durch jahreszeitliche Schwankungen des Grundwasserstandes beeinflußt. Vielfach ist nach längeren Regenperioden ein erhöhter Fremdwasserzufluß über mehrere Tage (10 bis 20 Tage) zu beobachten. Dieses Phänomen hängt vom Retentionsvermögen des Untergrundes nach intensiven Niederschlagsereignissen ab. Auch in solchen Fällen dringt das Wasser über undichte Stellen in die Kanalisation. Dieses Problem kann sowohl bei öffentlichen Kanälen als auch bei privaten Kanälen in Grundstücksentwässerungen auftreten. Die Hausanschlußleitungen, die oft in Eigenleistung unsachgemäß ausgeführt werden, bereiten dabei die größten Sorgen. Auf Grundstücken werden häufig die für den trockenen Keller sorgenden Hausdränungen – aus Bequemlichkeit oder Unwissenheit – unerlaubterweise einfach an den Abwasserkanal angeschlossen. Im Trennverfahren wird das Regenfallrohr oft einfach falsch an den Schmutzwasserkanal angeschlossen, weil er in der Nähe liegt. Solche Fehlanschlüsse sind natürlich durch die Entwässerungssatzung der Gemeinde untersagt. Meistens ist Unkenntnis und Unverständnis Ursache dieser Fehlanschlüsse; sie können aber schwerwiegende Folgen haben.

Eine regelmäßige und konsequente Überwachung sowie Kontrolle von Grundstücksentwässerungen, insbesondere während der Anschlußarbeiten, ist unerläßlich. Dies gilt für den privaten Bereich ebenso wie für den öffentlichen. Dazu gehören auch regelmäßige Dichtheitsprüfungen der Kanäle, einschließlich der Schachtanschlüsse. Die entsprechende Verpflichtung müßte satzungsgemäß vorgeschrieben sein.

Wenn undichte Stellen erkannt werden, müssen sie sobald wie möglich gedichtet werden. Da der Grundwasserstand je nach den Niederschlägen schwankt, dringt nach längeren Trockenzeiten oft kein Grundwasser über die Undichtigkeiten ein; dafür versikkert aber vielleicht verbotenerweise Abwasser in den Untergrund und verunreinigt das tieferliegende Grundwasser.

Wenn es nicht gelingt, in erster Linie die Grundstücksentwässerungen und Hausanschlüsse zu sanieren, muß in den nächsten Jahren in vielen Kommunen mit kostenträchtigen Folgen und sogar mit strafrechtlichen Konsequenzen gerechnet werden.

### *Auswirkungen des Fremdwassers*

Das Fremdwasser zu vermindern, kostet meistens viel Geld. Sind die Auswirkungen des Fremdwassers tatsächlich so nachteilig, daß sie den hohen Kostenaufwand rechtfertigen?

In Mischwasserkanälen ist der Einfluß des „Verdünnungswassers" vom Abfluß her nicht ohne weiteres erkennbar, da die Kanalquerschnitte bei Trockenwetter nur zu einem geringen Teil gefüllt werden. Sie sind ja für den Mischwasserabfluß bemessen. Im Trennverfahren sind die Querschnitte der Schmutzwasserkanäle sehr viel kleiner. Hier kann es leicht vorkommen, daß der Kanal durch Fremdwasser überfüllt wird und Rückstau in die Keller auftritt.

Muß das Abwasser gepumpt werden, sind die Auswirkungen noch deutlicher zu erkennen. Beträgt der Fremdwasseranteil beispielsweise 50%, d. h. die Hälfte des abfließenden Abwassers ist Fremdwasser – das ist gar nicht so selten – so muß doppelt soviel Wasser gehoben werden als eigentlich notwendig. Mit anderen Worten: Die Pumpkosten betragen das Doppelte.

Wenn Regenbecken im Kanalnetz oder auf der Kläranlage vorhanden sind, deren Entleerung abhängig vom Trockenwetterabfluß gesteuert wird, wird durch das Fremdwasser die Entleerungszeit erheblich verlängert. Das kann dazu führen, daß die nächsten Regenereignisse auf ständig teilgefüllte Regenbecken treffen. Diese Becken können dann ihre Aufgabe, nämlich eine bestimmte Menge des Mischwassers aufzunehmen, nicht mehr erfüllen. Betriebsaufzeichnungen haben gezeigt, daß es Becken gibt, die wegen des Fremdwassers das ganze Jahr über nicht mehr leer wurden.

In Kläranlagen sind alle Bauwerke betroffen, die für einen Abwasseranfall bemessen werden, der vom Trockenwetterzufluß abhängig ist. Dazu gehören Pumpwerke, Rechen, Sandfang, Vor- und Nachklärbecken. Ihre Leistungsfähigkeit wird durch Fremdwasser vermindert. Bei hohem Fremdwasseranteil wird sie so erheblich eingeschränkt, daß Erweiterungsmaßnahmen notwenig werden.

Kanalnetz, Regenbecken und die Kläranlage bilden eine funktionelle Einheit, die nur dann voll wirksam wird, wenn alle Teilbereiche ordnungsgemäß arbeiten.

Die Abwasserabgabe ist abhängig von der Jahresschmutzwassermenge. Bei der Ermittlung der Jahresschmutzwassermenge geht der Fremdwasserzufluß in voller Höhe ein. 1 l/s Fremdwasser sind immerhin 31 536 $m^3$ im Jahr.

### *Gesetzliche Grundlagen*

Im Abwasserabgabengesetz (AbwAG) in der Fassung der Bek. vom 6. November 1990 (BGBl. I. S. 2425) heißt es in § 2 Abs. 1, daß das bei Trockenwetter zusammen mit dem Schmutzwasser abfließende Wasser – also auch Fremdwasser – Abwasser im Sinne des Gesetzes ist. In § 9 Abs. 5 ist festgelegt, daß der Anspruch auf Ermäßigung der Abgabe entfällt, wenn die Anforderungen durch Verdünnung oder Vermischung erreicht werden. Nach den Mindestanforderungen (Rahmen-AbwasserVwV Nr. 2.2.1 vom 27. 8. 1991) ist es ebenfalls nicht erlaubt, die Abwasserreinigung mit Hilfe einer Verdünnung oder Vermischung durchzuführen.

### *Die Messung*

Leider läßt sich der Fremdwasseranfall nicht genau messen. Ein untrügliches Zeichen ist sicherlich, wenn die Zulaufkonzentration des Abwassers sehr gering ist (z. B. $BSB_5$-Werte < 180 mg/l). Doch ist dies lediglich ein Anhaltspunkt. Als bisher einzige brauchbare Methode ist die Nachtmessung eingeführt. Ausgehend von der Überlegung, daß Fremdwasser unabhängig von der Tageszeit anfällt, sucht man zur Messung die Zeit aus, in der das Fremdwasser möglichst rein – also ohne Schmutzwasser – im Kanal fließt. Dies ist erfahrungsgemäßt etwa in der Zeit zwischen drei und fünf Uhr nachts. Selbstverständlich darf dabei auch kein Niederschlagswasser anfallen und das Meßergebnis verfälschen.

Im Betriebstagebuch (17) ist zur Fremdwasserermittlung eine Arbeitshilfe enthalten (Bild 8.6). Dabei wird unterschieden, ob eine selbstschreibende Durchflußmeßanlage zur Verfügung steht oder nicht. Da die Messung in den späten Nachtstunden oder frühen Morgenstunden durchgeführt werden muß, ist dies ohne festeingebaute Meßanlage und automatische Aufzeichnung (Schreibstreifen) schwierig. In diesen Fällen ist es notwendig, daß das Personal die Messung mit Hilfe eines Meßwehres, einer Eimermessung oder einer anderen einfachen Meßmethode selbst durchführt. Diese Erschwernis darf aber kein Grund sein, davon Abstand zu nehmen. Bei den automatischen Meßanlagen ist dies einfacher, da hier nur der geringste Durchfluß vom Schreibstreifen abzulesen ist.

Es genügt nicht, nur einmal zu messen. Kleine Kläranlagen sollten wenigstens viermal, größere monatlich messen. Denn jahreszeitlich kann es große Schwankungen geben. So ist der Fremdwasserzufluß im Frühjahr meistens größer als im Herbst. Außerdem gibt es „nasse Jahre„ und „trockene Jahre", die sich entsprechend dem Grundwasserstand auf den Fremdwasseranfall auswirken.

Wegen der Bedeutung des Fremdwasseranteils muß die Anwendung des Faktors q im Meßprotokoll genau festgelegt werden. Mit diesem Wert wird der Schmutzwasserzufluß der angeschlossenen Einwohner überschlägig ermittelt, der in den Nachtstunden noch anfällt und den Fremdwasserzufluß erhöht. Dieser Schmutzwasserzufluß darf bei der Ermittlung abgezogen werden (Zeile b des Meßprotokolls).

Der Faktor q ist abhängig von der Größe des Kanalnetzes und vor allem von der Fließzeit des Schmutzwassers.

| Faktor q je 1000 (angeschl. Einwohner) | Anwendungsbereich |
|---|---|
| 0,3 l/s | gleichförmiges Kanalnetz bis EZ 5000 Einwohner ohne Einrichtungen (z. B. große Pumpwerke von Außengebieten), die zu einer deutlichen Verlängerung der tatsächlichen Fließzeiten bei Trockenwetter führen. |
| 0,5 l/s | Kanalnetze von EZ 5000 bis 100000 Einwohner |
| 1,0 l/s | nur bei großen Kanalnetzen mit mehr als EZ 100000 Einwohner<br>oder<br>bei Fließwegen mit tatsächlichen Fließzeiten bei Trockenwetter von mehr als 10 Stunden. |

Zwischenwerte dürfen nicht geradlinig interpoliert werden, dies ist nur in begründeten Härtefällen zulässig.

Im Regelfall ist der Faktor q des zutreffenden Bereichs, entsprechend der angeschlossenen Einwohner, anzuwenden. Nur bei den beschriebenen langen Fließzeiten kann der Faktor des nächsten Bereichs angewendet werden. Diese Bedingung muß aber für mindestens die Hälfte der angeschlossenen Einwohner erfüllt sein. Der Nachtzufluß eines Industriebetriebes muß nachgewiesen werden. Er kann nicht ohne Begründung geschätzt werden.

Bei großen Kläranlagen mit Fließzeiten des Abwassers von mehr als 10 Stunden ist die beschriebene Methode weniger geeignet.

Bei Kläranlagen mit einer Durchflußzeit von über 24 Stunden – im wesentlichen sind das Teichanlagen – ist eine Fremdwassermessung im Ablauf nicht mehr repräsentativ.

Hier muß immer vor der Anlage gemessen werden. Dagegen kann bei Kläranlagen mit geringeren Durchflußzeiten als 24 Stunden die Fremdwasserermittlung auch im Auslauf erfolgen, wenn dort die Meßanlage installiert ist. Im allgemeinen sind bei diesen Kläranlagen die hydraulischen Verhältnisse vom Zulauf schon nach wenigen Minuten im Ablauf erkennbar.

Um Mißverständnisse beim Vergleich der Fremdwasserzuflüsse zu vermeiden, muß unbedingt festgelegt werden, ob Fremdwasserzuschläge oder Fremdwasseranteile gemeint sind.

Bei der Bemessung von Abwasserleitungen wird gedanklich der Fremdwasseranfall als Zuschlag angesetzt, während man bei der Fremdwassermessung in der Regel Anteile ermittelt. Ein Fremdwasseranteil von 50% entspricht einem Fremdwasserzuschlag von 100%! Angesichts dieser Tatsache ist es offensichtlich, daß eine Sprachregelung erforderlich ist. Verwechslungen wirken sich beim Vollzug des AbwAG gravierend aus. Einen Fremdwasseranteil von 100% und höher gibt es nicht.

Im Grunde ist die Entscheidung dazu durch die Regelung im BayAbwAG gefallen. Dort wird der Fremdwasseranteil als Maßstab der Verdünnung festgelegt. Es ist für den Unternehmensträger wichtig, den Fremdwasseranteil zu bestimmen. Das Meßprotokoll (Bild 8.6) entspricht den Forderungen des BayAbwAG.

Nicht unerwähnt bleiben darf an dieser Stelle, daß es auch andere Methoden zur Fremdwasserbestimmung gibt. So kann beispielsweise der Fremdwasserzufluß abgeschätzt werden, indem gleichzeitig eine Überprüfung des jährlich gemessenen Trockenwetterabflusses mit dem Wasserverbrauch der Haushalte, des Gewerbes und der Industrie erfolgt. Die Methode führt jedoch oft nur zu überschlägigen Ergebnissen. Denn abgesehen davon, daß es nicht immer möglich ist, genaue Erhebungen des Wasserverbrauchs im Einzugsgebiet der Kanalisation zu erhalten, kann die Verwendung des Wassers für Gartenanlagen u. ä. oder das Versickern des Abwassers über undichte Stellen im Kanal, den tatsächlichen Trockenwetteranfall erheblich verändern. Der Aufwand bei anderen Verfahren zur Fremdwasserermittlung ist meist erheblich höher und daher auf Einzelfälle beschränkt. So gibt es chemische Verfahren mit Konzentrationsmessungen im Abwasser, die eine Bestimmung des Fremdwassers ermöglichen. Mit einer statistischen Methode kann anhand der hydraulischen Trockenwetterganglinie ein Zusammenhang zwischen Fremdwasser- und Schmutzwasseranfall aufgedeckt werden.

***Untersuchungsergebnisse***

Leider werden sehr viele Kanalnetze und Kläranlagen von Fremdwasser „geplagt“. Nach einer Umfrage in Bayern liegt der durchschnittliche Fremdwasseranteil zum Schmutzwasserzufluß bei 35%. Dadurch erhöhen sich z. B. die Energiekosten einer Pumpenanlage etwa um die Hälfte. Man kann davon ausgehen, daß andernorts die Verhältnisse ähnlich liegen. Aus diesen Gründen ist es wichtig, immer wieder zu kontrollieren, wie hoch der Fremdwasseranteil ist.

Wenn diese Messungen vorliegen, kann sich der Unternehmensträger ein Bild von den tatsächlichen Auswirkungen verschaffen. Liegt der Fremdwasseranteil über 50%, dann sollten unbedingt gezielte Maßnahmen zur Verminderung des Fremdwasseranfalls eingeleitet werden. Häufig ist es dann angebracht, das planende Ingenieurbüro einzuschalten und zu beauftragen, den Ursachen nachzugehen sowie Sanierungsvorschläge auszuarbeiten. Daß sich in manchen Fällen diese Maßnahmen als schwierig herausstellen und es den wirksamen Erfolg der Sanierungsarbeiten abzuwägen gilt, darf hierbei nicht übersehen werden. Doch um derartige Überlegungen anstellen zu können, müssen zuerst einmal die Meßergebnisse vorliegen.

### *8.2.4 Die Jahresschmutzwassermenge*

Die Jahresschmutzwassermenge (JSM) hat für die Berechnung der Abwasserabgabe maßgebliche Bedeutung. Nach § 4 AbwAG muß der die Abwassereinleitung zulassende Bescheid Angaben über die JSM enthalten. Nach diesem Gesetz ist Schmutzwasser definiert als das durch häuslichen, gewerblichen, landwirtschaftlichen und sonstigen Gebrauch in seinen Eigenschaften veränderte Wasser, einschließlich dem bei Trockenwetter damit zusammen abfließende Wasser (z. B. Fremdwasser). Unter dem Begriff „Trokkenwetter" wird der Zeitraum ohne nennenswerten Regenanfall im Einzugsgebiet einer Einleitung verstanden. Siehe dazu Abschnitt 6.9.

Eine direkte Messung der JSM ist nicht möglich. Sowohl bei getrenntem Ableiten von Schmutzwasser und Regenwasser in verschiedenen Kanälen (Trennverfahren), wie auch beim gemeinsamen Ableiten (Mischverfahren) treten bei Regenwetter höhere Abflüsse auf. Diese müssen zur Bestimmung des JSM abgezogen werden. Insofern ist eine gesonderte Betrachtung zwischen Misch- und Trennverfahren nicht erforderlich.

Zur Ermittlung der JSM sind daher besondere Methoden anzuwenden, die sich nach folgenden Fallgruppen richten:
- Über die Einleitung liegen gesicherte Meßwerte vor.
- Es liegen nur wenige zuverlässige oder gar keine Meßwerte vor.

Für jede dieser Fallgruppen kommen mehrere Ermittlungsmethoden in Betracht. Eine einheitliche Methode, deren Anwendung in jedem Fall zweckmäßig ist und zu repräsentativen Ergebnissen führt, gibt es nicht. In der Praxis haben sich jedoch folgende Methoden bewährt.

#### *Ermittlung der JSM anhand gesicherter Meßwerte*

Um die JSM mit hinreichender Genauigkeit bestimmen zukönnen, müssen mindestens 50 zuverlässige Meßwerte zur Auswertung zur Verfügung stehen.

In der Regel wird die Methode „Auswertung aufgrund von Tagesmaßergebnissen bei Trockenwetter" angewandt. Nach den Aufzeichnungen im Betriebstagebuch der Kläranlage werden Regentage und solche Tage ausgeschieden, an denen offensichtlich kein Trockenwetter herrschte (z. B. Nachlauf eines Regenereignisses, Entleerung eines Regenbeckens, Schneeschmelze). Von den so gewonnenen „Trockenwettertagen" wird über eine Mittelbildung auf die JSM hochgerechnet. Dieses Verfahren ist sehr genau und wird am häufigsten angewandt. Die Ermittlung anhand der Aufzeichnungen ist leicht möglich, da eine getrennte Erfassung des Fremdwasserzuflusses nicht notwendig ist; sie ist schnell überprüfbar und auch für Nicht-Fachleute leicht verständlich.

Schwierigere Ermittlungsverfahren, wie z. B. nach der Methode Dichtemittel oder nach statistischen Häufigkeitverteilungen, bieten in aller Regel keine größere Genauigkeit, da sie von den gleichen Abflußmessungen ausgehen. Außerdem werden saisonal auftretende Schmutzwasserzuflüsse oder ein jahreszeitlich bedingter Fremdwasseranfall nicht ausreichend berücksichtigt. Der Vorteil der statistischen Auswertung liegt darin, daß auf die Definition „Trockenwettertag" verzichtet werden kann, denn es werden sämtliche Tagesmeßergebnisse zugeordnet. Bei großen Entwässerungsgebieten (z. B. Großstadt, sehr weitläufige Verbandsgebiete) ist es denkbar, daß die Bestimmung des Trockenwetters kaum noch möglich ist. In diesen Fällen ist es empfehlenswert, auf ein statistisches Verfahren auszuweichen.

In Nordrhein-Westfalen ist seit 1991 folgende Ermittlung vorgeschrieben:

Die mit Hilfe der Durchflußmeßeinrichtung ermittelten Tagessummen des Abwasserdurchflusses werden unterschieden in Ergebnisse an Trockenwettertagen und an Tagen mit Niederschlagseinfluß.

Aus der Mittelwertbildung der Ergebnisse an Trockenwettertagen und einer anschließenden Hochrechnung auf das Jahr ergibt sich die Jahresschmutzwassermenge.

Zur Unterscheidung zwischen Trockenwettertagen und Regentagen sind die Ergebnisse von einer oder mehrerer Niederschlagsmeßstationen im Entwässerungsgebiet oder auf der Abwasserbehandlungsanlage heranzuziehen.

Dabei erfolgt die Festlegung des Trockenwettertages folgendermaßen:

Es werden die Tagesmeßergebnisse herausgesucht, an denen folgende Niederschlagsbedingungen erfüllt sind:

N weniger oder gleich 1,0 mm am Tag und
N weniger oder gleich 1,0 mm am Vortag

Sollten keine Niederschlagsmessungen vorliegen, so kann hilfsweise die amtliche Niederschlagsstatistik des Deutschen Wetterdienstes herangezogen werden.

Durch die Einbeziehung eines Nachlauftages werden in normalen Einzugsgebieten nachlaufende Regenabflüsse aus der Berechnung ausgeschlossen.

Müssen in einem Netz weitere Nachlauftage berücksichtigt werden, so ist vom Einleiter oder Abgabepflichtigen ein Nachweis der Fließzeiten oder Beckenentleerungszeiten zu erbringen.

Beispiel zu Berechnung

| | |
|---|---|
| Trockenwettertage: | 123 |
| Summe der Abflüsse an diesen Trockenwettertagen: | 200 000 $m^3$ |
| mittlerer Trockenwetterabfluß: | $\frac{200\,000\ m^3}{123} = 1626\ m^3/d$ |
| Jahresschmutzwassermenge: | $1626\ m^3/d \times 365\ d = 593\,490\ m^3$ |

***Ermittlung der JSM, wenn wenige oder keine Meßwerte zur Verfügung stehen***

In der Abwassertechnik ist es üblich, zur Bemessung von Abwasseranlagen einen mittleren spezifischen Schmutzwasseranfall von 150 l/(E · d) anzunehmen. Dieser Wert ist im vorliegenden Fall um den Fremdwasserzufluß zu erhöhen, der ebenfalls angenommen werden muß. Diese Ermittlung sollte aber die Ausnahme bleiben.

Besser ist es schon, die JSM mit Hilfe des Trinkwasserverbrauchs im Einzugsgebiet der Abwasseranlage zu bestimmen, aber auch hier darf ein geschätzter Wert für den Fremdwasserzufluß nicht vergessen werden.

Die größte Unsicherheit dabei aber bleibt immer der Fremwasseranfall. Deshalb sollte der Fremdwasseranteil wenigstens über Stichproben bestimmt werden. Im Betriebstagebuch (17) sind zur Fremdwasserermittlung ohne automatische Durchflußmessung Arbeitshilfen enthalten. Mit dieser Kenntnis können folgende Faustwerte verwendet werden.

| Fremdwasseranteil % | Spezifischer Jahresschmutzwasseranfall $m^3/E$ |
|---|---|
| 0–25 | 30–50 |
| 25–33 | 50–60 |
| 33–50 | 60–80 |
| > 50 | > 80 |

### *8.2.5 Auswerten der Betriebsergebnisse*

Zur Betriebsüberwachung ist die Kenntnis der Kläranlagenbelastung ebenso wichtig wie deren Veränderung in kürzeren oder längeren Zeitabschnitten. Der Reinigungserfolg der Kläranlagen ist mit steigendem Überlastungsgrad immer gefährdeter. Aus der Beobachtung des Auslastungsgrades können sich Anstöße für eine Kläranlagenerweiterung ergeben. Einer Verschlechterung des Wirkungsgrades muß mit einer betrieblichen Änderung begegnet werden. Allgemein gültige Regeln sind hier schwer aufzustellen. Es reicht nicht aus, nur einmal jährlich eine Auswertung der Betriebsergebnisse im Jahresbericht vorzunehmen und zwischenzeitlich darauf zu verzichten.

Auch ohne besondere Betriebsprobleme ist es erforderlich, in viertel- bis halbjährlichen Abständen die Monatsberichte auszuwerten (Bild 8.7). Nur auf diese Weise ist man vor Überraschungen sicher und kann im Rückblick die Wirkung einer Kläranlage beurteilen und Entwicklungstendenzen erkennen. Die Gegenüberstellung mit den wasserrechtlich genehmigten Grenzwerten läßt einen raschen Überblick über die wichtigsten Werte und Vorkommnisse zu. Grenzwertüberschreitungen werden mit einem Blick erkannt.

Die Sauerstoffbedarfs- und Nährstoffbelastungsstufen helfen dabei, die Auswirkungen auf das Gewässer zu beurteilen (Nr. 8.2.2).

***Leistungsbild***

Die Vielzahl der Messungen der Eigenüberwachung zeigen ihre eigentliche Aussagekraft erst durch die Darstellung in einem Schaudiagramm, dem sogenannten Leistungsbild (Bild 8.8).

In ihm werden die Meßwerte übersichtlich dargestellt, miteinander verglichen und der Wirkungsgrad der Kläranlage am wasserrechtlich genehmigten Grenzwert überprüft. Trotz der vielfältigen Daten genügt ein Blick, um den Wirkungsgrad, die Kläranlagenbelastung sowie die Belastungsreserven aktuell und in ihrer zeitlichen Entwicklung zu erfassen.

Das Leistungsbild ist damit das sichtbare Ergebnis der täglichen Arbeitsabläufe. Der Erfolg wird vor allem daran gemessen, daß die durch Planung und Bescheid gesteckten Grenzen der Kläranlage eingehalten werden. Daß es gar nicht erst zu Überschreitungen kommt, ist ein stichhaltiger Grund für das Aufstellen und Lesen des Leistungsbildes.

Die Darstellung des Leistungsbildes ist von der Kläranlagengröße unabhängig, denn die Skala kann durch Veränderung der Werte (z. B. x 10), dem jeweiligen Größenbedarf angepaßt werden. Die Werteskala ist logarithmisch eingeteilt, so daß kleine und große Zahlen übersichtlich einander zugeordnet werden können.

Die Zeitskala ist in Monate mit jeweils vier Quartalen eingeteilt. Die Schwankungsbreite der Meßergebnisse wird im Jahresverlauf genügend genau erfaßt, wenn pro Woche die Ergebnisse *eines* Meßtages dargestellt werden. Gibt es wöchentlich mehrere Meßtage, so dürfen die Werte nicht gemittelt werden. Hier empfiehlt es sich, den Meßtag mit den höchsten $BSB_5$-Konzentrationen herauszuziehen. Bei Kläranlagen kleiner 10000 EW stehen i. d. R. nur die Werte eines Meßtages pro Monat zur Verfügung.

Die Meßwerte werden als Punkt eingetragen und mit einer Linie untereinander verbunden. Diese Art der Darstellung hat den Vorteil, daß der Betrachter keine Einzelheiten mehr zu erfassen braucht, sondern einen Linienzug, eine sog. Ganglinie. Die Verbindung von zwei Meßpunkten gibt allerdings nur dann das Geschehen wirklich wieder, wenn die Verbindungslinie auch tatsächlich den Betriebsergebnissen entspricht. Exakt ist dies nur bei automatisch geschriebenen Ganglinien. Bei einem aus Einzelwerten zusammengesetzten Linienzug trifft dies nicht wirklich zu. Die bessere Übersichtlichkeit und das Erkennen der Zusammenhänge rechtfertigen diese Ungenauigkeit.

Vom Ablauf werden die $BSB_5$-, die $NH_4$-N-, die $P_{ges}$- und die CSB-Konzentrationen eingetragen. Um die Parameter besser unterscheiden zu können, empfiehlt es sich, daß die Werte farbig dargestellt werden ($BSB_5$ blau, $NH_4$-N rot, $P_{ges}$ braun und CSB grün). Wasserrechtlich bedeutsame Werte lassen sich als durchgehende gestrichelte Linien eintragen und dienen gewissermaßen als Warngrenzen. Anstelle des $NH_4$-N kann auch der $N_{ges}$ dargestellt werden.

Vom Zulauf bzw. Ablauf der Vorklärung wird die $BSB_5$-Konzentration eingetragen; ferner der Abwasserdurchfluß ($m^3$/d). Wenn man die $BSB_5$-Fracht im Zulauf nicht rechnen will, kann man die beiden Werte nach Art der Rechenschiebermultiplikation graphisch ermitteln.

Das Leistungsbild sollte auf jeder Kläranlage aushängen. Die übersichtliche Darstellung ist sehr anschaulich. Der interessierte Besucher kann sich auf diese Weise, auch ohne großes Fachwissen, ein Bild über die Leistung der Anlage machen.

## 8.3 Besondere Betriebszustände

Es ist nicht verwunderlich, daß das Kläranlagenpersonal bei dem unterschiedlichen Anfall an Schmutzstoffen fast täglich mit besonderen Betriebszuständen rechnen muß.

Leitungsverstopfungen, undichte Absperrorgane, Geruchsprobleme, Störungen an Pumpen, sind einige typische Beispiele dafür, welche unliebsamen Überraschungen manchmal auftreten können.

Solche Situationen auf einer Kläranlage können hervorgerufen werden durch

Unter- oder Überbelastung hydraulischer Art,
Unter- oder Überbelastung biochemischer Art,
Giftstöße,
Schwankungen beim pH-Wert,
Mineralölzufluß,
Stromausfall,
Streusalze,
Winterbetrieb.

Daraus ist erkennbar, wie wichtig es ist, daß das Betriebspersonal die baulichen und betrieblichen Besonderheiten des gesamten Kanalnetzes kennt und über die Art der angeschlossenen Gewerbe- und Industriebetriebe informiert ist. Nur dann ist es in der Lage, besondere Betriebssituationen richtig zu beurteilen und die notwendigen Maßnahmen richtig zu treffen.

### *8.3.1 Hydraulische oder biochemische Unter- oder Überbelastung*

*Im Absetzbecken*

Bei zu kleinen Absetzbecken reicht die Durchflußzeit zum Abscheiden der absetzbaren Stoffe nicht aus. Die dem Absetzbecken folgende biologische Reinigungsstufe wird daher mit absetzbaren Stoffen belastet. Für die Oxidation dieser Stoffe wird zusätzlicher Sauerstoff benötigt; bei Tropfkörpern besteht dazu auch Verstopfungsgefahr.

Bei zu großen Absetzbecken wird die Absetzwirkung kaum verbessert. Es besteht die Gefahr, daß das Abwasser während der langen Durchflußzeit zu faulen beginnt. Dies erschwert die biologische Reinigung ganz erheblich. Durch die anaeroben Abbauvorgänge kann es zu Geruchsproblemen kommen.

*In der biologischen Stufe*

Bei der Überlastung von Belebungsbecken, Tropfkörpern oder Tauchkörpern steigen Raum- bzw. Flächenbelastung so an, daß die Mindestanforderungen für die Abwasserreinigung nicht mehr eingehalten werden können. Es findet nur noch eine Teilreinigung statt. Auch der maximale Sauerstoffeintrag oder die höchstmögliche Pumpenleistung reichen in den meisten Fällen nicht mehr aus, die Verschmutzung so abzubauen, daß die Ablaufqualität den wasserrechtlichen Auflagen entspricht.

Werden biologische Stufen unterbelastet, führt dies nicht zu Störungen, solange die Mikroorganismen ausreichend mit Nahrung versorgt werden. Der Tropfkörper wird zu einem schwach belasteten Tropfkörper, in dem der größte Teil des Schlammes stabilisiert wird. In Belebungsanlagen wird bei Unterbelastung der Schlamm ebenfalls weitgehend stabilisiert, so wie dies bei Belebungsanlagen mit gemeinsamer Schlammstabilisierung der Fall ist. Der Energieverbrauch für den $BSB_5$-Abbau ist bei Unterbelastung meistens unverhältnismäßig groß, da die Regelung der Maschinen (Sauerstoffeintrag, Pumpenförderung, Walzengeschwindigkeit usw.) bei niedriger Belastung nur selten ausreichend möglich ist.

### *8.3.2 Schlammtreiben im Nachklärbecken*

*Blähschlammbildung*

Ein gesunder Belebtschlamm hat einen Schlammindex, der zwischen 50–150 ml/g liegt. Steigt er über 150 ml/g an und enthält der Belebtschlamm Fadenorganismen, so spricht man von Blähschlamm. Blähschlamm setzt sich sehr schlecht ab. Er schwebt mehr oder weniger im Nachklärbecken, teilweise treibt der leichte Schlamm über die Ablaufschwelle ab.

Blähschlamm kann sich immer dann stark entwickeln, wenn ganz bestimmte Bedingungen erfüllt sind (Nährstoffe, Temperatur, Sauerstoffgehalt, pH-Wert), die für Fadenbakterien besonders günstig sind. Darum hat es meist wenig Erfolg, den belebten Schlamm zu entfernen und neuen Schlamm heranzuziehen. Nur wenn man die Betriebsverhältnisse ändert, können die Lebensbedingungen der Bakterien so verbessert werden, daß die weitere Blähschlammentwicklung verhindert wird.

Es hat sich herausgestellt, daß eine Vielzahl verschiedener Bakterienarten Blähschlamm verursachen können. Dies macht verständlich, daß es viele Ursachen für die ungünstige Bakterienentwicklung gibt und nicht immer die gleichen Bekämpfungsmaßnahmen zum Erfolg führen. Oft entwickeln sich die Fadenbakterien nur zu bestimmten Jahreszeiten, z. B. häufig im Frühjahr, was auf Temperatureinfluß schließen läßt. Auch besondere Belastungszustände durch angeschlossene Kampagnebetriebe, wie Konservenfabriken oder Brennereien, fördern die Blähschlammneigung. Ebenso wirkt sich angefaultes Abwasser sowie ein Mangel an Stickstoff oder Phosphor aus.

Bestimmte Betriebsweisen scheinen die Blähschlammentwicklung zu fördern. So neigen $BSB_5$-Raumbelastungen ($B_R$) zwischen 0,5 und 0,7 kg/($m^3 \cdot d$) besonders dazu. Volldurchmischte Belebungsbecken sind gefährdeter als längsdurchströmte Becken. Die geringe Leistungsfähigkeit eines Nachklärbeckens kann die Betriebsprobleme noch verstärken. So ist ein hydraulisch knapp bemessenes Nachklärbecken schon bei geringer Blähschlammneigung überfordert, während ein Nachklärbecken mit Belastungsreserven auch Blähschlamm in gewissen Grenzen zurückhalten kann. Dagegen tritt in Anlagen ohne Vorklärung Blähschlamm seltener auf.

So verschieden die Bakterien und ihre Ursachen sein können, so unterschiedlich muß man sie auch bekämpfen. Eine bestimmte Gegenmaßnahme, die mit Sicherheit in allen Fällen hilft, gibt es nicht. Hier kann dem Ver- und Entsorger nur empfohlen werden, mit viel Geduld verschiedene Möglichkeiten zu probieren und das Ergebnis abzuwarten. Im Zweifelsfall sollte ein Fachmann oder die technische Aufsichtsbehörde zu Rate gezogen werden.

Folgende Maßnahmen haben in Einzelfällen schon Erfolge gebracht:

- Schlammrückführung aus dem Nachklärbecken verstärken.
- Sorgfältiges Säubern aller Gerinne der Kläranlage, um Ablagerungen, die zum Anfaulen des Abwassers oder zur Entwicklung von Fadenbakterien führen könnten, auszuschließen.
- Aufenthaltszeit in der Vorklärung vermindern, z. B. durch Außerbetriebnahme einer Einheit. Dies gilt besonders, wenn das Rohabwasser angefault auf der Kläranlage ankommt.

- Bei pH-Werten unter 6,7 im Belebungsbecken intervallweise intensiv belüften, bis nahe an der $O_2$-Sättigung.
- Wenn die Ursache bei Industrieabwässern vermutet wird, kann das einseitige Nährstoffangebot, das die Fadenbakterien begünstigt, durch Zugabe von Stickstoff oder Phosphordüngesalzen verbessert werden. Dies kann z. B. durch den Stickstoff im Schlammwasser einer maschinellen Schlammentwässerung geschehen.
- Durch Zugabe von Fällungsmitteln, z. B. Eisensulfat, Eisenchlorid, Aluminiumsulfat, kann der Schlamm beschwert und die Flockenbildung und damit die Absetzeigenschaft verbessert werden. Wegen der Erhöhung des pH-Wertes und der Verkrustungsgefahr muß man hier besonders sorgfältig vorgehen.
- Mit der Dosierung von 20–40 mg/l Wasserstoffperoxid ($H_2O_2$) kann Blähschlamm, der durch Sphaerotilus verursacht wurde, mit Erfolg bekämpft werden. In 24 Stunden werden 20–200 g je $m^3$ Belebungsbecken zugeführt.
- Bei langen Belebungsbecken hilft manchmal, wenn Abwasser und Rücklaufschlamm vor Kopf, also an der Stirnseite des Belebungsbeckens, eingeleitet werden.
- Liegt die Aufenthaltszeit des abgesetzten Schlammes in der Nachklärung deutlich über einer Stunde, sollte die Räumeinrichtung optimiert werden; z. B. durch Erhöhung der Räumergeschwindigkeit auf 6–8 cm/s. Besser sind zwei regelbare Geschwindigkeiten, eine für Trockenwetter und eine für Mischwasserzufluß. Wenn die Höhe des Bodenräumschildes auf 50 cm vergrößert wird, kann das die Schlammräumung wesentlich beschleunigen.

In einem Erfahrungsbericht über die Bekämpfung von Blähschlamm sind weitere Einzelheiten beschrieben (Beilage zur Korrespondenz Abwasser [7] Folge 1/1987 Seite 276 und 277).

Die regelmäßige mikroskopische Beobachtung des Belebtschlammes ist dringend zu empfehlen (siehe Bestimmung des mikroskopischen Bildes Abschnitt 6.8). Dadurch kann womöglich das Entstehen von Blähschlamm schon im Anfangsstadium erkannt und verhindert werden.

*Schlammtreiben durch Denitrifikation*

Sobald in einer Kläranlage im Belebungsbecken durch Nitrifikation Nitrat gebildet wird, kann es im Nachklärbecken durch Denitrifikation zum Schlammtreiben kommen. Dieses Aufschwimmen von an sich gut absetzbarem Schlamm ist nicht mit Blähschlamm zu verwechseln, denn da setzt sich der fadenförmige Schlamm erst gar nicht, sondern bleibt in Schwebe.

In diesem Fall schwimmt aber der Schlamm durch die Entwicklung von Stickstoff-Gasblasen in der Belebtschlammflocke auf. Es kann durchaus sein, daß nach dem Entweichen der Stickstoff-Gasblasen an der Oberfläche der Schlamm sich einwandfrei absetzt. Dieser Vorgang dauert allerdings mehrere Stunden und diese Zeit steht im Nachklärbecken nicht zur Verfügung. Man kann aber im Meßzylinder diese Erscheinung gut beobachten und verfolgen.

Dieser Prozeß wird als Denitrifikation bezeichnet. Er beruht darauf, daß viele Bakterienarten bei Sauerstoffmangel den im Nitrat enthaltenen Sauerstoff anstelle von Luftsauerstoff verwenden können (Nitrat-Atmung). D. h. nitrifiziert eine Anlage gut, sinkt der Ammoniumgehalt, dafür entsteht aber Nitrat. Grundsätzlich ist die Denitrifikation bei der Abwasserreinigung erwünscht. Denn hierbei wird das für den Vorfluter – wegen der Düngewirkung – schädliche Nitrat umgewandelt. Nur ist das Nachklärbekken dafür nicht die geeignete Stelle, da dort das Schlammtreiben zu Betriebsproblemen führt.

Die Denitrifikation muß deshalb gezielt an eine Stelle in der Kläranlage verlagert werden, bei der es keine derartigen Schwierigkeiten gibt.

Dies läßt sich erreichen, wenn man durch eine entsprechende Zusammenführung von ungereinigtem Abwasser und nitrathaltigem Rücklaufschlamm die Denitrifikation an einer anderen Stelle erzwingt. Am geeignetesten ist ein zwischen Vorklärbecken und Belebungsbecken geschaltetes sogenanntes Denitrifikationsbecken, in dem der Belebtschlamm durch langsam laufende Rührer in Schwebe gehalten wird, ohne daß nennenswert Luftsauerstoff eingetragen wird. Meist steht jedoch ein eigenes Becken nicht zur Verfügung. Gute Erfolge sind auch zu erreichen, wenn im Belebungsbecken eine der Belebung vorgeschaltete Beckenzone, in die keine Luft mehr eingeblasen wird, zur Denitrifikation verwendet wird (anoxische Zone). Darüber hinaus sind je nach Beckenform und Belüftungsart andere Verfahrensweisen möglich.

### *8.3.3 Störungen der Schlammfaulung*

Störungen des Faulprozesses kann man erkennen am Rückgang der Gasmenge, am Anstieg des $CO_2$-Gehaltes im Faulgas oder am Anstieg des Gehaltes an organischen Säuren im Schlamm. Meist treten alle diese Merkmale zugleich auf, lediglich mit unterschiedlicher Intensität. Sofern man den $CO_2$-Gehalt täglich – oder bei großen Anlagen kontinuierlich – mißt, ist dieser Wert der erste und empfindlichste, der Unregelmäßigkeiten anzeigt und auf Störungen reagiert. Die Zusammensetzung des Gases hängt nämlich unmittelbar vom ausgeglichenen Funktionieren des mehrphasigen Faulprozesses (siehe Abschnitt 4.4.1) ab. Ein Anstieg des $CO_2$-Gehaltes im Faulgas ergibt auch eine Veränderung des Flammenbildes der Gasfackel von blau nach gab. Der pH-Wert dagegen reagiert sehr träge und ist kein geeigneter Anzeiger für die Füherkennung von Störungen.

Für einen ordnungsgemäßen Faulbehälterbetrieb sind daher zu beachten:

- Begrenzung der Raumbelastung mit organischer Substanz (Beschickungsmenge und GV überwachen),
- Vermeidung von Kurzschlußströmungen bei der Beschickung mit Rohschlamm,
- Sicherstellung der Umwälzung,
- Überwachung von Gasmenge, $CO_2$-Gehalt des Faulgases und Gehalt an organischen Säuren des Faulschlammes,
- Verhinderung der Bildung einer Schwimmdecke (bei mangelhafter Rechengutentnahme häufigeres Ablassen),

– Verhinderung der Versandung des Behälters (bei schlechter Sandfangwirkung regelmäßig Schlamm aus der Spitze des Faulbehälters ablassen).

Eine Störung des Faulprozesses kann verschiedene Ursachen haben.

- Häufig ist die *Belastung* des Faulraumes mit Rohschlamm zu hoch. Die Zugabe an organischer Trockensubstanz sollte nicht über 3 kg/m$^3$ liegen. Nachteilig auf die Fault ätigkeit kann sich auch auswirken, wenn der eingebrachte Rohschlamm nicht ausreichend geimpft wird. Das Impfverhältnis Prozeßschlamm: Rohschlamm sollte mindestens 12:1 bis 15:1 betragen. Auch eine zu kurze Umwälzdauer oder eine wenig intensive Umwälzung des Faulrauminhaltes können ungünstig sein.

- *Temperaturschwankungen* stören den Faulvorgang empfindlich. Bereits eine Temperaturverringerung von 2° C wirkt sich negativ auf die Aktivität der Methanbakterie aus. Der Behälter erholt sich jedoch nach kurzer Zeit, wenn die Normaltemperatur wieder erreicht ist. Eine Überwärmung kann dagegen zu einer echten Schädigung der Bakterien führen.

- *Gift- oder Schadstoffe* hemmen den Faulprozeß. Schon in geringen Mengen können die Verbindungen der Schwermetalle Kupfer, Nickel, Zink oder Chrom die Aktivität der Bakterien erheblich vermindern und damit ein Nachlassen des Faulvorganges verursachen. Außerdem stören Cyanide, Phenole und chlorierte Kohlenwasserstoffe (CKW).

- *Detergenzien* stören vor allem deshalb, weil sie zum Schäumen im Faulraum neigen.

Die Auswirkungen sind natürlich von der Ursache und dem Grad der Schädigung abhängig. Erste Anzeichen kündigen sich in der Regel durch eine Verminderung der Faulgasproduktion an. Dann folgt ein Absinken des pH-Wertes.

Wichtigste Gegenmaßnahme ist es, den Grund für die Schädigung zu finden und möglichst rasch die Ursache zu beseitigen. Dies ist jedoch nicht in allen Fällen ohne weiteres möglich. Besonders dann nicht, wenn die schädlichen Stoffe über das Kanalnetz eingeleitet wurden und der Verursacher erst ausfindig gemacht werden muß.

Wenn die Lebensbedingungen der Bakterien im Faulraum schwerwiegend verändert wurden, kann das notwendige Gleichgewicht gestört werden. D.h. die Tätigkeit der Methanbakterien geht immer mehr zurück und die sauren Stoffe nehmen zu. Der Faulraum arbeitet schließlich im Zustand der sauren Gärung (man sagt auch: er ist sauer geworden oder umgekippt). Die Sanierung eines „sauren“ Faulbehälters hat zum Ziel, die gehemmte Tätigkeit der Methanbakterien wieder in Gang zu bringen.

Zuerst ist der abgesunkene pH-Wert wieder auf einen Wert zwischen 7,5–8 anzuheben. Das geschieht am besten durch vorsichtige Zugabe von Kalkmilch zum Rohschlamm. Dazu wird der gelöschte Kalk langsam im Pumpensumpf dem Rohschlamm zudosiert und sofort mit einem starken Wasserstrahl aufgeschlämmt. Falls dies nicht möglich ist, muß das Kalkhydrat in einem Behälter mit Wasser aufgeschlämmt und dann in den Schlammkreislauf des Faulbehälters dosiert werden. Eine Überdosierung kann schädlich sein. Zu hohe Kalk-Konzentrationen können die Faulung auch beeinträchtigen. Wichtig ist eine gleichmäßige Vermischung im gesamten Faulraum. Durch nichtgelöste

Kalkteilchen, die nach unten sinken, entsteht die Gefahr der Verkrustung im Schlammtrichter und als Folge kann das Schlammablaßrohr verstopfen. In geschlossenen Faulbehältern wird die Verteilung durch kräftiges Umwälzen erreicht. Bei Emscherbecken muß man mit einer außen aufgestellten Pumpe den Schlamm vom unteren Ablaßschacht wieder in die Gasschächte einbringen und damit eine Vermischung erreichen.

Vom pH-Wert aus allein kann nicht auf die notwendige Kalkmenge geschlossen werden. Dazu müßten die Säuremengen bzw. der Feststoffgehalt ermittelt werden. Als Anhaltspunkt für die anzuwendende Kalkmenge dient das in Bild 8.11 dargestellte Diagramm.

Die Kalkzugabe kann auch mit der Faustformel

$$1\ \text{kg}\ Ca(OH)_2/m^3\ \text{je voller pH-Wert Unterschied}$$

überschlägig ermittelt werden.

Von der praktischen Handhabung her ist NaOH (Natriumhydroxid; in wässriger Lösung ist das Natronlauge) dem $Ca(OH)_2$ (Kalkhydrat; in Wasser gelöst als Kalkmilch) vorzuziehen, da die Gefahr der Verkrustung und Ablagerung geringer ist. Die Mehrkosten halten sich in Grenzen.

Während der Zudosierung, die sich über mehrere Tage ausdehnen sollte, ist der Anstieg des pH-Wertes ständig zu beobachten. Nur so kann die Zugabe zum richtigen Zeitpunkt wieder abgestellt werden. Reicht die verminderte Faulgasmenge nicht mehr aus, die Temperatur im Faulraum zu halten, muß durch eine Zusatzheizung die vorherige Betriebstemperatur im Faulraum wieder eingestellt werden.

Die Neutralisation der sauren Stoffe allein ist in vielen Fällen nicht ausreichend. Wirkungsvoll ist es z. B., die Beschickung des Faulraums mit Rohschlamm einzuschränken oder gar einzustellen. Das Verdünnen des Faulschlamminhaltes mit Abwasser, verstärktes Umwälzen und eine erhöhte Zugabe von Impfschlamm mit pH-Wert zwischen 7–8, sind weitere Hilfsmaßnahmen.

Wenn alle bisher genannten Maßnahmen den Schlamm nicht wieder in ein neutrales Gleichgewicht gebracht haben, muß der Faulbehälter entleert werden. Dies kann auch dann zweckmäßig sein, wenn z. B. ein einmaliger Schwermetallstoß den Faulschlamm erheblich belastet, so daß eine landwirtschaftliche Verwertung des Schlammes ausscheidet. Im übrigen kann es auch aus anderen Gründen nach etwa 12- bis 15jähriger Betriebszeit notwendig werden, den Faulbehälter auszuräumen. Möglicherweise haben sich dann Sandablagerungen oder widerstandsfähige Schwimmdecken gebildet. Auch kann die Heizungs-, die Umwälzanlage, können Rohre usw. erneuerungsbedürftig sein.

Als sehr vorteilhaft hat es sich erwiesen, vor Beginn der Ausräumarbeiten einen Beauftragten der zuständigen Berufsgenossenschaft zur Beratung über die erforderlichen Sicherheitsmaßnahmen hinzuzuziehen. Man kann auch zur Entlastung des Betriebspersonals eine für solche Arbeiten spezialisierte Fachfirma mit der Ausräumung des Faulbehälters beauftragen.

Da die zeitweilige Stillegung des Faulbehälters erhebliche betriebliche Einschränkungen mit sich bringt, muß der Zeitpunkt für die Entleerung möglichst frühzeitig festgelegt werden. Der Ablauf der Ausräumung ist sorgfältig vorzubereiten. Vor allen Dingen muß geplant werden, wohin der plötzlich in großer Menge anfallende Faulschlamm aus dem Faulraum gebracht werden kann und was mit dem weiter anfallenden Roh-

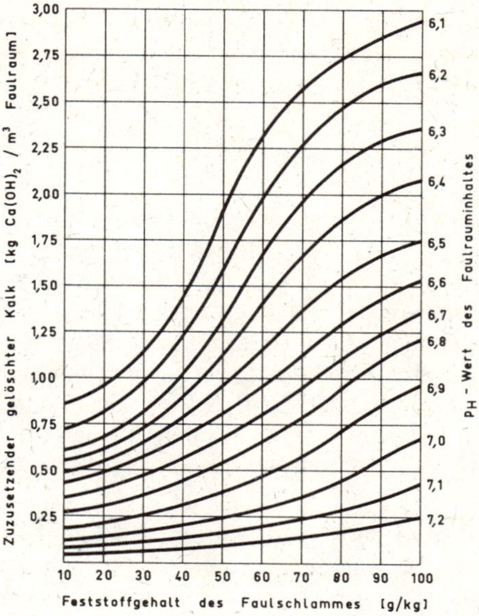


Bild 8.11: Zugabe der Kalkmenge zur Regulierung des pH-Wertes in einem „sauren" Faulbehälter (nach Husmann)

schlamm geschieht. Womöglich kann hier eine nahe gelegene größere Kläranlage aushelfen oder eine Deponie wird vorübergehend zur Verfügung gestellt.

Vor Beginn der Entleerungsarbeiten sind sämtliche Öffnungen im oberen Bereich des Faulbehälters freizumachen, damit das Klärgas entweichen kann. Zusätzlich ist sofort Frischluft mittels Gebläsen zuzuführen, damit die kritische Grenze, bis zu der ein explosionsfähiges Gemisch entstehen kann, schnell überwunden wird. Funkenbildung ist auszuschließen. Der Faulrauminhalt wird soweit als möglich über die vorhandenen Leitungen entleert. Später muß er u. U. mit Tauchpumpen entfernt werden, solange er pumpfähig ist. Die restlichen Ablagerungen können meist nur von Hand oder mit einem Hochdruckspülgerät gelöst werden. Dazu muß der Faulraum betreten werden.

Bevor man in den Faulraum einsteigt, ist es wichtig zu prüfen, ob das Betreten gefahrlos möglich ist. Dabei ist mit den vorgeschriebenen Prüfgeräten die Gaskonzentration zu messen. Die im Faulbehälter arbeitenden Personen sind unbedingt anzuseilen. Fluchtwege sind festzulegen und freizuhalten. Außerdem ist es unerläßlich, Beobachtungsposten aufzustellen.

Ist der Faulraum entleert, sollten seine Innenflächen gesäubert werden, um eventuelle Beschädigungen, Setzrisse usw. feststellen zu können. Alle Einbauten sind gründlich zu überprüfen, auch die, die bisher nicht zu beanstanden waren. Stahlteile, die Korrosionserscheinungen zeigen, sind gegen neue auszutauschen. Bei Bedarf ist der Korrosionsschutz zu erneuern. Es ist zu bedenken, daß die nächste Gelegenheit zu Erneuerungen erst wieder in vielen Jahren gegeben sein wird.

### *8.3.4 Belastung durch Gifte, Säuren oder Laugen*

Das Einleiten dieser Schadstoffe ist zwar nach der Entwässerungssatzung verboten, doch muß das Betriebspersonal immer wieder mit solchen unliebsamen Überraschungen rechnen. Um größere Betriebsschäden im Kanal und auf der Kläranlage zu vermeiden, muß das Kanalnetz streng überwacht werden. Veränderungen in der Beschaffenheit des Abwassers, des belebten Schlammes oder des Gasanfalls deuten auf das Vorhandensein solcher Schadstoffe hin. Es verändern sich Aussehen, Farbe, Geruch, Menge und Zustand der absetzbaren Stoffe. Der pH-Wert muß sich nicht unbedingt durch Giftstoffe verändern.

Eine gut arbeitende biologische Reinigungsstufe kann kleinere Giftmengen ohne größere Schäden verkraften. Bei starken, lang anhaltenden Giftstößen muß schnell gehandelt werden, damit die Mikroorganismen nicht abgetötet werden und die biologische Reinigung nicht für längere Zeit ausfällt. Auch der Faulbehälterbetrieb kann nachhaltig gestört werden, ja sogar völlig ausfallen, wenn der pH-Wert so weit abfällt, daß der Schlamm in saure Gärung übergeht.

Sind der Kläranlage Regenbecken vorgeschaltet, so eignen diese sich zum Abpuffern des Giftstoßes. Wenn diese Möglichkeit nicht besteht, so muß der Zulauf zur biologischen Reinigungsstufe geschlossen werden und das Abwasser – wenn möglich – nur mechanisch vorgereinigt in den Vorfluter eingeleitet werden.

In solchen Fällen heißt es sofort handeln: Abwasserprobe entnehmen, Datum und Uhrzeit festhalten und im Kühlschrank zwecks Beweisführung aufbewahren! Danach die vorgesetzte Dienststelle und die Aufsichtsbehörden verständigen.

Die biologische Reinigungsstufe darf nur in ganz besonderen Fällen eigenmächtig abgestellt werden. Dienststelle und Aufsichtsbehörden müssen von einer Abschaltung umgehend benachrichtigt werden. Der Ver- und Entsorger darf keinesfalls schon bei kleineren kurzfristigen Stoßbelastungen die biologische Reinigungsstufe abstellen, da durch die Vorklärung der Giftstoß meistens weitgehend abgepuffert wird. Solche Vorgänge müssen mit allen Einzelheiten im Betriebstagebuch festgehalten werden.

### *8.3.5 Zufluß von Öl, Benzin oder leichtflüchtigen Stoffen*

Mineralöle, Benzin und leichtflüchtige Stoffe sind wassergefährdende Stoffe, die sowohl den Oberflächengewässern als auch dem Grundwasser einen nachhaltigen Schaden zufügen können. Das ökologische Gleichgewicht eines Gewässers ist durch solche Stoffe gefährdet, Wasserversorgungen werden in Frage gestellt. Auf der Kläranlage können sie die biologische Reinigungsstufe und die Schlammfaulung zum Erliegen bringen.

Den Zufluß derartiger Stoffe erkennt man meist am Geruch und an Ölschlieren auf der Wasseroberfläche. Diese Stoffe können durch Straßenunfälle, Undichtigkeit in Tankanlagen und Unvorsichtigkeit in die Kanalisation gelangen. Bei Zufluß nennenswerter Mengen sind unverzüglich die zuständigen Stellen (z. B. Gemeindeverwaltung, Polizei, Feuerwehr) und die Betriebsleitung zu benachrichtigen. Bestehende Alarmpläne sind dabei zu beachten. Explosionsfähige Stoffe erfordern eine besondere Vorsicht. Es besteht Explosionsgefahr im Kanal, eventuell sind Straßensperrungen notwendig.

Die zufließenden Stoffe sind an geeigneter Stelle vor der biologischen Stufe, meist vor den Tauchwänden der Vorklärbecken, zurückzuhalten. Sie dürfen unter gar keinen Umständen auf den Tropfkörper oder in die Belebungsanlage gelangen. Auch dürfen sie nicht unmittelbar in den Vorfluter abgelassen werden. Bei einer Absperrung der Belebungsanlage ist die Belüftung weiter zu betreiben, damit der belebte Schlamm aktiv bleibt. Tropfkörper sind mit Rücklaufwasser weiter zu betreiben.

Sind alle Sicherheitsmaßnahmen getroffen, muß die Beseitigung des Öls erfolgen. Die Schwimmschlammräumung in Vorklärbecken eignet sich zum Räumen des Öls. Der Schwimmschlammschacht dient als Sammelbehälter. Größere Ölmengen muß man mit Spezialwagen einer Ölverbrennung zuführen. Kleinere Mengen bindet man mit Ölbindemittel und schöpft diese ab. Für solche Fälle sollte auf jeder Kläranlage eine Mindestmenge an Ölbinder lagern. Beim Einkauf ist darauf zu achten, daß der Ölbinder aus dauernd schwimmfähigem Material besteht. Ein Verbrennen auf den Absetzbecken ist unzulässig.

Um den Ölzufluß so gering wie möglich zu halten, ist es zweckmäßig, daß der Betreiber des Kanalnetzes die im Einzugsgebiet der Kläranlage liegenden Öl- und Fettabscheider regelmäßig räumen läßt.

Tierische und pflanzliche Fette können einer leistungsfähigen Schlammfaulung unmittelbar zugeführt werden. Mineralische Fette dagegen sollen nicht in den Faulbehälter gelangen, sie sind je nach den örtlichen Bestimmungen schadlos zu beseitigen und z. B. einer Sondermüllbeseitigung zuzuführen.

### *8.3.6 Stromausfall*

Bei Stromausfall ist schnellstens beim zuständigen Elektrizitätswerk die Dauer des Ausfalls zu erfragen und die Betriebsleitung zu verständigen. Nach Wiedereinschalten des Stromes sind alle elektrischen Einrichtungen zu prüfen und zeitabhängige Schreib- und Schaltgeräte neu einzustellen. Treten häufiger zeitlich längere Versorgungsengpässe im Stromnetz auf, ist zu prüfen, ob nicht andere oder zusätzliche Energiequellen gefunden werden müssen, um zumindest einen Notbetrieb aufrecht erhalten zu können. Notstromaggregate für Diesel oder Gas werden dabei am häufigsten eingesetzt.

### *8.3.7 Streusalz*

*Wirkung auf die Abwasserreinigung*

Bei Tauwetter kann sich die Salzkonzentration im Abwasser je nach eingesetzter Tausalzmenge und Schneeanfall um rund 1 g/l erhöhen. Auftausalze sind Neutralsalze, verändern also den pH-Wert nicht und enthalten auch keine Gifte. Sie sind deshalb nicht schädlich für die biologischen Vorgänge bei der Abwasserreinigung. Doch können trotzdem infolge der niedrigen Temperaturen des Schmelzwassers und seiner größeren Dichte Schwierigkeiten auftreten.

In der Vorklärung verschlechtert sich die Eindickung des Schlammes. Der Faulbehälter bekommt kalten und sehr wasserhaltigen Schlamm, so daß er stärker umgewälzt und beheizt werden muß. Manchmal verstärkt sich dadurch die Schaumbildung.

In der biologischen Stufe wird manchmal das Abbau- und Absetzverhalten des Belebtschlammes beeinträchtigt, ein verstärkter Schlammrücklauf ist dann erforderlich.

*Wirkung auf Bauwerke*

Die Sulfatanteile des Streusalzes greifen den Beton an. Damit kann das Tauwasser leichter in den Beton eindringen, so daß dieser auffriert und abblättert.

Die Korrosion von metallischen Teilen der Einrichtung wird verstärkt.

Deshalb sollte Streusalz auf Kläranlagen nur sparsam verwendet werden. Granulate sind besser. Zur Enteisung der Laufflächen von Räumgeräten auf Sandfängen, Vor- und Nachklärbecken haben sich vor allem Harnstoff, Frigantin oder spezielle Entfrostungsmittel bewährt.

### *8.3.8 Winterbetrieb*

Um Frostschäden zu vermeiden, die zu Betriebsunterbrechungen und -störungen, unnötigen Kosten und Ärger führen können, ist für die Winterzeit eine Reihe von Vorkehrungen wie folgt zu treffen:

*Leitungen*

Alle frostgefährdeten wasser- oder schlammführenden Leitungen müssen frostsicher verlegt sein. Freiliegende Leitungen sind fachgerecht zu isolieren. Das trifft für Tropfkörperzuleitungen, Schlammdruckleitungen auf Faulbehältern, Spül- und Kühlwasserleitungen zu.

Alle nicht frostfrei verlegten Leitungen sind zu entleeren oder zu schützen. Das Auftauen mit elektrischen Geräten oder Dampf ist zeitraubend und kostspielig. Der Schnee auf erdverlegten Leitungen soll als Wärmeschutz möglichst liegen bleiben. Alle freiliegenden Schieber, die nicht benötigt werden, sind zu öffnen. Das Schiebergestänge von im Boden liegenden Schiebern wird durch Anfrieren oft schwer beweglich und ist dann auch nicht mit Gewalt zu bedienen.

In einem Erfahrungsbericht über den Winterbetrieb von Kläranlagen wurden die Betriebsprobleme wähend eines kalten Winters zusammengestellt (Beilage zur Korrespondenz Abwasser [7] Folge 4/1980). Die wichtigsten Erkenntnisse waren:

- Der Bereitschaftsdienst ist rechtzeitig für den Winter zu regeln.
- Streumaterial, Abdeckmaterial und Geräte sind rechtzeitig zu beschaffen (mit Hilfe eines Dampfstrahlgerätes können viele Schwierigkeiten behoben werden!).

Bild 8.12: Erhebliche Eisbildung in einem Nachklärbecken

- Arbeitswinterkleidung für das Personal ist rechtzeitig zu überprüfen und vorzuhalten.
- Das Freihalten der Zufahrtswege zum Klärwerk (ggf. auch im Klärwerk selbst) ist vorher vertraglich zu regeln.
- Dünnflüssige Öle, Polymere, wässerige Lösungen, frostempfindliche Materialien u. ä. sind rechtzeitig frostsicher einzulagern.
- Alle nicht ständig benötigten Leitungen sind vor und während der Frostperiode zu entleeren.
- In einer Checkliste sind alle wesentlichen Maßnahmen zusammenzustellen. Es empfiehlt sich, diese Liste gestaffelt nach Temperaturzonen aufzustellen und für Frost und Frost plus Schnee aufzustellen (die Liste muß auch der Vertretung bekannt sein und soll möglichst zusammen mit dem Betriebstagebuch aufbewahrt werden).
- Es sind rechtzeitig Maßnahmen zu ergreifen, um dem bei Tauwetter zu erwartenden Fremdwasserstoß zu begegnen (hydraulische Überlastung des Nachklärbeckens mit Schlammaustrieb).
- Bei Eisgang in den Gewässern ist auf ausreichende Vorflut der Kläranlage zu achten.
- Neue Klärwerke sind rechtzeitig vor Beginn der Frostperiode einzufahren (möglichst nicht mehr ab Oktober).

Praktische Hinweise zum Winterbetrieb finden sich auch in [15].

## 8.4 Wirtschaftlichkeit

Der Betriebswirtschaftler definiert die Wirtschaftlichkeit nach dem

- Maximalprinzip:
  Mit den vorhandenen Betriebsmitteln ist ein Maximum an Leistung zu erzielen;
- Minimalprinzip:
  Eine vorgegebene Leistung ist mit einem Minimum an Aufwand zu erreichen.

In beiden Fällen drückt die Wirtschaftlichkeit das Verhältnis von Aufwand zu Leistung aus. Auf den Kläranlagenbetrieb bezogen heißt dies, daß mit dem vorgegebenen Ausbau der Anlage die bestmögliche Reinigungsleistung zu erzielen ist. Die vorgegebene Leistung – Ablaufgrenzwerte des Wasserrechtsbescheides – ist mit dem geringsten Aufwand, also mit den niedrigsten Kosten zu erreichen.

Das Ergebnis einer solchen Untersuchung ist nie eine Wirtschaftlichkeit oder Unwirtschaftlichkeit an sich. Diese Wertung wird erst durch Erfahrungswerte oder Vergleiche möglich. Was heute noch als wirtschaftlich gilt, kann morgen schon für unwirtschaftlich erklärt werden, weil es z. B. wirtschaftlichere Motoren oder Geräte gibt. Das gilt beispielsweise beim Stromaufwand für den $BSB_5$-Abbau. 1 kWh/kg $BSB_5$ ist heute wirtschaftlich, kann es aber morgen bereits nicht mehr sein.

Der Begriff des Aufwandes für die Reinigungsleistung darf aber nicht auf den Energieaufwand beschränkt bleiben. Er muß auf die Jahreskosten ausgedehnt werden, die zur Erzielung der Reinigungsleistung erforderlich sind. Dieser Aufwand umfaßt mehrere Kostengruppen.

Es sind dies

- Personalkosten,
- Unterhaltskosten (Energie),
- Sachkosten (Material, Ersatzteile, Untersuchungen),
- Verwaltungskosten,
- Kapitalkosten mit Abschreibung und Verzinsung.

Für das Kläranlagenpersonal ist hierbei wichtig, welche Kosten unmittelbar vom laufenden Betrieb verursacht werden und welche Möglichkeiten zur Beeinflussung dieser Kosten bestehen.

Die Kapitalkosten können durch eine gute oder schlechte Betriebsführung nicht beeinflußt werden, die Betriebskosten dagegen aber sehr. Die Anteile der Betriebskosten schwanken je nach Kläranlagengröße und örtlichen Verhältnissen in weiten Grenzen. Um aber überhaupt einen Anhalt zu bekommen, darf vereinfachend davon ausgegangen werden, daß von den Betriebskosten etwa ein Drittel auf die Personalkosten, ein weiteres Drittel auf die Energiekosten und das restliche Drittel auf Sachkosten, Untersuchungen und Verwaltung entfallen. Durch die gestiegenen Kosten für die Schlamm- und Bodenuntersuchungen in den letzten Jahren hat sich dieses Verhältnis etwa eingestellt.

### *8.4.1 Energieeinsparung*

Die vorstehenden Betrachtungen werden im allgemeinen von der Verwaltung oder der Betriebsleitung angestellt. Für das Betriebspersonal dagegen drückt sich der wirtschaftlichere oder unwirtschaftlichere Betrieb in dem für den $BSB_5$-Abbau erforderlichen Energieverbrauch – gemessen in kWh – aus.

Grundsätzlich darf die Überlegung zur Einsparung von Energie und Energiekosten kein Selbstzweck sein und nicht zu Lasten der Prozeßstabilität der Kläranlage gehen. Oberstes Ziel muß die Abwasserreinigung sein. Keinesfalls dürfen Gewässerverunreinigungen mit strafrechtlichen Konsequenzen die Folge sein. Ein verantwortungsbewußter Ver- und Entsorger wird also nicht um jeden Preis versuchen, Energie- und Betriebskosten zu sparen.

Die Einsparung von Energiekosten ist dabei nicht immer gleichbedeutend mit Einsparung von Energie. Die Energiekosten einer Kläranlage werden nicht nur durch den Energieverbrauch bestimmt. Eine wesentliche Rolle für die Kosten spielt auch die Gestaltung der Stromverträge zwischen dem Kläranlagenbetreiber und den zuständigen Energieversorgungsunternehmen (EVU).

Die Möglichkeiten zur Energieeinsparung können im allgemeinen den folgenden drei Gruppen zugeordnet werden:

- Verminderung des Energiebedarfs,
- Verminderung von Energieverlusten,
- Energierückgewinnung.

Das Ziel einer Verminderung von Energiebedarf und -verlusten ist üblicherweise leichter zu erreichen, während die Rückgewinnung von Energie in der Regel mit erhöhtem Einsatz an Technik verbunden ist und somit wiederum Kosten verursacht. Was kann das Betriebspersonal tun?

Anregungen sind im ATV-Hinweisblatt H 259 „Auf Kläranlagen Stromkosten sparen" [5] zu finden. Werden Überlegungen zur Einsparung von Energie auf einer Kläranlage angestellt, dann ist grundsätzlich zwischen zwei Arbeitsschritten zu unterscheiden: Die *Bestandsaufnahme* und die *Bewertung*.

| | 1 L.H. | kg FLG | $m^3$ EG | $m^3$ FG |
|---|---|---|---|---|
| 1 l L.H. ≙ | 1 | 0,883 | 1,086 | 1,778 |
| 1 kg FLG ≙ | 1,133 | 1 | 1,230 | 2,014 |
| 1 $m^3$ EG ≙ | 0,921 | 0,813 | 1 | 1,637 |
| 1 $m^3$ FG ≙ | 0,563 | 0,497 | 0,611 | 1 |

| | | | |
|---|---|---|---|
| Leichtes Heizöl | 1 l L.H. | ≙ | 11,36 kWh |
| Flüssiggas | 1 kg FLG | ≙ | 12,87 kWh |
| Erdgas | 1 $m^3$ EG | ≙ | 10,46 kWH |
| Faulgas | 1 $m^3$ FG | ≙ | 6,39 kWh |
| | 1 $kWh_{el}$ | ≙ | 0,6 $m^3$ FG |

Bild 8.13: Heizwertvergleich verschiedener Brennstoffe

Durch die Bestandsaufnahme gewinnt man ein Bild über den derzeitigen Zustand. Vor allem sind die energietechnischen Daten aufzuschreiben. Sie sollten regelmäßig abgelesen und die Werte analysiert werden. Vergleiche von Sommer und Winter interessieren ebenso wie zwischen Wochentagen und Wochenenden oder Hauptsaison und Nebensaison. Natürlich gehören dazu auch die Messungen des Brennstoffbedarfs (Öl, Gas), der Erzeugung von Klärgas, von Wärmepumpen oder anderer Energiequellen (Bild 8.13).

Hauptverbraucher ist bekanntlich die biologische Stufe mit 50–80% der Gesamtenergie (Bild 8.14). Überlegungen zum Optimieren sollten deshalb besonders hier ansetzen.

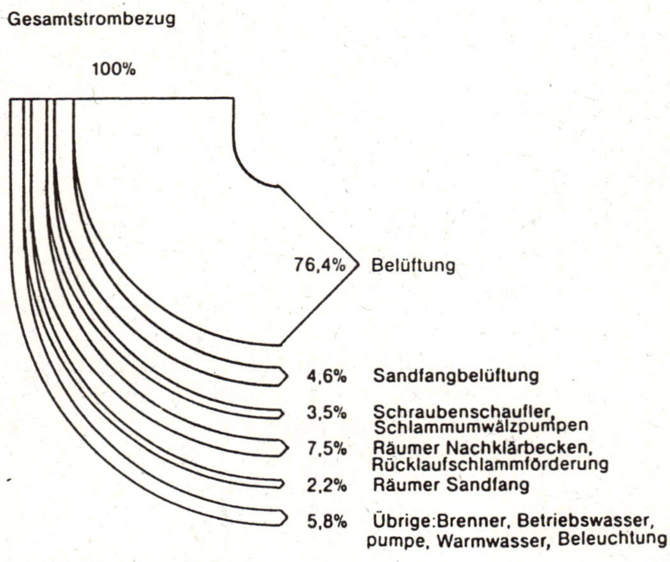


Bild 8.14: Energieaufwand einer Kläranlage

Eine Möglichkeit zur Bestandsaufnahme und Bewertung bietet das im Bereich der ATV erarbeitete Formular (Bild 8.15) [17]. Die dabei verwendeten Zahlenwerte werden überwiegend aus dem Betriebstagebuch entnommen. Weiterhin müssen einige Werte aus dem Stromvertrag mit dem EVU bekannt sein. Die Bewertung im unteren Teil des Formulars erfolgt anhand spezifischer Richtwerte. Kläranlagen, die in den gekennzeichneten Bereichen betrieben werden, haben einen günstigen Strom- oder Ölverbrauch.

Der Vergleich mit den Richtwerten in kWh/(EW · Monat) ist einfach durchführbar, da der Stromverbrauch aus den Monatsberichten des Betriebstagebuches sehr schnell herauszufinden ist; besonders dann, wenn ein eigener Stromzähler für die biologische Stufe installiert ist. Der Stromverbrauch der biologischen Stufe schließt den Rücklauf mit ein. Eine Bewertung kann natürlich auch durch andere Vergleiche erfolgen. Gebräuchlich sind auch als Maßstab Richtwerte in kWh/kg $BSB_5$-Abbau (Bild 8.16).

Kläranlage: Bergstadt Landkreis: JMS

Ausbaugröße (EW60): 10 000 Art (z. B. T, B) B

## Überlegungen zum Energiesparen für die Zeit vom April bis Juni 91

a) gemessener mittlerer Tagesabwasserzufluß bei TW (Zeile b₂ der Auswertung, Betriebstagebuch) 1880 m³/d

b) gemessener mittlerer $BSB_5$ im Rohabwasser bei TW (Zeile e der Auswertung, Betriebstagebuch) 310 mg/l

c) $BSB_5$-Tagesfracht im Rohabwasser (Zeile f der Auswertung, Betriebstagebuch) 583 kg/d

d) derzeitige Auslastung (Zeile g der Auswertung, Betriebstagebuch) 9717 $EW_{60}$

e) gemessener mittlerer $BSB_5$ im Ablauf bei TW (Zeile n der Auswertung, Betriebstagebuch) 11 mg/l

$f_1$) gesamter Stromverbrauch im Zeitraum (Zählerablesung) (Blindstrom beachten) 76 268 kWh

$f_2$) daraus gesamter Stromverbrauch pro Monat 25 423 kWh/Monat

$f_3$) in $f_2$ enthaltener Stromverbrauch für Elektroheizung, maschinelle Schlammentwässerung, Vorpumpwerk u. ä. *) 2843 kWh/Monat

$g_1$) mittlerer Stromverbrauch der Kläranlage pro Monat ($f_2 - f_3$) 22 580 kWh/Monat

$g_2$) daraus mittlerer Stromverbrauch pro Tag ($g_1$ : 30) 753 kWh/Tag

h) spezifischer Stromverbrauch je EW und Monat (Zeile $g_1$ : Zeile d) 2,32 kWh/(EW. Monat)

Beurteilung des spezifischen Stromverbrauches niedrig/mittel/hoch

Ursachen: (z. B. Unterbelastung, Eigenstromerzeugung) gute Nitrifikation und Denitrifikation

Sauerstoffgehalt des Belebungsbeckens bei Tag/Nacht 3,5 / 2,0 mg $O_2$/l

i) Ursachen für hohen Gesamtstromverbrauch ($f_2$ bzw. $f_3$) Gesamtstromverbrauch zwar niedrig, aber im biologischen Teil hoch wegen fehlender $O_2$-Steuerung

k) jährlicher Heizölverbrauch etwa 8200 l/Jahr

l) spezifischer Heizölverbrauch (Zeile k : Zeile d) Jahresdurchschnitt 9967 EW 0,82 l (EW. Jahr)

Beurteilung des Heizölverbrauches niedrig/~~mittel/hoch~~

Ursachen: (z. B. Brennerlaufzeit = _____ h/Monat) Zusatzbrennstoff nur in der kalten Jahreszeit

m) Bereitstellungsleistung des EVU (aus EVU-Vertrag) 55 kW

n) Maximaler Leistungsbezug aus dem Netz (aus EVU-Rechnung) 48 kW

o) spezifischer Leistungsbezug (Zeile n : Zeile d) x 1000 4,9 W/EW

spezifische Richtwerte

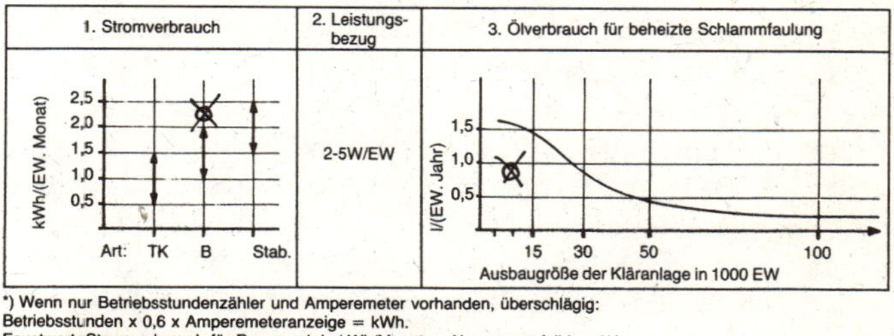


*) Wenn nur Betriebsstundenzähler und Amperemeter vorhanden, überschlägig: Betriebsstunden x 0,6 x Amperemeteranzeige = kWh.
Faustwert: Stromverbrauch für Pumpwerk in kWh/Monat ≈ Abwasseranfall in m³/d.

ATV-Landesgruppe Bayern, Hirthammer Verlag, München 1989

Bild 8.15: Überlegungen zum Energiesparen [17]

Ergibt sich aus dem Ergebnis der Bewertung, daß der Energieverbrauch ungünstig ist, sollten die Ursachen genauer erforscht werden. Die Gründe können sehr vielfältig sein. Unterbelastete Anlagen, ungünstig abgestufte Motoren, unzureichende Klärgasverwertung, hoher Fremdwasseranfall, zu hoher Sauerstoffgehalt im Belebungsbek-

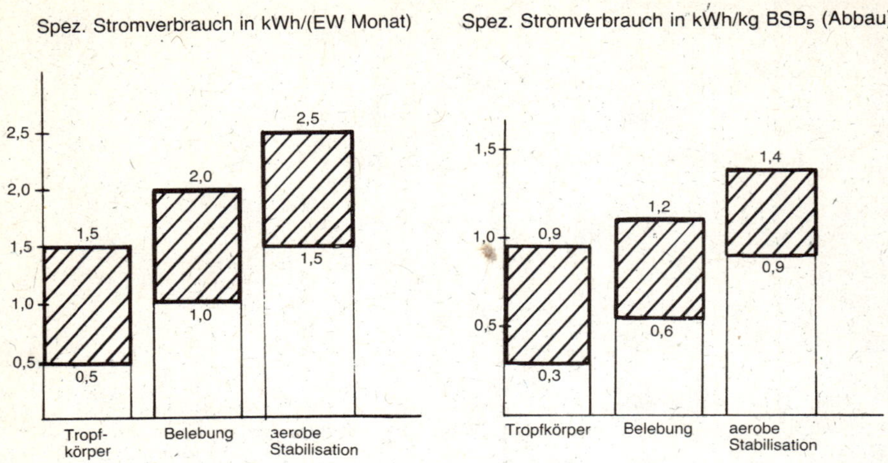


Bild 8.16: Richtwerte für den Energieverbrauch

ken, Probleme durch Industrieeinleitungen sind einige der häufigsten Ursachen. Hier gibt es sicher Ansätze für Verbesserungen. Vielleicht ist dies schon durch kleine Änderungen der Betriebsweise möglich. Bei größeren Veränderungen, Umbaumaßnahmen oder Anschaffungen sollte ein Fachbüro zugezogen werden.

Auf die Wirtschaftlichkeit des $BSB_5$-Abbaues hat das Betriebspersonal dadurch Einfluß, daß das Belebungsbecken mit hohem oder niedrigem Schlammgehalt gefahren wird.

Der Schlammgehalt kann an sich innerhalb einer großen Spannweite frei gewählt werden. Nur, wenn man sich einmal für einen bestimmten Schlammgehalt entschieden hat, muß dieser auch über längere Zeit beibehalten werden, weil er sich auf die Belastung eingestellt hat und bei einer kurzzeitigen und zu abrupten Veränderung leistungsvermindernd reagiert.

Jeder Schlamm hat zwei Arten der Atmung: die Grundatmung und die Leistungsatmung. Bei ein- und derselben Belastung haben größere Schlammengen naturgemäß eine größere Grundatmung. Je größer also der Schlammgehalt wird, um so größer wird auch der Grundatmungsanteil, was schließlich zu immer höheren Stromverbrauch je abgebautem kg $BSB_5$ führt. Mit diesem höheren Stromverbrauch wird nun im Gegenzug aber eine höhere Prozeßstabilität erkauft, weil ja der Leistungsanteil je Schlammeinheit wegen der höheren Schlammenge immer geringer wird. Hier das richtige Mittelmaß zwischen Prozeßstabilität und Wirtschaftlichkeit zu finden, ist eine wichtige, sich aus der Praxis ergebende Aufgabe des erfahrenen Betriebspersonals.

Einen großen Einfluß auf die Wirtschaftlichkeit kann der Auslastungsgrad einer Anlage haben. Auch bei größtem Geschick des Personals sind hier Grenzen gesetzt, wenn nicht Beckeneinheiten abgeschaltet werden können oder eine optimale Anpassung der Belüftungseinrichtung möglich ist. Im Bild 8.17 wird der Wahrscheinlichkeitsbereich für den mittleren spezifischen Strombedarf in Abhängigkeit von der $BSB_5$-Raumbelastung gezeigt. Dabei ist die $BSB_5$-Raumbelastung in $kg/(m^3.d)$ der Gradmesser für die Auslastung, da hierdurch erkennbar ist, wieviel kg $BSB_5$ in einem $m^3$ Beckenvolumen enthalten ist. Bei der Erstellung dieser Graphik wurde die Erfahrung berücksichtigt, daß Tropfkörperanlagen mit doppelter Raumbelastung gegenüber Belebungsanlagen etwa die gleiche Reinigungsleistung erbringen. Die Bereiche eines schnell ansteigenden Strombedarfs sind deutlich erkennbar. Die vergleichsweise große Schwankungsbreite beim Belebungsverfahren ist durch die verschiedenen Belüftungsverfahren begründet. Die Werte für Kreisel und Walzen liegen im oberen Teil, die der Druckbelüftung im unteren Teil des dargestellten Bandes.

Eine gesicherte Stickstoffoxidation in einem Belebungsbecken ist i. d. R. nur dann zu erreichen, wenn der Sauerstoffgehalt im Becken über 2 mg/l liegt. Damit sind aber die Richtwerte nach Bild 8.16 kaum einzuhalten. Erst durch den Betrieb einer Denitrifikation mit anoxischen Zonen oder Becken ist es wieder möglich „Sauerstoff zu sparen" und damit den Energieverbrauch zu senken. Dann können auch die Richtwerte als Maß für einen wirtschaftlichen Betrieb herangezogen werden.

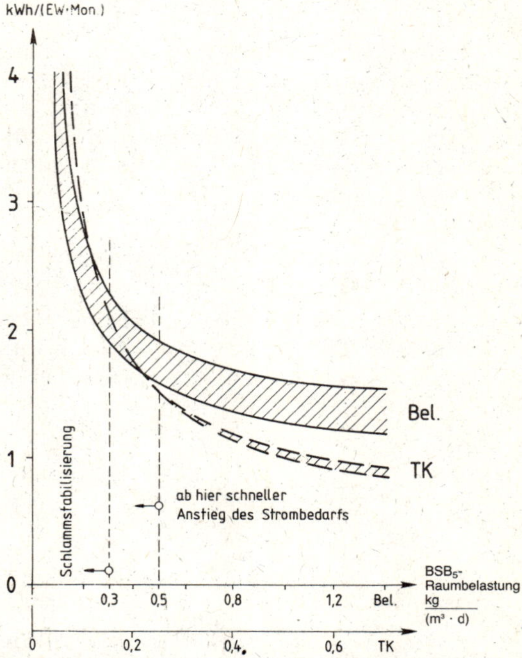


Bild 8.17: Wahrscheinlichkeitsbereich des mittleren spezifischen Strombedarfs in Abhängigkeit von der $BSB_5$-Raumbelastung $B_R$ in kg/($m^3$.d).

### *8.4.2 Stromlieferungsverträge*

Leider kennt das Betriebspersonal nur in wenigen Fällen den Stromlieferungsvertrag der Kläranlage. „Dafür ist die Verwaltung zuständig" heißt es meistens, obwohl mit ungünstigen Stromverträgen unnötige Mehrkosten entstehen können. Eine sorgfältige Kontrolle der Stromabrechnungen durch das Personal ist daher zu empfehlen. Nach dem ATV-Hinweisblatt H 252 „Empfehlungen zur Gestaltung von Stromlieferungsverträgen für Kläranlagen" [5] wird in zwei Versorgungsarten unterschieden:

a) aus dem Niderspannungsnetz (Tarifkunden),

b) aus dem Mittelspannungsnetz (Sondervertragskunden).

Je nach Stromversorgungsart wird empfohlen:

Zu a)

- elektrische Verriegelung von belastungsunabhängigen Maschinen. Auf diese Weise wird ein günstigerer Bereitstellungspreis erreicht.
- Senkung des Bereitstellungspreises durch richtige Dimensionierung der elektrischen Antriebe, ohne übertriebene Sicherheitszuschläge.
- Aufteilung von großen Maschinen in mehrere angepaßte Einheiten.

Zu b)

Beispiel einer Tagesganglinie (15 min. Leistungsaufnahme) (Bild 8.18). Hier werden die Betriebsgewohnheiten und gegenseitige Abhängigkeiten erkennbar. Kann die Leistungsspitze gesenkt werden?

- Ausgeglichene Stromabnahme anstreben; dazu die Spitzen möglichst kappen und auf Zeiten außerhalb des Spitzentarifs verschieben (z. B. Nachtstrom). Entscheidend ist das Verhältnis zwischen Grundlast und Spitzenwert (etwa 1 : 2 bis 1 : 5) und zwischen Tag- und Nachttarif (Abnahmeverhältnis etwa 60 : 40). Durch Abschalten von Nebenaggregaten kann man variieren (z. B. Druckluftkompressoren, elektrisch beheizte Öfen, Entwässerungsmaschinen, Hochdruckreinigungsgeräte, Schlammumwälzeinrichtungen usw.)
- Aufstellen eines maßgeschneiderten Tarifvertrages mit dem EVU; dabei sind die vorgegebenen betrieblichen Verhältnisse zugrunde zu legen.
- Den Leistungspreis niedrighalten; d. h. möglichst niedrige Vorhaltekosten (pro kW und Jahr fallen 250 bis 300 DM an). Manchmal werden bis zu 50% des gesamten Strompreises nur durch die Bestelleistung der gewünschten Spitzenkapazität bezahlt!

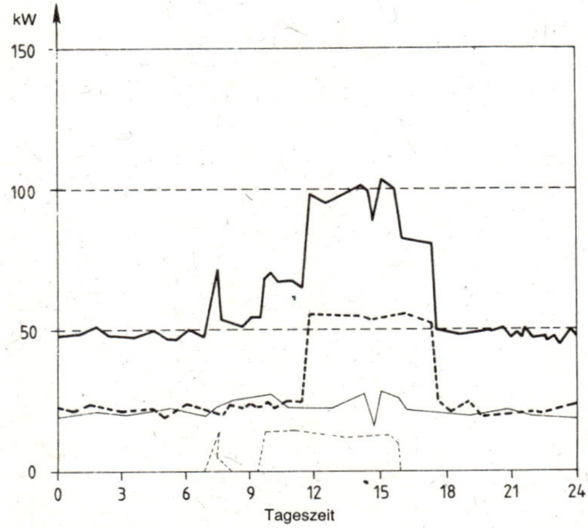


Bild 8.18: Leistungs-Tagesganglinie (kW)
15-min-Mittel einer Kläranlage mit 47000 EW an einem Trockenwettertag

- Betriebsplan festlegen, der das kurzfristige Abschalten von Maschinen ermöglicht, um die täglich vorgegebenen Verbraucherspitzen einzuhalten.
- Ständige Selbstkontrolle, ob der niedrige Tarif eingehalten wird; schon ein kurzfristiges Überziehen der Spitzen (15 Minuten reichen aus) führt zu enormen Verteuerungen.
- Maschinen mit elektromagnetischer Wirkung benötigen Blindstrom. Ein ungünstiger Leistungsfaktor cosinus phi (Wirkleistung zu Scheinleistung) erhöht die Stromrechnung. Er sollte über 0,9 liegen. Verbesserungen erreicht man durch Kompensation mit Kondensationen an den Einzelgeräten; am wirkungsvollsten aber auch am teuersten ist eine Gesamtkompensation.
- Mit Hilfe von Maximumüberwachungsanlagen, die automatisch bestimmte untergeordnete elektrische Verbraucher bei Überschreitung abwerfen, können Stromspitzen vermieden werden (zu empfehlen sind programmierbare Maximumwächter).

## 8.5 Instandhaltung

Der Wert einer Kläranlage mit allen Bauwerken, Maschinen, Wegen, Einzäunungen, Grünanlagen usw. beträgt oft mehrere Millionen DM. Durch eine sorgfältige Instandhaltung wird die Lebensdauer dieser Anlage um Jahre verlängert und ein reibungsloser Betrieb sichergestellt. Die Instandhaltung aller Teile der Abwasseranlage zählt zu den Aufgaben, denen das Personal vom ersten Tag der Inbetriebnahme gegenübersteht. Um diese oft speziellen Aufgaben erfüllen zu können, braucht man neben dem eigentlichen Fachwissen umfangreiche Kenntnisse auf Gebieten, die oftmals mit der Abwasserreinigung nicht viel zu tun haben. Die Instandhaltung kann nicht nebenbei erledigt werden! Es ist genau so falsch den Aufwand zu gering anzusetzen, wie zu hoch. Das läßt sich auch auf die Werkstatt beziehen. Für alle Arbeiten auf der Kläranlage, die selbst ausgeführt werden sollen, muß das entsprechende Werkzeug von guter Qualität vorhanden sein. Was darüber hinaus geht, wird leicht zur überflüssigen Belastung für Personal, Arbeitsablauf und Betriebskosten. Beim Einrichten und Ausrüsten der Werkstatt sollte man sich daher über folgendes im klaren sein:

- Welche Arbeiten müssen – und welche Arbeiten können ausgeführt werden?
- Wieviel Platz wird dazu benötigt und welches Werkzeug dazu gebraucht?

Die Antwort hängt zunächst von der Größe der Anlage, der maschinellen Ausstattung und den damit zusammenhängenden Wartungsarbeiten sowie vom Personalbestand der Kläranlage ab. Sind Fachleute mit Spezialkenntnissen darunter, steigen selbstverständlich die Ansprüche an den Werkraum und den Werkzeugbestand. Auch das Vorhalten von Ersatzteilen nimmt dann an Umfang zu. Dies trifft natürlich auch auf ältere Anlagen zu, die zwangsläufig einen höheren Wartungsaufwand erfordern und reparaturanfälliger sind.

### *8.5.1 Außenanlagen*

Durch eine sorgfältige Instandhaltung der Bauwerke und ihrer Außenanlagen wird nicht nur die Lebensdauer verlängert, es gibt dafür nocht weitere Gründe:

- Schäden an den Anlagen bedeuten fast immer auch eine Verminderung der Arbeitssicherheit. Eine Unfallgefahr muß aber verhindert werden.
- Eine Kläranlage muß aus hygienischen Gründen so sauber wie möglich gehalten werden. Oft werden dadurch auch Geruchsbelästigungen vermieden. Die Hygiene in Sozial-, Dusch- und WC-Räumen ist besonders wichtig.
- Der äußere Anblick einer Kläranlage entspricht einer Visitenkarte. Das Ansehen der Anlage und seines Personals steht und fällt mit der äußeren Erscheinung.
- Eine verwahrloste Kläranlage hat auch meistens einen schlechten Reinigungsgrad. Das Betriebspersonal sollte erst gar nicht den Eindruck aufkommen lassen, daß dies möglich wäre.
- Sehr häufig ist im wasserrechtlichen Erlaubnisbescheid eine standortsgemäße Bepflanzung zur Eingliederung der Kläranlage in die Landschaft vorgeschrieben. Diese Bepflanzung muß gepflegt werden.

***Korrosionsschutz von Stahl, Stahlbeton und Holz***

Zum großen Teil ist die Instandhaltung ein ständiger Kampf gegen die Witterungseinflüsse. Die Nähe von Abwasser verstärkt den Einfluß des Regens, des Windes, der Sonne und der Temperatur. In dieser Beziehung gibt es kein gutes oder schlechtes Wetter, weil ja jedes Wetter Materialschäden verursachen kann.

Wenn Materialien unter dem Einfluß der Witterung von der Oberfläche aus durch chemische oder elektrochemische Reaktionen angegriffen oder zerstört werden, so nennt man diesen Vorgang Korrosion.

Die bekannteste Art von Korrosion bei Stahl ist der Rost. Beim Rosten bildet sich auf der Oberfläche eine Korrosionsschicht aus oxidiertem Eisen. In einigen Fällen gibt es auch punktförmige, kraterartige Angriffe. Das ist der Lochfraß. Bauteile aus Stahl, aber auch aus feuerverzinktem Stahl, werden deshalb durch eine Beschichtung – das sind meist mehrere Anstriche – vor Korrosion geschützt. Feuerverzinkung ist ein sehr wirkungsvoller Korrosionsschutz. Es gelten die Normen DIN 50900, 55928 und 18364 (VOB, Teil C).

Sehr wichtig für den Korrosiosschutz ist die Untergrundvorbehandlung durch Entrosten. Hierfür gibt es genormte Grade. Die Vorbehandlung kann sein:

Handentrostung mit Drahtbürste oder Rostschaber,
maschinelle Entrostung mit Maschinenbürsten oder Schleifscheiben,
Strahlen mit Strahlmittel nach DIN 8201,
Flammstrahlen mit Injektor-Kammerbrenner oder
Acetylen-Sauerstofflamme,
Beizen.

Die wirkungsvollste Entrostung ist das Strahlen. Es gibt dabei die Entrostungsgrade „metallisch rein“ und „metallisch blank“. Nach der Entrostung ist der Stahl sofort mit einem Grundanstrich zu versehen, damit sich keine Flugrostschicht bilden kann.

Zum Beschichten sind folgende Verfahren möglich:

Handanstriche, bestehend aus 2 Grund- und 2 Deckanstrichen (gut),
Spritzen (gut für Deckanstriche),
Tauchen (nur bei kleinen Teilen möglich).

Wichtig ist, daß die Oberfläche vor dem Aufbringen einer Schicht immer trocken sein muß. Meistens werden vier Schichten aufgetragen.

Für die Grundanstriche werden Bleimennige, Zinkfarben oder auch Bitumen verwendet. Für die Deckanstriche haben sich Epoxidharz, Teerepoxidharz und andere Kunstharze bewährt. Die Güte einer Beschichtung hängt von der richtigen Wahl des Schutzmittels (Zinkverbindungen, Bleimennige) und des Bindemittels (Leinöl, Standöl, Kunststoffe und Kunstharze) ab.

Die Wahl des Anstrichstoffes wird von der Beanspruchung des Bauteiles bestimmt. Es ist ein Unterschied, ob sich das Objekt in einem trockenen, beheizten Zimmer oder in der Wasserwechselzone eines mit verschiedenen Wasserständen gefahrenen Beckens befindet. Die Stadt- oder Industrieatmosphäre ist aggressiver als die Landluft. Begehen oder Befahren beanspruchen die Bauteile mechanisch stark. Wenn Behälter innen beschichtet werden sollen, bestimmt ihr Inhalt (Heizöl, Lösungsmittel, Klärschlamm) die Beanspruchung und damit den Aufbau einer wirksamen Beschichtung.

Wenn Beschichtungen ausgebessert oder erneuert werden müssen, ist es notwendig, die ursprünglichen Beschichtungen zu kennen. Durch das Führen einer Korrosionsschutzkarte (Bild 8.19), die zu einem Wartungskartei-System [18] gehört, wird dies erleichtert.

Eine besondere Art des Korrosionsschutzes ist der kathodische Schutz. Eine sehr vereinfachende Erklärung ist die folgende: Metalle sind mehr oder weniger edel. Gold ist sehr edel, Eisen weniger, Zink und Aluminium noch weniger edel. Edel sein bedeutet sehr beständig sein gegen chemische Angriffe. Nach ihrer Beständigkeit kann man die Metalle in einer elektro-chemischen Spannungsreihe ordnen (Graphik der elektronischen Spannungsreihe). Wenn sich im Abwasser zwei Metalle berühren, so wird immer das weniger edle angegriffen. So bleiben Stahlteile geschützt, solange ein Zinküberzug vorhanden ist.

edel

→

Aluminium – Zink – Chrom – Eisen – Nickel – Zinn – Blei – Kupfer – Platin

←

unedel

Graphik: Elektrochemische Spannungsreihe einiger Metalle

Auf diesen Erkenntnissen baut der kathodische Korrosionsschutz auf. Man bringt unedle Metalle als Opferanoden neben dem zu schützenden edleren Metall an und beschickt die Metallteile ständig mit Strom. Diese Verfahren kommen meist bei erdverlegten Stahlrohrleitungen zur Anwendung.

Bei Aluminium entstehen Korrosionseinwirkungen auch durch Kontakt mit Beton. Man kommt deshalb immer mehr davon ab, auf Kläranlagen Aluminium zu verwenden; es sei denn, man verwendet seewasserbeständiges Aluminium.

Die Veredelung von Stahl durch Legieren ist der beste und letzten Endes der wirtschaftlichste Korrosionsschutz.
Auch Betonbauwerke sind der Korrosion ausgesetzt. Bei Stahlbeton entsteht meist dadurch Korrosion, daß die Bewehrung nicht ausreichend mit Beton überdeckt ist. Meist wird zuerst eine Rostfahne sichtbar. Dann platzen Betonteile über dem verrosteten Stahl ab. Man kann eine solche Korrosion verhindern, wenn man die Betonoberflächen gleich nach dem Ausschalen mit geeigneten Schutzanstrichen versieht oder wenn man geeignete Betonqualitäten und größere Überdeckung der Stahleinlagen wählt. Um bereits eingetretene Schäden zu beheben, müssen zur Sanierung die schadhaften Betonstücke entfernt und dann der angerostete Stahl freigelegt werden. Die Bewehrung ist mittels Strahlen metallisch rein zu entrosten. Dann muß der Stahl mit Kunststoffanstrichen geschützt werden. Schließlich wird Reparaturmörtel, am besten Epoxidharzmörtel, aufgebracht und die gesamte Betonoberfläche abschließend mit einem Schutzanstrich versehen.

Fugen sind manchmal schneller beschädigt als das Bauwerk selbst. Ausblühungen an den Fugen kann man beseitigen durch Abreiben des Betons, Säubern und durch Abwaschen mit einem sauren Reinigungsmittel. Die Oberfläche wird dann mit Kunststoffmörtel oder einem Kunststoffanstrich verschlossen. Voraussetzung hierfür ist, daß die Ursache für das Ausblühen beseitigt wurde.

Bei Betonoberflächen darf man nicht vergessen, daß Streusalz im Winter den Beton angreift. Dies ist besonders zu beachten bei den Beckenrändern, auf denen die Räder der Räumerbrücken laufen.

Bauwerke und Bauwerksteile aus Holz müssen ebenfalls regelmäßig vor Witterungseinflüssen durch Anstreichen oder Tränken geschützt werden. Für die Außenanstriche von Fenstern gelten etwa Standzeiten von drei Jahren, für die Innenseiten von fünf bis sechs Jahren. Rohe Holzwände sind mindestens alle drei Jahre mit einem Imprägnierungsmittel zu streichen.

Es ist nicht immer zweckmäßig, den Korrosionsschutz durch das Betriebspersonal einer Kläranlage ausführen zu lassen. Meist müssen dazu Fachfirmen herangezogen werden. Nur kleine Reparaturen sollte das Betriebspersonal selbst vornehmen. Es ist aber die Aufgabe des Betriebspersonals, darauf zu achten, wann der Korrosionsschutz erneuert werden muß, um dann die notwendigen Arbeiten zu veranlassen. Auch hier hilft eine Korrosionsschutzkarte (Bild 8.19) bei der Überwachung.

### *Unterhaltung und Pflege*

#### *Straßen und Wege*

Zu den Straßen und Wegen gehören auch Laufstege, Treppen, Leitern und Abdeckungen. Sie müssen sauber gehalten werden und sicher benutzbar sein. Schadstellen müssen sofort gesichert und beseitigt werden. Auf Wegen dürfen keine Gegenstände liegen bleiben. Im Herbst muß das Laub entfernt werden. Das Räumen von Schnee und Eis soll möglichst nicht mit Streusalz geschehen.

#### *Umzäunung*

Die mindestens 1,50 m hohe Umzäunung muß den Zutritt von Unbefugten aus Sicherheitsgründen verwehren. Das Einfahrtstor muß geschlossen bleiben, damit Fremde, vor allem Kinder, nicht unbeaufsichtigt an die Bauwerke, besonders an die Becken, herankommen können. Die Umzäunung sollte in regelmäßigen Abständen, wenigstens alle drei Monate, nachgesehen werden. Schäden sind zu melden, die Schadstellen zu sichern und sobald wie möglich zu beseitigen.

*Beleuchtung*

Die Beleuchtung soll bei Dunkelheit unfallfreies Begehen des Geländes und Außenarbeiten ermöglichen. Nicht ständig benutzte Beleuchtungseinrichtungen sind wöchentlich auf ihre Funktion zu prüfen. Schäden an Beleuchtungskörpern sind zu melden, damit die Elektrofachkraft sie beseitigen kann. In einfachen Fällen sind die Lampen auszuwechseln, Ersatzlampen sind bereit zu halten.

*Grünanlagen*

Auf Kläranlagen gibt es häufig Flächen, auf denen aus verschiedenen Gründen Gras, Sträucher, Bäume oder Blumen angepflanzt sind. Diese Anpflanzungen müssen entweder vom Betriebspersonal oder einer anderen Stelle gärtnerisch betreut werden. Das Gelände sieht sonst sehr rasch verwahrlost aus. Die Betreuung der Grünanlagen ist arbeitsintensiv.

Die Bepflanzung darf den Kläranlagenbetrieb nicht stören. In unmittelbarer Nähe von Becken und Tropfkörpern ist eine Bepflanzung mit Sträuchern, Bäumen oder Blumen unzweckmäßig. Besonders Laubbäume können in Beckennähe bei Laubfall im Herbst viel zusätzliche Arbeit und manchmal sogar Betriebsstörungen verursachen.

Die meiste Arbeit macht das Mähen des Grases. Mit modernen Mähmaschinen läßt sich diese Arbeit erleichtern. Böschungen können Schwierigkeiten bereiten. Hier helfen manchmal sogenannte Motorsensen. Häufig haben sich auch Schafe als biologische Rasenmäher bewährt. Wenn möglich, sollten Böschungen bepflanzt werden. Niedrige Bodendeckpflanzen sind hierfür geeignet.

Auch Hecken brauchen Pflege. Wenigstens einmal im Jahr müssen sie beschnitten werden. Hierfür gibt es elektrische Heckenscheren, die mit beiden Händen geführt werden müssen, um Handverletzungen zu vermeiden.

Eine künstliche Düngung braucht man auf einer Kläranlage zur Pflanzenpflege normalerweise nicht. Klärschlamm, wenn möglich, kompostierter Klärschlamm, ist hierfür immer vorhanden.

Unkrautbekämpfungsmittel sollten so wenig wie möglich eingesetzt werden. Sie sind unter Verschluß zu halten, um unbefugte Benutzung zu verhindern.

*Ungezieferbekämpfung*

Zum Ungeziefer auf Kläranlagen gehören Insekten, Möwen, Krähen und Ratten. Für die Abweisung von Vögeln genügt es, Drähte so zu spannen, daß sie nicht anfliegen oder landen können.

Von den Insekten können vor allem die Fliegen lästig werden. Die üblichen Fliegen treten meistens nur auf, wenn Sandfang- und Rechengut offen herumliegen. Container mit Deckel helfen hier. Im Sommer kann etwas Chlorkalk nützlich sein. Die Psychoda-Fliege vom Tropfkörper ist an sich harmlos, kann aber in größeren Schwärmen vom Wind in besiedelte Gebiete verblasen werden. Als Gegenmittel sind im Klärwärter-Taschenbuch [15] einige Möglichkeiten aufgezeigt.

Die Rattenbekämpfung ist auf einer Kläranlage unerläßlich. Ratten können Krankheitskeime aus dem Abwasser verschleppen. Deshalb dürfen sie nicht geduldet werden. Mit einer einzigen Gegenmaßnahme ist es nicht getan. Ratten kommen immer wieder, solange sie auf der Kläranlage etwas zu fressen erwarten können. Dies gilt besonders für die Nähe von Rechen und Sandfang. Meistens kommen die Ratten aus dem Kanal.

Wichtigste Regel ist peinliche Sauberkeit. Arbeitsgeräte sollen deshalb auch nicht herumliegen, sondern hoch gelagert werden, um den Ratten nicht zugänglich zu sein. Rechengut gehört in abgedeckte Container, um Ratten nicht anzulocken.

Die Bekämpfung der Ratten geschieht mit Rattengift. Man stellt durch angebundene Freßringe fest, wo sich die Ratten häufig aufhalten und streut dann entsprechend den Vorschriften des Herstellers das Rattengift aus. Das Rattengift ist aus Sicherheitsgründen streng unter Verschluß zu halten.

### 8.5.2 Warten von Maschinen

Die Automatisierung im Klärwerksbetrieb erfordert einen immer größer werdenden Einsatz von maschinellen Einrichtungen. Von der guten Funktion der Maschinen ist die Wirkungsweise der Anlage abhängig. Auch bei gezielter Auswahl der Ausrüstung, ihrer Wartung und Pflege lassen sich Störungen und Ausfälle nicht vermeiden. Deshalb ist es unumgänglich, sich ausreichende Kenntnisse anzueignen. Um sich mit der Maschine vertraut zu machen, muß frühzeitig mit der Überwachung und Wartung begonnen werden. Die wesentlichsten Verschleißteile sollten stets in genügender Zahl als Ersatz vorrätig gehalten werden. Nicht erst beschaffen, wenn es zu spät ist und lange Lieferzeiten die Maschine längere Zeit stillstehen lassen.

Im Normalbetrieb erstrecken sich Pflege und Wartung auf regelmäßige Beobachtungen und Überprüfung der Leistung, auf Säuberung und auf Schmierung.

*Beobachtung und Überprüfung der Leistung*

Wichtig ist das Abhören der Maschine nach Fremdgeräuschen in Antrieb und Lagerung, das Pfeifen der Stopfbüchse bzw. der Gleitringdichtung, das Brummen von Schaltgeräten oder das Schlagen von Rückschlagklappen usw.

Das Ablesen der jeweiligen Meßinstrumente für Druck, Durchfluß, Temperatur, Stromaufnahme und andere Größen sollte selbstverständlich sein. Es empfiehlt sich, diese Meßgrößen bei der Inbetriebnahme jeder neuen Maschine schriftlich festzuhalten, da aus deren Änderung im Laufe der Betriebszeit auf Verschleiß und Wirkungsgradverschlechterung geschlossen werden kann. Bei der Kontrolle ist auch der Ölstand zu prüfen, die Fettfüllung, die Stopfbüchsleckage der Sperrflüssigkeitszufuhr oder die Dichtheit der Pumpen.

Durch die Berührung der Maschine kann festgestellt werden, ob ungewöhnlich hohe Temperaturen an Lagern, Stopfbuchsgehäusen, Motoren, Kühlwasserleitungen usw. vorhanden sind. Auch besondere Vibrationen kann man hierdurch erkennen.

Das Wahrnehmen von Gerüchen sollte nicht unterschätzt werden. Der Geruch nach verbranntem Gummi von durchrutschenden Keilriemen, überanspruchten Kupplungspaketen, schmelzender Isolierung von überbelasteten Elektrogeräten bzw. -verkabelungen oder auch Gasgeruch aus undichten Rohrleitungen und Armaturen sind untrügliche Anzeichen, daß hier etwas nicht stimmt.

*Säuberung*

Eine stets sauber gehaltene Maschine ist nicht nur die Visitenkarte des Ver- und Entsorgers, an ihr sind auch sofort Schäden, vor allem Undichtigkeiten zu erkennen und können dadurch frühzeitig beseitigt werden. An vielerlei Maschinen, besonders an Elektromotoren der Schutzart IP 44, sind Be- und Entlüftungsbohrungen vorhanden, die immer frei sein müssen. Durch sie findet ein Luftaustausch statt, der für die zuverlässige Arbeitsweise und Haltbarkeit – Korrosionsschäden im Innern – von großer Bedeutung ist.

Bei der Säuberung dürfen jedoch die Arbeits- und Antriebsmaschinen auf keinen Fall durch einen Wasserstrahl gereinigt (abgespritzt) werden. Durch die Be- und Entlüftungsbohrungen der Motoren könnte Wasser eintreten und einen Kurzschluß hervorrufen.

*Schmierung*

Richtige Schmierung ist die Voraussetzung für eine lange Lebensdauer der Maschine. Schmierung bedeutet das Verhindern oder die weitestgehende Verminderung von Verschleiß und Fressen sich gegeneinander bewegender Teile mittels eines Trennmediums: des Schmierstoffes. Eine völlige Trennung der gleitenden Teile wäre der Idealfall und anzustreben. Hieraus ist zu ersehen, daß es auf den richtigen Schmierstoff ankommt.

Die Hersteller geben in ihren Bedienungsanweisungen Art und Sorte der geeigneten und erprobten Schmiermittel sowie deren Wechselzeiten an. Daran sollte festgehalten werden, schon um bei eventuellen Garantieansprüchen keinen Grund zum Widerspruch zu liefern. Bei größeren Anlagen mit vielerlei verschiedenen Maschinen ist es zweckmäßig, von einer anerkannten Mineralölgesellschaft aus den einzelnen Empfehlungen ein Universal-Schmiermittel feststellen zu lassen. Damit wird die Lagerhaltung vereinfacht und Verwechslungen werden vermieden.

*Merke:* Das richtige Öl und das richtige Fett für die richtige Schmierstelle!

Durch Farbkennzeichnungen, die an der jeweiligen Schmierstelle und auf dem zugehörigen Fett- oder Ölbehälter angebracht werden, lassen sich Verwechslungen ausschließen und auch eventuelle Störungen an der Maschine verhindern.

Beim Umgang mit Schmierstoffen und deren Ein- bzw. Aufbringen muß man auf große Sauberkeit achten. Jedes Staubkorn schmirgelt. Überschmierung oder Unterschmierung sind zu vermeiden!

Wälz- und Gleitlager sind immer auf Temperatur zu überprüfen, „heiße Lager“ weisen sehr oft auf Unterschmierung hin, denn Öl schmiert nicht nur, es hat auch die sehr wichtige Aufgabe der Wärmeabfuhr zu erfüllen. Im übrigen ist darauf zu achten, daß jede Schmierstelle vor dem Nachschmieren zunächst gesäubert wird.

*Aufzeichnungen*

Eine Maschinenwartung ist auch mit der Aufzeichnung von Daten und Wahrnehmungen verbunden. Nur so sind sie dem Kollegen, der Urlaubs- oder Krankheitsvertretung macht, zugänglich und nur so kann man z. B. die abgelesene Stromaufnahme mit früheren Werten vergleichen und Abweichungen erkennen.

Die Leistungsdaten laut Firmenschild, Typenbezeichnung und Fabrikationsnummer (dies ist wichtig für spätere Ersatzteilbestellungen), die Meßdaten bei der Inbetrieb-

# KORROSIONSSCHUTZKARTE

KARTE Nr. K ........ Blatt Nr. ........
(für jedes Objekt eine eigene Karte anlegen)

Stempel des Unternehmensträgers

Bezeichnung des Objektes: ........ Anzahl: ........

Standort oder zugehöriges Bauwerk: ........ Fabrikat: ........

Lieferfirma: ........ Hersteller: ........ Werk Nr.: ........

Inbetriebnahmejahr: ........ Werkstoff: ........ zu schützende Fläche: ........ m²

Voraussichtliche Häufigkeit der Erneuerung des Korrosionsschutzes: ........ Jahre Häufigkeit der Kontrollen ........

Beanspruchung durch (nichtzutreffendes streichen) Trinkwasser, Abwasser, Kondens-, Kühl-, Meerwasser, Wasserwechselzone, hohe Temperaturen, agressive Industrie-, Stadt-, Meeresatmosphäre, Lagerung von Lauge, Säure, Treibstoff, Öl, Lösungsmittel, mechanisch durch Befahren, Begehen, Sandabrieb, keine besondere ........

Schichtaufbau des Korrosionsschutzes durch den Hersteller

| Untergrund- bzw. Oberflächenvorbehandlung | Schicht | Material und Hersteller | Datum und Nr. v. Prüfzeugnis | Schichtdicke µm | Farbe und Farbbzw. RAL-Nr. | Bemerkungen |
|---|---|---|---|---|---|---|
| | Nr. 1 | | | | | |
| | 2 | | | | | |
| | 3 | | | | | |
| | 4 | | | | | |
| | 5 | | | | | |

Gesamtdicke ........ µm

Karte angelegt am: ........ geändert am: ........

**KONTROLLEN:**

| Datum | von wem | Ergebnis | Datum | von wem | Ergebnis | Datum | von wem | Ergebnis |
|---|---|---|---|---|---|---|---|---|
| | | | | | | | | |
| | | | | | | | | |
| | | | | | | | | |
| | | | | | | | | |
| | | | | | | | | |
| | | | | | | | | |
| | | | | | | | | |
| | | | | | | | | |



HERAUSGEBER: ABWASSERTECHNISCHE VEREINIGUNG e. V., ATV – LANDESGRUPPE BAYERN, KLÄRWÄRTER-FORTBILDUNG

Bild 8.19: Korrosionsschutzkarte (Originalgröße DIN A 4)

# STAMMKARTE FÜR SCHMIERUNG und WARTUNG

KARTE Nr. S 13 Blatt Nr. 1
(für jede Maschine bzw. Gerät eigene Karte)
(Nr. S, Nr. N und Nr. R müssen für die gleiche Maschine immer gleich sein)

**Maschine bzw. Gerät und Standort:** Frischschlammpumpe I, Pumpwerk Fabrikat: KSB Typ: KW Pix 150-315

Baujahr: 1976 Werks-Nr.: 306 572/1 Bestell-Dat.: 6.8.1975 Geliefert am: 20.1.1976 Bezogen von: KSB, Nürnberg

Motorart: E-Motor Kupplungsart: N-Eupex-Elast. Motor-Nr.: 6774561 Leistung: 19 KW Stromaufnahme (Sollwert): 36 A

Kundendienst mit Tel.: KSB, Bucherstr. 3, Nbg. 5, T. 0911/33745/46 Ersatzteillieferant mit Tel.: KSB, T. 33745/46

Karte angelegt am: 21.1.76 geändert am: ........

| Lfd. Nr. | Maschinenelement | Wartungsarbeit und Wartungsstelle am Gerät | Fristensymbol*) | Erforderliches Material | Menge |
|---|---|---|---|---|---|
| 1 | 2 | 3 | 4 | 5 | 6 |
| 1 | Lagerstuhl | 1. Ölwechsel nach 100 Bh | A | 36 cSt, 50°C, 4.8 E | 1.5 Ltr. |
| 2 | " | 2. Ölwechsel nach 500 Bh | C | " | " |
| 3 | " | Turnusm. Ölwechsel alle 3.000 Bh | F | " | " |
| 4 | Stopfbüchse/Packungsraum | wenn Tropfwasser zu stark, Brille nachziehen | ④ | —— | —— |
| 5 | " | Packungsringe erneuern, versetzt um 90° einbauen | C | Packung 12.5 × 12.5 | 4 Stck. |
| | | | | | |
| | | | | | |
| | | | | | |
| | | | | | |
| | | | | | |
| | | | | | |
| | | | | | |

*) SYMBOL-ERLÄUTERUNG: ① = tägl. ② = jed. 2. Tag ③ = wöchentl. ④ = monatl. ⑤ = ¼jährl. ⑥ = ½jährl. ⑦ = jährl.
A = 100 h B = 200 h C = 500 h D = 1000 h E = 2000 h F = 3000 h G = 5000 h H = 8000 h



HERAUSGEBER: ABWASSERTECHNISCHE VEREINIGUNG e. V., ATV – LANDESGRUPPE BAYERN, KLÄRWÄRTER-FORTBILDUNG

Bild 8.20: Stammkarte (Originalgröße DIN A 4)

## NACHWEISKARTE FÜR SCHMIERUNG und WARTUNG

KARTE Nr. N 13 Blatt Nr. 1
(für jede Maschine bzw. Gerät eigene Karte)
(Nr. S, Nr. N und Nr. R müssen für die gleiche Maschine immer gleich sein)

**Maschine bzw. Gerät und Standort:** Frischschlammpumpe I, Pumpwerk

| Datum | Lfd. Nr. gemäß Stammkarte | Stand des Betriebsstunden zählers | Stromaufnahme in Ampère | Fristensymbol*) (lt. Erledigung) | **zusätzliche** Wartungsarbeit und **besondere** Feststellungen (nur wenn notwendig) | verwendetes Material | Menge | Unterschrift |
|---|---|---|---|---|---|---|---|---|
| 1 | 2 | 3 | 4 | 5 | 6 | 7 | 8 | 9 |
| 17.3.76 | 1 | 103 | 36 A | A (Kästchen) | — | Aral TU 528 | 1,5 Ltr. | Huber |
| 20.4.76 | 4 | 160 | 36 A | ④ | — | — | — | Huber |
| 21.6.76 | 4 | 255 | 36 A | ④ | — | — | — | Huber |
| 16.7.76 | 4 | 303 | 35 A | ④ | — | — | — | Huber |
| 23.9.76 | 4 | 410 | 32 A | ④ | — | — | — | Huber |
| 11.11.76 | 1 | 504 | 30 A | C (Kästchen) | — | Aral TU 528 | 1.5 Ltr. | Huber |
| " | 5 | " | " | C (Kästchen) | Wellenschutzhülse leicht eingelaufen | 12.5 × 12.5 | 4 Stck. | Huber |
| 22.12.76 | 4 | 554 | 25 A | ④ | Stromaufnahme auffallend abgesunken | — | — | Huber |
| | | | | | | | | |
| | | | | | | | | |
| | | | | | | | | |
| | | | | | | | | |
| | | | | | | | | |

*) SYMBOL-ERLÄUTERUNG: ① = tägl. ② = jed. 2. Tag ③ = wöchentl. ④ = monatl. ⑤ = ¼jährl. ⑥ = ½jährl. ⑦ = jährl.
A = 100 h B = 200 h C = 500 h D = 1000 h E = 2000 h F = 3000 h G = 5000 h H = 8000 h



HERAUSGEBER ABWASSERTECHNISCHE VEREINIGUNG e.V. ATV – LANDESGRUPPE BAYERN. KLÄRWÄRTER-FORTBILDUNG

Bild 8.21: Nachweiskarte (Originalgröße DIN A 4)

## REPARATUR- UND ERSATZTEILKARTE

KARTE Nr. R 13 Blatt Nr. 1
(für jede Maschine bzw. Gerät eigene Karte)
(Nr. S, Nr. N und Nr. R müssen für die gleiche Maschine immer gleich sein)

**Maschine bzw. Gerät und Standort:** Frischschlammpumpe I, Pumpwerk Fabrikat: KSB Typ: KW Pix 150-315
Baujahr: 1976 Werks-Nr.: 306 572/1 Bestell-Dat.: 10.8.1975 Geliefert am: 20.2.1976 Bezogen von: KSB, Nürnberg
Motorart: E-Motor Kupplungsart: N-Eupex-Elast. Motor-Nr.: 6774561 Leistung: 19 KW Stromaufnahme (Sollwert): 36 A
Kundendienst mit Tel.: KSB, Bucherstr. 3, 85 Nbg. 5, T. 0911/33745/46 Ersatzteillieferant mit Tel.: KSB, T. 33745/46

| Datum | Stand des Betriebsstunden zählers | Schaden Art und Stelle am Gerät | Benachrichtigungsdatum Benachrichtigung an wen? | Rep. Datum durch wen? | Reparatur-Arbeit | Ursache des Schadens | Materialkosten Zeitaufwand |
|---|---|---|---|---|---|---|---|
| 1 | 2 | 3 | 4 | 5 | 6 | 7 | 8 |
| 17.8.76 | 353 | Schleißwand, saugs. | 18.8. Fa. KSB | 19.8 Fa. KSB | Schleißw. erneuert | hoher Sandanteil | ca. DM 500,- |
| 13.1.77 | 604 | Laufrad verschlissen | 14.1. Fa. KSB | 17.1. Fa. KSB | Laufrad erneuert | hoher Sandanteil | ca. DM 1.600,- |
| | | | | | | | |
| | | | | | | | |
| | | | | | | | |
| | | | | | | | |
| | | | | | | | |
| | | | | | | | |
| | | | | | | | |
| | | | | | | | |
| | | | | | | | |

Ersatzteilnachweis (Bestand, Bestellung) auf Rückseite



HERAUSGEBER ABWASSERTECHNISCHE VEREINIGUNG e.V. ATV – LANDESGRUPPE BAYERN. KLÄRWÄRTER-FORTBILDUNG

Bild 8.22 Reparatur- und Ersatzkarte (Originalgröße DIN A 4)

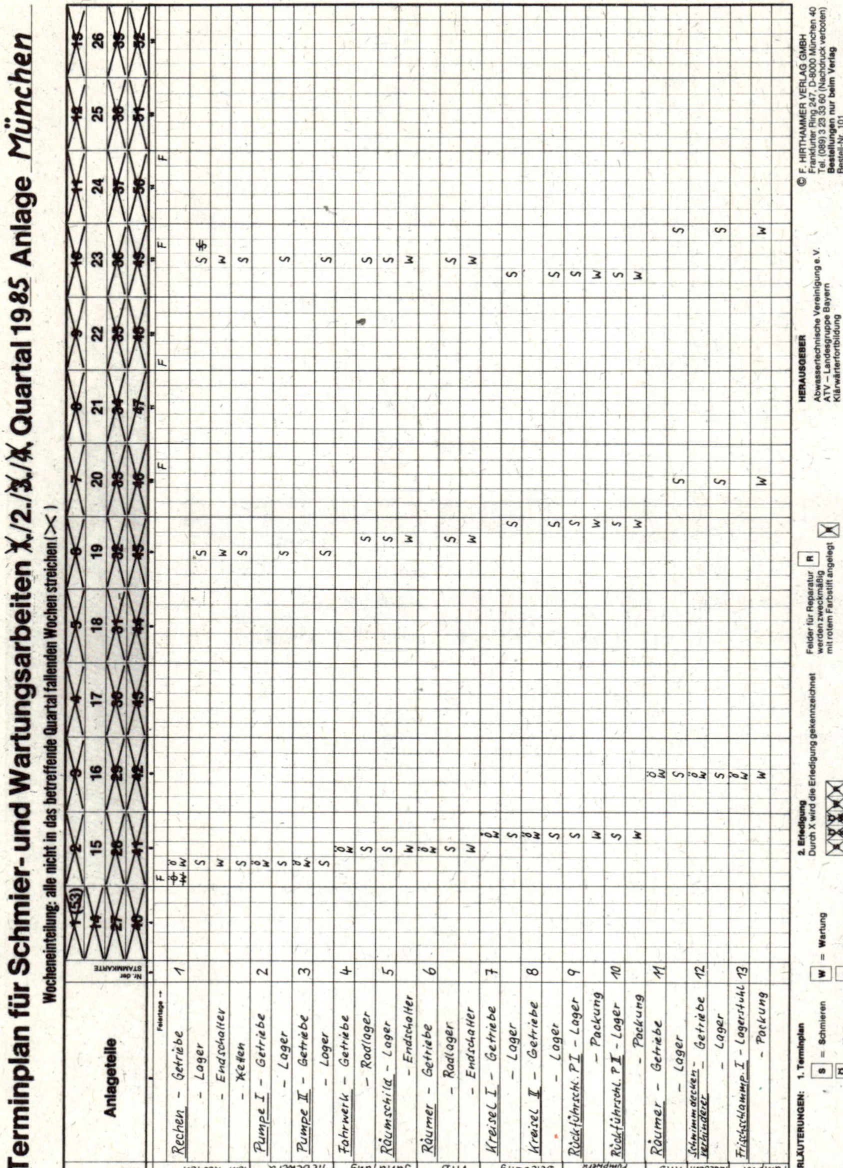


Bild 8.23: Terminplan (Originalgröße 60 × 42 cm

nahme und die Abschmier- oder Ölwechselzeiten lassen sich ohne weiteres in ein Maschinenbuch fortlaufend eintragen. Danach folgen in Stichworten mit Datum kurze Berichte über Abschmieren, Nachfüllen, Säuberungen, Reparaturen und sonstige Vorkommnisse. Damit erhält man eine gemeinsame Aufzeichnung aller Maschinen. Jedoch hat diese Art den Nachteil, daß man insbesondere bei größerer Maschinenzahl keine Übersicht hat und sich Daten usw. zusammensuchen muß.

Zweckmäßig ist es, für jede Maschine ein eigenes Blatt anzulegen, auf der nur die Daten des betreffenden Aggregates erfaßt werden. Ein Vergleich mit früheren Aufzeichnungen ist – ohne langes Suchen – auf einen Blick möglich.

Bei dem verhältnismäßig großen Umfang besteht teilweise die Gefahr, daß Wartung und Pflege in Vergessenheit geraten. Das Führen einer Maschinen- und Wartungskartei ist deshalb eine große Hilfe bei dieser Aufgabe. Um keine Termine zu versäumen, wurde im Bereich der ATV ein Karteisystem [18] erarbeitet. Wichtige Arbeiten werden somit nicht übersehen, so daß ein hohes Maß an Sicherheit hinsichtlich der Maschinenwartung erreicht wird. Wer bei Krankheitsausfall oder Urlaubszeit einspringen muß, der weiß die Wartungskartei besonders zu schätzen.

Das Karteisystem ist wie folgt aufgebaut:

Für jede Maschine gibt es eine *Stammkarte* (Bild 8.20). Hier werden die wichtigsten maschinenspezifischen Daten, der Hersteller, der nächstgelegene Service und die durchzuführenden Wartungsarbeiten eingetragen. Dies sind einmalige Eintragungen, die normalerweise nicht mehr verändert werden.

In der *Nachweiskarte* (Bild 8.21) werden alle durchgeführten Wartungsarbeiten wie Schmierung, Ölwechsel notiert. Dies ist eine wichtige Unterlage, vor allem für Garantieansprüche.

*Die Reparaturkarte* (Bild 8.22) enthält alle angefallenen größeren Reparaturen. Auf der Rückseite sind die im Lager für die betreffende Maschine vorhandenen Ersatzteile aufgeführt.

In dem *Terminübersichtsplan* (Bild 8.23) läßt sich alles so zusammenfassen, daß Wartungsarbeiten für jede Maschine auf einen Blick erkennbar sind.

Das System läßt sich noch um eine *Lagerkarte* erweitern. Sie enthält Material, das nicht bestimmten Maschinen zuzuordnen ist, z. B. Dichtungen, Farben, Pinsel. Sie ermöglicht eine rationelle Lagerhaltung und vermeidet Engpässe durch rechtzeitiges Nachbestellen.

## 8.6 Inbetriebnahme

Die Inbetriebnahme neuer Kläranlagen, einzelner Bauteile einer Erweiterung oder nach einer Reparatur wird in der Regel von Spannung und Ungeduld begleitet.

Die Zeit, in der die Inbetriebnahme auch noch von Unkenntnis der am Betrieb Beteiligten begleitet war, gehört der Vergangenheit an. Das Netz der Kläranlagen ist in der Zwischenzeit so dicht, der Ausbildungsstand des Betriebspersonals auf den benachbarten Kläranlagen so hoch und die gegenseitige Hilfsbereitschaft durch die Kläranlagennachbarschaften so groß geworden, daß jede Inbetriebnahme durch qualifizierte Fachkräfte beratend begleitet werden kann.

Voraussetzung für die Inbetriebnahme der gesamten Kläranlage ist die Einzelabnahme von gesäuberten Bauwerken, der maschinellen und elektrischen Einrichtungen. Wenn dies auch Sache der Bauleitung ist, so sollte das Betriebspersonal hieran in jedem Fall beteiligt werden. Bei dieser Gelegenheit kann das Betriebspersonal auch in die Funktionen eingewiesen werden. Zur Einweisung müssen die Betriebsanleitungen vorliegen und als Begleitmaterial verwendet werden.

Nach sorgfältiger Funktions- und Leistungsprüfung aller Kläranlagenteile können die Anlagenteile mit Wasser gefüllt und durchprobiert werden. Nicht selten geht diese Erprobung dann in den Normalbetrieb über. Doch oft kommt es auch vor, daß Anlagen- oder Maschinenteile die von ihnen erwarteten Leistungen nicht erbringen. Dann darf nicht davor zurückgeschreckt werden, die betreffenden Anlagenteile noch einmal zu entleeren, die Mängel zu beseitigen und den Inbetriebnahmeversuch erneut zu beginnen. Eine Handhabe dazu können auch die in den Ausschreibungsunterlagen verlangten oder im Wasserrechtsbescheid vorgeschriebenen Testläufe (z. B. Sauerstoffeintragsversuche) sein.

Besonders wichtig ist:

- Sämtliche Leitungen (Luft, Schlamm, Abwasser) sind sorgfältig zu prüfen, ob nicht irgendwo Reste von der Baustelle liegen geblieben sind.
- Zur Einarbeitung ist dem Belebungsbecken das gesamte Abwasser zuzuführen. Einige Kubikmeter Belebtschlamm von einer benachbarten Kläranlage (sog. Impfschlamm) beschleunigen die Einarbeitung. Die Rücklaufschlammpumpen sind mit voller Leistung zu fahren. Überschußschlamm darf erst abgezogen werden, wenn der vorgesehene Schlammgehalt mit Sicherheit erreicht ist. Der Schlammgehalt ist während dieser Zeit laufend zu prüfen.
- Biologische Vorgänge brauchen Zeit, bis sich im Betrieb eine Art Gleichgewichtszustand zwischen Nährstoffangebot und Reinigungsleistung eingestellt hat. Deshalb muß man Geduld haben, bis sich der Betrieb stabilisiert hat. Das trifft auf alle biologischen Systeme zu. Die Einarbeitungszeit dauert mindestens 14 Tage, bei dünnem Abwasser bis zu 4 Wochen und auch länger. Im Winter lassen sich vor allem Belebungsanlagen nur schwer einarbeiten. Kalte Jahreszeiten sollten deshalb zur Einarbeitung möglichst vermieden werden.
- Der Faulbehälter wird mit geklärtem Abwasser gefüllt und beheizt. Während des Aufheizens kann man schon bis zu einem Drittel des Faulrauminhalts Faulschlamm aus einem gut eingearbeiteten Faulbehälter als Impfschlamm zugeben. Die Zufuhr von Rohschlamm soll ein Zwölftel bis ein Fünfzehntel der jeweils vorhandenen Gesamtschlammenge nicht überschreiten. Aktivkohle oder auch faulendes Laub sowie Kalkzugaben beschleunigen die Reifung. Zweckmäßig ist die laufende Überwachung der Temperatur, des pH-Wertes, der Gasmenge, des Anteils an organischen Säuren und die Aufzeichnungen der ermittelten Werte in Tabellen oder als graphische Darstellung. Bei Störungen des Einarbeitungsvorgangs lassen sich dann anhand dieser Daten leichter die Störungsursachen ermitteln und die richtigen Gegenmaßnahmen treffen.
- Die wichtigsten Ersatzteile, Schmiermittel und Werkzeuge müssen bei der Inbetriebnahme gebrauchsfertig vorhanden sein.
- Es ist selbstverständlich, daß das zur Aufzeichnung der Betriebsergebnisse und -zustände benötigte Betriebstagebuch rechtzeitig anzulegen ist.

Die Inbetriebnahme neuer Bauteile oder eine wasserrechtliche Inbetriebnahme hat nichts zu tun mit der Inbetriebnahme nach AbwAG S 10.3 bei der Verrechnung von Baukosten. In diesem Fall ist die Inbetriebnahme der objektive Zeitpunkt, an welchem die Anlage ihre Funktion erfüllt.

## 8.7 Übernahme von Fäkalschlamm

Der Begriff Fäkalschlamm wird allgemein für das Räumgut aus Kleinkläranlagen verwendet. Das sind im wesentlichen Mehrkammer-Ausfaulgruben, aber auch abflußlose Sammelgruben, Trockenabortanlagen und – nicht zuletzt – Chemietoiletten. Diese Anlagen müssen regelmäßig entleert, der Fäkalschlamm ordnungsgemäß behandelt werden.

Im Rahmen des ATV-Regelwerkes (5) behandelt das Arbeitsblatt A 123 Grundsätze für die Mitbehandlung von Fäkalschlamm in kommunalen Kläranlagen. Stichwortartig zusammengefaßt gilt folgendes:

- Mindestgröße der Kläranlage (nach Möglichkeit) 10000 EW.
- Ausreichende Leistungsreserven.
- Vergleichmäßigung der Zugabe.
- Verdünnung Fäkalschlamm und Abwasser etwa 1:20.
- Grobstoffentnahme.
- Nachweis der Herkunft.
- Kontrolle durch Rückstellproben.

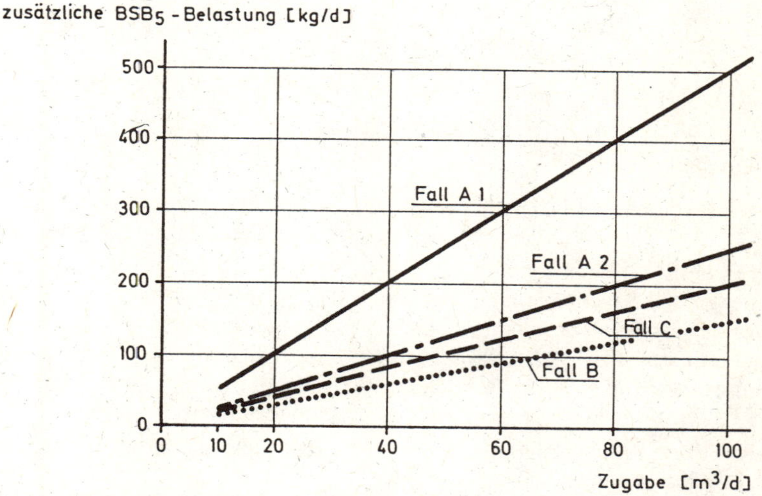


Bild 8.24: Zusätzliche Belastung der Kläranlage durch Zugabe von Fäkalschlamm in
- Fall A 1 eine Anlage mit Schlammstabilisierung
- Fall A 2 in den Zulauf einer Anlage mit Faulung
- Fall B in den Faulbehälter
- Fall C sowohl in den Zulauf als auch in den Faulbehälter

Verfahrenstechnisch ist die Mitbehandlung des Fäkalschlammes in Kläranlagen mit gemeinsamer Schlammstabilisierung und in Kläranlagen mit beheiztem Faulbehälter zu unterscheiden. Auf jeden Fall ergibt sich eine zusätzliche Belastung, bei Stabilisierungsanlagen für Belebung und Schlammspeicherung, bei Anlagen mit Faulbehälter für Schlammbehandlung und biologische Stufe (Stichwort: Rückbelastung, siehe hierzu Bild 8.24 und Bild 8.25).

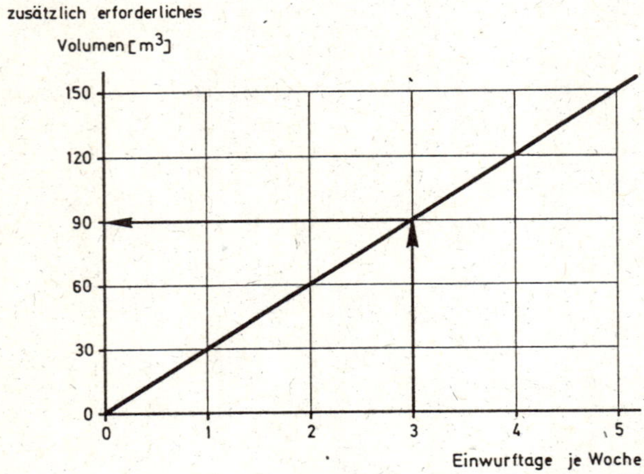


Beispiel: 3 Einwurftage/Woche mit je 40 $m^3$/d zusätzlich erforderliches Faulraumvolumen:

$$90 \cdot \frac{40}{10} = 360\ m^3$$

Bild 8.25: Zusätzlich erforderliches beheiztes Faulraumvolumen bei Zugabe von Fäkalschlamm in den Faulbehälter je 10 $m^3$/d (Fall B)

Die Höchstmengen, die auch bei entsprechender Leistungsreserve bei der Mitbehandlung von Fäkalschlamm in einer kommunalen Kläranlage nicht überschritten werden sollten, zeigt Bild 8.26

Selbst bei großen Kläranlagen, die eine über den Tag verteilte Anfuhr und direkte Zugabe des Fäkalschlammes in den Zulauf wegen der großen Zulaufmengen verkraften können, empfiehlt sich die Errichtung von Speicherbehältern. Man kann dadurch die Einleitung in die Kläranlage besser der augenblicklichen Belastungssituation anpassen und hat Puffervolumen bei Betriebs- oder anderen Störungen.

In das Kanalnetz sollte nur in sehr großen Netzen und unter Kontrolle (z. B. auf einem Bauhof) Fäkalschlamm eingeleitet werden.

Besondere Bedingungen gelten für die Inhalte von Chemietoiletten. Das Problem sind die zugesetzten Chemikalien. Sollen sie eine Desinfektionswirkung haben, so müssen sie toxisch wirken. Wirken sie toxisch, schädigen sie die biologische Abwasserbehandlung. Dies Problem ist nur durch ausreichende Verdünnung (1:1000 bis 1:5000) zu lösen. Voraussetzung ist allerdings, daß der private Anwender sich an die Dosierungsvor-

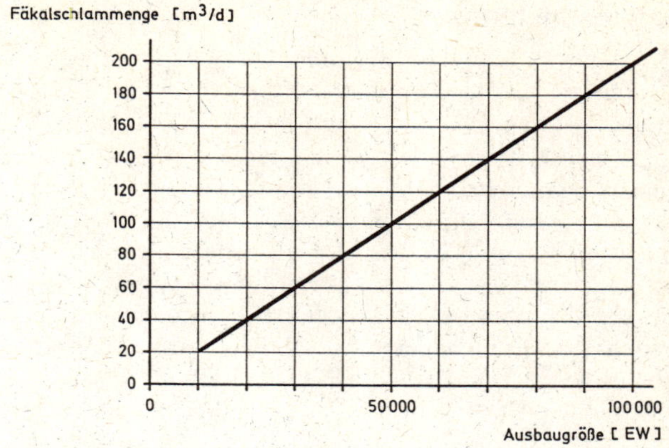


Bild 8.26: Richtwerte für höchstzulässige Fäkalschlammzugabemengen in Abhängigkeit von der Kläranlagenausbaugröße (gültig nur für vergleichmäßigte Zugabe)

schriften hält. Praktisch heißt das, daß nur Kläranlagen mit einer Ausbaugröße von mehr als etwa 50000 EW Inhalte aus Chemietoiletten aufnehmen können. Gleichzeitig muß eine gezielte Verbraucheraufklärung erfolgen.

# 9 Sicherheitsmaßnahmen

## 9.1 Arbeitsschutz

Wie bereits in Band 1 im Abschnitt 6 „Arbeits- und Gesundheitsschutz" grundlegend erläutert, sind die Beschäftigten auf Abwasseranlagen durch Gesetz gegen die Folgen von Arbeitsunfällen und Berufskrankheiten versichert. Für gemeindliche Abwasseranlagen sind die Träger der gesetzlichen Unfallversicherung, die Gemeindeunfallversicherungsverbände sowie bestimmte Großstädte mit Eigenunfallversicherung. Für nicht gemeindliche sind es die Berufsgenossenschaften für Gas- und Wasserwerke. Diese Versicherungsträger sind Körperschaften des öffentlichen Rechts mit Selbstverwaltung. Zu ihren Aufgaben gehört die Schadensersatzpflicht nach Arbeitsunfällen, z. B. für Arztkosten, Medikamente, Krankenhausbehandlung, Rente usw. Aber mindestens genauso wichtig ist die Aufgabe, Arbeitsunfälle zu verhüten und für eine wirksame Erste Hilfe zu sorgen.

Zur Lösung dieser Aufgabe erlassen die Träger der gesetzlichen Unfallversicherungen Unfallverhütungsvorschriften, Richtlinien und Sicherheitsregeln (siehe Abschnitt 10 „Fachbezogene Rechtsvorschriften, Technische Regeln, Sicherheitsvorschriften"), die sowohl von den Leitern der Verwaltungen und Betriebe oder von ihren Beauftragten als auch von den Versicherten zu beachten sind.

Verstoßen Mitglieder oder Versicherte vorsätzlich oder fahrlässig gegen Unfallverhütungsvorschriften, kann der Vorstand des Unfallversicherungsträgers eine Geldbuße bis zu 20000,– DM festsetzen.

Die Unfallversicherungsträger haben durch fachlich besonders vorgebildete Technische Aufsichtsbeamte die Durchführung der Unfallverhütung zu überwachen und ihre Mitglieder zu beraten.

Verantwortlich für die Durchführung der Unfallverhütung ist der Leiter des Betriebes bzw. der von ihm Beauftragte. Er hat auch die Beschäftigten sowohl über die bei den Tätigkeiten auftretenden Gefahren als auch über deren Abwendung aufzuklären. Dies muß vor der Aufnahme der Beschäftigung erfolgen und danach mindestens einmal jährlich.

## 9.2 Unfallverhütung

Die Durchführung der Unfallverhütung im Bereich der Anlagen zur Abwasserbehandlung ist ein umfangreiches Gebiet. **Aus den neu erschienenen „Sicherheitsregeln für Arbeiten in umschlossenen Räumen von abwassertechnischen Anlagen (Betrieb)" (GUV 17.6) vom Januar 1989) werden im folgenden einige wichtige Unfallverhütungsmaßnahmen aufgezeigt.**

*Arbeits- und Verkehrsbereich sowie Grünanlagen*

Am häufigsten ereignen sich Unfälle in Kläranlagen durch Stolpern und Ausrutschen im Arbeits- und Verkehrsbereich. Das Kläranlagenpersonal sollte daher darauf achten, daß alle Arbeits- und Verkehrsbereiche von Verschmutzungen, wie z. B. Abwasser, Schlamm, freigehalten werden. Bei Schnee und Eis ist die Trittsicherheit erforderlichenfalls durch das Streuen von abstumpfenden Mitteln (z. B. Sand) zu gewährleisten.

Bei der Pflege der Grünanlagen in Kläranlagen kommen in der Regel Motorrasenmäher zum Einsatz. Beim Arbeiten mit Motorrasenmäher müssen Sicherheitsschuhe getragen werden. Beim Rasenmähen auf dem oft unebenen Gelände von Kläranlagen ist die Gefahr sehr groß, daß bei Stürzen die Füße durch das rotierende Mähmesser verletzt werden.

*Arbeiten an Becken und Gerinnen*

Das Kläranlagenpersonal, das für Arbeiten an Becken und Gerinnen eingesetzt wird, muß grundsätzlich schwimmen können. Nichtschwimmer müssen bei solchen Arbeiten mit Auftriebsmitteln, z. B. Rettungsschwimmkragen, gesichert sein.

Offene Becken, Gerinne und dergl., bei denen wegen baulicher oder betrieblicher Gegebenheiten ein Absturz besonders schwere Folgen haben kann, müssen durch Absturzsicherungen ausreichend gesichert sein, z. B. durch 1 m hohe Geländer. Bei Arbeiten an Becken und Gerinnen, die nicht mit Geländer gesichert werden können, z. B. wenn ein Räumer auf der Umfassungswand fährt, ist das Tragen von ohnmachtsicheren, vollautomatisch aufblasbaren Rettungsschwimmkragen dringendst zu empfehlen (Bild 9.1).

Bild 9.1: Rettungsschwimmkragen

Alle Arbeiten an offenen Becken, Gerinnen und Pumpensümpfen sind aufgrund der Absturzgefahr gefährlich. Hier sollte, wenn der Personalstand es zuläßt, nie alleine gearbeitet werden.

Bei einem Sturz in ein belüftetes Belebungsbecken ist die Gefahr des Ertrinkens sehr groß. Durch den Lufteintrag in das Wasser ist der menschliche Körper schwerer als das Wasser-Luft-Gemisch, wodurch das Schwimmen sehr erschwert ist. Außerdem ist zu bedenken, daß in Belebungsbecken immer sehr starke Strömungen herrschen. An Belebungsbecken müssen allseitig Absturzsicherungen, z. B. Geländer, angebracht sein.

*Arbeitsplätze an Räumern und Rechen*

Ablaufrinnen und Beckenteile in Klärbecken können oft nicht zur Reinigung begangen werden und müssen deshalb von den Räumern aus gewartet werden. Für diese Wartungsarbeiten müssen an den Räumern an geeigneten Stellen gesicherte Standplätze angebracht sein. Auf keinen Fall dürfen Trennwände in Becken als Standplätze benutzt werden.

Auch die Antriebe von Rechenanlagen müssen regelmäßig gewartet werden. Sehr oft liegen die Antriebsmotoren und Getriebe so hoch, daß sie vom Fußboden aus nicht erreicht werden können. Für die Arbeiten an den hochgelegenen Antriebseinheiten müssen gesicherte Standplätze vorhanden sein, z. B. Wartungsbühnen.

*Einsteigen in Schächte, Pumpensümpfe, entleerte Faulbehälter u. ä., Begehen won Kanälen (siehe auch Abschnitt 2.3.7 Arbeitsschutz und Unfallverhütung im Kanalbetrieb)*

Zum Heben und Entfernen der Schachtabdeckungen sind geeignete Deckelheber zu benutzen, um Finger- und Handverletzungen zu vermeiden. Beim Einsteigen und Arbeiten in Abwasserschächten und Kanälen muß immer mit dem Auftreten von giftigen und explosiblen Gasen sowie mit Sauerstoffmangel gerechnet werden. Vor dem Einsteigen sind Schächte und Kanal ausreichend zu belüften. In der warmen Jahreszeit, wenn die Schacht- bzw. Kanalatmosphäre kühler als die Umgebungsatmosphäre ist, reicht die natürliche Lüftung nicht aus. Dann ist eine technische Lüftung mit Kanallüftern mit Frischluftzufuhr zur Arbeitsstelle hin vorzunehmen. Sie kann als ausreichend angesehen werden, wenn z. B.

- bei Kanälen je $m^2$ Kanalquerschnitt ein Luftstrom von 600 $m^3$/h,
- bei sonstigen Bauwerken, z. B. Pumpensümpfen u. ä., ein sechs, bis achtfacher Luftwechsel pro Stunde erreicht wird.

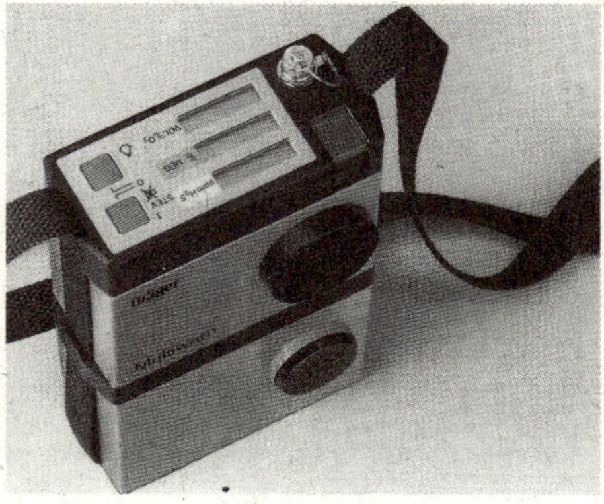

Bild 9.2: Gasmeßgerät

Vor dem Einsteigen und Begehen sowie während der Arbeiten ist durch Messungen zu prüfen, ob die Lüftung ausreicht.

Sie reicht aus, wenn

- der $O_2$-Gehalt mehr als 17% beträgt,
- die Konzentration brennbarer Gase oder Dämpfe unter 10% der unteren Explosionsgrenze liegt und
- die gesundheitsschädliche Konzentration giftiger Gase und Dämpfe vermieden wird (siehe auch Abschnitt 2.3.7).

Für die Messungen werden zweckmäßig Gasmeß- bzw. Gaswarngeräte (Bild 9.2 und 9.3) verwendet. Im Handel sind Personenschutzgeräte erhältlich, die mit einem Gerät z.B. $O_2$, $CO_2$, $H_2S$, $CH_4$ messen können. Gaswarngeräte, die auch messen können, sind auch im Faulbehälterbereich zweckmäßig.

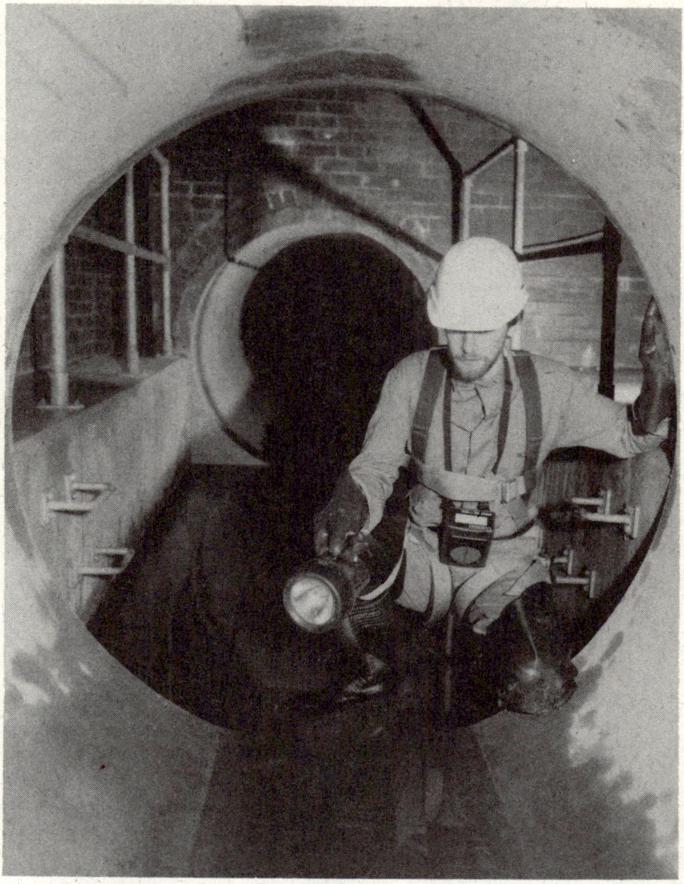

Bild 9.3: Im Kanal mit einem Gaswarngerät (Quelle Neutronics)

Grundsätzlich trägt jeder Einsteigende einen Rettungsgurt nach DIN 7478 oder eine Arbeitshose mit eingearbeitetem Rettungsgurt (Bild 9.4). An dem Rettungsgurt ist in der in Nackenhöhe befindlichen Befestigungsöse ein Sicherheitsseil anzubringen, wenn der Schacht tiefer als 2 m ist. Das Ende des Sicherheitsseiles ist oberhalb der Einstiegsstelle sicher zu befestigen, damit es nicht in den Schacht fallen kann. Als Schutzkleidung sind Sicherheitsschuhe und Schutzhelm vorgeschrieben. Beim Einsteigen und Arbeiten in Schächten steht eine weitere Person in Sichtverbindung über Tage zur Sicherung und Rettung bereit. Bei Arbeiten in Kanälen muß mindestens eine weitere Person auf der Schachtsohle in ständiger Sichtverbindung mit der Person über Tage stehen.

Um den Einsteigenden bei Gefahr jederzeit wieder schnell aus dem Schacht heben zu können, ist über Tage ein Rettungshubgerät (Bild 9.4) bereitzuhalten.

Bild 9.4: Arbeitshose mit eingearbeitetem Rettungsgurt

*Lärmbereich*

Durch die Montage von Gasmotoren und den Bau von Kompressorenstationen für Luft und Faulgas entstehen in vielen Kläranlagen lärmintensive Betriebsteile. Lärmmessungen ergaben, daß in diesen Betriebsteilen in der Regel ein Lärm auftritt, bei dem ein Beurteilungspegel von 85 dB (A) überschritten wird.

Gehörschäden können bereits bei einem Lärm auftreten, dessen Beurteilungspegel den Wert von 85 dB (A) überschreitet.

Die hochempfindlichen Nervenzellen des menschlichen Gehörs müssen vor einer Überbeanspruchung geschützt werden, denn bei einer Überbeanspruchung der Gehörzellen über längere Zeiträume besteht die Gefahr einer bleibenden nicht mehr heilbaren Gehörschädigung.

Betriebsteile, in denen Lärm auftritt, bei dem ein Beurteilungspegel von 85 dB (A) erreicht oder überschritten sind, sind Lärmbereiche, die durch Gebotsschilder „Persönlicher Schallschutz" zu kennzeichnen sind und in denen von den Beschäftigten persönlicher Schallschutz z. B. Kapselgehörschützer, getragen werden muß.

Der Unternehmer (Betriebsleiter) hat dafür zu sorgen, daß Versicherte, die in Lärmbereichen beschäftigt werden, durch Vorsorgeuntersuchungen überwacht werden.

*Explosible Gase*

Durch die Einleitung von brennbaren Flüssigkeiten, wie z. B. Benzin usw. in das Abwasser, können auf der Kläranlage, besonders in unterirdischen sowie umschlossenen Einlaufbauwerken, Rechenanlagen, Sandfängen und Pumpensümpfen explosible Gase auftreten. Um eine Explosionsgefahr zu vermeiden, müssen in diesen geschlossenen Bauwerken Explosionsschutzmaßnahmen getroffen werden. Gaswarngeräte, die auch $CO_2$ messen, sind hier zu empfehlen.

In Kläranlagen mit eigener Gaserzeugung wird Faulgas gewonnen, dessen Hauptbestandteile Methan und Kohlendioxid sind.

Zusammen mit Luft bildet Faulgas ein explosionsfähiges Gemisch. Beim Bau und Betrieb der Einrichtungen für die Gaserzeugung, Weiterleitung und Gasspeicherung müssen Explosionsschutzvorschriften beachtet werden.

In diesem Zusammenhang wird auf die Explosionsschutz-Richtlinien (GUV 19.8) verwiesen.

***Erste Hilfe***

Auf der Kläranlage muß mindestens ein Ersthelfer zur Verfügung stehen. Bei mehr als 20 Versicherten müssen mindestens 10 % davon als Ersthelfer ausgebildet sein. Ersthelfer müssen mindestens in Abständen von 3 Jahren an einem Fortbildungs- und Wiederholungslehrgang teilnehmen.

Für eine wirksame Erste Hilfe ist es auch wichtig, daß sich bei jeder Arbeitsgruppe, die außerhalb des Betriebsgeländes der Kläranlage beschäftigt ist, stets ein Ersthelfer befindet, der bei einem Unfall sofort zur Verfügung steht. Durch die vermehrte Ausbildung von geeigneten Personen sollte dieses Ziel erreicht werden.

Entsprechend der Zahl der Beschäftigten ist das Erste-Hilfe-Material vorrätig zu halten. Zweckmäßig ist es, bei Kläranlagen mit bis zu 20 Beschäftigten mindestens einen kleinen Verbandskasten DIN 13164 Teil 1 bereitzuhalten.

Auch jede Arbeitsgruppe, die außerhalb der Kläranlagen arbeitet, muß Erste-Hilfe-Material z. B. einen kleinen Verbandskasten mitführen. Das Erste-Hilfe-Material muß jederzeit leicht zugänglich und gegen schädigende Einflüsse geschützt sein. Bei Verbrauch ist es wieder rechtzeitig zu ergänzen.

Aufgrund der im Abwasserbereich bestehenden erhöhten Infektionsgefahr sind Verletzungen, auch kleine, zu beachten. Bei größeren Verletzungen sollte zur Behandlung sofort ein Arzt aufgesucht werden.

***Unfallanzeige***

Der Unternehmer hat alle Unfälle anzuzeigen, die tödlich verlaufen sind oder zu einer Arbeitsunfähigkeit von mehr als drei Tagen geführt haben.

Ist der Verletzte nicht gesetzlich krankenversichert, ist ein Unfall auch ohne die genannten Voraussetzungen anzuzeigen, sofern ärztliche Behandlung in Anspruch genommen wird oder andere Kosten entstehen.

Der Unfall ist binnen drei Tagen mit der gesetzlich vorgeschriebenen Unfallanzeige anzuzeigen, nachdem der Unternehmer davon erfahren hat.

Todesfälle sowie andere schwere Unfälle und Massenunfälle sind außerdem sofort fernmündlich oder telegrafisch zu melden.

Die Vorschriften über die Anzeigepflicht des Unternehmers gelten bei Berufskrankheiten entsprechend.

Grundsätzlich sind über jede Erste-Hilfe-Leistung Aufzeichnungen zu führen. Beim Ausfüllen der Unfallanzeige ist darauf zu achten, daß Unfallereignis und Unfallursache richtig dargestellt werden. Unfallereignisse mit kleinen Verletzungen können in das Verbandbuch (Bestell-Nr. GUV 40.6) eingetragen werden. (Vordrucke für die Unfallanzeige sind im Buchhandel erhältlich.)

## 9.3 Arbeitshygiene

Die Abwasserableitung und Abwasserreinigung dient in erster Linie der Verhinderung von Seuchen bei Mensch und Tier. Die Sammlung und Reinigung von Abwasser bedeutet somit nicht nur Gewässerschutz, sondern in noch höherem Maß Gesundheitsvorsorge (Hygiene). Ohne Hygiene treten leicht Seuchen auf. Sie können verursacht werden durch

unmittelbaren Kontakt von Kranken und Gesunden;
indirekte Übertragung von Mensch zu Mensch über Wäsche, Eßgeschirr, verunreinigte Nahrungsmittel und verunreinigtes Trinkwasser;
tierische Zwischenwirte (z. B. Ratten).

Vor Einführung der Schwemmkanalisation im letzten Jahrhundert traten in vielen Städten Seuchen (Epidemien) auf, die durch Trinkwasser verursacht wurden, das mit Abwasser verunreinigt war.

In städtischem Rohabwasser sind meist über 1 Million Bakterien (Keime) in 1 ml enthalten. Die überwiegende Anzahl ist für den Menschen unschädlich. Bacterium coli, das aus dem Darm, z. B. vom Menschen, stammt, wird als „Anzeiger für eine Abwasserverunreinigung“ in der Bakteriologie verwendet. B. coli kann unter Umständen auch beim Menschen Infektionen verursachen. Fast immer enthält kommunales Abwasser jedoch auch Krankheitserreger, und zwar Bakterien (pathogene Bakterien), Viren sowie Eier von Eingeweidewürmern. Diese Krankheitserreger werden auch pathogene Keime genannt. Pathogen heißt krankheitserzeugend.

### *Krankheitserreger in Abwasser und Schlamm*

Als wichtigste Gruppen der Krankheitserreger sind zu nennen

1. Pathogene Bakterien:

   Bakterien der Salmonellen-Gruppe; sie rufen Typhus, Paratyphus und Salmonellen-Erkrankungen hervor.

   Ruhr-Bakterien; sie verursachen Ruhr-Erkrankungen (starker Durchfall, Darmbluten u. a.).

   Tuberkulose-Bakterien; sie verursachen verschiedenartige Krankheitserscheinungen, von denen die Lungentuberkulose die bekannteste ist.

Erreger der Weil'schen Krankheit; die 1886 von Adolph Weil erstmals beschriebene meldepflichtige Infektionskrankheit wird durch einen sehr beweglichen, korkenzieherartigen Erreger (Leptospira) hervorgerufen. Nach einer Inkubationszeit von 1–2 Wochen bricht hohes Fieber mit Schmerzen, besonders heftigen Wadenschmerzen aus, wozu bald Gelbsucht, Nierenentzündung und Milzschwellung treten.

Die Sterblichkeit liegt bei 10–20 Prozent. Die Erreger gelangen vor allem über infizierte Ratten und deren Harn ins Abwasser oder auf Gegenstände und können bei Berührung bereits durch kleine Hautverletzungen in den menschlichen Körper eindringen.

Milzbrand-Bakterien; in Deutschland ist die Krankheit (Milzbrand) praktisch erloschen, die Erreger können jedoch durch Felle, Häute und Haare aus anderen Ländern eingeschleppt und dann z. B. in Gerbereiabwässern auftreten.

Erreger der Cholera; sie kommt in Deutschland praktisch nicht mehr vor.

Tetanus-Bakterien; sie rufen den Wundstarrkrampf (Starrkrampf) hervor. Hierbei handelt es sich um keine typische Krankheit, die durch Abwasser übertragen wird, sondern um eine Wundinfektion, sie wird durch ein Bakterium verursacht, das oft in Erde, Staub und an Holz vorkommt. Bei Hautverletzungen und offenen Wunden ist ein Klärwärter auch durch diese Infektion gefährdet. Die Krankheit, kenntlich durch Ziehen und Steifheit im Wundbereich und Spannung der Muskeln, kann zum Tode führen.

2. Viren:

   Neben Bakterien treten auch Viren im Abwasser auf, besonders solche, die ihren Sitz im Darm haben. Der wichtigste Vertreter dieser Viren ist das Poliomyelitis-Virus, welches die spinale Kinderlähmung hervorruft. Andere im Abwasser vorkommende Viren können vor allem bei Kindern fieberhafte Erkrankungen hervorrufen.

   Auch gewisse Formen der Gelbsucht (Hepatitis) sind auf Viren zurückzuführen. Viren sind außerordentlich klein und können sich nur in lebenden Zellen vermehren.

3. Wurmeier:

   Eier parasitischer Würmer sind ebenfalls stets im Abwasser vorhanden. Da sie schwerer als Wasser sind, setzen sie sich in ausreichend bemessenen Vorklärbecken ab, werden jedoch in Schlammfaulanlagen nicht mit Sicherheit abgetötet. In Wasser können sie sich meist Monate, z. T. sogar jahrelang, entwicklungsfähig halten.

***Verhalten der Krankheitserreger bei der Abwasserreinigung***

Durch die Abwasserreinigung werden zwar Wurmeier aus dem Abwasser entfernt und pathogene Keime um etwa 90 Prozent vermindert. Wegen ihrer großen Zahl sind sie aber auch im Ablauf biologischer Kläranlagen noch nachweisbar. Viren werden in Kläranlagen in ihrer Zahl kaum verringert.

Der bei der Abwasserreinigung anfallende Rohschlamm enthält stets pathogene Bakterien und Wurmeier. Auch im ausgefaulten Schlamm sind noch pathogene Keime und infektiöse Wurmeier enthalten, er ist daher ohne besondere Behandlung als „seuchenhygienisch noch nicht einwandfrei" zu beurteilen.

Klärschlamm, der auf 65–70° C mindestens 20–30 Minuten vor oder nach der Faulung erhitzt wurde („pasteurisierter Schlamm"), mit höheren Temperaturen behandelte Schlämme (= „thermisch konditioniert") oder kompostierter Schlamm sind dagegen hygienisch unbedenklich.

### *Hygienische Grundsätze auf Kläranlagen*

Trotz der hygienischen Gefährdung von Personal auf Abwasseranlagen ist nach statistischen Unterlagen die Erkrankungshäufigkeit hier nicht höher als bei anderen Bevölkerungsgruppen. Das beruht vermutlich zumindest teilweise darauf, daß das Betriebspersonal von Kläranlagen immer weniger anfällig gegen Infektionskrankheiten wird, d.h. es findet eine „Immunisierung" statt. Verschiedentlich wird behauptet, daß durch Aerosole, das sind mikroskopisch kleine Wassertröpfchen, die z.B. von Obreflächenbelüftern vom Wind weggetragen werden, ein erhöhtes Infektionsrisiko besteht. Dazu berichtet [Schönberger in [7] Folge 1/88, S. 304 über „Aerogene Ausbreitung pathogener Keime ..."] Bartocha, Bundesgesundheitsamt Berlin, schreibt in der Zeitschrift Umwelthygiene, Heft 6/75, Seite 148, daß zwar Erkältungskrankheiten beim Klärwerkspersonal häufiger vorkommen, meldepflichtige Infektionskrankheiten aber gegenüber der restlichen Bevölkerung nicht häufiger sind.

Der beste Schutz gegen Erkrankung ist die persönliche Hygiene. Erstes Gebot ist daher peinliche Sauberkeit. Hierzu gehört:

1. Stets Schutzkleidung tragen. Nicht mit der Arbeitskleidung ins Wohnhaus gehen (Säuglinge und Kleinkinder sind für Infektionen empfänglicher als Erwachsene). Die Schutzkleidung nicht im eigenen Haushalt waschen. (siehe auch [7] 2/1991, S. 412).

   Der Arbeitgeber muß die Schutzkleidung nicht nur stellen, sondern auch für deren Reinigung sorgen. Wenn die Reinigung nicht in einer Zentralwäscherei vorgenommen wird, muß dafür auf der Kläranlage eine vollautomatische Waschmaschine aufgestellt werden.

2. Bei schmutzigen Arbeiten Gummihandschuhe tragen. Hierzu gehören besonders Arbeiten, bei denen die Berührung mit Abwasser, Abwasserschlamm oder Rechengut zu befürchten ist.

3. Nach dem Arbeitsende duschen (duschen ist besser als baden) und Kleidung einschließlich Unterwäsche wechseln. Schutzkleidung getrennt von der Zivilkleidung aufbewahren (Doppelspind).

4. Nach dem direkten Kontakt mit Abwasser und vor jedem Essen die Hände mit Seife und Handbürste waschen, danach mit Desinfektionslösung auf Alkoholbasis (z.B. Sterillium, Septical) in der vorgeschriebenen Konzentration behandeln und mit klarem Wasser nachspülen. Zum Abtrocknen nur Papierhandtücher benutzen. Vor Beginn der Arbeit Hautschutzmittel und nach dem Händewaschen Pflegemittel anwenden.

5. Mahlzeiten dürfen nicht in Arbeitsräumen, sondern nur in einem gesonderten Raum eingenommen werden. Ist dies nicht möglich, so sollten sie wenigstens an einem eigenen Tisch, der nie mit Abwasserproben in Berührung kommt, eingenommen werden.

6. Rechengut nie frei herumliegen lassen (Fliegen, Ratten, Möwen!).
7. Laufend Rattenbekämpfung durchführen (Ratten übertragen z. B. die Weil'sche Krankheit). Hierzu sogenannte „Langzeitgifte" benutzen.
8. Auch kleinste Verletzungen besonders an den Händen beachten und versorgen. Sie sind mit einer geeigneten antiseptischen (keimfrei machenden) Tinktur zu desinfizieren (Jodtinktur ist nicht ratsam). Nie mit offenen (nicht verbundenen) Hautwunden auf der Kläranlage arbeiten! Verletzungen (auch aus Versicherungsgründen) vom Arzt behandeln lassen. Bei kleineren Wunden, bei denen kein Arzt aufgesucht wird, Zeitpunkt, Art und Ursache der Verletzung schriftlich festhalten (Betriebstagebuch, Verbandbuch im Erste-Hilfe-Kasten).
9. Bei verdächtigen Krankheitserscheinungen den Arzt auf die Beschäftigung auf der Kläranlage hinweisen.
10. Schutzimpfungen (Tetanus, Kinderlähmung und evtl. Typhus) freiwillig wahrnehmen. An der Schluckimpfung gegen Kinderlähmung sollen unbedingt auch die Familienangehörigen teilnehmen. Impfschutz bei Tetanus nach einer Grundimmunisierung mit drei Impfungen innerhalb eines Jahres Auffrischung alle zehn Jahre notwendig.
11. Es ist zweckmäßig, daß auf der Kläranlage tätige Personen jedes Jahr von einem privaten Arzt oder städtischen Werkarzt untersucht werden, um Krankheiten möglichst früh zu erkennen, z. B. chronische Hautaffektionen, die bei unvorsichtigem Hantieren ohne Handschuhe oder unsachgemäßer Anwendung von Desinfektionsmitteln auftreten können.

Das Bayer. Landesinstitut für Arbeitsmedizin empfiehlt für die regelmäßige ärztliche Untersuchung von Kläranlagenpersonal folgendes:

- Blutuntersuchung: Hämoglobin, Blutsenkungsgeschwindigkeit, Erythrozyten, Leukozyten, Differentialblutbild;
- Urin: auf Eiweiß, Zucker, Urobilinogen;
- Leberstatus: Transaminasen, Nachweis von Anti-Hbc (wenn nicht schon früher untersucht und positiv befunden);
- Hautuntersuchung (unter besonderer Berücksichtigung allergischer Symptome);
- Untersuchung des Respirationstraktes.
- Überprüfung des Impfstatus: Ein ausreichender Impfschutz gegen Tetanus (Wundstarrkrampf) ist zwingend erforderlich. Bei Beschäftigten im Abwasserbereich, besonders bei Kanalarbeitern, ist auch eine Impfung gegen Hepatitis B wünschenswert.

Bei Einstellungsuntersuchungen ist nach 2 Monaten eine Kontrolluntersuchung zu empfehlen, um mögliche allergische Reaktionen frühzeitig zu erkennen.

Falls keine Besonderheiten auftreten, sind jährliche Kontrolluntersuchungen angezeigt.

Durch persönliche Sauberkeit und eine gepflegte Kläranlage hilft der Ver- und Entsorger seinem Berufsstand bei der Bevölkerung an Ansehen zu gewinnen.

Die Kosten der ärztlichen Untersuchungen hat der Unternehmensträger zu übernehmen.

# 10. Fachbezogene Rechtsvorschriften, Technische Regeln, Sicherheitsvorschriften

In der Gewässergütewirtschaft ist eine Zusammenarbeit der Wasserwirtschaftsverwaltungen und Kommunalbehörden über Gemeinde-, Länder- und Staatsgrenzen hinaus notwenig, da sonst ein erfolgreicher Gewässerschutz nicht möglich ist. Die für die Fachrichtung Abwasser einschlägigen Rechtsvorschriften kann man deshalb je nach ihrem Geltungs- und Aufgabenbereich einteilen in

- internationales oder supranationales bzw. europäisches Wasserrecht,
- Bundesrecht,
- Landesrecht und
- kommunales Recht.

Dabei geht zum Beispiel Bundesrecht dem Landesrecht vor.

Die Rechtsvorschriften haben aber auch in der Form nicht immer das gleiche Gewicht. Voran stehen *Gesetze*. Sie werden durch nachgeordnete *Rechts-* und *Verwaltungsverordnungen* sowie *Vollzugsbekanntmachungen* ergänzt. *Sicherheitsvorschriften* haben ebenfalls einen sehr hohen Stellenwert, der meistens erst richtig erkannt wird, wenn ein Menschenleben betroffen ist und ein Gericht zu entscheiden hat, ob vielleicht eine Sicherheitsvorschrift nicht beachtet wurde.

*Entwässerungssatzungen* sind zwar keine Gesetze, aber trotzdem rechtsverbindlich und können sich für den einzelnen manchmal sehr stark auswirken, z. B. wenn Anschlußgebühren festgesetzt werden.

*Technische Regeln* sind auch keine Gesetze, können aber, wenn sie in Gesetzen vorgeschrieben werden, gesetzesähnliche Bedeutung bekommen, z. B. über den § 7 a WHG.

## 10.1 Europäisches Recht

1968 hat der Europarat in Straßburg die „Europäische Wassercharta" verkündet, um ein besseres Verständnis für die Probleme des Gewässerschutzes zu wecken. Sie hat aber keine Gesetzeskraft. Die 12 Grundsätze der Charta lauten:

I. Ohne Wasser gibt es kein Leben, Wasser ist ein kostbares, für den Menschen unentbehrliches Gut.

II. Die Vorräte an gutem Wasser sind nicht unerschöpflich. Deshalb wird es immer dringender, sie zu erhalten, sparsam damit umzugehen und, wo immer möglich, zu vermehren.

III. Wasser verschmutzen heißt, den Menschen und allen anderen Lebewesen Schaden zuzufügen.

IV. Die Qualität des Wassers muß den Anforderungen der Volksgesundheit entsprechen und die vorgesehene Nutzung gewährleisten.

V. Verwendetes Wasser ist den Gewässern in einem Zustand wieder zurückzuführen, der ihre weitere Nutzung für den öffentlichen, wie für den privaten Gebrauch nicht beeinträchtigt.

VI. Für die Erhaltung der Wasservorkommen spielt die Pflanzendecke, insbesondere der Wald, eine wesentliche Rolle.

VII. Die Wasservorkommen müssen in ihrem Bestand erfaßt werden.

VIII. Die notwendige Ordnung in der Wasserwirtschaft bedarf der Lenkung durch die zuständigen Stellen.

IX. Der Schutz des Wassers erfordert verstärkte wissenschaftliche Forschung, Ausbildung von Fachleuten und Aufklärung der Öffentlichkeit.

X. Jeder Mensch hat die Pflicht, zum Wohl der Allgemeinheit Wasser sparsam und mit Sorgfalt zu verwenden.

XI. Wasserwirtschaftliche Planungen sollten sich weniger nach den verwaltungstechnischen und politischen Grenzen, als nach den natürlichen Wassereinzugsgebieten ausrichten.

XII. Das Wasser kennt keine Staatsgrenzen; es verlangt eine internationale Zusammenarbeit.

Die Europäische Gemeinschaft (EG) hat verschiedene EG-Richtlinien erlassen, die für die Mitglieder der EG verbindlich sind, z. B. Richtlinen über waschaktive Substanzen, Quecksilber, Pflanzenschutzmittel, Badegewässer, Grundwasserschutz oder über giftige und gefährliche Abfälle.

Außerdem gibt es Abkommen zwischen Anliegerstaaten an bestimmten Gewässern, z. B. Rheinschutz-Abkommen Chemie, Rheinschutz-Abkommen Chloride, Übereinkommen zur Verhütung der Meeresverschmutzung.

Die Bodenseeschutzkommission, in der die Schweiz, Österreich und die Bundesrepublik vertreten sind, hat für das Einzugsgebiet des Bodensees z. B. festgelegt, für welche kritische Regenspende die Regenentlastungsanlagen zu bemessen sind oder welche Phosphorkonzentration im Ablauf der Kläranlagen höchstens enthalten sein darf.

## 10.2 Bundesrecht

### *WHG*

Seit 1960 gilt das Gesetz zur Ordnung des Wasserhaushalts **(Wasserhaushaltsgesetz – WHG)**, das zuletzt 1986 ergänzt und neugefaßt (novelliert) wurde. Das WHG ist ein Rahmengesetz und wird in jedem Bundesland durch ein eigenes Wassergesetz ausgefüllt, in dem Einzelheiten geregelt sind, z. B. welche Behörden für die Überwachung zuständig sind.

Einige für Ver- und Entsorger (Klärfacharbeiter) besonders wichtige Paragraphen des WHG oder Auszüge davon sind im folgenden abgedruckt.

. . .

§ 1 a

**Grundsatz**

(1) Die Gewässer sind als Bestandteil des Naturhaushalts so zu bewirtschaften, daß sie dem Wohl der Allgemeinheit und im Einklang mit ihm auch dem Nutzen einzelner dienen und daß jede vermeidbare Beeinträchtigung unterbleibt.

(2) Jedermann ist verpflichtet, bei Maßnahmen, mit denen Einwirkungen auf ein Gewässer verbunden sein können, die nach den Umständen erforderliche Sorgfalt anzuwenden, um eine Verunreinigung des Wassers oder eine sonstige nachteilige Veränderung seiner Eigenschaften zu verhüten und um eine mit Rücksicht auf den Wasserhaushalt gebotene sparsame Verwendung des Wassers zu erzielen.

(3) Das Grundeigentum berechtigt nicht

1. zu einer Gewässerbenutzung, die nach diesem Gesetz oder nach den Landeswassergesetzen einer Erlaubnis oder Bewilligung bedarf,
2. zum Ausbau eines oberirdischen Gewässers.

§ 2

**Erlaubnis- und Bewilligungserfordernis**

(1) Eine Benutzung der Gewässer bedarf der behördlichen Erlaubnis (§ 7) oder Bewilligung (§ 8), soweit sich nicht aus den Bestimmungen dieses Gesetzes oder aus den im Rahmen dieses Gesetzes erlassenen landesrechtlichen Bestimmungen etwas anderes ergibt.

(2) Die Erlaubnis und die Bewilligung geben kein Recht auf Zufluß von Wasser bestimmter Menge und Beschaffenheit. Unbeschadet des § 11 berühren sie nicht privatrechtliche Ansprüche auf Zufluß von Wasser bestimmter Menge und Beschaffenheit.

§ 3

**Benutzungen**

(1) Benutzungen im Sinne dieses Gesetzes sind

1. Entnehmen und Ableiten von Wasser aus oberirdischen Gewässern,
2. Aufstauen und Absenken von oberirdischen Gewässern,
3. Entnehmen fester Stoffe aus oberirdischen Gewässern, soweit dies auf den Zustand des Gewässers oder auf den Wasserabfluß einwirkt,
4. Einbringen und Einleiten von Stoffen in oberirdische Gewässer,

4a. Einbringen und Einleiten von Stoffen in Küstengewässer, wenn diese Stoffe
   a) von Land aus oder aus Anlagen, die in Küstengewässern nicht nur vorübergehend errichtet oder festgemacht worden sind, eingebracht oder eingeleitet werden oder
   b) in Küstengewässer verbracht worden sind, um sich ihrer dort zu entledigen,

5. Einleiten von Stoffen in das Grundwasser,
6. Entnehmen, Zutagefördern, Zutageleiten und Ableiten von Grundwasser.

(2) Als Benutzungen gelten auch folgende Einwirkungen:

1. Aufstauen, Absenken und Umleiten von Grundwasser durch Anlagen, die hierzu bestimmt oder hierfür geeignet sind,
2. Maßnahmen, die geeignet sind, dauernd oder in einem nicht nur unerheblichen Ausmaß schädliche Veränderungen der physikalischen, chemischen oder biologischen Beschaffenheit des Wassers herbeizuführen.

(3) Maßnahmen, die dem Ausbau eines oberirdischen Gewässers dienen, sind keine Benutzungen. Dies gilt auch für Maßnahmen der Unterhaltung eines oberirdischen Gewässers, soweit hierbei nicht chemische Mittel verwendet werden.

§ 4

**Benutzungsbedingungen und Auflagen**

(1) Die Erlaubnis und die Bewilligung können unter Festsetzung von Benutzungs-

bedingungen und Auflagen erteilt werden. Auflagen sind auch zulässig, um nachteilige Wirkungen für andere zu verhüten oder auszugleichen.

(2) Durch Auflagen können ferner insbesondere

1. Maßnahmen zur Beobachtung oder zur Feststellung des Zustandes vor der Benutzung und von Beeinträchtigungen und nachteiligen Wirkungen durch die Benutzung angeordnet,
2. die Bestellung verantwortlicher Betriebsbeauftragter vorgeschrieben, soweit nicht die Bestellung eines Gewässerschutzbeauftragten nach § 21 a vorgeschrieben ist oder angeordnet werden kann,

2a. Maßnahmen angeordnet werden, die zum Ausgleich einer auf die Benutzung zurückzuführenden Beeinträchtigung der physikalischen, chemischen oder biologischen Beschaffenheit des Wassers erforderlich sind.

3. dem Unternehmer angemessene Beiträge zu den Kosten von Maßnahmen auferlegt werden, die eine Körperschaft des öffentlichen Rechts trifft oder treffen wird, um eine mit der Benutzung verbundene Beeinträchtigung des Wohls der Allgemeinheit zu verhüten oder auszugleichen.

. . .

### § 7

### Erlaubnis

(1) Die Erlaubnis gewährt die widerrufliche Befugnis, ein Gewässer zu einem bestimmten Zweck in einer nach Art und Maß bestimmten Weise zu benutzen; sie kann befristet werden.

(2) Die Erlaubnis geht mit der Wasserbenutzungsanlage oder, wenn sie für ein Grundstück erteilt ist, mit diesem auf den Rechtsnachfolger über, soweit bei der Erteilung nichts anderes bestimmt ist.

### § 7 a

### Anforderungen an das Einleiten von Abwasser

(1) Eine Erlaubnis für das Einleiten von Abwasser darf nur erteilt werden, wenn die Schadstofffracht des Abwassers so gering gehalten wird, wie dies bei Einhaltung der jeweils in Betracht kommenden Anforderungen nach Satz 3, mindestens jedoch nach den allgemein anerkannten Regeln der Technik möglich ist. § 6 bleibt unberührt. Die Bundesregierung erläßt mit Zustimmung des Bundesrates allgemeine Verwaltungsvorschriften über Mindestanforderungen, die den allgemein anerkannten Regeln der Technik entsprechen; enthält Abwasser bestimmter Herkunft Stoffe oder Stoffgruppen, die wegen der Besorgnis einer Giftigkeit, Langlebigkeit, Anreicherungsfähigkeit oder einer krebserzeugenden, fruchtschädigenden oder erbgutverändernden Wirkung als gefährlich zu bewerten sind (gefährliche Stoffe), müssen insoweit die Anforderungen in den allgemeinen Verwaltungsvorschriften dem Stand der Technik entsprechen. Die Bundesregierung bestimmt durch Rechtsverordnung mit Zustimmung des Bundesrates die Herkunftsbereiche von Abwasser im Sinne des Satzes 3, das gefährliche Stoffe enthält. Die Anforderungen nach den Sätzen 1 und 3 können auch für den Ort des Anfalls des Abwasser oder vor seiner Vermischung festgelegt werden.

(2) Entsprechen vorhandene Einleitungen von Abwasser nicht den Anforderungen nach Absatz 1, so haben die Länder sicherzustellen, daß die erforderlichen Maßnahmen durchgeführt werden. Die Länder können Fristen festlegen, innerhalb derer die Maßnahmen abgeschlossen sein müssen.

(3) Die Länder stellen auch sicher, daß vor dem Einleiten von Abwasser mit gefährlichen Stoffen in eine öffentliche Abwasseranlage die erforderlichen Maßnahmen entsprechend Absatz 1 Satz 3 durchgeführt werden.

...

§ 18 a

**Pflicht und Pläne zur Abwasserbeseitigung**

(1) Abwasser ist so zu beseitigen, daß das Wohl der Allgemeinheit nicht beeinträchtigt wird. Abwasserbeseitigung im Sinne dieses Gesetzes umfaßt das Sammeln, Fortleiten, Behandeln, Einleiten, Versickern, Verregnen und Verrieseln von Abwasser sowie das Entwässern von Klärschlamm in Zusammenhang mit der Abwasserbeseitigung.

(2) Die Länder regeln, welche Körperschaften des öffentlichen Rechts zur Abwasserbeseitigung verpflichtet sind und die Voraussetzungen, unter denen anderen die Abwasserbeseitigung obliegt. Weist ein für verbindlich erklärter Plan nach Absatz 3 andere Träger aus, so sind diese zur Abwasserbeseitigung verpflichtet.

(3) Die Länder stellen Pläne zur Abwasserbeseitigung nach überörtlichen Gesichtspunkten auf (Abwasserbeseitigungspläne). In diesen Plänen sind insbesondere die Standorte für bedeutsame Anlagen zur Behandlung von Abwasser, ihr Einzugsbereich, Grundzüge für die Abwasserbehandlung sowie die Träger der Maßnahmen festzulegen. Die Festlegungen in den Plänen können für verbindlich erklärt werden.

§ 18 b

**Bau und Betrieb von Abwasseranlagen**

(1) Abwasseranlagen sind unter Berücksichtigung der Benutzungsbedingungen und Auflagen für das Einleiten von Abwasser (§§ 4, 5 und 7 a) nach den hierfür jeweils in Betracht kommenden Regeln der Technik zu errichten und zu betreiben.

(2) Entsprechen vorhandene Anlagen nicht den Vorschriften des Absatzes 1, so gilt § 7 a Abs. 2 entsprechend.

§ 19

**Wasserschutzgebiete**

(1) Soweit es das Wohl der Allgemeinheit erfordert,

1. Gewässer im Interesse der derzeit bestehenden oder künftigen öffentlichen Wasserversorgung vor nachteiligen Einwirkungen zu schützen oder
2. das Grundwasser anzureichern oder
3. das schädliche Abfließen von Niederschlagswasser sowie das Abschwemmen und den Eintrag von Bodenbestandteilen, Dünge- oder Pflanzenbehandlungsmitteln in Gewässer zu verhüten,

können Wasserschutzgebiete festgesetzt werden.

(2) In den Wasserschutzgebieten können

1. bestimmte Handlungen verboten oder für nur beschränkt zulässig erklärt werden und
2. die Eigentümer und Nutzungsberechtigten von Grundstücken zur Duldung bestimmter Maßnahmen verpflichtet werden. Dazu gehören auch Maßnahmen zur Beobachtung des Gewässers und des Bodens.

...

§ 21

**Überwachung**

(1) Wer ein Gewässer benutzt oder einen Antrag auf Erteilung einer Erlaubnis oder Bewilligung gestellt hat, ist verpflichtet, eine behördliche Überwachung der Anlagen, Einrichtungen und Vorgänge zu dulden, die für die Gewässerbenutzung von Bedeutung sind. Er hat dazu, insbesondere zur Prüfung, ob eine beantragte Benutzung zugelassen werden kann, welche Benutzungsbedingungen und Auflagen dabei festzusetzen sind, ob sich die Benutzung in dem zulässigen Rahmen hält und ob nachträglich Anordnungen aufgrund des § 5 oder ergänzender landesrechtlicher Vorschriften zu treffen sind,

1. das Betreten von Betriebsgrundstücken und -räumen während der Betriebszeit,
2. das Betreten von Wohnräumen sowie von Betriebsgrundstücken und -räumen außerhalb der Betriebszeit, sofern die Prüfung zur Verhütung dringender Gefahren für die öffentliche Sicherheit und Ordnung erforderlich ist, und
3. das Betreten von Grundstücken und Anlagen, die nicht zum unmittelbar angrenzenden befriedeten Besitztum von Räumen nach den Nummern 1 und 2 gehören, jederzeit

zu gestatten; das Grundrecht der Unverletztlichkeit der Wohnung (Artikel 13 des Grundgesetzes) wird durch Nummer 2 eingeschränkt. Er hat ferner zu dem gleichen Zweck Anlagen und Einrichtungen zugänglich zu machen, Auskünfte zu erteilen, Arbeitskräfte, Unterlagen und Werkzeuge zur Verfügung zu stellen und technische Ermittlungen und Prüfungen zu ermöglichen. Benutzer von Gewässern, für die ein Gewässerschutzbeauftragter bestellt ist (§ 21 a), haben diesen auf Verlangen der zuständigen Behörde zu Überwachungsmaßnahmen nach den Sätzen 2 und 3 hinzuzuziehen.

§ 21 a

**Bestellung von Betriebsbeauftragten für Gewässerschutz**

(1) Benutzer von Gewässern, die an einem Tag mehr als 750 Kubikmeter Abwasser einleiten dürfen, haben einen oder mehrere Betriebsbeauftragte für Gewässerschutz (Gewässerschutzbeauftragte) zu bestellen.

(2) Die zuständige Behörde kann anordnen, daß die Einleiter von Abwasser in Gewässer, für die Bestellung eines Gewässerschutzbeauftragten nach Absatz 1 nicht vorgeschrieben ist, und die Einleiter von Abwasser in Abwasseranlagen einen oder mehrere Gewässerschutzbeauftragte zu bestellen haben.

(3) Wer vor dem 1. Oktober 1976 nach § 4 Abs. 2 Nr. 2 als verantwortlicher Betriebsbeauftragter hinsichtlich des Einleitens von Abwasser bestellt worden ist, gilt als Gewässerschutzbeauftragter.

§ 21 b

**Aufgaben**

(1) Der Gewässerschutzbeauftragte ist berechtigt und verpflichtet,

1. die Einhaltung von Vorschriften, Bedingungen und Auflagen im Interesse des Gewässerschutzes zu überwachen, insbesondere durch regelmäßige Kontrolle der Abwasseranlagen im Hinblick auf die Funktionsfähigkeit, den ordnungsgemäßen Betrieb sowie die Wartung, durch Messungen des Abwassers nach Menge und Eigenschaften, durch Aufzeichnungen der Kontroll- und Meßergebnisse; er hat dem Benutzer festgestellte Mängel mitzuteilen und Maßnahmen zu ihrer Beseitigung vorzuschlagen.
2. auf die Anwendung geeigneter Abwasserbehandlungsverfahren einschließlich der Verfahren zur ordnungsgemäßen Verwertung oder Beseitigung der bei der Abwasserbehandlung entstehenden Reststoffe hinzuwirken,
3. auf die Entwicklung und Einführung von
   a) innerbetrieblichen Verfahren zur Vermeidung oder Verminderung des Abwasseranfalls nach Art und Menge,
   b) umweltfreundlichen Produktionen

   hinzuwirken,
4. die Betriebsangehörigen über die in dem Betrieb verursachten Gewässerbelastungen sowie über die Einrichtungen und Maßnahmen zu ihrer Verhinderung unter Berücksichtigung der wasserrechtlichen Vorschriften aufzuklären.

(2) Der Gewässerschutzbeauftragte erstattet dem Benutzer jährlich einen Bericht über die nach Absatz 1 getroffenen und beabsichtigten Maßnahmen.

(3) Die zuständige Behörde kann im Einzelfalle die in den Absätzen 1 und 2 aufgeführten Aufgaben des Gewässerschutzbeauftragten

1. näher regeln,
2. erweitern, soweit es die Belange des Gewässerschutzes erfordern,
3. einschränken, wenn dadurch die ordnungsgemäße Selbstüberwachung nicht beeinträchtigt wird.

§ 21 c

**Pflichten des Benutzers**

(1) Der Benutzer hat den Gewässerschutzbeauftragten schriftlich zu bestellen; werden mehrere Gewässerschutzbeauftragte bestellt, sind die dem einzelnen Gewässerschutzbeauftragten obliegenden Aufgaben genau zu bezeichnen. Der Benutzer hat die Bestellung der zuständigen Behörde anzuzeigen.

(2) Der Benutzer darf zum Gewässerschutzbeauftragten nur bestellen, wer die zur Erfüllung seiner Aufgaben erforderliche Fachkunde und Zuverlässigkeit besitzt. Werden der zuständigen Behörde Tatsachen bekannt, aus denen sich ergibt, daß der Gewässerschutzbeauftragte nicht die zur Erfüllung seiner Aufgaben erforderliche Fachkunde oder Zuverlässigkeit besitzt, kann sie verlangen, daß der Benutzer einen anderen Gewässerschutzbeauftragten bestellt.

(3) Werden mehrere Gewässerschutzbeauftragte bestellt, so hat der Benutzer für die erforderliche Koordinierung in der Wahrnehmung der Aufgaben, insbesondere durch

Bildung eines Ausschusses, zu sorgen. Entsprechendes gilt, wenn neben einem oder mehreren Gewässerschutzbeauftragten Betriebsbeauftragte nach anderen gesetzlichen Vorschriften bestellt werden.

(4) Der Benutzer hat den Gewässerschutzbeauftragten bei der Erfüllung seiner Aufgaben zu unterstützen und ihm insbesondere, soweit dies zur Erfüllung seiner Aufgaben erforderlich ist, Hilfspersonal sowie Räume, Einrichtungen, Geräte und Mittel zur Verfügung zu stellen.

§ 21 d

**Stellungnahme zu Investitionsentscheidungen**

(1) Der Benutzer hat vor Investitionsentscheidungen, die für den Gewässerschutz bedeutsam sein können, eine Stellungnahme des Gewässerschutzbeauftragten einzuholen.

(2) Die Stellungnahme ist so rechtzeitig einzuholen, daß sie bei der Investitionsentscheidung angemessen berücksichtigt werden kann; sie ist derjenigen Stelle vorzulegen, die über die Investition entscheidet.

§ 21 e

**Vortragsrecht**

Der Benutzer hat dafür zu sorgen, daß der Gewässerschutzbeauftragte seine Vorschläge oder Bedenken unmittelbar der entscheidenen Stelle vortragen kann, wenn er sich mit dem zuständigen Betriebsleiter nicht einigen konnte und wegen der besonderen Bedeutung der Sache eine Entscheidung dieser Stelle für erforderlich hält.

§ 21 f

**Benachteiligungsverbot**

Der Gewässerschutzbeauftragte darf wegen der Erfüllung der ihm übertragenen Aufgaben nicht benachteiligt werden.

. . .

§ 22

**Haftung für Änderung der Beschaffenheit des Wassers**

(1) Wer in ein Gewässer Stoffe einbringt oder einleitet oder wer auf ein Gewässer derart einwirkt, daß die physikalische, chemische oder biologische Beschaffenheit des Wassers verändert wird, ist zum Ersatz des daraus einem anderen entstehenden Schadens verpflichtet. Haben mehrere die Einwirkungen vorgenommen, so haften sie als Gesamtschuldner.

(2) Gelangen aus einer Anlage, die bestimmt ist, Stoffe herzustellen, zu verarbeiten, zu lagern, abzulagern, zu befördern oder wegzuleiten, derartige Stoffe in ein Gewässer, ohne in dieses eingebracht oder eingeleitet zu sein, so ist der Inhaber der Anlage zum Ersatz des daraus einem anderen entstehenden Schadens verpflichtet; Absatz 1 Satz 2 gilt entsprechend. Die Ersatzpflicht tritt nicht ein, wenn der Schaden durch höhere Gewalt verursacht ist.

. . .

§ 26

**Einbringen, Lagern und Befördern von Stoffen**

(1) Feste Stoffe dürfen in ein Gewässer nicht zu dem Zweck eingebracht werden, sich ihrer zu entledigen. Schlammige Stoffe rechnen nicht zu den festen Stoffen.

(2) Stoffe dürfen an einem Gewässer nur so gelagert oder abgelagert werden, daß eine Verunreinigung des Wassers oder eine sonstige nachteilige Veränderung seiner Eigenschaften oder des Wasserabflusses nicht zu besorgen ist. Das gleiche gilt für die Beförderung von Flüssigkeiten und Gasen durch Rohrleitungen. Weitergehende Verbotsvorschriften bleiben unberührt.

...

§ 41

**Ordnungswidrigkeiten**

(1) Ordnungswidrig handelt, wer vorsätzlich oder fahrlässig

1. entgegen § 2 eine Benutzung ohne behördliche Erlaubnis oder Bewilligung ausübt oder einer vollziehbaren Auflage nach § 4 Abs. 1 oder Abs. 2 Nr. 1, 2 oder 2 a oder einer vollziehbaren Anforderung nach § 5 Abs. 1 Nr. 1 oder 1 a, soweit sie Maßnahmen nach § 4 Abs. 2 Nr. 2 a betrifft, oder einer vollziehbaren Anordnung nach § 5 Abs. 1 Nr. 2 oder 3, auch in Verbindung mit § 5 Abs. 2, zuwiderhandelt.

...

7. entgegen § 21

   a) das Betreten von Grundstücken, Anlagen oder Räumen nicht gestattet, Anlagen oder Einrichtungen nicht zugänglich macht oder technische Ermittlungen oder Prüfungen nicht ermöglicht,

   b) die erforderlichen Arbeitskräfte, Unterlagen oder Werkzeuge nicht zur Verfügung stellt oder

   c) eine Auskunft nicht, unrichtig, unvollständig oder nicht rechtzeitig erteilt,

   d) den Gewässerschutzbeauftragten nicht zu Überwachungsmaßnahmen hinzuzieht,

8. entgegen § 21 a Abs. 1 oder entgegen einer vollziehbaren Anordnung nach § 21 a Abs. 2 einen Gewässerschutzbeauftragten nicht bestellt,

9. einer Vorschrift des § 26 oder § 32 b oder § 34 Abs. 2 über das Einbringen, Lagern, Ablagern oder Befördern von Stoffen zuwiderhandelt,

...

(2) Die Ordnungswidrigkeit kann mit einer Geldbuße bis zu hunderttausend Deutsche Mark geahndet werden.

...

In § 7 a WHG werden einige für Abwasseranlagen wichtige Bestimmungen angeführt. U. a. darf die Erlaubnis für eine Abwassereinleitung nur erteilt werden, wenn das Abwasser nach den „allgemein anerkannten Regeln der Technik" (a.a.R.d.T.) gereinigt wird. Wenn es gefährliche Stoffe enthält (siehe Abschnitt 2.3.4) ist die Behandlung nach dem „Stand der Technik" (St.d.T.) erforderlich. Die a.a.R.d.T. werden durch die Länder festgelegt. Grundlage dafür sind z. B. das ATV-Regelwerk [5] oder die DIN-Blätter [8] (siehe

Abschnitt 9.5). Außerdem sind dort die Verwaltungsvorschriften über *Mindestanforderungen* erwähnt.

In § 18 b wird festgelegt, daß Abwasseranlagen nach den „Regeln der Technik" zu errichten und zu *betreiben* sind.

Die §§ 21 a bis 21 f befassen sich mit dem Gewässerschutzbeauftragten. Die Ausführungsbestimmungen sind in den Ländern etwas unterschiedlich. In einigen Ländern wurde durch das Landeswassergesetz z. B. bestimmt, daß der für die Abwasseranlagen zuständige Betriebsleiter automatisch der Gewässerschutzbeauftragte ist, wenn nicht anderes festgelegt wurde.

Nach § 22 haftet der Unternehmensträger für Schäden durch eine Abwassereinleitung, z. B. Fischsterben, ohne Rücksicht auf Verschulden (Gefährdungshaftung). Es ist dabei gleichgültig, ob der Schaden vorsätzlich d. h. im Bewußtsein einer rechtswidrigen Handlung oder fahrlässig, d. h. durch Vernachlässigung der erforderlichen Sorgfalt, oder nicht einmal fahrlässig, entstanden ist. Der Unternehmensträger kann aber im Rückgriff einen schuldigen (Vorsatz, Fahrlässigkeit) Klärwärter haftbar machen, z. B. wenn er seine Anlage nicht richtig oder nachlässig betreibt. Was richtig und notwendig ist, wird im wesentlichen in der Betriebsanweisung festgelegt.

In § 41 wird geregelt, was als Ordnungswidrigkeit gilt. Dazu wurden in manchen Ländern Bußgeldkataloge bekanntgemacht. Ordnungswidrigkeiten können mit Geldbußen bis zu 100 000 DM geahndet werden. Z. B. gelten als Ordnungswidrigkeiten unbefugtes Einleiten von Abwasser, Nichtbefolgen einer wasserrechtlichen Auflage, und wenn kein Schaden entstanden ist, falsche oder mangelhafte Bedienung von Abwasseranlagen.

Erwähnenswert ist, daß hier früher Strafbestimmungen enthalten waren, die nun seit 1980 in die §§ 324 und 330 des *Strafgesetzbuches* aufgenommen wurden. § 324 bestimmt, wer unbefugt ein Gewässer verunreinigt, wird mit Freiheitsstrafe bis zu 5 Jahren, bei Fahrlässigkeit bis zu 2 Jahren oder mit Geldstrafe bestraft. In § 330 ist die Bestrafung schwerer Umweltvergehen im einzelnen geregelt, u. a. die Gewässerverunreinigung mit Freiheitsstrafen von 3 Monaten bis zu 5 Jahren.

### *AbwAG*

***Ein weiteres wichtiges Bundesgesetz ist das Gesetz über Abgaben für das Einleiten von Abwasser in Gewässer*** **(Abwasserabgabengesetz-AbwAG)** von 1976, das 1987 und 1990 novelliert wurde und nach der 3. Änderung ab 1. 1. 1991 gilt. Die Abgabe wird durch die Länder erhoben und richtet sich nach der Schädlichkeit des Abwassers, die in Schadeinheiten bestimmt wird. Damit wird versucht, das Verursacherprinzip zu verwirklichen. Der Abgabesatz je Schadeinheit beträgt ab 1991 50 DM, ab 1993 60 DM, ab 1995 70 DM, ab 1997 80 DM und ab 1999 90 DM im Jahr. In der Anlage zum AbwAG wird ausgeführt:

A.

(1) Die Bewertungen der Schadstoffe und Schadstoffgruppen sowie die Schwellenwerte ergeben sich aus folgender Tabelle (Tabelle zur Anlage A):

(2) Wird Abwasser in Küstengewässer eingeleitet, bleibt die Giftigkeit gegenüber Fischen insoweit unberücksichtigt, als sie auf dem Gehalt an solchen Salzen beruht, die den Hauptbestandteilen des Meerwassers gleichen. Das gleiche gilt für die Einleitung von Abwasser in Mündungsstrecken oberirdischer Gewässer in das Meer, die einen ähnlichen natürlichen Salzgehalt wie die Küstengewässer aufweisen.

| Nr. | Bewertete Schadstoffe und Schadstoffgruppen | Einer Schadeinheit entsprechen jeweils folgende volle Meßeinheiten | Schwellenwerte nach Konzentration und Jahresmenge |
|---|---|---|---|
| 1 | Oxidierbare Stoffe in chemischem Sauerstoffbedarf (CSB) | 50 Kilogramm Sauerstoff | 20 Milligramm je Liter und 250 Kilogramm Jahresmenge |
| 2 | Phosphor | 3 Kilogramm | 0,1 Milligramm je Liter und 15 Kilogramm Jahresmenge |
| 3 | Stickstoff | 25 Kilogramm | 5 Milligramm je Liter und 125 Kilogramm Jahresmenge |
| 4 | Organische Halogenverbindungen als adsorbierbare organisch gebundene Halogene (AOX) | 2 Kilogramm Halogen, berechnet als organisch gebundenes Chlor | 100 Mikrogramm je Liter und 10 Kilogramm Jahresmenge |
| 5 | Metalle und ihre Verbindungen: | | und |
| 5.1 | Quecksilber | 20 Gramm | 1 Mikrogramm 100 Gramm |
| 5.2 | Cadmium | 100 Gramm | 5 Mikrogramm 500 Gramm |
| 5.3 | Chrom | 500 Gramm | 50 Mikrogramm 2,5 Kilogramm |
| 5.4 | Nickel | 500 Gramm | 50 Mikrogramm 2,5 Kilogramm |
| 5.5 | Blei | 500 Gramm | 50 Mikrogramm 2,5 Kilogramm |
| 5.6 | Kupfer | 1 000 Gramm Metall | 100 Mikrogramm je Liter 5 Kilogramm Jahresmenge |
| 6 | Giftigkeit gegenüber Fischen | 3 000 Kubikmeter Abwasser geteilt durch $G_F$ | $G_F = 2$ |

$G_F$ ist der Verdünnungsfaktor, bei dem Abwasser im Fischtest nicht mehr giftig ist.

Tabelle zur Anlage A des AbwAG

B.

Die Schadstoffgehalte sowie die Giftigkeit gegenüber Fischen aus der nicht abgesetzten, homogenisierten Probe nach folgenden Verfahren bestimmt:

1. Oxidierbare Stoffe (CSB)
   Der chemische Sauerstoffbedarf wird nach dem Dichromatverfahren unter Anwendung von Silbersulfat als Katalysator bestimmt, im übrigen nach Nummer 303 der Anlage zur Rahmen-AbwasserVwV vom 8. September 1989 (BMBl. S. 518).

2. Phosphor
   Nach Aufschluß der Wasserprobe mit Kaliumperoxodisulfat wird der Gesamtphosphatgehalt, berechnet als Phosphor, photometrisch bestimmt, im übrigen nach Nummer 108 der Anlage zur Rahmen-AbwasserVwV.

3. Stickstoff

Der Stickstoff wird als Summe der Einzelbestimmungen des Ammonium-Stickstoffs, des Nitrat-Stickstoffs und des Nitrit-Stickstoffs bestimmt. Dabei wird nach Destillation der Ammonium-Stickstoff maßanalytisch bestimmt, im übrigen nach Nummer 202 der Anlage zur Rahmen-AbwasserVwV; der Nitrit-Stickstoff wird durch Messungen der Extinktion bestimmt, im übrigen Nummer 107 der Anlage zur Rahmen-AbwasserVwV.

4. Organische Halogenverbindungen (AOX)

Die an Aktivkohle adsorbierbaren organisch gebundenen Halogene werden im Sauerstoffstrom verbrannt, die Menge der dabei gebildeten Halogenwasserstoffe bestimmt und als Chlor angegeben, im übrigen nach Nummer 302 der Anlage zur Rahmen-AbwasserVwV.

5. Quecksilber

Nach Aufschluß der Wasserprobe mit Kaliumpermanganat und Kaliumperoxodisulfat wird das Quecksilber atomabsorptions- oder atomemissionsspektrometrisch bestimmt, im übrigen nach Nummer 215 der Anlage zur Rahmen AbwasserVwV.

6. Cadmium, Chrom, Nickel, Blei, Kupfer

Nach Aufschluß der Wasserprobe mit Salpetersäure und Wasserstoffperoxid werden die Metalle atomabsorptions- oder atomemissionsspektrometrisch bestimmt, im übrigen nach Nummer 207 (Cadmium), 209 (Chrom), 214 (Nickel), 206 (Blei) und 213 (Kupfer) der Anlage zur Rahmen-AbwasserVwV.

7. Fischgiftigkeit

Die Giftwirkung wird im Fischtest unter Verwendung der Goldorfe (Leuciscus idus melanotus) als Testfisch durch Ansetzen verschiedener Abwasserverdünnungen bestimmt, im übrigen nach Nummer 401 der Anlage zur Rahmen-AbwasserVwV.

Bemessungsgrundlage sind die Überwachungswerte und die Jahresschmutzwassermenge. Überschreitungen der Überwachungswerte führen zu einer Erhöhung den Abgabe.

Nach § 9 AbwAG ermäßigt sich die Abgabe um 75%, wenn

- im Bescheid mindestens die Mindestanforderungen nach § 7 a WHG festgelegt sind oder ein Einleiter ohne Bescheid mindestens diese Werte erklärt hat;
- die Mindestanforderungen nach § 7 a WHG eingehalten werden und nicht entgegen den allgemein anerkannten Regeln der Technik durch Verdünnung oder Vermischung erreicht werden.

Nachdem die Ermäßigung 4 Jahre gewährt wurde, wird sie verringert. Danach ermäßigt sich der Abgabensatz 4 Jahre lang um 40% und schließlich nach weiteren vier Jahren nur noch um 20%.

Das Aufkommen der Abwasserabgabe ist für Maßnahmen, die der Erhaltung oder Verbesserung der Gewässergüte dienen, zweckgebunden (§ 13).

Maßnahmen sind insbesondere:

1. der Bau von Abwasserbehandlungsanlagen,

2. der Bau von Regenrückhaltebecken und Anlagen zur Reinigung des Niederschlagswassers,
3. der Bau von Ring- und Auffangkanälen an Talsperren, See- und Meeresufern sowie von Hauptverbindungssammlern, die die Errichtung von Gemeinschaftskläranlagen ermöglichen,
4. der Bau von Anlagen zur Beseitigung des Klärschlammes,
5. Maßnahmen im und am Gewässer zur Beobachtung und Verbesserung der Gewässergüte wie Niedrigwasseraufhöhung oder Sauerstoffanreicherung sowie zur Gewässerunterhaltung,
6. Forschung und Entwicklung von Anlagen oder Verfahren zur Verbesserung der Gewässergüte,
7. Ausbildung und Fortbildung des Betriebspersonals für Abwasserbehandlungsanlagen und andere Anlagen zur Erhaltung und Verbesserung der Gewässergüte.

***Weitere Bundesgesetze***

Weitere Bundesgesetze mit Teilen, die für die Abwasserbeseitigung Bedeutung haben, sind

- Gesetz über die Umweltverträglichkeit von Wasch- und Reinigungsmitteln *(Waschmittel G)*, auch Detergentiengesetz genannt, das z. B. die Phosphatbelastung der Gewässer vermindern soll;
- Gesetz zur Verhütung und Bekämpfung übertragbarer Krankheiten beim Menschen (*Bundesseuchengesetz* – BSeuchG). In § 12 wird dort von den Gemeinden gefordert Abwasser so zu beseitigen, daß für die menschliche Gesundheit keine Gefahren durch Krankheitserreger entstehen.
- Gesetz über die Vermeidung und Entsorgung von Abfällen vom 27. 8. 1986 (*Abfallgesetz* – AbfG). Es bezeichnet als Abfall bewegliche Sachen, denen sich der Besitzer entledigen will oder deren geordnete Entsorgung zur Wahrung des Wohls der Allgemeinheit, insbesondere des Schutzes der Umwelt, geboten ist.

  Sein Grundsatz (§ 2) lautet:

  „Abfälle sind so zu entsorgen, daß das Wohl der Allgemeinheit nicht beeinträchtigt wird, insbesondere nicht dadurch, daß

  die Gesundheit der Menschen gefährdet und ihr Wohlbefinden beeinträchtigt,
  Nutztiere, Vögel, Wild und Fische gefährdet,
  Gewässer, Boden und Nutzpflanzen schädlich beeinflußt,
  schädliche Umwelteinwirkungen durch Luftverunreinigungen oder Lärm herbeigeführt,
  die Belange des Naturschutzes und der Landschaftspflege sowie des Städtebaus nicht gewahrt oder
  sonst die öffentliche Sicherheit und Ordnung gefährdet oder gestört werden."

Weiter ist ein wichtiges Rahmengesetz das Gesetz zum Schutz vor schädlichen Luftverunreinigungen, Geräuschen, Erschütterungen und ähnlichen Vorgängen (*Bundes-Immissionsschutzgesetz* – BImSchG), zu dem als Verwaltungsvorschrift die Technische

Anleitung zur Reinhaltung der Luft (TALuft) und zusammen mit der Gewerbeordnung (GewO) die Technische Anleitung zum Schutz gegen Lärm (TALärm) erlassen wurden. Sie enthalten Immissionswerte, die aus Umweltschutzgründen nicht überschritten werden dürfen, und Emissionswerte, deren Überschreiten nach dem Stand der Technik vermeidbar ist, sowie Verfahren zur Ermittlung von Emissionen und Immissionen.

Für den Ver- und Entsorger sind einige Bundesverordnungen besonders hervorzuheben.

Die ***Rahmen-AbwasserVwV*** vom 27. 8. 1991 beinhaltet die ***Mindestanforderungen*** an das Einleiten von Abwasser in Gewässer (Auszug):

1 Anwendungsbereich

1.1 Diese allgemeine Verwaltungsvorschrift gilt für in Gewässer einzuleitendes Abwasser, dessen Schmutzfracht im wesentlichen aus den in den *Anhängen* aufgeführten Anwendungsbereichen stammt.

1.2 Diese allgemeine Verwaltungsvorschrift gilt nicht, soweit in den Anhängen ihre Anwendung ausdrücklich ausgeschlossen ist.

2. Anforderungen

2.1 Unbeschadet strengerer Anforderungen im wasserrechtlichen Vollzug werden nach § 7 a Abs. 1 Satz 3 WHG die in den Anhängen enthaltenen Anforderungen an das Einleiten von Abwasser festgelegt.

2.2 Soweit in den Anhängen nichts anderes geregelt ist, ist folgendes zu beachten:

2.2.1 Die in den **Anhängen** genannten Werte beziehen sich auf das Abwasser im Ablauf der Abwasserbehandlungsanlage. **Sie dürfen nicht** entgegen den jeweils in Betracht kommenden Regeln der Technik **durch Verdünnung oder Vermischung erreicht werden.**

2.2.2 Den in den Anhängen genannten Werten liegen die in der Anlage enthaltenen ode gleichwertige Analysen- und Meßverfahren zugrunde.

2.2.3 Ist eine qualifizierte Stichprobe vorgesehen, so umfaßt diese mindestens fünf Stichproben, die, in einem Zeitraum von höchstens zwei Stunden im Abstand von nicht weniger als zwei Minuten entnommen, gemischt werden.

Ist ein produktionsspezifischer Frachtwert (z. B. $m^3$/t, g/t, kg/t) festgelegt, bezieht sich dieser auf die dem wasserrechtlichen Bescheid zugrundeliegende Produktionskapazität.

2.2.4 Ein entsprechend den Anhängen und den vorstehenden Nummern festgesetzter Wert ist einzuhalten.

Er gilt auch als eingehalten, wenn die Ergebnisse der letzten fünf im Rahmen der staatlichen Gewässeraufsicht durchgeführten Überprüfungen in vier Fällen diesen Wert nicht überschreiten und kein Ergebnis diesen Wert um mehr als 100 v. H. übersteigt.

Überprüfungen, die länger als drei Jahre zurückliegen, bleiben unberücksichtigt.

## *Anhang 1 für den Anwendungsbereich Gemeinden*

1. Anwendungsbereich

1.1 Abwasser,

1.1.1 das in Kanalisationen gesammelt wird im wesentlichen stammt aus

1.1.1.1 Haushaltungen oder

1.1.1.2 Haushaltungen und Anlagen, die gewerblichen oder landwirtschaftlichen Zwecken dienen, sofern die Schädlichkeit dieses Abwassers mittels biologischer Verfahren mit gleichem Erfolg wie bei Abwasser aus Haushaltungen verringert werden kann;

1.1.2 das von einzelnen eingeleitet wird und im wesentlichen stammt aus

1.1.2.1 Haushaltungen oder Einrichtungen wie Gemeinschaftsunterkünften, Hotels und Gaststätten oder

1.1.2.2 Anlagen, die anderen als den in Nummer 1.1.2.1 genannten gewerblichen Zwekken dienen, sofern es dem Abwasser der Nummer 1.1.2.1 entspricht;

1.1.3 das in einer Flußkläranlage behandelt worden ist, sofern es nach seiner Herkunft den Nummern 1.1.1 oder 1.1.2 entspricht.

1.2 Ausgenommen sind Kleineinleitungen im Sinnes des § 8 in Verbindung mit § 9 Abs. 2 Satz 2 des Abwasserabgabengesetzes.

2 Anforderungen

2.1 An das Einleiten des Abwassers werden folgende Anforderungen nach den allgemein anerkannten Regeln der Technik gestellt:

**Siehe Tabelle A**

2.2 Ist bei **Teichanlagen,** die für eine Aufenthaltszeit von 24 Stunden und mehr bemessen sind, eine Probe durch Algen deutlich gefärbt, so sind der CSB und der $BSB_5$ von der **algenfreien** Probe zu bestimmen. In diesem Fall erniedrigen sich die in Nr. 2.1 festgelegten Werte beim CSB um 15 mg/l und bei $BSB_5$ um 5 mg/l.

2.3 Die Zuordnung eines Einleiters in eine der in Nummer 2.1 festgelegten Größenklassen richtet sich nach den Bemessungswerten der Abwasserbehandlungsanlage, wobei die $BSB_5$-Fracht des unbehandelten Schmutzwassers – $BSB_5$ (roh) – zugrunde gelegt wird.

2.4 In den Fällen, in denen als Bemessungswert für eine Abwasserbehandlungsanlage allein der $BSB_5$-Wert des sedimentierten Schmutzwassers zugrunde gelegt ist, sind folgende Werte für die Einstellung maßgebend:

Größenklasse 1 kleiner als 40 kg/d $BSB_5$ (sed.)
Größenklasse 2 40 bis 200 kg/d $BSB_5$ (sed.)
Größenklasse 3 größer als 200 bis 800 kg/d $BSB_5$ (sed.)
Größenklasse 4 größer als 800 bis 4000 kg/d $BSB_5$ (sed.)
Größenklasse 5 größer als 4000 kg/d $BSB_5$ (sed.)

**Tabelle A zum Anhang 1 der Rahmen Abwasser VwV vom 27. Aug. 1991**

| | Chemischer Sauerstoffbedarf (CSB) | Biochemischer Sauerstoffbedarf in 5 Tagen ($BSB_5$) | Ammonium-stickstoff *) ($NH_4-N$) | Stickstoff gesamt *) als Summe von Ammonium-, Nitrit- und Nitratstickstoff | Phosphor gesamt ($P_{ges}$) |
|---|---|---|---|---|---|
| | Qualifizierte Stichprobe oder 2-Std.-Mischprobe | | | | |
| | mg/l | mg/l | mg/l | mg/l | mg/l |
| Größenklasse 1 kleiner als 60 kg/d $BSB_5$ (roh) | 150 | 40 | – | – | – |
| Größenklasse 2 60 bis kleiner 300 kg/d $BSB_5$ (roh) | 110 | 25 | – | – | – |
| Größenklasse 3 300 bis kleiner 1200 kg/d $BSB_5$ (roh) | 90 | 20 | 10 | 18 **) | – |
| Größenklasse 4 1200 bis kleiner 6000 kg/d $BSB_5$ (roh) | 90 | 20 | 10 | 18 **) | 2 |
| Größenklasse 5 6000 kg/d $BSB_5$ (roh) und größer | 75 | 15 | 10 | 18 **) | 1 |

*) Diese Anforderung gilt bei einer Abwassertemperatur von 12 °C und größer im Ablauf des biologischen Reaktors der Abwasserbehandlungsanlage. An die Stelle von 12 °C kann auch die zeitliche Begrenzung vom 1. Mai bis 31. Oktober treten.

**) Im wasserrechtlichen Bescheid kann eine höhere Konzentration bis zu 25 mg/l zugelassen werden, wenn die Verminderung der Gesamtstickstofffracht mindestens 70 v. H. beträgt. Die Verminderung bezieht sich auf das Verhältnis der Stickstofffracht im Zulauf zu derjenigen im Ablauf in einem repräsentativen Zeitraum, der 24 Stunden nicht überschreiten soll. Für die Fracht im Zulauf ist die Summe aus organischem und anorganischem Stickstoff zugrunde zu legen.

Eine andere Verordnung ist als Ergänzung des AbfG die **„Klärschlammverordnung (AbfKlärV)" [11], die am 15. 4. 1992 neu gefaßt veröffentlicht wurde (BGBl. I S. 912).**

## 10.3 Landesrecht

Bundesrahmengesetze werden im Wasserrecht und Abfallrecht durch Ländergesetze ausgefüllt. Diese sind zwar überwiegend einheitlich aufgebaut, unterscheiden sich aber entsprechend den regionalen Erfordernissen in Einzelheiten.

Im wesentlichen ergänzen die Ländergesetze Zuständigkeiten und Verfahrensfragen unter Berücksichtigung der unterschiedlich aufgebauten Länderverwaltungen.

In Verordnungen oder Bekanntmachungen regeln die Länder den Vollzug der Gesetze und Einzelprobleme, z. B. Inhalt von Antragsunterlagen, Gewährung von Finanzhilfen oder Verwertung von Klärschlamm.

Im Interesse der Vermeidung und Verminderung von Schadstoffen im Abwasser erlassen die Länder Verordnungen über die Genehmigungspflicht für das Einleiten wassergefährdender Stoffe in Sammelkanalisationen und ihre Überwachung (VGS – Indirekteinleiterverordnung), die eine verstärkte behördliche Überwachung von Betrieben erlauben, die ihr Abwasser in kommunale Abwasseranlagen einleiten (siehe Abschnitt 2.3.4).

## 10.4 Kommunales Recht

Körperschaften des öffentlichen Rechts, wie Städte, Gemeinden und Verbände, haben das Recht, für die Benutzung der von ihnen geschaffenen oder betriebenen öffentlichen Anlagen (z. B. Wasserversorgung, Abwasseranlage, Müllabfuhr) Satzungen zu erlassen. In ihnen werden z. B. Einleitungsverbote (siehe Abschn. 2.3.4) ausgesprochen, Einzelheiten der Grundstücksentwässerung vorgeschrieben sowie der Anschluß- und Benutzungszwang und das Anschluß- und Benutzungsrecht begründet. Außerdem werden für die Benutzung *Beiträge* als einmalige Zahlung zur Deckung von Baukosten und *Gebühren* als laufende Zahlung zur Deckung von Betriebskosten festgesetzt. Bei der Wasserversorgung und bei der Abwasserbeseitigung werden als Gebührenmaßstab in aller Regel der Wasserverbrauch herangezogen.

## 10.5 Technische Regeln

In Rechtsvorschriften kann vorgeschrieben werden, daß technische Regelwerke zu beachten sind. Ihre Anwendung ist dann zwingend, sie werden so geltendes Recht. Besonders zu nennen sind hier die Deutschen Industrie-Normen und das ATV-Regelwerk. Für den elektrotechnischen Bereich ist auf die VDE-Bestimmungen und für die Wasserversorgung auf das DVGW-Regelwerk hinzuweisen. Das ATV-Regelwerk Abwasser-Abfall ist das Ergebnis ehrenamtlicher Gemeinschaftsarbeit erfahrener Ingenieure und Wissenschaftler und ist nach einem durch Satzung der ATV festgelegten Verfahren unter Anhörung der Fachwelt verabschiedet worden. Es beschreibt das technisch-wissenschaftlich zweckmäßige Vorgehen, das sich anerkanntermaßen in der Mehrzahl der Fälle wiederholt bewährt hat. Eine Anwendungspflicht kann sich aus Rechts- oder Verwaltungsvorschriften, aber auch aus Verträgen oder sonstigen Rechtsgrundlagen ergeben.

Im ATV-Regelwerk Abwasser-Abfall [5] sind als einschlägig hervorzuheben die ATV-Arbeitsblätter

A 115 Hinweise für das Einleiten von Abwasser aus gewerblichen und industriellen Betrieben in eine öffentliche Abwasseranlage

A 117 Richtlinien für die Bemessung, die Gestaltung und den Betrieb von Regenrückhaltebecken

A 118 Richtlinien für die hydraulische Berechnung von Schmutz-, Regen- und Mischwasserkanälen

A 123 Behandlung und Beseitigung von Schlamm aus Kleinkläranlagen

A 124 Dienst- und Betriebsanweisungen für das Personal von Kläranlagen

A 128 Richtlinien für die Bemessung und Gestaltung von Regenentlastungen in Mischwasserkanälen

A 140 Regeln für den Kanalbetrieb, Teil I: Kanalnetz

A 241 Bauwerke der Ortsentwässerung

Erwähnenswert sind auch die Arbeitsblätter

A 122 Grundsätze für Bemessung, Bau und Betrieb von kleinen Kläranlagen mit aerober biologischer Reinigungsstufe für Anschlußwerte zwischen 50 und 500 Einwohnern

A 126 Grundsätze für die Abwasserbehandlung in Kläranlagen nach dem Belebungsverfahren mit gemeinsamer Schlammstabilisierung bei Anschlußwerten zwischen 500 und 5000 Einwohnerwerten

A 131 Grundsätze für die Bemessung von einstufigen Belebungsanlagen mit Anschlußwerten über 5000 Einwohnerwerten

A 135 Grundsätze für die Bemessung von einstufigen Tropfkörpern und Scheibentauchkörpern mit Anschlußwerten über 500 Einwohnerwerten

A 201 Grundsätze für Bemessung, Bau und Betrieb von Abwasserteichen für kommunales Abwasser

A 257 Grundsätze für die Bemessung von Abwasserteichen und zwischengeschalteten Tropf- oder Tauchkörpern

Als ATV-Hinweisblätter sind zu nennen

H 252 Empfehlungen zur Gestaltung von Stromlieferungsverträgen bei Kläranlagen

H 258 Einsatz von Feinstrechen und Sieben auf kleinen kommunalen Kläranlagen

H 259 Auf Kläranlagen Stromkosten sparen!

H 353 Gemeinsame Verwertung von Gülle und Klärschlamm

M 143 Grundlagen für die Inspektion, Instandsetzung, Sanierung und Erneuerung von Entwässerungskanälen und -leitungen

M 256 Einsatz von Betriebsmeßeinrichtungen auf Kläranlagen

In den Regelwerken sind jeweils nur die letzten Ausgaben gültig. Auskunft erteilt [5].

Vom Deutschen Institut für Normung (DIN) [8] wurden alle einschlägigen Normen in vier Bänden – Abwassertechnik 1 bis 4 – zusammengefaßt veröffentlicht, so daß sich eine Aufstellung der zahlreichen DIN-Normen erübrigt.

## 10.6 Sicherheitsvorschriften

Um die Sicherheit am Arbeitsplatz zu gewährleisten, sind staatliche Arbeitsschutzvorschriften und berufsgenossenschaftliche Unfallverhütungsvorschriften (UVV) zu beachten. Sie sind den jeweiligen Betriebsverhältnissen entsprechend anzuwenden. Dabei sind auch allgemein anerkannte Regeln der Technik, z. B. DIN-Normen, ATV-Regelwerk, DVGW-Regelwerk Gas und VDE-Bestimmungen zu berücksichtigen.

Einige wichtige einschlägige Sicherheitsvorschriften sind:

*Staatliche Arbeitsschutzvorschriften*

z. B.

- Verordnung über elektrische Anlagen in explosionsgefährdeten Räumen (ElexV) vom 1. 3. 1980
- Verordnung über Anlagen zur Lagerung, Abfüllung und Beförderung brennbarer Flüssigkeiten zu Lande (Verordnung über brennbare Flüssigkeiten – VbF) vom 1. 3. 1980
- Verordnung über Druckbehälter, Druckgasbehälter und Füllanlagen (Druckbehälterverordnung – DruckbehV) vom 27. 2. 1980

*Berufsgenossenschaftliche Unfallverhütungsvorschriften (UVV), Richtlinien, Sicherheitsregeln und Vordrucke*

z. B.

| | |
|---|---|
| UVV „Allgemeine Vorschriften" | GUV 0.1 |
| UVV „Elektrische Anlagen und Betriebsmittel" | GUV 2.10 |
| UVV „Erste Hilfe" | GUV 0.3 |
| UVV „Ortsentwässerung" (Kanalisationsanlagen) ist z. T. überholt durch die neue GUV 17.6 | GUV 7.4 |
| UVV „Lärm" | GUV 9.20 |
| Sicherheitsregeln für Abwasserbehandlungsanlagen (Bau und Ausrüstung) | GUV 17.5 |
| Sicherheitsregeln für Arbeiten in umschlossenen Räumen von Abwassertechnischen Anlagen (Betrieb), neu erschienen 1989 | GUV 17.6 |
| Explosionsschutz-Richtlinien, Richtlinien für die Vermeidung der Gefahren durch explosionsfähige Atmosphäre (mit Beispielsammlung) | GUV 19.8 |
| Richtlinien für Sicherheits- und Rettungsgeschirre | GUV 10.4 |
| Sicherheitsregeln für Steigeisen und Steigeisengänge (neu 1991) | GUV 16.11 |
| Vordruck Verbandbuch (DIN A 5) | GUV 40.6 |

Schriften mit GUV-Bestell-Nr. können von dem örtlich zuständigen Gemeindeunfallversicherungsverband bzw. der zuständigen Berufsgenossenschaft bezogen werden.

**Schrifttumsverzeichnis**


[1] ATV, Lehr- und Handbuch der Abwassertechnik, 3. Aufl., Band I, „Wassergütewirtschaftliche Grundlagen, Bemessung und Planung von Abwasserableitungen“, Verlag Wilhelm Ernst u. Sohn, Berlin

[2] wie vor, Band II, „Entwurf und Bau von Kanalisationen und Abwasserpumpwerken“

[3] wie vor, Band III, „Grundlagen für Planung und Bau von Abwasserkläranlagen und mechanischen Klärverfahren“

[4] wie vor, Band IV, „Biologisch-chemische und weitergehende Abwasserreinigung“

[5] ATV-Regelwerk Abwasser-Abfall, Arbeits- und Merkblätter, Gesellschaft zur Förderung der Abwassertechnik, Markt 71, 5205 St. Augustin 1

[6] Korrespondenz-Abwasser, Gesellschaft zur Förderung der Abwassertechnik, Markt 71, 5205 St. Augustin 1

[7] KA-Informationen für das Betriebspersonal von Abwasseranlagen (neu „Betriebs-Info“), Beilage zur Korrespondenz Abwasser [6]

[8] DIN-Normen, Beuth-Verlag GmbH, Burggrafenstr. 4–10, 1000 Berlin 30 (Die Abwassernormen sind einzeln oder in 4 Bänden zusammengefaßt beziehbar)

[9] Deutsche Einheitsverfahren (DEV) zu Wasser-, Abwasser- und Schlammuntersuchungen, Verlag Chemie, Weinheim

[10] Länderarbeitsgemeinschaft Wasser (LAWA), Die Gewässergütekarte der Bundesrepublik Deutschland, Mainz

[11] Klärschlammverordnung – AbfKlärV – vom 28.4.1992, Bundesministerium für Umwelt, Naturschutz und Reaktorsicherheit, Bonn (BGBl. I S. 912)

[12] Tietz, St. und Kirchner, J.-H.: Die Arbeit in kommunalen Entwässerungsbetrieben, Forschungsbericht Nr. 260, Bundesanstalt für Arbeitsschutz und Unfallforschung, Wirtschaftsverlag NW, Bremerhaven

[13] Imhoff, K. und K. R.: Taschenbuch der Stadtentwässerung, R. Oldenbourg Verlag, München

[14] Press, H. Taschenbuch der Wasserwirtschaft, Verlag Wasser und Boden, Hamburg

[15] Stier, E. und Fischer, M.: Klärwärter-Taschenbuch, F. Hirthammer Verlag, München

[16] Stier, E. Planungshilfen für die Gestaltung von Regenüberlaufbecken, Informationsbericht 1/87, Bayer. Landesamt für Wasserwirtschaft, München

[17] Stier, E., Fischer, M. und Felber, H.: Betriebstagebuch für Kläranlagen, F. Hirthammer Verlag, München

[18] ATV-Landesgruppe Bayern, Wartungskartei für Maschinen und Geräte, F. Hirthammer Verlag, München

[19] Burchard, C.-H., Groche, D. und Zerres, H. P.: Handbuch einfacher Messungen und Untersuchungen auf Klärwerken, F. Hirthammer Verlag, München

[20] Rüffer, H. und Mudrack, K.: Anleitung zur Durchführung und Auswertung einfacher Untersuchungen auf Kläranlagen, Eigenverlag des Instituts für Siedlungswasserwirtschaft und Abfalltechnik, Universität Hannover

[21] Meyer, D.: Eine einfache mikroskopisch-biologische Methode der Gewässerbeurteilung in Niedersachsen, Beiträge zur Naturkunde Niedersachsens, Hannover, 33. Jahrgang, Heft 1/1980

[22] Buck, H.: Mikroorganismen in der Abwasserreinigung, F. Hirthammer Verlag, München

[23] Eikelboom, D. H. und van Buijsen, H. J. J.: Handbuch für die mikroskopische Schlammuntersuchung, F. Hirthammer Verlag, München

[24] Lohr, M.: Kläranlagen im Bild/Gutes und Schlechtes, F. Hirthammer Verlag, München

[25] Stein, D. und Niederehe W.: Instandhaltung von Kanalisationen, Verlag Wilhelm Ernst u. Sohn, Berlin

[26] Bock, E.: Biologische Korrosion, Tiefbau – Ingenieurbau – Straßenbau, Heft 5/1984, S. 240

[27] Bretz, H.: Prüfung einer Kanalrohrleitung auf Wasserdichtheit, Gas- und Wasserfach (gwf), Heft 28/1969, S. 776

[28] Thistlethwayte, D. K. B.: Sulfide in Abwasseranlagen, Beton-Verlag

[29] Bischofsberger, W. und Hegemann, W.: Lexikon der Abwassertechnik, Vulkan-Verlag, Essen

[30] Endress und Hauser: Abwasser-, Meß- und Regeltechnik, Eigenverlag der Firma Endress und Hauser GmbH + Co., Maulburg

[31] Roth, M.: Grundlagen für den Betrieb von Kanalisationen, Herausgeber ATV-Landesgruppe Baden-Württemberg, Bleicher Verlag, Gerlingen

[32] Das mikroskopische Bild bei der aeroben Abwasserreinigung, Informationsbericht Nr. 1/90 des Bayer. Landesamtes für Wasserwirtschaft, München, 1990

[33] Rüffer, H. und Rosenwinkel, K.-H.: Taschenbuch der Industrieabwasserreinigung, R. Oldenbourg Verlag, München, 1991

[34] Mudrack, K. und Kunst, S.: Biologie der Abwasserreinigung, Verlag Gustav Fischer, Stuttgart-Jena-New York, 1991

[35] Schulze, G.: Stand der Technik, Einsatzmöglichkeiten und Grenzen automatisch arbeitender Abwasserprobenahmegeräte, Forschungsbericht UBA-FB 91–027, Umweltbundesamt, Bismarckplatz 1, 1000 Berlin 33

[36] Roediger, H., Roediger, M., Kapp, H.: Anaerobe alkalische Faulung, R. Oldenbourg Verlag, München, 1990

# Stichwortverzeichnis

## zur raschen Beantwortung der täglichen Fragen und Probleme

(die nach den einzelnen Begriffen stehenden Zahlen geben die jeweiligen Seiten an)


**A**

Abfallgesetz 460
Abfiltrierbare Stoffe 305, 370
AbfKlärV 232, 269, 463
Abfluß 284
Abflußbeiwert 23
Abhitzenutzung 246
Ablagerung von Klärschlamm 251
Absetzbare Stoffe 25, 78, 305
Absetzbecken 99
Absetzglas 306
Absetzteiche 111
Absetzvorgang 79
Absetzzeit 99
Absturzsicherung 439
Abwasserabgabengesetz (AbwAG) 28, 457
Abwasserableitung 30
Abwasseranalysen 283
Abwasseranfall 21
Abwasserarten 19
Abwasserbeschaffenheit 24
Abwasserdesinfektion 162
Abwasserdurchfluß 284
Abwasserteiche 110, 111, 386
Abwassertemperatur 301
Aerob-thermophile Stabilisierung 212
Aerobe Schlammstabilisierung 108
Aerobe Stabilisierung 209
Aerobier 17
Aktivkohlefilter 162
Alarmpläne 413
Algenblüte 18, 340
Algenfreie Probe 116, 462
Algengetrübte Probe 309
Alkalisch 326
Alkalität 331
Allylthioharnstoff 343, 349
Aluminium 157
Ammoniak 70
Ammonifikation 105
Ammonium-Stickstofff ($NH_4$-N) 28, 105, 336, 394, 395, 463
Amtliche Untersuchung 276
Anaerobe Abwasserbehandlung 110
Anaerobe Organismen 103
Anaerobe Stabilisierung (Faulung) 213
Anaerober Abbau 208
Anaerobier 17
Analogströme 263
Analysenvorschriften 276
Anoxische Becken 136
Anoxische Zone 107, 369, 408
Anschluß- und Benutzungszwang 464
Anschlußkanal 31
AOX 26, 234
Arbeitshygiene 444
Arbeitsschutz 69, 438
Arbeitsschutzvorschriften 466
Ärztliche Untersuchung 447
AS-Bestimmung 308
AS-Gehalte 305
Ascheverteilung 246
ATH-BSB 349, 395
ATV-Regelwerk 464, 465, 466
Aufbringungsmenge 233
Aufbringungsplan 235
Aufschlämmversuch 317
Aufstauraum 112
Auftausalze 413
Auftriebsicherheit 103
Ausbaugröße 27
Ausbildung 460
Ausbringungszeiten 238
Auslaufbauwerke 40
Ausräumung des Faulbehälters 410
Auswaschung 229
Auswertung der Betriebsergebnisse 383, 392, 403
Außenanlagen 423
Außenwasser 172
Automation 361
Automatische Probennahmegeräte 263, 266

**B**

Bacterium coli 444
Bakterien 351
Bandfilterpressen 200
Basischer Bereich 326
Beckenspülung 40
Begehen von Kanälen 440
Begriffe der Meßtechnik 281
Behältermessung 296
Beheizte Faulung 213, 379
Beiträge 464
Belastung des Faulraumes 409
Belebter Schlamm 164
Belebtschlamm-Organismen 353
Belebungsanlagen 367
Belebungsverfahren 131
Beleuchtung 427
Belüftete Abwasserteiche 113
Belüfteter Sandfang 95
Bemessungsgrößen des Belebungsverfahrens 143
Benutzungsbedingungen und Auflagen 450
Benzin 92, 412

Benzinabscheider 31, 92
Bepflanzung 427
Berechnungsregen 23
Berstverfahren 56
Berufsfischerei 13
Berufsgenossenschaft 466
Berührungslose Meßverfahren 293
Beschichtung 424
Betrieb von Abwasseranlagen 452
Betriebswasser 20
Betriebsaufzeichnungen 382, 384
Betriebsbeauftragte für Gewässerschutz 453
Betriebskosten 416
Betriebsmethode 277, 321
Betriebstagebuch 382, 384
Betriebsüberwachung 382
Betriebswasserversorgung 13
Bewilligung 450
BHKW 225
Biochemischer Sauerstoffbedarf 27, 342, 463
Biofilter 241, 243
Biogen 16
Biogene Belüftung 115
Biogener Sauerstoffeintrag 112
Biologische Behandlung 74
Biologische P-Entnahme 141
Biologische Phosphorentnahme 108, 136
Biologischer Rasen 122
Biomasse 18, 104, 311
Biotop 15
Blähschlamm 138, 164, 315, 370, 376, 406
Bleiacetatpapier 325
Bleisalz 325
Blindstrom 423
Blockheizkraftwerke (BHKW) 225
Bodenuntersuchung 235, 270
Bodenverdichtung 231
Bogensiebe 89
Brennbare Stoffe 26
Brennstoffbedarf 418
Brüden 241, 243, 254
BSB 18
BSB-Abbaukurve 105, 345, 347
BSB-Restfracht 342
$BSB_5$ 27, 342, 463
$BSB_5$-Schlammbelastung 368
Bundes-Immissionsschutzgesetz 460
Bundesabfallgesetz 232
Bundesseuchengesetz 460
Bußgeldkatalog 457
Buttersäure 169, 208, 331

**C**
Carousel-Anlage 147
Chemietoiletten 435, 436
Chemische Werte 283
Chemischer Sauerstoffbedarf (CSB) 27, 320, 395, 463
Chlorkalk 427
Chlorung 162
Ciliaten 137
CKW 26
CSB 27, 320, 395, 463
CSB-Betriebsmethode 322
CSB-DIN-Verfahren 321

**D**
Dampfstrahlgerät 414
Deckelheber 440
Dekanter 197
Dekantiert 317
Demulgatoren 78
Denitrifikation 76, 107, 131, 136, 140, 229, 310, 327, 369, 374, 376, 379, 407, 421
Denitrifikations-Zonen 75
Deponie 227, 251
Desinfektion 162
Desinfektionslösung 446
Detergentien 26, 409
Detergentiengesetz 460
Deutsche Einheitsverfahren 276
Dichteströmung 81
Dichtheitsprüfung 54
Dichtungen 32
Dienst- und Betriebsanweisungen 383, 385
Diffusion 272
DIN-Norm 276, 465, 466
Dioxine 234
Dolen 29
Doppelspind 446
Dopplerverfahren 294
Dorr-Sandfang 94
Dosiereinrichtung 161
Dosierung des Fällmittels 160
Dränrohre 183
Dränwasser 20
Drehrohrofen 247
Drehsprenger 129, 377
3. Reinigungsstufe 161
Drosseleinrichtung 39, 289
Druckbehälter für Gas 223
Druckleitung 66
Druckluftbelüftung 147
Drucklufttheber 94
Druckmeßdose 293
Düker 41, 42, 287
Düngeplan 231
Düngerwert 229, 230
Düngesalze 107
Düngstoffe 18
Dünnschlamm 218
Durchflußaufnehmer 286

Durchflußeindicker 176
Durchflußmessung 284, 285
Durchflußproportionale Probenahme 258, 261
Durchlaufbecken 38
Durchschnittsprobe 257
Durchschnittsproben von Hand 261
Durchsichtigkeit 303
Durchsichtigkeitszylinder 304

**E**

Echolotmessung 292
EDV-Einrichtung 359
EG-Richtlinien 449
EGW 27
Eichung 286
Eigenkontrolle 276
Eigenstromerzeugung 225
Eigenüberwachung 276, 282, 382
Einarbeitungszeit 434
Einbaufähigkeit 251
Eindicker 175, 379
Eindickung 174, 254
Eindickzentrifuge 181
Einfrieren der Probe 266, 272
Einlaufformen 101
Einleiten in Gewässer 450
Einleiten von Abwasser 451
Einleitungsverbote 58, 464
Einperlung 291
Einstabmeßkette 328, 329
Einsteigen in Schächte 440
Einsteigschächte 32, 34
Einwohnergleichwert (EGW) 27
Einwohnerwert (EW) 27
Einzelprobe 257
Eisen 157
Eisenoxidgranulat 224
Elektrische Leitfähigkeit 333
Elektro-pneumatische Steuerung 69
Elektrochemische Spannungsreihe 425
Elektroden-Steuerung 69
Elektromixer 187
Emission 243
Emscherbecken 102, 213
Emulsion 78
Energieaufwand einer Kläranlage 418
Energieeinsparung 416, 419
Energieverbrauch 385, 405, 417
Enteisung 414
Entengrütze 116
Entfärbung der Probe 324
Entgiftung 156
Entrosten 424
Entseuchung 212, 219, 220
Entspannungsflotation 180
Entwässerung von Schlamm 182
Entwässerungsergebnisse 199, 203, 206
Entwässerungssatzung 234, 383, 448
Enzymaktivität 209, 334
Epidemien 444
Ergänzungsdüngung 229
Erlaubnis 450, 451
Ersatzteile 433
Erste Hilfe 443
Ersthelfer 443
Essigsäure 208
Etagenöfen 248
Europäische Wassercharta 448
Eutroph 18
EW 27
Explosible Gase 443
Explosionsgefahr 26, 443
Explosionsgrenze 70, 71
Explosionsschutz-Richtlinien 443
EZ 27

**F**

Fadenförmige Organismen
(Blähschlammbildung) 132, 164, 351, 406
Fahrgeschwindigkeit 154
Fäkalschlamm 31, 165, 253, 435
Fäkalschlammzugabe 437
Faktor q 399
Falleitung 31
Fällmittel 157
Fällung 75, 155
Fällungsreaktion 156
Faltenfilter 312
Fangbecken 39
Farbe 301
Färbung 271
Faschinen 114
Faulfähigkeit 325
Faulgas 70, 209, 408, 443
Faulgasanfall 300
Faulgaseinpressung 217
Faulgasentwicklung 221
Fäulnisfähigkeit 26
Faulschlamm 164, 253
Faulschlammproben 269
Faulwasser 379
Fehlanschlüsse 30, 46, 397
Fehlergrenze 298
Feinrechen 81
Feinstrechen 81, 87
Feldmethode 277
Fernsehinspektion 48
Festbettreaktor 119
Feststoffabtrieb 308
Feststoffanteil 163, 165, 166
Feststoffgehalt 163, 311
Fettabscheider 31, 92, 97, 247

Fette 92
Fettfang 31, 92, 97, 247
Fettfüllung 428
Fettsäure 169, 332
Feuerverzinkung 424
Filterfläche 201
Filterkuchen 202
Filterplattenpaket 204
Filtertuch 203
Filtrationswiderstand 191, 194, 203, 317
Filtrationszyklus 206
Filtrieren 308
Fischsterben 17
Flächenbeschickung 99
Fließgeschwindigkeit 36, 79, 94
Flockenstruktur 351
Flockung 74, 156
Flockungsfiltration 161
Flockungshilfsmittel 156, 184, 190, 199
Flockungsmittel 156, 161
Flotation 75, 179
Flugasche 243
Flügelscherfestigkeit 227, 252
Förderhöhe 43
Förderleistung 44
Fortbildung des Betriebspersonals 460
Fotoelektrische Trübungsmessung 337
Fotometer 322
Fotometrische Bestimmung des $NH_4$-N 336
Fotosynthese 16, 112
Fremdlabor 59
Fremdwasser 20, 59, 284
Fremdwasseranfall 22, 398
Fremdwasseranteil 23, 331, 397, 399, 400, 403
Fremdwasserermittlung 391, 396
Fremdwasserzuschlag 400
Frischschlamm 164
Frostschäden 414
Frostsicher 414, 415
Füllstandsmessung 359, 362, 377
Füllstandsmeßsysteme 360

G
Gas-Dieselmotoren 224
Gasanfall 214, 221
Gasbehälter 223
Gasdurchfluß 300
Gasentschwefelung 223
Gasgewinnung 221
Gasmaschinenlauf 225
Gasmeßgerät 440
Gasspeicher 221
Gasverwertung 224
Gaswarngerät 441, 443
Gaszusammensetzung 214
Gebühren 464
Gefährdungshaftung 457
Gefährliche Stoffe 57, 451
Gegenstrom-Belüftungsbecken 149
Gegenstromrechen 83, 84
Gegenstromzentrifuge 198
Gehörschäden 442
Geigereinläufe 101
Gelbsucht 445
Gemeindeunfallversicherungsverband 466
Gemeinsame aerobe Stabilisierung 210
Geordnete Ablagerung 251
Gereinigtes Abwasser 26
Geruch 26, 301
Geruch einer Probe 271
Gesamtphosphor 341, 375
Gesamtstickstoff 340
Getrennte aerobe Stabilisierung 211
Gewässer 13
Gewässergüte 15
Gewässergütekarte 16
Gewässergütewirtschaft 13
Gewässerschutz 14, 448
Gewässerschutzbeauftragte 385, 453, 454, 455, 457
Gewerbliches Schmutzwasser 20
Gezielte P-Entnahme 77
Giftstoffe 156, 409
Giftstoß 412
Glasfaserfilter 308
Gleichstromzentrifuge 198
Gleitringdichtung 65
Glührückstand 163, 168, 315, 316
Glühverlust 163, 168, 175, 315, 316, 317
Grenzwert 28
Grenzwertgeber 378
Grenzwertmeldung 359
Grobrechen 81
Grobstoffentnahme 81
Größenklasse einer Kläranlage 27, 463
Grünanlagen 427
Grundatmung 420
Grundleitung 31
Grundstücksanschlüsse 33, 45
Grundstücksentwässerung 31, 33
Grundwasser 20, 397
Güllewerfer 231, 239
Gummihandschuhe 446
Güteklassensystem 16

H
Haftung 455
Halogenorganische Verbindungen (AOX) 26, 234
Haltbarkeit 26, 324
Handgeräumte Rechen 83
Harnstoff 105
Hausanschlußleitungen 397
Hausdränung 397

Häusliches Schmutzwasser 20
HD-Verfahren 52
Heizung 214, 216
Heizwert 169, 224, 245
Heizwertvergleich 417
Hemmstoff 343, 349
Hepatitis 445
Hochbelastete Tropfkörper 127
Hochdruckspülgerät (HD-Verfahren) 52, 411
Höchstgeschwindigkeit 36
Höchstwerte 394
Hochtarifzeit 225
Homogenisiert 343
Humuswert 229
Hydrozyklone 97
Hygienisch unbedenklich 446
Hygienisierung 212, 219, 220

**I**
Imhofftrichter 306
Immission 243
Immunisierung 446
Impfschlamm 165, 434
Impfung 214
In-situ-Methode 277
Inbetriebnahme 433
Indirekteinleiter 56
Indirekteinleiterverordnung (VGS) 58, 234, 464
Induktive Messung 293
Industrielles Schmutzwasser 20
Innenwasser 172
Inspektion 45, 46
Instandhaltung von Kläranlagen 423
Instandhaltung von Kanälen 54, 56
Interferenzfilter 336, 341
Ionen 333
Ionenselektive Nitratelektroden 339
ISV 138

**J**
Jahresabflüsse 24
Jahresbericht 390, 394
Jahreskosten 416
Jahresregendauer 23
Jahresschmutzwassermenge 23, 356, 394, 398, 401, 459

**K**
Kalibrierung (Eichung) 286
Kaliumdichromat 27, 322
Kalk 157
Kalkmilch, Kalkhydrat 191, 326, 409, 410
Kalkreserve 169, 331, 332
Kalte Faulbehälter 213
Kammerfilterpresse 203, 205
Kanalbaustoffe 32
Kanäle 32
Kanalfernauge 47
Kanalfernsehkamera 47
Kanalfotografie 47
Kanalhaltung 33
Kanalisationstechnik 29
Kanalkataster 45
Kanallüfter 50, 72, 440
Kanalreinigung 51
Kanalspiegelung 47
Kapillarwasser 172
Kapitalkosten 416
Kapselgehörschützer 442
Kaskadendenitrifikation 75, 77, 135, 141, 374
Kathodischer Schutz 425
Keilriemen 68
Kieselgur 194
Kinderlähmung 447
Kjeldahl-Stickstoff (TKN) 105, 340
Kläranlagenrundgang 387
Klärschlamm 164
Klärschlamm-Untersuchung 234
Klärschlammkomposte 240
Klärschlammverordnung (AbfKlärV) 232, 269, 463
Klärüberlauf 39
Kleinkläranlage 31
Kohlendioxid 209, 214
Kohlendioxid im Faulgas 334
Kohlenstoffabbau 104, 127, 131, 134
Kohlenstoffverbindung 17
Kolbenpresse 91
Kolloide 74, 183
Kommunales Schmutzwasser 20
Kompostierung 221, 240
Kompressibilität 203
Konditionierung 174, 190, 247
Konditionierungsmittel 191, 192, 201, 203, 241
Konservierungsmethode 272
Konservierungsmittel 272
Kontakttrocknung 242
Kontinuierliche Probenahme 257
Konvektionstrockner 242
Konzentration der Wasserstoffionen 327
Korngröße 25
Korrespondierende Proben 261
Korrosion 412, 414, 424, 426
Korrosionsschäden 55
Korrosionsschutzkarte 425, 426, 430
Kraft-Wärme-Koppelung 224
Krählwerk 178
Kranbahngreiferrechen 85
Krankheitserreger 15, 26, 170, 220, 232, 444
Kreiselbelüfter 144, 146
Kreiselpumpen 62

Kühleinrichtungen 265
Kunststoffbehälter 273
Kurzschlußströmung 100
Küvettenmethode 341
Küvettentest 321, 338

L
Laboratoriums-Richtlinien 280
Laborausstattung 277, 280
Labormethode 277
Lagerkarte 433
Laminare Strömung 79
Ländergesetze 464
Landwirtschaftliches Schmutzwasser 20
Langsandfänge 94
Längsbecken 100
Längsschnitt 37
Lärm 442
Laufradform 44
Laufzeitverfahren 294
Laugen 326, 412
Lavaschlacke 123
Leichtflüchtige Stoffe 412
Leichflüssigkeitsabschneider 78
Leichtstoffabscheider 92
Leistungs-Tagesganglinie 422
Leistungsatmung 420
Leistungsbild 393, 403
Lichtabsorption 304
Lichtreflexion 304
Lieferschein 235, 236
Limnologie 16
Lochfraß 424
Lufteinperlung 291
Lüftergerät 50, 72, 440
Lufttemperatur 302

M
Magnetisch-induktive Durchflußmeßgeräte (MID) 287, 288, 293, 294, 299
MAK-Wert 70, 71
Mammutpumpen 94
Mammutrotoren 145
Maschinell geräumte Rechen 83
Maschinelle Eindickung 179
Maschinelle Schlammentwässerung 188, 196, 254
Maschinenkartei 433
Maschinenwartung 429
Maximum-Minimum-Thermometer 303
Maximumwächter 423
Mechanische Abwasserbehandlung 74
Mechanische Konditionierung 193
Membranbedeckte Elektrode 319
Membranformen 329
Mesophile anaerobe Stabilisierung 213
Messen 358
Meßbereich 345, 347
Meßblende 289
Meßdüse 289
Meßeinheit 281
Meßfehler 281, 298
Meßflügel 295, 296, 297
Meßgenauigkeit 298
Meßgerinne 286
Meßgröße 281, 283
Meßwehr 287
Meßwertanzeige 281
Meßwertaufnehmer 290, 360
Meßzylinder 309
Metallsalze 156, 191
Methan 70, 209, 214, 334
Methanbakterien 208, 332, 380, 409
Methangärung 208
Methylenblauprobe 324
MID 288, 293, 294, 299
Mikroorganismen 17, 351
Mikroskop 352, 355
Mikroskopisches Bild 351, 353
Mikrowellenherd 311
Milzbrand 445
Mindestanforderungen 457, 459, 461
Mindestausrüstung für Eigenüberwachung 279
Mindestgeschwindigkeit in Kanälen 36
Mischabwasser 21
Mischdeponie 227, 252
Mischprobe 257
Mischsystem 30
Mischverfahren 30
Mischwasser 21, 284
Mischwasserzufluß 76
Mitstromrechen 83, 84
Molekulargewicht 157
Monatsbericht 386, 389
Monatsschmutzwassermenge 394
Mönch 184
Monodeponie 227, 252
Motorantriebsleitung 44
Motorschutz 66

N
Nachfällung 160, 161
Nachklärbecken 151, 154, 376
Nachklärschlamm 164
Nachklärteich 114
Nachtmessung 398
Nachweiskarte 431, 433
Nährstoffangebot 18, 104
Nährstoffbelastung 392
Nährstoffbelastungsstufen 394
Nährstoffentfernung 371
Naßschlamm 165, 231
Natürliche Eindickung 174

Natürliche Entwässerung 182
Natürliche Verunreinigung 15
Neutral 326
Neutralisation 155
Neutralsalze 413
$N_{ges}$ 396
$NH_4$-N 28, 105, 336, 394, 395, 463
Nichtschwimmer 439
Niederdruckdampf 216
Niederschlagshöhe 356
Niederschlagsmessungen 402
Niederschlagswasser 19, 23
Nitrat 106, 336
Nitrat-Atmung 407
Nitrat-Stickstoff ($NO_3$-N) 337
Nitratregelung 373
Nitrifikanten 119, 132, 135, 336
Nitrifikation 105, 131, 140, 254, 318, 327, 337, 349, 369, 407
Nitrifikations-Zonen 75
Nitrit 106, 336
Nitrit-Stickstoff ($NO_2$-N) 339
Notauslässe 30
Notstromaggregat 413
Nullpunkt 298
Nutsche 312

**O**

$O_2$-Elekrode 268
$O_2$-Gehalt 369
$O_2$-Verbrauch 369
Oberflächenbelüftung 144
Oberflächenbeschickung 80, 94, 152, 153, 378
Oberflächenspannung 172
Ökologie 15
Öl 92, 412
Ölbindemittel 413
Ölstand 428
On-Line-Messung 337, 341, 371
Ordnungswidrigkeiten 456
Organische Säuren 169, 331
Organische Stoffe 103
Ortho-Phosphat-Phosphor 157, 341
Ortsentwässerung 29
Oxidation 350
Oxidationsgräben 108, 144
Oxidationsteiche 112

**P**

Packungsabdichtung 65
Packungsmaterial 65
Papierhandtücher 446
Parallelmessung 277
Parameter 404
Pateurisierung 221
Pathogene Keime 15, 26, 170, 232, 444, 445
PCB 26
PER 26
Persönlicher Schallschutz 442
Pflanzenkläranlage 111, 117
Pflanzenverfügbar 229
Pfropfenströmung 147
$P_{ges}$ 28, 341, 396, 463
pH-Elektrode 328, 329, 330
pH-Papier 327
pH-Stäbchen 327
pH-Wert 25, 32, 155, 169, 326
Phosphat 108, 157, 340
Phosphatfällung 75
Phosphor 254, 340
Phosphor-Bilanz 158
Phosphor-Küvetten 341
Physikalische Werte 283
Pilgerschrittklassierer 97
Plankton 17
Plausibilität 358
Pneumokapazitiv 358
$PO_4$ 108
$PO_4$-P 341, 375
Poliomyelitis 445
Polumschaltbare Motoren 362
Polychlorierte Biphenyle (PCB) 234
Polyelektrolyte 156, 190, 193
Polymere 192
Preßluftatmer 73
Primärschlamm 164
Probenahme 256
Probenahme Abwasser 258
Probenahme Bodenproben 270
Probenahme Schlamm 268
Probenahmearten 258
Probenahmegeräte 256, 263
Probenahmeprotokoll für Abwasser 274
Probenahmeprotokoll für Schlamm 275
Probenahmestelle 259, 260
Probeflasche 256
Probekonservierung 272
Probennahmeprotokoll 273
Probetransport 273
Profile (Querschnittsformen) 32
Protokolle 384
Prozeßtemperatur 215
Psychoda-Fliege 122, 129, 427
Pufferkapazität 331
Pufferlösung 329
Pufferungsfähigkeit 139
Pufferungsvermögen 169
Pufferwirkung 115
Pumpenbetriebsbuch 62
Pumpendrehrichtung 66, 67
Pumpenlager 68
Pumpenregelung 363

Pumpwerke 43, 62
Pyrolyse 251

**Q**
Qualifizierte Stichprobe 261, 461, 463
Quecksilber-Dämpfe 347
Quecksilbermanometer 345
Querschnittformen (Profile) 32

**R**
Rahmen-AbwasserVwV 461
Rattenbekämpfung 56, 428, 447
Rauchgasreinigung 246
Raumbelastung 114, 126, 142
Räumerbetrieb 366, 376
Räumerbrücke 154
Räumergeschwindigkeit 376, 407
Räumschild 102
Rechenanlagen 362
Rechengut 81, 245, 252, 243
Rechengutanfall 81
Rechengutbeseitigung 91
Rechengutpresse 83, 87, 253, 364
Rechengutwäsche 92
Rechengutzerkleinerer 92
Rechenrostbelegung 362
Rechtsvorschriften 448
Recycling 228
Redox-Potential 373
Regeln 361
Regeln der Technik 162, 451, 456, 466
Regelung der Fällmittelzugabe 375
Regelung der Stickstoffelimination 374
Regelung des Faulprozesses 381
Regelung des Schlammabzugs 367
Regelung des Trockensubstanzgehaltes 370
Regelung einer Rechenanlage 363
Regelungen zur Phosphorentnahme 375
Regelungen zur Stickstoffentnahme 371
Regenbecken 30, 38, 59
Regenentlastung 30
Regenerieren 224
Regenklärbecken 38
Regenmesser 356
Regennachlauf 356, 357
Regenrückhaltebecken 38
Regenspende 23
Regenüberlauf 30, 38
Regenwasseranfall 20, 23
Regenwetter 356
Reiner Sauerstoff 131
Reinigungsschacht 31
Relining 56
Reparatur- und Ersatzteilkarte 431, 483
Repräsentative Probe 256, 264
Respirometrischer $BSB_5$ 344
Restschlammschicht 117
Reststoffe 75, 227
Rettungsausrüstung 73
Rettungsgurt 73, 441, 442
Rettungshubgerät 442
Rettungsschwimmkragen 439
Revisionsschacht 31
Rezirkulation 75, 141
Richtwerte für Energieverbrauch 420
Rieselfeld 110
Ringwaage 292
Rohabwasser 21
Rohrquerschnitt 36
Rohschlamm 164, 245, 253
Rost 424
Rückbelastung der Kläranlage 253
Rücklaufschlamm 140, 164, 370
Rücklaufverhältnis 125, 140, 154, 371, 378
Rückpumpen 125, 378
Rückstauebene 31
Rückstauklappe 41
Rückstauverschlüsse 31
Rückstellproben 267
Rundbecken 100
Rundsandfang 94

**S**
Salze 26, 157
Salzgehalt 333
Sandfänge 94, 364
Sandfanggut 94, 246, 252
Sandfanggutbeseitigung 97
Sandfanggutwaschung 97
Sandklassierer 97, 366
Saprogiensystem 16
Sättigungswert 16
Säuberungszyklus 264
Sauerstoffbedarfsstufe 336, 392, 394
Sauerstoffdefizit 16
Sauerstoffelektrode 318, 320
Sauerstoffgehalt 318, 319, 368
Sauerstoffgehalt im Belebungsbecken 142
Sauerstoffhaushalt 18
Sauerstoffloser Bereich 369
Sauerstoffmangel 17, 70
Sauerstoffmessungen 318, 319
Sauerstoffregelung im Belebungsbecken 368
Sauerstoffsonde 318, 319, 368
Sauerstoffzehrung 350
Saugleitung 67
Saure Gärung 208, 380, 409, 412
Saure Salze 326
Säuregehalt 169
Säurekapazität 139, 331
Säuren 326, 412
Saurer Bereich 326

Schachtabdeckung 35
Schachtabstände 33
Schadeinheit 458
Schadensersatzforderungen 383
Schadstoff 457, 458
Schadstoffgehalte 233
Schaumbekämpfung 212
Scherfestigkeit 227, 251, 252
Schiedsmethode 276
Schlagkartei 235, 238
Schlammabgabestelle 240
Schlammabsetzvolumen 309
Schlammabzug 367
Schlammalter 106, 134, 143, 211
Schlammanfall 165, 166
Schlammarten 164
Schlammauftreiben 369
Schlammbehandlung 163, 189
Schlammbelastung 106, 132, 142
Schlammbeschaffenheit 167
Schlammdecke 111
Schlammdurchfluß 299
Schlammentsorgung 226
Schlammgehalt 420
Schlammindex 138, 175, 311, 315, 369, 406
Schlammräumung in Teichen 116
Schlammstabilisierung 209
Schlammstapelräume 185, 240
Schlammteiche 187
Schlammtemperatur 302
Schlammtreiben im Nachklärbecken 406, 407
Schlammtrennschichtmessung 377
Schlammtrockenbeete 182
Schlammtrockensubstanz 311
Schlammverwertung 226
Schlammvolumen 309
Schlammvolumenbeschickung 80, 153
Schlammvolumenindex 138, 175, 311, 315, 369, 406
Schlammwasser 171, 181, 184, 218, 253
Schlammwasserproben 269
Schlüssel für die Nährstoffbelastungsstufen 396
Schlüssel für die Sauerstoffbedarfsstufen 395
Schmelzkammerfeuerung 226, 234
Schmierung 429
Schmutzfänger 33
Schmutzfracht 284
Schmutzwasser 19
Schmutzwasseranfall 22, 284
Schneckenhebewerk 43
Schneckenklassierer 97
Schneckenzentrifuge 197
Schneeschmelze 356
Schönungsteiche 115
Schöpfbecher 262
Schöpfprobe 261
Schöpfthermometer 301
Schraubenschafler 216
Schraubenströmung 96
Schreibstreifen 384
Schutzausrüstung 72
Schutzhelm 441
Schutzimpfungen 446
Schutzkleidung 446
Schwachbelastete Tropfkörper 128
Schwebefilter 51
Schwebstoffe 78
Schwefelsäure-Korrosion 56
Schwefelwasserstoff 70, 223, 325
Schwefelwasserstofftest 325
Schwellenwert 457, 458
Schwermetallsalze 155
Schwimmermessung 290
Schwimmerschaltung 69
Schwimmersteuerung 378
Schwimmschlamm 92, 164, 177, 377
Schwimmschlammabzug 102
Schwimmschlammbekämpfung 218
Schwimmschlammdecken 247
Schwimmstoffe 77
Sekundärschlamm 164
Sekundärverschmutzung 19
Selbstkontrolle 276, 282, 382
Selbstreinigungsvermögen 17
Selbstüberwachung 276, 282, 382
Seuchen 444
Sicherheitsmaßnahmen 438
Sicherheitsregeln 438, 466
Sicherheitsschuhe 438, 441
Sicherheitsvorschriften 448, 466
Sichtscheibe 303, 304
Sichttiefe 303
Sichttiefenzylinder 303
Sichtverbindung 441
Sickerwasser 115
Sieb 87
Siebbänder 89
Siele 29
Simultane Denitrifikation 135, 372
Simultanfällung 75, 160, 375
Sinkgeschwindigkeit 78
Sinnesprüfung 270
Skimmrinne 177, 377
Sommerniedrigwasser 18
Speicherkissen für Gas 222
Sperrstoffe 77
Sperrstoffentnahme 81
Spezialindikator-Papier 327
Spezifischer Jahresschmutzwasseranfall 403
Sportfischerei 13
Spülkippen 39
Spülkraft 125, 378

Stababstand 81
Stabilisierungsgrad des Schlammes 334
Stammkarte 430, 433
Standeindicker 176
Standprobennahmer 263
Starkregen 24
Steigbügel 33, 35
Steigeisen 33, 35
Steiggang 33, 53
Steilheit 329
Stengeleinläufe 101
Steuern 361
Steuerung der Sandräumung 364
Stichprobe 357, 259, 261
Stickstoff 105, 254
Stickstoff gesamt 463
Stickstoff-Wirkung 239
Stickstoffbilanz 107, 108
Stickstoffentnahme 105, 127, 134
Stickstoffoxidation (Nitrifikation) 421
Stickstoffumsetzung 127
Stickstoffverbindungen 17, 336
Stoffkreislauf 226
Stopfbüchspartie 64
Störungen 405
Störungen der Schlammfaulung 408
Strahlbelüfter 144, 150
Strahlrührgerät 186
Straßenabläufe 31, 33
Streusalz 413, 426
Stromausfall 413
Stromlieferungsvertrag 225, 421
Stromverbrauch 385
Stufenrechen 88
Sulfidkorrosion 56
Suspensaabtrieb 308
Suspension 171

T

TA Siedlungsabfall 226, 241, 251
Tagesaufzeichnungen für Labormessungen 388
Tagesbericht 386
Tagesmischproben 262
Tagesschwankung 286
TA Lärm 461
TA Luft 461
Tauchbelüfter 150
Tauchkörper 119, 129, 379
Technische Lüftung 50, 72, 440
Technische Regeln 464
Teichlinsen 116
Temperatur 25, 310
Temperatur im Faulraum 215
Temperaturfühler 303
Temperaturschwankungen 409
Terminübersichtsplan 432, 433
Tetanus 445, 447
Tetra 26
Thermische Konditionierung 194, 253
Thermische Trocknung 241
Thermophile anaerobe Stabilisierung 218
Tiegelofen 315
TKN (Kjeldahl-Stickstoff) 105, 340
Toxisch 26, 436
Toxische Stoffe 70
Tracer 295
Trennsystem 30
Trennverfahren 30
Tri 26
Trichterbecken 152
Trinkwasser 14
Trinkwasserverbrauch 403
Trockenrückstand 163, 229, 252, 313
Trockensubstanzgehalt 163, 167, 229, 311, 313, 369, 377
Trockenwetterabfluß 24
Trockenwettertage 402
Trockenwetterzulauf 355
Trocknung 241
Trocknungsrisse 184
Trocknungszeit 311, 312, 314
Trommelrechen 88
Trommelsiebe 89
Tropfkörper 119, 337
Tropfkörper-Kunststoffmaterial 124
Tropfkörperfüllmaterial 123
Trübung 26, 271, 303, 370
Trübungsmeßgeräte 304
Trübungssonde 304
Trübwasser 175, 176, 218, 253, 379
Trübwasserabzug 178
TTC-Test 209, 334
Turbulente Strömung 80
Turbulenz im Belebungsbecken 133

U

Überbelastung 405
Überfallhöhe 288
Überfallkantenbelastung 102
Übernahme von Fäkalschlamm 435
Übersättigung 16
Überschußschlamm 164, 377
Überschußschlammproduktion 141
Überstromauslöser 65
Überwachung von Regenüberlaufbecken 61
Überwachungswerte 459
Uhrglas 312
Ultraschallmessung 294
Umgekehrte Osmose 162
Umlauf für Rechen 82
Umlauf-Denitrifikation 149

Umlaufbecken 143
Umwälzströmung 147
Umwälzung 214, 216, 379
Umzäunung 426
Unbelüftete Abwasserteiche 112
Undichte Kanäle 396
Unfallanzeige 443
Unfallverhütung 69, 438
Unfallverhütungsvorschriften 50, 383, 438, 466
Unfallversicherung 438
Unfallversicherungsträger 438
Ungezieferbekämpfung 427
Universalindikator-Papier 327
Unterbelastung 405
Untersuchungshäufigkeit 281
Unterweisung und Belehrung 73
Urkunde 385

V

Vakuum-Tankwagen 117
Vakuumentnahme 265
Vakuumfiltration 308
Vegetationsperioden 232
Venturi-Kanal 286
Venturirohr 289
Ver- und Entsorger 13
Veraschung 243
Verbandbuch 447
Verbandskasten 443
Verbrennung 243
Verbrennungsluft 250
Verdünnung 398, 459, 461
Verdünnungsfaktor 310
Verdünnungsmethode 343
Verdünnungswasser 348
Vereinfachtes Verdünnungsverfahren 348
Verfahrensfließbild einer Kläranlage 75
Verfahrenskette 189
Verfahrensketten der Schlammbehandlung 171
Verkrautung 340
Verödung 17
Verordnungen 448
Verstopfungsgefahr 122
Verursacherprinzip 457
VGS (Indirekteinleiterverordnung) 58, 464
24-h-Durchschnittsproben 259
Viren 445
Vollzugsbekanntmachungen 448
Volumenproportionale Probenahme 258, 261
Vorfällung 75, 159, 160
Vorfluter 13
Vorgeschaltete Denitrifikation 135, 374
Vorklärbecken 98, 366
Vorklärschlamm 164
Vorratsbehälter 161
Vorversäuerungseindicker 75, 77, 136

W

Walzenbelüfter 144
Walzenpresse 91
Wanderrostrechen 88
Wärmetauscher 216
Warten von Maschinen 428
Wartungsbühnen 440
Wartungskartei 443
Wartungsplan zur Kanalwartung 45
Waschmaschine 446
Wasserabtrennung 173
Wasseranteil 163, 165, 166, 168, 314
Wasserbindungsvermögen 172
Wasserblüte 18
Wassergefährdende Stoffe 412
Wassergehalt 163, 168
Wasserhaushaltsgesetz (WHG) 449
Wasserlinsen 116
Wasserschutzgebiete 452
Wasserspiegeldifferenz 87
Wasserstoffionen-Konzentration 25, 327
Wasserstoffperoxid 407
Wasserstrahlpumpen 39
Wasserverbrauch 21, 284
Wasserwirtschaft 13
Weil'sche Krankheit 445
Weitergehende Abwasserbehandlung 161
Wellenschutz 114
Werkstatt 423
Wetter 355
Wetterschlüssel 356, 387
WHG (Rahmen AbwVwV) 28, 449, 461
Widerstandstherometer 301, 302
Windenreinigung 51
Winterbetrieb 414
Wirbelschichtofen 246, 249
Wirkdruck 289
Wirkdruckmeßeinrichtung 300
Wirkungsgrad 384, 342, 385, 404
Wirtschaftlichkeit 416
Wurmeier 445
Wurzelschneider 51

Z

Zapfwellenmixer 186
Zehrung 369
Zeitintervallschaltung 361, 378
Zeitproportionale-Probenahme 258
Zentrat 198
Zentrifugalabscheider 98
Zentrifugation 181
Zentrifuge 197
Zufluß 284
Zwangsumwälzung 113
2-h-Durchschnittsproben 259
Zwischenraumwasser 172